ÚTISZÓTÁR

*

TOURIST'S DICTIONARY

HUNGARIAN-ENGLISH
ENGLISH-HUNGARIAN
TOURIST'S DICTIONARY

AKADÉMIAI KIADÓ, BUDAPEST

MAGYAR–ANGOL
ANGOL–MAGYAR
ÚTISZÓTÁR

AKADÉMIAI KIADÓ, BUDAPEST

Szerkesztette:

MAGAY TAMÁS

MENTLNÉ LÁNG ILONA   SKRIPECZ SÁNDOR

RÁTZ OTTÓ   VÉGH BÉLA

A javított kiadást gondozta:

BERKA MARIANNE

ISBN 963 05 6437 8

Kiadja az Akadémiai Kiadó, Budapest

Első kiadás: 1972

Tizenharmadik, javított kiadás: 1994

Változatlan lenyomat: 2001

© *Akadémiai Kiadó 1972*

Minden jog fenntartva, beleértve a sokszorosítás,
a mű bővített, illetve rövidített változata kiadásának jogát is.
A kiadó írásbeli hozzájárulása nélkül sem a teljes mű,
sem annak része semmiféle formában (fotokópia, mikrofilm
vagy más hordozó) nem sokszorosítható.

Printed in Hungary

MAGYAR–ANGOL
HUNGARIAN-ENGLISH

A HASZNÁLÓ FIGYELMÉBE

Ez a szótár azoknak kíván segítséget nyújtani, akik angol nyelvterületen csekély angol nyelvtudással meg akarják értetni magukat és tolmács nélkül is el akarnak igazodni a számukra idegen világban. Címének és rendeltetésének megfelelően, tartalmazza a szótár a mindennapi élet legszükségesebb általános, valamint az utazás és turistaforgalom speciális szókincsét olyan válogatásban és feldolgozásban, hogy segítségével egyszerű mondatok, kérdések is könnyen összeállíthatók. Ezeknek a kérdéseknek és mondatoknak egy része „előre gyártva" meg is található a szótárban azok számára, akik egyelőre nem is akarnak megtanulni angolul. Azok viszont, akik már rendelkeznek nyelvismeretekkel, meg fogják tudni sokszorozni gyakorlati tudásukat a kész kérdések és mondatok felhasználásával. Minden angol szónak és kifejezésnek, sőt a teljes mondatoknak is, [szögletes zárójelben] megadtuk a kiejtését, mert ismeretes, hogy az angol szavak írása és kiejtése között igen nagy a különbség. A több szótagú szavak hangsúlyát is jelöltük, mégpedig vastag betűvel, például az „over" [óvər] szóban az ó hangsúlyos, a dőlt (kurzív) r-betű viszont arra figyelmeztet, hogy ne ropogtassuk meg az r-et, hanem „nyeljük el". A kiejtést a magyar ábécé betűivel adtuk meg, s csupán két külön jelet használtunk. Egyik az â, a magyar „á"-hoz hasonló, röviden ejtett tompa hang; a másik az ə, „ö"-betűre emlékeztető, mindig hangsúlytalan hang, amelyet — amennyire lehet, — szintén „el kell nyelni".

Az *(US)* rövidítés azt jelzi, hogy az utána álló szó vagy kifejezés főként az Egyesült Államokban használatos.

Helykímélés céljából használtuk a ferde vonalat /, ami „vagy" helyett áll. A fekvő nyíl → „lásd még", vagy a „lásd ott" szerepét tölti be.

A NAGYBETŰS CÍMSZAVAK (feliratok, közlekedési jelzőtáblák szöveges része stb.) természetszerűleg inkább a Magyarországon járó angol nyelvű használók számára fontosak. A tő- és sorszámnevek, valamint a legfontosabb mértékegységek a *Függelékben* találhatók.

FOR THE ENGLISH SPEAKING USER

The English speaking user of this dictionary will find a selection of words and phrases the tourist is bound to come across when visiting Hungary. There are few who might wish to learn the rudiments of the Hungarian language, but all visitors will be able to make use of the Hungarian-English part of this dictionary by looking up notices, sign-boards, inscriptions, directions, the texts of registration or other forms etc., most of which will be found capitalized so as to catch the eye. Hungary being a small country, foreigners are not expected to talk Hungarian, but quite a number of Hungarians will readily try to use their English to help the visitor. Should you fail to be able to make yourself understood, do not hesitate to point to the sign-board, notice, poster, or item on the menu card, but not before you make sure it really means what you think it does by consulting the dictionary!

In this part of the dictionary, the same as in its counterpart, ~ stands for the entry word or words; / joins the interchangeable words in a phrase; → means see under. Parentheses indicate possible omissions. Thus, the entry **komp(hajó)** ferry(boat) means that both **komp** and **komphajó** are equivalent with "ferry" and "ferryboat", respectively.

The pronunciation of Hungarian words and phrases has been given (where necessary) in the English-Hungarian part of this dictionary in a form that will enable the user to *s a y* what is required.

RÖVIDÍTÉSEK ÉS JELEK

ABBREVIATIONS AND SIGNS

GB	brit szóhasználat	British usage
sby	somebody	valaki
sth	something	valami
swhere	somewhere	valahol
vhol	valahol	somewhere
vhova	valahova	somewhere
vki	valaki	somebody
vmi	valami	something
US	amerikai szóhasználat	American usage

~   a címszót pótolja (akár egy akár több szóból áll)
      represents the entry word or words

/   egymással felcserélhető szavakat kapcsol össze
      joins the interchangeable words in a phrase

→   lásd ott
      see under

( )   tartalmazza:
      a) a dőlt betűs magyarázatokat
        explanations to the various meanings (in italics)

b) a magyar, ill. angol szövegből elhagyható ele-
meket
possible omissions in Hungarian words or
phrases and/or their English translations

[ ] tartalmazza az angol szavak és szókapcsolatok
kiejtését
contain the pronunciation of English words and
phrases

A, Á

a, az the [də, di]
abba into that [intu det]
abbahagyni to stop [sztop]; **hagyd abba!** stop it [sztop it]!
abban in that [in det]
abból from that [from det]
ABC-áruház supermarket [szjúpər-márkit]
ablak window [windó]
ablaktörlő windscreen wiper [vinckrín vájpər]; *(US)* windshield wiper [vindsíld vájpər]
ablakülés window seat [windó szít]
ábra figure [figər]
abroncs tyre, *(US)* tire [tájər]
abroncsnyomás tire/tyre pressure [tájər presər], air pressure [eer-]
abrosz table-cloth [tébl-klosz]
acél steel [sztíl]
ad is giving [iz giving]; **~hatok még?** some more [szâm mór]?; **~jon kérem ...** please, give me ... [plíz, giv mí]; **~ott nekem egy ...** he gave me a ... [hi gév mí e ...]; *(mozi, színház)* **mit ~nak?** what is on? [voc on]? →**adni**
adag *(étel)* portion [pórsn]
adás *(rádió, tv)* broadcast(ing) [bródkászt(ing)]
adatai, adatok data [détə], particulars [pətikjulərz]
addig till [til], until [ântil]
addigra by that time [báj det tájm]
adni to give [giv] →**ad**
adó tax [teksz]; **~ alá esik** is taxable [iz tekszabl]
adó(állomás) *(rádió, tv)* broadcasting station [bródkászting sztésn]

adómentes tax-free [teksz-frí]
adósság debt [det]
ÁFA VAT [víejtí, vet]
ÁFOR *(Network of filling stations)*
Afrika Africa [efrikə]
afrikai African [efrikən]
ág branch [bráncs]
agglegény bachelor [becselər]
aggódni to worry [tu vâri]; **aggódik** he is worried [hi iz vârid]; **ne aggódj!** don't worry [dónt vâri]!
agy brain [brén]
ágy bed [bed], *(hajón, hálókocsiban)* berth [börsz]; **~ban maradt** she stayed in bed [sí sztéjd in bed]
ágyazni to make the bed [mék də bed]
ágynemű bedclothes [bedklódz]
agyrázkódás concussion (of the brain) [konkâsn ov də brén]
ahogy as [ez]
ahol, ahova where [veer]
ajándék gift [gift], present [preznt]
AJÁNDÉKBOLT Gift Shop [gift sop], Souvenirs [szúvənírz]
ajándékozni to give (as a present) [tu giv (ez ə preznt)]
ajándéktárgy souvenir [szúvənír]
ajánlani to recommend [tu rekəmend]; *(árut)* to offer [tu ofər]; **ajánlom, hogy ...** I suggest that ... [éj szádzseszt det ...], I advise you to ... [áj edvájz ju tu]
ajánlat offer [ofər]
ajánlólevél letter of recommendation [letər ov rekomendésn], letter of introduction [letər ov intrədâksn]
ajánlott (levél) registered (letter) [redzsisztərd letər]
ajánlott útvonal recommended route [rekomendid rút]
ajánlva registered [redzsisztərd]; **~ ad fel** post/mail registered [pószt/mél redzsisztərd]
ajtó door [dór]
ajtószám door number [dór nâmbər]
ajtózár door lock [dór lok]

akácfa robinia [rəbíniə]
akadály obstacle [obsztəkl]
akadályfutás steeplechase [sztíplcsész]
akadályozni to hinder [tu hindər]; **akadályozza a forgalmat** obstructs the traffic [obsztrâkc də trefik]
akadályoztatás esetén if prevented [if priventid]
akadémia academy [əkedəmi], *(főiskola)* (university) college [kolidzs]
akar *(tenni vmit)* wants to do sth [vanc tu dú sâmszing]; **én ~ok ...** I want (to) [áj vant (tu)] ...; **~(sz) úszni?** do you want to swim [du ju vant tu szvim]?; **el ~ok menni** I want to go (away) [áj vant tə gó (əvéj)]; **mit ~t?** what did he want [vat did hi vant]?; **mit ~ ezzel mondani?** what do you mean by that [vat du ju mín báj det]?; **ahogy ~ja** as you wish [ez ju vis]
akaratom ellenére against my wishes [əgenszt máj visəz]
akárcsak just like [dzsâszt lájk]
akárhányszor every time [evri tájm]
akárhol wherever [veerevər]; *(bárhol)* anywhere [eniveer]
akárki whoever [huevər]; *(bárki)* anybody [enibodi]
akármelyik whichever [vicsevər]; *(bármelyik)* any [eni]; **~ nap(on)** any day [eni déj]
akármennyi(re) however much [hau-evər mâcs]
akármi *(bármi)* whatever [vatevər]; anything [eniszing]
akármikor any time [eni tájm]
akármilyen whatever [vatevər]
akármit whatever [vatevər], *(bármit)* anything [eniszing]
akasztó hanger [hengər]
aki who [hú]; **~hez** to whom [tu hum]; **~nek** for/to whom [for/ tu hum]; **~ről** about/of whom [əbaut/of hum]; **~t** who(m) [hú(m)]; **~t illet** to whom it may concern [tu hum it méj kənszörn]; **~vel** with whom [vid hum]
akkor then [den]; **~, amikor ...** when ... [ven]; **~, ha** if
akkora such a [szács e]
akkorára *(idő)* by that time [báj det tájm]
akkorra by then [báj den]

akku(mulátor) accumulator [əkjúmjulétər], *(US)* storage battery [sztóridzs betəri]; **az ~ kimerült** the battery is run down [də betəri iz rân daun]
akkutöltő battery charger [betəri csárdzsər]
aktatáska brief-case [bríf-kész]
aktív active [ektiv]
aktuális timely [tájmli]
alá under [ândər]; **~ja** under it [ândər it]; **az ülés ~** under the seat [ândər də szít]
alábbi (the) following [(də) folóing]
alacsony *(ember)* short [sort]; *(tárgy)* low [ló]
alagsor basement [bészmənt]
alagút tunnel [tâ-nl]
aláhúzni to underline [tu ândəlájn]
aláírás signature [szignicsər]
aláírni to sign [tu szájn]
alak figure [figər]
alap basis [bészisz]
alapár basic price [bészik prájsz]
alapították was founded [voz faundid (in)]
alapdíj minimum charge [miniməm csádzs]
alapítvány foundation [faundésn]
alárendelt útvonal non-priority road [non-prájoriti ród]
alatt *(hely)* under [ândər]; *(idő)* (with)in [(vid)in]; **távollétem ~** in my absence [in máj ebszənsz]; **rövid idő ~** within a short time [vidin e sort tájm]; **az ülés ~** under the seat [ândər də szít]
albérleti szoba furnished room [förnist rum]
áldozat *(balesetben)* victim [viktim]
alföld plain [plén]
alig scarcely [szkeerszli], hardly [hárdli]
alkalmas suitable [szjútəbl]; **melyik nap ~ Önnek?** what day will suit you [vot déj vil szjút jú]?
alkalmatlan inconvenient [inkonvínjənt]
alkalmazni *(személyt)* to employ [tu imploj]; *(vmit)* tu apply [əpláj]

alkalmazott employee [emplojí]
alkalmi vétel bargain [bárgin]
alkalom occasion [əkézsn], *(lehetőség)* opportunity [opətyú-niti]; **alkalmával** on the occasion of [on di əkézsn ov]
alkar forearm [fórárm]
alkatrész spare part [szpeer párt]
alkohol alcohol [elkəhol]
alkoholmentes italok nonalcoholic drinks [nonelkəholik drinksz], soft [szoft] drinks
alkoholpróba *(autósoknak)* breath test [bresz teszt]
alkoholszonda breathalyser [breszəlájzər]
alkudni to bargain [tu bárgin]
áll[1] chin [csin]
áll[2]: ~ **(valamiből)** consists of [kənsziszc ov; **a földön** ~ it stands on the floor [it sztendz on də flór]; **ez jól** ~ **(önnek)** that suits (you) well [det szjúc (ju) vel] →**állni**
állam state [sztét]
államférfi statesman [sztécmən]
állampolgár subject [szâbdzsekt], *(US)* citizen [szitizn]
állampolgárság nationality [nesəneliti], *(US)* citizenship [szitiznsip]
állandó permanent [pőrmənənt]; ~ **lakcím** permanent address [pörmənənt ədresz]; ~ **lakhely** domicile [domiszájl]
állapot condition [kəndisn]
állás *(foglalkozás)* job [dzsob], post [pószt]; *(helyzet)* position [pəzisn]
álláspont standpoint [sztendpojnt]
állat animal [eniməl]
állatkereskedés pet-shop [pet-sop]
állatkert zoological gardens [zóəlodzsikəl gárdnz], zoo [zú]
állatorvos vet(erinary surgeon) [vet(ərinəri szördzsn]
állítani *(helyezni)* to place [tu plész]; *(szóval)* to assert [tu əszört], *(US)* to claim [tu klém]
állítható adjustable [ədzsâsztəbl]
állni to stand [sztend]; →**áll**[2]

állomás station [sztésn]; **az ~ on** at the station [et də sztésn]; **~ on maradó** to be called for [tu bí kóld for]
állomásfőnök stationmaster [sztésnmásztər]
állott stale [sztél]
alma apple [epl]
almás pite apple pie [epl páj]; **~ rétes** apple strudel [epl strúdl]
álmatlanság insomnia [inszomniə]
álmos sleepy [szlípi]
álom dream [drím]
az **Alpok** the Alps [di elpsz]
alsó lower [lóər]; **~ ágy** lower berth [lóər bőrsz]
alsóbbrendű út minor road [májnər ród]
alsónadrág (under)pants [(ándər)penc]
alsónemű underwear [ándərveer]
alszik is sleeping [iz szlíping] →**aludni**
általában (véve) as a rule [ez ə rúl], generally [dzsenərəli]
általános general [dzsenərəl]; **~ iskola** primary school [prájməri szkúl]; **~ tájékoztató** general information [dzsenərəl infərmésn]
altató(szer) sleeping-pill [szlíping-pil]
altemplom crypt [kript]
aludni to sleep [tu szlíp]; **~ megy** go to bed [gó tu bed]; **jól aludt?** did you sleep well [did ju szlíp vel]?; **nem tudok ~** I cannot sleep [áj kánt szlíp]
aludttej sour milk [szauər milk]
alufólia foil [fojl]
alul below [bíló]; **~ ról** from below [from bíló]
aluljáró underpass [ándərpász], subway [szábvéj]
alvás sleep [szlíp]
alváz *(autóé)* chassis [seszi]
alvázvédelem underseal [ándərszíl]
amatőr amateur [emətőr]
ambulancia outpatients [autpésnz]
amely which [vics], that [det]
Amerika America [əmerikə]

amerikai American [əmerikən]; **az** ~**ak** the Americans [di əmerikənz]

az **Amerikai Egyesült Államok** the United States of America (U.S.A.) [də junájtid sztéc ov əmerikə]

ami which [vics], that [det]; ~ **engem illet** as far as I am concerned [ez fár ez ájm kənszörnd]

amikor when [ven]

amint *(idő)* as soon as [ez szún ez]

ananász pineapple [pájnepl]

anélkül without [vidaut]

Anglia England [inglənd], Great-Britain [grét-britn]

angol 1. English [inglis], British [britis] **2.** *(férfi)* Englishman [inglismən], *(nő)* Englishwoman [inglisvumən]; **az** ~**ok** the English [di inglis] **3.** *(nyelv)* English [inglis]

angolos(an) *(húsról)* underdone [ândərdân], *(US)* (medium) rare [(mígyəm) reer]

angolszalonna (lean) bacon [(lín) békn]

angolul in English [in inglis]; **beszél** ~**?** do you speak English [du ju szpík inglis]?; **ez hogy van** ~**?** how do you say that in English [hau du ju széj det in inglis]?

annak (aki) to him (who) [tu him (hu)]; ~ **az embernek** to that man [tu det men]; ~ **akit illet** to whom it may concern [tu hum it méj kənszörn]

anorák anorak [enərek]

antenna aerial [eeriəl]

antibiotikum antibiotic [entibájotik]

antik antique [entík]

ANTIKVÁRIUM second-hand bookshop [szeknd-hend buksop]

anya mother [mâdər]

anyag material [mətíriəl]; substance [szâbsztənsz]

anyagi okok miatt for financial reasons [for fájnensl ríznz]

anyakönyvi hivatal registry (office) [redzsisztri (ofisz)]

anyanyelv mother tongue [mâdər tong]

anyja neve mother's name [mâdərz ném]

annyi so much/many [szó mâcs/meni]; ~**ra** so [szó]
anyós mother-in-law [mâderin-ló]
apa father [fádər]
apáca nun [nán]
apály ebb [eb], low tide [ló tájd]
apátság abbey [ebi]
ápolni *(beteget)* to nurse [tu nörsz]
ápolónő nurse [nörsz]
após father-in-law [fádərin-ló]
ápr., április Apr., April [éprəl]; ~**ban** in April
apró tiny [tájni]
apróhirdetés classified ad(vertisement) [klesszifájd ed(vörtiszmənt)]
aprópénz (small) change [(szmól) cséndzs]
apróság trifle [trájfl]
ár price [prájsz]; ~**a 100 ft** it costs 100 forints [it koszc hándrəd]
arab *(ember)* Arab [erəb], *(nyelv)* Arabic [erəbik]
áram *(villamos)* current [kârənt]
áramszünet power cut [pauər kát]
arany gold [góld]
aranyér piles [pájlz], haemorrhoids [heməroidz]
aranyérem gold medal [góld medl]
aranygyűrű gold [góld] ring
aránylag comparatively [kompərətivli]
aranylánc gold chain [góld csén]
aranyóra gold watch [góld vacs]
aranyozott gold-plated [góld-plétid]
aratás harvest [hárvəszt]
árboc mast [mászt]
arc face [fész]
arcápoló szerek beauty products [bjúti pródákc]
arcképes igazolvány identity card [ájdentiti kárd]
arckrém face-cream [fész-krím]
arcvíz lotion [lósn]

áremelés rise of prices [rájz ov prájsziz]
árengedmény discount [diszkaunt]
árfolyam *(valutáé)* rate of exchange [rét ov ikszcséndzs]; *(tőzsdei)* (current) price(s) [kárənt prájsz(iz)]
árjegyzék, árlap price-list [prájsz-liszt]
árleszállítás price reduction [prájsz ridâksn]
árnyék shade [séd], *(vmié)* shadow [sedó]
árok ditch [dics]
árpa barley [bárli]
arra! *(irány)* that way [det véj]!; *(rá)* on that/it [on det/it]
ártani to harm [tu hárm]; **árt nekem** *(étel)* it disagrees with me [it diszəgríz vid mí]
ártatlan innocent [inəsznt]
áru goods [gudz]
áruátvétel receipt of goods [riszít ov gudz]
árucikk article [ártikl]
áruforgalom trade [tréd]
áruház (department) store [(dipártmənt) sztór]
ÁRUKIADÁS goods here [gudz hír]
árukiadó packing-counter [peking-kauntər]
áruminta sample [számpl]
árus *(utcai)* vendor [vendər]
árusítani to sell [tu szel]
árusítóhely stand [sztend]
áruszállítás transport (of goods) [trenszpórt (ov gudz)]
árváltozás change in prices [cséndzs in prájsziz]
árverés (sale by) auction [szél báj óksn]
árvíz (high) flood [(háj) flâd]
ásatás excavation [ekszkəvésn]
ásni to dig [tu dig]
ásó spade [szpéd]
ásvány mineral [minərəl]
ásványvíz mineral water [minərəl vótər]
aszfalt asphalt [eszfelt]
asszisztens(nő) assistant [əszisztənt]

asszony woman [vumən]; *(több)* women [vimin]; **~om** Madam [medəm]

asztal table [té-bl]; **a mi ~unkhoz** to our table [tu auər té-bl]

asztalfoglalás table reservation [té-bl rezəvésn]

asztali bor table wine [té-bl vájn]

asztalitenisz table-tennis [té-bl-tenisz]

asztaltárs table companion [té-bl kəmpenjən]

asztalterítő table-cloth [té-bl-klosz]

asztma asthma [eszmə]

át across [əkrosz]; *(útirány)* via [vájə]

átadni *(vmit)* to hand over [tu hend óvər]; **adja át üdvözletemet** give my regards to [giv máj rigárdz tu]; — **átadom** I will [áj vil]

átalakítani to alter [óltər]

átalánydíj flat rate [flet rét]

átcserélni to exchange [ikszcséndzs]; **cserélje át egy kisebbre!** exchange it for a smaller one [ikszcséndzs it for e szmólər van]

átépítették it was rebuilt [it voz ríbilt]

áthajtani to drive through [tu drájv szrú]; **hajtson a városon át** drive through the city [drájv szrú də sziti]

áthaladás crossing [kroszing]

áthaladási elsőbbség right-of-way [rájt-əv-véj], priority [prájoriti]

áthaladni to cross [tu krosz]; **áthaladt az úton** he crossed the road [hi kroszt də ród]

áthelyezve transferred [trenszfőrd]

áthúzni *(írást)* to cross out [tu krosz aut]; *(ágyat)* to change (the bedclothes) [tu cséndzs (də bedklódz]

átjárás *(út)* passage [peszidzs]; **az ~ tilos!** no thoroughfare! [no szorəfeer]

átjáró passageway [peszidzsvéj]

átjönni *(vhonnan)* to come over [tu kâm óvər]; **jöjjön át délután!** come and see me in the afternoon [kâm end szí mí in di âftər-nún]!

átkapcsolni to switch over [tu szvics óvər)

átkelés *(tengeren)* passage [peszidzs], *(úttesten)* crossing [kroszing]

átkelőhajó ferry(boat) [feri(bót)]

átkelőhely *(gyalogosé)* (pedestrian) crossing [(pidesztriən) kroszing], *(US)* crosswalk [kroszvók]; *(folyón)* crossing-place [kroszing-plész]

átköltöz(köd)ni to move (over to) [tu múv (óvər tu)]

átlag(os) average [evridzs]

Atlanti Óceán the Atlantic (Ocean) [di ətlentik (ósn)]

atléta athlete [etlít]

atlétatrikó vest [veszt], *(US)* undershirt [ândəsört]

atlétika athletics [etletiksz]; track and field events [trek ənd fíld ivenc]

átmenetileg temporarily [tempərərili]

átmenni *(vhova)* to go over to [tu gó óvər tu] …; *(vmin)* to go through [tu gó szrú]; *(úton)* to cross (the road) [tu krosz də ród]; **átmegy az ő asztalukhoz?** will you sit/go over to their table [vil ju szit/gó óvər tu deer tébl]? **menjünk át!** let us go over (there) [lec gó óvər (deer)]!; **átment a piroson** he went/drove through the red light [hi vent/dróv szrú də red lájt]

átmenő forgalom through traffic [szrú trefik]; *(kereskedelemben)* transit trade [trenzit tréd]

átmérő diameter [dájemítər]

át nem ruházható not transferable [not trenszförəbl], un-transferable [ântrenszförəbl]

átnézni *(vmit)* to go through [tu gó szrú]; *(vhova)* to look in [tu luk in]

átnyújtani to hand over [tu hend óvər]

átöltöz(köd)ni to change (clothes) [tu cséndzs klódz]; **átöltöz(kö-d)ik** … is changing (clothes) [iz cséndzsing (klódz)]

átrepülni to fly over [tu fláj óvər]

átruházás transfer [trenszfər]

átszállni to change (trains) [tu cséndzs (trénz)]; to transfer [tu trenszfőr]; **hol kell ~ … felé?** where do I change for … [veer dú áj cséndzs fór]?; **át kell szállnom?** do I have to change [du áj hev tu cséndzs]?

átszállóhely change-stop [cséndzs-sztop]; *(vasúti stb.)* junction [dzsánksn], transfer point [trenszför pojnt], interchange station [intərcséndzs sztésn]

átszámítás conversion [kənvőrsn]

átszámítási árfolyam exchange rate [ikszcséndzs rét]

átszervezés reorganization [ríorgənájzésn]

áttanulmányozni *(vmit)* to study [tu sztâdi]; **áttanulmányoztam a műsort** I studied the program(me) [áj sztâdid də prógrəm]

attól from [from]

átutalás remittance [rimitənsz], transfer [trenszför]

átutalni *(pénzt)* to remit [tu rimit], to transfer [tu trenszfőr]; **kérem ~** please remit [plíz rimit]

átutazás transit [trenzit]

átutazni to pass through [tu pász szrú]

átutazó *(utas)* through passenger [szrú peszíndzsər]

átutazóban on the way through [on də véj szrú]; **én csak ~ vagyok itt** I am only in transit here [ájm ónli in trenzit híə]

átutazóvízum transit visa [trenzit vízə]

átvágni to cut through [tu kât szrú]

átváltani *(pénzt)* to exchange [tu ikszcséndzs]

átváltási árfolyam rate of exchange [rét ov ikszcséndzs]

átvenni to take over [tu ték óvər]; **köszönettel átvettem** received with thanks [riszívd vid szenksz]

átvétel receipt [riszít]

átvételi elismervény receipt [riszít]

átvezetni *(vmin)* to lead through [tu líd szrú]; *(vhova)* to lead to [tu líd tu]

átvinni to carry over [tu keri óvər]; **az út átvisz a folyón** the road leads over the river [də ród lídz óvər də rivər]; **átvitt kocsival ...** he took me by car ... [hi tuk mí báj kár]

átvizsgálás examination [igzeminésn]

átvizsgálni to examine [tu igzemin]; *(árut, számlát)* to check [tu csek]

aug., augusztus Aug., August [ógəszt]; **~ 20-án** (on the) 20th (of) August [(on də) tventiisz ov ógəszt]

aukció auction [óksn]

Ausztrália Australia [osztréljə]

ausztráliai Australian [osztréljən]

Ausztria Austria [osztriə]

autó (motor-)car [(mótər-)kár], *(US)* auto(mobile) [ótə(məbíl)]; ~ **t bérelni** to rent a car [tu rent e kár]; ~ **val** by car [báj kár]

autóalkatrészek spare parts [szpeer párc]

autóbaleset car/road accident [kár/ród ekszidənt], car crash [kár kres]

autóbusz bus [bász], *(távolsági)* motor coach [mótər kócs]; **autóbusszal** by bus [báj bász]

autóbusz-csatlakozás bus connection [bász kəneksn]

autóbuszjárat bus line/service [bász lájn/szőrvisz]

autóbuszjegy bus ticket [bász tikit]

autóbusz-kirándulás bus/coach excursion/trip [bász/kócs ikszkörsn/trip]

autóbusz-közlekedés bus service [bász szörvisz]; *(távolsági)* coach service [kócs szörvisz]

autóbusz-megálló bus stop [bász sztop]

autóbusz-menetrend bus timetable [bász tájmtébl]

autóbusz-pályaudvar coach station [kócs sztésn]

autóemelő jack [dzsek]

autóforgalom motor traffic [mótər trefik]

autógumi car tyre/tire [kár tájər]

autójavító *(műhely)* car repair shop [kár ripeer sop]

autókirándulás car excursion [kár ikszkörsn]; *(távolsági)* motor tour [mótər túr]

autóklub auto(mobile) club [ótə(məbíl) kláb], motoring club [mótəring kláb]; *(Nagy-Britanniában:)* A.A. = *Automobile Association;* R.A.C. = *Royal Automobile Club; (Amerikában):* A.A.A. = *American Automobile Association*

autóklubtag auto(mobile) club member [ótə(məbil) kláb membər], *(angolé)* AA member [éjéj membər]

autókölcsönzés car-hire [kár-hájər]

autókölcsönző rent-a-car service [rent-ə-ká*r* szö*r*visz], car rental/hire [ká*r* rentl/hájə*r*]

automata 1. automatic [ótəmetik]; **~ sebváltó** automatic transmission [ótəmetik trenszmisn], *(US)* automatic shift [sift] **2.** *(pénzbedobós)* slot-machine [szlót-məsín]; vending machine [vending məsín]; **~ poggyászmegőrző** left-luggagge locker [left-lâgidzs lokə*r*]

automatikus automatic [ótəmetik]

autómentő *(kocsi)* breakdown van [brékdaun ven], *(US)* wrecker [rekə*r*]; **~ szolgálat** breakdown service [brékdaun szö*r*visz]

autómosó carwash [ká*r*vos]

autópálya motorway [mótə*r*véj]; *(US)* expressway [ikszpreszvéj], freeway [frívéj]; *(fizető)* toll road [tól ród], turnpike (road) [tő*r*npájk (ród)]; **az M7-es ~** the M7 motorway

autópályadíj toll [tól]

autóparkoló car par [ká*r* pá*r*k]

autórádió car radio [ká*r* rédió]

autóriasztó car alarm system [ká*r* ála*r*m szisztəm]

autós motorist [mótə*r*iszt]; **~ turista** motorist [mótə*r*ist]

autósmozi drive-in movie [drájv-in múvi]

autóspihenő service area [szö*r*visz eeriə]

autósport motoring [mótoring]

autóstop hitch-hiking [hics-hájking]; **~pal utazni** to hitch-hike [tu hics-hájk]

autószállító vonat car-sleeper train [ká*r*-szlípə*r* trén]

autószerelő car/motor mechanic [ká*r*/mótə*r* mikenik]

autószerviz service station [szö*r*visz sztésn]

autószifon (soda) siphon [szódə szájfən]

autótérkép road-atlas/map [ród etləsz/mep]

autótípus type of car [tájp ov ká*r*]

autótulajdonos car owner [ká*r* ónə*r*]

autóút *(úttest)* motor road [mótə*r* ród]; *(megtett út)* motor tour [mótə*r* túr]

autóverseny car/motor-race [ká*r*/mótə*r*-rész]

autóvezető car driver [kár drájvər]

autózás motoring [mótəring]

autózni megy go for a drive [gó for ə drájv], *(US)* go for a ride [gó for ə rájd]

avval = **azzal**

az 1. *(névelő)* = **a, az 2.** it [it], *(mutatva)* that (one) [det (van)]; **ez ~!** that's it [decc it]; **ez nem ~!** that's not the right one! [decc not də rájt van]

azalatt meanwhile [mínvájl]

azaz that is (to say) [det iz (tu széj)]

azelőtt formerly [fórmərli]

azért therefore [deerfór]; **~, hogy** in order to [in órdər tu]; **~, mert** because [bikoz]

aznap the same day [də szém déj]

azok those [dóz]

azon on that [on det]

azonban however [hau-evər]

azonkívül besides [biszájdz]

azonnal at once [et vansz]

azonnali immediate [imígyət]

AZONNAL JÖVÖK back soon [bek szún]

azonos identical [ájdentikl]

azóta since then [szinsz den]

azt! that one [det van]!

aztán then [den]

azután afterwards [áftərvördz]

Ázsia Asia [éjsə]

ázsiai Asian [éjsən]

B

bab bean [bín]
baba doll [dol]; *(gyerek)* baby [bébi]
bábszínház puppet show [pâpit-só]
bácsi uncle [ânkl]
baj trouble [trâbl]; **nem ~!** it does not matter [it dâznt metər]!; **mi a ~?** what's the trouble/matter [voc də trâbl/metər]?, what is it [voc it]?; **valami ~ van vele** there is something wrong with it [deer iz szâmszing rong vid it]
bajnok champion [csempjən]
bajnoki cím title [tájtl]
bajnokság championship [csempjənsip]
bájos charming [csárming]
bajusz moustache [məsztás]
bal left; **a ~ oldalon** on the left(-hand side) [on də left(hend szájd)]
Balaton Lake Balaton [lék . . .]
baleset accident [ekszidənt]; **~ érte** he had an accident [hí hed en ekszidənt]; **~et (be)jelent** report an accident [ripórt en —]
baleset-biztosítás accident insurance [ekszidənt insúrənsz]
baleseti járőr patrol car [pətról kár]; **~ osztály** casualty department [kezsjuəlti dipártmənt]; **~ sebészet** accident surgery [ekszidənt szördzsəri]; **~ töréskár** collision insurance [kəlízsn insúrənsz]
baloldalt on the left(-hand side) [on də left(hend szájd)]
balra to/on the left [tu/on də left]; **~ kanyarodni tilos** no left turn [nó left törn]
balról from the left [from də left]; **~ előzz!** overtake/pass on the left [óverték/pász on də left]!
balta ax [eksz]
bánik *(vmivel)* handle sth [hendl szâmszing]
bank bank [benk]
bankjegy banknote [benknót], *(US)* bank-bill [benk-bil]
bankszámla bank account [benk əkaunt]

ne **bántsa!** leave it alone [lív it əlón]!
bánya mine [májn]
bányász miner [májnər]
bár¹ *(noha)* though [dó]
bár² *(mulató)* nightclub [nájtklâb]
barack *(sárga)* apricot [éprikot]; *(őszi)* peach [pícs]
barackpálinka apricot brandy [éprikot brendi]
barakk barrack(s) [berək(sz)]
bárány lamb [lem]
barát friend [frend]; **egy ~om** a friend of mine [e frend ov májn];
    a ~omnak for my friend [for máj frend]; **az ön ~ja** your
    friend [jór frend]; **(a) ~aink** our friends [auer frendz]
baráti friendly [frendli]
barátnő *(nőé)* friend [frend]; *(férfié)* girl-friend [görl-frend]
barátság friendship [frendsip]; **~ot kötni** to make friends [tu
    mék frendz]
barátságos friendly [frendli]
barátságtalan unfriendly [ânfrendli]
bárhol anywhere [eniveer]; *(akárhol)* wherever [veerevər]
bárki anybody [enibâdi] *(akárki)* anyone [enivan]
barlang cave [kév]
bármely(ik) any [eni]; *(akármelyik)* whichever [vicsevər]; **~ na-
    p(on)** any day [eni déj]
bármennyi however much [hauever mâcs]
bármerre wherever [veerevər]
bármi whatever [vatevər]; *(akármi)* anything [eniszing]
bármikor whenever [venever]; *(akármikor)* any time [eni tájm]
bármilyen whatever [vatevər]
bármit anything [eniszing]; *(akármit)* whatever [vatevər]
barna brown [braun]
barokk Baroque [bərok]
barométer barometer [əromitər]
bársony velvet [velvit]
bátor brave [brév]
bátyám my (elder) brother [máj (eldər) brâdər]

bazilika basilica [bəszílikə]

be in(to) [in(tu)]

beadni to hand in [tu hend in]

beállítani to adjust [tu ədzsâszt]; *(rádiót)* to tune in [tu tyún in]; **állítsa be az óráját** set your watch [szet jor vacs]

beállítás adjustment [ədzsâsztmənt]; setting [szeting]

bebizonyítani to prove [tu prúv]

Bécs Vienna [vienə]; ~ **be** to Vienna [tu vienə]

becsapni *(vkit)* to cheat [tu csít]; *(ajtót)* to slam [szlem]

becsatlakozás merging [mördzsing]

becsempészni to smuggle in [tu szmâgl in]

becserélni to exchange [tu ikszcséndzs]

becsinált (leves) fricassee [frikəszí]

becsípni to get tipsy [tu get tipszi]

bécsi szelet Wienerschnitzel [vínər-snicl]

becsomagolni to pack up [tu pek âp]; *(papírba)* to wrap up [tu rep âp]; **becsomagolt?** have you done the packing [hev ju dân də peking]?

becsukni to close [tu klóz], to shut [tu sât]; **csukja be az ajtót!** shut the door [sât də dór]!

becsületes(en) honest(ly) [oniszt(li)]

becsülni *(vmire)* to estimate [tu esztimét]

bedobni to throw in [tu szró in]; **kérem dobja be a levelet** post the letter, please [pószt də letər plíz]

beengedni to let in [tu let in], to admit [tu ədmit]

beépített built-in [bilt-in]; ~ **szekrény** closet [klozit]; ~ **terület** built-up area [bilt-âp eeriə]

befejezés end(ing) [end(ing)]

befejezni to end [tu end], to finish [tu finis]; **befejezték?** *(interurbánt)* have you finished [hev ju finist]?, *(US)* are you through [ár ju szrú]?

befektetni *(pénzt)* to invest [tu inveszt]

beférni to go into [tu gó intu]; **minden (holmi) befért?** was there room enough for all your things [voz deer rúm ínâf for ól jor szingz]?

befizetési lap money order [mâni órdər]

befizetni to pay in [tu péj in]; **szíveskedjék csekken ~** kindly remit by cheque [kájndli rimit báj csek]

befogadóképesség *(térbeli)* capacity [kəpesziti]

befolyik *(pénz)* comes in [kâmz in]; **~ a Dunába** flows into the Danube [flóz intu də denyúb]

befordulni *(utcába)* to turn into (a street) [tu törn intu (e sztrít)]

befűteni *(kályhában, tűzhelyben)* to make a fire [tu mék ə fájər]; **be van fűtve** it is heated [it iz hítid]

begombolni to button (up) [tu bâtn âp]

begyógyulni to heal (up) [tu híl (âp)]

behajtani *(kocsival)* to drive in [tu drájv in]

BEHAJTANI TILOS no entry for all vehicles [nó entri for ól viəklz]

behozatal importation [importésn]; *(áru)* imports [impórc]

behozatali engedély import licence [import lájszənsz]

behozni *(vmit)* to bring in [tu bring in]; *(árut)* to import [tu impórt]; **hozza be!** bring it in!

beindítani *(motort)* to start [tu sztárt]

beindulni to start [tu sztárt]

beiratkozni to enrol [tu enról]

beírni to write in [tu rájt in]

beismerni to admit [tu ədmit]

BEJÁRAT entrance [entrənsz], way in [véj in]; *(kapu)* gate [gét]; door(way) [dór(véj)]

bejárónő char(woman) [csár-vumən], *(US)* cleaning woman [klíning vumən]

bejelenteni *(vendéget)* to announce [tu ənaunsz]; *(rendőrségen)* to register [tu redzsisztər]

bejelentkezés *(rendőrségen)* registration [redzsisztrésn]; *(szállodában, reptéren)* check-in [csek-in]

bejelentőlap *(rendőrségi)* registration form [redzsisztrésn form]; *(szállodában)* registry slip [redzsisztri szlip]

bejönni to come in [tu kâm in], to enter [tu entər]; **bejöhetek?** may I come in [méj áj kâm in]?; **jöjjön be!** come in [kâm in]!

bejutni to get in [tu get in]; **bejutott a döntőbe** he qualified for the finals [hi kvolifájd for də fájnlz]

béka frog

bekanyarodni *(utcába)* to turn into (a street) [tu törn into ə sztrít)]; **kanyarodjon be!** turn in [törn in]!

bekapcsolni *(ruhát)* to fasten [tu fászn]; *(áramot)* to switch on [tu szvics on]; *(rádiót)* to turn on [tu törn on]; **bekapcsolta(d)?** have you switched it on [hev ju szvicst it on]?; **be van kapcsolva** it is on [ic on]

béke peace [písz]

bekenni *(krémmel)* to put (some) cream (on it) [tu put (szâm) krím (on it)]

beköltözik moves in [múvz in]; **beköltözött** he (has) moved in [hi (hez) múvd in]

bekötni *(sebet)* to bandage [tu bendidzs]

bekötőút access road [ekszesz ród], slip-road [szlip-ród], *(US)* feeder road [fídər ród]

beküldeni to send in [tu szend in]; *(pénzt)* to remit [tu rimit]

bel- internal [intőrnl]

bele into [intu]

belebújni *(ruhába)* to slip into/on (a dress) [tu szlip intu/on e dresz]

beleegyezés consent [kənszent], approval [əprúvəl]

beleegyezni to consent [tu kənszent]

beleértve inclusive of [inklúzív ov]

beleesett has fallen into ... [hez fólən intu]

bélelt lined [lájnd]

belépés entry [entri], entrance [entrənsz]; **a ~ díjtalan** admission free [ədmisn frí]; **~kor** on entry [on entri]

belépni to enter [tu entər]

belépődíj entrance fee [entrənsz fí]

belépőjegy (admission) ticket [(ədmisn) tikit]

beleszaladni *(vmibe)* to crash/smash into [tu kres/szmes intu]

beleszámítva including [inklúding], inclusive (of sth) [inklúziv (ov szâmszing)]

beletenni to put into [tu put intu]; **beletettem a táskába** I put it into the bag [áj put it intu də beg]

belföld inland [inlənd]; **~ön** at home [et hóm]

belföldi inland [inlənd]; **~ forgalom** inland traffic [inlənd trefik]

BELFÖLDI LEVELEK inland letters [inlənd letərz]

BELFÖLDI MENETJEGYEK inland tickets [inlənd tikic]

belga Belgian [beldzsn]

Belgium Belgium [beldzsəm]

belgiumi Belgian [beldzsn]

belgyógyász internist [intörniszt]; physician [fizisn]

bélhurut diarrhoea [dájeriə]

belőle from it

belső inside [inszájd], inner [inər]; **~ gumi** inner tube [innər tyúb]; **~ sáv** (GB) outside lane [autszájd lén]; (többi ország-ban) inside lane [inszájd lén]

belsőleg (orvosságon) for internal use [for intörnəl júsz]

bélszín tenderloin [tendərlojn]

belügyek home affairs [hóm əfeerz]

belügyminisztérium Ministry of the Interior [minisztri ov di intíriər]

belül inside [inszájd], (vmin belül) within [vidin]; **24 órán ~** within 24 hours [vidin 24 auərz]

belváros city [sziti], (US) downtown [dauntaun]

bélyeg stamp [sztemp]

bélyeggyűjtő stamp collector [sztemp kəlektər]

bélyegző (hivatali) stamp [sztemp]

bemenet →BEJÁRAT

bemenni to go in [tu gó in], to enter [tu entər]; **bemegyek** I am going in [ájm góing in]; **bementek** they went in [déj vent in]

bemondó announcer [ənaunszər]

bemosás colour rinse [kálər rinsz]

bemutatni to present [tu prizent]; (vkit) to introduce (sby to sby) [tu intrəgyúsz szâmbədi tu szâmbədi] **bemutatom ... urat** this is Mr. ... [disz iz misztər ...], (US) meet Mr. ... [mít misztər]

bemutató show [só]; first night [förszt nájt]

bemutatóterem show-room [só-rúm]

béna lame [lém]

bencés Benedictine [benədiktín]

benevezés entry [entri]

benevezni to enter for [tu entər for]

benn inside [inszájd]; **ott ~** in there [in deer]; **~ van a vonat?** is the train in [iz də trén in]?

benne in it [in it]

bennszülött native [nétiv]

bent in(side) [in(szájd)]; **~ről** from within [from vidin]

benzin petrol [petrəl], *(US)* gas(oline) [gesz(əlín)]

benzinfajták grades of petrol [grédz ov petrəl]

benzinkanna petron can [petrəl ken]

benzinkút filling/petrol station [filing/petrəl sztésn], *(US)* gas station [gesz sztésn]; *(szervizzel)* service station [szörvisz sztésn]

benzinkútkezelő filling station attendant [filing sztésn ətendənt]

benzinmotor petrol engine [petrəl endzsin]

benzinszivattyú fuel pump [fjuəl pâmp]

benzintartály petrol tank [petrəl tenk], *(US)* gas tank [gesz tenk]

benzinutalvány petrol coupon [petrəl kúpən]

benyomás impression [impresn]; **jó ~t kelt** makes a good impression [méksz ə gud impresn]

benyomni to press in [tu presz in]; **nyomja be a gombot!** press the button [presz də bâtn]!

benyújtani to hand in [tu hend in]

beoltani to inoculate [tu inokjulét]; *(himlő ellen)* to vaccinate [tu vekszinét]

bepiszkolódik is getting dirty [iz geting dörti]

bepúderezni to powder [tu paudər]

bér *(munkásé)* wage(s) [védzs(iz)], pay [péj]; *(bérleményé)* rent [rent]

berakni to put in [tu put in]; *(árut kocsiba)* to load (goods) [tu lód (gudz)]

bérautó rental car [rentl kár]; **~ vezetővel** chauffeur-driven hired car [sófər-drivn hájərd kár]; **~ vezető nélkül** self-drive car [szelf-drájv kár]

bérbe adni *(házat)* to let [tu let]; *(szobát)* to rent (to); *(autót)* to hire out [tu hájər aut]

bérbeadó, bérelhető for hire [for hájər]

bérelni *(lakást)* to rent; *(autót)* to hire [tu hájər]; **hol bérelhetek ...?** where can I rent [veer ken áj rent] ...?

bérelt gépkocsi rental car [rentl kár]

bérelt repülőgép chartered aeroplane [csártərd eerəplén]

berendezés *(lakásban)* furniture [förnicsər]; *(üzemben)* equipment [ikvipmənt]

bérház block of flats [blok ov flec], *(US)* apartment house [əpártment hausz]

bérlet *(színház, hangverseny)* subscription [szábszkripsn]; *(közlekedési)* season(-ticket) [szízn(tikit)], pass [pász]; *(Londonban)* travel-card [trevl-kárd]

bérleti díj rental [rentl]

bérletjegy season ticket [szízn tikit]

bérlő *(lakásé)* tenant [tenənt]

bérmentve post-free [pószt-frí]

berúgott he got drunk [hi got dránk]

besorolás (sávba) getting into lane [geting intu lén]

besorolni (sávba) to get into lane [tu get intu lén]

beszállás getting in/on/into [geting in/on/intu], boarding (a train/plane/ship) [bórding (e trén/plén/sip)]; **~!** take your seats [ték jor szíc]!, *(hajóba)* all aboard [ól əbórd]!

beszállni *(vonatba)* to get on (the train) [tu get on (də trén)]; *(autóba)* to get into (a car) [tu get intu (e kár)]; *(hajóba)* to embark/board (a ship) [tu imbárk/bórd (e sip)]; *(repülőgépbe)* to board (an aeroplane)]; [tu bórd (en eerəplén)]

beszállókártya boarding card [bórding kárd]

beszámítani to include [tu inklúd]

beszámolni to give account (of) [tu giv əkaunt (ov)]

beszámoló account [əkaunt]

beszéd speech [szpícs]; ~**et mondott** he made a speech [hi méd e szpícs]

beszedni *(pénzt)* to collect [tu kəlekt]

beszélgetés conversation [konvərszésn], chat [cset]; ~**t folytatott** he had talks with [hi hed tóksz wid]

beszélgetni *(vkivel)* to talk (with sby) [tu tók (vid szâmbədi)]

beszélni *(vkivel)* to speak (to sby) [tu szpík (tu szâmbədi)]; **beszél vmiről** to speak about sth [tu szpík əbaut szâmszing]; **beszél ön angolul?** do you speak English [du ju szpík inglis]?; **beszélhetnék vele?** can I speak to him [ken áj szpík tu him]?; **tessék** ~! *(telefonon)* you are through [ju ár szrú]!; **ki beszél?** *(telefonban)* who is speaking? [hu iz szpíking]?; **az beszél!** *(telefonban)* speaking [szpíking]!

beszerezni to get [tu get], to obtain [tu əbtén]

betakarni to cover up [tu kâvər âp]

betartani *(szabályt)* to keep [tu kíp]

beteg 1. ill [il], sick [szik]; ~ **vagyok** I am ill [ájm il] **2.** *(orvosé)* patient [pésənt]

betegbiztosítás health insurance [helsz insúrənsz]

betegség illness [ilnisz], disease [dizíz]

betegszállító kocsi ambulance car [embjulənsz kár]

betegszoba sick-room [szik-rúm]

betét *(pénz)* deposit [dipozit]; *(golyóstoll)* refill [rífil]

betétlap inset (leaf) [inszet (líf)]

betiltani to ban [tu ben]

beton concrete [konkrít]

betorkolló út feeder road [fídər ród]

betömni *(fogat)* to stop [tu sztop]

betörni *(ablakot)* to break in [tu brék in]; *(betörő)* to break into (a house) tu brék intu (e hausz)]

betű letter [letər]

betűzni *(betűket)* to spell [tu szpel]; **kérem betűzze!** please spell it [plíz szpel it]!

beutalni *(kórházba)* to send (to a hospital) [tu szend (tu e hoszpitl)]

beutazás entry [entri]
beutazni *(országba)* to enter (a country) [tu entər (e kântri)]; *(területet)* to tour [tu túr]
beutazóvízum entry visa [entri vizə]
beütöttem a fejemet I bumped/hit my head [áj bâmpt/hit máj hed]
bevallani to confess [tu kənfesz]
beváltani *(pénzt)* to exchange [tu ikszcséndzs]; *(csekket)* to cash [tu kes]; *(ígéretet)* to keep [tu kíp]; **beváltható** can be cashed [ken bí kest]
beváltási árfolyam rate of exchange [rét ov ikszcséndzs]
bevándorló immigrant [imigrənt]
bevándorolni to immigrate [tu imigrét]
bevásárlótáska shopping bag [soping beg]
bevásárlóközpont shopping centre [soping szentr], hypermarket [hájpəmárkit]
bevásárlónegyed shopping area [soping eeriə]
bevásárlóutca shopping street [soping sztrít]
bevásárolni to do some shopping [tu dú szâm soping]; ~ **megy** to go shopping [tu gó soping]
bevenni *(ruhából)* to take in (a dress) [tu ték in (e dresz)]; *(orvosságot)* to take (medicine) [tu ték (medszin)]; **vegyen be belőle kettőt** take two [ték tú]
bevétel income [incəm]
bevezetni *(helyiségbe)* to show in [tu só in]; *(társaságba)* to introduce [tu intrəgyúsz]
bevezető introduction [intrədâksn]
bevinni to take (in)to [tu ték (in)tu]; **bevinne, kérem a városba?** could you, please, take me to the city [kud ju, plíz, ték mí tu də sziti]?
bevonni to draw in [tu dró in]; **bevonták a jogosítványát** his driving licence was withrawn [hiz drájving lájszənsz voz vidrón]
bevontatni to tow in [tu tó in]
bezárni *(ajtót)* to close [tu klóz]; *(kulccsal)* to lock up [tu lok âp]

bezárólag inclusive (of) [inklúsziv (ov)]; **április 20-tól május 5-ig**
~ from April 20th to May 5th inclusive [from éprəl də
tventiisz tu méj də fifsz inklúsziv]
bezárva closed [klózd]
BHÉV = *Budapesti Helyiérdekű Vasút (Suburban Railways of
Budapest)*
biblia the Bible [də bájbl]
bicikli bicycle [bájszikl], bike [bájk]
biciklipumpa bicycle pump [bájszikl pâmp]
biciklizni to ride a bicycle [tu rájd e bájszikl]
bicska pocket/pen-knife [pokit/pen-nájf]
bifsztek beefsteak [bíf-szték]
bika bull [bul]
bikavér *(bor)* bull's blood [bulz blâd]
bikini bikini
biliárd billiards [biljədz]
billentyű key [kí]
bimbó bud [bâd]
bír *(vmit elviselni)* to bear (sth) [tu beer szâmszing]; **nem bírom
megcsinálni** I am unable to do it [ájm ânébl tu dú it]; **nem ~ja
a gyomrom** it disagrees with me [it diszəgríz vid mí]
birka sheep [síp]
birkahús mutton [mâtn]
birkózás wrestling [reszling]
bíró judge [dzsâdzs]; *(sportban)* referee [refərí], umpire [âm-
pájər]
bíróság (law)-court [(ló)kórt]
bírság fine [fájn]; **~ot kiszabni** to impose a fine [tu impóz e fájn]
... **birtokosa** the owner of ... [di ónər ov ...]
BISZTRÓ bistro [bisztró], snack-bar [sznek-bár]
bízni to trust (in) [tu trâszt (in)]; **bízom benne, hogy ...** I trust
that [áj trâszt det] ...
bizományi áruház commission shop [komisn sop]
bizony certainly [szörtnli]
bizonyítás, bizonyíték proof [prúf]

bizonyítvány certificate [szətifikit]; *(iskolai)* school report [szkúl ripórt], *(US)* report card [ripórt kárd]

bizonyára surely [súrli]

bizonyos certain [szörtn]

bizonytalan(ul) uncertain(ly) [ânszörtn(li)]

bizottság committee [kəmití]

biztonság(i) safety [széfti]; ~ **öv** seat/safety belt [szít/széfti belt]; ~ **zár** safety-lock [széfti-lok]

biztos(an) sure(ly) [súrli], certain(ly) [szörtnli]

biztosítani *(vmi ellen)* to insure (against sth) [tu insúr (əgenszt számszing)]; *(vkit vmiről)* to assure (sby) [tu əsúr (szâmbədi]; *(szerezni)* to secure [tu szikjúr]; *(gondoskodni vmiről)* to provide [tu prəvájd]; **szállást biztosítunk** accommodation will be provided [əkomədésn vil bí prəvájdid]

biztosítás insurance [insúrənsz]; **milyen ~a van?** how are you covered [hau ár ju kâvərd]; ~ **t kötni** to take out insurance [tu ték aut insúrənsz]

biztosítási: ~ **díj** insurance premium [insúrənsz prímjəm]; ~ **(igazoló)lap** insurance certificate/card [— szərtifikit/kárd]; ~ **kötvény** insurance policy [— poliszi]

biztosíték *(pénz)* security [szikjúriti]; *(villany)* fuse [fjúz]

biztosító(társaság) insurance company [insúrənsz kâmpəni]

a biztosított (fél) the insured (party) [di insúrd (párti)]

biztosítótű safety-pin [széfti-pin]

BKV the Budapest Public Transport Authority [dö bjúdapeszt páblik trenszpórt ószoriti]

blokk bill [bil]

blokkolásgátló ABS brake [ébíesz brék], antilock brake [entilok brék]

blúz blouse [blauz]

BNV = *Budapesti Nemzetközi Vásár* Budapest International Fair [bjúdəpeszt intərnesənl feer]

bocsánat! sorry [szori]!; ~ **ot kérek ... excuse** me for [ikszkjúz mí for ...]; ~ **a késésért** sorry to be late [szori tu bí lét]; ~, **uram, meg tudná mondani, merre van ...?** excuse me, sir, can you tell me the way to ... [ikszkjúz mí, ször, ken ju tel mí də véj tu ...]?

bódé *(utcai)* stall [sztól], stand [sztend]

bogár beetle [bítl], *(US)* bug [bâg]

bogrács stew-pot [sztyú-pot]

bográcsgulyás goulash [gúlás]

bója buoy [boj]

bók compliment [komplimənt]

boka ankle [enkl]

bokor bush [bus]

boldog happy [hepi]; ~ **új évet (kívánok)!** Happy New Year [hepi nyú jír]!

boldogság happiness [hepinisz]

bolgár Bulgarian [bâlgeeriən]

bolond *(őrült)* mad [med]

bolt shop [sop], *(US)* store [sztór]

bolti ár retail price [rítél prájsz]

boltív vault [vólt]

boltos shopkeeper [sopkípər]

bon *(áruról)* voucher [vaucsər]

bonyodalmak complications [komplikésnz]

bonyolult complicated [komplikétid]

bor wine [vájn]

borbély barber [bárbər]

borda rib [rib]; *(sertés)* chop [csop]; *(ürü, borjú)* cutlet [kâtlit]

boríték envelope [envilóp]

borjúhús veal [víl]

borjúpecsenye, borjúsült roast veal [rószt víl]

borjúpörkölt veal stew with paprika [víl sztyú vid pâprikə]

borjúszelet cutlet of veal [kâtlit ov víl]

borkóstoló *(hely)* wine shop/bar [vájn sop/bár]; *(kóstolás)* wine tasting [vájn tészting]

borogatás compress [kompresz]

borosüveg wine bottle [vájn botl]

borotva *(ön~)* safety razor [széfti rézər]; *(villany~)* (electric) razor [(ilektrik)]

borotvaecset shaving-brush [séving-brâs]

borotvahab shaving-foam [séving-fóm]

borotvakrém shaving-cream [séving-krím]

borotválás shave [sév]

borotválatlan unshaven [ânsévn]

borotválkozás shaving [séving]; ~ **előtti szer** preshave lotion [prísév lósn]; ~ **utáni szer** aftershave lotion [âftərsév lósn]

borotválkozik he is shaving [hi iz séving]

borotválni to shave [to sév]

borotvált clean-shaven [klín-sévn]

borotvapenge razor-blade [rézər-bléd]

borotvaszappan shaving-stick [séving-sztik]

borozó wine bar [vájn bár]

borpárlat brandy [brendi]

borpince wine cellar [vájn szelər]

borravaló tip [tip]; ~**val együtt** tip included [tip inklúdid]

bors pepper [pepər]

borsó peas [píz]

bortermelés wine-growing [vájn-gróing]

borús idő cloudy weather [klaudi vedər]

borzalmas horrible [horəbl]

bosszant engem it annoys me [it ənojz mí]

bot stick [sztik]

bő *(tág)* loose [lúsz]; *(ruha)* (too) wide [(tú) vájd]

bőgő double-bass [dâbl-bész]

bögre mug [mâg]

böjt fast [fászt]

bölcs wise [vájz]

bölcsességfog wisdom-tooth [vizdəm-túsz]

bőr *(élő)* skin [szkin]; *(anyag)* leather [ledər]; ~**ig ázott** was soaked to the skin [voz szókt tu də szkin]

bőrkabát leather coat [ledər kót]; *(rövid)* leather jacket [ledər dzsekit]

bőrönd suitcase [szjútkész]; *(nagy)* trunk [trânk]
börtön prison [prízn]
bőséges(en) abundant(ly) [əbândənt(li)]
bővebben in more detail [in mór ditél]
bővebbet further details [fördər ditélz]
Bp. = *Budapest* Budapest [bjúdəpeszt]
bridzsezik is playing bridge [iz pléjing bridzs]; **szokott bridzsez-
ni?** do you play bridge [du ju pléj bridzs?]
briós brioche [bríós]
brit British [british]
bronz bronze [bronz]
búcsú farewell [feervel], good-bye [gud-báj]; **~t inteni** to wave
good-bye [tu vév gud-báj]
búcsúest farewell party [feervel párti], going-away party [góing-
əvéj párti]
búcsúzás farewell [feervel]
búcsúztatni to say good-bye to ... [tu széj gud-báj tu ...]
BUÉK, B.u.é.k. →**boldog új évet (kívánok)!**
búgó hang *(telefoné)* dialling tone [dájəling tón], *(US)* dial tone
[dájəl tón]
bugyi panties [pentiz]
bukás fall [fól]
bukkanó "uneven road" [ânívn ród]
bukósisak crash-helmet [kres-helmit]
Bulgária Bulgaria [bâlgeeriə]
bunda fur-coat [för-kót]
bungaló chalet [selé], bungalow [bângəló]
burgonya potato [pətétó]; **főtt ~** boiled potatoes [bojld
pətétóz]]; **sült ~** fried potatoes [frájd pətétóz]
burgonyapüré mashed potatoes [mest pətétóz]
burgonyasaláta potato salad [pətétó szeləd]
busz bus [bâsz], *(távolsági)* coach [kócs]
buszmegálló bus stop [bâsz sztop]
buta stupid [sztyupid]
bután(gáz) butane [bjútén]

bútor furniture [förnicsər]
bútorozatlan unfurnished [ânförnist]
bútorozott furnished [förnist]; **~ szoba** lodgings [lodzsingz]
búvár diver [dájvər]
búza wheat [vít]
büdös it smells [it szmelz]
büfé *(hely)* snack bar [sznek bár]; *(színházban, pályaudvaron)* refreshments [rifresmənc]
büfékocsi *(vonaton)* refreshment car [rifreshment kár], *(külföldön: Minibar)*
büntetés punishment [pânismənt]; *(jogilag)* penalty [penəlti]
büntetni to punish [tu pânis]
bűntett crime [krájm]
bűnügyi criminal [kriminl]
büszke proud [praud]
bűvész conjurer [kândzsərər]
bűz stench [sztencs]

C

C = *Celsius* C, centigrade [szentigréd]
casco(biztosítás) (fully) comprehensive insurance [(fúli) komprihensziv insúrənsz], comprehensive motor policy [komprihensziv mótər poliszi]
CD-lemez compact disc [kəmpekt diszk], CD [szídí]
CD-lemezjátszó compact disc player [kəmpekt diszk pléjər]
cédula note [nót], slip (of paper) [szlip (ov pépər]
cég firm [főrm]
cégtábla signboard [szájnbórd]
cékla beet-root (salad) [bít-rút (szeləd)]
cél aim [éjm], object [obdzsikt]; **az utazás ~ja** purpose of journey [pőrpəsz ov dzsőrni]; **~hoz érni** to reach the destination

[tu rícs də desztinésn]; **azzal a** ~**lal, hogy** ... with the aim of [vid di ém ov] ...

célállomás destination (station) [desztinésn (sztésn)]

célfotó photo-finish [fótó-finis]

célfuvar except for access [ikszept for ekszesz]

céllövölde shooting-gallery [súting-geləri]

cellux Sellotape [szelətép], *(US)* Scotch tape [szkocs tép]

Celsius(-fok) centigrade (degree) [szentigréd (digrí)] →**függelék**

célszerű(en) expedient(ly) [ikszpídjənt(li)]

céltábla target [tárgit]

célzás hint [hint]; *(lövéshez)* aiming [éjming]

cent cent [szent]

centiméter centimetre [szentimítər]

centiméter(szalag) tape-measure [tép-mezsər]

centrum *(városé)* city centre [sziti szentr]

cérna thread [szred]

ceruza pencil [penszl]

ceruzaelem penlight battery [penlájt betəri]

cigányzene gypsy music [dzsipszi mjúzik]

cigaretta cigarette [szigəret]

cigarettázni to smoke (a cigaretta) [tu szmók (e szigəret)]

cikk article [ártikl]

cím title [tájtl]; *(hely)* address [ədresz]; **adja meg a** ~**ét!** give me your address [giv mí jor ədresz]; **Brown úr** ~**én** care of Mr. Brown, c/o Mr. Brown [keer ov misztər braun]

címke label [lébl], tag [teg]

címzett *(levélé)* addressee [edreszí]

cipelni to carry [tu keri]

cipész shoemaker [súmékər]

cipő shoes [súz]

cipőbolt shoe shop [sú sop]

cipőfűző shoelace [súlész]

cipőkrém shoe-polish [sú-polis]

cipzár zip fastener [zip fásznər]

cirkusz circus [szörkəsz]

citrom lemon [lemən]
citromos tea lemon tea [lemən tí]
cm = *centiméter* cm, centimetre [szentimítər]
comb thigh [táj]; *(húsétel)* leg [leg]
cölöp pole [pól]
cukor sugar [sugər]
cukorbajos, cukorbeteg diabetic [dájəbetik]
cukorka sweets [szvíc], *(US)* candy [kendi]
cukrászda confectioner's shop [kənfeksnərz sop]
cukrászsütemény cakes [kéksz]
C-vitamin vitamin C

Cs

csak only [ónli]; but [bât]
csakugyan? really [ríəli]?
család family [femili]; **~nál** with a family [vid e femili]; **a kedves ~ja** your family [jor femili]
családi állapot(a) marital status [mərájtl sztétəsz]
családi név/neve surname [sőrném]
családi kedvezmény family fares/rate [femili feerz/rét]
családos with (a) family [vid (e) femili]
családtag member of a family [membe*r* of e femili]; family member [femili membər]
csalánkiütés nettlerash [netlres]
csalás fraud [fród], swindle [szvindl]
csalni to cheat [tu csít]
csalódás disappointment [diszəpojntmənt]
csap tap [tep]; **zárja el a ~ot** turn off the tap [törn óf də tep]
csapágy bearing [beering]
csapágypersely bush [bus]
csapat *(sport)* team [tím]

csapatverseny team competition [tím kompitísn]
csapolt sör draught beer [dráft bír]
csapszeg bolt [bólt]
csárda wayside inn [véjszájd in], tavern [tevərn]
csárdás czardas
csarnok hall [hól]; *(piac)* market [márkit]
császárhús lean bacon [lín békən]
csat clasp klászp]
csata battle [betl]
csatár forward [fórvərd]
csatlakozás connection [kəneksn]
csatlakozó járatok connecting flights [kənekting flájc]
csatolva enclosed [inklózd]
csatorna channel [csenl]; *(utcán)* gutter [gâtər]
csavar screw [szkrú]
csavarhúzó screw-driver [szrú-drájvər]
csavarkulcs spanner [szpenər], *(US)* wrench [rencs]
csavarmenet thread [szred]
csavarni to turn [tu tőrn]
csecsemő baby [bébi]
cseh Czech [csek]
Csehország Bohemia [bóhímiə]
csekély(ség) trifle [tráfjl]
csekk cheque, *(US)* check [csek]; ~**en átutalni** to transfer by cheque [tu transfőr báj csek]; ~**et beváltani** to cash a cheque [tu kes e csek]; ~**kel fizetni** to pay by cheque [tu péj báj csek]
CSEKKBEFIZETÉS *(postán)* postal and money orders [pósztəl end mâni órdərz]
csekkfüzet cheque/check-book [csek-buk]
csekkszámla bank account [benk əkaunt]
cselekedet act [ekt], action [eksn]
cselekmény plot
cselló 'cello [cseló]
csemege delicacy [delikəszi]

csemegebolt delicatessen (shop) [delikəteszn (sop)]
csemegebor dessert wine [dizőrt vájn]
csempe tile [tájl]
csempész smuggler [szmâglər]
csempészáru contraband (goods) [kontrəbend (gudz)]
csend! silence [szájlənsz]!
csendes(en) quiet(ly) [kvájət(li)]
Csendes-óceán the Pacific [dö pəszifik]
CSENDET KÉRÜNK! silence (please) [szájlənsz (plíz)]!
csengetni to ring the bell (tu ring də bel); **csengettek!** there was a ring at the door [deer voz e ring et də dór]
csengő bell
csepeg is dripping [iz driping], is leaking [iz líking]
csepp, csöpp drop
cseppkőbarlang stalactite cave [sztelektájt kév]
cserbenhagyás failing to stop after road accident [féling tu sztop áftər ród ekszidənt]
cserbenhagyásos gázolás hit-and-run accident [hít-end-rân ekszidənt]
csere exchange [ikszcséndzs]
cserélni to exchange [tu ikszcséndzs]; to change [tu cséndzs]
cserép tile [tájl]
cserepalack cartridge [kártridzs]
cserépkályha tile stove [tájl sztóv]
cseresznye cherry [cseri]
cserkész (boy) scout [(boj) szkout], *(lány)* girl guide [görl gájd], *(US)* girl scout
csésze cup [kâp]
csészealj saucer [szószər]
csík stripe [sztrájp]
csíkos striped [sztrájpt]
csillag star [sztár]
csillaghajó osztály star class [sztár klász]
csillagvizsgáló observatory [əbzőrvətri]
csillapító *(szer)* sedative [szedətiv]

csinálni *(készít)* to make [tu mék], to prepare [tu pripee*r*]; **mit csinál(sz)?** what are you doing [vat á*r* ju dúing]?; **mit csináljak?** what shall I do [vat sel áj dú]?

csináltatni *(vmit)* to have (sth) made [tu hev szâmszing méd]; **csináltatott egy öltönyt** he had a suit made [hi hed e szjút méd]

csinos pretty [priti]

csíp *(paprika)* is hot [iz hot]; *(élősdi)* bites [bájc]

csipesz tweezers [tvíz*ə*rz]

csipke lace [lész]

csípő hip

csípős hot

csípőszorító girdle [g*ő*rdl]

csirke chicken [csikin]

csirkapaprikás paprika chicken [— csikin]

csizma (high) boots [(háj) bútsz]

csoda miracle [mir*ə*kl]; **nem ~ ha . . .** no wonder if . . . [no vând*ə*r if . . .]

csodálatos wonderful [vând*ə*rful]

csodálkozni *(vmin)* to wonder (at sth) [tu vând*ə*r et szâmszing]; **csodálkozom ezen** I am amazed at that [ájm *ə*mézd et det]

csodálni to admire [tu edmáj*ə*r]

csók kiss [kisz]

csokoládé chocolate [csok*ə*lit]

csókolni to kiss [tu kisz]

csókolódzni to kiss (each other) [tu kisz ícs âd*ə*r]

csókoltatom . . . give my love to . . . [giv máj lâv tu . . .]

csokor *(virág)* bunch [bâncs]

csomag parcel [párszl]; *(úti)* luggage [lâgidzs]; **egy ~ cigaretta** a pack of cigarettes [e pek ov szig*ə*rec]; **még egy ~om van!** I have another piece (of luggage), too [áj hev *ə*nâd*ə*r písz (ov lâgidzs), tú]

CSOMAGFELADÁS *(postán)* parcels and packets [párszlsz end pekic]; *(vasúti)* luggage office [lâgidzs ofisz]

csomagküldő áruház mail-order firm [mél-ó*r*d*ə*r f*ő*rm]

csomagmegőrző left-luggage office [left-lágidzs ofisz]; *(US)* baggage room [begidzs rum]
csomagolás packing [peking]; *(burkolat)* packaging [pekidzsing]
csomagolni to pack (up) [tu pek (áp)]
CSOMAGOLÓ goods here [gudz hiər]
csomagolópapír packing/brown paper [peking/braun pépər]
csomagposta parcel-post [párszl-pószt]
csomagtartó *(autóban)* boot [bút]; *(US)* trunk [tránk]; *(tetőn)* roof-rack [rúf-rek]; *(vasúti)* luggage rack [lágidzs rek]
csomó *(vmin)* knot [not]; **egy ~** *(sok)* a lot of [e lot ov]
csomópont junction [dzsánksn]; *(különszintű)* interchange [intərcséndzs]
csónak boat [bót]
csónakázás boating [bóting]
csónakház boathouse [bóthausz]
csónakkikötő landing-stage [lending-sztédzs]
csónakmotor outboard motor [autbórd mótər]
csont bone [bón]
csontfaragás bone carving [bón kárving]
csonttörés fracture [frekcsər]
csoport group [grúp]
csoportos group [grúp]; **~ utazás** group/party travel [grúp/párti trevl]
csoportvezető *(társasutazásé)* tour director/manager [túr direktər/menidzsər]
cső tube [tyúb]
csökkenni to decrease [tu díkrísz]
csökkenteni to reduce [tu rigyúsz]
csönd →csend
csöpög →csepeg
csőtészta macaroni [mekəróni]
csúcs *(hegytetőpont)* peak [pík]; *(sport)* record [rekórd]; **~ot felállítani** to set up a record [tu szet áp e rekórd]
csúcsforgalmi idő the rush hour [dö rás auər]
csúcsforgalom rushhour traffic [rásauər trefik]

csúcsíves stílus Gothic (style) [gotik (sztájl)]
csuka *(hal)* pike [pájk]
csukló wrist [riszt]
csuklom I have the hiccups [ájv də híkâpsz]
csuklya hood [hud]
csúnya ugly [âgli]
csupán only [ónli]
csuromvizes soaking wet [szóking vet]
csúszásmentes gumiabroncs nonskid tyre [nonszkid tájər]
csúszik *(út)* ... is slippery [... iz szlipəri]
csúszós slippery [szlipəri]
csütörtök Thursday [sző́rzdi]; ~**ön** on Thursday [ən sző́rzdi]

D

D = *dél* S, south [szausz]
dacára in spite of [in szpájt ov]; ~ **hogy** although [óldó]
dagály flood [flâd]; high tide [háj tájd]
daganat *(külső)* swelling [szveling]; *(belső)* tumour [tyumər]
dal song [szong]
dallam tune [tyún], melody [melodi]
dán Danish [dénis], *(ember)* Dane [dén]
Dánia Denmark [denmárk]
dara semolina [szeməlínə]
darab piece [písz], *(színdarab)* play [pléj]; ~**ja**, ~**onként** a piece [e písz]
darálni to grind [tu grájnd]
daráló grinder [grájndər]
darált hús minced meat [minszt mít]
darázs wasp [voszp]
datolya date [dét]
dátum date [dét]

dauer perm(anent wave) [pörm(ənənt vév)]

db. = *darab* pc., piece [písz]

de. = *délelőtt* (in the) morning [(in də) mórning], a.m. [éj-em]

de but [bât]

dec., december Dec., December [diszembər]; ~**ben** in December [in diszembər]

deci decilitre, *(US)* deciliter [deszilítər]

defekt defect [difect], breakdown [brékdaun]; *(gumié)* puncture [pânkcsər], blowout [blóaut]; ~**et kaptam** I had a puncture [áj hed e pânkcsər]

dehogy! by no means [báj nó mínz]!

deka decagram(me) [dekəgrem]

dél *(napszak)* noon [nún]; *(égtáj)* south [szausz]; ~**ben** at noon [et nún]; ~**en** in the south [in də szausz]

Dél-Amerika South-America [szausz-əmerikə]

dél-amerikai South-American [szausz-əmerikən]

delegáció delegation [deligésn]

délelőtt (in the) morning [(in də) mórning]; **ma** ~ this morning [disz mórning]; ~ **10-kor** at 10 (o'clock) in the morning [etten (ə'klok) in də mórning]

Dél-Európa Southern-Europe [szâdərn-júrəp]

déli *(napszak)* noon [nún]; *(égtáj)* southern [szádərn]

délibáb mirage [mirázs]

déligyümölcs tropical fruits [trópikəl frúc]

Déli pályaudvar Budapest South (Railway Station) [-szausz (rélvéj sztésn)]

délkelet south-east [szausz-íszt]

délnyugat south-west [szausz-veszt]

délután (in the) afternoon [(in di) áftərnún]; **ma** ~ this afternoon [disz áftərnún]

délutáni előadás matinée [metiné]

demokrácia democracy [dimokrəszi]

demokrata democratic [deməkretik]

demokratikus democratic [deməkretik]

dér frost [froszt]

derékfájás backache [bekék]
derékszögben at right angles [et rájt englsz]
derelye *(étel)* jam pockets [dzsem pokicc]
derült *(ég)* clear [klír]
deszka board [bórd]
desszert dessert [dizört]
desztillált víz distilled water [disztild vótər]
detektív detective [ditektiv]
detektívregény detective story [ditektiv sztóri]
deviza foreign exchange [forin ikszcséndzs]
devizaárfolyam (rate of) exchange [(rét ov) ikszcséndzs]
devizaengedély exchange permit [ikszcséndzs pörmit]
devizakorlátozások currency restrictions [kârənszi risztriksnz]
devizarendelkezések foreign exchange regulations [forin ikszcséndzs regjulésnz]
dezodor deodorant [dioudərənt]
dia slide [szlájd]
diafilm filmstrip [filmsztrip]
diagnózis diagnosis [dájəgnószisz]
diák school-boy [szkúl-boj]; *(lány)* school-girl [szkúlgörl]; *(főiskolás)* student [sztyúdənt]
diákcsere student exchange [sztyúdənt ikszcséndzs]
diakeret slide-frame [szlájd-frém]
diákigazolvány student card [sztyúdənt kárd]
diákjegy student('s) ticket [sztyúdənt(c) tikit]
diákkedvezmény student rate [sztyúdənt rét]
diákszálló (students') hostel [(sztyúdənc) hosztl]
diavetítő slide projector [szlájd prodzsektər]
dicséret praise [préz]
dicsőség glory [glóri]
diéta diet [dájət]; **diétát tart** is on a diet [iz on e dájət]
differenciál(mű) differential (gear) [difərensl (gíər)]
díj fee [fí]; *(elnyerhető)* prize [prájz]
díjazás *(fizetés)* payment [péjmənt] *(sport)* award(ing) [əvórd(ing)]

díjkedvezmény fare reduction [feer ridâksn]
díjkiosztás prize giving [prájz giving]
díjköteles subject to dues/fees [szâbdzsikt tu gyúsz/fíz]
díjlovaglás dressage test [dreszidzs teszt]
díjmentes(en) free [frí]
díjnyertes prize-winning [prájz-vining]
díjszabás tariff [terif]
díjtalan(ul) free of charge [frí ov csárdzs]
díjtételek fares [feerz]
díjugratás show-jumping [só-dzsâmping]
dinamó dynamo [dájnəmó]
dinnye melon [melən]
dió nut [nât]
diótörő nutcracker [nâtkrekər]
diploma diploma [diplómə], degree [digree]
diplomata diplomat [dipləmet]
dísz ornament [órnəment]
díszelőadás gala performance [gálə perfórmənsz]
díszemelvény grandstand [grenctend]
díszíteni to decorate [tu dekorét]
diszkó disco [diszkó]
diszkontáruház discount shop/store [diszkâunt sop/sztór]
diszkoszvetés throwing the discus [szróing də diszkâsz]
disznó pig, (hús) pork [pórk]
disznótoros (vacsora) home-made mixed sausages [hóme-méd mikszt szoszidzsisz]
díszszemle dress parade [dresz pəréd]
dísztárcsa (ornamental) hub cap/cover [(órnəmentl) hâb kep/kâvər]
dísztárgy fancy goods [fenszi gudz]
díszvacsora banquet [benkvit]
dívány couch [kaucs], divan [diven]
divat fashion [fesn]
divatáru (férfi) men's wear [menz veer], (női) ladies' wear [lédiz veer]

divatbemutató fashion show [fesn só], dress-show [dresz-só]
divatlap fashion paper [fesn pépər]
divatos fashionable [fesnəbl]
dízelmotor diesel engine [dízəl endzsin]
dízelolaj diesel oil [dízəl ojl]
DK = *délkelet* SE, south-east [szausz-íszt]
dkg = *deka(gramm)* decagram [dekəgrem]
dl = *deci(liter)* decilitre, *(US)* deciliter [deszilitər]
DNy = *délnyugat* SW, south-west [szausz-veszt]
dob drum [drâm]
dobni to throw [tu szró]; **~jon be egy érmét!** insert a coin [inszört e kojn]!
dobogó platform [pletform]
dobos drummer [drâmər]
dobostorta layer cake [léjər kék]
doboz box [boksz]
dobozos sör canned beer [kend bír]
dohány tobacco [təbekó]
DOHÁNYBOLT tobacconist's (shop) [təbekəniszc (sop)]
dohányozni to smoke [tu szmók]; **dohányzik?** do you smoke? [du ju szmók]?
DOHÁNYOZNI TILOS! no smoking [nó szmóking]!
DOHÁNYZÓ *(szakasz)* smoker [szmókər], smoking compartment [szmóking kəmpártment]; *(szoba)* lounge [laundzs]
dokk dock [dok]
doktor doctor [dâktər]
dolgozik is working [iz vörking]; **gyárban ~** he works in a factory [hi vörksz in a fektəri]; **hol ~?** where do you work [veer du jú vörk]?
dolgozni to work [tu vörk]
dollár dollar [dolər]
dolog *(munka)* work [vörk]; *(ügy)* business [biznisz]; *(tárgy)* thing [szing]; **dolgom van** I am busy [áj em bizi]; **sok a dolga** he is (very) busy [hi iz (veri) bizi]
dóm cathedral [kəszidrəl]

dominikánus Dominican [dəminikən]
domb hill [hil]
dombormű relief [rilíf]
dönteni to decide [tu diszájd]
döntés decision [diszizsn]
döntetlen *(sp)* draw [dró]; ~**re végződött** it ended in a draw [it endid in e dró]
döntő *(sport)* final(s) [fájnəl(z)]
dr., Dr. = *doktor* Dr., doctor [daktər]
drága expensive [ikszpensiv]; *(személy)* dear [dír]
drágakő precious stone [presəsz sztón]
dráma drama [drámə]
drapp beige [bézs]
drót wire [vájər]
drótkötélpálya cable-railway [kébl-rélvéj]
du. = *délután* afternoon [áftərnoon], p.m. [pí-em]
dudálni to sound the horn [tu szaund də hórn]
dugattyú piston [pisztən]
dugattyúgyűrű piston-ring [pisztən-ring]
dugó *(parafa)* cork [kórk]; *(villany)* plug [plâg]
dugóhúzó corkscrew [kórk-szkrú]
Duna Danube [denyúb]
Dunakanyar the Danube bend [də denyúb bend]
Dunántúl Transdanubia [trenszdənyúbiə]
a **Dunaparton** on the Danube embankment [on də denyúb əmbenkment]
dunyha eiderdown [ájdərdaun]
dupla double [dâbl]; *(kávé)* espresso coffee [eszpreszó cofi]
duplaágy double bed [dâbl bed]
dúr major [médzsər]
durrdefekt burst tyre [börszt tájər], blow-out [bló-aut]
durva rough [râf]; *(anyag)* coarse [kórsz]; *(viselkedés)* rude [rúd]
düh rage [rédzs]
dühös furious [fjúriəsz]

Dzs

dzseki jacket [dzsekit]
dzsem jam [dzsem]
dzsessz jazz [dzsez]

E, É

e, ez this [disz]; **e héten** this week [disz vík]
É = *észak* N., North [norsz]
ebbe! in(to) this (one) [in(tu) disz (van)]!
ebben in this (one) [in disz (van)]
ebből! out of this (one) [aut ov disz (van)]!
ebéd lunch [láncs]
ebédelni to dine [tu dájn], to have dinner/lunch [tu hev dinər/láncs]; **ebédelt már?** have you had lunch [hev ju hed láncs]?
ebédlő dining-room [dájning-rúm]
ebédszünet lunch break [láncs brék]
ébren van is up [iz áp]
ébreszteni to waken [tu vékn]; **ébresszen 7-kor!** wake me at 7 [vék mí et szevn]!
ébresztőóra alarm-clock [əlárm-klok]
ecet vinegar [vinigər]
ecetes uborka pickled cucumber [pikld kjúkâmbər]
ecset brush [brâs]
eddig *(idő)* so far [szó fár]; *(hely)* to this place [tu disz plész]
edény(ek) dish(es) [dis(iz)]
édes sweet [szvít]; *(személyről)* dear [dír]
édesítőszer sweetener [szvítənər]
édesség sweets [szvic]

édességbolt sweet shop [szvit sop], *(US)* candy store [kendi sztór]

édesvízi fresh-water [fres-vótər]

edzés *(sport)* training [tréning]

edző coach [kócs]

edzőcipő trainers [trénərz]

edzőtábor training camp [tréning kemp]

ég¹ sky [szkáj]

ég² is burning [iz börning]; ~**ett a villany** the light was on [də lájt voz on] →**égni**

egér mouse [mausz]; **egerek** mice [májsz]

égési seb burn [börn]

egész whole [hól]; *(mind)* all [ól]; ~ **idő alatt** all the time [ól də tájm]; ~ **nap** all day (long) [ól déj (long)]; ~ **napos** all-day [ól-déj]; ~ **hideg van** it is rather chilly [ic rádər csili]

egészen quite [kvájt]

egészségére! *(iváskor)* your health [jor helsz]!, here is to you [hírz tu jú]!; *(tüsszentéskor)* bless you [blessz jú]!

egészséges healthy [helszi]

egészségi állapot state of health [sztét ov helsz]

egészségtelen unhealthy [ânhelszi]

egészségügyi betét sanitary pad [szenitəri ped]; ~ **papír** toilet paper [tojlit pépər]

éghajlat climate [klájmit]

égni to burn [tu börn] →**ég**²

égő 1. *(villanykörte)* (electric) bulb [(ilektrik) bâlb] 2. *(lángoló)* burning [börning]

egres gooseberry [gúzbəri]

egy 1. one [van]; ~**kor** *(13ʰ, 1ʰ)* at one o'clock [et van əklok]; ~**re** by one o'clock [báj van əklok] 2. *(névelő)* a, an [e, en]

egyágyas szoba single bedroom [szingl bedrúm]

egyáltalán at all [et ól]; ~ **nem** not at all [not et ól]

egyben *(egyúttal)* at the same time [et də szém tájm]

egyéb other [âdər]; **egyebek között** among others [əmâng âdərz]

egyébként otherwise [âdəvájz]

egyedül alone [əlón]
egyelőre for the time being [for də tájm bíing]
egyén individual [indivigyuəl]; person [pörszn]
egyenes straight [sztrét]; **~en előre!** straight ahead [sztrét əhed]!; **~en tovább!** straight on [sztrét on]!
egyenetlen uneven [ânívn]
egyéni(leg) individual(ly) [indivigyuəl(i)]
egyenként one by one [van báj van]
egyenlő equal (to) [íkvəl (tu)]
egyenruha uniform [júniform]
egyensúly balance [belənsz]
egyes, egypárevezős scull [szkâl]
egyesek some [szâm]
egyes számú szoba room number 1 [rum nâmbər van]
egyesülés union [junjən]
egyesület society [szəszájəti], *(sport)* club [klâb]
egyesült united [júnájtid]; **az Egyesült Államok** the United States [di júnájtid sztéc]; **az Egyesült Királyság** the United Kingdom [di júnájtid kingdəm]
egyetem university [júnivőrsziti]
egyetemes universal [junivőrszəl]
egyetemi hallgató university student [júnivőrsziti sztyúdənt]; **~ tanár** (university) professor [-prəfesər]
egyetlen only [ónli]
egyezmény agreement [əgrímənt]
egyforma the same [də szém]; uniform [júniform]
egyharmad one third [van szőrd]
egyház (the) Church [(də) csőrcs]
egyhetes one week's [van víksz]
egyidejűleg simultaneously [szimэlténjəszli]
egyidős velem he is my age [hí iz máj édzs]
egyikük one of them [van ov dem]
egyirányú közlekedés one-way traffic [van-véj trefik]
egyirányú utca one-way street [van-véj sztrít]
egy ízben once [vansz], on one occasion [on van əkézsn]

egymással with one another [vid van ənâdər]
egymást one another [van ənâdər]
egymás után one after the other [van áftər di âdər]
egynapos kirándulás day excursion [déj ikszkőrsn]
egynapos kirándulójegy one-day return ticket [van-déj ritőrn
tikit]
egynegyed one fourth [van forsz]
egyre inkább more and more [mór ənd mór]
egyrészes fürdőruha one-piece costume [van-písz kosztyúm]
egység unit [júnit]
egységár flat price [flet prájsz]
egységes uniform [júnifórm]; ~ **kocsiosztály** one class only [van
klász ónli]
egyszer once [vansz]
egyszeri átutazás single transit [szingl trenszit]
egyszeri utazás single journey [szingl dzsőrni]
egyszeri utazásra szóló jegy single ticket [szingl tikit], *(US)* one-
way ticket [van-véj tikit]
egyszerre *(hirtelen)* all at once [ól et vansz]
egyszerű simple [szimpl]
egyszerűen simply [szimpli]
egyszínű plain (coloured) [plén (kâlərd)]
egyszobás one-room [van-rúm]
egyúttal at the same time [et də szém tájm]
együtt together (with) [təgedər (vid)]
együttes collective [kəlektiv]; *(művészeti)* ensemble [ánszámbl]
együttműködés collaboration [kəlebərésn], co-operation
[kóopərésn]
együttvéve all together [ól təgedər]
éhen halok! I a starving [ájm sztárving]!
éhes hungry [hângri]
ehetetlen uneatable [ânítəbl]
éhgyomorra on an empty stomach [on en emti sztâmək]
ehhez to this [tu disz]
éhség hunger [hângər]

éjfél midnight [midnájt]; **~kor** at midnight [et midnájt]
éjjel at night [et nájt]; **egész ~** all night [ól nájt]
éjjeli mulató night club [nájt kláb]
éjjeli szállás accommodation for the night [əkomədésn for də
    nájt]
éjjeli ügyelet all-night service [ól-nájt szörvisz]; *(orvosi)* night
    duty [nájt gyúti]
éjjel-nappal day and night [déj ənd nájt], *(nyitva)* round the
    clock [raund də klok]
éjjelre for the night [for də nájt]
éjszaka night [nájt]; **egy éjszakára** for one night [for van nájt]; **jó**
    éjszakát good night [gud nájt]! →**éjjel**
éjszakai: ~ díjszabás night rate [nájt rét]; **~ élet** night life [nájt
    lájf]; **~ lokál** night club [nájt kláb]; **~ vonat** night train [nájt
    trén]
ék wedge [vedzs]
ÉK = *északkelet* NE, north-east [norsz-íszt]
ekcéma eczema [ekszímə]
eke plough, *(US)* plow [plau]
ekkor then [den]
ekkora this size [disz szájz]
ekkorra by this/that time [báj disz/det tájm]
ékszer jewel [dzsúəl]
ékszerész jeweller [dzsúələr]
ékszíj V-belt [ví-belt], fan-belt [fen-belt]
el away [əvéj]
él[1] lives [livz]; **külföldön ~** he lives abroad [hi livz əbród] →**élni**
él[2] →**éle**
eladás sale [szél]; **~ra** for sale [for szél]
eladási ár selling price [szeling prájsz]
eladni to sell [tu szel]; **eladta** he sold it [hi szóld it]
eladó 1. *(áru)* on sale [on szél] **2.** *(férfi, nő)* shop-assistant [sop-
    əszisztənt]
elágazás junction [dzsánksn], *(úté, folyóé)* parting [párting]
elájult has fainted [hez féntid]

elakadás *(autó)* breakdown [brékdaun]

elakadásjelző háromszög warning triangle [vórning trájengl]

elakadni *(autó)* to break down [tu brék daun]; **elakadt** has broken down [hez brókn daun]

eláll *(abbamarad)* stops [sztopsz]; **~t az eső** it stopped raining [it sztopt réning]; *(étel)* will keep [vil kíp]; **~ja az utat** is blocking the way [iz bloking də véj]

elállítani to stop [to sztop]

elállni to stop →**eláll**

elalszik: elaludt *(személy)* he fell asleep [hi fel əszlíp]; *(lámpa, tűz)* went out →**elaludni**

elaludni to go to sleep [tu gó tu szlíp], to fall asleep [tu fól eszlíp]

elárusító →**eladó 2.**

elbeszélés story [sztóri]

elbeszélgetni to have a chat [tu hev ə cset]

elbúcsúzni to say good-bye [tu széj gud-báj]; **búcsúzzon el tőle** say good-bye to her [széj gud-báj tu hör]

elbűvölő charming [csárming]

elcserélni to exchange [tu ikszcséndzs]

elcsúsztam (és elestem) I have slipped (and fallen) [áj hev szlipt (end fólən)]

eldobható *(egyszer használatos)* disposable [dizpózəbl]

eldobni to throw away [tu szró əvéj]

eldönteni to decide [tu diszájd]

elé in front of [in front ov]; **a ház ~** in front of the house [in front ov də haus]; **kimenni vki ~ az állomásra** to meet sby at the station [tu mít sâmbədi et də sztésn]

éle *(késé)* edge [edzs]; *(nadrágé)* crease [krísz]

elég enough [ináf]; **~ jól** fairly well [feerli vel]; **köszönöm ~!** thanks, that will do [szenksz, det vil dú]!

elegáns elegant [eligənt], smart [szmárt]

elégedett content [kəntent]

elégedetlen discontented [diszkəntentid]

elegendő enough [ináf]

az **eleje** the beginning [də bigining]

eléje in front of ... [in front ov]

elejteni *(tárgyat)* to drop [tu drop], *(vadat)* to kill [tu kil]; *(tervet)* to give up [tu giv âp]; **elejtettem!** I dropped it [áj dropt it]

elektromérnök electrical engineer [ilektrikəl endzsinír]

elektromos electric(al) [ilektrik(ə)l]

elektromosság electricity [ilektrisziti]

elektronikus electronic [ilektronik]

élelem food [fúd]; ~**mel ellátni** to provide with food [tu prəvájd vid fúd]

élelmiszer foodstuffs [fúd-sztâfsz]

élelmiszerbolt grocer's [grószərz]

élelmiszer-áruház food store(s) [fúd sztór(z)]

elem battery [betəri]

elém in front of me [in front ov mi]

elemes battery(-operated) [betəri(-opərétid)]

elengedhetetlen indispensable [indiszpenszəbl]

elengedni to let go/slip [tu let gó/szlip]; **engedjen el!** let me go [let mi gó]

élénk lively [lájvli]

elérni *(átv is)* to reach [tu rícs]; **elérjük a vonatot?** can we make/catch the train [ken vi mék/kecs də trén]?

éles sharp [sárp]; *(fény)* strong [sztrong]

elesni to fall (down) [tu fól (daun)]; **elestem** I have had a fall [ájv hed ə fól]

élet life [lájf]; ~**be lépett** came into force [kém intu fórsz]; ~**ben maradt** he survived [hí szəvájvd]

életbevágó vital [vájtl]

életbiztosítás life insurance [lájf insúrənsz]

életkor age (of life) [édzs (ov lájf)]

életszínvonal living standards [living sztendərdz]

ÉLETVESZÉLY! danger [déndzsər]!

eleven alive [əlájv]

elfáradni to get tired [tu get tájərd]; ~**tam** I am tired [ájm tájərd]

elfelejteni to forget [tu forget]; ~**ettem** I forgot [áj forgot]

elférünk there is place for all of us [deerz plész for ól ov âsz]

elfogadni to accept [tu əkszept]; **fogadja el emlékül** keep it as a souvenir [kíp it ez ə szúvənír]

elfoglalni to occupy [tu okjupáj]; **el van foglalva** *(ember)* is busy [iz bizi]; *(ülőhely)* is occupied/taken [iz okjupájd/tékn]; **túl sok helyet foglal el** it takes up too much room [it téksz âp tú mâcs rúm]

elfoglalt *(ember)* busy [bizi]

elfogyasztott consumed [kənszjúmd]

elfogyott *(áru)* is sold out [iz szóld aut]; *(étel, pénz)* there is no more [deerz nó mór]

elforgatni to turn [tu törn]

elgázolni *(járművel)* to run over [tu rân óver], to hit; **elgázolta egy autó** he was hit by a car [hi voz hit báj ə kár]

elhagyni to abandon [tu əbendən]; **elhagyta a férje** her husband left her [hör hâzbənd left hör]; **elhagytam az ernyőmet** I (have) lost my umbrella [áj(v) loszt máj âmbrelə]

elhajtani to drive off/away [tu drájv óf/əvéj]

elhaladni to go by [tu gó báj], to pass [tu pász]

elhalasztani to postpone [tu posztpón], to defer [difőr]; **halasszuk el!** leet us put it off [lec put it óf]!; **az előadást ~ották** the performance was adjourned [də pərfórmənsz voz ədzsórnd]

elhallgatni to stop speaking [tu sztop szpíking]; *(eltitkol)* to conceal [tu kənszíl]

elhasználni to use op [tu júz âp]

elhatározás decision [diszízsn]; **megváltoztatta az ~át** he changed his mind [hi csénzsd hiz májnd]

elhatározni to decide [tu diszájd]; **elhatározta magát hogy** he made up his mind to [hi méd âp hiz májnd tu]

elhelyezés *(szállás)* accommodation [əkomədésn]

elhelyezni *(vhova)* to place [tu plész]; *(elszállásolni)* to accommodate [tu əkomədét], to put (sby) up [tu put (szâmbədi) âp]

elhinni to believe [tu bilív]; **nehéz ~ hogy ...** it is difficult to believe that [ic difikəlt tu bilív det] ... →**elhisz**

elhisz *(vmit)* believes (sth) [bilívz szâmszing]; **elhittem neki** I believed him [áj bilívd him]; **nem hiszem el** I do not believe it [áj dónt bilív it]; **higgye el ...** believe me [bilív mi] ... →**elhinni**

elhozni *(magával)* to bring along [tu bring əlong]; *(vhonnan)* to fetch [tu fecs]; **hozza el őt is!** bring her along too [bring hör əlong tú]!; **elhoztam!** I (have) brought it [áj (hev) brót it]

elígérkeztem már I am already engaged [ájm ólredi ingédzsd]

elindítani to start [tu sztárt]

elindulni *(vhova)* to start [tu sztárt], to leave (for) [tu lív (for)]; **elindult már?** has he left [hez hi left]?; **induljunk el!** let us start/go [lec sztárt/gó]

elintézni to arrange [tu əréndzs], to settle [tu szetl]; **intézze el, kérem** will you please arrange ... [vil ju plíz əréndzs ...]; **el van intézve** it is settled [ic szetld], it is all right [ic ól rájt]

elismerni to admit [tu ədmit]

elismervény receipt [riszít], voucher [vaucsər]

elítélni to condemn [tu kəndem]

eljárás *(hivatalos)* procedure [prəszídzsər]

eljárási költség costs [koszc]

eljegyzés engagement [ingédzsment]

éljen! hurrah [hurá]!

eljönni *(vhonnan)* to leave [tu lív]; **eljön holnap?** are you coming tomorrow [ár ju kâming təmoró]?; **eljött a könyvért** he has come for the book [hi hez kâm for də buk]

eljutni *(vhova)* to arrive (at) [tu ərájv (et)], to get (go) [tu get (tu)]; **hogy jutok el ...?** how can I get to ... [hau ken áj get tu]

elkanyarodik *(út)* turns off [törnz óf]

elkapni to catch [tu kecs]

elkelt sold out [szóld aut]

elképzelés idea [ájdiə]

elképzelni to imagine [tu imedzsin]

elkérni to ask for [tu ászk for]

elkerülő út bypass [bájpász]

elkerültük egymást we missed each other [vi miszt ícs âdər]

elkésni to be late [tu bí lét]; **ne késsen el!** do not be late [dónt bí lét]!

elkészíteni *(munkát)* to do [tu dú], *(ételt)* to prepare/make [tu pripee*r*/mék]

elkészült is ready [iz redi]; **~ a csomagolással?** have you done the packing [hev ju dân də peking]?; **~?** have you finished [hev ju fínist]?

elkezdeni to begin [tu bigin]; **elkezdett esni** it started raining [it sztá*r*tid réning]; **kezdje el!** begin (please) [bigin (plíz)]!

elkezdődik begins [biginz], starts [sztá*r*c]; **elkezdődött már?** has it begun [hez it bigân]?

elkísérni to accompany [tu əkâmpəni]

elkob(o)zás confiscation [kənfiszkésn]

elkölteni *(pénzt)* to spend [tu szpend]

elköltözni to move [tu múv]

elküldeni to send [tu szend]; **elküldtem a levelet** I (have) posted the letter [áj(v) pósztid də letər]

ellátás *(étkezés)* board [bó*r*d]; **teljes ~** full board [fúl bó*r*d]

ellátni *(vmivel)* to supply (with) [tu szəpláj (vid)], to provide (with) [tu provájd (vid)]

ellen against [əgenszt]

ellenében *(fejében)* against [əgenszt]

ellenére in spite of [in szpájt ov]

ellenérték value [veljú]

ellenezni to oppose [tu opóz]; **ellenzem** I am against it [ájm əgenszt it]

ellenkező esetben otherwise [âdərvájz]

ellenkezőleg on the contrary [on də kontrəri]

ellenőr *(vasúti)* ticket-inspector [tikit-inszpektər]

ellenőrizni to check [tu csek], to supervise [tu szjúpərvájz]; **ellenőrizze kérem ...** please check ... [plíz csek]

ellenőrzés check [csek], examination [igzeminésn], supervision [szjúpərvizsn]

ellenőrző lámpa pilot lamp [pájlət lemp]

ellenőrző szelvény counterfoil [kauntərfoil]

ellenség enemy [enimi]

ellenszolgáltatás fejében in recompense for [in rekəmpensz for]; **~ nélkül** without compensation [vidaut kompənszésn], free (of charge) [frí (ov csárdzs)]

ellenzék opposition [opəzisn]

ellopni to steal [tu sztíl]; **ellopták** was stolen [voz sztóln]

elmarad *(nem lesz)* does not take place [dâznt ték plész]; **~t** *(előadás)* has been cancelled [hez bín kenszəld]

elmegy: elmenni *(vhonnan)* to go away [tu gó əvéj], to leave [tu lív]; *(vhova)* to go to ... [tu gó tu] ...; to leave for [tu lív for]; **elmegyek** I am leaving [ájm líving]; **elment** he has left [hi hez left]; **elment az üzletbe** he went to the shop [hi vent tu də sop]; **menjünk el sétálni!** let us go for a walk [lec gó forə vók]!; **~ek érte!** I shall fetch her [ájl fecs hör]!

élmény experience [ikszpíriənsz]

elmesélni to tell [tu tell]; **meséld el mi történt!** tell me what happened [tel mí vat hepnd]!

elmondani to tell [tu tell]; **elmondta (nekem)** he told me [hi tóld mí]

elmulasztani *(megtenni)* to fail (to do sth) [tu fél (tu dú szâmszing)]; **sajnálom, hogy elmulasztottam** I am sorry to have missed it [ájm szori tu hev miszt it]

elmúlik it will pass [it vil pász]

elmúlni to pass [tu pász]

elmúlt past [pászt]; **az ~ héten** last week [lászt vík]

elnézés *(tévedés)* mistake [miszték]; **~t!** excuse me [ikszkjúz mí]!; sorry [szori]!; **~t kérek a zavarásért** excuse me for disturbing you [ikszkjúz mí for disztörbing jú]

élni to live [tu liv] →**él**

elnök president [prezident], *(konferencián)* chairman [cseermen]

elnyerni to obtain [tu əbtén]

eloltani *(villanyt)* tu switch off [tu svics óf]; *(tüzet)* to put out [tu put aut]; **oltsa el a lámpát** switch off the light, please [svics óf də lájt, plíz]!

elolvasni to read [tu ríd]; **elolvastam** I (have) read it [áj (hev) red it]

elosztó distributor [disztribjutər]

elosztófej disztributor cap [disztribjutər kep]

élő living [living]; ~ **adás** live broadcast [lájv bródkászt]

előadás *(színházi)* performance [pərfórmənsz]; *(egyetemen)* lecture [lekcsər]

előadni *(színdarabot)* to perform [tu pərfórm]; *(egyetemen)* to lecture [tu lekcsər]

előadó *(hivatalban)* executive (officer) [igzekjutiv (ofiszər)]; *(egyetemen)* lecturer [lekcsərər]

előadóművész performer [pərfórmər]; artist [ártiszt]

előállítás production [prədâksn]

előbb *(elsősorban)* first [förszt]

előbbi former [fórmər]

előcsarnok hall [hól], foyer [fojé]

elődöntő semifinals [szemifájnəlz]

előétel appetizer [epitájzər]

előfizetni *(vmire)* to subscribe (to) [szəbszkrájb (tu)]

előfizető subscriber [szəbszkrájbər]

előfordul *(vmi)* it happens (that) [it hepnsz (det)]; **az ilyesmi** ~ such things happen [szâcs szingsz hepn]

előhívatni to get it developed [tu get it diveləpt]

előírások regulations [regjulésnz]

előírt prescribed [priszkrájbd]; *(kötelező)* compulsory [kəmpâlsəri]

előjegyezni to book (in advance) [tu buk (in ədvánsz)]

előjegyzés booking [buking]; ~ **be venni** to book (in advance) [tu buk (in ədvánsz)]

előkészíteni to prepare [tu pripeer]

előkészületek arrangements [əréndzsmenc]

elöl in front

elől from before [frəm bifór]

előleg advance [ədvánsz], deposit [dipozit]

előny advantage [ədvántidzs]

előnyös advantageous [edvəntédzsəsz]

előre *(térben)* forward [fórvərd]; *(időben)* in advance [in edvánsz]; ~ **is köszönöm** thank you in advance [szenk jú in edvánsz]; ~ **fizetett** he paid in advance [hi péjd in edvánsz]

előrejelzés forecast [fórkászt]

előreláthatólag presumably [prizjúməbli]

előremenni to go ahead [tu gó ehed], to lead the way [tu líd də véj]; **előre fog menni** he will go first [hil gó förszt]

előre nem látott unforeseen [ânfórszín]

előre váltott prebooked [pri-bukt]

előszezon preseason [príszízn]

előszoba hall [hól]

először *(első ízben)* for the first time [for də förszt tájm]; ~ **is** first of all [förszt ov ól]

előtt *(idő)* before [bifór]; *(tér)* in front of [ov]

előtte before him/her/it [bifór him/hər/it]; ~ **m** before me [-mí]

elővétel *(jegyé)* advance booking [edvánsz buking]; ~ **ben megváltani** to book (in advance) [tu buk (in edvánsz)]

elővételi pénztár advance booking-office [edvánsz buking-ofisz]

elővigyázatosan with care [vid keer]

előzékeny polite [pəlájt]

előzés overtaking [óvərtéking], *(US)* passing [pászing]

előzetes *(film)* trailer [trélər]

előzetesen in advance [in edvánsz]

előzni to overtake [tu óvərték], *(US)* to pass [tu pász]; ~ **tilos!** no overtaking/passing [nó óvərtéking/pászing]!; **balról** ~ to overtake on the left [tu óvərték on də left]; **ő előzött** he overtook/passed me [hi óvərtuk/pászt mí]

előző previous [prívjəsz]

elpusztult perished [perist]

elragadó charming [csárming]

elrendezni to arrange [tu eréndzs]

elrepülni *(gép, utas, idő)* to fly (away) [tu fláj (evéj)]

elromlott is out of order [iz aut ov ordər]; **a kocsi** ~ the car broke down [də kár brók daun]; ~ **az idő** the weather has broken [də vedər hez brókn]

elrontani to spoil [tu szpojl]

elseje the first [də förszt]

első first [förszt]; ~ **emelet** first floor [förszt flór], *(US)* second floor [szeknd flór]; ~ **ízben** for the first time [for də förszt tájm]; ~ **kerék** front wheel [front víl]; ~ **osztály(ú)** first class [förszt klász]; ~ **ülés** front seat [front szít]

elsőbbség priority [prájoriti], right of way [rájt ov véj]; ~**et adni** to give way [tu giv véj], *(US)* to yield [tu jíld]

elsőbbségadás kötelező! give way [giv véj]!, *(US)* yield [jíld]!

elsőkerék-meghajtás front-wheel drive [front-víl drájv]

elsőrendű first-class [förszt-klász]

elsősegély(hely) first-aid (station) [förszt-éd (sztésn)]

elszakadt is torn [iz torn]; **elszakadtunk egymástól** we were separated [vi vőr szepərétid]

elszakítani to tear [to teer]

elszaladni tu run away [tu rân evéj]

elszállásolás accommodation [ekomədésn]

elszállásolni to put (sby) up [tu put (szâmbədi) âp]

elszállítani to transport [tu transzpórt]

elszámolás accounts [ekaunc]

eltalálni *(vhova)* to find the way to [tu fájnd də véj tu]; *(célt)* to hit (the mark) [tu hit (də márk)]

eltartani *(vkit)* tu support [tu szəpórt]

eltávolítani to remove [tu rimúv]

eltávozni to depart [tu dipárt]

eltenni to put away [tu put əvéj]

elterelés *(forgalomé)* diversion [diverzsn], *(US)* detour [ditúr]

eltérés difference [difrənsz]

eltéríteni *(gépet)* to hijack [tu hájdzsek]

elterjed is spreading [iz szpreding]

eltérni *(iránytól)* to deviate from [tu díviét from]

eltesz *(vmit)* puts away sth [puc əvéj szâmszing]; **eltetted?** have you put it away [hev ju put it əvéj]? →**eltenni**

eltévedni to get lost [tu get loszt]; **eltévedtem** I have lost my way [ájv loszt máj véj]

eltölteni *(időt)* to spend (time) [tu szpend (tájm)]

eltörni *(vmit)* to break [tu brék]; **eltörött** is broken [iz brókn]

eltűnni to disappear [tu diszəpír]; **eltűnt** has disappeared [hez diszəpírd]

elutasítani *(vkit)* to turn down/away [tu törn daun/əvéj]; *(kérést)* to refuse [tu rifjúz]

elutasító válasz refusal [rifjúzəl]

elutazás departure [dipárcsər]

elutazni to leave [tu lív]; **elutazik** is leaving [iz líving]; **holnap elutazom** I am leaving tomorrow [ájm líving təmoró]; **elutazott Londonba** he left for London [hi left for lândn]

elütni to hit [tu hit]; to knock down [tu nok daun]; **elütötték** he was hit [hi voz hit]

elvágni to cut [tu kât]; **elvágtam az ujjam** I cut my finger [áj kât máj fingər]

elvakítani to blind [tu blájnd], to dazzle [tu dezl]

elválasztani to separate [tu szepərét]

elválasztó sáv central reserve [szentrəl rizörv], *(US)* median strip [mídiən sztrip]

elvállalni to take on [tu ték on]

elválni to part [tu párt]; *(házastársak)* to divorce [tu divórsz]

elvált *(férfi, nő)* divorced [divórsz]

elvámolni to clear (goods) [tu klír (gudz)]; **van vmi ~valója?** have you anything to declare [hev ju eniszing tu dikleer]?

elvámolva duty paid [gyúti péjd]

elvégezni *(befejezni)* to finish [tu finis]; *(megtenni)* to perform [tu pərfórm], to do [tu dú]

elvenni *(vmit)* to take away [tu ték əvéj]; *(feleségül)* to marry [tu meri]; **sok időt vesz el** it takes much time [it téksz mâcs tájm]

elvesz(í)teni to lose [tu lúz]; **elveszítettem a kabátomat** I (have) lost my coat [áj(v) loszt máj kót]

elveszni to get lost [tu get loszt]; **elveszett** is lost [iz loszt]

élvezet pleasure [plezsər]

elvezetni to lead [tu líd]

élvezni to enjoy [tu indzsoj]

elvinni *(elszállítani)* to transport [tu trenszpórt]; *(vkit magával)* to take along [tu ték elong]; **elvinne kérem?** *(autós)* would you give me a lift [vud ju giv mí e lift]?; **elvitték!** it was taken (away) [it voz tékn (əvéj)]!

elvontatni to tow (away) [tu tó (əvéj)]

elzárni *(gázt)* to turn off [tu törn óf]; *(rádiót)* to switch off [tu svics óf]; *(értéket)* to lock up [tu lok âp]; **az út elzárva** road closed [ród klózd]

elzárócsap stopcock [sztopkok]

em. = *emelet* floor [flór]

ember man [men]; **~ek** people [pípl]

emelet floor [flór]; **az ~en** upstairs [âpszteerz]; **harmadik ~** third floor [szörd flór], *(US)* fourth floor [forsz flór]

emeletes autóbusz double-decker [dâbl-dekər]

emelkedik *(ár)* is rising [iz rájzing]

emelkedő *(úté)* slope [szlóp]

emelni to lift [tu lift]; *(árat)* to raise [tu réz]; *(kártyát)* tu cut [tu kât]

emelő jack [dzsek]

emelvény platform [pletfórm]

émelyeg is feeling sick [iz fíling szik]

emésztési zavar(ok) indigestion [indidzseszcsn]

emiatt this is why [disz iz váj]

emlék memory [memóri]; *(tárgy)* souvenir [szúvənir]; **~ek** *(építészeti, muzeális)* monuments [monyumənc], relics [reliksz]; **~be** as a souvenir [ez e szúvənír]

emlékbélyeg memorial stamp [memóriəl sztemp]

emlékezni to remember [tu rimembər]; **(nem) emlékszem** I (cannot) remember [áj (kánt) rimembər]

emlékeztetni to remind [tu rimájnd]

emlékmű monument [monyumənt]

emléktábla memorial tablet [memóriəl teblit]

emléktárgy souvenir [szúvənír]

emlékül as a souvenir [ez e szúvənír]

említeni to mention [tu mensn]

említésre méltó worth mentioning [vörsz mensning]

én I [áj]; **~ is!** me too [mí tú]!; **~ magam** I myself [áj májszelf]; **az ~ (könyve)m** my (book) [máj (buk)]

énbennem, éntőlem, stb. = **bennem, tőlem, stb.**

ének *(dal)* song [szong]

énekelni to sing [tu szing]; **szépen énekelt** she sang beautifully [si szeng bjútəfuli]

énekes(nő) singer [szingər]

énekkar chorus [kórəsz]; **choir** [kvájər]

energiatakarékos energy-saving [enərdzsi-széving]

engedély permission [pərmisn]

engedélyezni to permit [tu pərmit]; **(nem) engedélyezték** was (not) granted [voz (not) grántid]

engedmény *(kereskedelmi)* discount [diszkaunt], reduction (in price) [ridáksn (in prájsz)]

engedményes vásár sale [szél]

engedni to allow [elau], to permit [tu pərmit]; *(hagyni)* to let; **engedje meg kérem ...** please allow me to [plíz elau mí tu] ...

engem me [mí]

enni to eat [tu ít] →**eszik**

ennivaló food [fúd]; **valami ~(t)** something to eat [szâmszing tu ít]

ÉNy = *északnyugat* NW, north-west [norsz-veszt]

enyém mine [májn]; **az ~!** it's mine [ic májn]!; it belongs to me [it bilongz tu mí]!

enyhe mild [májld]

ennyi(t) that/so much [det/szó mâcs]

ép *(egész)* whole [hól]; *(egészséges)* healthy [helszi]

epe bile [bájl]

epegörcs bilious attack [biliəsz ətek]

eper strawberry [sztróbəri]

építeni to build [tu bild]; **építette** was built (by) [voz bilt (báj)]

építés alatt under construction [ândər kənsztrâksn]

építész architect [árkitekt]

éppen just [dzsâszt]

épület building [bilding]

épült ... built (in ...) [bilt (in...)]

ér[1] blood-vessel [blâd-veszl]

ér[2] **1.** vhová **érni** to get (to) [tu get (tu)]; **mikor ~ünk Budapestre?** when do we get/arrive to B. [ven dú vi get/erájv tu B.]? **2.** (vmeddig) reaches (up to) [rícsiz (âp tu)]; **térdig ~ a víz** the water is knee-deep [də vótər iz ní-díp] **3.** (vmit) is worth (sth) [iz wörsz (szâmszing)]

érdek interest [intriszt]; **saját ~ében** in your own interest [in jor ón intriszt]

(nem) **érdekel** I am (not) interested [ájm (not) intrisztid]; (szeretném tudni) I should like to know ... [áj sud lájk tu nó] ...; **érdekli a sport?** are you interested in sports [ár ju intrisztid in szporc]?

az **érdekeltek** the interested (parties) [di intrisztid (pártíz)]

érdekes interesting [intriszting]

érdeklődési kör field of interest [fíld ov intriszt]

érdeklődés(sel) (with) interest [(vid) intriszt]

érdeklődik (érdekli) is interested (in ...) [iz intrisztid (in)]; (tudakozódik) is inquiring (about) [iz inkvájəring (ebaut)]; **érdeklődni szeretnék** I should like to inquire (about) [áj sud lájk tu inkvájər (ebaut)]

az **érdeklődők** those interested [dóz intrisztid]

Erdély Transylvania [trenszilvénjə]

érdemes worth(-while) [vörsz(-vájl)]; **~ megnézni** (it is well) worth seeing [(it iz vel) wörsz szíing]

erdő (nagy) forest [foriszt], (kisebb) wood [vud]

eredeti original [əridzsinl], (mű) genuine [dzsenyuin]

eredetileg originally [əridzsinəli]

eredmény result [rizâlt]; **mi az ~?** (sport) what is the score [vac də szkór]?

érem medal [medl] →**érme**

éretlen (gyümölcs) unripe [ânrájp]

érett ripe [rájp]

érettségi vizsga final exam [fájnəl igzem]

érezni to feel [tu fíl]; **úgy érzem, hogy ...** I feel that [áj fíl det]
...; **hogy érzi magát?** how are you [hau ár ju]?; **jobban érzi
magát?** are you feeling better [ár ju fíling betər]?; **rosszul ér-
zem magam** I am feeling unwell [áj em fíling ánvel]

érinteni to touch [tu tâcs]

érintetlen(ül) intact [intekt]

érintkezés contact [kontekt]; **~be lépni vkivel** to get in touch
with sby [tu get in tâcs vid szâmbədi]

érk. = *érkezés* arr., arrival [erájvəl]

erkély balcony [belkəni]; *(színházi)* **első emeleti ~** dress circle
[dresz szörkl], *(US)* balcony [belkəni]; **harmadik emeleti ~**
gallery [geləri]

érkezés arrival [erájvəl]; **~emkor** on my arrival [on máj erájvəl]

érkezési oldal arrival platform [erájvəl pletfórm], arrivals
[erájvəlz]; **~ sorrendben** in order of arrival [in ordər ov
erájvəl]; **~ vágány** arrival platform [erájvəl pletfórm]

érkezni to arrive (at, in) [tu erájv (et, in)]; **a második vágányra ér-
kezik** comes in on platform two [kâmz in on pletfórm tú]; **mi-
kor érkezik?** *(vonat stb.)* when does it arrive [ven dâz it
erájv]?; **most érkeztem** I have just arrived [ájv dzsâszt erájvd];
levele érkezett there is a letter for you [deerz e letər for ju]
(az) **érkezők** (the) arrivals [(di) erájvəlz]

ÉRKEZŐ VONATOK incoming trains [inkâming trénz], ar-
rivals [erájvəlz]

érme coin [kojn]; **csak új érmével működik** new coins only [nyú
kojnz ónli]

ÉRMEBEDOBÁS insert coin [inszört kojn]

érni →ér²

ernyő umbrella [âmbrelə]

erő strength [sztrengsz]

erőfeszítés effort [efərt]

erőleves clear soup [klír szúp]

erőmű power plant [pauər plánt]

erős strong [sztrong], firm [förm]; *(fűszer)* hot; **~ebb mint ...**
stronger than [sztrongər den] ...

erőszak(kal) (by) force [(báj) fórsz]

erre *(vmire rá)* on this [on disz]; ~ **tessék!** this way, please [disz véj, plíz]!

erről *(a dologról)* about this [ebaut disz]; ~ **hallottam (már)** I have (already) heard about it [ájv (ólredi) hörd ebaut it]; ~ **jut eszembe, hogy ...** that reminds me of [det rimájndz mí ov]

erszény purse [pőrsz]

ért understands [ândərsztendz]; ~ **angolul** he understands English [hi ândərsztendz inglis]; **nem ~em!** (I) beg your pardon [(áj) beg jor párdn]?; *(érthetetlen)* I cannot understand it [áj kánt ândərsztend it]!; ~ **engem?** can you follow me [ken ju foló mí]?; ~**em!** all right [ól rájt]!

érte for it/him [for it/him]; ~ **jön** will call for her [vil kól for hör]; ~ **küldhet** you can send for it [ju ken szend for it]

érték value [veljú]

ÉRTÉKCIKKEK,   ÉRTÉKCIKK-ÁRUSÍTÁS   *(postán)* stamps, money orders, postal orders etc. [sztempsz, máni órdərz, pósztl órdərz, end szó on]

értékes valuable [veljuəbl]

értekezlet conference [konfərənsz]

ÉRTÉKMEGŐRZŐ safe deposit [széf dipozit]

értéktárgyak valuables [veljuəblz]

értéktelen worthless [vörszlisz]

értéktöbbletadó value added tax [veljú edid teksz], VAT [víéjtí]

értéktőzsde stock exchange [sztok ikszcséndzs]

értelem, értelme *(beszédé, szóé)* meaning [míning]; **értelmében** according (to) [ekórding (tu)]

értelmetlen it has no sense [it hez nó szenz]

értelmiség intelligentsia [intelidzsensziə]

érteni to understand [tu ândərsztend] →**ért**

értesíteni to inform [tu infórm]; *(hivatalosan)* to notify [tu nótifáj]; **értesítsen kérem!** please, let me know [plíz, let mí nó]!; ~ **kell a rendőrséget a balesetről** you must report the accident to the police [ju mászt ripórt di ekszidənt tu də pəlísz]

értesítés *(hivatalos)* notice [nótisz]; ~ **nélkül** without (previous) notice [vidaut (prívjəsz) nótisz]

értesülés information [infərmésn]

értünk for us [for âsz]; ~ **jön** will fetch us [vil fecs âsz]; will pick us up [vil pik âsz âp]

érvénybe lép become effective [bikâm ifektiv]

érvényben van is valid [iz velid]

érvényes valid [velid]; *(vmire)* apply to sth [epláj tu szâmszing]; **egyszeri utazásra** ~ valid for a single journey [velid for e szingl dzsőrni]; **nem** ~ not valid [not velid]; ~ **júli 16-ig** valid till July 16th [velid til dzsuláj də sziksztínsz]; ~ **útlevél** valid passport [velid pászport]

érvényesíteni *(jegyet)* to (re)confirm [tu (rí)kənfőrm]

érvényesség validity [vəliditi]

érvénytelen invalid [invelid]

érverés pulse [pâlz]

érzékeny sensitive [szenszitiv]

érzés feeling [fíling]

érzéstelenítő anaesthetic [enisztetik]

és and [end]

esedékes (is) due [(iz) gyú]

esemény event [ivent]

esernyő umbrella [âmbrelə]

eset case [kész]; **az** ~ **ben ha ...** if [if], *(US)* in case [in kész]; **ellenkező** ~ **ben** otherwise [âdəvájz]; **a legjobb** ~ **ben** at best [et beszt]

esetleg perhaps [pəhepsz]

esik *(az eső)* it is raining [it iz réning]; **vasárnapra esett** it fell on a Sunday [it fel on e szândi]

esküvő wedding [veding]

esni to fall [tu fól]; →**esik**

eső rain [rén]; **esik az** ~ it is raining [it iz réning]

esőkabát, esőköpeny raincoat [rénkót]

este evening [ívning]; **szép** ~ **(van)** a nice evening [e nájsz ívning]; ~ **6-kor** at 6 o'clock in the evening [et sziksz ə'klok in di ívning]; **előző** ~ the night before [də nájt bifór]; **késő** ~ late at night [lét et nájt]

estély evening party [ívning párti]

estélyi ruha evening dress [ívning dresz]

esti lap evening paper [ívning népər]; ~ **program** evening entertainment [ívning entəténment]

észak (the) North [(də) nórsz]

Észak-Amerika North America [nórsz əmerikə]

északi north [nórsz], northern [nórdərn]; ~ **szél** northern wind [nórdərn vind]

Észak-Írország Northern Ireland [nórdərn ájəlend]

északkelet north-east [nórsz-íszt]

északnyugat north-west [nórsz-veszt]

eszembe jutott hogy ... it occurred to me that [it əkőrd tu mí det] ...; **nem jut eszembe** I cannot think of it [áj kánt szink ov it]

eszik is eating [iz íting]; **ön mit** ~? what will you have [vat vil ju hev]?; **egyék még!** have some more [hev szám mór]! →**enni**

eszköz instrument [insztrúmənt], tool [túl]

eszméletlen(ül) unconscious(ly) [ánkonsəsz(li)]

eszpresszó espresso [eszpreszo], coffee-bar [kofibár]

észrevenni to notice [tu nótisz]; **nem vettem észre** I did not notice [áj did not nótisz]

észrevétel remark [rimárk]

étel *(ennivaló)* food [fúd]

ételbár snack bar [sznek bár]

ételkülönlegesség food speciality [fúd szpesieliti]

etetni to feed [tu fíd]

étkezde eating-place [íting plész]; *(üzemi)* canteen [kentín], *(US)* caféteria [kefitíriə]

étkezés meal [míl]; ~ **előtt** before meals [bifór mílz]; ~ **után** after meals [áftər mílz]; ~**sel** with full board [vid fúl bórd], all meals included [ól mílz inklúdid]; **szállás** ~**sel** board and lodging [bórd end lodzsing], bed and board [bed end bórd]

étkezési idő meal-time [míl-tájm]

étkezőkocsi dining car [dájning kár], diner [dájnər]

étlap menu [menyú], bill of fare [bil ov feer]; **~ szerint** à la carte [á lá kárt]

ÉTTEREM restaurant [restərón]; dining-room [dájning-rúm]

étvágy appetite [epitájt]

Europa Europe [júrəp]

európai European [júrəpíən]

év year [jiər]; **~ek óta** for many years [for meni jiərz]; **~ekkel ezelőtt** years ago [jiərz egó]; **egész ~en át** all (the) year round [ól (də) jiər raund]

évad season [szízn]

evangélikus Lutheran [luszərən]

évente, évenként yearly [jiərli], every year [evri jiər]

éves ... year(s) old [jiər(z) óld]; **hány ~?** how old is she/he [hau óld iz si/hi]?; **20 ~ vagyok** I am 20 years old [ájm tventi jiərz óld]

evezés rowing [róing]

evező oar [ór]

évforduló anniversary [enivőrszəri]

évi yearly [jiərli]

evőeszköz cutlery [kâtləri]

evőkanál (table-)spoon [(tébl-)szpún]

evőkanálnyi tablespoonful [téblszpúnful]

évszak season [szízn]

évszázad century [szencsöri]

evvel = ezzel

expresszlevél express letter [ikszpresz letər], *(US)* special delivery [szpesl dili</var>vəri]

expressz(vonat) express (train) [ikszpresz (trén)]

extra *(benzin)* extra [eksztrə]

ez this [disz]; **mi ~?** what is this [vac disz]?; **~ az!** that is it [decc it]!; **~ alatt a szék alatt** under this chair [ândər disz cseer]

ezalatt meanwhile [mínvájl]

ezek these [díz]; **~et a könyveket** these books [díz buksz]

ezelőtt ago [egó]; **két évvel ~** two years ago [tú jiərz egó] →**azelőtt**

ezenkívül besides [biszájdz]
ezer (a/one) thousand [(e/van) **tau**zǝnd]
ezért therefore [dee**r**fó**r**]; ~ **a holmiért** for these things [fo**r** díz szingz]
ezredes colonel [kő**r**ni]
ezt this [disz]; ~ **a könyvet** this book [disz buk]
ezüst silver [szilvǝ**r**]
ezzel with this [vid disz]

F

f = *fillér* filler
fa *(élő)* tree [trí]; *(anyag, tüzelő)* wood [vud]
faág branch [b**r**áncs]
fából készült made of wood [méd ov vud]
fácán pheasant [feznt]
fagy frost [fro**sz**t]
fagyálló folyadék antifreeze mixture [entif**r**íz mi**ksz**csǝ**r**], coolant [kúlǝnt]
fagyasztószekrény freezer [f**r**ízǝ**r**]
fagylalt ice-cream [ájsz-k**r**ím]
fagylaltozó *(helyiség)* ice-bar [ájsz-bá**r**]
fagypont freezing-point [f**r**ízing-pojnt]
faház chalet [selé], wooden cottage [vudn kotidzs]
fáj is aching [iz éking]; ~ **a fejem** I have a headache [ájv e hedék]; ~ **a torkom** I have a sore throat [ájv e szó**r** sz**r**ót]
fajbor vintage wine [vintidzs vájn]
fájdalom pain [pén]
fájdalomcsillapító painkiller [pénkilǝ**r**]; *(fejfájás ellen)* sth against headache [szâmszing egenszt hedék]; *(fogfájás ellen)* sth against toothache [túszék]
fájni to ache [tu ék], to hurt [tu hö**r**t]; →**fáj**

fajta kind [kájnd], sort [szórt]
fal wall [vól]
falat bite [bájt]
falatozó snack-bar [sznek-bár]
falevél leaf [líf]
falfestmény wall-painting [vól-pénting]
fali csatlakozó electrical outlet [ilektrikəl **aut**lit]; power points [**pau**ər pojnc], wall-socket [vól-szokit]
falu village [vilidzs]; ~**n** in the country [in də kântri]
fánk doughnut [dónât]
fáradjon/fáradjanak ide! kindly step this way [kájndli sztep disz véj]
fáradozásai(t) the trouble (you have taken) [de trâbl (ju hev tékn)]
fáradság trouble [trâbl]
fáradt tired [tájərd]
fáradtolaj waste oil [vészt ojl]
fáradtság tiredness [tájərdnisz]
faragott carved [kárvd]
fárasztó tiring [tájring]
farmernadrág jeans [dzsínsz]
farmotoros rear-engined [rír-endzsind]
farolás skidding [szkíding]
farsang carnival (time) [**kár**nivəl (tájm)]
fartő rump (of beef) [râmp (ov bíf)]
fasírozott meatball [mítból], hamburger (steak) [hembörgər (szték)]
fasor alley [eli]
fatányéros mixed grill [mikszt gril]
fazék pot
fázni be/feel cold [bí/fíl kóld]; **fázik** is cold [iz kóld]
febr., február February [februəri]
fecske swallow [szvoló]
fecskendő syringe [szirindzs]
fedél *(edényé)* lid [lid]

fedélzet *(hajóé)* deck [dek]; **a ~en** on board [on bórd]
fedett uszoda indoor (swimming-)pool [indór (szwiming-)púl]
fedezi a költségeket meets the expenses [mícc di ikszpensziz]
fegyver weapon [vepən]
fegyverviselési engedély gun licence [gân lájszənsz]
fehér white [vájt]
fehérbor white wine [vájt vájn]
fehér kenyér white bread [vájt bred]
fehérnemű linen [linin]; *(testi)* underwear [ândərveer]
fej head [hed]; **~enként** a/per head [e/pör hed]
fejes saláta lettuce [letisz]
fejezet chapter [cseptər]
fejfájás headache [hedék]
fejhallgató headphone(s) [hedfón(z)], *(US)* headset [hedszet]
fejlemény development [diveləpment]
fejlett developed [diveləpt]
fejlődés development [diveləpment]
fejlődni to develop [tu diveləp]
fejsze = **balta**
fejtámasz headrest [hedreszt]
fék brake [brék]
fekbér storage charge [sztóridzs csárdzs]
fékbetét brake lining [brék lájning]
fekete black [blek]; *(kávé)* black coffee [blek cofi]
fékezni to put on the brake(s) [tu put on the brék(sz)]
fékfolyadék brake fluid [brék flúid]
fekhely bed [bed], *(hajón, hálókocsin)* berth [börsz]
féklámpa brake light [brék lájt], *(US)* stoplight [sztoplájt]
féknyom skid marks [szkid márksz]
fékpedál brake pedal [brék pedl]
fékpofák brake shoes [brék súz]
fekszik is lying [iz lájing]; **influenzával ~** is down with the flu [iz daun vid də flú]; **Budapesttől keletre ~** lies east of B. [lájz íszt ov B.] →**feküdni**
féktávolság stopping distance [sztoping disztənsz]

fektetni *(vmit)* to put down [tu put daun]; *(ágyba)* to put to bed [tu put tu bed]

fékút braking distance [bréking disztənsz]

feküdni to lie [tu láj]; **feküdtem** I was lying [áj voz lájing]

fekvés *(vidéké)* situation [szityuésn]

fekvő lying [lájing]

fekvőhely →**fekhely**

fekvőkocsi couchette [kusett]

fel up [âp]

fél[1] (1/2) half [háf]; ~ **óra** half an hour [háf en auər]; ~ **óra múlva** in half an hour [in háf en auər]; ~ **egykor** at half past twelve [et háf pászt tvelv]; ~ **kiló** half a kilo(gram) [háf e kilə(grem)]

fél[2] is afraid [iz efréd]; **attól** ~**ek, hogy ...** I am afraid that [ájm efréd det] ... →**félni**

feladat task [tászk]

feladni *(levelet)* to post/mail (a letter) [tu pószt/mél (e letər)]; *(poggyászt)* to register (luggage) [tu redzsisztər (lâgidzs)]

feladó *(levélé)* sender [szendər]; *(borítékon)* From:

feladott *(poggyász)* registered [redzsisztərd]

feladóvevény *(levélé)* certificate of posting [szətifikit ov pószting], *(poggyászé)* receipt for registered luggage [riszít for redzsisztərd lâgidzs], *(US)* (baggage-)check [(begidzs-)csek]a

felajánlani to offer [tu ofər]

felakasztani to hang up [tu heng âp]

felállítani *(sátrat)* to erect [tu irekt]

felállni to get/stand up [tu get/sztend âp]

felár extra charge [eksztrə-csárdzs]

félárú half-price [háf-prájsz]; ~ **jegy** half-fare ticket [háf-feer tikit]

félbeszakítani to interrupt [tu intərâpt]

felbontani *(levelet, csomagot)* to open [tu ópn]

felborult has overturned [hez óvərtörnd]

félcipő shoes [súz]

féldrágakő semi-precious stone [szemi-presəsz sztón]

felé towards [təwórdz]; **ez az út ... felé?** is this the (right) way to [iz disz də (rájt) véj tu ...]?; **mikor indul a következő vonat ... felé?** when does the next train leave for ... [ven dâz də nekszt trén lív for ...]?

féle *(fajta)* kind [kájnd], sort [szórt]

felébredni to wake up [tu vék âp]; **felébredt** he is up [hí iz âp]; he woke [hí vók]

felébreszteni to wake [tu vék]

felekezet denomination [dinəminésn]

félelem fear (of sth) [fiər (ov szâmszing)]

felelet answer [ánszər], reply [riplái]

felelni to answer [tu ánszər]; **nem felel** no reply [nó riplái]

felelős responsible [risponszəbl]

felelősség responsibility [riszponszəbiliti]; **saját ~ére** at one's own risk [et vanz ón riszk]

felelősségbiztosítás *(gépjármű)* third party insurance [szörd párti insúrənsz]

felelőtlen irresponsible [iriszponszəbl]

félemelet mezzanine [mezənín]

felemelni to lift [tu lift]; *(földről)* to pick up [tu pik âp]

feleség wife [vájf]; **~ével** with his wife [vid hiz vájf]; **~ül venni** to marry [tu meri]

felesleges *(nem kell)* unnecessary [ânnesziszəri]; *(több)* superfluous [szjúpörfluəsz]

felett above [ebâv], over [óvər]

felfedezés discovery [diszkâvəri]

felfedezni to discover [tu diszkâvər]

felfelé up [âp]; *(folyón)* upstream [âpsztrím]

FÉLFOGADÁS office/business hours [ofisz/biznisz auərz]

felforr comes to the boil [kâmz tu də bojl]

felforralni to boil [tu bojl]; *(tejet)* to scald [tu szkóld]

felfújható inflatable [infletəbl]

felfújni to inflate [tu inflét]

felgyújtani to set on fire [tu szet on fájər]; *(villanyt)* to switch/ put on [tu szvics/put on]; **gyújtsa fel a lámpát** put on the light [put on də lájt]

felhasználni to use up [tu júz áp], to make use of [tu mék júsz ov]; **fel nem használt** unused [ânjúszd]

felhatalmazás authorization [ószərájzésn]

felhívni *(telefonon)* to ring sby up [tu ring szâmbədi âp]; **felhívjuk a figyelmét** we call your attention (to) [vi kól jor etensn (tu)]

félhold half-moon [hálf-mún]

felhozni to bring up [tu bring âp]

felhő cloud [klaud]

felhőkarcoló skyscraper [szkájszkrépər]

felhős cloudy [klaudi]

felhőszakadás cloudburst [klaudbörszt]

felhúzni *(cipőt stb.)* to put on [tu put on]; *(órát)* to wind (up) [tu vájnd (âp)]

félidő *(sport)* half-time [háf-tájm]

félig half [háf]

felirat inscription [inszkripsən]; *(utcán)* notice [nótisz]

felírni to write down [tu rájt daun]

felismerni to recognize [tu rekəgnájz]

feljárat, feljáró way up [vej âp]; *(autónak)* drive(-way) [drájv (-véj)]

feljebb higher [hájər]

féljegy *(vasúti)* half-fare [háf-feer]

feljegyezni to note (down) [tu nót (daun)]

feljelenteni to report (to the police) [tu ripórt (tu də pəlísz)]

feljönni to come up [tu kâm âp]

felkar upper arm [âpər árm]

felkelni *(ágyból, helyéről)* to get up [tu get âp]; *(nap, hold)* to rise [tu rájz]; **mikor akar ~?** when do you want to get up [ven du ju vont tu get âp]?

felkelteni *(álmából)* to wake (up) [tu vék (âp)]; **keltsen fel 7 órakor** please wake me up at 7 o'clock [plíz vék mí âp et szevn ə'klok]

felkeresni *(vkit)* to call on sby [tu kól on szâmbədi]; **feltétlen keressen fel!** you must look me up [ju mâszt luk mí âp]!

felkérni *(vmire)* to ask [tu ászk], to request [tu rikveszt]; *(táncra)* ask sby for a dance [ászk szâmbədi for e dánsz]; **felkérjük, hogy** ... you are requested to [ju ár rikvesztid tu] ...

felkínálni to offer [tu ofər]

felküldeni to send up [tu szend âp]; **küldjék fel, kérem, a szobámba** please, send it up to my room [plíz, szend it âp tu máj rúm]

fellebbezni to appeal [tu epíl]

fellépés *(színészé)* appearance [epírənsz]

felmászni to climb (up) [tu klájm (âp)]

felmegy is going up [iz góing âp]; **~ek Londonba** I am going up to London [ájm góing âp tu lândn]; **felment** he went up [hi vent âp] →**felmenni**

felmelegíteni *(ételt)* to warm up [tu vórm âp]

felmenni to go up [tu gó âp] →**felmegy**

felmondani to give notice [tu giv nótisz]

felmosni *(padlót stb.)* to wash [tu vos]

felmutatni *(okmányt)* to produce [tu progyúsz]

félnehézsúly light heavy-weight [lájt hevivéjt]

félni to be afraid [tu bí əfréd] →**fél**[2]

felnőtt adult [edâlt], grown-up [grón-âp]

felolvasás lecture [lekcsər]

félóra half-hour [háf auər] →**fél**[1]

felosztani to divide [tu divájd]

felől *(irány)* from

felöltő overcoat [óvərkót]

felöltöz(köd)ni to dress [tu dresz]

félpanzió half-board [háf-bórd]

felpróbálni to try on [tu tráj on]; **felpróbálhatom?** may I try it on [méj áj tráj it on]?

felrázandó to be shaken [tu bí sékn]

felrázni to shake (up) [tu sék (âp)]

félreállni to stand aside [tu sztend eszájd]

félreérteni to misunderstand [tu miszândərsztend]

félreértés misunderstanding [miszândərsztending]; **egy ~ folytán** due to a misunderstanding [gyú tu e miszândərsztending]

félretenni *(jegyet)* to reserve [tu rizőrv]

félrevezetni *(átv)* to mislead [tu miszlíd]

félrevezető misleading [miszlíding]

felrobbanni to blow up [tu bló âp]; **felrobbant** it exploded [it ikszplódid]

felsorolni to list [tu liszt]

felső upper [âpər]; **a ~ ágy** the upper berth [di âpər börsz]; **a ~ rész(én)** (on) the upper part [(on) di âpər párt]

felsőkabát overcoat [óvərkót]

felszállás 1. *(járműre)* →**beszállás** 2. *(repgépé)* take-off [ték-óf]

felszállni 1. *(köd)* to lift [tu lift]; *(repgép)* to take off [tu ték óf] 2. *(járműre)* →**beszállni**

felszállópálya *(repgépé)* runway [rânvéj]

felszámítani to charge [tu csârdzs]

felszerelés outfit [autfit], equipment [ikvipment]; *(horgász stb.)* tackle [tekl]

felszerelni *(vmivel)* to provide (with) [tu prəvájd (vid)]; *(gépet)* to install [tu insztól]

félsziget peninsula [pininszjulə]

felszín surface [szörfisz]

felszolgálás service [szörvisz]

felszolgálni to serve up [tu szörv âp]

felszolgáló → **pincér**

felszólítás call [kól]

feltankolni to fill up [tu fil âp], *(US)* to gas up [tu gesz âp]

féltékeny jealous [dzseləsz]

feltenni *(vmire)* to put on [tu put on]; *(feltételezni)* to suppose [tu szəpóz]; *(kérdést)* to put (a question) [tu put (e kveszcsən)]; **tegyük fel** let us suppose (that) [let âsz szəpóz (det)]

feltétel condition [kəndisn]

feltételes megálló(hely) request stop [rikveszt sztop]

feltételezni to suppose [tu szəpóz]

feltétlen(ül) by all means [báj ól mínz]

feltétel *(hús)* with a slice of meat [vid e szlájsz ov mít]

feltéve (hogy) provided that [prəvájdid det]

feltüntetni *(vmit)* to indicate [tu indikét]; **kérem ~ ...** please state below [plíz sztét biló]

felújítani to renew [tu rinyú]

félúton half-way [háf-véj]

felügyelet nélkül(i) unattended [ânətendid]

felül *(vmin rajta)* on top; *(vmi fölött)* over [óvər]; **ezen ~** in addition [in edisn], besides [biszájdz]

felület surface [szőrfisz]

felüljáró flyover [flájóvər], *(US)* overpass [óvərpász]

felülről from above [from ebâv]

felülvizsgálni to revise [tu rivájz], to check [tu csek]

felvágni to cut up [tu kât âp], *(szeletekre)* to slice up [tu szlájsz âp]

felvágott *(hideg)* cold meat [kóld mít]

felváltani *(pénzt)* to change (money) [tu cséndzs mâni)]; **fel tudná váltani ...?** could you give me change for [kud ju giv mí cséndzs for] ...?

felváltva by turns [báj törnz]

felvenni to pick/lift up [tu pik/lift âp]; *(pénzt bankban)* to draw (money at a bank) [tu dró (mâni et e benk)]; *(ruhát)* to put on (clothes) [tu put on (klódz)]; *(lemezre, magnóra)* to record [tu rikórd]; **melyik ruhát vegyem fel?** which dress shall I wear [vics dresz sel áj veer]?

felvétel *(fénykép)* photo(graph) [fótə(gráf)]; *(lemez, magnó)* recording [rikórding]; *(személyé vhova)* admission [edmisən]

felvilágosítás information [infərmésən]; *(tudakozóhely)* inquiry office [inkvájəri ofisz]; **~ utazási ügyekben** travel information [trevl infərmésən]

felvinni carry up [keri âp], take up [ték âp]; **vigye fel a szobámba, kérem!** please take it up to my room [plíz ték it âp tu máj rúm]!

felvonás act [ekt]

felvonó lift, *(US)* elevator [elivétər]

felvonulás demonstration [demənsztrésn]
fém metal [metl]
fenék, feneke bottom [botəm]
fenn up [âp]; **már ~ van?** is he up yet [iz hi âp jet]?; **~ (az emeleten)** upstairs [âpszteerz]
fennakadás hitch [hics]
fennáll exists [igziszc]
fenn maradni to stay up [tu sztéj âp]
fennmaradó: a ~ összeg remainder [riméjndər]
fenntartani to maintain [tu méntén]; *(helyet)* to reserve [tu rizŐrv]
fenntartott, fenntartva reserved [rizŐrvd]; **~ hely** reserved seat [rizŐrvd szít]
fent →**fenn**
fény light [lájt]
fénycső strip light [sztrip lájt]
fenyegető(en) threatening(ly) [szretning(li)]
fényjelzés light signal [lájt szignl]
fénykép photo [fótó]; *(amatőr)* snapshot [sznepsot]; **csináltam ~eket** I took pictures (of) [áj tuk pikcsərz (ov)]
fényképész photographer [fətógrəfər]
fényképezni to take photo(graph)s [tu ték fótə(gráf)sz]
fényképezőgép camera [kemərə]
fényképmásolat print
fénymérő light/exposure meter [lájt/ikszpózsər mítər]
fenyő(fa) pine(-tree) [pájn(-trí)]
fényreklám neon sign [níən szájn]
fénysorompó flashing lights [flesing lájc]
fényszóró headlight [hedlájt], headlamp [hedlemp]
fényszóró-beállítás lighting adjustment [lájting edzsâsztmənt]
fényűző luxurious [lâgzjúriəsz]
fényvisszaverő reflecting [riflekting]
fér *(vmibe)* goes into [góz intu] →**beférni**
ferences Franciscan [frənsziszkən]
férfi man [men]; **~ számok** men's events [menz ivenc]

férfi- men's [menz]

FÉRFIAK gentlemen [dzsentlmen], men

férfidivatáru menswear [menzveer]

férfidivatáru-üzlet men's shop [menz sop]

férfifodrász men's hairdresser [menz heerdreszər]

férfiruha gentlemen's wear [dzsentlmenz veer]

férj husband [hâzbənd]; **a ~em** my husband [máj hâzbənd];
~**hez menni** to marry [tu meri]

férjes, férjezett married (woman) [merid (vumən)]

férőhely room [rúm]; *(szállás)* accommodation [əkomədésn];
ötven ~ accommodation for fifty people [— for fifti pípl]

fertőtleníteni to disinfect [tu diszinfekt]

fertőzés infection [infeksn]

fertőző infectious [infeksəsz]

festék paint [pént]

festeni to paint [tu pént]; *(hajat, kelmét)* to dye [tu dáj]

festmény painting [pénting]

festő painter [péntər]

fésű comb [kóm]

fésülködni to do/comb one's hair [tu dú/kóm vanz heer]

fesztáv span [szpen]

fesztivál festival [festivəl]

feszültség *(elektromos)* voltage [voltidzs]

feszültségszabályozó voltage regulator [voltidzs regjulétər]

fia *(vkinek)* son [szân]

fiatal young [jâng]

fiatalember young man [jâng men]

fiatalok young people [jâng pípl]

ficam *(boka, csukló)* sprain [szprén]; dislocation [diszləkésn]

figyelem! attention [etensn]! ~**be venni** to take into
consideration [tu ték intu kənszidərésn]

figyelmes attentive [etentiv]; *(gondos)* careful [kerfəl]

figyelmeztetés warning [vórning]

figyelni *(vmit, vkit)* to watch [tu vacs]; *(vmire)* to pay attention
(to) [tu péj etensn (tu)]

filctoll felt-tip (pen)

film film; **egy tekercs** ~ a roll of film [ə ról ov]

filmcsillag film star [film sztár]

filmfelvevő cine camera [szini kemərə]

filmhíradó newsreel [nyúzríl]

finn Finn(ish) [fin(is)]

Finnország Finland [finlend]

finom *(étel)* delicious [dilisəsz]

fiók *(bútoré)* drawer [drór]

fiókiroda branch office [bráncs ofisz]

fiú boy [boj], *(fia)* son [szân]

fivér brother [brâdər]

fizetendő payable [péjəbl]

fizetés pay [péj]; ~ **nélküli szabadság** unpaid leave [ânpéjd lív]

fizetni to pay [tu péj]; **fizetek!** the bill please [də bil plíz]

fizetőeszköz means for payment [mínz ov péjmənt]

fizetőparkoló paying car park [péjing kár párk], *(csak US)* parking-lot [párking-lot]

fizetőpincér head waiter [hed vétər]

fizetővendég paying-guest [péjing-geszt]

fizetővendég-szolgálat paying-guest service [péjing-geszt szőrvisz]

fizetve paid [péd]

flekken barbecue [bárbikjú]

fodrász hairdresser [heerdreszər]; *(üzlet)* hairdresser's [heerdreszərz]

fog[1] *(szájban)* tooth [túsz]; ~ **ak** teeth [tísz]; **fáj a** ~ **a** has toothache [hez túszék]; ~ **at húzat** has a tooth out [hez e túsz aut]

fog[2] *(jövő idő)* shall, will [sel, vil]; **oda** ~ **ok menni** I shall go there [ájl gó deer]

fog[3] →**fogni**

fogadás reception [riszepsn]

fogadni to receive [tu riszív]; *(elfogadni)* to accept [tu ekszept]; **fogad 3—5-ig** Consulting Hours 3—5 p.m. [kənszálting auəz from szrí tu fájv pí-em]

fogadó *(vendéglő)* inn [in]

fogadóóra consulting hours [kənszálting auəz]
fogadtatás reception [riszepsn]; **meleg ~ban részesítettek** they
gave us a warm welcome [déj gév áz e vórm velkəm]
fogamzásgátló (tabletta) (oral) contraceptive [(orəl) kontrəszep-
tiv]
fogantyú handle [henl]
fogas¹ *(ruhának)* rack [rek]
fogas² *(hal)* pike perch [pájk pörcs]
fogás *(étel)* dish [dis], course [kórsz]
fogaskerekű vasút rack/cog railway [rek/kog rélvéj]
fogászat dental surgery [dentl szördzsəri]
fogfájás toothache [túszék]
foghúzás extraction of a tooth [iksztreksən ov e túsz]
fogkefe toothbrush [túszbrás]
fogkrém toothpaste [túszpészt]
foglalat socket [szokit]
foglalkozás profession [prəfesn], occupation [okjupésn]; **mi a
~a?** what is his occupation? [vac hiz okjupésn]?
foglalkozik *(vmivel)* is engaged in [iz ingédzsd in]
foglalni to reserve [tu rizörv]; to book [tu buk]; **foglaltam szobát**
I have booked a room [ájv bukt e rúm]; **foglaljon helyet!** sit
down, please [szit daun, plíz]!
foglaló deposit [dipozit]
FOGLALT *(asztalon)* reserved [rizörvd]; *(ajtón)* engaged
[ingédzsd]; **ez a hely ~** this seat is taken [disz szít iz tékn]; **a
vonal ~** number engaged [nâmbər ingédzsd], *(US)* line busy
[lájn bizi]
fogni to hold [tu hóld]; *(vmit megfogni)* to catch [tu kecs]
fogó pliers [plájərz]
fogorvos dentist [dentiszt]
fogpiszkáló toothpick [túszpik]
fogva *(időben)* from, since [szinsz]; **mától ~** from now on [from
nau on]
fogy *(ember)* is losing weight [iz lúzing véjt]; *(áru)* is selling fast
[iz szeling fászt]

fogyasztani *(ételt)* to consume [tu kənszjúm]

fogyasztási cikkek consumer(s)' goods [kənszjúmər(z) gudz]

fogyni *(csökkenni)* to decrease [tu díkrísz] →**fogy**

fogyókúra slimming cure [szliming kjúr]

fok *(beosztásban)* degree [digrí]; *(lépcsőé)* step [sztep]

fokhagyma garlic [gárlik]

fokozódni to increase [tu inkrísz], to grow [tu gró]

fólia *(fém)* foil [fojl], *(műanyag)* clingfilm [klingfilm]

folt *(pecsét)* stain [sztén]

folttisztító (szer) stain remover [sztén rimúvər]

... folyamán in the course of ... [in də kórsz ov ...]

folyamat process [prószesz]; **~ban van** be in progress [bí in prógresz]

folyamatos(an) continuous(ly) [kəntinyuəsz(li)]

folyékony liquid [likvid]

folyékonyan fluently [flúəntli]

folyik is flowing [iz flóing]

folyó river [rivər]; **a ~ban** in the river [in də rivər]

folyó hó current/this month [kârənt/disz mânsz]

folyóirat periodical [píriodikəl]

folyópart river-bank [rivər-benk]

folyosó corridor [koridór]

folyószámla current account [kârənt əkaunt], *(US)* checking account [cseking əkaunt]

folyó víz *(csapról)* running water [râning vótər]

... folytán due to ... [gyú tu ...]

folytatás continuation [kəntinyuésn]; **~a következik** to be continued [tu bí kəntinyúd]

folytatni to continue [tu kəntinyú], to carry on [tu keri on]; **folytassa (csak)** go on (please) [gó on (plíz)]; **folytatta útját** he continued his journey [hi kəntinyúd hiz dzsőrni]

fonal yarn [járn]

font pound [paund]

fontos important [impórtənt]; **a legfontosabb az hogy** the main
thing is that [də mén szing iz det]

fordítani to turn [tu tőrn]; *(más nyelvre)* to translate (into) [tu
trenszlét (intu)]

fordulni to turn [tu törn]; **önhöz fordulok tanácsért** I turn to you
for advice [áj törn tu ju for ədvájsz]; **forduljon balra!** turn to
the left [törn tu də left]!

forduló *(sportban)* round [raund]

forgalmas busy [bizi]

forgalmi: ~ **adó** purchase tax [pőrcsəz teksz]; ~ **akadály/dugó**
traffic block/jam [trefik blok/dzsem]; ~ **engedély** vehicle li-
cence [viəkl lájszənsz]; *(US)* automobile registration [ótəmó-
bíl redzsisztrésn]; ~ **iroda** station office [sztésn ofisz]

forgalom *(közúti)* traffic [trefik]; *(üzleti)* turnover [törnóvər];
~ **elől elzárva** closed to traffic [klózd tu —]

forgalomirányítás traffic control [trefik kəntról]

forgalomkorlátozás traffic restrictions [trefik risztriksnz]

forgatni to turn [tu törn]; *(filmet)* to shoot [tu sút]

forgóajtó revolving door [rivolving dór]

forint forint; ... ~**ért** for ... forints [for ... forinc]

forma form

formaságok formalities [fórmelitiz]

forogni to revolve [tu rivolv]

forr is boiling [iz bojling]

forrás *(víz)* spring [szpring]

forrásvíz spring-water [szpring-vótər]

forrasztani to solder [tu szóldər]

forró hot

fotocikkek photographic supplies [fótəgrefik szəplájz]

fő[1] *(tűzön)* is boiling [iz bojling]

fő[2] *(fontos)* main [méjn], chief [csíf], important [impórtənt]; **a** ~
the main (thing) [də méjn (szing)]

fő[3] *(fej)* head [hed]; *(személy)* person [pörszn]

főbejárat main entrance [méjn entrənsz]

fő- és mellékútvonalak main and subsidiary roads [méjn ənd szəbszidjəri ródz]

főiskola college [kolidzs]

főiskolai hallgató student [sztyúdənt]

föl ... →fel ...

föld earth [örsz]; **~et érni** to land [tu lend]; **a ~ön** on the ground [on də graund], on the floor [on də flór]

földalatti → **metró**

Földközi-tenger the Mediterranean (Sea) [də meditərényən (szí)]

földművelés agriculture [egrikâlcsər]

földrengés earthquake [örszkvék]

földrész continent [kontinənt]

földszint ground floor [graund flór]; *(színházban, elöl)* stalls [sztólz]; *(hátrább)* pit

földszintes single-storey [szingl-sztóri]

földút minor/dirt road [májnər/dört ród]

fölé over [óvər], above [ebâv]

főleg chiefly [csífli], mainly [méjnli]

főnök principal [prinszəpəl], boss [bosz]

főorvos head physician [hed fizisn]

főpincér head waiter [hed véjtər]

főpróba dress rehearsal [dresz rihőrszl]

főszezon high season [háj szízn]

a **főtéren** on the main square [on də méjn szkveer]

főtitkár secretary general [szekrətri dzsenərəl]

főtt boiled [bojld]; **~ tojás** boiled egg [bojld eg]

főutca high/main street [háj/méjn sztrít]

főútvonal *(országos, nemzetközi)* main/principal road [méjn/prinszəpəl ród], trunk-road [trânk-ród], *(US)* highway [hájvéj]; *(városban, elsőbbséggel)* major/main road [médzsər/méjn ród]

főváros capital [kepitl]

főzelék vegetable (dish) [vedzstəbl (dis)]

főzési lehetőség cooking facilities [kuking fəszilitiz]

főzni *(ételt)* to cook [tu kuk]; *(kávét, teát)* to make [tu mék]

főző *(gáz)* (gas-)cooker, (gas-)stove [(gesz-)kukər, (gesz-) sztóv]; **kétlapos** ~ two-burner cooker/stove [tú-börnər kukər/sztóv]
főzőhely cooking facility [kuking fəsziliti]
frakk tailcoat [télkót]
francia French [frencs]
franciaágy double bed [dâbl bed]
franciák the French [də frencs]
franciakulcs monkey-wrench [mânki-rencs]
Franciország France [fránsz]
franciául: beszél ~? do you speak French [du ju szpík frencs]?
friss fresh [fres]
FRISSEN MÁZOLVA wet paint [vet pént]
frissítők light refreshment(s) [lájt rifresmənt(sz)]
friteuse chip pan [csip pen]
frizura hair-do [heer-dú]
frizsider refrigerator [rifridzsərétər], fridge [fridzs]
frottírtörülköző Turkish towel [tőrkis tauəl]
fröccs wine-and-soda [vájn-ənd-szódə]
fsz. = *földszint* ground-floor [graund-flór]
Ft. = *forint* forint
fújni to blow [tu bló]; **fúj a szél** there is a (strong) wind [deerz e (sztrong) vind]
furcsa strange [sztréndzs]
fúró drill
fut is running [iz râning]
futam *(sportban)* heat [hít]; round [raund], lap [lep]
futball football [futból], soccer [szokər]
futballpálya football field/ground [futból fíld/graund]
futni to run [tu rân] →**fut**
futófelület tread [tred]
futószámok *(sport)* track events [trek ivenc]
futómű undercarriage [ândərkeridzs]
fuvar freight [fréjt]
fuvardíj fare [feer], (freight) carriage [(fréjt) keridzs]

fuvarlevél waybill [véjbil]
fuvarozás transportation [trenszpərtésn]
fúvóka nozzle [nozl], jet [dzset]
fű grass [grász]
füge fig
függ *(vmitől)* it depends on [it dipendz on]
függelék *(könyvhöz)* supplement [szâplimənt]
független independent [indipendənt]
Független Államok Közössége the Commonwealth of Independent States [də komənvelsz ov indipendənt sztéc]
függni to hang [tu heng]; **attól függ hogy** ... it depends on [it dipendz on] ...
függőleges vertical [vörtikl]
függöny curtain [körtn]
függővasút cable railway [kébl rélvéj]
fül ear [iər]
fülbevaló ear-ring [iərring]
fülhallgató earphone [iərfón]
fülke *(vasúti)* compartment [kəmpártment]; *(hajón)* cabin [kebin]; *(telefon)* box [boksz], booth [búsz]
fül-orr-gégeklinika ear, nose and throat clinic [iər, nóz end szrót klinik]
fürdés bathing [bézing]
fürdési lehetőség bathing facilities [bézing fəszilitiz]
fürdik *(kádban)* is taking/having a bath [iz téking/heving e bász]; *(szabadban)* is bathing [iz bézing]
fürdő bath [bász]
fürdőhely health resort [helsz rizort], spa [szpá]
fürdőidény bathing season [bézing szízn]
fürdőkád bath (tub) [bász (tâb)]
fürdőköpeny bathrobe [bász-rób], *(US)* bathing wrap [bézing rep]
fürdőnadrág swimming trunks [szviming trânksz]
fürdőruha bathing suit [bézing szjút], swimsuit [szvimszjút]
fürdősapka swimming-cap [szviming-kep]

fürdőszoba bathroom [bászrum]; **fürdőszobával** with private bath [vid prâjvit bász]; **~-használattal** use of bathroom included [júsz ov bászrum inklúdid]

FŰRE LÉPNI TILOS keep off the grass [kíp óf də grász]

fűrész saw [szó]

fürödni *(kádban)* to take/have a bath [tu ték/hev e bász]; *(szabadban)* to bathe [tu béz] →**fürdik**

fürt *(szőlő)* bunch (of grapes) [báncs (ov grépsz)]

füst smoke [szmók]

füstköd smog [szmog]

füstölt *(hús)* smoked [szmókt]

füstszűrős filter-tipped [filtər-tipt]

fűszer spice [szpájsz]

FŰSZER, CSEMEGE grocer's (shop) [grószərz (sop)], delicatessen [delikəteszn]

fűszeres 1. *(étel)* spicy [szpájszi] **2.** *(kereskedő)* grocer [grószər]

fűszerüzlet grocer's (shop) [grószərz (sop)]

fűteni to heat [tu hít]

fűtés heating [híting]

fűtetlen unheated [ânhítid]

fűtőtest radiator [rédiétər]

fütyülni to whistle [tu viszl]

füzet exercise-book [ekszəszájz-buk]; *(nyomtatvány)* booklet [buklit]

fűz(fa) willow [viló]

fűző *(női)* girdle [gördl]; *(cipőbe)* lace(s) [lész(isz)]

G

g = *gramm* gram [grem]

gabona corn [korn]

galamb pigeon [pidzsin]

gallér collar [kolər]
galuska dumplings [dámplingsz]
garancia(levél) warranty [vârənti]
garantálni to guarantee [tu gerənti]
garázs garage [gerázs]
garbó polo-neck [pólo-nek]
gát dam [dem]; *(akadály)* obstacle [obsztəkl]
gátfutás hurdles [hördlz]
gáz gas [gesz]; ~**t adni** to step on the gas [tu sztep on də gesz]
gázbojler gas water heater [gesz vótər hitər]
gázcserepalack gas cartridge [gesz kártridzs]
gazda, gazdálkodó farmer [fármər]
gazdag rich [rics]; *(vmiben)* abundant [əbândənt]
gazdaság farm [fárm]; *(gazdasági rendszer)* economy [ikonəmi]
gazember rascal [rászkəl]
gázfőző gas stove/cooker [gesz sztóv/kukər], *(főzőlap)* gas ring [gesz ring]
gázlámpa gaslight [geszlájt]
gázló ford [fórd]
gázolaj gas/fuel/diesel oil [gesz/fjúəl/dízəl ojl]
gázolás street accident [sztrít ekszident]
gázolt és továbbhajtott hit and run [hit end rân]
gázóra gas meter [gesz mítər]
gázöngyújtó gas/butane lighter [gesz/bjútén lájtər]
gázpalack gas container/cylinder [gesz kənténər/szilindər]
gázpedál accelerator (pedal) [ekszelərétər (pedl)]
gége throat [szrót]
generáljavítás (general) overhaul [(dzsenərəl) óvərhól]
generálozni to overhaul [tu óvərhól]
generátor generator [dzsenərétər], dynamo [dájnəmó]
gennyes purulent [pjúrulənt]
gép machine [məsín]
gépelni to type [tu tájp]
gépeltérítés hijacking [hájdzseking]
gépesített mechanized [mekənájzd]

gépész mechanic [mikenik]
gépészmérnök mechanical engineer [mikenikəl endzsinír]
gépíró(nő) typist [tájpiszt]
gépjármű (motor) vehicle [(motər viəkl]
gépjármű-biztosítás car insurance [kár insúrənsz]
gépjárműforgalom vehicular traffic [vihikjulər trefik]
gépjármű-vezetői igazolvány →**vezetői engedély**
gépjármű-vezetői vizsga driving test [drájving teszt]
gépkocsi (motor) car [(motər) kár], *(US)* automobile [ótəmóbíl]
gépkocsikölcsönzés →**autókölcsönzés**
gépkocsikölcsönző →**autókölcsönző**
gépkocsiokmányok vehicle documents [viəkl dokjumenc]; *(US)* registration papers [redzsisztrésn pépərz]
gépkocsi-tulajdonos vehicle owner [viəkl ónər]
gépkocsi-vámigazolvány *(nemzetközi)* "Carnet de Passage en Douane"
gépkocsivezető driver [drájvər]
gerelyvetés throwing the javelin [szróing də dzsevlin]
gerenda beam [bím]
gerinc *(emberi)* spine [szpájn]; *(hegyé)* ridge [ridzs]
gesztenye chestnut [csesztnât]
gesztenyepüré chestnut purée [csesztnât pjuré]
géz gauze [góz]
gitár guitar [gitár]
gól goal [gól]; ~ **t rúg** score a goal [szkór e gól]
golf golf
golfozni to play golf [tu pléj golf]
golfpálya golf-course/links [golf-kórsz/linksz]
golfütő golf club [golf klâb]
gólya stork [sztórk]
golyóscsapágy ball-bearing [ból-beering]
golyóstoll ball(-point) pen [ból(-pojnt) pen]
golyóstollbetét refill [rífil]
gomb button [bâtn]
gomba *(ehető)* mushroom [mâsrum]

gombaleves mushroom soup [mâsrum szúp]

gombóc dumpling [dâmpling]

gombostű pin

gond worry [vâri]

gondatlanság negligence [neglidzsənsz]

gondnok caretaker [keertékər], warden [vórdn]

gondolat idea [ájdiə], thought [szót]

gondolkozni to think [tu szink]; **gondolkozom rajta** I will think about it [ájl szink ebaut it]

gondolni *(vkire, vmire)* to think of (sby, sth) [tu szink ov (szâmbədi, szâmszing)]; *(vmit)* to think (sth) [tu szink (szâmszing)]; **mire gondol?** what are you thinking of [vot ár ju szinking ov]?; **azt gondoltam** I thought (that) [áj szót (det)]

gondos(an) careful(ly) [keerful(i)]

gondoskodni *(...ról, -ről)* to provide (for) [tu prəvájd (for)]; **majd gondoskodom róla, hogy ...** I shall see to it that [ájl szí tu it det] ...

gondozni to look after [tu luk áftər]; to attend to [tu etend tu]

goromba rude [rúd]

gót(ikus) Gothic [gotik]

gödör pit [pit], hole [hól]

gödrös bumpy [bâmpi]

gömbölyű round [raund]

görcs *(izomé)* cramp [kremp], spasm [szpezm]

görcsoldó (szer) antispasmodic [entiszpezmodik]

görög Greek [grík]

görögdinnye water-melon [vótər-melən]

Görögország Greece [grísz]

gőzfürdő steam bath [sztím bász]

gőzhajó steamer [sztímər]

gr = *gramm* gram(me) [grem]

gratuláció congratulations [kəngretyulésnz]

gratulálok! congratulations [kəngretyulésnz]!

grillcsirke roast (*US* broiled) chicken [rószt/brojld csikən]

grillsütő *(konyhai)* grill [gril], (*US*) broiler [brojlər]

gulyás goulash
gulyásleves goulash soup [szúp]
gumiabroncs tyre, *(US)* tire [tájər]
gumikopás tread wear [tred veer]
gumimatrac airbed [eerbed]
guminyomás airpressure [eerpresər]
gumiobjektív zoom lens [zúm lenz]
gumitalp rubber sole [râbər szól]
gurulni to roll [tu ról]
gusztustalan disgusting [diszgâszting]
gutaütés stroke [sztrók]

Gy

gyakori frequent [fríkvənt]
gyakorlat practice [prektisz]
gyakorlatilag practically [prektikəli]
gyakorlott experienced [ikszpíriənszt]
gyakorolni to practise [tu prektisz]
gyakran often [ofn]
gyalog on foot [on fut]; ~ **menni** to walk [tu vók]
gyalogátkelőhely zebra crossing [zíbrə kroszing], *(US)* crosswalk [kroszvók]
gyalogolni to go on foot [tu gó on fut], to walk [tu vók]
gyalogos pedestrian [pidesztriən]
gyalogos övezet pedestrian precinct [pidesztriən príszinkt]
gyalogtúra walking tour [vóking túr]
gyalogút footpath [futpász]
gyanús suspicious [szəszpisəsz]
gyapjú wool [vúl]
gyapot cotton [kotn]
gyár factory [fektəri], plant [plánt]

gyári munkás factory worker [fektəri vörkər]
gyártani to manufacture [tu menyufekcsər]
gyártás production [prədâksn]
gyártásvezető producer [prəgyúszər]
gyártmány product [prodâkt]; make [mék]
gyász mourning [mórning]
gyékény(szőnyeg) mat [met]
gyémánt diamond [dájəmənd]
gyenge weak [vík]
gyengül fail [féjl]
gyeplabda hockey [hoki]
gyere!, gyertek! come (along) [kâm (elong)]!; ~ **ide!** come here
　[kâm hír]! →**jönni**
gyermek child [csájld]; ~**ek** children [csildrən]; ~**einek száma**
　number of children [nâmber ov csildrən]
gyermekágy *(fekhely)* cot [kot]
gyermekjegy children's ticket [csildrənz tikit]
gyermekmenetdíj children's fare [csildrənz feer]
gyermekorvos p(a)ediatrician [pidiətrísn]
gyertya candle [kendl]; *(autóban)* spark(ing-)plug [szpárk(ing-)
　plâg]
gyerünk! let's go [lec gó]!
gyík lizard [lizəd]
gyilkosság murder [mördər]
gyógyforrás spa [szpá], medicinal spring [mediszinl szpring]
gyógyfürdő medicinal bath [mediszinl bász]; *(hely)* watering-
　place [vótəring-plész], spa [szpá]
gyógyhely health resort [helsz rizórt]
gyógyítani to cure [tu kjúr]
gyógykezelésre for medical treatment [for medikəl trítmənt]
gyógymód therapy [terəpi]
gyógynövény herb [hərb]
gyógyszer medicine [medszin]; ~**t szed** take medicine [ték
　medszin]

gyógyszertár chemist's (shop) [kemiszc (sop)], pharmacy [fár-
məszi], *(US)* drugstore [drâgsztór]
gyógyulás recovery [rikâvəri]
gyógyvíz (medicinal) waters [(mediszinl vótərz]
gyomor stomach [sztâmək]
gyomorégés heartburn [hártbörn]
gyomorfájás stomachache [sztâməkék]
gyomorfekély gastric ulcer [gesztrik âlszər]
gyomorrontás indigestion [indidzseszcsən]
gyors quick [kvik]; *(vonat)* fast (train) [fászt (trén)]
gyorsan quickly [kvikli], fast [fászt]
gyorsáru express goods [ikszpresz gudz]
gyorsaság speed [szpíd]
gyorsbüfé snack bar [sznək bár]
gyorsforgalmi út clearway [klírvéj], *(US)* freeway [frívéj]
gyorshajtás speeding [szpíding]
gyorsítani to speed up [tu szpíd âp]
gyorsítósáv fast lane [fászt lén]
gyorsjárat express bus service [ikszpresz bâsz szörvisz]
gyorslift express lift/elevator [ikszpresz lift/elivétər]
gyorstisztító launderette [lóndəret], *(US)* laundromat [lóndrə-
met]
gyorsul *(jármű)* is speeding up [iz szpíding âp]
gyorsulás acceleration [ekszelərésn]
gyorsúszás freestyle (swimming) [frísztájl (szviming)]
gyorsvonat fast train [fászt trén]
gyökér root [rút]
gyöngy pearl [pörl]
gyönyörű lovely [lâvli]
győzelem victory [viktəri]
győzni to win [tu vin]; **győzött!** he won [hi von]!
győztes *(sportban)* winner [vinər]
gyufa match(es) [mecs(iz)]; **gyufát gyújtani** to strike a light/
match [tu sztrájk e lájt/mecs]
gyufaskatulya match-box [mecs-boksz]

gyújtani *(tüzet)* to light (a fire) [tu lájt (ə fájər)]; **cigarettára ~** to light a cigarette [tu lájt ə szigəret]; **nem gyújt** *(a motor)* it does not fire [it dáznt fájər], it misfires [it miszfájərz]; **gyújtson villanyt!** put/switch on the light [put/szvics on də lájt]!
gyújtás *(motorban)* ignition [ignisn]
gyújtásbeállítás ignition/spark adjustment [ignisn/szpárk edzsâsztment]
gyújtáselosztó (ignition) distributor [(ignisn) disztribjútər]
gyújtáskapcsoló ignition switch [ignisn szvics]
gyújtógyertya spark(ing)-plug [szpárk(ing)-plâg]
gyulladás *(szervezetben)* inflammation [infləmésn]
gyűjtemény collection [kəleksn]
gyűjteni to collect [tu kəlekt]
gyülekezőhely meeting place [míting plész]
gyűlés meeting [míting]
gyümölcs fruit [frút]
gyümölcsbolt fruiterer's (shop) [frútərərz (sop)]
gyümölcsfa fruit-tree [frút-trí]
gyümölcsíz jam [dzsem]
gyümölcslé juice [dzsúsz]
gyümölcsös(kert) orchard [órcsəd]
gyűrhetetlen crease-resistant [krísz-rizisztənt]
gyűr(őd)ött creased [kríszt]
gyűrű ring

H

ha if
hab *(szappan)* lather [lâdər]; *(tejszín)* whipped cream [vipt krím]
háború war [vór]
hacsak lehet if possible [if poszəbl]

hacsak nem unless [ânlesz]

hadd lássam! let me see [let mí szí]

hágó mountain pass [mauntin pász]

hagyma onion [ânyən]

hagymás rostélyos steak and onions [sztek end ânyənz]

hagyni to let [tu let], to allow [tu elau]; **hagyja (itt/ott)!** leave it there [lív it deer]!; **hagytak itt nekem egy levelet?** was a letter left for me [voz e letər left for mí]?

hagyomány(os) tradition(al) [trədísn(əl)]

haj hair [heer]; **~ at mosni** to wash one's hair [tu vos vanz heer]

hajadon (*űrlapon*) single [szingl]

hajcsat hairgrip [heergrip]

hajcsavaró hair-curler [heer-körlər]

hajfestés (hair) dyeing [(heer) dájing]

hajkefe hairbrush [heer brâs]

hajlakk hair-spray [heer-szpréj]

hajlandó is willing [iz viling]

hajlítani to bend

hajmosás shampoo [sempú]; **egy ~ t kérek!** a shampoo, please [e sempú, plíz]

hajnalban at daybreak [et déjbrék]

hajó ship [sip], boat [bót]; (*óceánjáró*) liner [lájnər]; (*templomi*) nave [név]; **~ n** on board ship [on bórd sip]; **~ ra szállt** he went on board (ship) [hi vent on bórd (sip)]

hajóállomás landing-place [lending-plész]

hajógyár shipyard [sipjárd]

hajóhíd gangway [gengvéj]

hajójárat line [lájn]

hajókirándulás boat-trip [bót-trip]

hajós sailor [szélər]

hajótörést szenved is shipwrecked [iz siprekt]

hajóút voyage [vojidzs]

hajózható navigable [nevigəbl]

hajsza (*üldözés*) pursuit [pərszjút]

hajszárító hair-drier [heer-drájər]

hajszesz hair lotion [heer lósn]

hajszínezés colour rinse [kâlǝr rinsz]

hajtani *(járművet)* to drive [tu drájv]

hajtómű driving-gear [drájving-gír]

hajtószíj driving-belt [drájvig-belt]

hajtűkanyar hairpin bend [heerpin bend]

hajvágás haircut [heerkât]

hal fish [fis]

hála gratitude [gretityúd], thanks [szenksz]

haladás progress [prógresz]

haladéktalanul without delay [vidaut diléj]

haladni *(jármű)* to proceed [tu prǝszíd]; *(idő)* to pass [tu pász]

halál death [desz]

halálos fatal [fétl]; ~ **áldozatok (száma)** fatalities [fetelitiz]

hálás grateful [grétful], thankful [szenkful]; ~ **an köszönöm** thank you very much [szenk ju veri mâcs]; **nagyon ~ vagyok önnek** I am much obliged to you [áj em mâcs ǝblájdzsd tu jú]

Halászbástya Fishermen's Bastion [fisǝrmenz besztjǝn]

halászlé fish-soup [fis-szúp]

halasztást szenved suffer delay [szâfǝr dilé]

hálátlan ungrateful [ângrétful]

halk(an) soft(ly) [szoft(li)]

halkonzerv tinned/canned fish [tind/kend fis]

hall *(lakásban)* hall(way) [hól(véj)]; *(szállóban)* lounge [laundzs]

hallani *(hangot)* to hear [tu hír]; **nem hallottam (róla)** I have not heard about it [áj hevnt hőrd ebaut it]

hallatszik ... can be heard [ken bí hőrd]

hallgat *(nem szól)* is silent [iz szájlǝnt]; ~ **ni** *(vmit)* to listen (to) [tu liszǝn (tu)]

hallgató *(tanuló)* student [sztyúdǝnt]; *(telefoné)* receiver [riszívǝr]

hallgatóság audience [ódjǝnsz]

halló! hullo [hǝló], *(US)* hello [heló]

hallókészülék hearing-aid [híring-éjd]

háló 1. net **2.** →hálószoba
hálóing *(női)* night-dress/gown [nájt-dresz/gaun]
hálókocsi sleeping-car [szlíping-kár], sleeper [szlípər]
hálókocsijegy sleeping-car ticket [szlíping-kár tikit]
hálószoba bedroom [bedrúm]
hálótárs room-mate [rúm-mét]
halott dead [ded]; **a ~** the deceised [də diszíszt]
halotti bizonyítvány death certificate [desz szərtifikit]
hálózat network [netvörk]; *(villamos)* mains [méjnz]
hálózati csatlakozás mains supply [méjnz szəpláj]
hálózati feszültség mains voltage [méjnz vóltidzs]
hálózsák sleeping-bag [szlíping-beg]
halvány pale [pél]
hamar soon [szún]
hamis false [fólsz]; *(pénz)* counterfeit [**kaunt**ərfit]
hámlani to peel [tu píl]
hamutartó ash-tray [es-tréj]
hang *(emberé)* voice [vojsz]; *(nesz)* sound [szaund]
hangfelvétel recording [rik**ó**rding]
hangjáték radio-play [rédió-pléj]
hangjelzés use of horn [júsz ov horn]; **~t adni** to use the horn [tu júz də horn]
hanglemez record [rek**ó**rd], disc [diszk]
hanglemezbolt record shop [rek**ó**rd sop]
hangolni to tune [tu tyún]
hangos loud [laud]; *(lármás)* noisy [nojzi]
hangosbemondó loudspeaker [**laud**szpíkər]
hangszalag (magnetic) tape [(megnetik) tép]
hangszer (musical) instrument [(mjúzikəl) insztrumənt]
hangszóró loud-speaker [**laud**-szpíkər]
hangtompító silencer [szájlənszər]
hangulat *(jó, rossz)* spirit(s) [szpiric], mood [múd]
hangverseny concert [konszərt]
hangversenyterem concert hall [konszərt hól]
hangya ant [ent]

hány? *(mennyi)* how many [hau meni]?; ~ **éves?** how old are you [hau old ár jú]?; ~ **óra?** what is the time [vac də tájm]?; ~ **órakor?** →hánykor

hányadik? which [vics]?

hányas? what number [vat nâmbər]; *(cipő, kalap)* what size [vat szájz]?; ~ **busz?** which bus [vics bâsz]?

hányinger nausea [nósziə]; ~**e van** feels sick [fílz szik]

hánykor? what time [vat tájm]?

hányni to be sick [tu bí szik]; to vomit [tu vomit]

hányszor? how many times [hau meni tájmz]?

haragudni to be angry [tu bí engri]; **haragszik** is angry [iz engri]

harang (church) bell [(csörcs) bel]

harapni to bite [tu bájt]

harapófogó pincers [pinszərz], nippers [nipərz]

HARAPÓS KUTYA beware of the dog [biveer ov də dog]

harisnya stockings [sztokingz], nylons [nájlənz]

harisnyanadrág tights [tájc], panty-hose [penti-hóz]

harisnyatartó suspender belt [szəszpendər belt], *(US)* garter [gârtər]

harmadosztályú third-class [szörd-klász]

hárman the three of us [də szrí ov âz]

hármasugrás hop, step/skip and jump [hop, sztep/szkip end dzsâmp]

harmatsúly *(boxing)* bantamweight [bentəmvéjt]

háromágyas szoba room with 3 beds [rúm víd szrí bedz]

háromnegyed three-quarters [szrí-kvórtərz]; ~ **tízkor** at a quarter to ten [et e kvótər tu ten]

háromsávú three-lane [szrí-lén]

háromszor three times [szrí tájmz]

háromszögű triangular [trájengjulər]

has belly [beli]

hashajtó laxative [lekszətiv]

hasmenés diarrhoea [dájərie]

hasonlítani to resemble [tu rizembl]

hasonló is similar (to) [iz szimilər (tu)]

használat use [júsz]
használat előtt felrázandó to be shaken before use [tu bí sékn bifór júsz]
használatbavételi díj occupancy fee [okjupənszi fí]
használati tárgy article for personal use [ártikl for pörsznl júsz]; **~ utasítás** direction(s) for use [direksən(z) for júsz]
használni *(vmit)* to use [sth] [tu júz (szâmszing)]; *(vkinek)* to help; **használt az orvosság?** did the pill help [did də pil help]?
használó user [júzər]
használt used [júzd], second-hand [szekənd-hend]
használtautó-kereskedő second-hand car dealer [szekənd-hend kár dílər]
hasznos useful [júszful]
haszon *(előny)* benefit [benifit], *(nyereség)* profit
hát[1] *(vkié, vmié)* back [bek; **~ tal a menetiránynak** back to the engine [bek tu di endzsin]
hát[2] well [vel]; **~ akkor** well then [den]
hatalmas huge [hjúdzs], vast [vászt]
hatály force [fórsz]; **~ba lépni** to come into force [tu kâm intu fórsz]
határ *(országé)* frontier [frântjər], border [bórdər]; **a ~on** at the border [et də bórdər]
határállomás border/frontier station [bórdər/frântjər sztésn]
határátkelőhely (frontier/border) crossing point [frântjər/bórdər kroszing pojnt], checkpoint [csekpojnt]
határátlépés border/frontier crossing [bórdər/frântjər kroszing]
határidő term [törm], deadline [dedlájn]
határozat decision [diszizsn]
határozni to decide [tu diszájd]
határozottan definitely [definitli]
határőrség frontier-guards [frânjər-gárdz]
hatás effect [ifekt], influence [influənsz]
hátasló saddle-horse [szedl-hórsz]
hátizsák knapsack [nepszek]
hatni *(gyógyszer)* to act [tu ekt]

hatos *(szám)* number six [nâmbər sziksz]; ~ **szoba** room number six [rúm nâmbər sziksz]

hatóság authority [ószoriti]; ~ **tölti ki** *(űrlapon)* for official use only [for əfísl júsz ónli]

hatóságilag officially [əfísəli]

hátradőlni to lean back [tu lín bek]

hátra(felé) back(wards) [bek(vərdz)]

hátralevő remaining [riméning]

hátramenet(i fokozat) reverse (gear) [rivörsz (giər)]

hátranézni to look back [tu luk bek]

hátrány disadvantage [diszədvántidzs]

hátrapillantani to glance behind [tu glánsz bihájnd]

hátsó back [bek], rear [rír], tail [tél]; ~ **ablak** rear window [rír vindó]; ~ **lámpa** rear/tail light/lamp [rír/tél lájt/lemp]; ~ **tengely** rear/back-axle [rír/bek-ekszl]; ~ **ülés** back seat [bek szít]; ~ **világítás** rear/tail light(s) [rír/tél lájt(sz)]

hátsókerék-meghajtás rear-wheel drive [rír-víl drájv]

hátszél tail-wind [tél-vind]

hátszín rump (steak) [râmp (szték)]

háttér background [bekgraund]

hátul at the back [et də bek]

hátulról from behind [from bihájnd]

hátúszás backstroke [beksztrók]

havas snowy [sznói]; **a** ~**ok** snow-covered mountains [sznó-kâvəd mauntinsz]

havas eső sleet [szlít]

havazik it is snowing [ic sznóing]

havi monthly [mânszli]

ház house [hausz]; ~**ak** houses [hauziz]; ~**on kívül van** is out [iz aut]

haza 1. *(ország)* native land [nétiv lend] 2. *(irány)* home [hóm]

hazafelé on the way home [on də véj hóm]

hazakísérni to see (sby) home [tu szí (szâmbədi) hóm]

hazamenni to go home [tu gó hóm]; **haza kell mennem** I have (got) to go home [áj hev (got) tu gó hóm]; **menjünk haza!** let us go home [lec gó hóm]!; **hazament** he went home [hi vent hóm]

hazárdjáték gambling [gembling]

házas married [merid]

házaspár (married) couple [(merid) kâpl]

házasság marriage [meridzs]; **~ot kötni** to marry [tu meri]

hazatalál? can you find your way home [ken ju fájnd jor véj hóm]?

hazautazás return journey [ritörn dzsörni]

hazavinni to take home [tu ték hóm]; **hazavihetem?** may I take you home [méj áj ték ju hóm]?

házbér rent

házfelügyelő porter [pórtər], janitor [dzsenitər]

házhely (building) site [(bilding) szájt]

háziállat domestic animal [domesztik enimǝl]

háziasszony *(lakásadónő)* landlady [lendlédi]; *(vendégségben)* hostess [hósztisz], *(otthon)* housewife [hausz-vájf]

házigazda *(lakásadó)* landlord [lendlórd]; *(vendégségben)* host [hószt]

házirend rules of the house [rúlz ov dǝ hausz]

háziorvos family doctor [femili doktǝr]

háziúr landlord [lendlórd]

házszám street-number [sztrít-nâmbǝr]

háztartás household [hauszhóld]

háztartásbeli housewife [hausz-vájf], *(US)* homemaker [hómmékǝr]

háztartási alkalmazott domestic [domesztik], help [help]

háztartási bolt housewares [hauszveerz]

háztól házig (feladott) registered through [redzsisztǝrd szrú]

háztömb block (of houses) [blok (ov hauziz)]

hazudni to tell a lie [tu tel e láj]

hegedű violin [vájolín]

hegy mountain [mauntin]; *(ceruzáé, tűé)* point [pojnt]; **~nek fel** uphil [âphil]; **~nek le** downhill [daunhil]

hegycsúcs peak [pík]

hegyes vidék mountainous area [mauntinəsz eeriə]
hegylánc mountain range [mauntin réndzs]
hegymászás mountaineering [mauntiníring]
hegyoldal hillside [hilszájd]
hegység mountain range [mauntin réndzs]
hegyvidék hilly country [hili kântri]
héj skin [szkin]; *(tojásé, dióé)* shell [sel]
helikopter helicopter [helikoptər]
hely place [plész]; *(ülő)* seat [szít]; *(férő)* room [rum]; **szép ~**
a nice place [e nájsz plész]; **~et foglalni** *(leülni)* to take a
seat [tu ték e szit]; *(lefoglalni)* to reserve a seat [tu rizörv e
szít]
helyár price of seat(s) [prájsz ov szít(c)]
helybeli local [lókəl]; **~ lakos** resident [rezidənt]
helybiztosítás →**helyfoglalás**
helyelőjegyzés booking (seats) [buking (szíc)]
helyes *(helyénvaló)* right [rájt]; *(csinos)* nice [nájsz]; **~!** (all)
right [(ól) rájt]
... helyett instead of ... [inszted ov]; **~em** for me [for mí], in-
stead of me [inszted ov mí]
helyettes deputy [depjuti], substitute [szâbsztityút]
helyfoglalás (seat) reservation [(szít) rezərvésn]
helyfoglalási díj reservation fee [rezərvésn fí]; *(kempingben)*
camping fee [kemping fí]
helyfoglalási iroda ticketing office [tikiting ofisz]
helyi local [lókəl]; **~ beszélgetés** local call [— kól]; **~ forgalom**
local traffic [— trefik]; **~ idő** local time [— tájm]; **~ kiren-
deltség** local office [— ofisz]
helyiérdekű vasút suburban railways [szəbörbən rélvéjz]
helyiség room [rúm], premises [premisziz]
helyjegy reserved seat (ticket) [rizörvd szít (tikit)]; **~et váltani** to
reserve a seat [tu rizörv e szít]
helylemondás cancellation [kenszelésn]
helyreállítani to reconstruct [turíkənsztrâkt]
helység place [plész]

helységnév placename [plészném]

a **helyszínen** on the spot [on də szpot]

helyszíni bírság(olás) on-the-spot fine [on-də-szpot fájn]; *(a cédula)* ticket [tikit]

helyszíni közvetítés running commentary [râning komentəri]

helytelen(ül) wrong(ly) [rong(li)]

helyzet *(társadalmi)* position [pəzisən]; *(dolgoké)* situation [szityuésn]

helyzetlámpa side lamp [szájd lemp]

henger cylinder [szilindər]

hengerűrtartalom cylinder capacity [szilindər kəpesziti]

hentes butcher [bucsər]

hentesüzlet butcher's shop [bucsərz sop]

hét 1. week [vík]; **két ~ a** fortnight [e fórtnájt]; **egy ~ múlva** in a week('s time) [in e vík(sz tájm)]; **jövő ~en** next week [nekszt vík]; **múlt ~en** last week [lászt vík]; **egy ~re** for a week [for e vík]; **ma egy hete** a week ago [e vík egó]; **mához egy ~re** a week from today [e vík from tudéj]; **hétfőhöz egy ~re** Monday week [mándi vík] **2.** *(szám)* seven [szevn]; **~ órakor** at seven (o'clock) [et szevn (ə'klok)]

hetenként per week [pör vík]

hetes *(szám)* (number) seven [(nâmbər) szevn]

hétfő Monday [mándi]

hetilap weekly [víkli]

hétköznap weekday [víkdéj]

hétvége weekend [víkend]

hétvégi kirándulás weekend excursion [víkend ikszkörsn]

HÉV = **helyiérdekű vasút**

heveder strap [sztrep]; *(gépé)* belt

heverő *(bútor)* single bed [szingl bed]

heves violent [vájələnt]; *(vita)* heated [hítid]

hévíz (thermal) waters [(törməl) vótərz]

hiába in vain [in vén]

hiány *(árué)* shortage [sórtidzs]; **vmi hiányában** for lack of sth [for lek ov számszing]

hiányozni to be absent [tu bí ebszənt]; *(nem található)* is not to
be found [iz not tu bí faund]; **hiányoznak** are missing [ár mi-
szing]
hiba mistake [miszték]; *(műszaki)* breakdown [brékdaun]; **hi-
bát követ el** make a mistake [mék e miszték]
hibás faulty [fólti]; *(vétkes)* guilty [gilti]; *(téves)* wrong [rong]
híd bridge [bridzs]
hideg cold [kóld]; **~ van** it is cold [it iz kóld]; **~ebb** colder [kól-
dər]; **~en indítani** to start from cold [tu sztárt from kóld]
hideghullám cold wave [kóld vév]
hidegrázás (the) shivers [(də) sivərz]
hidegtál cold plate [kóld plét]
hifitorony music centre [mjúzik szentər]
híg thin [szin]
higgye el nekem ... believe me ... [bilív mí ...]
hihetetlen unbelievable [ânbilívəbl]
himlő smallpox [szmólpoksz]
himlőoltás vaccination [vekszinésn]
hímzés embroidery [imbrojdəri]
hinni to believe [tu bilív] →**hisz**
hinta swing [szving]
hintőpor talc [telk]
híradástechnika telecommunications [telikəmjunikejsnz]
híradó newsreel [nyúzríl]
hirdetés advertisement [ədvörtiszmənt], ad [ed]
hirdetőoszlop advertising pillar [edvərtájzing pilər]
hirdetőtábla message board [meszidzs bórd]
hír(ek) news [nyúz]
híres famous [féməsz]
hírlap newspaper [nyúszpépər]
hirtelen sudden(ly) [szâdn(li)]
hírügynökség news-agency [nyúz-édzsənszi]
hisz: azt hittem (hogy) ... I thought (that) [áj szót (det)] ...; **azt
~em!** I think (so) [áj szink (szó)]; →**hinni**
hit belief [bilíf]; *(vallás)* religion [rilidzsən]

hitel credit [kredit]

hiteles másolat certified copy [szörtifájd kopi]

hitelkártya credit card [kredit kárd]

hitellevél letter of credit [letər ov kredit] (röv L/C)

hivatal *(hely)* office [ofisz]

hivatalnok official [əfisəl]

hivatalos official [əfisl]; **nem ~** unofficial [ânəfisl]; **~ devizaát-váltási árfolyam** official rate of exchange [əfisl rét ov ikszcséndzs]; **~ órák** office/business hours [ofisz/biznisz auərz]; **~ ünnep** public holiday [pâblik holədi]

hivatás profession [prəfesn]

hivatásos professional [prəfesnl]

hivatkozás reference [refrənsz]; **~sal ...** with reference to ... [vid refrənsz tu ...]

hívatni to send for [tu szend for]

hívni to call [tu kól]; **hogy hívják (önt)?** what is your name [vac jor ném]?

hívószám calling number [kóling nâmbər]

hízni to put on weight [tu put on véjt]

hó 1. snow [sznó]; **esik a ~** it is snowing [ic sznóing] **2.** = **hónap**

hóakadály snowdrift [sznódrift]

hócsizma gumboots [gâmbúc]

hófúvás snow-storm [sznó-sztórm], snowdrift [sznódrift]

hogy 1. *(hogyan)* how [hau]; **~ adja?** how much [hau mâcs]?; **~ jutok el ...hoz?** how can I get to ... [hau ken áj get tu]?; **~ mondják ezt angolul?** how do you say this in English [hau du ju széj disz in inglis]?; **~ tetszik?** how do you like it [hau du ju lájk it]?; **~ történt?** how did it happen [hau did it hepn]?; **~ van?** how are you [hau ár jú]? **2.** that [det]; **azt mondta, ~ ...** he said that ... [hi szed det ...]

hogyne! of course [ov korsz]!; certainly [szörtnli]!

hóhatár snowline [sznólájn]

hoki hockey [hoki]

hol where [veer]?; **~ fáj?** where does it hurt [veer dâz it hört]?; **~ kell átszállnom?** where must I change [veer mâszt áj cséndzs]?; ~ **kell kiszállni?** where do I have to get out [veer du áj hev tu get aut]?; ~ **lakik?** where do you live [veer du ju liv]?; ~ **vagyunk most?** where are we now [veer ár ví nau]?; ~ **van a tudakozó?** where is the Inquiry Office [veer iz di inkvájəri ofisz]?

hólánc snow-chain [sznó-csén]

hold moon [mún]

holland Dutch [dâcs]

Hollandia the Netherlands [də nedəlendz]

holmi *(vkié)* things [szingsz]

holnap tomorrow [tumoró]; ~ **reggel** tomorrow morning [tumoró mórning]; ~**ra** by tomorrow [báj tumoró]

holnapután the day after tomorrow [də déj áftər tumoró]

holtjáték (free) play [(frí) pléj]

holtverseny tie [táj], dead heat [ded hít]

homlok forehead [forid]

homlokzat front [frânt]

homok sand [szend]

hónap month [mânsz]; **jövő** ~ next month [nekszt mânsz]; **múlt** ~ last month [lászt mânsz]

honfitárs compatriot [kəmpetriət]

honnan? from where [from veer]?; ~ **jön?** where do you come from [veer du ju kâm from]?

honorárium fee [fí]

honvágy homesickness [lιómsziknisz]

hordágy stretcher [sztrecsər]

hordani *(ruhát)* to wear [tu veer]

hordár (station) porter [(sztésn) pórtər]

hordó barrel [berəl]

hordozható portable [pórtəbl]

horgászbot fishing rod [fising rod]

horgászfelszerelés fishing gear [fising gír]

horgászni to angle [tu engl]

horgászzsinór fishing line [fising lájn]

horgony anchor [enkər]

horkolni to snore [tu sznór]

horog hook [huk]

horvát Croatian [kroésn]

Horvátország Croatia [kroésjə]

hossz length [lengsz]

hosszú long [long]

hotel hotel [hótel]

hova? where [veer]?; which way [vics véj]?; ~ **megy?** where are you going [veer ár jú góing]?; ~ **való?** where do you come from [veer du jú kâm from]?

hóvihar snow-storm [sznó-sztórm]

hóvirág snowdrop [sznódrop]

hozatni to order [tu órdər], to have (sth) sent [tu hev (szâmszing) szent]

hozni to bring [tu bring]; **hoztam** I (have) brought [áj (hev) brót]; **hozzon egy ...** bring me a ... please [bring mi e ... plíz]

hozzá to him/her [tu him/hör]; ~**d**, ~**tok** to you [tu jú]; ~**juk** to them [tu dem]; ~**m** to me [tu mí]; ~**nk** to us [tu âsz]

hozzájárulás *(anyagilag)* contribution [kontribjúsn]; *(beleegyezés)* assent [eszent]

hozzányúlni tilos do not touch

hozzászokni to get accustomed (to sth) [tu get ekâsztəmd [tu szâmszing)]; **hozzá vagyok szokva** I am used to it [áj em júzd tu it]

hozzátartozó relative [relətiv]

hozzávetőleg approximately [eprokszimitli]

hőforrás thermal spring [törməl szpring]

hölgy lady [lédi]

Hölgyeim és uraim! Ladies and Gentlemen [lédíz end dzsentlmən]

HÖLGYEK Ladies [lédíz]

hőmérő thermometer [törmomitər]

hőmérséklet temperature [tempricsər]

hős hero [híró]

hőség heat [hít]

hősugárzó radiator [rédiétər]
húg younger sister [jângər szisztər]
a **hulla** the body [də bodi]
hullám wave [vév]
hullámfürdő wave bath [vév bász]
hullámhossz wavelength [vévlengsz]
hullámsáv waveband [vévbend]
hullani to fall [tu fól]; **hullik** is falling [iz fóling]
humor humour [hjúmər]
húr string [sztring]
hurka sausage [szoszidzs]
hurut catarrh [kətár]
hús *(élő)* flesh [fles]; *(ennivaló)* meat [mít]
húsételek meat dishes [mít disiz]
húskonzerv tinned meat [tind mít]
húsleves meat-soup [mít-szúp]
hústalan *(étkezés)* meatless [mítlesz]
húsvét Easter [ísztər]
huszadik twentieth [tventiisz]; **a ~ század** the twentieth century [də tventiisz szencsəri]
huzat *(léghuzat)* draught [dráft]
HÚZNI pull [pul]
húzni to pull [tu pul]; **cipőt ~** to put one's shoes on [tu put vânz súz on]
hű faithful [fészful]
hűlés a cold [e kóld]
hűs cool [kúl]
HŰSÍTŐ ITALOK soft drinks [szoft drinksz]
hűtlen unfaithful [ânfészful]
hűtő *(autóé)* radiator [rédiétər]
hűtőfolyadék coolant [kúlənt]
hűtőszekrény refrigerator [rifridzsərétər]
hűtőtartály radiator tank [rédiétər tenk]
hűtőtáska freezer bag [frízər beg]

hűtővíz →**hűtőfolyadék**
hüvelyk *(kézen)* thumb [szâm]; *(mérték)* inch [incs]
hüvelyk(ujj) thumb [szâm]
hűvös cool [kúl]

I, Í

ibolya violet [vájəlit]
id., *idősb.* sen., senior [színjər]
idáig *(időben)* up to now [âp tu nau]
ide here [hiər]
ideg nerve [nőrv]
idegcsillapító sedative [szedətiv]
idegen *(külföldi)* foreign [forin]; *(ember)* foreigner [forinər]
IDEGENEKNEK TILOS A BEMENET authorized persons only [ószərájzd pörszənz ónli]
idegenforgalmi hivatal/iroda tourist office/agency [túriszt ofisz/ édzsənszi]
IDEGENFORGALMI KÖZPONT tourist centre [túriszt szentər]
IDEGENFORGALMI TÁJÉKOZTATÓ SZOLGÁLAT tourist information centre [túriszt infəmésn szentər]
idegenforgalom tourism [túrizm], tourist trade [túriszt tréd]
idegenvezető guide [gájd]
ideges(en) nervous(ly) [nőrvəsz(li)]
ideiglenes temporary [tempərəri]; ~ **lakhely** temporary accommodation [tempərəri əkomədésn]
ideiglenesen temporarily [tempərərili]
idejében in time [in tájm]
(az) **idén** this year [disz jiər]
idény season [szízn]
idényjellegű seasonal [szíznl]

idényszálló summer hotel [szâmər hótel]

ide-oda here and there [hiər end deer]

idő 1. time [tájm]; **mennyi az ~?** what is the time [vac də tájm]?; **~ben** in time [in tájm]; **mennyi ~re?** for how long [for hau long]?; **~t nyerni** to save time [tu szév tájm] **2.** →**idő(járás)**; **szép ~ van** it is a fine day today, isn't it [ic e fájn déj tudéj, iznt it]?

idő(járás) weather [vedər]; **ha az ~ megengedi** weather permitting [vedər pərmiting]

időjárási viszonyok weather conditions [vedər kondisnz]

időjárás-jelentés weather forecast/report [vedər fórkászt/ripórt]

időközben meanwhile [mínvájl]

időnként from time to time [from tájm tu tájm]

időpocsékolás waste of time [vészt ov tájm]

időpont time [tájm]

idős old [óld]; **milyen ~?** how old is he [hau óld iz hí]?

idősebb *(mint)* older (than) [óldər (den)]; **az ~ testvér** the elder brother [di eldər brâdər]

időszaki seasonal [szízənl]

időszerű timely [tájmli]

időtartam length of time [lengsz ov tájm]

időtöltés pastime [pásztájm]

időváltozás change in the weather [cséndzs in də vedər]

i. e. = *időszámításunk előtt* B.C., before Christ [bifór kriszt]

ifjabb *(mint)* younger (than) [jângər (den)]

ifjúsági kedvezmény youth fares [júsz feerz]

ifjúsági szálló youth hostel [júsz hosztl]

-ig *(hely)* to [tu], as far as [ez fár ez]; *(idő)* to, up to [áp tu]; till [til], until [ântil]; **20 kg-ig** up to 20 kg [áp tu tventi kiləgremz]

igaz true [trú]; **~?** is it true [iz it trú]?; **~a van** he is right [hí iz rájt]; **nincs ~a** he is wrong [hí iz rong]

igazán? really [riəli]?

igazgató director [direktər]; *(középiskoláé)* headmaster [hedmásztər], *(nő)* headmistress [hedmisztrəsz]

igazgatóság management [menidzsment]

igazgatótanács governing body [gâvərning bodi]
igazi true [trú]
igazítás *(hajé)* trimming [triming]
igazolás certificate [szərtifikit]; *(átvételi)* receipt [riszít]
igazolja magát! your identity card please [jor ájdentiti kárd plíz]!
igazolni *(állítást)* to verify [tu verifáj]; *(levél stb. vételét)* to acknowledge [tu eknolidzs]; **alulírott ezennel igazolom** this is to certify (that) [disz iz tu szőrtifáj (det)]
igazoltatás identity check [ájdentiti csek]
igazolvány certificate [szərtifikit], *(személyi)* identity card [ájdentiti kárd]
igazolványkép passport photo [pászpórt fótó]
igazság truth [trúsz]; *(igazságosság)* justice [dzsâsztisz]
igen yes [jesz]; *(nagyon)* very [veri]
igény *(vmire)* claim (to) [klém (tu)]; **~ be venni** to make use of [tu mék júz ov]; *(időt)* to take up (time) [tu ték âp (tájm)]
ígéret promise [promisz]
ígérni to promise [tu promisz]
így so [szó]
igyon, igyék! →**inni**
ijedtség fright [frájt]; **az ~től** with fright [vid frájt]
ikrek twins [tvinz]
illat sweet smell [szvít szmel]
illatos sweet-smelling [szvít-szmeling]
illatszer scent [szent]
illatszerbolt chemist's [kemiszc], *(US)* drugstore [drágsztór]
illeték duty [gyúti]
illetékes competent [kompitənt]
illetékmentes duty-free [gyúti-frí]
illetőleg *(vagyis)* or rather [or rádər]
illik *(vmihez)* goes well with ... [góz vel vid ...]
ilyen such [szâcs]; **~ kicsi** so small [szó szmól]
ilyesmi something like that [szâmszing lájk det]
ima prayer [preer]

import(ált) import(ed) [impórt(id)]
incidens incident [inszidənt]
ind. = *indulás* dep., departure [dipárcsər]
indítani to start [tu sztárt]
indítógomb starter(-button) [sztártər(-bâtn)]
indítókar starting lever [sztárting lívər]
indítókulcs ignition key [ignisn kí]
indítómotor starter [sztártər]
indítvány proposition [propəzisn]
indulás *(gépé)* start [sztárt]; *(repgépé)* takeoff [tékof]; *(hajóé)* sailing [széling]; *(buszé, vonaté)* departure [dipárcsər]; ~ **napja** departure day [dipárcsər déj]
indulási ... of departure [ov dipárcsər]; ~ **állomás** station of departure [sztésn ov —]; ~ **idő** time of departure [tájm ov —]; ~ **oldal** departures [depárcsərz], *(reptéren)* departure lounge [— laundzs]; ~ **repülőtér** airport of departure [eerpórt ov —]
indulni to start [tu sztárt], to depart [tu dipárt]; *(repgép)* to take off [tu ték of]; *(hajó)* to sail [tu szél]; *(busz, vonat)* to depart [tu dipárt]; **az 5-ik vágányról indul** leaves from platform 5 [lívz from pletfórm fájv]; **induljunk!** let us start [lec sztárt]!
induló starting [sztárting]; **Bécsbe ~ vonatok** ... trains to Vienna [trénz tu vienə]; **Bécsből ~ vonatok** ... trains from Vienna [trénz from vienə]
INDULÓ VONATOK departures [dipárcsərz]
infláció inflation [inflejsn]
influenza influenza [infuenzə], flu [flú]
INFORMÁCIÓ inquiry office [inkvájəri ofisz], information [infəmésn]
információ information [infəmésn]; ~**t kérek** I should like to know ... [áj sud lájk tu nó]; could you tell me please [kud ju tel mi plíz]
ing shirt [sőrt]
ingajárat shuttle-(service) [sâtl-(szörvisz)]
ingyen free (of charge) [frí (ov csárdzs)]
injekció injection [indzseksn]

inkább rather [rádər]

innen from here [from hiər]

inni to drink [tu drink]; **igyék még!** have/drink some more [hev/drink szám mór]; **igyunk az egészségére!** I propose the health of [áj prəpóz də helsz ov] ...!; **már ittam!** I have had/drunk some [ájv hed/dránk szám] →**iszik**

integetni to wave (good-bye) [tu vév (gud-báj)]

inteni *(kézzel)* to beckon [tu bekən]; *(fejjel)* to nod [tu nod]; *(vkit vmitől)* to warn (against) [tu vórn (egenszt)]

interjú interview [intərvjú]

interurbán beszélgetés trunk call [tránk kól], *(US)* long-distance call [long-disztənsz kól]

intézet institute [insztityút]

intézkedés arrangement(s) [eréndzsment(sz)]; **megteszem a szükséges ~eket** I shall take the necessary steps [áj sel ték də nesziszəri sztepsz]; **további ~ig** until further notice [ântil főrdər nótisz]

intézkedni to see about (sth) [tu szí ebaut (számszing)]; to make arrangements (for) [tu mék eréndzsmenc (for)]

intézmény establishment [iszteblismənt]

intézni *(ügyet)* to manage [tu menidzs]; **ki intézi?** who is in charge [hú iz in csárdzs]?

inzulin insulin [inszjulin]

íny gums [gâmz]

ínyencfalat delicacy [delikəszi]

ipar industry [indəsztri]

iparcikk industrial product [indâsztriəl pródâkt]

ipari industrial [indâsztriəl]; **~ vásár** industrial fair [indâsztriəl feer]

iparművészet arts and crafts [árc end kráfc]

iparos *(kis)* craftsman [kráfcmen]

ír[1] Irish [ájris], Irishman [ájrismen]

ír[2] he is writing [hí iz rájting]; **levelet ~** he is writing a letter [hi iz rájting e letər]; **~tam neki** I have written to him [ájv ritn tu him] →**írni**

irány direction [direksn]; **jó ~ba megyek ...-hoz?** is this the right way to ... [iz disz də rájt véj tu]?; **~t változtatni** to change direction [tu cséndzs direksn]

irányár guiding price [gájding prájsz]

irányítani to direct (to) [tu direkt (tu)]

irányítás guidance [gájdənsz]; *(vállalkozásé)* leading [líding]

irányítószám postal code [pósztəl kód], *(US)* zip code [zip kód]

irányítótorony control tower [kəntról tauər]

irányjelzés signal [szignl]; **~t adni** to give a signal [tu gív e szignl]

irányjelző indicator [indikétər]; **~ tábla** signpost [szájnpószt]

iránytű compass [kâmpəsz]

irányváltoztatás change of direction [cséndzs ov direksn]

írás writing [rájting]

irat document [dokjument]; **az ~ aim** my papers [máj pépərz]

irattáska briefcase [brífkész]

Ír Köztársaság Republic of Ireland [ripâblik ov ájəlend]

írni to write [tu rájt] →**ír**[2]

író writer [rájtər]

íróasztal desk [deszk]

iroda office [ofisz]

irodalom literature [litricsər]

írógép typewriter [tájprájtər]

Írország Ireland [ájəlend]

írott written [ritn]

is also [ólszó]; *(mondat végén)* too [tú]

iskola school [szkúl]

iskolaév school-year [szkúl-jiər]

iskolai végzettség schooling [szkúling], education [egyukésn], qualifications [kvolifikésnz]

ismeret knowledge [nolidzs]

ismeretlen unknown [ánnón]

ismeretség acquaintance [ekvéntənsz]

ismerkedési est social evening [szósl ívning], wine and cheese party [vájn end csíz párti]

ismerkedik make acquaintances [mék ekvéntənsziz]

ismerni to know [tu nó]; **nem ismer vmit** does not know sth [dâznt nó szâmszing], is not familiar with sth [iz not femiljər vid szâmszing]; **ismeri az utat?** do you know the way [du ju nó də véj]?; **már ismerjük egymást!** we have met before [vív met bifór]

ismerős acquaintance [ekvéntənsz]

ismert well-known [vel-nón]

ismertető prospectus [prəszpektəsz]

ismételni to repeat [tu ripít]

istálló stable [sztébl]

Isten God; ~ **éltessen!** many happy returns (of the day) [meni hepi ritőrnz (ov də déj)]!; ~ **hozta!** welcome [velkəm]!; ~ **vele!** goodbye [gudbáj]!

istentisztelet (church) service [(csőrcs) szörvisz]

iszapfürdő mud-bath [mâd-bász]

iszik is drinking [iz drinking]; **mit** ~**?** what is yours [voc jorz]? →**inni**

ital drink

italbolt pub(lic house) [pâb(lik hausz)], (US) saloon [szəlún]

itt here [hiər]; ~ **Kovács** (telefonon) (this is) Kovács speaking [(disz iz) K. szpíking]; ~ **kell leszállnia** this is where you get off [disz iz veer ju get óf]; ~ **maradt** was left here [voz left hiər]; ~ **nyílik** open here [ópn hiər]; ~ **van** here he/it is [hiər hi/it iz]

ittas(an) drunk [drânk]

itthon at home [et hóm]; ~ **van** is at home [iz et hóm]; **nincs** ~ is not at home [iznt et hóm], is out [iz aut]

itt-ott here and there [hiər end deer]

ivókúra drinking cure [drinking kjúr]

ivóvíz drinking-water [drinking-vótər]

íz taste [tészt]; (lekvár) jam [dzsem]

izgalmas exciting [ikszájting], thrilling [szriling]

izgalom excitement [ikszájtment]

izgatni to excite [tu ikszájt]; **ne izgassa magát!** don't worry [dónt vâri]!

izgatott excited [ikszájtid]
ízleni →**ízlik**
ízlés taste [tészt]
ízléstelen in bad taste [in bed tészt]
ízletes tasty [tészti]
ízlik? do you like it [du ju lájk it]?; **nem ízlik** I do not like it [áj dónt lájk it]
izom muscle [mâszl]
izomláz stiffness [sztifnisz]
ízület joint [dzsojnt]
ízületi gyulladás arthritis [ártrájtisz]
izzadni to sweat [tu szvet]
izzadság sweat [szvet]

J

jacht yacht [jot]
jan., január January [dzsenyuəri]
jár *(ember, óra)* goes [góz]; *(gép)* works [vörksz]; *(vhova)* goes (to) [góz (tu)]; *(vkinek)* is due to [iz gyú tu]; **hova ~ iskolába?** where does he go to school [veer dâz hi gó tu szkúl]?; **~t már itt?** have you been here before [hev ju bín hiər bifór]?; **~ autóbusz Pécsre?** is there a bus to P. [iz deer e bâsz tu P.]?; **az órám nem ~** my watch has stopped [máj vocs hez sztopt]; **mennyi ~ ezért?** what do you charge for this [vot du ju csárdzs for disz]?
járat *(hajó, busz)* line [lájn], service [szörvisz]; *(repgépé)* flight [flájt]
járatni *(újságot)* to take (a paper) [tu ték (e pépər)]; *(gépet)* to run [tu rân]
járatszám flight number [flájt nâmbər]
járda pavement [pévment], *(US)* sidewalk [szájdvók]

járdaszegély kerb, *(US)* curb [kőrb]

járdasziget (traffic) island [(trefik) ájlənd], *(US)* safety island [széfti —]

jármű vehicle [viəkl]

járni to go [tu gó], *(működni)* to run [tu rân]; to work [tu wörk]; *(vkinek)* is due to [iz gyú tu] →**jár**

járókelő passer-by [pászər-báj]

járvány epidemic [epidemik]

járványkórház isolation hospital [ájszəlésn hoszpitl]

játék platy [pléj], game [gém]; *(játékszer)* toy [toj]

játékbolt toyshop [tojsop]

játékfilm feature film [fícsər film]

játékidő *(filmé)* running time [rŷning tájm]

játékterem amusement arcade [əmjúzmənt ákejd], *(US)* gaming room [géming rúm]

játékvezető referee [refərí]

játszani to play [tu pléj]; **ki játszik?** who is playing [hú iz pléj-ing]?

játszma game [gém]

játszótér playground [pléjgraund]

javaslat proposal [prəpózl], suggestion [szədzsescsn]

javasolni to propose [tu prəpóz], to suggest [tu szədzsest]; **azt javaslom, hogy** I suggest ... [áj szədzsest]

javítani to repair [tu ripeer], *(US)* to fix (up) [tu fiksz (áp)]

javítás(i munkák) repairs [ripeerz]

javítóműhely repair shop [ripeer sop]

javulni to get better [tu get betər]

jég ice [ájsz]; **~ be hűtött** iced [ájszt]

jégeső hail [hél]

jeges út icy road [ájszi ród]

jéghegy iceberg [ájszbörg]

jégkocka ice cube [ájsz kjúb]; **jégkockákkal** on the rocks [on də roksz]

jégkorong ice hockey [ájsz hoki]

jégkrém ice lolly [ájsz loli]

jégpálya skating rink [szkéting rink]
jégrevű ice show [ájsz só]
jégteleníteni to de-ice [tu dí-ájsz]
jégtelenítő defroster [difrosztər], de-icer [dí-âjszər]
jegy ticket [tikit]; ~ **et váltani** to book a ticket [tu buk e tikit]; **kérem a ~eket!** *(járművön)* fares/tickets please! [feerz/tikic plíz]!
JEGYÁRUSÍTÁS tickets [tikic]
jegyautomata ticket machine [tikit məsín]
jegyelővétel advance booking [edvánsz buking]
jegy- és poggyászkezelés *(reptéren)* check-in [csek-in]
jegyezni to note [tu nót]
jegyfüzet book of tickets [buk ov tikic]
jegygyűrű wedding-ring [veding-ring]
jegyiroda booking office/agency [buking ofisz/édzsənszi]
jegykiadó hely issuing office [iszjúing ofisz]
JEGYPÉNZTÁR booking office [buking ofisz], *(US)* ticket-office [tikit-ofisz]; *(színházban)* box-office [boksz-ofisz]
jegyszedő *(színházi)* usher [âsər]; *(vasúti)* ticket collector [tikit kəlektər]
jegyváltás *(vasút)* booking tickets [buking tikic]; *(színház)* booking seats [buking szíc]
jegyzék list [liszt]
jegyzőkönyv *(rendőri)* police record [pəlisz rekórd]; *(ülésről)* minutes [minic]
jel sign [szájn]; ~ **t ad** give a signal [giv e szignl]
jelen present [preznt]; ~ **van** is present [iz preznt]
jelenet scene [szín]
jelenleg at present [et preznt]
jelenlegi present [preznt]; ~ **állása** post held at present [pószt held et preznt]; ~ **címe** present address [preznt edresz]
jelenteni *(vkinek)* to report (to sby) [tu ripórt (tu szâmbədi)]; *(vmi vmit)* to mean [tu mín]; ~ **a balesetet** to report the accident [tu ripórt di ekszidənt]; **mit jelent ez a szó?** what does this word mean [vot dâz disz vörd mín]?

jelentés report [ripórt]; *(szóé)* meaning [míning]
jelentkezés *(vmire)* application (for) [eplikésn (for)], *(vhol)* registering (for) [redzsisztəring (for)]
jelentkezési határidő *(reptéren)* check-in time [csek-in tájm]; ~ **lap** application form [eplikésn form]
jelentkezni to report [tu ripórt]; *(reptéren, szállodában stb.)* to check in [tu csek in]
jelentőség importance [impórtənsz]
jelezni to give signals [tu giv szignlz]; **jelezzen a megálló előtt ha leszállni kíván** at request stop please ring bell [et rikveszt sztop plíz ring bel]
jelleg character [keriktər]
jellegzetes characteristic [keriktərisztik]
jellemző vonás peculiarity [pikjúlieriti]
jelmagyarázat abbreviations and symbols [ebrívjésnz end szimbəlz], *(térképen)* legend [ledzsənd]
jelmez costume [kosztyúm]
jelmezbál fancy-dress ball [fenszi-dresz ból]
jelölt candidate (for) [kendidit (for)]
jelvény badge [bedzs]
jelzés *(vasúti)* signal [szignl]
jelzőlámpa *(forgalmi)* traffic light(s) [trefik lájt(sz)]
jelzőtábla information signs [infəmésn szájnz], *(közúti)* (road) sign [(ród) szájn]
jó good [gud]; ~ **reggelt!** good morning [gud mórning]!; ~ **estét!** good evening [gud ívning]!; ~ **mulatást!** have a good time [hev e gud tájm]!; ~ **napot** good afternoon [gud áftərnún]; *(búcsúzáskor)* good-bye [gud báj]; ~ **utat!** have a good trip [hev e gud trip]!; **nem ~ nekem** does not fit me [dáznt fit mí]; **a ~ vonat** the right train [də rájt trén]
jobb *(irány)* right [rájt]; ~ **kéz** right hand [rájt hend]; ~ **oldalon** on/to the right(-hand side) [on/tu də rájt(-hend szájd)]; ~ **felé** to/towards the right [tu/təvórdz də rájt]; ~ **felől** from the right [from də rájt]
jobb(an) better [betər]; ~ **van** is feeling better [iz fíling betər]

jobbkéz-szabály priority on the right [prájoriti on də rájt]; *(US)* yield to traffic from the right [jíld tu trefik from də rájt]

jobbra (to the) right [(tu də) rájt]; ~ **hajts!** keep (to the) right

jobbszélső outside right [autszájd rájt]

jód iodine [ájədín]

jog law [ló]; right [rájt]; **minden ~ fenntartva** all rights reserved [ól rájc rizőrvd]

jogász jurist [dzsuəriszt]; *(diák)* law student [ló sztyúdənt]

joghurt yog(ho)urt [jogőrt]

jogos rightful [rájtful]; lawful [lóful]

jogosítvány licence [lájszənsz]

jogtalan unlawful [ânlóful]

jóízű tasty [tészti]

jókívánságok best wishes [beszt visiz]

jól well [vel]; ~ **érzem magam** I feel fine [áj fíl fájn]; ~ **éreztük magunkat** *(szórakoztunk)* we had a good time [ví hed e gud tájm], we had (a lot of) fun [vi hed (e lot ov) fân]; **nincs ~** he is not well [hi iz not vel]

jómódú well-to-do [vel-tu-du]

jótállás guarantee [gerəntí]; warranty [vorənti]

józan sober [szóbər]

jönni to come [tu kâm]; *(érkezni)* to arrive [tu erájv]; **gyere! come (on)** [kâm (on)]!; **jövök!** (I am) coming! [(ájm) kâming!]

jövedelem income [inkəm]

jövedelemadó income tax [inkəm teksz]

jövő future [fjúcsər]; ~ **évben** next year [nekszt jiər]; ~ **vasárnap** next Sunday [nekszt szândi], Sunday next [szândi nekszt]

jövőre next year [nekszt jiər]

jugoszláv Yugoslav, Jugoslav [júgószláv]

Jugoszlávia Yugoslavia, Jugoslavia [júgószlávjə]

juh sheep [síp]

júl., július Jul., July [dzsuláj]

jún., június Jun., June [dzsún]

jutalom reward [rivórd]

jutányos áron at a reasonable price [et e ríznəbl prájsz]
jutni *(vhová)* to get (to) [tu get (tu)]; *(vmihez)* to get (sth) [tu get (szâmszing)]; to obtain (sth) [tu ebtén —]; **hogy jutok oda?** how do I get there [hau dú áj get deer]? →**eljutni**

K

K = *kelet* E, east [íszt]
kabaré cabaret [kebəré]
kabát coat [kót]
kabin cabin [kebin]; *(strandon)* cubicle [kjúbikl]
kábítószer drug [drâg]; **~t szed** is on drugs [iz on drágz]
kacsa duck [dâk]
kacsasült roast duck [rószt dâk]
kád (bath-)tub [(bâsz-)tâb]
kagyló *(állat)* shellfish [sellfis]
kajak kayak [kâyâk]
kajak-kenu canoeing [kenúing]
kakaó cocoa [kókó]
kakas cock [kok]
kalács milk bread [bred]
kaland adventure [edvencsər]; *(szerelmi)* love affair [lâv efeer]
kalap hat [het]
kalapács hammer [hemər]
kalapácsvetés throwing the hammer [szróing də hemər]
kalauz *(vonaton)* ticket-inspector [tikit-inszpektor]; *(buszon)* conductor [kəndâktər]; *(könyv)* guide [gájd]
kalkulálni to calculate [tu kelkjulét]
kalória calorie [ke]əri]
kalóriaszegény low in calories [ló in keləriz]
kályha stove [sztóv]
kamarazene chamber music [csémbər mjúzik]

kamat interest [intrəszt]; ~**ot fizetni** to pay interest [tu péj intrəszt]

kamion lorry [lori], *(US)* truck [trâk]

Kanada Canada [kenədə]

kanadai Canadian [kənédjən]

kanál spoon [szpún]

kancsó *(italnak)* pitcher [picsər], jug [dzsâg]

kandalló fire-place [fájər-plész]

kánikula heat [hít], dog days [déjz]

kanna can [ken]

kanyar bend, *(US)* turn [törn], curve [körv]

kanyargós út winding road [vájnding ród]

kanyaró measles [mízlsz]

kanyarodás turning [törning]

kanyarodni to turn [tu törn]; **kanyarodjon balra** turn to the left [törn tu də left]

kanyarogni to wind [tu vájnd]

kap: ~**tam** I have got/received [ájv got/riszívd]; ~**ott** (has) got [(hez) got], (has) received [riszívd]; ~**hatnék ...?** could I get ... [kud áj get]?; **hol** ~**hatok ...?** where can I get ... [veer ken áj get]?; ~**hatok még?** may I have some more [méj áj hev szám mór]?; →**kapni**

kapaszkodni tessék! hold on [hóld on]!

kapaszkodósáv crawler lane [królər lén]

kapcsolat connection [kəneksn], relation [rilésn]; **ezzel** ~**ban** in connection with that [in kəneksn vid det]

kapcsolni to connect [tu kənekt]; **kapcsolja kérem ...** put me through to ... [put mí szrú tu]; **második sebességre kapcsolt** he went into second gear [hi vent intu szeknd giər]

kapcsoló switch [szvics]

kapitány captain [keptin]

kapni to get [tu get]; to receive [tu riszív]; ~ **itt ...?** can I get here ... [ken áj get hiər]?; **nem** ~ is not to be had [iz not tu bí hed]; **tetszik már** ~? are you being served [ár ju bíing szörvd]? →**kap**

kápolna chapel [csepl]
káposzta cabbage [kebidzs]
kapu *(kerté)* gate [gét]; *(házé)* (entrance-)door [(entrənsz-)dór]; *(futballban)* goal [gól]
kapus *(futballban)* goalkeeper [gólkípər]
kar arm [árm]; *(működtető)* lever [lívər]; *(testület)* staff [sztáf]; *(ének)* choir [kvájər]
kár *(anyagi)* damage [demidzs]; **de ~!** what a pity [vat e piti]!
karácsony Christmas [kriszmɘsz], Xmas [kriszmɘsz]
karácsonyfa Christmas tree [kriszmɘsz trí]
karácsonyi üdvözlet Christmas greeting(s) [kriszmɘsz gríting(z)]
karaj (pork) chop [(pórk) csop]
karalábé kohlrabi [kólrábi], turnip cabbage [törnip kebidzs]
karambol collision [kɘlizsn], road accident [ród ekszidɘnt]
karambolozni to collide [tu kɘlaid]
karbantartás maintenance [méntɘnɘnsz]
kárbecslés assessment of damage [ɘszeszmɘnt ov demidzs]
karburátor carburettor [kárbjuretɘr]
karcsú slim [szlim]
kard sabre [szébɘr]
kardántengely cardan shaft [kárdɘn sáft]
kardigán cardigan [kárdigɘn]
kárfelvételi jegyzőkönyv accident-report form [ekszidɘnt-ripórt form]
kárigény claim for damages [klém for demidzsiz]; **~t jelent be** lodges a complaint [lodzsiz e kɘmplént]
karika ring
karkötő bracelet [brészlit]
karmester conductor [kɘndâktɘr]
karnevál carnival [kárnivɘl]
karóra wrist-watch [riszt-vacs]
karosszék armchair [ármcseer]
karosszéria carbody [kárbodi]
karosszériajavítás bodywork [bodivörk]

Kárpátok the Carpathians [də kárpétjənsz]

kárpótlás compensation [kompenszésn]

kárpótlásul by way of compensation [báj véj ov kompenszésn]

kárrendezés settlement (of damages) [szetlment (ov demidzsiz)]

karrier career [kərír]

kártérítés compensation [kompenszésn], damages [demidzsiz]; ~**t fizetett** he paid damages [hi péjd demidzsiz]; ~**t kapni** to recover damages from [tu rikávər demidzsiz]

kártérítési igény claim for damages [klém for demidzsiz]

karton cardboard [kárdbórd]; **egy ~ cigaretta** a carton of cigarettes [e kártn ov szigərec]

kártya card [kárd]

kártyázni to play (at) cards [tu pléj (et) kárdz]; **tud ~?** can you play cards? [ken ju pléj kárdz]?

karzat gallery [geləri]

kastély castle [kászl]

kaszinó club [klâb]; *(játék)* casino [kəsínó]

kaszinótojás egg mayonnaise [eg méjənéz]

kassza *(üzleti)* cash desk [kes deszk]; **a kasszánál tessék fizetni** please pay at the desk [plíz péj et də deszk]

katalizátor *(autóban)* catalytic converter [ketəlitik kənvőrtər]

katalógus catalogue [ketəlog]

katasztrófa disaster [dizásztər]

katedrális cathedral [kəszídrəl]

kategória category [ketigəri]

katolikus Catholic [ketolik]

katona soldier [szóldzsər]

katonai military [militri]

kávé coffee [kofi]; ~**t főzni** to make coffee [tu mék kofi]; **egy ~t kérek!** a (black-)coffee please [e (blek-)kofi plíz]

kávéfőző (gép) percolator [pörkəlétər]

kávéház café [kefé]

kávéskanál teaspoon [tíszpún]

kaviár caviar [keviár]

kazetta *(magnó, video)* cassette [kəszet]

kazettás magnó cassette recorder [kəszet rikórdər]
kb. = *körülbelül* approx., approximately [eprokszimitli]
kecske goat [gót]
kedd Tuesday [tyúzdi]; ~**en** on Tuesday [on tyúzdi]; ~**re** by Tuesday [báj tyúzdi]
kedv *(hangulat)* mood [múd]; **nincs** ~**e sétálni?** how about a walk [hau ebaut e vólk]?; **nincs** ~**em sétálni** I do not feel like walking [áj dónt fíl lájk vóking]
kedvenc favourite [févərit]
kedves dear [dír]; **legyen olyan** ~ **és ...** be so kind as to [bí szó kájnd ez tu]; ~ **Brown úr!** dear Mr. Brown [dír misztər braun]
kedvezmény reduction [ridáksn], *(engedmény)* discount [diszkaunt]
kedvezményes *(ár)* reduced (price) [rigyúszt (prájsz)]; ~ **díjszabás** special tariff [szpesl terif]; ~ **menetdíjak** reduced fares [rigyúszt feerz]; ~ **menettérti jegy** economy class return [ikonəmi klász ritörn]; ~ **repülőút** *(menetrendszerű járaton)* economy flight [ikonəmi flájt]; *(bérelt gépen)* chartered flight [csártərd flájt]
kedvező favourable [févərəbl], advantageous [edvəntédzsəsz]; ~ **feltételek mellett** on easy terms [on ízi törmz]
kedvezőtlen unfavourable [ânfévərəbl]
kefe brush [brâs]
kék blue [blú]
keksz biscuit [biszkit], *(US)* cracker [krekər]
kelbimbó Brussels sprouts [brâszlsz szprauc]
kelet 1. *(égtáj)* East [íszt]; ~**en** in the east [in di íszt] **2.** *(keltezés)* date [dét]
keletbélyegző date stamp [dét sztemp]
Kelet-Európa Eastern Europe [isztərn júrəp]
kelet-európai East European [íszt júrəpíən]
keleti eastern [isztərn]
Keleti (pályaudvar) Budapest East (Railway Station) [íszt (rélvéj sztésn)]
kelkáposzta savoy cabbage [szəvoj kebidzs]

kell *(tenni)* must (do sth) [mászt (dú szâmszing)]; have to (do sth) [hev tu (dú szâmszing)]; **neki nem ~ eljönni** he need not come [hi nídnt kâm]; **el ~ mennünk** we must go [vi mászt gó]; **el ~ett mennünk** we had to leave [vi hed tu lív]; **~ ez önnek?** do you need that [du ju níd det]?

kellemes agreeable [egriəbl], pleasant [pleznt]; **~ karácsonyi ünnepeket!** merry Christmas [meri kriszməsz]; **~ utat/utazást!** have a good trip [hev e gud trip]!

kellemetlen disagreeable [diszegríəbl], unpleasant [ânpleznt]

kellemetlenség(ek) unpleasantness [ânplezntnisz]

kellene should [sud]; ought to (do sth) [ót tu (du szâmszing)]; **le ~ feküdnie** you should lie down [ju sud láj daun]; **már ott ~ lenniük** they should be there by now [déj sud bí deer báj nau]

kelteni to wake [tu vék]

keltezve dated [détid]

kelt mint fent date as above [dét ez ebâv]

kém spy [szpáj]

kemény hard [hárd]; **~ tojás** hard-boiled egg [hárd-bojld eg]

kémény chimney [csimni]

kemping camp(ing) site [kemp(ing) szájt], *(US)* campground [kempgraund]

kempingágy camp bed [kemp bed], *(US)* cot [kot]

kempingasztal camping table [kemping tébl]

kempingbicikli fold-up bicycle [fóld-âp bájszikl]

kempingcikkek camping articles [kemping ártiklz]

kempingezni to camp [tu kemp]

kempingező camper [kempər]

kempingfelszerelés camping equipment [kemping ikvipment]

kempingfőző camp(ing) stove [kemp(ing) sztóv]

kempinggondnok camping warden [kemping vórdn]

kempinglámpa camp light [kemp lájt]

kempingszék camp chair [kemp cseer]

kempingszolgáltatások camping facilities [kemping fəszilitiz]

kempingszövetség camping association [kemping əszósziésn]

kendő scarf [szkárf], shawl [sól]

kenés lubrication [lubrikésn]
kengyel stirrup [sztirəp]
kenni to smear [tu szmiər], *(zsírozni)* to grease [tu grísz]
kenőanyag grease [grísz], lubricant [lúbrikənt]
kenőcs ointmet [ojntment]; *(géprészeké)* lubricant [lúbrikənt]
kenőmájas liver pâté [livər petej]
kenőolaj lubricating oil [lúbrikéting ojl]
kenu canoe [kənú]
kényelmes comfortable [kâmfətəbl]
kényelmetlen uncomfortable [ânkâmfətəbl]
kenyér bread [bred], *(egész)* loaf [lóf]
kenyérpirító toaster [tósztər]
kényes *(ember)* fastidious [fesztidiəsz]
kényszerhelyzet emergency [imördzsənszi]
kényszeríteni to force [tu fórsz]
kényszerleszállás forced landing [fórszt lending]
kénytelen vagyok I am compelled to [ájm kəmpeld tu]
kép picture [pikcsər]
képcsarnok picture gallery [pikcsər gələri]
képernyő (TV-)screen [(tíví-)szkrín]
képes *(vmire)* is capable (of doing sth) [iz képəbl (ov dúing szâmszing)]; **nem ~** is unable to [iz ânébl tu]
képesítés qualification [kvolifikésn]
képeslap magazine [megəzín]
képes levelezőlap picture postcard [pikcsər pósztkárd]
képesség faculty [fekəlti], ability [ebiliti]
képest as compared with [ez kəmpeerd vid]
képrögzítés telerecording [telirikórding]
képtár art/picture gallery [árt/pikcsər gələri]
képtelen vagyok ... I am unable to [áj em ânébl tu]
képviselet *(kereskedelemben)* agency [édzsənszi]
képviselni to represent [tu reprizent]
képviselő *(parlamenti)* representative [reprezentətiv], *(GB)* Member of Parliament [membər ov párləment], MP [em-pí]
képzelet imagination [imedzsinésn]

képzelni to imagine [tu imedzsin]

képzettség education [egyukésn]

képzőművészet the fine arts [dö fájn árc]

kér: ~ **vkit vmire** asks sby to do sth [ászksz szâmbədi tu dú szâmszing]; ~**ek** I should like to have ... [áj sud lájk tu hev], give me, please ... [giv mí plíz]; **egy kávét** ~**ek!** a coffee, please [e kofi plíz]!; ~**ik a telefonhoz** you are wanted on the phone [ju ár vantid on də fón]; ~**jük, (hogy)** ... you are requested to [ju ár rikvesztid tu] ...; ~ **te hogy menjek vele** he asked me to go with him [hi ászkt mí tu gó vid him]; ~**em!** *(köszönömre adott válasz)* not at all [not et ól]!; *(US)* you are welcome [ju ár velkâm]; ~**em jöjjön be** come in, please [kâm in plíz]; **mit** ~ **ezért?** how much do you charge for this [hau mâcs du ju csárdzs for disz]?; ~**tem, hogy** I asked (him, her) to ... [áj ászkt (him, hör) tu]; →**kérni**

kerámia pottery [potəri]

kérdés question [kveszcsn]

kérdéses in question [in kveszcsn]

kérdezni to ask [tu ászk]; **azt kérdezte, hogy** ... he asked if/whether [hi ászkt if/vedər] ...

kérdőív questionnaire [kveszcsənər]

kerek round [raund]

kerék wheel [víl]; **első** ~ front wheel [front víl]; **hátsó** ~ rear wheel [riər víl]

kerékagy hub [hâb]

kerékcsavar wrench [rencs]

kerékfelfüggesztés wheel suspension [víl szâszpensn]

kerékösszetartás toe-in [tó-in]

kerékpár bicycle [bájszikl]

kerékpáros cyclist [szájkliszt]

kerékpározás cycling [szájkling]

kerékpárút cycle path [szájkl pász]

keréktárcsa wheel disc [víl diszk]

kérelem application [eplikésn]

kérelmező applicant [eplikənt]

kérés request [rikveszt]; **~ére** at the request of [et də rikveszt ov]

kereset income [inkəm]

keresett wanted [vantid]; *(cikk)* much in demand [mâcs in dimánd]

kereskedelem trade [tréd]; commerce [komörsz]

kereskedelmi commercial [kəmörsl]; **~ kamara** chamber of commerce [csémbər ov komörsz]; **~ kapcsolatok** trade relations [tréd rilésnz]; **~ képviselet** trade representation [tréd reprizentésn]

kereskedő shopkeeper [sopkípər]

kereslet demand [dimánd]

keresni *(vmit)* to look for sth [tu luk for szâmszing]; *(pénzt)* to earn [tu örn]

kereszt cross [krosz]

keresztanya godmother [godmâdər]

keresztapa godfather [godfádər]

keresztben crosswise [kroszvájz]

keresztény Christian [krisztjən]

kereszteződés crossroads [kroszródz]

keresztnév first/Christian name [förszt/krisztjən ném]

keresztút crossroad [kroszród]

keresztutca side street [szájd sztrít]; **balra a második ~** the second turning on the left [dö szeknd törning an dö left]

keresztül through ... [szru]; *(útirány)* via ... [vájə]

keresztülmenni = átmenni

keret frame [frém]

keringő waltz [vólsz]

kerítés fence [fensz]

kérni *(vmit)* to ask (for) [tu ászk (for)], to request [tu rikveszt]; *(követelni)* to demand [tu dimánd] →**kér**

kert garden [gárdn]

kertész gardener [gárdnər]

kerthelyiség garden [gárdn]

kertmozi open-air cinema [ópn-eer szinimə]

kertváros garden city [gárdn sziti]

kerül *(vmibe)* costs (sth) [koszc (szâmszing)]; **mibe ~?** how much is it [hau mâcs iz it]? →**kerülni**

kerület district [disztrikt]

kerületi rendőrkapitányság district police station [disztrikt pəlísz sztésn]

kerülni *(vhova)* to get (somewhere) [tu get (szâmveer)]; *(vmibe)* to cost [tu koszt], to come to [tu kâm tu]; *(elkerülni)* to avoid [tu evojd]; →**kerül**

kerülő *(út)* detour [dítúr]

kérvény application [eplikésn]; **~t beadni** to make an application [tu mék en —]

kés knife [nájf]

késedelem delay [diléj]

keserű bitter [bitər]

késés delay [diléj]; **~e van** is late [iz lét]; **mennyi késése volt a vonatnak?** how many minutes was the train late [hau meni minic voz də trén lét]?; **elnézést a ~ért** I apologize for being late [áj əpolədzsájz for bíing lét]

késik is late [iz lét]; *(óra)* is slow [iz szló]; **mennyit ~?** *(jármű)* how much are we overdue [hau mâcs ár vi óvergyú]?; **az órám 5 percet ~** my watch is 5 minutes slow [my vacs iz fájv minic szló]; **25 percet késik** *(jármű)* it is 25 minutes late [ic tventifájv minic lét]

keskeny narrow [neró]

keskenyfilm cinefilm [szinifilm]

késni to be late [tu bí lét] →**késik**

késő: ~ van it is late [it iz lét]; **~re jár** it is getting late [ic geting lét]

később later (on) [létər (on)]

későn late [lét]

kész *(befejezett)* ready [redi]; **~ van?** *(dolog)* is it ready [iz it redi]?; *(személy)* are you ready [ár ju redi]?; **~ örömmel** with pleasure [vid plezsər]

készen vett ready-made [redi-méd]

készíteni to make [tu mék]

készítmény product [prodâkt]

készlet *(áru)* store [sztór]; *(összetartozó dolgok)* set [szet]

készpénz cash [kes]; ~**ben** in cash [in kes]

készruha ready-made clothes [redi-méd klódz], ready-to-wear clothes [redi-tu-vər -]

kesztyű gloves [glâvz]

kesztyűtartó glove compartment [glâv kəmpártment]

készülék apparatus [eperétəsz]

készülni *(vmire)* to be preparing (for) [tu bí pripeering (for)]; *(vhova)* to be about to go [tu bí ebaut tu gó]; *(vmiből)* **készült** is made of (sth) [iz méd ov (szâmszing)]

két two [tú]

kétágyas szoba double (bed)room [dâbl (bed)rúm]

kételkedni to doubt [tu daut]

kétezer two thousand [tú tauzənd]

kétfekhelyes two-berth [tú-börsz]

kétharmad two-thirds [tú-szördz]

kétirányú two-way [tú-véj]; ~ **forgalom** two-way traffic [— trefik]; ~ **út** two-way road [— ród]

kétlem! I wonder [áj vândər]!

kétpályás autóút dual carriageway [gyúəl keridzsvéj]

kétrészes two-piece [tú-písz]

kétsávos two-lane [tú-lén]

kétség doubt [daut]

kétségtelenül no doubt [nó daut]

kétsoros öltöny double-breasted suit [dâbl-bresztid szjút]

kétszemélyes for two (persons) [for tú (pörsznz)]

kétszer twice [tvájsz]; ~ **annyi** twice as much [tvájsz ez mâcs]

kétszersült biscuit [biszkit]

kettё in two [in tú]

mi **ketten** the two of us [də tú ov âsz]

kettes *(szám)* (number) two [(nâmbər) tú]

kettesével in twos [in túz]

kettő two [tú]; **mind a** ~ both [bósz]

kettőnknek for the two of us [for də tú ov âsz]

kettős double [dâbl]; ~ **útkanyarulat** double bend/curve [dâbl bend/körv]

kétüléses autó two-seater [tú-szítər]

keverék *(üzemanyag)* fuel mixture [fjúəl mikszcsər]

keverni *(össze)* to mix [tu miksz]; *(főzéskor)* to stir [tu sztör]

kevés little [litl] *(utána egyes szám); few* [fjú] *(utána többes szám);* ~ **a pénzem** I have little money [áj hev litl mâni]; **van egy** ~ **pénzem** I have a little money [áj hev e litl mâni]; **csak keveset!** only a little [ónl e litl]!; **kevesen vannak** there are only a few [deer ár ónli e fjú]

kevesebb less [lesz] *(utána egyes szám); fewer* [fjúər] *(utána többesszám)*

kéz hand [hend]; **kezet fogni** to shake hands (with) [tu sék hendz (vid)]

kézbesíteni to deliver [tu dilivər]

kezdeni to start [tu szárt], to begin [tu bigin]; **mihez kezdjünk?** what now [vat nau]?; **azzal kezdte, hogy ...** he began by [hi bigen báj] ...

kezdet beginning [bigining]

kezdő beginner [biginər]

kezdőbetű initial [inisl]

kezdődni to begin [tu bigin], to start [tu sztárt]; **mikor kezdődik?** when does it begin [ven dâz it bigín]?

kezdve as from [ez from] ...; **1-től** ~ as from the 1st [ez from də förszt]

kezelés *(betegé)* treatment [trítment]; *(tárgyé)* handling [hendling]

kezelési költség handling charge [hendling csárdzs]

kezelni *(beteget)* to treat [tu trít]; *(jegyet)* to check [tu csek]; *(gépet, ügyet)* to handle [tu hendl]

kezelőgomb cuff-links [kâf-linksz]

kezeslábas overalls [óvərólz]

kézifék handbrake [hendbrék]

kézifékkar handbrake lever [hendbrék lívər]

kézimunka *(női)* needlework [nídlvörk]

kézipoggyász personal luggage [pörsznl lâgidzs]; *(repgépen)* carry-on baggage [keri-on begidzs]

kézitáska *(női)* handbag [hendbeg]

kézi tűzoltófecskendő fire extinguisher [fájər iksztingvisər]

kézműipar (handi)craft(s) [(hendi)kráft(c)]

kézzel festett hand-painted [hend-péntid]

kft. = *korlátolt felelősségű társaság* limited liability company, Ltd., [limitid lájəbiliti kámpəni], *(US)* Inc.

kg = *kilogramm* kilogram(me) [kiləgrem]

ki? who [hú]?; **~ az?** who is it [hú iz it]?

ki²! out [aut]

kiabálni to shout [tu saut]; **ne kiabáljon!** do not shout [dont saut]!

kiadás *(könyvé)* edition [idisn]; *(költség)* expense(s) [ikszpensz(iz)]; *(jegyé, útlevélé)* issue [isú]

kiadni *(jegyet útlevelet)* to issue [tu issú]; *(szobát)* to let [tu let]; *(pénzt)* to spend [tu szpend]; *(sajtóterméket)* to publish [tu pâblis]

kiadó *(könyvé)* publisher [pâblisər]

kiadó lakás/szoba flat/room to let [flet/rúm tu let], vacancies [vékenszíz], rooms available [rúmz əvéjləbl], *(US)* apartment for rent [əpártmənt for rent]

kiállítani *(okmányt)* to make out [tu mék aut], to issue [tu issú]

kiállítás exhibition [ekszibisn], show [só]

kiállított tárgyak exhibits [igzibic]

kiáltás cry [kráj]

kiárusítani to sell out [tu szel aut]

kiárusítás sale [szél]

kibérelni to hire [tu hájər]; *(házat hosszabb időre vagy földet)* to lease (tu lísz]; *(házat/szobát rövidebb időre vagy autót)* to rent [tu rent]

kibérelhető for hire [for hájər], *(US)* for rent [for rent]

kibontani to undo [tu ândú]; *(csomagot)* to open [tu ópn]

kibővíteni to widen [tu vájdən]

kicsavarni *(ruhát)* to wring [tu ring]; *(csavart)* to unscrew [tu ânszkrú]

kicserélni to exchange [tu ikszcséndzs]; *(újjal)* to replace [tu rip-lész]

kicsi little [litl], small [szmól]; **egy ~t** a little [e litl]; **~t drága** rather expensive [rádər ikszpensziv]

kicsoda? who(ever) [húevər]?

kicsomagolni to unpack [tu ânpek]

kiderül *(az idő)* is clearing up [iz klíring âp]; **~t, hogy** ... it turned out that [it törnd aut det] ...

kidobni to throw out [tu szró aut]

kié? whose ... is this [húz iz disz]?, who does it belong to [hú dâz it bilong tu]?

kiégni to burn out [tu börn aut]; **kiégett a biztosíték** the fuse has blown [de fjúz hez blón]

kiegészíteni to supplement [tu sâpliment]

kiegészítő supplementary [szâplimentəri]; **~ jegy** supplementary ticket [— tikit]; supplement [szâpliment]

kiegyenlíteni *(számlát)* to settle (the bill) [tu szetl (də bil)]

kiejtés pronunciation [prənânsziésn]

kielégíteni to satisfy [tu szetiszfáj]

kielégítő satisfactory [szetiszfektəri]; **ki nem elégítő** unsatisfactory [ânszetiszfektəri]

kiesett ... has fallen/dropped out [hez fólen/dropt aut]

kifáradni to get tired [tu get tájərd]; **kifáradtam** I am tired [ájm tájərd]

kifejezés expression [ikszpresn]

kifejezni to express [tu ikszpresn]

kifesteni to paint [tu pént]

kificamodott is sprained/dislocated [iz szprénd/diszləkétid]

kifizetni to pay off/out [tu péj óf/aut]; *(adósságot)* to settle [tu szetl]; **ki szeretném fizetni a számlámat** I want to settle the bill [áj vant tu szetl də bil]; **kérem fizesse ki a taxit!** please settle the fare [plíz szetl də feer]!; **ki nem fizetett** unpaid [ânpéjd]

kifli croissant [krvesə]

kifogás *(mentség)* excuse [ikszkjúz]

kifogásolni to object to [tu əbdzsekt tu]

kifogyott *(áru)* it is out of stock [it iz aut ov sztok], *(könyv)* it is out of print [it iz aut ov print]

kifőzde eating-house [íting-hauz]

kifutópálya *(reptéren)* runway [rânvéj]

kihágás petty offence [peti əfensz]

kihagyni to omit [tu omit], to leave out [tu lív aut]

KIHAJOLNI VESZÉLYES do not lean out of the window [du not lín aut ov də vindó]

kihallgatás questioning [kveszcsəning]; *(fogadás)* audience [ódjənsz]

kihasználni to utilize [tu jútilájz]

kihez? to whom [tu húm]?

kihirdetni to annouce [tu enaunsz]

kihozni to bring out [tu bring aut]

kihúzatni *(fogat)* to have a tooth (drawn) out [tu hev e túsz (drón) aut]

kihúzni to pull out [tu pul aut]; *(törölni)* to cross out [tu krosz aut]

kiindulási pont point of departure [pojnt ov dipárcsər]

KIJÁRAT exit [ekszit], way out [véj aut]

kijavítani to correct [tu kərekt], *(gépet)* to repair [tu ripeer]

kijelenteni to declare [tu dikleer]; **kijelentette, hogy ...** he declared that [hi dikleerd det] ...

kijelentés statement [sztétmənt]

kijelentkezik *(és távozik)* is checking out (and leaving) [iz cseking aut (end líving)]

kijelölni *(időt)* to fix [tu fiksz]

kijelölt appointed [epojntid]; ~ **gyalogátkelőhely** pedestrian crossing [pidesztriən kroszing]; ~ **határátkelőhely** appointed frontier crossing point [epojntid frântjər kroszing pojnt]

kijönni to come out [tu kâm aut]; **jól kijönnek egymással** they get on well with each other [déj get on vel vid ics âdər]

kikapcsolni *(ruhaneműt)* unfasten [ânfâszn]; *(áramot)* to switch off [tu svics óf]; *(rádiót)* to turn off [tu törn óf]; *(gépet)* to stop [tu sztop]; **kapcsolja ki!** switch it off [szvics it óf]!

kikapcsolódás relaxation [rílekszésn]
kikérdezni to interrogate [tu interəgét]
kikerülni *(kitérni)* to go round [tu gó raund]
kikísérni *(vkit)* to show sby out [tu só szâmbədi aut]; *(állomásra, reptérre)* to see sby off [tu szí szâmbədi óf]
kiköltözni to move out [tu múv aut]
kikötni *(feltételként)* to stipulate [tu sztipjulét]; *(hajó)* to land [tu lend]; **kiköt ez a hajó ...-ben?** does this ship call at [dâz disz sip kól et]?
kikötő port [pórt]
kikötőhely landing-place [lending-plész]
kikötőhíd landing-stage [lending-sztédzs]
kiküldeni to send out [tu szend aut]
kilátás view [vjú]; *(átv)* prospect [proszpekt]
kilátó(torony) look-out (tower) [luk-aut (tauər)]
kilenc nine [nájn]; **~kor** at nine [et nájn]
kilences *(szám)* (number) nine [(nâmbər) nájn]
kilépni to step out [tu sztep aut]; *(cégtől)* to leave [tu lív]
kilincs (door-)handle [(dór-)hendl]
kiló kilogram(me) [kiləgrem]
kilométer kilometre [kiləmítər]
kilométerkő kilometre mark [kiləmítər márk]
kilométeróra mil(e)ometer [májlomítər]
kilométerpénz mileage [májlidzs]
kilométertávolság *(térképen)* distance in kilometres [disztənsz in kiləmítərz]
kilyukadt *(gumi)* punctured [pânkcsərd]
kilyukasztani *(jegyet)* to punch [tu pâncs]
kimenni to go out [tu gó aut]; *(vkiért állomásra/reptérre)* to meet sby (at the station/airport) [tu mít szâmbədi (et də sztésn/eerpórt)]; **kimegy a meccsre?** are you going to the match [ár ju góing tu də mecs]?; **menjünk ki együtt!** let us go (out) together [lec gó (aut) təgedər]!
kimenteni to rescue [tu reszkjú]; **kimentette magát** has excused himself [hez ikszkjúzd himszelf]

kimerült exhausted [igzósztid]

kimosatni to have sth laundered [tu hev szâmszing lóndərd]; **szeretném ~** I should like to have it laundered [ájd lájk tu hev it lóndərd]

kimosni to wash [tu vos]

kínálat és kereslet supply and demand [szəpláj end dimánd]

kínálni to offer [tu ofər]

kinek? (to) whom [(tu) húm]?

kinél? with whom [vid húm]?

kinevetni to laugh at [tu láf et]

kinézni *(vhol)* to look out (at) [tu luk aut (et)]; **jól néz ki!** you look fine [ju luk fájn]!

kinin quinine [kvinín]

kinn, kint outside [autszájd]

kinyílni to open [tu ópən]

kinyitni to open [tu ópən]; **kinyithatom az ablakot?** may I open the window [méj áj ópən də vindó]?

kinyomni a kuplungot to declutch [diklâcs]

kioltani to put out [tu put aut]

kiosztani to distribute [tu disztribjút]; *(díjat)* to award (a prize) [tu əvórd (e prájz)]

kiönteni to pour out [tu pór aut]; **kiöntöttem** *(véletlenül)* I have spilt it [ájv szpilt it]

kipiheni magát has a good rest [hez e gud reszt]

kiporszívózni to vacuum [tu vekjuəm]

kipróbálni to try (out) [tu tráj (aut)]

kipufogó(cső) exhaust(-pipe) [igzószt(-pájp)], *(US)* tail-pipe [téjl-pájp]

kipufogógáz exhaust gas [igzószt gesz]

kiraboltak! I have been robbed [ájv bín robd]!

kirakat shop-window [sop-vindó]

kirakni to put out [tu put aut]

kirakodni to unload [tu ânlód]

király king

királyi royal [rojəl]

királynő queen [kvín]
királyság kingdom [kingdəm]
kirándulás excursion [ikszkőrsn], outing [auting]
kirándulni to go on an excursion [tu gó an ən ikszkőrsn]
kirándulóhely picnic area [piknik eeriə]
kirándulójegy excursion ticket [ikszkőrsn tikit]
kire? for who(m) [for hú(m)]?; ~ **vár?** who are you waiting for [hú ár ju véjting for]?
kirendeltség agency [édzənszi], branch-office [bráncs-ofisz]
kiróni to levy [tu levi]
kiről about whom [əbaut húm]?; ~ **beszél** who are you talking about [hú ár jú tóking əbaut]?
kis *(kevés)* little [litl]; *(apró)* small [szmól]
kisasszony miss [misz]
kisautó mini [mini]
kisbaba baby [bébi]
kisebb smaller [szmólər]
kisegíteni to help out [tu help aut]
kíséret escort [eszkórt]; *(zene)* accompaniment [ekâmpəniment]
kísérlet attempt [etempt], experiment [ikszperiment]
kísérni to accompany [tu ekâmpəni]
kísérő companion [kəmpenyən]; escort [eszkórt]; *(zene)* accompanist [ekâmpəniszt]; ~ **nélküli poggyász** unaccompanied luggage [ânekâmpənid lâgidzs]
kisfilm short (film) [sort (film)]; *(fényképezőgépbe)* 35 mm film [szörtifájv milimítər]
kisfilmes fényképezőgép 35 mm camera [szörtifájv milimítər kemərə]
kisfiú little boy [litl boj]
kisiklott *(vonat)* was derailed [voz diréld]
kisiparos craftsman [kráfcmen]
kiskabát jacket [dzsekit]
kiskocsma pub [pâb], inn [in]
kiskorú minor [májnər]

kislány little girl [litl görl]

kissé a little (bit) [e litl (bit)]

kisvállalkozás small company [szmól kámpəni]

kisváltósúly light welterweight [lájt veltərvéjt]

kisváros small/provincial town [szmól/prəvinsl taun]

kisvasút narrow-gauge railway [neró-gédzs rélvéj]

kiszabni *(bírságot)* to impose (a fine) [tu impóz (e fájn)]

kiszállás! all change [ól cséndzs]!

kiszállni *(járműből)* to get off/out [tu get of/aut], alight [elájt];
hol kell ~? where do I get out [veer du áj get aut]?

kiszállókártya landing card [lending kárd]

kiszámítani to calculate [tu kelkjulét]

kiszolgálás service [szörvisz]; **~sal** with service [vid szörvisz],
service included [szörvisz inklúdid]

kiszolgálni to serve [tu szörv]

kit? who(m) [hú(m)]?

kitakarítani to do/clean (the room) [tu dú/klín (də rúm)]

kitenni *(vhova)* to put out [tu put aut]; *(összegszerűen)* to come
to [tu kâm tu]; **mennyit tesz ki az egész?** how much is it al-
together [hau mâcs iz it óltəgedər]?

kitérni to make way [tu mék véj], *(helyet adva)* to let pass [tu let
pász]

kitérő(hely) lay-by [léj-báj]

kitölteni *(űrlapot)* to fill in/out (a form) [tu fil in/aut (e form)];
to complete [tu kəmplít]

kitört *(háború, betegség, vihar)* ... broke out [brók aut]; **~em
a lábamat** I broke my leg [áj brók máj leg]

kitűnő excellent [ekszələnt]

kitüntetés honour [onər]

kiutazás outward journey [autvəd dzsőrni], exit [ekszit]

kiüríteni to clear out [tu klír aut]

kiütés rash [res]

kivágás *(ruhán)* neckline [neklájn]

kiválasztani to choose [tu csúz], to select [tu szilekt]

kiváló excellent [ekszələnt]

kiváltani *(poggyászt)* to collect (luggage) [tu kəlekt (lâgidzs)];
  (jogosítványt) to take out (a licence) [tu ték aut (e lájszənsz)];
  (valutát) to buy [tu báj]
kívánatra on request [on rikveszt]
kíváncsi curious [kjúriəsz]
kivándorolni to emigrate [tu emigrét]
kivándorló emigrant [emigrənt]
kívánni to wish [tu vis]; **kíván valamit?** anything I can do for you
  [eniszing áj ken dú for jú], anything you need [eniszing ju
  níd]?
kívánság wish [vis]
kivasalni to iron [tu ájən]; **vasalja ki kérem!** please, iron it [plíz,
  ájən it]!
kivel beszélek? who is speaking [hú iz szpíking]?
kivenni to take out [tu ték aut]; *(lakást)* to take [tu ték]; **kive-
  szem** I shall take it out [ájl ték it aut]; **ki tudja venni ezt a fol-
  tot?** can you remove this stain [ken ju rimúv disz sztén]?
kivétel exception [ikszepsn]
kivéve except (for) [ikszept (for)]; **~ ha** unless [ânlesz]
kivezetni to lead out [tu líd aut]
kivezető út exit (road) [ekszit (ród)]
kivihető feasible [fízəbl]; *(áru)* exportable [ekszpórtəbl]
kivilágítani to illuminate [tu iljúminét]; **ki nem világított** un-
  lighted [ânlájtid]
kivinni to take out [tu ték aut]; **vigye ki kérem?** please, take it out
  [plíz, ték it aut]!
kivitel export [ekszpórt]
kiviteli engedély export permit/licence [ekszport pörmit/lájszənsz]
kivizsgálás examination [igzeminésn]
kívül outside [autszájd]; *(azonfelül)* besides [biszájdz]
kívülről *(könyv nélkül)* by heart [báj hárt]
kizárólag exclusively [ikszklúzivli]
klíma climate [klájmət]
klinika university hospital [juniverzity hoszpitl]
klub club [klâb]

klubtag club member [klâb membər]
km = *kilométer* kilometre [kiləmítər]
koccanás *(autóé)* bump [bámp]
koccintani to clink (glasses) [tu klink (glásziz)]
kocka cube [kjúb]; **bűvös** ~ Rubik's Cube
kockacukor lump/cube sugar [lâmp/kjúb sugər]
kockás chequered [csekərd]
kockázat risk [riszk]
kockázatos risky [riszki]
kocogni to jog [tu dzsog]
kocsi *(autó)* car [kár], *(US)* auto [ótó]; *(vasúti)* carriage [keridzs]; ~ **t bérelt** he rented a car [hi rentid e kár]; ~ **val** by car [báj kár] →**autó**
kocsifeljáró drive [drájv]
kocsimosás car-wash [kár-vas]
kocsma inn [in], pub(lic house) [pâb(lik hausz)]
kocsonya meat jelly [mít dzseli]
koffer trunk [trânk]
kofferkuli trolley [troli]
koktél cocktail [koktél]
kóla (coca-)cola [(kókə-)kólə]
kolbász sausage [szoszics]
kolléga(nő) colleague [kolíg]
kollégium *(diákotthon)* students' hostel [sztyúdənc hosztəl]; *(főiskola)* college [kolidzs]
kollektív collective [kəlektiv]
kolostor cloister [klojsztər]
kombi estate car [isztét kár], station-wagon [sztésn-vegən]
kombinált combined [kəmbájnd]
kombiné slip [szlip]
komfortos *(lakás)* (house/flat) with all modern conveniences (but no central heating) [(hausz/flet) vid ól modən kənvíniənsziz (bât nó szentrəl híting)]
kommunista communist [komjuniszt]
komoly serious [szíriəsz]; ~ **an?** really [riəli]?

komp(hajó) ferry (boat) [feri(bót)]

kompót stewed fruit [sztyúd frút]

koncert concert [konszərt]; *(zenemű)* concerto [kəncsörtó]

konferencia conference [konfərənsz]

kongresszus congress [kongresz]

konnektor *(dugója)* plug [plåg]; *(nyílás)* wall-socket [vól-szokit]

kontaktlencse contact lens [kontekt lenz]

kontinens continent [kontinənt]

konvertibilis valuta convertible currency [kənvörtəbl kârənszi]

konzerv tinned/canned food [tind/kend-fúd]

konzervnyitó tin-opener [tin-ópnər]

konzul consul [konzəl]

konzulátus consulate [konszjulit]

konzuli útlevél consular passport [konszjulər pászport]

konyak cognac [konyek], brandy [brendi]

konyakos meggy liqueur(-filled) chocolate [likjúr(-fild) csokəlit]

konyha kitchen [kicsn]

kopasz bald [bóld]

kopogás *(motorban)* knocking [noking]

kopogni to knock (at) [tu nok (et)]; **kopogtam az ajtón** I knocked at the door [áj nokt et də dór]

koponya skull [szkâl]

kopott worn [vórn]

kor(a) age [édzs]

korábbi former [fórmər]

korabeli contemporary [kəntempərəri]

kora hajnalban/reggel early in the morning [őrli in də mórning]

korai early [őrli]

korán early [őrli]

korcsolya skates [szkéc]

korcsolyapálya skating-rink [szkétig-rink]

korhatár age limit [édzs limit]; **~ nélkül(i)** *(film)* U (film) [jú (film)]

kórház hospital [hoszpitl]; **~ba szállítani** to take to hospital [tu ték tu hoszpitl]

kórházi ápolás hospital treatment [hoszpitl trítment]
korlát railing [réjling]; *(védő)* guard [gárd]
korlátlan unlimited [ânlimitid]
korlátozás(ok) restriction(s) [risztriksn(z)]
korlátozott limited [limitid]
kormány *(kerék)* steering-wheel [sztíring-víl], *(kerékpáron)*
handle-bar [hendl-bár]; *(államé)* government [gâvnment]
kormánykerék steering-wheel [sztíring-víl]
kormánylapát rudder [râdər]
kormánymű steering gear [sztíring giər]
kormánypárt government party [gâvnment párti]
kormányrúd steering column [sztíring kâləm]
kormányzás steering [sztíring]
korona crown [kraun]
korsó jug [dzsâg]; **egy ~ sör** a pint of beer [ə pâjnt ov bír]
korszak period [píriəd]
korszerű *(mai)* modern [modərn]
kortárs contemporary [kəntempərəri]
kórterem ward [vórd]
korty gulp [gâlp]
kórus choir [kvájər]
kosár basket [bászkit]
kosárlabda basketball [bászkitból]
kóstolni to taste [tu tejszt]
koszorú wreath [rísz]
koszt board [bórd]; **~tal** with (full) board [vid (fúl) bórd]; **mi-
lyen a ~?** how is the food [hauz də fúd]?
kosztüm suit [sút]
kotta music [mjúzik]
kozmetika(i szalon) beauty parlour [bjúti párlər]
kozmetikai szerek cosmetics [kozmetiksz]
kozmetikus cosmetician [kozmətísn]
kő stone [sztón]
köd fog
ködlámpa fog light [fog lájt]

ködös foggy [fogi]
köhög has a cough [hez e káf]
köhögéscsillapító cough medicine [káf medszin]
kölcsön loan [lón]
kölcsönadni to lend [tu lend]; **kölcsönadtam** I (have) lent it [áj(v) lent it]
kölcsönkérni to borrow [tu boró]; **kölcsönkérhetem az ernyőjét?** may I borrow your umbrella [méj áj boró jor âmbrelə]?
kölcsönös(en) mutual(ly) [mjúcsuəl(i)]
kölcsönzési díj rental [rentl]
kölnivíz eau de cologne [ódəkəlón]
költeni to spend [tu szpend]
költő poet [póit]
költőpénz pocket-money [pokit-máni]
költöz(köd)ni to move [tu múv]
költség expense [ikszpensz]
költséges expensive [ikszpensziv]
köntös dressing-gown [dresszing-gaun]
könny tear [teer]
könnyen easily [ízili]
könnyű *(szellemi dologról)* easy [ízi]; *(súlyra)* light [lájt]
könnyűzene light music [lájt mjúzik]
könnyűbúvár skin-diver [szkin-dájvər]
könnyűsúly lightweight [lájtvéjt]
könyv book [buk]
könyvesbolt bookshop [buksop]
könyvtár library [lájbrəri]
KÖOMLÁS falling stones [fóling sztónz]
köpeny cloak [klók]
kör circle [szőrkl]
körbe adni to pass round [tu pász raund]
körbe(n) round [raund]
köret garnish(ing) [gárnis(ing)]
körforgalom roundabout [raundəbaut], *(US)* rotary [rótəri]
körgyűrű ring-road [ring-ród], *(US)* belt

körhinta merry-go-round [meri-gó-raund]

környék surroundings [szəraundingz]; **az egész ~en** in the whole neighbourhood [in də hól néjbərhud]; **a város ~én** in the neighbourhood of the city [in də néjbərhud ov də sziti]

környezet environment [invájərənmənt]

környezetszennyezés pollution of the environment [pollúsn ov di invájərənmənt]

környező surrounding [szəraunding]

köröm (finger-)nail [(fìngər-)nél]

körömkefe nail-brush [nél-brâs]

körömlakk nail-varnish [nél-várnis]

köröm(lakk)lemosó varnish remover [várnis rimúvər]

körömreszelő nail-file [nél-fájl]

körömvágó olló nail-scissors [nél-sizərz]

körséta sightseeing tour [szájtsziing túr]

körte *(gyümölcs)* pear [peer]; *(égő)* bulb [bâlb]

körtér circus [szörkəsz]

körút *(utca)* boulevard [búlvár], ring road [ring ród]

körutazás circular tour/trip [szörkjulər túr/trip], *(US)* round trip [raund trip]

körül round [raund]; **a ház ~** round the house [raund də hausz]; **2 óra ~** at about 2 o'clock [et ebaut tú ə'klok]

körülbelül aproximately [eprokszimetli], about [ebaut]

körülmenni to go/walk around [tu gó/vók eraund]; **körülmentem a városban** I walked around in the city [áj vókt eraund in də sziti]

körülmény circumstance [szörkəmsztənsz]

körülnézni to have a look round [tu hev e luk raund]

körülvezetni *(vkit)* to show sby round [tu só szâmbədi raund]

körzetszám *(telefon)* area code [eeriə kód]

körzeti orvos panel doctor [penl doktər]

köszönet thanks [szenksz]; **~tel átvettem** received with thanks [riszívd vid szenksz]

köszönni *(üdvözölni)* to greet [tu grít]; *(megköszönni)* to thank (sby for sth) [tu szenk (szâmbədi for szâmszing)]

köszönöm thanks [szenksz], thank you [szenk jú]; ~ **szépen** thank you very much [szenk ju veri mâcs]

kötél rope [róp]

köteles is obliged to [iz əblájdzsd tu]; ~ **jelenteni a balesetet** shall report the accident [sel riport di ekszidənt]

kötelesség duty [gyúti]

kötelezettség obligation [obligésn]

kötelezi magát hogy ... undertakes to [ândərtéksz tu] ...

kötelező compulsory [kəmpâlszəri]; ~ **fogyasztás** compulsory consumption [kempâlszəri kənszâmpsən]; ~ **gépjármű-biztosítás** →**felelősségbiztosítás;** ~ **haladási irány** ahead only [ehed ónli]

kötélpálya ropeway [rópvéj]

kötény apron [éprən]

kötés *(kézimunka)* knitting [niting]; *(seben)* bandage [bendidzs]; *(könyvé)* binding [bájnding]

kötet volume [voljum]

kötni to bind [tu bájnd]; to tie [tu táj]; *(kézimunka)* to knit [tu nit]

kötöttáru knitwear [nitveer]

kötőtű knitting needle [niting nídl]

kötözni *(sebet)* to dress (a wound) [tu dresz (e vúnd)]

kötszer bandage [bendidzs]

kötvény *(biztosítási)* (insurance) policy [(insúrənsz) poliszi]

kövér fat [fet]

követ[1] minister [minisztər], envoy [envoj]

követ[2] is following [iz folóing] →**követni**

követelés claim [klém], demand [dimánd]

követelmény requirement [rikvájəmənt]

követelni to demand [tu dimánd]

követési távolság safety gap [széfti gep]

következik is next [iz nekszt]; follows [folóz]; **én következem** it is my turn [ic máj törn]

következmény consequence [konszikvənsz]

következő (the) following [(də) folóing], (the) next [(də) nekszt]; **a ~ alkalommal** next time [nekszt tájm]

... **következtében** due to [gyú tu] ...
következtetés conclusion [kənklúzsən]
következtetni to conclude [tu kənklúd]
követni to follow [tu foló] →**követ**[2]
követség legation [ligésn]
kövezet pavement [pévmənt]
köz *(utca)* alley [eli], close [klóz], lane [lén]
közbejött *vmi* something happened [szâmszing hepnd]
közben *(idő)* meanwhile [mínvájl]
közbenső intermediate [intərmídjət]; ~ **állomás** intermediate
   station [intərmídjət sztésn]; ~ **leszállóhelyek** intermediate
   points [intərmídjət pojnc]
közbiztonság (public) security [(pâblik) szekjurəti]
közé in between [in bitvín]
közeg *(hatósági)* authority [ószoriti]
közel near [niər]
közelebbi tájékoztatás(ért) (for) fuller information [(for) fulər
   infərmésn]
közeledni to approach [tu eprócs], to draw closer [tu dró
   klószər]; **közeledik az utazás napja** the day of departure is
   drawing close [də déj ov dipárcsər iz dróving klósz]
Közel-Kelet the Middle East [də midl íszt]
közép middle [midl]
középcsatár centre forward [szentər fórvəd]
középdöntő semi-final(s) [szemi-fájnəl(z)]
középen, a ... közepén in the middle (of) [in də midl (ov)] ...
közepes middling [midling]
Közép-Európa Central Europe [szentrəl júrəp]
közép-európai idő Central European Time [szentral júrəpíən
   tájm]
középhőmérséklet average temperature [evridzs tempricsər]
középiskola secondary school [szekəndri szkúl]
középkor Middle Ages [midl eidzsiz]
középkori medi(a)eval [mediívəl]
középkorú middle-aged [midl-édzsd]

középpont centre [szentər]
középső central [szentrəl]; ~ **elválasztó sáv** central reserve [szentrəl rizőrv], *(US)* median (strip) [mídjən (sztrip)]; ~ **sáv** middle/overtaking lane [midl/óvərtéking lén]
középület public building [pâblik bilding]
közért grocery [grószəri]
közgazdász economist [ikonəmiszt]
közgyűlés general assembly [dzsenərəl aszembli]
közigazgatás administration [edminisztrésn]
közismert well-known [vel-nón]
közjegyző public notary [pâblik nótəri]
közkedvelt popular [popjulər]
közlekedés traffic [trefik]; *(vhova járművel)* transportation [trenszpórtésn]; ~: **vonaton vagy autóbusszal** transportation by train or by bus ... [— báj trén or báj bâsz]
közlekedési traffic [trefik]; ~ **baleset** road/traffic accident [ród/trefik ekszidənt]; ~ **eszköz** vehicle of transport [viəkl ov trenszpórt]; ~ **szabályok** traffic regulations [trefik regjulésnz], rules of the road [rúlz ov də ród]; ~ **szabálysértés** infringement of traffic regulations [infrindzsment ov trefik regjulésnz]; traffic/motoring offence [trefik/mótəring əfensz]
közlekedni *(vonat, busz)* to run [tu rân], to operate [tu opərét]; **autóbuszok tíz percenként közlekednek** buses run every ten minutes [bâsziz rân evri ten minic]; **közlekedik autóbusz Pécsre?** is there a coach/bus to P. [iz deer e kócs/bâsz tu P.]?; **nem közlekedik** is not running [iz not râning]
közlemény statement [sztétment], *(táblán)* notice [nótisz]
közoktatás public education [pâblik egyukésn]
közölni *(vkivel)* to tell (sby) [tu tel (szâmbədi)], to inform (sby) [tu infórm]; *(nyomtatásban)* tu publish [tu pâblis]; **közölték, hogy** it was announced that [it voz enaunszt det], *(velem)* I was told that [áj voz tóld det]
közömbös is uninterested [iz ânintrisztid]
közönség audience [ódjənsz]
közönségszolgálat public relations [pâblik rilésnz]

közös common [komən]; ~ **étkezés** table d'hôte [tábl dót]; ~ **helyiségek** public rooms [pâblik rúmz]

közösen (in) common [(in) komən]

közösség community [kəmjúniti]

között *(kettő között)* between [bitvín], *(több között)* among [əmâng]

központ centre, *(US)* center [szentər]; *(hivatal)* head office [hedofisz]

központi central [szentrəl]; ~ **fűtés** central heating [— híting]

közreműködni *(vkivel)* to collaborate (with sby) [tu kəlebərét (vid szâmbədi]; *(vmiben)* to take part (in sth) [tu ték párt (in szâmszing)]

község village [vilidzs]

közszükségleti cikk(ek) consumer's goods [kənszjúmərz gudz]

köztársaság republic [ripâblik]

közút public road [pâblik ród], *(US)* highway [hájvéj]; ~ **on folyó munkák** road works ahead [ród vörksz ehed]

közúti road [ród]; ~ **baleset** road accident [ród ekszidənt]; ~ **forgalom** public/road traffic [pâblik/ród trefik]; ~ **híd** road bridge [ród bridzs]; ~ **jelzőtábla** traffic/road sign [trefik/ród szájn]; ~ **világítás** street lighting [sztrít lájting]

... **közül** from among [from emâng] ...

közvetett indirect [indirekt]

közvetíteni to transmit [tu trenzmit]; to broadcast [tu bródkászt]

közvetítés transmission [trenzmisn], broadcast [bródkászt]; *(helyszíni)* live broadcast [lájv bródkászt]

közvetlen direct [direkt]; ~ **járat** direct service [direkt szörvisz]; ~ **kocsi** through carriage [szrú keridzs]; ~ **vonat** through train [szrú trén]; ~ **veszély esetén** in an emergency [in en imördzsənszi]

krém cream [krím]

KRESZ Highway Code [hájvéj kód]

krikett cricket [krikit]

krimi thriller [szrilər]

kristályvíz mineral water [minərəl vótər]
kritizálni to criticize [tu kritiszájz]
krumpli potato(es) [pətétó(z)]
krumplipüré mashed potatoes [mest pətétóz]
kucsma fur-cap [för-kep]
kuglipálya bowling alley [bóling eli]
kukac worm [vörm]
kukorica maize [méz], *(US)* corn [kórn]
kukoricapehely cornflakes [kornfléksz]
kulacs flask [flászk]
kulcs key [kí]; ~**ra zárni** to lock [tu lok]
kultúra civilisation [szivilájzésn], *(egyéni)* culture [kâlcsər]
kulturális cultural [kâlcsərəl]; ~ **egyezmény** cultural agreement [kâlcsərəl egríment]
kúp cone [kón]; *(gyógyszer)* suppository [szəpozitəri]
kupa cup [kâp]
kupak cap [kep]
kupamérkőzés cup tie [kâp táj]
kuplung clutch [klâcs]
kupola dome [dóm]
kúra cure [kjúr], treatment [trítmənt]
kút well [vel]
kutatás *(keresés)* search [szörcs]; *(tudományos)* research [riszörcs]
kutatni *(vmi után)* to resarch (for) [tu szörcs (for)]
kutya dog
küldemény consignment [kənszájnmənt]; *(pénz)* remittance [rimitənsz]
küldeni to send [tu szend]; *(pénzt)* to remit [tu rimit]; **az igazgatóhoz küldtek** I was referred to the manager [áj voz rifőrd tu də menidzsər]
küldött delegate [deligit]
küldöttség delegation [deligésn]
külföld foreign countries [forin kântriz]; ~**ön,** ~**re** abroad [ebród]

külföldi 1. foreign [forin]; ~ **látogató** foreign visitor [forin vizitər]; ~ **utazás** trip abroad [trip ebród]; ~ **valuta** foreign currency [forin kârənszi] **2.** *(ember)* foreigner [forinər]

külképviselet foreign representation [forin reprizentésn]

külkereskedelem foreign trade [forin tréd]

küllő spoke [szpók]

külön separate [szeprit]; *(különleges)* special [szpesl]; ~ **autóbusz** private coach [prájvit kócs]; ~ **levélben** under separate cover [ândər szeprit kâvər]

különben is besides [biszájdz]

különbözet (the) difference [(də) difrənsz]

különbözni *(vmitől)* to differ (from) [tu difər (from)]; is different (from) [iz difrənt (from)]

különböző different [difrənt]

különbség difference [difrənsz]

különjárat *(kiírás)* private [prájvit]; *(bérelt repgép)* charter flight [csârtər flájt]; *(busz)* special bus service [szpesl bász szörvisz]

külön-külön separately [szepritli]

különleges special [szpesl]

különlegesség speciality [szpesieliti]

különös strange [sztréndzs]; ~ **ismertetőjel** special peculiarity [szpesl pikjúlieriti]

különösen in particular [in pətikjulər]

különvonat special train [szpesl trén]

külső 1. external [iksztőrnəl]; ~ **sáv** *(GB)* inside lane [inszájd lén]; *(másutt)* outside lane [autszájd lén] **2.** *(emberé)* appearance [epiərənsz]

külsőleg *(alkalmazható)* for external use only [for iksztőrnəl júsz ónli]

külügy(ek) foreign affairs [forin efeerz]

külügyminisztérium Ministry of Foreign Affairs [minisztri ov forin efeerz], *(GB)* Foreign Office [forin ofisz], *(US)* State Department [sztét dipártment]

külváros suburb [szâbőrb]

kürt horn
küszöb threshold [szresóld]
küzdeni to struggle [tu sztrâgl], to fight [tu fájt]
kvarcóra quartz clock/watch [kvórc klok/vacs]

L

l = *liter* litre [litər]
láb *(lábfej)* foot [fut]; *(szár)* leg
lábadozó convalescent [kənvələsznt]
lábas pan [pen]
labda ball [ból]
labdarúgás football [futból], soccer [szokər]
lábszár leg
lábtörés fracture of leg [frekcsər ov leg]
láda case [kész]
lágy soft [szoft]; ~ **tojás** soft boiled egg [szoft bojld eg]
lakás flat [flet]; *(US)* apartment [əpártment]; ~ **és ellátás**
   board and lodging [bórd ənd lodzsing], bed and board [bed
   ənd bórd]
lakat padlock [pedlok]
lakatos locksmith [lokszmisz]
lakcím address [edresz]
lakhely residence [rezidənsz]
lakni *(állandóan)* to live [tu lív]; *(megszáll)* to stay [tu sztéj]; **hol
   lakik?** where do you live [veer du ju liv]?; **itt lakom** this is
   where I live [disz iz veer áj liv]
lakó tenant [tenənt], lodger [lodzsər]
lakodalom wedding [veding]
lakókocsi caravan [kerəven], *(US)* trailer [trélər]
lakókocsitábor caravan site [kerəven szájt], *(US)* trailer camp/
   court/park [trélər kemp/kórt/párk]

lakókocsizás caravanning [kerəvening]
lakókocsizni to caravan [tu kerəvən]
lakókocsizó caravanner [kerəvenər]
lakónegyed residential district [rezidensl disztrikt]
lakos inhabitant [inhebitənt]
lakosság population [popjulésn]
lakosztály apartments [epártments]
lakótelep housing estate [hauzing isztét]
lakott terület built-up area [bilt-âp eeriə]; **~en kívül** in open
    country [in ópən kântri]
láma lamp [lemp], *(jármű́é)* light(s) [lájt(c)]
lánc chain [csén]
lánchíd chain bridge [csén-bridzs]
láng flame [flém]
lángos fried dough [frájd dó]
langyos lukewarm [lúkvórm]
lány girl [görl]; *(vki lánya)* daughter [dótər]
lap *(könyvé)* page [pédzs]; *(hírlap)* newspaper [nyúszpépər]
lapát shovel [sâvl]
lapos flat [flet]
lárma noise [nojz]
lassabban more slowly [mór szlóli]
LASSAN! dead slow [ded szló]; slowly [szlóli]
lassítani to slow down [tu szló daun]; **lassíts!** reduce speed (now)
    [rigyúsz szpíd (nau)]!
lassú slow [szló]
lát →**látni**
látási viszonyok visibility [vizəbiliti]
látcső field-glasses [fíld-glásziz], *(színházi)* opera-glasses [opərə]
látható visible [vizəbl]; *(megtekinthető)* on show [on só]
látni to see [tu szí]; **látta már a ...?** have you seen the [hev ju szín
    də] ...?; **tegnap láttam** I saw it yesterday [áj szó it jesztərdé];
    láthatnám? can I see it [ken áj szí it]?; **látja?** can you see it [ken
    ju szí it]?; **látta?** have you seen it [hev ju szín it]?; **ki látta?** who
    saw it [hú szó it]?

látnivalók places of interest [plésziz ov intriszt]; sights [szájc]
látogatás visit [vizit]
látogatási idő visiting hours [viziting auərz]
látogatni to visit [tu vizit]
látogató visitor [vizitər]
látogatóvízum visitor's visa [vizitərz vízə]
látótávolság sight distance [szájt disztənsz]
látszani *(vmilyennek)* to seem [tu szím], to look [tu luk] →**látszik**
látszat appearance [epírənsz]
látszerész optician [optisən]
látszik *(látható)* is visible [iz vizəbl]; *(vmilyennek)* seems [szímz], looks [luksz]; **betegnek** ~ he looks ill [hi luksz il]; **úgy** ~ **(hogy)** it seems (that) [it szímz (det)]
látványos spectacular [szpektekjulər]
látvány(osság) sight [szájt]
latyakos *(idő)* slushy [szlâsi]
láz fever [fívər]; ~ **a van** has temperature [hez tempricsər]; ~ **at mérni** to take the temperature [tu ték də tempricsər]
laza loose [lúsz]
lazac salmon [szemən]
lázmérő thermometer [törmomitər]
le down [daun]
lé *(gyümölcsé)* juice [dzsúsz]
leadni to hand down [tu hend daun]; **adja le a kulcsot a portán** deposit the key at the reception desk [dipozit də kí et də riszepsn deszk]; **mikor kell** ~ **a szobát?** what is the check-out time [vac də csek-aut tájm]?
leágazás exit road [ekszit ród]
leállítani to stop [tu sztop]
leállni to stop [tu sztop]; *(forgalom, gép)* to come to a standstill [tu kâm tu e sztenctil]; **leállt** (has) stopped [(hez) sztopt]
leállóhely, leállósáv lay-by [léj-báj]
leány →**lány**
leánykori név maiden name [médn ném]

lebélyegezni to stamp [tu sztemp]; *(postabélyeget)* to cancel [tu kenszəl]

lecsavarni tu unscrew [tu ânszkrú]

leégés sunburn [szânbörn]

leégni *(ház, tűz)* to burn down [tu börn daun]; **leégett a napon** he has a (bad) sunburn [hi hez e (bed) szânbörn]

leejteni to drop [tu drop]; **leejtettem** I have dropped it [ájv dropt it]

leemelni to lift [tu lift]; **emelje a kagylót!** lift the receiver [lift de riszívər]!

leendő future [fjúcsər]

leengedni *(olajat)* to drain off [tu drén (óf)]

leesni to fall down [tu fól daun]; **leesett** it has fallen down [it hez fólən daun]

lefékezni to put on the brakes [tu put on də bréksz]

lefektetni to put to bed [tu put tu bed]

lefeküdni to lie down [tu láj daun]; **lefeküdt (aludni)** he went to bed [hi vent tu bed]

lefelé down [daun]

lefényképezni to take a photo (of) [tu ték e fótó (ov)]; **lefényképeztette magát** he had his photograph taken [hi hed hiz fótəgráf tékn]

lefizetés: ... **~e ellenében** on payment of [on péjment ov] ...

lefizetni to pay down deposit (money) [tu péj daun dipozit (máni)]

lefoglalni *(előre)* to reserve [tu rizörv], to book [tu buk]

lefordítani to translate [tu trenszlét]

legalább at (the) least [et (də) líszt]

legális legal [lígəl]

légcsőhurut tracheitis [trəkíətisz]

legépelni to type [tu tájp]

légfék air-brake [eer-brék]

legfeljebb at (the very) most [et (də veri) mószt]

léghűtés air-cooling [eer-kúling]

légi air [eer]; **~ forgalom** air transport/traffic [eer trenspórt/trefik]; **~ járat** airline [eerlájn]; **~ úton** by air [báj eer]

légibeteg airsick [ee*r*sik]

légiforgalmi társaság airline (company) [ee*r*lájn (kâmpəni)]

légikikötő airport [ee*r*-pórt]

légikisasszony stewardess [sztúədisz], air-hostess [ee*r*-hósztisz]

leginkább mostly [mósztli]

légiposta air-mail [ee*r*-mél]

legjobb best [beszt]

legkésőbb at the latest [et də létəszt]

legkisebb smallest [szmóliszt]; ~ **sebesség** minimum speed [mi-niməm szpíd]

légkondicionálás air-conditioning [ee*r*-kəndisəning]

legközelebb *(időben)* next (time) [nekszt (tájm)]

a **legközelebbi** the nearest/next [də niəriszt/nekszt]

legnagyobb biggest [bigiszt], largest [lárdzsiszt]; greatest [gré-tiszt]; ~ **sebesség** maximum speed (limit) [meksziməm szpíd (limit)]

légnyomás air pressure [ee*r* presər]

legrosszabb worst [wörszt]

légsúly *(birkózás)* bantamweight [bentəmvéjt]; *(bokszolás)* flyweight [flájvéjt]

légszűrő (betét) air filter [ee*r* filtər]

legtöbb most [mószt]

legtöbben most (people) [mószt (pípl)]

legtöbbször mostly [mósztli]

legújabb latest [létəszt]

légy fly [fláj]

legyen be [bí]; ~ **a szállóban** be at the hotel ... [bí et də hótel]; ~ **olyan szíves** will you be so kind (as to) [vil ju bí szó kájnd (ez tu)]; →**lenni**

legyőzni to beat [tu bít]

lehajtani to bend down [tu bend daun]

lehelet breath [bresz]

lehet maybe [méjbí]; **mihelyt** ~ as soon as possible [ez szún ez poszəbl]; ~ **(hogy)** it is possible (that) [ic poszəbl (det)]; ~ **itt enni?** can we eat here [ken vi ít hiər]?

lehetetlen impossible [imposzǝbl]
lehetőleg as far as possible [ez fár ez poszǝbl]
lehetőség possibility [poszǝbiliti]; *(sportolási, főzési stb.)* (sports, cooking) facilities [(szpórc, kuking) fǝszilitiz]
lehúzni to pull down [tu pul daun]; *(ruhát, cipőt)* to take off [tu ték óf]
lehűlni to get cooler [tu get kúlǝr]
leírni to write down [tu rájt daun]; *(részletesen)* to describe [tu diszkrájb]
lejárat way down [véj daun]; *(határidőé)* expiration [ekszpájrésn], *(jegyé)* expiry [ikszpájǝri]
lejárni *(vhova)* to go down to [tu gó daun tu]; **lejárt** *(óra)* has run down [hez rân daun]; *(jegy, vízum)* has expired [hez ikszpájǝrd]
lejönni to come down [tu kâm daun]; **még nem jött le** he is not down yet [hi iznt daun jet]
lejtő slope [szlóp]; gradient [grédjent]
lejtőn: ~ **felfelé** uphill [âphil]; ~ **lefelé** downhill [daunhill]
lejtő(s út) gradient [grédjǝnt]
lekésni *(vmit)* to miss (sth) [tu misz (szâmszing)]; **lekéstem a vonatot** I missed the train [áj miszt dǝ trén]
lekötni *(utat, szobát)* to book [tu buk]
lekvár jam [dzsem]
lelátó grandstand [grendsztend]
lélegzet breath [bresz]
lélegzik is breathing [iz brízing]
lelet finding(s) [fájnding(z)]
lelkesedés enthusiasm [intjúziǝzm]
lelkész minister [minisztǝr]
leltár inventory [inventri]
leltározni to take stock [tu ték sztok]
lemaradni *(csoporttól)* to fall behind [tu fól bihájnd]; *(járműről)* to miss [tu misz]
lemenni to go down [tu gó daun]; **lement a nap** the sun went down [dǝ szân vent daun]

lemerült *(akku)* went flat [vent flet]

lemez plate [plét]; *(hanglemez)* record [rekórd]

lemezjátszó record-player [rekórd pléjər]

lemondani *(tisztségről)* to resign [tu rizájn]; *(meghívást, elő-adást, jegyet)* to cancel [tu kánszl]; *(vmiről)* ti give up [tu giv áp]

lengéscsillapító shock absorber [sok ebszórbər]

lengyel Polish [pólis]; *(ember)* Pole [pól]

Lengyelország Poland [pólənd]

lenn below [biló]; beneath [binísz]; **ott ~** down below [daun biló]

lenne →**volna**

lenni to be [tu bí]; *(vmivé)* to become [tu bikâm]; →**lesz, lett, van, volna, volt**

lényeg essence [esznsz]; **a ~ az** the point is [də pojnt iz]

lényeges essential [iszensl]

lényegtelen unimportant [ânimpórtənt]

lenyelni to swallow [tu szvoló]

leoltani *(lámpát)* to put out (the light) [tu put aut (də lájt)]

lépcső *(fok)* step [sztep]; *(sor)* stairs [szteerz]; **felmenni a ~n** to go up the stairs [tu gó âp də szteerz]

lépcsőház staircase [szteerkész]

lepedő sheet [sít]

lépés step [sztep]; **~ben!** dead slow [ded szló]!; **megtettem a szükséges ~eket** I took the necessary steps (to) [áj tuk də neszisząri sztepsz (tu)]

lepke butterfly [bâtərfláj]

lepkesúly *(sport)* flyweight [flájvét]

lépni to step [tu sztep]

lépték scale [szkél]

leragasztani *(levelet stb.)* to seal [tu szíl]

lerajzolni to draw [tu dró]; **le tudná rajzolni merre menjek?** could you make a sketch for me to show which way to go [kud ju mék e szkecs for mí tu só vics véj tu gó]?

lerakni to put/set down [tu put/szet daun]

lerakodni to unload [tu ânlód]

lesülés sunburn [szânbörn]

lesülni *(ember)* to get sunburnt [tu get szânbörnt]

lesz will be [vil bí]; **hol ~ Ön?** where will you be [veer vil ju bí]?;
ott ~ünk we will be there [vi víl bí deer]; **ha ~ időm** if I have
time [if áj hev tájm]; **ez jó ~!** that will be all right [detl bí ól
rájt]

leszakadt a gomb the button has come off [də bâtn hez kâm óf]

leszállás *(járműről)* getting off [geting óf], alighting [elájting];
(repgépé) landing [lending]

leszállási engedély landing permit [lending pőrmit]

leszállítani *(árakat)* to reduce [tu rigyúsz]; *(árut)* to deliver
(goods) [tu dilivər (gudz)]

leszállítot áron at reduced prices [et rigyúszt prájsziz]

leszállni *(járműről)* to get off [tu get óf]; *(repgép)* to land [tu
lend]; *(repgép)* **hol szállunk le útközben?** where do we touch
down [veer dú vi tâcs daun]?

leszedni *(virágot)* to pick [tu pik]

leszerelni to take down [tu ték daun]

letartóztatni to arrest [tu ereszt]

letelepedni to settle down [tu szetl daun]

letelni to come to an end [tu kâm tu en end]; **az idő letelt** time is
up [ájm iz âp]!

letenni to put down [tu put daun]

letérni *(az útról)* to turn off [tu törn óf]

létesítmény establishment [iszteblishment]

letesz →**letenni**

letét deposit [dipozit]; **~be helyezni** to deposit [tu dipozit]

létezni to exist [tu igziszt]

létfenntartási költségek living expenses [living ikszpensziz]

letörölni *(tárgyat)* to wipe [tu vájp]

letörött broke down [brók daun]

létra ladder [ledər]

létrejönni *(megtörténni)* to take place [tu ték plész]; **megállapo-
dás jött létre** an agreement has been reached [en egrímənt hez
bín rícst]

lett *(vmilyen)*: **beteg** ~ he fell ill [hi fel il]; **piszkos** ~ it got
soiled/dirty [it got szojld/dőrti] →**lesz, lenni**
leülni to sit down [tu szit daun]; **üljön le kérem!** will you sit down
please [vil ju szit daun plíz]!
levágni to cut off [tu kât óf]
levált it came off [it kém óf]
levegő air [eer]
levegőnyomás air-pressure [eer-presər]; **kérem ellenőrizze a** ~**t**
check the pressure please [csek də presər plíz]
levegőnyomás-mérő tyre pressure gauge [tájər presər gédzs]
levegős airy [eeri]
levegőváltozás change of air [cséndzs ov eer]
levél letter [letər]; ~**ben** by letter [báj letər]; **levelére válaszolva** in
reply to your letter [in ripláj tu jor letər]; **levelet kell írnom** I
must write a letter [áj mâszt rájt e letər]; ... **leveleivel** c/o ...,
care of ... [keer ov] ...; *(fán)* leaf [líf]
LEVELEK letters [letərz]
levelezés correspondence [koriszpondənsz]
levelezőlap postcard [pósztkárd]
levelezőtárs pen-friend [pen-frend]
levélpapír notepaper [nótpépər]
levélszekrény pillar-box [pilər-boksz], *(US)* mailbox [mélboksz]
levéltárca wallet [volit], *(US)* pocket-book [pokit-buk]
levéltávirat letter telegram [letər teligrem]
levélváltás exchange of letters [ikszcséndzs ov letərz]
levenni to take down [tu ték daun]; *(ruhát)* to take off [tu ték óf];
(lefényképezni) to take a snapshot (of) [tu ték e sznepsot
(ov)]; **vegye le a kabátját** take off your coat [ték óf jor kót];
vegye le a fényt! dip/dim the beam [dip/dim də bím]!
leves soup [szúp], *(húsból, csontból)* broth [brosz]
leveshús boiled beef [bojld bíf]
levetkőzni to undress [tu ândresz]; **vetkőzzék le!** take off your
clothes [ték óf jor klódz]
levetni *(ruhadarabot)* to take off [tu ték óf]
levonások deductions [didâksnz]

levonni to subtract [tu szəbtrekt]
lezárni *(kulccsal)* to lock [tu lok]; *(útvonalat)* to close [tu klóz]
lezuhant (has) crashed [(hez) krest]
liba goose [gúsz]; *(több)* geese [gísz]
libamáj goose-liver [gúsz-livər]
libasült roast goose [rószt gúsz]
libegő chair lift [cseer lift]
liberális *(párti)* liberal [libərəl]
lift lift, *(US)* elevator [elivétər]
A LIFT NEM MŰKÖDIK the lift is out of order [də lift iz aut ov órdər]
likőr liqueur [likjúr]
limonádé lemonade [lemənéd]
lista list [liszt]
liszt flour [flauər]
liter litre, *(US)* liter [litər]
lízingelni to lease [tu lísz]
ló horse [hórsz]
lóerő horsepower [hórszpauər]
lóg *(fogason stb.)* hangs [hengz]
lóhere *(növény)* clover [klóvər]; *(útkereszteződés)* cloverleaf (crossing) [klóvərlíf (krószing)]
lomb foliage [foliidzs]
lopás theft [szeft]
lopni to steal [tu sztíl]
lótenyésztés horse-breeding [hórsz-bríding]
LOTTÓ lottery [lotəri]
lovaglás riding [rájding]; *(versenyszám)* equestrian events [ikvesztriən ivenc]
lovaglócsizma riding-boots [rájding-búc]
lovaglónadrág riding-breeches [rájding-brícsiz]
lovagolni to ride (a horse) [tu rájd (e hórsz)]
lovas rider [rájdər]
lovasbemutató horse-show [horsz-só]
lovastúra riding tour [rájding túr]

lóverseny horse-race [hórsz-rész]
lóversenypálya turf [törf]
lőfegyver gun [gân]
lökettérfogat piston displacement [pisztən diszplészment]
lökhárító fender [fendər], *(US)* bumper [bâmpər]
lökni to push [tu pus]
lőni to shoot [tu sút]
lövés shot [sot]
lövészet shooting [súting]
lusta lazy [lézi]
luxus luxury [lâksəri]

Ly

lyuk hole [hól]
lyukasztani *(jegyet)* to punch [tu pâncs]

M

M. = **MEGÁLLÓHELY** (tram/bus/etc.) stop [sztop]
M = *metró* underground (station) [ândərgraund (sztésn)], metro
m = *méter* m, metre [mitər]
ma today [tədéj]; ~ **délután** this afternoon [disz áftərnún]
macska cat [ket]
macskaszem cat's-eye [kec-áj]
madár bird [bőrd]
mag seed [szíd]; *(csonthéjasé)* stone [sztón], kernel [körnl]; *(almáé, narancsé)* pip

maga *(ön)* you [jú]; **~m** (I) myself [(áj) májszelf]; **ő ~** *(férfi)* he himself [hí himszelf], *(nő)* she herself [sí hőrszelf]; **a ~ kocsija** your car [jor kár]; **ez a magáé** that is yours [dec jorz], that belongs to you [det bilongz tu jú]; **magába foglal** includes [inklúdz]; **magában** *(egyedül)* all by himself/herself [ól báj himszelf/hőrszelf]; **magához** to you [tu jú]; **magához tért** has come to [hez kâm tu]; **magának hoztam** I brought that for you [áj brót det for jú]; **van magának ...?** have you (got) [hev jú (got)] ...?; **magától** from you [from jú]; **magával** with you [vid jú]; **magával vinni** to carry (along) [tu keri (elong)]

magán- private [prájvit]

magánbeszélgetés *(telefon)* private call [prájvit kól]

magánélet private life [prájvit lájf]

magánlakás private (rooms) [prájvit (rúmz)]

MAGÁNTERÜLET Private [prájvit]

magántulajdon private property [prájvit propərti]

magánügy private affair [prájvit efeer]

magánvállalkozó private enterprise [prájvit entərprájz]

magas *(tárgy)* high [háj]; *(ember)* tall [tól]; **~ rangú** high-ranking [háj-renking]; **~ vérnyomás** high blood-pressure [háj blâd-pressör]

magasabb higher [hájər]; *(ember)* taller [tólər]

magasan high (up) [háj (âp)]

magasföldszint mezzanine [mezənín]

magaslati levegő mountain air [mauntin eer]

magasság height [hájt], altitude [eltityúd]

magasugrás high-jump [háj-dzsâmp]

magatartás behaviour [bihévjər]

mágneskártya credit card [kredit kárd]

magnetofon, magnó tape-recorder [tép-rikordər]

magnetofonszalag, magnószalag magnetic tape [megnetik tép]

maguk you [jú]; **a ~ kocsija** your car [jor kár]; **a ~é** yours [jorz], belongs to you [bilongz tu jú]; **~hoz** to you [tu jú]; **~nak** to/for you [tu/for jú]; **~nak adta** he gave it to you [hi gév it tu jú]; **~nak van ...** you have (got) [júv (got)] ...; **~tól** from you [from jú]; **~kal** with you [vid jú]; **ők ~** they themselves [déj demszelvz]

magyar Hungarian [hângeeriən]; **a ~ nyelv** the Hungarian language [də hângeeriən lengvidzs]; **a M~ Köztársaság** the Hungarian Republic [də hângeeriən ripâblik]; **M~ Autóklub** Hungarian Automobile Club [hângeeriən ótəməbíl klâb]; **M~ Camping és Caravanning Club** Hungarian Camping and Caravanning Club [hângeeriən kemping end kerəvening klâb]

magyarázat explanation [ekszplənésn]

magyarázni to explain [tu ikszplén]

Magyarok Világszövetsége World Federation of Hungarians [vörld fedərésn ov hângeeriənz]

Magyarország Hungary [hângəri]

magyaros Hungarian [hângeeriən]

magyarul (in) Hungarian [(in) hângeeriən]

MAHART = *Magyar Hajózási Részvénytársaság (Hungarian Shipping Company)*

mai *(korszerű)* up-to-date [âptədét], modern [modərn]

máj liver [livər]

máj., május May [méj]

májas hurka white pudding [vájt puding]

majd *(egyszer)* some time [szâm tájm]; **~ írok** I will write you [ájl rájt ju]

majdnem almost [ólmószt]

májgombóc liver dumplings [livər dâmplingz]

majom monkey [mânki]

majonéz mayonnaise [méjənéz]

májpástétom liver paste [livər pészt]

május May [méj]; **~ elseje** 1st May, the first of May [də förszt ov méj], *(mint ünnep)* May Day [méj déj]

mák poppy (seed) [popi (szíd)]

makaróni macaroni [mekəróni]

malac pig

MALÉV = *Magyar Légiforgalmi Vállalat (Hungarian Air-lines)*

málna raspberry [rázbəri]

málnaszörp raspberry-juice [rázbəri dzsúsz]

malom mill [mil]

mama mother [mâdər]

manapság nowadays [nauədéjz]

mandula almond [ámənd]; *(szerv)* tonsil [tonszl]

mandulagyulladás tonsillitis [tonszilájtisz]

mandzsetta cuff [kâf]

manikűr manicure [menikjúr]

már already [ólredi]; ~ **nem** no more [nó mór]; **megjött** ~? has he arrived [hez hi erájvd]?; ~ **megjött** he has (arrived) [hi hez (erájvd)]; ~ **rég** a long time ago [e long tájm egó]

mára *(mai napra)* for today [for tədéj]

a **maradék** the rest [də reszt]; *(étel)* left-over [left-óvər]

maradni to remain [tu rimén]; *(vhol)* to stay [tu sztéj]; **ott maradt** he remained/stayed there [hi riménd/sztéjd deer]; **ott maradt az ernyőm** I left my umbrella there [áj left máj âmbrelə deer]; **két hétig maradok** I shall stay for two weeks [ájl sztéj for tú víksz]

maratoni futás marathon [meretən]

márc., március March [márcs]; ~**ban** in March [in márcs]

margarin margarine [márdzsərín]

Margitsziget Margaret Island [márgərit ájlənd]

marhahús beef [bif]

marhanyelv ox tongue [oksz tong]

marhapörkölt beef stew with paprika [bíf sztyú vid —]

marhasült roast beef [rószt bíf]

márka *(védjegy)* trade mark [tréd márk]; *(gyártmány)* brand [brend]; *(pénz)* mark [márk]

marmonkanna jerry/petrol can [dzseri/petrəl ken]

mártás sauce [szósz]

márvány marble [márbl]

más someone else [szâmvan elsz]; **az** ~**!** that is something else [dec szâmszing elsz]!; ~**sal beszél** *(telefon)* line engaged/busy [lájn ingédzsd/bizi]

másfél one and a half [vanəndə háf]; ~ **óra** an hour and a half [en auər ənd e háf]

máshol elsewhere [elszveer]

máshova elsewhere [elszveer]

másik another [enâdər]; **a ~ oldal** the other side [di âdər szájd]

másképpen in another way [in enâdər véj]

máskor another time [enâdər tájm]

másnap next day [nekszt déj]; ~ **reggel** next morning [nekszt mórning]

második second [szekənd]; ~ **osztály** second class [szekənd klász]

másodpéldány duplicate (copy) [gyúplikit (kopi)]

másodperc second [szekənd]

másodszor for the second time [for də szekənd tájm]

másolat copy [kopi]

másolni to copy [tu kopi]

másvalaki somebody else [szâmbədi elsz]

másvalami(t) something else [szâmszing elsz]

maszek self-employed (person) [szelf-implojd (pörszn)]

mászni to climb [tu klájm]

masszázs massage [meszázs]

matrac mattress [metrisz]

MÁV = *Magyar Államvasutak* (Hungarian State Railways)

maximális maximum [mekszimərn]

mazsola raisin [réjzn]

mazsolás sütemény plum-cake [plâm-kék]

meccs match [mecs]

meddig? *(térben)* how far [hau fár]; *(időben)* how long [hau long]?; ~ **állunk itt?** how long do we stop here [hau long dú ví sztop hiər]?

medence basin [bészn]

medve bear [beer]

még *(állító mondatban)* still [sztil]; *(tagadó mondatban)* yet [jet]; ~ **egyszer** once more [vansz mór]; ~ **egyet** one more [van mór]; **itt van ~?** is he still here [iz hi sztil hiər]?; ~ **nem**

jött meg he has not come yet [hi heznt kâm jet]; **kérek ~!** may I have some more [méj áj hev szâm mór]?; **~ valamit, uram?** anything else, sir [eniszing elsz, szőr]?

megadni to give [tu giv], to grant [tu gránt]; *(pénzt)* to repay [tu rípéj]; **adja meg a címét** give me your address [giv mi jor edresz]

megágyazni to make the bed [tu mék də bed]

megáll: ~ a vonat ...ban? does the train stop in/at [dâz də trén sztop in/et] ...? →**megállni**

megállapítani to establish [tu iszteblis]

megállapodás agreement [egríment]; **~t kötni** to conclude an agreement [tu kənklúd en —]

megállapodni *(vmiben)* to agree (in sth) [tu egrí (in szâmszing)]; **megállapodtak abban, hogy ...** they agreed to [déj egríd tu]

megállás stopping [sztoping]

megállítani to stop [tu sztop]

megállni to stop [tu sztop]; **megállt a ház előtt** he pulled up in front of the house [hí puld âp in front ov də hauz]; **~ tilos!** no stopping [nó sztopping]

megállóhely stop [sztop]

megbeszélés talk [tók]; **~t folytatni** to conduct/have talks (with) [tu kəndâkt/hev tóksz (vid)]

megbeszélni to talk over [tu tók óvər]; **beszélje meg a feleségével** talk it over with your wife [tók it óvər vid jor vájf]; **meg volt beszélve** it was arranged [it voz eréndzsd]

megbetegedni to fall ill [tu fól il]; **megbetegedett** he was taken ill [hi voz tékn il]

megbírságolni to fine [tu fájn]

megbízás *(kisebb)* errand [erənd]; **... ~ából** on behalf of [on biháf ov] ...

megbízható reliable [rilájəbl]

megbízni *(vkiben)* to trust sby [tu trâszt szâmbədi]

megbocsátani to forgive [tu forgiv]; **bocsáss meg!** excuse me! [ikszkjúz mí], I'm sorry! [ájm szori]

megbukni *(vizsgán, vállalkozás)* to fail [tu féjl]

megbüntetni to punish [tu pânis]

megcsinálni to do [tu dú]; to make [tu mék]; *(elkészíteni)* to get ready [tu get redi]; *(megjavítani)* to repair [tu ripeer]; **megcsinálta?** *(jó)* is it all right [iz it ól rájt]?

megcsókolni to kiss [tu kisz]

megcsúszni *(jármű)* to skid [tu szkid]; **megcsúszott és elesett** he slipped and fell (down) [hi szlipt end fel (daun)]

megdöbbentő shocking [soking]

megdönteni *(rekordot)* to break (a record) [tu brék (e rekord)]

megebédelni to have lunch/dinner [tu hev láncs/dinər]; **megebédeltek?** have you had dinner [hev ju hed dinər]?

megegyezés agreement [egríment]; **~re jutni** to reach an agreement [tu rícs en egríment]

megegyezni to agree [tu egrí]

megelégedni to be satisfied [tu bi szetiszfájd]; **meg van elégedve?** are you satisfied/happy [ár ju szetiszfájd/hepi]?

megélhetés living [living]

megélhetési költségek cost of living [koszt ov living]

megelőzni *(járművet)* to overtake [tu óvərték], *(US)* to pass [tu pász]; *(bajt)* to prevent [tu privent]

megelőző preceding [priszíding]

megengedett legnagyobb sebesség maximum speed limit [mekszi-məm szpíd limit]

megengedett terhelés permissible load [pərmiszəbl lód]

megengedni to allow [tu əlau]; **tessék ~, hogy ...** please permit me to [pliz pərmit mi tu] ...

megenni *(vmit)* to eat (sth) [tu ít (számszing)]

megéri *(értékben)* it is worth (the money) [iz vörsz (də mâni)]; **megérte!** it was worth it [it voz wörsz it]!

megérkezni to arrive [tu erájv]; **megérkezett már a vonat?** has the train arrived [hez də trén erájvd]?; **megérkeztünk!** here we are [hiər vi ár]!

megerősíteni *(hírt)* to confirm [tu kənförm]

megérteni to understand [tu ândərsztend]

megérteti magát makes himself/herself understood [méksz him-szelf/hörszelf ândərsztend]

megfagyni to freeze [to fríz]
megfázás →**meghűlés**
megfázni to catch (a) cold [tu kecs (e) kóld]
megfejtés answer [ánszər], solution [szəlúsn]
megfelel it will do [itl dú], that is all right [dec ól rájt]; **megfelel?** will that be all right [vil det ól rájt]?
megfelelő suitable [szjútəbl]
megfelezni to halve [tu háv]
megfésül(köd)ni to comb [tu kóm]
megfigyelni to observe [tu əbzőrv]
megfizetni to pay (for sth) [tu péj (for szâmszing)]
megfogni to take [tu ték], *(elkapni)* to catch [tu kecs]
megfogódzni to hold on (to) [tu hóld on (tu)]
megfordítani to turn [tu tőrn]
megfordulni to turn (back) [tu tőrn (bek)]; ~ **tilos!** no U turns [nó jú tőrnz]!
megfürödni to have/take a bath [tu hev/ték e bász]; *(szabadban)* to bathe [tu béz]
meggondoltam magam I changed my mind [áj cséndzsd máj májnd]
meggyógyulni to recover [tu rikâvər]
meggyőződni *(vmiről)* to make sure [tu mék súr]; **győződjék meg róla, (hogy)** ... make sure that ... [mék súr det ...]
meggyújtani *(cigarettát, tüzet)* to light [tu lájt]; *(villanyt)* to switch on [tu swics on]
meghaladni to exceed [tu ikszíd]; **nem haladhatja meg** ... must not exceed [mászt not ikszíd] ...
meghallani to hear (sth) [tu hiər (szâmszing)]; **meghallottam** ... I heard [áj hőrd]
meghallgatni to listen to [tu liszn tu]
meghalni to die [tu dáj]; **meghalt** she died [sí dájd]
meghámozni to peel [tu píl]
meghatalmazás authorization [ószərájzésn]
meghatalmazni to authorize [tu ószərájz]

meghatározni to determine [tu ditörmin]; *(időpontot)* to fix [tu fiksz]

megható moving [múving]

megházasodni to marry [tu meri]; **megházasodtak** they got married [déj got merid]

meghibásodás failure [féljər], breakdown [brékdaun]

meghibásodott *(szerkezet)* is out of order [iz aut ov órdər], *(jármű)* broke down [brók daun]

meghívás invitation [invitésn]

meghívásos telefonbeszélgetés person to person call [pörszn tu pörszn kól]

meghívni to invite [tu invájt]; **meghívtak vacsorára** I was invited for dinner [áj voz invájtid for dinər]

meghívó invitation (card) [invitésn (kárd)]

meghívólevél letter of invitation [letər ov invitésn]

meghízni to put on weight [tu put on véjt]

meghosszabbítani *(tartózkodást)* to prolong [tu prəlong]

meghosszabítás *(határidőé stb.)* extension [iksztensn], prolongation [prólongésn]

meghosszabbíttatni *(vízumot)* to have (visa) prolonged [tu hev (vízə) prəlongd]

meghúzni *(csavart)* to tighten [tu tájtn]

meghűlés (common) cold [(komən) kóld]

meghűlni to catch (a) cold [tu kecs (e) kóld]; **meghűltem** I have a (bad) cold [áj hev e (bed) kóld]

megigazítani to adjust [tu edzsâszt]

megígérni to promise [tu promisz]; **ígérje meg!** promise!

megijedni to get frightened [tu get frájtnd]

megindulni *(jármű)* to start [tu sztárt]

megint *(ismét)* again [əgen]

megírni to write [tu rájt]; **megírta(d) a levelet?** have you written the letter [hev ju ritn də letər]?; **ahogy levelemben megírtam** as I said in my letter [ez áj szed in máj letər]

mégis yet [jet]; **azért ~** still [sztil] . . .

megismerkedni to get acquainted (with) [tu get əkvéntid (vid)];
Budapesten ismerkedtünk meg we met in B. [ví met in bjú-
dəpeszt]

megismerni *(felismerni)* to recognize [tu rekəgnájz]

megismételni to repeat [tu ripít]

megjavítani to repair [tu ripeer]

megjavíttatni have (sth) repaired [hev (szâmszing) ripeerd]

megjegyezni *(vmit)* to remember [tu rimembər]; **meg szeretném
jegyezni, hogy** ... I should like to mention that [áj sud lájk tu
mensn det] ...

megjegyzés remark [rimárk]

megjelenés appearance [epiərənsz]; *(reptéren)* check-in [csek-in]

megjelenési idő *(reptéren)* check-in time [csek-in tájm]

megjelenni to appear [tu epiər]

megjelölni to indicate [tu indikét]; *(vmi jellel)* to mark [tu
márk]

megjönni to arrive [tu ərájv]; **megjött!** *(ember)* has arrived [hez
ərájvd]!; *(jármű)* is in [iz in]

megkapni to get [tu get]; to receive [tu riszív]; *(betegséget)* to
catch [tu kecs]; **megkaphatnám?** may I have it [méj áj hev it]?;
megkapta a levelemet? have you received my letter [hev ju ri-
szívd máj letər]?

megkérdezni to ask [tu ászk]; **kérdezd meg, hol van az állomás**
ask (him) where the station is [ászk (him) veer də sztésn iz]

megkeresni to find [fájnd]; *(pénzt)* to earn [tu őrn]; **megkeres-
tem a szótárban** I looked it up in the dictionary [áj lukt it âp in
də diksənri]

megkérni *(vkit vmire)* to ask (sby) [tu ászk szâmbədi]; **megkér-
tem (őt), hogy segítsen** I asked him to help (me) [áj ászkt him
tu help (mí)]

megkezdeni, megkezdődni to begin [tu bigin]; **megkezdődött
már?** has it begun [hez it bigân]?; **az előadás megkezdődött** the
performance is on [də pərfórmənsz iz on]

megkínálni to offer [tu ofər]; **megkínálhatom** ... may I offer you
a [méj áj ofər jú e] ...

megköszönni to thank (for sth) [tu szenk (for szâmszing)]; **köszönje meg a nevemben** give him my best thanks [giv him máj beszt szenksz]

megkötni to tie (up) [tu táj (âp)]

megközelíteni to approach [tu eprócs]

megközelíthető *(hely)* can be reached (by) [ken bí rícst (báj)]; **könnyen** ~ within easy reach [vidin ízi rícs]

megkülönböztetni to distinguish [tu disztingvis]; **nem lehet őket** ~ **egymástól** you cannot tell one from the other [ju kánt tel van from di âdər]

meglátni *(vmit)* to see [tu szí]; *(észrevenni)* to notice [tu nótisz]; **majd meglátjuk, hogy ...** we shall see (whether) [víl szí (vedər)] ...

meglátogatni to pay a visit (to) [tu péj e vizit (tu)]; **meglátogattam a barátomat** I went to see my friend [áj vent tu szí máj frend]; **látogasson meg ha Magyarországon jár!** look me up if you come to Hungary [luk mí âp if ju kâm tu hângəri]!

meglazulni *(csavar)* to get loose [tu get lúsz]

meglazult *(csavar)* got loose [got lúsz]

meglehetősen rather [rádər]

meglepetés surprise [szəprájz]

meglevő existing [igziszting]

megmagyarázni to explain [tu ikszplén]

megmenteni to save [tu szév]

megmérni to measure [tu mezsər]

megmondani to say [tu széj], to tell [tu tel]; **megmondtam neki** I told him [áj tóld him]; **mondja meg kérem ...** tell me please [tel mí plíz] ...; **megmondta neki hogy hívjon fel?** did you tell him to ring me up [did ju tel him tu ring mí âp]?

megmosakodni to wash [tu vos]

megmosni to wash [tu vos]

megmutatni to show [tu só]; **mutassa meg, kérem ...** show me, please [só mí plíz] ...

meg nem jelenés failure to appear [féljər tu epiər]

megnemjelenési díj no-show charge [nó-só csárdzs]

megnézni *(vmit)* to (have a) look at [tu (hev e) luk et]; *(színdara-bot, filmet)* to see [tu szí]; **megnézhetem?** may I have a look [méj áj hev e luk]?; **meg szeretném nézni a vásárt** I want to see the fair [áj vant tu szí də feer]

megnősülni to marry [tu meri]

megnyerni to win [tu vin]

megnyitás opening [ópəning]

megnyitó ünnepély opening ceremony [ópəning szeriməni]

megnyomni to press [tu pressz], to push [tu pus]; **nyomja meg a gombot** press button (here) [pressz bâtn (hiər)]

megoldani to solve [tu szolv]

megoldás solution [szəlúsn]

megoperálták he was operated on [hí vóz operétid an]

megölelte he put his arms round her [hi put hiz ármz raund hör]

megölni to kill [tu kil]

megőrzésre for safekeeping [for széfkíping]

megpihenni to take a rest [tu ték e reszt]

megpróbálni to try [tu tráj]; **megpróbálom!** I shall try it [ájl tráj it]!

megragadni to seize [tu szíz]; **megragadom az alkalmat** I want to take the opportunity to [áj vont tu ték di opərtyúniti tu]

megrándult a bokám I sprained my ankle [áj szprénd máj enkl]

megrázta az áram he got a shock [hí gət e sok]

megreggelizni to have breakfast [tu hev brekfəszt]

megrendelni to order [tu órdər]

megrendelőlap order form [órdər form]

megröntgenezni to X-ray [tu eksz-réj]

megsebesült was injured [voz indzsərd]; *(kicsit)* was hurt [voz hört]

megsérteni to injure [tu indzsər]; *(szóval)* to insult [tu inszâlt]; *(szabályt)* to violate [tu vájəlét]

megsérült was wounded/hurt [voz vúndid/hört]; *(dolog)* was damaged [voz demidzsd]

megsózni to salt [tu szólt]

megszakítani to break (off) [tu brék (óf)]; **megszakította útját** he broke his journey [hi brók hiz dzsőrni]; **Londonban 2 napra**

megszakítottam utamat in London I stopped off for 2 days [in lendən áj sztopt óf for tú déjz]

megszakítás break [brék]

megszállni *(vhol)* to put up (at) [tu put âp (et)]; *(egy éjszakára)* to stop over [tu sztop óvər]

megszámolni to count [tu kaunt]

megszerezni to get [tu get], to obtain [tu əbtén]

megszervezni to organize [tu órgənájz]

megszoktam I am used to it [ájm júzd tu it]; **nem szokta meg hogy ...** he is unaccustomed to [hi iz ânəkâsztəmd tu] ...

megszólítani to speak to [tu szpík tu]

megszüntetni to stop [tu sztop]; to discontinue [tu diszkəntinjú]

megtakarított pénz savings [szévingz]

megtalálni to find [tu fájnd]; **megtaláltam** I (have) found it [áj(v) faund it]

megtámadni to attack [tu ətek]; **megtámadták és kirabolták** he was mugged [hí vóz mágt]

megtanítani to teach [tu tícs]

megtanulni to learn [tu lörn]

megtárgyalni *(vmit)* to discuss [tu diszkâsz]

megtartani *(ígéretet)* to keep [tu kíp]; **megtarthatom?** may I keep it [méj áj kíp it]?

megtekinteni *(kiállítást)* to visit [tu vizit]; *(látnivalókat)* to see (the sights) [tu szí (də szájc)]

megtelt *(busz)* full up [ful âp]

megtenni *(vmit)* to do (sth) [tu dú (szâmszing)]; **megtenné?** would you do it [vud ju dú it]?

megtéríteni to refund [tu rífând]; to reimburse [tu ríimbörsz]

megtiltani to prohibit [tu prəhibit], to forbid [tu fəbid]; **meg van tiltva** is prohibited/forbidden [iz prəhibitid/fəbidn]

megtiszteltetés honour [onər]

megtolni to push [tu pus]; **kérem tolja meg a kocsimat** push my car, please [pus máj kár plíz]!

megtölteni to fill (up) [tu fil (âp)]

megtudni to learn [tu lörn]; **megtudtam, hogy ...** I found out that [áj faund aut det] ...

megújítani to renew [tu rinyú]

megunni to get tired of [tu get tájərd ov]

megünnepelni to celebrate [tu szelibrét]

megütni to hit [tu hit]; **megütötte magát?** have you hurt yourself [hev ju hört jorszelf]?

megváltani *(jegyet)* to book (a ticket) [tu buk (e tikit)]; **megváltotta már a jegyét?** have you booked/bought your ticket [hev ju bukt/bót jor tikit]?

megváltozni to change [tu cséndzs]; **a program megváltozott** the program(me) has changed [de prógrem hez cséndzsd]

megváltoztatni to change [tu cséndzs]

megvámolni to impose duty on [tu impóz gyúti on]

megvan! here it is [hiər it iz]!; I have got it [ájv got it]!; ~ **mindene?** have you got all your things [hev ju got ól jor szingz]?

megvárni *(vkit)* to wait (for sby) [tu véjt (for szâmbədi)]

megvarrni to sew [tu szó], to make [tu mék]

megvásárolni to buy [tu báj]; **megvásárolta amit akart?** did you buy (all) the things you wanted [did ju báj (ól) də szingz ju vantid]?

megvédeni *(vmitől)* to protect (from) [tu prətekt (from)]

megvenni to buy [tu báj]; **megveszi?** are you going to buy it [ár ju góing tu báj it]?; **megvettem** I (have) bought it [áj(v) bót it]

megverni to beat [tu bít]; *(sportban)* to defeat [tu difít]

megvitatni to discuss [tu diszkâsz]

megvizsgálni to examine [tu igzemin]

megzavarni to disturb [tu disztörb]

megy goes [góz], is going [iz góing]; ~**ek már!** (I am) coming [(ájm) kâming]!; **mentem** I went [áj vent]; **menjünk!** let us go [lec gó]!; **mennem kell** I must go [áj mâszt gó]; **hova ~?** where are you going [veer ár ju góing]?; **Budapestre ~ek** I am going to Budapest [ájm góing tu bjúdəpeszt], I am leaving for Budapest [ájm líving for —]; **vidékre ~** goes to the country [góz tu də kântri]; **autón** ~ goes by car [góz báj kár]; **villamoson** ~ takes a tram [téksz e trem]; **gyalog** ~ goes on foot [góz on fut]; walks [vóksz]; **mi ~ ma?** *(moziban, színházban)* what is on today [vac on tədéj]? →**menni**

megye county [kaunti]

meggy morello [məreló]

méh *(állat)* bee [bí]

mekkora? *(milyen nagy)* how large [hau lárdzs]?, how big [hau big]?

meleg warm [vórm]; ~**ebb** warmer [vórmər]; ~**em van** I am hot [ájm hot]; ~ **szendvics** toasted sandwich [tósztid szendvics]

melegíteni to warm [tu vórm]

melegítő track-suit [trek-szjút]

melegszik *(motor)* is overheating [iz óvərhíting]

melegvíz-szolgáltatás hot-water supply [hot-vótər szəpláj]

mell breast [breszt]

mellé beside [biszájd]

mellékállomás *(telefon)* extension [iksztensn]

mellékelni to enclose [tu inklóz]

mellékelt enclosed [inklózd]

melléképület outhouse [authausz]

mellékhelyiség lavatory [levətri], *(US)* the bathroom [də bászrum]

melléklet *(újsághoz)* supplement [szâpliment]; *(levélhez)* enclosure [inklózsər]

mellékút side road [szájd ród]

mellékútvonal minor road [májnər ród]; secondary road [szekəndəri ród]

mellény waistcoat [vészkót], *(US)* vest [veszt]

mellett next to [nekszt tu]; **a ház** ~ next to the house [nekszt tu də hausz]; **egymás** ~ side by side [szájd báj szájd]

mellette next to him/her [nekszt tu him/hőr]; ~**m** beside me [biszájd mí]

mellkas chest [cseszt]

melltartó bra [brá]

melltű brooch [brócs]
mellúszás breast-stroke [breszt-sztrók]
méltányolni to appreciate [tu əprísiét]
mély deep [díp]
mélyhűtő deep-freeze [díp-fríz]
mélyhűtött deep frozen [díp frózn]
melyik which (one) [vics (van)]; ~ **az?** which is it [vics iz it]?; ~ **a kettő közül?** which of the two [vics ov də tú]?; ~**et?** which one [vics van]?; ~ **a legrövidebb út ... felé?** which is the shortest way to [vics iz də sortiszt véj tu] ...?; ~ **tetszik jobban?** which do you prefer [vics du ju prifőr]?; ~ **vágányra érkezik a vonat ...ról?** which platform from [vics pletfórm from] ...?; ~ **vágányról indul a vonat ... felé?** which platform for [vics pletfórm for] ...?
MÉLY VÍZ! CSAK ÚSZÓKNAK *(deep water, for swimmers only)*
menedékház (tourist) hostel [(túriszt) hosztəl]
menedzser manager [menidzsər]
menekülni to escape from [tu iszkép from]
menekült refugee [rifjudzsí]
menekülttábor refugee camp [rifjudzsí kemp]
ménes stud (farm) [sztád (fárm)]
menet *(csapaté)* march [márcs]; *(sport)* round [raund]
menetdíj fare [feer]
menetdíj visszatérítés refund (of unused tickets) [rífánd (ov ânjúzd tikic)]
menetidő running time [râning tájm], *(repgépé)* flight time [flájt tájm]
menetirányban facing the engine [fészing di endzsin]
MENETJEGYEK tickets [tikic]
menetjegyiroda tourist agency [túriszt édzsənszi], *(US)* ticket bureau [tikit bjúró]
menetrend timetable [tájmtébl], *(US)* schedule [szkedzsúl]; *(vasúti)* railway guide [rélvéj gájd]; ~ **szerint** as scheduled [ez segyúld/szkedzsúld]

menetrendszerű: ~ **járat** regular service [regjuler szőrvisz]; ~ **hajójáratok** regular sailings [— szélingz]
menetrendszerűen közlekedik operates on schedule [opəréc on segyúl/szkedzsúl]
menettérti jegy return ticket [ritőrn tikit], *(US)* round-trip ticket [raund-trip tikit]; *(egy napig érvényes)* day-return (to) [déj ritőrn (tu)]
menni to go [tu gó]; ~ **kell!** we must go [ví mászt gó]!; ~ **akar** he wants to go [hi vanc tu gó] →**megy**
menstruáció menses [menszíz]
mentén along [elong]; **az út** ~ along the road [elong də ród]
mentes *(vmitől)* free from [frí from]
mentesítő vonat relief train [rilíf trén]
mentőautó ambulance(-car) [embjulənsz(-kár)]
mentőcsónak lifeboat [lájfbót]
mentődoboz →**mentőláda**
MENTŐK ambulance [embjulənsz]
mentőláda first-aid box/kit [főrszt-éd boksz/kit]
mentőöv life-belt [lájf-belt]
mentőszolgálat ambulance service [embjulənsz szörvisz]
menü set menu [szet menyú]; ~ **t eszem** I shall have the fixed lunch [ájl hev də fikszt láncs]
meny daughter-in-law [dótərinló]
menyasszony fiancée [fiánszé], *(esküvő napján)* bride [brájd]
mennydörgés thunder [szândər]
mennyezet ceiling [szíling]
mennyi *(megszámolható, többes számú dolognál)* how many [hau meni]?; *(meg nem számolható egyes számú dolognál)* how much [hau mâcs]?; ~ **az idő?** what is the time [vac də tájm]?; ~ **be kerül?** how much is it [hau mâcs iz it]?; ~ **ért?** for how much [for hau mâcs]?; ~ **re** *(milyen messze)* how far [hau fár]?; *(milyen mértékben)* how [hau]; ~ **re van (ide)** York how far is York? [hau fár iz jórk]?; ~ **t kér?** how much (do you charge) [hau mâcs (du ju csárdzs)]?; ~ **t parancsol?** how

much do you want [hau mâcs du ju vant]?; ~**vel tartozom?** how much do I owe you [hau mâcs dú áj ó jú]?

mennyiség quantity [kvantiti]

meredek steep [sztíp]

méreg poison [pojzn]

méret dimension [dimensn]; *(ruhadarabé)* size [szájz]

méretarány scale [szkél]

mérföld mile [májl]

mérföldkő milestone [májlsztón]

mérges poisonous [pojznəz]; *(dühös)* angry [engri]

mérgezés poisoning [pojzning]

mérkőzés *(sport)* match [mecs]

mérleg scales [szkélz]

mérni to measure [tu mezsər]; *(súlyt)* to weight [tu véj]

mérnök engineer [endzsiniər]

merőleges perpendicular [pərpendikjulər]

mérőpálca *(olajszinthez)* dipstick [dipsztik]

merre *(hol)* where [veer]; *(hová)* which way [vics véj]?; ~ **van a poggyászfeladás?** where is the luggage office [veer iz də lâgidzs ofisz]?

mérsékelt áron at a moderate price [et e modərit prájsz]

mert because [bikoz]

mérték measure(ment) [mezsər(ment)]; ~**et venni** to take the measurements [tu ték də mezsərmenc]; ~ **után** made to measure [méd tu mezsər]

mértékegység measure [mezsər]

merülőforraló immersion heater [imőrsn hítər]

mese tale [tél]

mesélni to tell [tu tel]; **mesélj az utadról** tell me about your trip [tel mí ebaut jor trip]

mester master [másztər]

mestermű masterpiece [másztərpísz]

mesterség trade [tréd], profession [prəfesn]

mesterséges artificial [ártifisl]

mészáros, mészárszék butcher's (shop) [bucsərz (sop)]

messze far off/away [fár óf/evéj]
messelátó long-sighted [long-szájtid]
messzire far away [fár evéj]
metélt noodles [núdlz]
meteorológiai jelentés weather forecast [vedər fórkászt]
méter metre, *(US)* meter [mítər]
méteráru drapery [drépəri]
metró underground [ândərgraund], *(GB)* tube [tyúb], *(US)* subway [szâbvéj], *(Európában több országban)* metro
metróállomás, M underground station [ândərgraund sztésn]
méz honey [hâni]
mézeshetek honeymoon [hânimún]
mézeskalács gingerbread [dzsindzsəbred]
mező field [fíld]
mezőgazdaság agriculture [egrikâlcsər]
meztelen naked [nékid]
mi[1] we [ví]; ~ **magunk** we ourselves [ví auərszelvz]; **a** ~ **könyvünk** our book [auər buk]
mi[2] *(kérdő névmás)* what [vat]?; ~ **az?** what is it/that [vac it/det]?; ~ **ez angolul?** what is that in English [vac det in inglis]?; ~ **baja van?** what is the matter with you [vac də metər vid jú]?; ~ **a panasza?** what is your complaint [vac jor kəmplént]?; ~ **történt?** what happened [vat hepənd]?; ~ **újság?** what is the news? [vac də nyúz]?
mialatt while [vájl]
miatt because of [bikoz ov]
mibe kerül? how much is it [hau mâcs iz it]?
miben lehetek szolgálatára? what can I do for you [vat ken áj dú for jú]?
miből van? what is it made of [vac it méd ov]?
mielőbb as soon as possible [ez szún ez poszəbl]
mielőbbi szíves válaszát várva looking forward to hear from you soon [luking fórvəd tu híər from jú szún]
mielőtt before [bifór]

mienk ours [auərz], belongs to us [bilongz tu âsz]; **az autó a** ~ the car is ours [də kár iz **au**ərz]
miért? why [váj]?
miért ne? why not [váj not]?
miféle ... what sort of (a) [vat szórt ov (e)] ...
mihelyt as soon as [ez szún ez]
mikor when [ven]?; ~ **érkezett az országba?** *(űrlapon)* date of arrival in country [dét ov erájvəl in kântri]; ~ **érkezünk ...-be?** what time do we get to ... [vat tájm du ví get tu ...]?; ~ **indul a vonat?** when does the train leave [ven dâz də trén lív]?; ~ **kell a repülőtéren lenni?** when do I have to check in at the airport [ven du áj hev tu csek in et di ee**r**pórt]?
miközben while [vájl]
mikrobusz minibus [minibâsz]
mikrofon microphone [májkrəfón]
mikrohullámú sütő microwave (oven/cooker) [májkrovév (âvn/ kukər)]
mikrolemez long-playing record, LP-record, [long-pléjing re-kórd]
milliméter millimetre, *(US)* millimeter [milimítər]
millió million [miljən]
milliomos millionaire [miljeneer]
milyen ...? what is ... like [vac ... lájk]?; ~ **az idő?** what is the weather like [vac də vedər lájk]?; ~ **széles?** how wide [hau vájd]?; ~ **nap van ma?** what day is it today [vat déj iz it tədéj]?
mind all [ól] *(utána többes szám);* every [evri], each [ícs] *(utánuk egyes szám)*
mindannyian all of us/you/them [ól ov âsz/jú/dem]
mindeddig so far [szó fár]
mindegy it is all the same [ic ól də szém]
mindegyik each [ícs], every [evri]
minden all [ól] *(utána többes szám);* every [evri] *(utána egyes szám);* **ez** ~? is that all [iz det ól]?; ~ **bizonnyal** certainly [szörtnli]; ~ **további** each additional [ícs edisnl]
mindenáron at any price [et eni prájsz]

mindenesetre in any case [in eni kész]

mindenhol everywhere [evriveer]

MINDEN JEGY ELKELT sold out [szóld aut]

mindenki everybody [evribodi] *(utána egyes szám);* all [ól] *(utána többes szám)*

mindennap every day [evrí déj]

mindig always [ólvəz]

mindjárt! just a moment [dzsászt e mómənt]!

mindkét both [bósz]; **~ irányban** both ways [bósz véjz]

mindketten both of us/you/them [bósz ov âsz/ju/dem]

mindnyájan all of us/you/them [ól ov âsz/ju/dem]

mindössze altogether [óltəgedər]

minek? why [váj]?

minél előbb, annál jobb the sooner, the better [də szúnər, də betər]

minigolf minigolf

minimális minimum [miniməm]

minimum minimum [miniməm]

miniszoknya miniskirt [miniszkört]

miniszter Minister [minisztər]

miniszterelnök Prime Minister [prájm minisztər]

minisztérium ministry [minisztri]

minket us [âsz]

minőség quality [kvoliti]

mint *(melléknévvel)* as [ez]; *(főnévvel)* like [lájk]; **olyan ~ az apja** he is like his father [hi iz lájk hiz fádər]; **olyan magas ~ az apja** he is as tall as his father [hi iz ez tól ez hiz fádər]

minta sample [számpl]

mintabolt showroom [sórúm]

mintha as if [ez if]; **nem ~** not that [not det]

minthogy as [ez], since [szinsz]

mínusz minus [májnəsz]

mióta? since when [szinsz ven]?; **~ van Magyarországon?** how long have you been in Hungary [hau long hev ju bín in hângəri]?

mióta csak ever since [evər szinsz]

mirelit (deep-)frozen [(díp-)frózn]
miről beszél? what is he talking about [vac hi tóking ebaut]?
mise mass [mesz]
mit? what [vat]?; ~ **adnak** *(moziban, színházban)?* what is on [vac on]?; ~ **mond?** what does he say [vat dáz hí széj]?; ~ **parancsol?** what will you have [vat vil ju hev]?
mivel as [ez], since [szinsz]
mm = *milliméter* millimetre, *(US)* millimeter [milimítər]
mocsár marsh [márs]
mód way [véj]; **van rá ~?** is it possible [iz it poszbl]?
modell model [modl]
modern modern [modən]
mogyoró hazel-nut [hézl-nát]
móló pier [piər]
mondani to say [tu széj]; *(közölni)* to tell [tu tel]; **hogy mondják angolul?** how do you say it in English [hau du ju széj it in inglis]?; **azt mondta, hogy eljön** he said he would come [hi szed hi vud kâm]
mondat sentence [szentənsz]
mosakodni to have a wash [tu hev e vos]
mosás és berakás *(haj)* shampoo and set [sempú end szet]
mosdik is having a wash [iz heving e vos]
mosdó *(helyiség)* lavatory [levətəri]; *(US)* rest room [resz rúm]
mosdókagyló (wash-)basin [(vos-)bészn]
mosni to wash [tu vos]; **kocsit ~** to give the car a wash(-down) [tu giv də kár e vos(-daun)]
mosoda laundry [lóndri]
mosogatni to wash up [tu vos âp]
mosogató sink [szink]
mosogatógép dish-washer [dis-voser]
mosógép washing machine [vosing məsín]
mosoly smile [szmájl]
mosolyogni to smile [tu szmájl]
mosószer detergent [ditőrdzsənt]
most now [nau]; ~ **nem** not now [not nau]

mostanában lately [létli]

motel motel

motor motor [mótər], engine [endzsin]

motorcsónak motor-boat [mótər-bót]

motorházfedél bonnet [bonit], *(US)* hood [hud]

motorhiba engine trouble [endzsin trâbl], breakdown [brékdaun]

motorhűtés cooling [kúling]

motorkerékpár motorcycle [mótəszájkl]

motorkocsi railcar [rélkár]

motorolaj motor oil [mótər ojl]

motorszerelő motor mechanic [mótər mikenik]

motorvonat motor-train [mótər-trén]

motozni to search [tu szörcs]

mozdony engine [endzsin]

mozdonyvezető engine-driver [endzsin-drájvər]

mózeskosár carry-basket [keri-bászkit]

mozgás movement [múvment]

mozgásképtelen *(kocsi)* immobilized [imóbilájzd]

mozgássérült handicapped [hendikept]

mozgó moving [múving]

mozgóbüfé *(vonaton)* minibar [minibár]

mozgólépcső escalator [eszkəlétər]

MOZI cinema [szinimə], *(US)* movie [múvi]; ~**ba** to the cinema/pictures [tu də szinimə/pikcsərz]

mozogni to move [tu múv]

mögé behind [bihájnd]; **a ház** ~ behind the house [bihájnd də hausz]

mögött behind [bihájnd]

mp = *másodperc* second [szekənd]

MTA = *Magyar Tudományos Akadémia* Hungarian Academy of Sciences [hângeeriən ekedəmi ov szâjənsziz]

MTI = *Magyar Távirati Iroda* Hungarian News Agency [hângeeriən nyúz édzsənszi]

jó **mulatást** *(kívánok)!* →**mulatni**

mulatni to enjoy oneself [tu indzsoj vânszelf]; **mulass jól!** have a good time [hev e gud tájm]!

mulatóhely night-club [nájt-klâb]

mulatságos amusing [emjúzing]

múlik *(idő)* passes [pásziz]

múlt past [pászt]; ~ **héten** last/past week [lászt/pászt vík]

multi-super olaj multi-grade oil [mâlti-gréd ojl]

múltkor the other day [di âdǝr déj]

múlva: 3 nap ~ *(mostantól)* in three days [in szrí déjz]; *(a múltban)* three days later [szrí déjz létǝr]; **1 óra** ~ in an hour [in en auǝr]; **öt perc** ~ **öt** five minutes to five [fájv minic tu fájv]

munka work [vörk]; *(elfoglaltság)* job [dzsob]; *(feladat)* task [tászk]

munkaadó employer [ǝmplojǝr]

munkabér wages [védzsiz]

munkahely place of work [plész ov vörk]

munkaidő working hours [vörking auǝrz]

munkaközvetítő iroda employment agency [ǝmplojmǝnt édzsǝnszi]

munkálatok works [vörksz]

munkanap working day [vörking déj]

munkanélküli unemployed [ânimplojd]

munkanélküli-segély unemployment benefit [ânemplojmǝnt benǝfit]

munkás worker [vörkǝr]

munkaszüneti nap public holiday [pâblik holidéj]

munkatárs collegue [kolíg], co-worker [ko-vörkǝr]

munkavállalási engedély work permit [vörk pörmit]

munkavállaló employee [ǝmplojí]

musical musical (comedy) [mjúzikl (komidi)]

mustár mustard [mâsztǝd]

muszáj must [mâszt]; have got to (hev got tu)

mutatni to show [tu só]; **mutassa meg kérem** please show me [plíz só mí]

mutató *(órán)* hand [hend]

múzeum museum [mjuziəm]

muzsika music [mjúzik]

mű work [vörk]; *(zenei)* composition [kompəzisn]

műanyag plastic [plesztik]; ~ **zacskó** plastic bag [plesztik beg]

műbőr leatherette [ledəret]

műcsarnok art-gallery [árt-geləri]

műemlék historic building [hisztorik bilding]; monument [monyumənt]; art relic [árt relik]

műfogsor denture(s) [dencsər(z)]

műhely workshop [vörksop]

műhold artificial satellite [ârtifisl szetəlájt]

műjégpálya (skating) rink [(szkéting) rink]

műkorcsolyázás figure skating [figər szkéting]

működés *(emberé)* activity [ektiviti]; *(gépé)* working [vörking], operation [opərésn]

működni *(gép)* to work [tu vörk]; to operate [tu opərét]; *(szerv)* to function [tu fânksn]; **jól működik** is in good working order [iz in gud vörking órdər]; **nem működik** is out of order [iz aut ov órdər]; **hogy működik?** how does it work [hau dâz it vörk]?

műsor program(me) [prógrem]; show [só]; ~**on** now playing [nau pléjing]

műszak shift [sift]

műszaki technical [teknikl]; ~ **egyetem** technological university [teknəlodzsikl junivörsziti]; ~ **hiba** technical failure [teknikl féljər]; *(autó)* breakdown [brékdaun]; ~ **segélyszolgálat** breakdown service [brékdaun szörvisz]

MŰSZAKI SEGÉLYHELY mechanical help [mikenikl help]; *(US)* aidpoint [édpojnt]

műszál synthetic fibre [szintetik fájbər]

műszer instrument [insztrumənt]

műszerész mechanic [mikenik]

műszerfal dashboard [desbórd]

műterem studio [sztyúdió]

műtét operation [opərésn]

műtő operating theatre [opəréting sziətər]

műugrás springboard diving [szpringbórd dájving]
műút highway [hájvéj]
műveletlen uneducated [ânegyukétid]
művelt educated [egyukétid]
művész artist [ártiszt]
művészet art [árt]
művészlemez classical record [kleszikl rekórd]

N

nadrág (pair of) trousers [(peer ov) trauzərz]; *(női hosszú)* slacks [szleksz]; *(női alsó)* briefs [brífsz]
nadrágkosztüm pant/trouser-suit [pent/trauzər-szjút]
nadrágtartó braces [brésziz]
nagy large [lárdzs], big [big]; **~ ember** *(kiváló)* a great man [e grét men]; **~ fontosságú** of great importance [ov grét impórtənsz]
nagyanya grandmother [grendmâdər]
nagyapa grandfather [grendfádər]
nagybácsi uncle [ânkl]
nagybani ár wholesale price [hólszél prájsz]
nagybetű capital (letter) [kepitl (letər)]
Nagy-Britannia Great Britain [grét britn]
NAGYFESZÜLTSÉG high voltage [háj vóltidzs]
nagyítás enlargement [inlárdzsment]
nagyító magnifying glass [megnifájing glász]
nagyjavítás (general) overhaul [(dzsenərəl) óvərhól]
nagykereskedelem wholesale trade [hólszél tréd]
nagykereskedő wholesaler [hólszélər]
nagykorú major [médzsər]
nagykövet embassy [embəszi]
nagynéni aunt [ánt]

nagyobb larger [lárdzsər], bigger [bigər]
nagyon *(melléknév mellett)* very [veri]; *(ige mellett)* very much [veri mâcs]; ~ **örülök** I am very pleased/glad [ájm veri plízd/gled]; ~ **sok** *(megszámolható, többes számú)* great many [grét meni]; *(meg nem számolható, egyes számú)* very much [veri mâcs]; ~ **szívesen** with (great) pleasure [vid (grét) plezsər]; ~ **kedves öntöl** it is very kind of you [ic veri kájnd ov jú]
nagypéntek Good Friday [gud frájdi]
nagyszálló Grand Hotel [grend hótel]
nagyszerű splendid [szplendid]
nagyszombat Holy Saturday [hóli szetərdi]
nagyszülők grandparents [grendpeerenc]
nagyvad big game [big gém]
nagyváltósúly *(boxing)* light middleweight [lájt midlvéjt]
nála *(vele)* with/on him/her [vid/on him/hör]; *(otthon)* at his/her place/home [et hiz/hör plész/hóm]; **én idősebb vagyok** ~ I am older than he/she [ájm óldər den hí/sí]; ~ **d, ~ tok** *(veled, veletek)* with/on you [vid/on jú]; *(otthon)* at your place/home [et jor plész/hóm]; ~ **m** *(velem)* with/on me [vid/on mí]; *(otthon)* at my place/home [et máj plész/hóm]; ~ **m magasabb** she is taller than I (am) [sí iz tólər den áj (em)]; **nincs** ~ **m pénz** I have not got money on me [áj hevnt got mâni on mí]
náluk *(velük)* with/on them [vid/on dem]; *(otthon)* at their place/home [et deer plész/hóm]
nálunk *(velünk)* with/on us [vid/on âsz]; *(otthon)* at our place [et auər plész]; ~ **voltak** they visited us [déj vizitid âsz], they were at our place [déj vőr et auər plész]
nap 1. *(égitest)* sun [szân]; **a** ~ **felkel** the sun rises [də szân rájziz]; **süt a** ~ the sun is shining [də szân iz sájning] **2.** *(24 óra)* day [déj]; **milyen** ~ **van ma?** what day is today [vat déj iz tədéj]?; **3** ~ **ig** for three days [for szrí déjz]
nap(fel)kelte sunrise [szânrájz]
napfénytöltés day-light cartridge [déjlájt kártridzs]
napi daily [déjli]; ~ **jegy** daily ticket [déjli tikit]

napidíj daily allowance [déjli elauənsz]
napilap daily paper [déjli pépər]
napló diary [dájəri]
napolaj suntan oil [szánten ojl]
naponként daily [déjli], per day [pör déj]
napos *(napsütötte)* sunny [szâni]
napozni to take a sunbath [tu ték e szânbász]
nappal by day [báj déj]; day(time) [déj(tájm)]
nappali *(szoba)* sitting room [sziting rúm]
napsütés sunshine [szânsájn]
napszemüveg sunglasses [szânglásziz]
napszúrás sunstroke [szânsztrók]
naptár calendar [kelindər]
narancs orange [orindzs]
narancsíz marmalade [márməléd]
narancslé orange juice [orindzs dzsúsz]
narancsszörp orange drink [orindzs drink]
nászút honeymoon [hânimún]
nátha common cold [kamən kóld]
náthás vagyok I have (got) a cold [ájv (got) e kóld]
ne not; ~ **menjen még!** do not go yet [dont gó jet]
nedves wet [vet]
negatív negative [negətiv]
néger negro [nígró]
negyed quarter [kvótər]; ~ **tizenegykor** at a quarter past ten [et e kvótər pászt ten]
negyedév quarter (of year) [kvótər (ov jiər)]
negyedóra a quarter of an hour [e kvótər ov en auər]
négyes *(szám)* (number) four [(nâmbər) fór]
négyszer four times [fór tájmz]
négyüléses *(autó)* four-seater (car) [fór-szítər (kár)]
négyzet square [szkveer]
négyzetméter square metre [szkveer mítər]
néha sometimes [szâmtájmz]
néhány some [szâm]; a few [e fjú]

nehéz *(súlyos)* heavy [hevi]; difficult [difikəlt], hard [hárd]
nehezebb more difficult [mór difikəlt]
nehézség difficulty [difikəlti]
nehézsúly heavyweight [hevivéjt]
nejlonharisnya nylons [nájlənz]
neked for/to you [for/tu jú]; ~ **van** you have [ju hev]; **van** ~ **egy**
  ...? have you (got) a [hev ju (got) e] ...?
nekem for/to me [for/tu mí]; ~ **adta** he gave it to me [hi gév it tu
  mí]; ~ **van** I have [áj hev]; I have got [ájv got]
neki for/to him [for/tu him], for/to her [for/tu hör]; ~ **hoztam** I
  brought it for her [áj brót it for hör]; ~ **van** he has [hi hez]; he
  has got [híz got]
nekik for/to them [for/tu dem]; **megmondtam** ~ ... I told them
  [áj tóld dem] ...; ~ **van** they have [déj hev]; they have got
  [déjv got]
nekimenni *(ütközve)* to run into [tu rân intu]; **nekiment** *(ütköz-
  ve)* ran into [ren intu]
nektek for/to you [for/tu jú]; ~ **adom** I shall give it to you [ájl giv
  it tu jú]; **van** ~ ...? have you (got) ... [hev jú (got) ...]?
nekünk for/to us [for/tu âsz]; ~ **hoztad?** have you brought that
  for us [hev ju brót det for âsz]?; ~ **van** we have [ví hev]; we
  have got [vív got]
nélkül without [vidaut]
nem no [nó]; *(igével)* not [not]; ~ **fogok elmenni** I shall not go
  [áj sánt gó]; ... ~ **meghaladó** not exceeding [not ikszíding]
  ...; ~ **nagyon** not very much [not veri mâcs]; ~ **szabad** must
  not [mâszt not], is not to [iz not tu]; ~**et mondani** to say no [tu
  széj nó]
NEM BEJÁRAT no entrance [nó entrənsz]
nemcsak not only [not ónli]
NEMDOHÁNYZÓ (szakasz) non-smoker [non-szmókər]
nem(e) *(férfi, nő)* sex [szeksz]
nemesfém precious metal [presəsz metl]
német German [dzsörmən]
Németország Germany [dzsörməni]

németül in German [in dzsőrmən]; **tud/beszél** ~ he speaks German [hi szpíksz —]

nemkívánatos undesirable [ândizájərəbl]

NEM MŰKÖDIK out of order [aut ov órdər]

nemrég lately [létli]

nemsokára soon [szún]

nemzet nation [nésn]

nemzeti national [nesnl]; ~ **bank** National Bank [nesnl benk]; ~ **színház** National Theatre [nesnl sziətər]

nemzetiség nationality [nesəneliti]

nemzetközi international [intərnesnl]; ~ **biztosítás** international insurance card [— insúrənsz kárd]; ~ **díjkedvezmény** international fare reduction [— feer ridâksən]; ~ **gépjárművezetői engedély** international driving permit [— drájving pőrmit]; ~ **gépkocsijelzés** national mark [nesnl márk]; ~ **kikötő** international port [— pórt]; ~ **(repülő)járat** international flight [— flájt]; ~ **oltási bizonyítvány** international certificate of vaccination [— szərtifikit ov vekszinésn]

NEMZETKÖZI JEGY- ÉS HELYJEGYPÉNZTÁR *(International booking-office and seat reservations)*

nemzetközösség commonwealth [komənvelsz]

nép people [pípl]

népdal folk song [fók szong]

népi fok [fók]; ~ **együttes** folk ensemble [fók ánszámbl]; ~ **zenekar** gipsy band [dzsipszi bend]

népművészet folk art [fók árt]

népművészeti bolt Folk Art Shop [fók árt sop]

Népstadion People's Stadium [píplz sztédiəm]

népszerű popular [popjulər]

népviselet national costume [nesnl kosztyúm]

neszesszer toilet-case [tojlit-kész]

neszkávé instant coffee [insztənt kâfi]

név name [ném]; **szabad a nevét?** your name, please [jor ném plíz]?; **a nevem ...** my name is [máj ném iz] ...; **nevében** on behalf of [on biháf ov]

neves famous [fémǝsz]

nevetés laughter [láftǝr]

nevetni to laugh [tu láf]

nevetséges ridiculous [ridikjulǝsz]

nevezetes notable [nótǝbl]

nevezetességek sights [szájc]

névjegy (visiting) card [(viziting) kárd]

névnap name-day [ném-déj]

névsor list of names [liszt ov némz]

névtábla name plate [ném plét]

nézet view [vjú]; **~em szerint** in my opinion [in máj ǝpinyǝn]

nézni to look at [tu luk et]; *(előadást, tévét)* to watch [tu vocs]

néző spectator [szpektétǝr]; *(tévé)* viewer [vjúǝr]

nézőközönség audience [ódjǝnsz]

nincs there is not [deer iznt]; **~ idő** there is no time [deer iz nó tájm]; **~ igaza** he is wrong [hi iz rong]; **~ pénzem** I have no money [áj hev nó mâni]

nonstop nonstop [nonsztâp]

normálbenzin regular [regjulǝr]

normális normal [nórmǝl]

norvég Norwegian [nórvídzsǝn]

Norvégia Norway [nórvéj]

nos well [vel]

notesz note-book [nót-buk]

novella short story [sórt sztóri]

nov., november nov., November [novembǝr]; **~ben** in November [in novembǝr]

nő woman [vumǝn], *(több)* women [vimin]

nőgyógyász gynaecologist, *(US)* gynecologist [gájnikolodzsiszt]

női woman's [vumǝnz], women's [viminz]; **~ fodrász** ladies' hairdresser [lédiz heerdreszǝr]; **~ számok** women's events [viminz ivenc]; **~ vécé/W.C.** ladies [lédiz]

NŐK ladies [lédiz], *(US)* women [vimin]

nőni to grow [tu gró], to increase [tu inkríz]

nős married [merid]
nősülni to get married [tu get merid]
nőtlen single [szingl], unmarried [ânmerid]
növekedik is growing [iz gróing]
növény plant [plánt]
nővér sister [szisz∂r]
nudista nudist [njúdiszt]
nulla zero [zíró]; (*számban kiolvasva:* ou [ó])

Ny

Ny = *nyugat* w, west [vest]
nyak neck [nek]
nyakbőség collar size [kol∂r szájz]
nyakkendő (neck-)tie [(nek-)táj]
nyaklánc necklace [neklisz]
nyár summer [szâm∂r]; **~on** in summer [in szâm∂r]
nyaralás (summer) holiday(s) [(szâm∂r) hol∂di(z)]
nyaralni to spend the summer [tu szpend d∂ szâm∂r]
nyaraló *(ember)* holidaymaker [hol∂di-mék∂r]; vacationer [v∂-
  késn∂r]; *(épület)* villa [vil∂]
nyaralóhely summer resort [szâm∂r rizórt]
nyári summer [szâm∂r]; **~ egyetem** summer-school [— szkúl];
  ~ időszámítás summer time [— tájm], *(US)* daylight saving
  time [déjlájt széving tájm]; **~ ruha** summer clothes/dress [—
  klódz/dresz]; **~ szünet/vakáció** summer holidays [—
  hol∂diz]; **~ vásár** summer sales [— szélz]
nyél handle [hendl]
nyelni to swallow [tu szvoló]
nyelv *(szerv)* tongue [tâng]; *(beszélt)* language [lengvidzs]
nyelvtudás knowledge of a language [nolidzs ov e lengvidzs]
nyereg saddle [szedl]

nyeremény prize [prájz]
nyereség profit [profit]
nyerni to gain [tu géjn], to win [tu vin]
nyers *(főtlen)* raw [ró]
nyersanyag raw material [ró metíriəl]
nyertes winner [vinər]
nyíl arrow [eró]
nyílás opening [ópning]
nyílik *(ajtó)* opens [ópənz]; *(virág)* is blooming [iz blúming]
nyilvános public [pâblik]; ~ **telefon** public call box [pâblik kól boksz], phone box [fón boksz]
nyirkos moist [mojszt]
nyírni *(hajat)* to cut [tu kât]
nyitható *(tető)* convertible [kənvő́rtəbl]
nyitni to open [tu ópn]
nyitva open [opn]; **egész évben** ~ open all the year round [ópn ól də jiər raund]
nyitvatartási idő office/business hours [ofisz/biznisz auəz], opening hours [ópəning auəz]
nyolc eight [éjt]; ~ **órakor** at eight (o'clock) [et éjt (ə'klok)]
nyolcas *(szám)* (number) eight [(nâmbər) éjt]
nyom *(súlyra)* weighs [véjz]; *(cipő)* pinches [pincsiz]
nyomás pressure [presər]
nyomásmérő pressure-gauge [presər gédzs]
nyomda printing house [printing hauz]
nyomozás investigation [invesztigésn]
nyomozó detective [ditektiv]
nyomtató *(számítógéphez)* printer [printər]
nyomtatott betűkkel *(kézírással)* in block-letters [in blok-letərz]
nyomtatvány printed matter [printid metər]
nyugágy deck-chair [dek-cseer]
nyugalmas quiet [kvájət]
nyugat the West [də veszt]; ~**on** in the west [in də veszt]
Nyugat-Európa Western Europe [vesztərn júrəp]
nyugati western [vesztərn]

Nyugati pályaudvar Budapest West (Railway Station) [bjúdə-peszt veszt (rélvéj sztésn)]
nyugdíj pension [pensən]
nyugdíjas pensioner [pensənər]
nyugodt calm [kám]
nyugta receipt [riszít]; ~ **ellenében** against a receipt [egenszt e —]
nyugtalan anxious [enksəsz], worried [vârid]
nyugtató sedative [szedətiv]
nyúl rabbit [rebit]
nyúlni *(vmi után)* to reach (for) [tu rícs (for)]

O, Ó

óceán ocean [ósən]
óceánjáró ocean liner [ósən lájnər]
ócskapiac flea-market [flí-márkit]
oda there [deer]; ~ **és vissza** there and back [deer end bek]
odaadni to give [tu giv]; *(ajándékba)* to give (as a present) [tu giv (ez e preznt)]
odaát over there [óvər deer]
odaérünk (idejében)? can we get there (in time) [ken ví get deer (in tájm)]?
odafelé on the way there/out [on de véj deer/aut]
odahaza at home [et hóm]
odamenet on the way there [on də véj deer]
odamenni to go there [tu gó deer]; **odamegy (hozzá)** goes (up) to (him/her) [góz (âp) tu (him/hőr)]
odanézz! look [luk]!
odautazás outward journey [autvəd dzsőrni]
odavezetni to lead there [tu líd deer]
odavinni to take there [tu ték deer]

oda-vissza there and back [deer ənd bek]

óhaj wish [vis]

óhajtani to wish [vis]; **mit óhajt?** what can I do for you [vot ken áj dú for jú]?

ok cause [kóz], reason [rízn]; **ő az ~a** it is his fault [ic hiz fólt]

okirat document [dokjument]

oklevél *(tanulmányi)* diploma [diplómə]

okmány document [dokjument]

okos *(értelmes)* clever [klevər]

okozni to cause [tu kóz]

okt. = *október* Oct., October [októbər]

oktánszám octane (number) [oktén (nâmbər)]

oktatás education [egyukésn], tuition [tyuisn]

október October [októbər]; **~ben** in October [in októbər]; **~ 26-án** on the 26th of October [on də tventisziksz ov októbər]

okvetlenül by all means [báj ól mínz]

olaj oil [ojl]

olajcsere oil change [ojl cséndzs]

olajfestmény oil-painting [ojl-pénting]

olajnyomás oil pressure [ojl presər]

olajozókanna oilcan [ojlken]

olajszint oil level [ojl levl]

olajszivárgás oil-leak(s) [ojl-lík(sz)]

olajszűrő (oil) filter [(ojl) filtər]

olajteknő sump [szâmp], oil pan [ojl pen]

olasz Italian [iteljən]; **~ok** Italians [iteljənz]

Olaszország Italy [itəli]

olcsó cheap [csíp]; **~bb** cheaper [csípər]

olcsóbban more cheaply [mór csípli]

oldal side [szájd]; *(könyvé)* page [pédzs]; **a bal ~on** on the left (side) [on də left (szájd)]; **a másik ~ra** to the other side [tu di âdər szájd]

oldalkocsis motorkerékpár motorcycle with sidecar [mótəszájkl vid szájdkár]

oldalszél cross-wind(s) [krószvind(sz)]

oldaltáska shoulder bag [sóldər-beg]
oldat solution [szəlúsn]
olimpiai Olympic [ólimpik]; ~ **bajnok** Olympic champion [—csempjən]; ~ **csúcs** Olympic record [— rekórd]; ~ **játékok** Olympic Games [— gémz]
olló (a pair of) scissors [(e peer ov) szizərz]
ólmos eső sleet [szlít]
ólommentes benzin unleaded petrol/fuel [ânledid petrəl/fjuəl]
oltár altar [óltər]
oltás (orv) vaccination [vekszinésn]; inoculation [inokjulésn]
oltási bizonyítvány certificate of vaccination/inoculation [szərtifikit ov vekszinésn/inokjulésn]
olvad melts [melc]; (hó, jég) is thawing [iz szóing]
olvasni to read [tu ríd]; (pénzt) to count [tu kaunt]
olvasnivaló reading matter [ríding metər]
olvasólámpa reading-lamp [ríding-lemp]
olyan such [szâcs]; ~ **mint** just like [dzsâszt lájk]; ~ **jó** so good [szó gud]
onnan from there [from deer]
opera opera [opərə]
operáció operation [opərésn]
opera(ház) the Opera-house [di opərə-hausz]
operett operetta [opəretə]
óra (asztali, torony) clock [klok]; (zseb, kar) watch [vacs]; (60 perc) hour [auər]; (iskolai) lesson [leszn]; **hány ~kor?** when [ven]?; what time [vat tájm] ...?; **hány ~ van?** what is the time [vac də tájm]?, what time is it [vat tájm iz it]?; **8 ~kor** at 8 o'clock [et ëjtə'klok]; **5 óráig** (ötig) till 5 o'clock [til fájv ə'klok]; (5 órán át) for 5 hours [for fájv auəz]
órabér hourly wage(s) [auərli védzs(iz)]
óránként per hour [pər auər]; (minden órában) every hour [evri auər]
óránkénti sebesség speed per hour [szpíd pər auər]
órás(mester) watchmaker [vacs-méker]
orgona organ [órgən]; (növény) lilac [lájlək]

óriási immense [imensz]

orosz Russian [râsn]

oroszlán lion [lájən]

Oroszország Russia [rássza]

oroszul in Russian [in râsn]; **beszél ~** he speaks Russian [hi szpíksz râsn]

orr *(emberé)* nose [nóz]; *(cipőé)* toe [tó]

orrvérzés nose-bleeding [nóz-blíding]

orsó reel [ríl]

ország country [kântri]

országgyűlés parliament [pârləmənt]

országgyűlési képviselő → **képviselő**

országhatár frontier of a country [frântjər ov e kântri]

Országház Parliament [párləmənt], *(GB)* the Houses of Parliament [də hauziz ov párləmənt]

országhívószám country code [kântri kód]

országjelző betű national mark [nesənl márk], nationality plate [nesəneliti plét]

országos national [nesənl]

országszerte all over the country [ól óvər də kântri]

országút highway [hájvéj], main road [méjn ród]

országúti: ~ fény (main) driving beam [(méjn) drájving bím], *(US)* high beam [háj bím]; **~ segélyszolgálat** road patrol service [ród pətról szörvisz]

orvos doctor [doktər]; **~hoz menni** to see a/the doctor [tu szí e/də doktər]; **hívjon ~t!** call a doctor [kól e doktər]!

orvosi medical [medikl]; **~ bizonyítvány** health/doctor's certificate [helsz/doktərz szərtifikit]; **~ kezelés** medical treatment [medikl trítment]; **~ költségek** medical expenses [medikl ikszpensziz]; **~ rendelő** consulting room [kənszálting rúm], surgery [szördzsəri]; **~ vizsgálat** medical examination [medikl igzəminésn]

orvosság medicine [medszin]; **~ot szedni** to take medicine [tu ték medszin]

ostoba stupid [sztyúpid]

oszlop column [koləm]
osztály *(társadalmi, iskolai, vasúti)* class [klász]; *(kórházban)* ward [vórd]
osztályon felüli de luxe [də luksz]
osztott pályás úttest dual carriageway [gyuəl keridzsvéj], *(US)* divided highway [divájdid hájvéj]
osztrák Austrian [ósztriən]
óta *(időpont megjelölésénél)* since [szinsz]; *(időtartam-megjelölésnél)* for [for]; **elseje** ~ since the 1st [szinsz də förszt]; **napok** ~ for days [for déjz]
ott there [deer]; ~ **ahol** where [veer]; ~ **maradt** she stayed/remained there [sí sztéjd/riménd deer]
otthagyni to leave [tu lív]; **otthagytam a kabátomat a kocsiban** I left my coat in the car [áj left máj kót in də kár]
otthon 1. home [hóm] **2.** *(határozó)* at home [et hóm]; **nincs** ~ is not at home [iz not et hóm]
ottlét stay (there) [sztéj (deer)]; ~**e alatt** during his stay [gyúring hiz sztéj]
ott-tartózkodás időtartama period of stay [píriəd ov sztéj]
ovális oval [óvəl]
óváros old town [óld taun]
óvatos cautious [kósəsz]
óvni to warn [tu vórn]
óvszer contraceptive [kontrəszeptiv]

Ö, Ő

ő *(férfi)* he [hí], *(nő)* she [sí]; ~ **maga** he himself [hí himszelf], she herself [sí hörszelf]; **az** ~ **könyve** his/her book [hiz/hör buk]; **az** ~ **kocsijuk** their car [deer kár]
öböl *(nagy)* gulf [gâlf], *(közepes)* bay [béj]
öccse (younger) brother [(jângər) brâdər]

ők they [déj]; ~ **maguk** they themselves [déj demszelvz]; **magyarok** ~? are they Hungarians [ár déj hângeeriənz]?

őket them [dem]

ököl fist [fiszt]

ökölvívás boxing [bokszing]

az **ölében** in her lap [in hör lep]

ölelni to embrace [tu imbrész]; **szeretettel ölel** *(levél végén)* with love [vid lâv]

öltöny suit [szjút]

öltöz(köd)ni to dress [tu dresz]; **éppen öltözik** she is dressing

ÖLTÖZŐ dressing-room [dreszing-rúm]; *(strandon)* cabins [kebinz]

ön you [jú]; **az ~ jegye** your ticket [jor tikit]; **ez az ~é?** is that yours [iz det jorz]?; **megkérem ~t, hogy ...** I should like to ask you [áj sud lájk tu ászk jú] ...

önálló independent [indipendənt]

önéletrajz curriculum vitae [kərikjuləm vájtí]

öngyújtó lighter [lájtər]

önindító self-starter [szelf-sztártər]

ÖNKISZOLGÁLÓ BOLT self-service shop [szelf-szörvisz sop]

ÖNKISZOLGÁLÓ ÉTTEREM self-service restaurant [szelf-szörvisz resztərón]

önkormányzat: helyi ~ local government [lókəl gâvnment]

önműködő automatic [ótəmetik]

ÖNMŰKÖDŐ AJTÓ automatic door [ótəmetik dór]

önök you [jú]; **az ~ autója** your car [jor kár]; **ez az ~é?** is this yours [iz disz jorz]?, does it belong to you [dâz it bilong tu jú]?; **~et** you; **~nek** to you [tu jú]

önsúly net weight [net vét]

önt *(magát)* you [jú]

önteni to pour [tu pór]

önvédelem self-defence [szelf-difensz]

őr guard [gárd]

öreg old [óld]

őrizetlen(ül hagyott) unattended [ânətendid]

őrizni to watch [tu vacs]

örök eternal [itőrnl]

öröklakás owner-occupied flat [ónər-okjupájd flet], *(US)* condominium [kondəminiəm]

örökölni to inherit [tu inherit]

örökös *(személy)* heir [eer]

örökség inheritance [inheritənsz]

öröm joy [dzsoj]; ~**mel** gladly [gledli], with pleasure [vid plezsər]

őrszemes rendőr policeman on point-duty [pəlíszmen on pojntgyúti]

őrszoba police station [pəlísz sztésn]

örülni to be glad [tu bí gled]; **örülök, hogy találkoztunk** glad to have met you [gled tu hev met jú]; **örülök, hogy látom** nice to see you [nájsz tu szí jú]

őrült mad [med]

örvendek! pleased to meet you [plízd tu mít jú], glad to see you [gled tu szí jú]!

örvény eddy [edi]

ősi ancient [énsənt]

ösvény path [pász]

ősz 1. *(évszak)* autumn [ótəm], *(US)* fall [fól] 2. *(szín)* grey (-haired) [gréj(-heerd)]

őszibarack peach [pícs]

őszinte frank [frenk]; ~ **híve** *(levélben)* Yours sincerely [jorz szinsziərli]

össze together [tegedər]

összeadni to add up [tu ed âp]

összeállítani *(listát)* to draw up [tu dró âp]

összebarátkozni to make friends with [tu mék frendz vid]

összecsomagolni to pack up [tu pek âp]

összecsukható szék folding chair [fólding cseer]

összefüggés connection [kəneksn]; ~**ben van** is connected with [iz kənektid vid] ...

összeg sum [szâm], amount [əmaunt]

összegyűjteni to collect [tu kəlekt]

összegyűlni *(tömeg)* to assemble [tu eszembl]
összegyűrődött is crushed [iz krâst]
összehajtani to fold up [tu fóld âp]
összehasonlítani to compare [tu kəmpeer]
összehasonlítás comparison [kəmperiszn]
összehívni to call together [tu kól təgedər]
összejövetel meeting [míting]; party [párti]
összekeverni to mix up [tu miksz âp]
összekötni to tie up [tu táj âp]
összeköttetés connection [kəneksn]; *(közlekedés)* communications [kəmjúnikésnz], *(vasúti)* train-service [trén-szörvisz]; ~ **be lépni** to get into touch with [tu get intu tács vid]
összerakni to put together [tu put təgedər]
összes all (the) [ól (də)] *(és többes szám); az ~ pénz* all the money [ól də mâni]
összesen all [ól], altogether [óltəgedər]; *az összesen ... forint* that makes ... forints [det méksz ...]
összetétel composition [kompəzisn]
összetéveszteni to mistake (for) [tu miszték (for)]
összetörni to break [tu brék]; *a kocsi összetörött* the car was smashed (up) [də kár voz szmest (âp)]
összeütközés *(járműé)* collision [kəlizsn], crash [kres]
összeütközött *(jármű)* collided (with) [kəlájdid (vid)]
összevesztek they quarrelled [déj kvorəld]
összkomfortos with all (the) modern conveniences [vid ól (də) modən kənvíniənsziz]
összsúly total weight [tótl véjt]; *(gépkocsié)* laden weight [lédn véjt]
ösztöndíj scholarship [szkolərsip]
öt five [fájv]; ~ **kor** at five [et fájv]
őt him [him]; *(nőt)* her [hör]
ötajtós kocsi hatchback [hecsbek]
ötéves five years old [fájv jiərz óld]; ~ **fiú** a five-year-old boy [e fájv-jiər-óld boj], a boy of five [e boj ov fájv]
ötlet idea [ájdiə]

ötnapos munkahét five-day week [fájv-déj vík]
ötös *(szám)* (number) five [(nâmbər) fájv]; **az ~ busz** bus number five [bâsz nâmbər fájv]
öttusa modern pentathlon [modərn pentetlən]
ötvenforintos fifty-forint note [fifti-forint nót]
ötvös goldsmith [góldszmisz]
öv girdle [gördl], belt
az **övé** *(férfi)* his [hiz], *(nő)* hers [hörz]
övék theirs [deerz], belongs to them [bilongz tu dem]
övezet zone [zón]
őz deer [diər]
őzgerinc saddle of venison [szedl ov venzn]
özv. = *özvegy (asszony)* widow [vidó]; *(férfi)* widower [vidóər]

P

p = *perc* minute [minit]
páciens patient [pésənt]
pad bench [bencs]
padló floor [flór]
páholy box [boksz]
pajta barn [bárn]
palack bottle [botl]; *(gáz)* (gas) cylinder [(gesz) szilindər]; *(csere)* cartridge [kártridzs]
palacsinta pancake [penkék]
pálinka brandy [brendi]
palota palace [pelisz]
pálya *(sport)* ground(s) [graundz]; *(futó)* track [trek]; *(vasúti)* track [trek]; *(életpálya)* career [kəriər]
pályafutás career [kəriər]
PÁLYAUDVAR railway station [rélvéj sztésn], *(US)* railroad station [rélród sztésn]

pamut cotton [kotn]

panasz complaint [kəmplént]; **mi a ~a?** what is your complaint [voc jor kəmplént]?

pánik panic [penik]

panoráma panorama [penərámə]

pantalló slacks [szleksz]

panzió →**penzió**

pap priest [príszt]

papa dad [ded], pop

papír paper [pépər]

papíráru stationery [sztésnəri]

papírbolt stationer's [sztésnərz]

papírpelenka disposable nappy [diszpózəbl nepi]

papírszalvéta paper napkin [pépər nepkin]

papírzsebkendő paper tissue [pépər tiszjú], kleenex [klíneksz]

paplan quilt (blanket) [kvilt (blenkit)]

paprika red pepper [red pepər], paprika

paprikás csirke paprika chicken [csikin]

papucs slippers [szlipərz]

pár 1. *(kettő)* pair [peer]; *(házas)* couple [kâpl] **2.** *(néhány)* a few [e fjú]; **~ nap múlva** in a few days (time) [in e fjú déjz (tájm)]

parabolaantenna dish antenna [dis entenə]

paradicsom tomato [təmátó]

paradicsomlé tomato juice [təmátó dzsúsz]

parancsnok commander [kəmándər]

parancsolni to order [tu órdər]; **parancsoljon!** *(kínálva)* help yourself [help jorszelf]!; **mit parancsol, uram?** what will you have, sir [vat vil ju hev, ször]?; **parancsol még valamit?** anything else [eniszing elsz]?

paraszt peasant [peznt]

páratlan *(nem páros)* odd [od], *(ritka)* unique [júník]

párbajtőr épée [épé]

pardon! sorry [szori]!

parfé parfait [párfé]

parfüm perfume [pəfjúm]
park *(kert)* park [párk]
parkolási parking [párking]; ~ **díj** parking charge/fee [—csárdzs/fí]
PARKOLNI TILOS No Parking [nó párking]
PARKOLÓHELY parking area/place [párking eeriə/plész]
parkolólámpa parking lights [párking lájc]
parkolóóra parking meter [párking mítər]
parlament Parliament [párləmənt]
párna *(ágyban)* pillow [piló]; *(ülésre)* cushion [kusn]
párnahuzat pillow-slip [piló-szlip]
paróka wig [vig]
párolt káposzta steamed cabbage [sztímd kebidzs]
páros 1. even-numbered [ívn-námbərd] 2. *(sport)* doubles [dáblz]
párosával in pairs [in peerz]
part shore [sór], *(folyóé)* bank [benk]; **a ~ on** on the shore [on də sór]; ~ **ra szállni** to land [tu lend]
párt party [párti]
partjelző linesman [lájnzmən]
part menti *(folyónál)* riverside [rivərszájd]
partner partner [pártnər], companion [kəmpenyən]
pástétom pâté [petej]
patak brook [bruk]
patent(kapocs) snap-fastener [sznep-fásznər]
patika →gyógyszertár
patron *(autoszifonba)* cartridge [kártridzs]
pavilon pavilion [pəviljən]
pech bad luck [bed lák]
pecsenye roast [rószt]
pecsét *(bélyegző)* stamp [sztemp]; *(folt)* stain [sztén]
pedál pedal [pedl]
pedikűr pedicure [pedikjuər]
pehelysúly featherweight [fedərvéjt]
pék baker [békər]

péksütemény rolls [rolz], baker's ware [békərz veer]
péküzlet baker's shop [békərz sop]
példa example [igzámpl]
példány *(könyvé, újságé)* copy [kopi]
például for instance/example [for insztənsz/igzámpl]
pelenka nappy [nepi], *(US)* diaper [dájəpər]
penge blade [bléd]
péntek Friday [frájdi]; **~re** by Friday [báj frájdi]; **~en** on
   Friday
pénz money [mâni]; *(mint fizetési eszköz)* currency [kârənszi];
   nincs ~em I have no money [ájv nó mâni]; **~ért** for money
   [for mâni]
pénzátutalás money transfer [mâni treszfər]
pénzautomata cash dispenser [kes diszpenször]
PÉNZBEDOBÁS (insert) coins [(inszört) kojnz]
pénzbírság fine [fájn]
pénzdarab coin [kojn]
pénzesutalvány money order [mâni órdər]
penzió *(Angliában)* boarding-house [bórding hausz]; *(a konti-
   nensen)* pension [panszión]; *(ellátás)* board [bórd]; **fél~** half
   board [háf bórd]; **teljes ~** full board [ful bórd]
pénznem currency [kârənszi]
pénzösszeg amount [emaunt], sum [szâm]
PÉNZTÁR *(üzletben)* cash-desk [kes-deszk]; *(ABC-áruház-
   ban)* checkout [csekaut]; *(bankban)* counter [kauntər]; *(vas-
   úti)* booking-office [buking-ofisz]; *(színházi)* box-office
   ` [boksz-ofisz]
pénztárablak counter [kauntər]
pénztárca wallet [volit], *(US)* pocket-book [pokit-buk]
pénztárgép cash register [kes redzsisztər]
pénztáros cashier [kesiər]
pénzügyi financial [fájnensl]
pénzügyőr customs officer [kâsztəmz ofiszər]
PÉNZVÁLTÁS exchange of currency [ikszcséndzs ov kârən-
   szi]; *(hely)* exchange office [ikszcséndzs ofisz]

pénzváltó *(automata)* change machine [cséndzs məsin]
per (legal) action [(lígl) eksn]
perc minute [minit]; **öt ~ múlva** in five minutes [in fájv minic]
percenként per minute [pər minit]
perem edge [edzs], rim
peremváros suburb [szâbörb]
peron platform [pletfórm]
peronjegy platform ticket [pletfórm tikit]
persze of course [ov korsz]
petróleum paraffin [perəfin], *(US)* kerosene [keroszín]
pezsgő champagne [sempén]
piac market [márkit]
piaci ár market/current price [márkit/kârənt prájsz]
pihenés rest [reszt], relaxation [rílekszésn]
pihenni to rest [tu reszt]
pihenőhely *(autópályán)* lay-by [lej-báj], *(US)* rest stop [reszt sztop]
pillanat moment [mómənt], second [szekənd]; **csak egy ~!** just a moment [dzsâszt e mómənt]
pillanatnyilag for the moment [for də mómənt]
pillangóúszás butterfly stroke [bâtərfláj sztrók]
pillantás glance [glánsz]
pillér column [koləm]
pilóta pilot [pájlət]
pilótafülke cockpit [kokpit]
pince cellar [szelər]
pincér waiter [véjtər]; **~ nő** waitress [véjtrisz]
pingpong = **asztalitenisz**
pipa pipe [pájp]
piperecikkek cosmetic articles [kozmetik ártiklz]
pipereszappan toilet soap [tojlit szóp]
pirítós toast [tószt]
piros red [red]; **~ fény** red light [red lájt]
piskóta(tészta) sponge(-cake) [szpândzs(-kék)]
piszkos dirty [dőrti]

pisztoly pistol [pisztl]
pisztráng trout [traut]
pite pie [páj], tart [tárt]
pizsama pyjamas, *(US)* pajamas [pədzsáməz]
pl. = *például* e.g. for example [for igzámpl]
plafon ceiling [szíling]
plakát bill [bil], poster [pósztər]
pléd (travelling-)rug [(trevling-)rág]
pluszköltség extra charge [eksztrə csárdzs]
pogácsa scones [szkónz]
poggyász luggage [lâgidzs], *(US)* baggage [begidzs]
poggyászautomata luggage locker [lâgidzs lokər]
poggyászbiztosítás baggage insurance [begidzs insúrənsz]
POGGYÁSZFELADÁS registered luggage [redzsisztərd lâgidzs]; *(hivatal)* luggage office [lâgidzs ofisz]
poggyászjegy left-luggage ticket [left-lágidzs tikit], *(US)* baggage check [begidzs csek]
POGGYÁSZKIADÁS luggage/baggage delivery office [lâgidzs/begidzs dilivəri ofisz]; *(reptéren)* baggage reclaim [begidzs riklém]
poggyászkocsi luggage van [lâgidzs ven], *(US)* baggage car [begidzs kár]
poggyászmegőrző left-luggage office [left-lâgidzs ofisz], *(US)* checkroom [csekrúm]; ~ **automata** left-luggage locker [left-lâgidzs lokər]
poggyásztartó (luggage) rack [(lâgidzs) rek]
poggyásztúlsúly excess baggage [ikszesz begidzs]; ~ **díj** excess baggage rate [ikszesz begidzs rét]
poggyászvizsgálat examination of luggage [igzeminésn ov lâgidzs]
pohár glass [glász]; *(vizes)* tumbler [tâmblər]; **poharak** glasses [gláziz]; **egy** ~ **vizet kérek!** a glass of water, please [e plász ov vótər, plíz]!
pohárköszöntő toast [tószt]
pók spider [szpájdər]
pokróc blanket [blenkit], rug [rág]

polc shelf [self]; ~**ok** shelves [selvz]
polgári civil [szivl]
polgármester mayor [meer]
politika politics [politiksz]; *(vkié, vmié)* policy [poliszi]
politikai rendszer political system [pəlitikl szisztem]
politizálni to talk politics [tu tók politiksz]
póló(ing) T-shirt [tí-sőrt]
poloska (bed)bug [(bed)bâg]
pompás splendid [szplendid]
pongyola dressing-gown [dreszing-gaun]
pont point [pojnt]; *(írásjel)* full stop [ful sztop]
pontos punctual [pânktyuəl]; ~ **idő** right time [rájt tájm]
pontosan exactly [igzektli]; *(időben)* on time [on tájm]
pontozott vonal dotted line [dotid lájn]
ponty carp [kárp]
ponyva canvas [kenvəsz]
por dust [dâszt]; *(porított anyag)* powder [paudər]
porcelán china [csájnə]
porlasztó *(motoré)* carburettor [kárbjuretər]
poroltó fire extinguisher [fájər iksztingvisər]
poros dusty [dâszti]
porszívó vacuum cleaner [vekjuəm klínər]
porta *(szállodai)* reception [riszepsn]
portás *(szállodai)* receptionist [riszepsniszt], *(US)* desk clerk [deszk klárk]
portó excess postage [ikszesz pósztidzs]; *(büntető)* surcharge [szőrcsárdzs]
portómentes post-free [pószt-frí]
portré portrait [pórtrit]
portugál Portuguese [pórtyugíz]
Portugália Portugal [pórtyugəl]
POSTA *(hivatal)* post office [pószt ofisz]; *(intézmény)* post [pószt]; *(levelek)* mail [mél]; **van postám?** any mail for me [eni mél for mí]?
postabélyegző postmark [pósztmárk]

postafiók post office box [pószt ofisz boksz] *(röv.* POB)
postafordultával by return of post [báj ritőrn ov pószt]
postahivatal post office [pószt ofisz]
postai díjszabás postage rate(s) [pósztidzs rét(sz)]
postaköltség postage [pósztidzs]
postaláda pillar-box [pilər-boksz], letter-box [letər-boksz]; *(US)* mail-box [mél-boksz]
postán by mail [báj mél]; ~ **maradó (küldemény)** (care of) poste restante [(keer ov) pószt resztont]
postás postman [pósztmən]; *(US)* mailman [mélmən]
postautalvány postal order [pósztəl órdər], *(US)* money order [máni —]
pótadó surcharge [szörcsárdzs]
pótágy extra/spare bed [eksztrə/szpeer bed]
pótalkatrész spare part(s) [szpeer párt(sz)], spares [szpeerz]
pótdíj excess fare [ikszesz feer], supplement [szâpliment], extra charge [eksztrə csárdzs]
pótkerék spare wheel [szpeer víl]
pótkocsi trailer [trélər]
pótmama baby-sitter [bébi-szitər]
pótolni to replace [tu riplész]; *(kárt)* to refund [tu rífând]
pozíció position [pəzisn]
pörkölt 1. stew [sztyú], *(US)* goulash [gúles] **2.** roast [rószt]; ~ **kávé** roast coffee [rószt kofi]
Prága Prague [prág]
praktikus practical [prektikl]
príma first-class [förszt-klász]
primadonna leading lady [líding lédi]
primás *(zenekarban)* leader of a gipsy band [lídər ov e dzsipszi bend]
privát private [prájvit]
próba test [teszt]; *(ruha)* fitting [fíting]; *(színház)* rehearsal [rihőrszl]
próbálni to try [tu tráj]; *(ruhát)* to try on [tu tráj on]
probléma problem [probləm]

produkció production [prədâksn]
prof., professzor prof., professor [prəfeszər]; **~ úr!** professor!;
  Kovács ~ úr professor K.
profi professional [prəfesnl], (real) pro [(ríəl) pro]
program program(me) [prógrem], entertainment [entərténment]
propaganda propaganda [propegendə], publicity [pâbliszíti]
propán-bután gáz Calor gas [kálor gesz]
prospektus prospectus [prəszpektəsz], brochure [brosjuər]
prostituált prostitute [prosztityút]
protestáns Protestant [protistənt]
pu. = *pályaudvar* railway station [rélvéj sztésn]
púder (toilet-)powder [(tojlit-)paudər]
puding pudding [puding]
puha soft [szoft]; *(hús)* tender [tendər]
pulóver pullover [pulóvər]
pult counter [kauntər]
pulzus pulse [pâlsz]
pulyka turkey [tőrki]
pumpa pump [pâmp]
puska gun [gân], rifle [rájfl]
puszi kiss [kisz]
pünkösd Whitsun(tide) [vitszn(tájd)]
pünkösdvasárnap Whitsunday [vitszândi]

R

rá upon [əpon]; **egy hétre ~** a week later [e vík létər]; **nincs ~ idő**
  there is no time for that [deerz nó tájm for det]
ráadás *(művésznél)* encore [onkór]; **~ul** in addition [in edisn]
rabbi rabbi [rebáj]
rábeszélni to persuade [tu pərszvéd]; **rábeszélt, hogy eljöjjek** he
  persuaded me to come [hi pərszvédid mi to kâm]

rábízni to entrust (with) [tu intrâszt (vid)]; **bízza csak rám!** leave that to me [lív det tu mí]!

rablótámadás robbery [rábəri], mugging [mâging]

rács lattice [letisz], bars [bárz]

rácsavarni to screw on [tu szkrú on]

radarellenőrzés radar check [rédər csek]

radiálgumi radial tyre [rédiəl tájər]

rádió radio [rédió], wireless [vájərlisz]; **a ~ban** on the radio [on də rédió]; **~n közvetíteni** to broadcast [tu bródkászt]; **~t hallgatni** to listen to the wireless [tu liszn tu də vájərlisz]

rádióállomás radio station [rédió sztésn]

rádióközvetítés (wireless) broadcast(ing) [vájərlisz) bródkászt(ing)]

rádiós magnó radio cassette recorder [rédió kəszet rikórdər]

rádiótelefon radio(tele)phone [rédió(teli)fón]

ráérni *(vmire)* to have/find time for (sth) [tu hev/fájnd tájm for (szâmszing)]; **ráér?** have you got time [hev ju got tájm]?; **nem érek rá** I am busy [ájm bizi]

ráfizetés *(különbözet)* additional payment [edisənl péjment]

ráfizetni to lose (money) on [tu lúz (mâni) on]

ragadós sticky [sztiki]

ragályos contagious [kəntédzsəsz]

ragasztani to stick (on) [tu sztik (on)]

ragasztószalag adhesive tape [ədhísziv tép]

rágni to chew [tu csú]

rágógumi chewing-gum [csúing-gâm]

rágós tough [tâf]

ragtapasz sticking plaster [sztiking plásztər]

ragyog shines [sájnz]

rágyújtani *(dohányzó)* to light a cigarette [tu lájt e szigəret]; **gyújtson rá!** have a cigarette [hev e szigəret]!

ráhajtóút access (road) [ekszesz (ród)]

rájöttem, *hogy* I found out (that) [áj faund aut (det)]

rajt start [sztárt]

rajta on [on], upon [əpon]; **mi volt ~?** what did she wear [vat did si veer]?; **~m** on me [on mí]

rajz drawing [dróing]; *(minta)* design [dizájn]

rajzfilm animated carton [enimétid kártún]

rajzolni to draw [tu dró]

rajzszeg tack [tek]

rák *(folyami)* crayfish [kréjfis]; *(tengeri)* lobster [lobsztər]

rakni to put [tu put]

rakodási terület loading area [lóding eeriə]

rakomány consignment [kənszájnmənt]; *(hajóé)* cargo [kárgó]

rakott burgonya layered potatoes [léjərd pətétóz]

rakpart quay [kí]

raktár store-room [sztór-rúm]; *(kereskedelem)* ware-house [veer-hausz]

raktár(készlet) stock [sztok]

raktározni to store [tu sztór]

rám at/of me [et/ov mí]; **nézzen ~!** look at me [luk et mí]!

randevú appointment [epojntmənt]; date [dét]

rándulás sprain [szprén]

ránézni to look at [tu luk et]

rang *(társadalmi)* status [sztétəsz]

rántotta scrambled eggs [szkrembld egz]

rántott csirke fried chicken [frájd csikin]

rátenni to put on [tu put on]

ravasz[1] cunning [kâning]

ravasz[2] *(fegyveren)* trigger [trigər]

rázni to shake [tu sék]

razzia police-raid [pəlísz-réd]

R-beszélgetés reverse(d)-charge call [rivőz(d)-csárdzs kól]

recepció reception desk [riszepsn deszk]

recept *(főző)* recipe [reszipi]; *(orv)* prescription [priszkripsn]

redőny shutter [sâtər]

reflektor *(autón)* headlight(s) [hedlájt(sz)]

református reformed [rifórmd]

régen long ago [long əgó]

regény novel [novl]

reggel 1. morning [mó*r*ning]; **jó ~t!** good morning [gud —]!; **~től estig** from morning till night [from — til nájt] **2.** *(mikor?)* in the morning [in də —]; **szerda ~** Wednesday morning [venzdi —]; **korán ~** early in the morning [ő*r*li in də —]; **ma ~** this morning [disz —]

reggeli breakfast [brekfəszt]; **~vel** with breakfast [vid brekfəszt]; **komplett/angol ~** English breakfast [inglis —]; **meleg ~** cooked breakfast [kukt —]; **(sima) ~** continental breakfast [kontinəntl —]

reggelizni to take/have breakfast [tu ték/hev brekfəszt]

régi old [óld]; **~ barátom** an old friend of mine [en óld frend ov májn]

régiségbolt antique shop [əntik sop]

rejtély mystery [misztəri]

rejtvény riddle [ridl]

rekedt hoarse [hó*r*sz]

reklamáció claim [klém], complaint [kəmplént]

reklám(ozás) publicity [pâblisziti]

remek! splendid [szplendid]!

remekmű masterpiece [másztə*r*písz]

remélni to hope [tu hóp]

remény hope [hóp]

reménytelen hopeless [hóplisz]

rémes awful [óful]

rend order [ó*r*də*r*]; **~ben van!** all right [ól rájt], *(US)* O.K. [ó ké]

RENDEL 9—12 consulting hours 9—12 a.m. [kenszâlting **au**ə*r*z from nájn to tvelv éj-em]

rendelés *(árué)* order [ó*r*də*r*]; *(orvosi)* consulting hours [kənszâlting **au**ə*r*z]

rendelet order [ó*r*də*r*]

rendelkezés regulation [regjulésn]; **~re áll** is at the disposal of [iz et də diszpózl ov]; **állok ~ére** I am at your service [ájm et jo*r* szö*r*visz]

rendelkezni *(vmivel)* to possess [tu pəszesz]

jeggyel **rendelkezők** ticket-holders [tikit-hóldərz]

rendelni to order [tu órdər]; *(ruhát, cipőt)* to have (sth) made [tu hev (szâmszing) méd]; *(orvosságot)* to prescribe [tu priszkrájb]; **tetszett már** ∼? are you being served [ár ju bíing szörvd]?

rendelő *(orvosi)* consulting-room [kənszâlting-rúm], surgery [szördzsəri]

rendelőintézet (out-patients') clinic [(aut-pésnc) klinik]

rendeltetési hely destination [desztinésn]

rendes normal [nórml]; *(szokásos)* usual [júzsuəl]; ∼ **járat** regular service [regjulər szörvisz]

mint **rendesen** as usual [ez júzsuəl]

rendetlenség disorder [diszórdər]

rendezés *(számláé)* settlement [szetlment]; *(szervezés)* organizing [órgənájzing]; *(színházi)* staging [sztédzsing]

rendezni *(el-)* to arrange [tu əréndzs]; *(elintézni)* to settle [szetl]; *(meg-)* to organize [tu órgənájz]; **rendezte** ... *(színház, film)* directed by [direktid báj] ...

rendező director [direktər]

rendezvény program(me) [prógrem]

rendkívüli extraordinary [iksztródnri]

rendőr policeman [pəlíszmen]

rendőrkapitányság police station [pəlísz sztésn]

rendőrőrs, rendőrőrszoba police station [pəlisz sztésn]

RENDŐRSÉG *(szerv)* police [pəlísz]; *(hely)* police station [— sztésn]

rendszám *(autóé)* registration number [redzsisztrésn nâmbər]

rendszámtábla number plate [nâmbər plét], *(US)* license plate [lájszənsz plét]

rendszer system [szisztəm]

rendszerint as a rule [ez e rúl], usually [júzsuəli]

rendszervált(oz)ás change of regime [cséndzs ov redzsím]

reneszánsz the Renaissance [dö rənésznsz]

rengeteg lots of [locc ov]

repülés flight [flájt]

repülési magasság flying altitude [flájing eltityúd]
repülni to fly [tu fláj]; **Párizsba repültem** I flew tu Paris [áj flú tu P]
repülő flyer [flájər], pilot [pájlət]
repülőgép (aero-)plane [(eerə-)plén]
repülőjárat flight [flájt]
repülőjegy air ticket [eer tikit]
repülőposta air-mail [eer-mél]
repülőszerencsétlenség air crash [eer kres]
repülőtér airport [eerpórt], *(US)* aerodrome [eerədróm]; **a ~re!** to the airport [tu di eerport]!
repülőtéri autóbusz airport bus [eerpórt bâsz]
repülőtéri használati díj airport fee/tax [eerpórt fí/teksz]
repülőút flight [flájt]
rés slit [szlit]
rész part [párt], piece [písz]; **ebben a ~ben** in this part [in disz párt]; **~t venni** *(vmiben)* to take part in [tu ték párt in]; *(vmin)* to attend (at) [tu etend (et)], to be present at [tu bí preznt et]
részben partly [pártli]
részeg drunk(en) [drânk(n)]
reszelő file [fájl]
reszelt sajt grated cheese [grétid csíz]
részemről for/on my part [for/on máj párt]
részére for him/her [for him/hör]
részint partly [pártli]
részlet detail [dítél]; *(fizetési)* instalment [insztólment]
részletesen in detail [in dítél]
résztvevő participant [pártiszipent]
részvét sympathy [szimpəti]; **fogadja őszinte ~emet** please accept my condolences [pliz əkszept máj kəndólənsziz]
részvétel participation [pártiszipésn]
részvételi díj participation fee [partiszipésn fí]
rét field [fíld]
retek radish [redis]
rétes strudel [sztrúdl]

retesz bolt [bólt]
retikül (hand)bag [(hend)beg], *(US)* purse [pőrsz]
rettenetes terrible [terəbl]
retúrjegy return ticket [ritőrn tikit], *(US)* round-trip ticket [raund-trip tikit]; *(egy napi)* day-raturn [déj-ritőrn]
reuma rheumatism [rúmətizm]
rév *(folyón)* ferry [feri]
revü (variety) show [(vərájəti) só], revue [rivjú]
réz *(vörös)* copper [kopər]; *(sárga)* brass [brász]
riasztóberendezés alarm system [əlárm szisztəm]
ribizli red currant [red kârənt]
riporter reporter [ripórtər]
ritka scarce [szkeersz]
ritkán seldom [szeldəm]
rizs rice [rájsz]
robogó motor-scooter [mótər-szkútər]
robotgép *(háztartási)* food-processor [fud-proszeszər]
roham *(betegségé)* fit [fit]
rohanni to run [tu rân]
róka fox [foksz]
rokkant invalid [invəlíd]
rokon relative [relətiv], relation [rilésn]; **a ~aim** my relatives [máj relətivz]; **~oknál lakik** is staying with relatives [iz sztéjing vid —]
rokonlátogatás family visit [femili vizit], visiting relatives [viziting relətivz]
róla about/of him/her/it [ebaut/ov him/hör/it]; **~m** about/of me [ebaut/ov mí]
roletta blind [blájnd]
rom ruin [rúin]
római Roman [rómən]
román Rumanian [ruménjən]
Románia Rumania [ruménjə]
román stílus Romanesque style [róməneszk sztájl], *(GB)* Norman style [nórmən sztájl]

romantikus romantic [romentik]
romlandó perishable [perisəbl]
roncs wreck [rek]
rósejbni chips [csipsz]
rostélyos braised steak [brejzd sztek]
rostonsült grill(ed meat) [gril(d mit)]
rossz bad [bed]; *(nem működő)* out of order [aut ov **ó**rdər]; ∼ **idő** bad weather [bed vedər]; ∼ **hír** bad news [bed nyúz]; ∼ **vonatra szállt** he took the wrong train [hi tuk də rong trén]
rosszabb worse [vőrsz]
rosszabbodik is getting worse [iz geting vőrsz]
rosszul badly [bedli]; ∼ **érzi magát** *(beteg)* feel unwell [fil ânvel]
rosszullét indisposition [indiszpəzisn]
rovarirtó insecticide [inszektiszájd]
rózsa rose [róz]
rózsaszín pink
rozsdamentes rust-proof [râszt-prúf]; *(evőeszköz)* stainless (steel) [szténlisz (sztíl)]
rozsdás rusty [râszti]
rozskenyér rye-bread [ráj-bred]
rögtön at once [et vansz], immediately [imígyetli]
röntgen X-ray [eksz-réj]
röntgenfelvétel X-ray picture [eksz-réj pikcsər]
rövid short [sort], brief [bríf]; ∼**ebb** shorter [sortər]; **túl** ∼ too short [tú sort]
rövidáru haberdashery [hebərdesəri], *(US)* dry goods [dráj gudz]
röviden in short [in sort]
rövidesen before long [bifór long]
rövidhullámú (adó)állomás short-wave station [sort-vév sztésn]
rövidítés *(jel)* abbreviation [ebríviésn]
rövidlátó short-sighted [sort-szájtid]
rövidzárlat short-circuit [sort-szőrkit]
rubel rouble [rúbl]
rubin ruby [rúbi]

rúd pole [pól]
rúdugrás pole vault [pól vólt]
rúgás kick [kik]
rugó spring [szpring]
ruha *(női)* dress [dresz], frock [frok(; **ruhát felvesz** puts on her dress [puc on hör dresz]
ruhaanyag dress material [dresz mətiəriəl]
ruhatár cloak-room [klók-rúm]
ruházat clothes [klódz]
rúzs lipstick [lipsztik]

S

saját own [ón]; ~ **maga** he himself [hi himszelf], she herself [si hörszelf]; ~ **magam** I myself [áj májszelf]
sajátosság peculiarity [pikjúlieriti]
sajátságos characteristic [keriktərisztik]
sajnálatos unfortunate [ânfórcsnit]
sajnálni to be sorry [tu bí szori]; **sajnálom** I am sorry [ájm szori]
sajnos unfortunately [ânfórcsnitli]
sajt cheese [csíz]
a **sajtó** the press [də presz]
sakk chess [csesz]
sakkozni to play chess [tu pléj csesz]
sál scarf [szkárf]
saláta *(fejes)* lettuce [letisz]; *(étel)* salad [szeləd]
salátaöntet salad dressing [szeləd dreszing]
sampon shampoo [sempú]
sánta lame [lém]
sápadt pale [pél]
sapka cap [kep]
sár mud [mâd]

sárga yellow [jeló]; ~ **angyal** patrol car service [pətról kár szörvisz]; *(az ember a kocsival) (GB)* A.A. patrolman [éé pətrólmen]; ~ **fény(jelzés)** *(jelzőlámpában)* amber (light) [embər (lájt)]

sárgabarack apricot [éprikot]

sárgadinnye musk melon [mâszk melən]

sárgarépa carrot [kerət]

sárhányó mudguard [mâdgárd], *(US)* fender [fendər]

sárkányrepülő hang-glider [heng-glájdər]

sarok *(cipőé, lábé)* heel [híl]; *(szobáé)* corner [kórnər]

sarokülés corner seat [kórnər szít]

sáros muddy [mâdi]

sátor tent; *(vázszerkezetes)* frame tent [frém —]; **sátrat felállítani/verni** to pitch a tent [tu pics e tent], to set up a tent [tu szet âp e —]; **sátrat felszedni** to strike the tent [tu sztrájk də tent]

sátortábor camp [kemp], camping site [kemping szájt]

sátorverés setting up tents [szeting âp tenc]

sav acid [eszid]

sáv stripe [sztrájp]; **forgalmi** ~ traffic lane [trefik lén]; **belső** ~ *(GB)* outside lane [autszájd lén], *(US)* left lane; **szélső/külső** ~ *(GB)* inside lane [inszájd lén], *(US)* right lane [rájt lén]; ~ **ot váltani** to change lanes [tu cséndzs lénz]

savanyú sour [szauər]; ~ **cukor** acid drops [eszid dropsz]; ~ **káposzta** sauerkraut [szauərkraut]

savanyúság pickles [piklz]

savhiány acid deficiency [eszid defisnszi]

savszint acid level [eszid levl]

savtúltengés hyperacidity [hájpəresziditi]

se neither [nájdər], *(US)* [nídər]; ~ **nem írt,** ~ **nem telefonált** he neither wrote nor phoned [hí nejdər rót nor fónd]

seb wound [vúnd]

sebesség speed [szpíd]; **előírt legkisebb** ~ compulsory minimum speed [kəmpâlszəri miniməm szpíd]; **megengedett legnagyobb** ~ maximum speed [meximəm szpíd]; **kis** ~ **gel** at a low speed [et e ló szpíd]; **teljes** ~ **gel** at full speed [et ful szpíd]

serpenyő

sebesség(fokozat) gear(shift) [giər (sift)]; **sebességet váltani** to change gear [tu cséndzs giər]
sebességkorlátozás speed-limit [szpíd-limit]
sebességmérő speedometer [szpídomitər]
sebességváltó (the) gears [(də) giərz], transmission [trenzmisn], *(kar)* gear(shift) lever [giər(sift) lívər]
a **sebesült** the injured [di indzsərd]
sebesvonat fast train [fászt trén]
sebész surgeon [szördzsn]
sebészet surgery [szördzsəri]
segéd assistant [eszisztənt]
segély help, aid [éd]
segélyhely *(orvosi)* first-aid station [förszt-éd sztésn]; *(műszaki)* aidpoint [édpojnt]
segélyhívó telefon emergency telephone [imördzsənszi telifón]
segélykocsi patrol car [pətról kár]
segélyszolgálat *(országúti)* patrol service [pətról szörvisz]
segíteni to help [tu help]; **segíthetek?** may I help you [méj áj help ju]?; **kérem segítsen!** please help me [plíz help mí]!
segítség help, aid [éd]; **kértem a ~ét** I asked for his help [áj ászkt for hiz help]; **miben lehetek a ~ére?** what can I do for you [vot ken áj dú for jú]?; **~ével** by the help of [báj də help ov]; by means of [báj mínz ov]
sehol, sehova nowhere [nóveer]
selyem silk [szilk]
sem neither [nájdər], *(US)* [nídər]
semleges neutral [nyútrəl]
semmi(t) nothing [nâszing]; **~ sem** nothing at all [nâszing et ól]; **nem tesz ~t** it does not matter [it dâznt metər]; **~ esetre (sem)** by no means [báj nó mínz]
senki(t) nobody [nóbədi], no one [nó van]; **~ más** nobody else [nóbədi elsz]
seprű broom [brúm]
serpenyő *(konyhai)* frying pan [frájing pen]

serpenyős rostélyos broiled steak (with red pepper) [brojld szték (vid red pepər)]
sértés insult [inszâlt]
sertéscomb leg of pork [leg ov pork]
sertéshús pork [pork]
sertéskaraj pork-chop [pork-csop]
sertéspörkölt pork stew (with paprika) [pork sztyú (vid —)]
sertéssült roast pork [rószt pork]
sértetlen(ül) unhurt [ânhört]
sérülés injury [indzsəri]; **súlyos ~eket szenvedett** he suffered severe injuries [hi szâfərd szivíər indzsəríz]
sérült *(személy)* injured [indzsərd]; *(kocsi)* damaged [demidzsd]
sérv rupture [râpcsər]
séta walk [vók]
sétahajó pleasure boat [plezsər bót]
sétahajózás cruise [krúz]
sétálni to go for a walk [tu gó for e vók]; **sétáljunk egyet!** let us go for a walk [lec gó for e vók]!
sétálóutca pedestrian precinct [pidesztriən príszinkt], *(US)* mall [mól]; *(vásárlóutca)* shopping precinct [sopping —]
sí ski [szkí]
síelni to ski [tu szkí]
sietni to hurry [tu hâri]; *(óra)* to be fast [tu bí fászt]; **siessünk!** let us hurry up [lec hâri âp]!
siker success [szəkszesz]
sikerülni *(vmi)* to succeed [tu szəkszíd]; **jól sikerült** turned out well [törnd aut vel]; **a kirándulás nem sikerült** the trip was a failure [də trip voz e féljər]; **sikerült elérnie a vonatot** he succeeded in catching the train [hi szəkszídid in kecsing də trén]
sikló *(jármű)* cable-car [kébl-kár]
síkos slippery [szliperi]
síkság plain [plén]
síléc ski(s) [szkí(z)]

sílift ski-lift [szkí-lift]
sima smooth [szmúsz]
simogatni to stroke [tu sztrók], tu pet [tu pet]
sín rail [rél]; *(törött testrésznek)* splint [szplint]
sípcsont shinbone [sinbón]
síugrás ski-jump [szkí-dzsâmp]
sír grave [grév]
síremlék tomb [túm]
sírni to cry [tu kráj], to weep [tu víp]
sivatag desert [dezərt]
sízés skiing [szkíing]
sízők skiers [skíərz]
Skandinávia Scandinavia [szkendinévjə]
Skócia Scotland [szkotlend]
skót Scotch [szkocs]; Scots [szkoc]; Scot [szkot]
slusszkulcs ignition key [ignisn kí]
smink make-up [mék-âp]
só salt [szólt]
sofőr driver [drájvər], *(taxié)* cabman [kebmen]
sógor brother-in-law [brâdər-in-ló]
sógornő sister-in-law [szisztər-in-ló]
soha never [nevər]
sóhajtani to sigh [tu száj]; **sóhajtson!** *(orvosnál)* say ninety-nine [széj nájnti-nájn]
sok *(egyes számmal)* much [mâcs]; *(többes számmal)* many [meni], a lot of [e lot ov]; ~ **szerencsét!** good luck [gud lâk]!
soká for a long time [for e long tájm]
sokan a great many people [e grét meni pípl]
sokat a lot [e lot]
sokszor many times [meni tájmz]
sonka ham [hem]
sor row [ró], line [lájn]; ~**ba állni** to queue up [tu kjú âp]
sorompó gate [gét]; ~**s vasúti átjáró** level-crossing with gates [levl-kroszing vid géc]; ~ **nélküli vasúti átjáró** level-crossing without gates [levl-kroszing vidaut géc]

sorozat series [szíriz]
sort(nadrág) shorts [sorc]
sós salty [szólti]
sóska sorrel [szorəl]
sótartó salt-cellar [szólt-szelər]
sovány thin [szin]; *(hús)* lean [lín]; *(tej)* low-fat [ló-fet]
söntés tap-room [tep-rúm], bar [bár]
sör beer [biər], ale [él], *(barna)* porter [portər]
sörnyitó bottle-opener [botl-ópnər]
söröző brasserie [brászəri]
sötét dark [dárk]
sötétedik it is getting dark [ic geting dárk]
spagetti spaghetti [szpəgeti]
spanyol Spanish [szpenis]; *(ember)* Spaniard [szpenjərd]
Spanyolország Spain [szpén]
spárga *(növény)* asparagus [eszperəgəsz]
specialista specialist [szpesəliszt]
spenót spinach [szpinidzs]
sport sport(s) [szpórt(sz)]
sportcsarnok sports hall [szpórc hól]
sportegyesület sports-club [szpórc-klâb]
sportember sportsman [szpórc men]
sportesemény sports event [szpórc ivent]
sportfelszerelés sports equipment [szpórc-ikvipment]
sportkocsi sport(s) car [szpór(c) kár]; *(gyermekeknek)* push-chair [puscseer]
sportpálya sports ground [szpórc graund]
Sportuszoda sports swimming-pool [szpórc szviming-púl]
sportzakó sports jacket [szpórc dzsekit]
stadion stadium [sztédjəm]
stb. = *s a többi* etc., et cetera [itszetrə]
stég landing stage [lending sztédzs]
stílus style [sztájl]
stoplámpa stop light [sztop lájt]
stopperóra stop-watch [sztop-vacs]

stoppolni *(autót)* to hitch (a ride) [tu hics (e rájd)]

stoptábla stop sign [sztop szájn]

stopvonal stop-line [sztop-lájn]

strand *(természetes)* beach [bícs], *(mesterséges)* open-air bath [ópn-eer bász]; **saját** ~ private beach [prájvit bícs]

strandolni to bathe [tu béz]

strandruha beach dress [bícs dresz]

strandpapucs beach sandals [bícs szendlz]

stúdió studio [sztyúdió]

sugárhajtású (repülő)gép jet (plane) [dzset (plén)]

sugározni *(rádió)* to transmit [tu trenzmit]

sugárút avenue [evinyú]

sugárveszély radiation danger [rédiésn déndzsər]

sugárzás radiation [rédiésn]

súgni to whisper [tu viszpər]

súly weight [véjt]

súlydobás, súlylökés putting the shot [puting də sot]

súlyemelés weight-lifting [véjt-lifting]

súlykorlátozás weight limit [véjt limit]

súlyos heavy [hevi]; *(betegség)* serious [szírjəsz]

süket deaf [def]

sült 1. *(tésztaféle)* baked [békt]; *(zsírban)* fried [frájd] **2.** *(húsétel)* roast [rószt]; ~ **csirke** roast chicken [rószt csikn]

sürgöny →**távirat**

sürgős urgent [őrdzsənt]

sürgősen urgently [őrdzsəntli]

sűrített tej condensed milk [kəndenszt milk]

sütemény *(édes)* cake [kék], pastry [pésztri] →**péksütemény**

sütni *(ételt)* to bake [tu bék]; *(húst)* to roast [rószt]; *(zsírban)* to fry [fráj]; **süt a nap** the sun is shining [də szán iz sájning]

sütő oven [âvn]

Svájc Switzerland [szvicərlend]

svájci Swiss [szvisz]

svéd Swedish [szvídis]; *(ember)* Swede [szvíd]

Svédország Sweden [szvídn]

Sz

sz. = *szám* No., number [nâmbər]; = *született* →**szül.**

szabad 1. *(nem foglalt; ingyenes)* free [frí]; ~ **idő** leisure time [lezsər tájm, *US* lízsər —]; ~ **kilátás** *(előzésnél)* clear/ unobstructed view [kliər/ânəbsztrâktid vjú]; ~ **poggyászkeret** free baggage allowance [frí begidzs elauənsz]; ~ **szombat** free Saturday [frí szetərdi]; ~ **ez a hely?** is this seat free [iz disz szít frí]? **2.** *(megengedett)* permitted [pərmitid]; ~**?** may I [méj áj]?; ~**!** *(kopogtatásra feleletül)* come in [kâm in]!; **nem** ~ must not [mâszt not], is not to [iz not tu]; **oda nem** ~ **menni** you must not go there [ju mâsznt gó deer]; ~ **(kérnem) a sót?** may I trouble you for the salt [méj áj trâbl jú for də szólt]?; ~ **megnézni?** may I have a look [méj áj hev e luk]?

a szabad*ban* in the open (air) [in di ópn (eer)]
szabadidőruha jogging suit [dzsoging szút]
szabadjegy free ticket [frí tikit]
szabadkikötő free port [frí port]
szabadnap day off [déj óf]
szabadság holiday [holədi]; ~**on** on holiday
szabadtéri színpad open-air theatre [ópn-eer szíətər]
szabály rule [rúl]; regulation [regjulésn]
szabályos regular [regjulər]
szabályozni to regulate [tu regjulét]
szabálysértés offence [əfensz]
szabálysértő offender [əfendər]
szabályszerű according to regulations [ekórding tu regjulésnz]
szabálytalan irregular [iregjulər]
szabályzat regulations [regjulésnz]
szabás cut [kât]
szabó tailor [téjlər]
szabvány standard [sztendərd]
szag smell [szmel]
szaggatott vonal broken line [brókn lájn]

száj mouth [mausz]

szájvíz mouthwash [mauszvos]

szakácskönyv cookery book [kukəri buk]

szakács(nő) cook [kuk]

szakad (az eső) it is pouring (with rain) [it iz póring (vid rén)]

szakadék precipice [preszipisz]

szakáll beard [biərd]

szakasz section [szeksn]; *(vasúti kocsiban)* compartment [kəm-pártment]

szakember expert [ekszpört]

szakítani to tear [tu teer]; *(virágot)* tu pluck [tu plâk]

szakképzettség qualification [kvolifikésn]

szakközépiskola technical school [teknikəl szkúl]

szakma trade [tréd], profession [prəfesn]

szakmai professional [prəfesənl]

szaknévsor yellow pages [jeló pédzsiz]

szakorvos specialist [szpesəliszt]

szakszervezet trade union [tréd júnjən]

szál thread [szred]

szaladni to run [tu rân]

szalag ribbon [ribən]; *(magnó, video)* tape [tép]

szalámi salami

szálka splinter [szplintər]; *(halé)* fish-bone [fis-bón]

száll is flying [iz flájing] →**beszállni, szállni**

szállás accommodation [ekomədésn]; **~t biztosítani** to secure accommodation [tu szikjuər —]

szállásadó landlord [lendlord], host [hószt]

szállásadónő landlady [lendlédi], hostess [hósztisz]

szállásdíj price of room [prájsz ov rúm], accommodation charge [ekomədésn csárdzs]

szállásfoglalás booking (of room) [buking (ov rum)]

szálláshely accommodation [ekomədésn]

szállítani to transport [tu trenszpórt]

szállítás transport [trenszpórt]

szállítmány consignment [kənszájnment]

szállítóeszköz means of transport [mínz ov trenszpórt]
szállítólevél bill of delivery [bil ov dilivəri]
szállító (vállalat) carrier [keriər]
szállni to fly [tu fláj]; **szálljon a 4-es buszra** take bus No 4 [ték bâsz nâmbər fór]; **vonatra szállt** he took a train [hi tuk e trén]; **hajóra szálltunk** we boarded a ship [vi bórdid e sip]
szálló, szálloda hotel [hótel]
szállodai hotel [hótel]; ~ **alkalmazott** hotel employee [— emplojí]; ~ **elhelyezés** hotel accommodation [— ekomədésn]; ~ **szoba** hotel room [— rúm]; ~ **szobafoglalás** hotel booking [— buking]; ~ **szobautalvány** hotel voucher [— vaucsər]
szállodaköltség hotel expenses [hótel ikszpensziz]
szállodaporta reception desk [riszepsn deszk]
szállodautalvány, szálloda-voucher hotel voucher [hótel vaucsər]
szállodavezetőség hotel management [hótel menidzsment]
szalon drawing-room [dróing-rúm], *(US)* parlor [párlər]
szalonna bacon [békn]
szalonnasütés barbecue [bárbekjú]
szalontüdő lights [lájc]
szalvéta napkin [nepkin]
szám number [nâmbər]; *(napilapé)* issue [isú]; *(ruhaneműé)* size [szájz]; *(sport)* event [ivent]; **a tízes számú szobában lakik** he has room number ten [hí hez rúm nâmbər ten]
számára for him/her [for him/hör]; **az Önök** ~ for you [for jú]
számítani *(vmit)* to calculate [tu kelkjulét]; **mennyit számít érte?** how much do you charge for it [hau mâcs du ju csárdzs for it]?; **számíthat rá!** you may rely on it [ju méj riláj on it]!; **holnaptól számítva** counting from tomorrow [kaunting from təmóró]
számítás calculation [kelkjulésn]; ~**om szerint** according to my calculations [əkórding tu máj kelkjulésnz]; **vegye ~ba hogy ...** take into consideration (the fact) that [ték intu kənszidərésn (də fekt) det]
számítástechnika computer science [kəmpjútər szájənsz]
számítógép computer [kəmpjútər]

számla bill [bil], invoice [invojsz]; **kérem a számlát!** the bill, please [də bil, plíz]!; **kifizetted a számlát?** have you settled the bill [hev ju szetld də bil]?

számolni to count [tu kaunt]

számos numerous [nyúmərəsz]

számozatlan unnumbered [ânnâmbərd]

számozott numbered [nâmbərd]

szanatórium sanatorium [szenətóriəm]

szandál sandals [szendlz]

szándék intention [intensn]

szándékosan on purpose [on pörpəsz]

szándékozni to intend [tu intend], to wish [tu vis]; **hova szándékozik menni?** where do you intend/plan to go [veer du ju intend/ plen tu gó]?; **mit szándékozik tenni?** what do you mean to do [vot du ju mín tu dú]?

szánkó sleigh [szléj], sledge [szledzs]

szántóföld plough-land [plau-lend]

szappan soap [szóp]

szappantartó soap-dish [szóp-dis]

száradni to dry up [tu dráj âp]

száraz dry [dráj]

szárazföldi éghajlat continental climate [kontinentl klájmit]

száraz vegytisztítás dry cleaning [dráj klíning]

szardínia sardine [szárdín]

szárítani to dry [tu dráj]

származás origin [oridzsin]

szárny wing [ving]

szárnyas *(baromfi)* poultry [póltri]

szárnyashajó hydrofoil [hájdrəfojl]

szárnyas vad wing-game [ving-gém]

szárnyvonal *(vasúti)* branch line [bráncs lájn]

szarv horn [hórn]

szarvas stag [szteg], deer [diər]

szarvasbőr chamois (leather) [semvá (ledər)]

szarvasmarha cattle [ketl]

szatyor shopping bag [soping beg]

szavai, szavak words [vördz] →**szó**

szavatosság guarantee [gerəntí], warranty [vorənti]

szavazni to vote [tu vót]

század *(idő)* century [szencsəri]; **a XVIII.** ~**ban** in the 18th century [in di éjtínsz szencsəri]

százalék per cent [pör szent]; **3** ~**kal** by 3 per cent [báj szrí pör szent]

százas 1. *(szám)* (a/one) hundred [(e/van) hândrəd] **2.** →**százforintos**

százforintos (bankjegy) hundred-forint note [hândrəd-forint nót]

szebb more beautiful [mór bjútəful]; ~ **mint a testvére** she is prettier than her sister [si iz pritiər den hör szisztər]; **a leg**~ **lány** the prettiest girl (of all) [də pritiəszt görl (ov ól)]

szedni *(gyűjteni)* to gather [tu gedər]; *(gyümölcsöt, virágot)* to pluck [tu plâk], to pick [tu pik]; *(gyógyszert)* to take [tu ték]

szédülök I feel giddy [áj fíl gidi]

szeg nail [nél]

szegény poor [puər]

szegfű carnation [kárnésn]

szégyen shame [sém]

szék chair [cseer], seat [szít]

székelygulyás port stew with sauerkraut [pork sztyú vid szauər-kraut]

szekér wag(g)on [vegən]

székesegyház cathedral [kəszídrəl]

székhely seat [szít]; headquarters [hedkvórtərz]

széklet stool [sztúl]

székrekedés constipation [konsztipésn]

szekrény *(ruhás)* wardrobe [vórdrób], *(beépített)* closet [klozit]; *(öltözőben)* locker [lokər]

szél wind [vind]; **fúj a** ~ the wind is blowing [də vind iz blóing]

a szél(e) (the) edge [(di) edzs]; *(edényé)* rim; *(járdáé)* kerb [körb]

szelep valve [velv]

szelephézag valve clearance [velv klírənsz]
szelephézeg-állítás valve clearance adjustment [velv klírənsz edzsâsztmənt]
szeles windy [vindi]
széles wide [vájd]
szélesség width [vidsz]
szélesvásznú film wide-screen film [vájd-szkrín film]
szelet *(kenyér, sajt)* slice [szlájsz]; **egy ~ sütemény** a piece of cake [e písz ov kék]
szeletelni to slice [tu szlájsz], *(húst)* to carve [tu kárv]
szellemes witty [viti]
szellő breeze [bríz]
szellőzés ventilation [ventilésn]
szellőztetni to air [tu eer]
szélsebesség wind speed [vind szpíd]
szélvédő(üveg) windscreen [vind-szkrín], *(US)* wind-shield [vind-síld]
szelvény coupon [kúpən]; stub [sztâb]
szélvihar storm [sztórm]; *(erős)* gale [gél]
szem eye [áj], *(kötött)* stitch [sztics]; **szalad a ~ a harisnyán** there is a ladder/run in the stocking [deerz ə ledər/rân in də sztoking]
szemafor signal [szignl]
szembejövő forgalom oncoming traffic [onkâming trefik]
szemben *(térben)* opposite to [opəzit tu]
szembiztos ladderproof [ledərprúf]
személy person [pörszn]; →**személyvonat**
személyautó (motor-)car [(mótər-)kár]
személyazonosság identity [ájdentiti]
személyazonossági igazolvány identity card [ájdentiti kárd], ID [ájdí]
személydíjszabás passenger tariff [peszindzsər terif]
személyenként per head/person [pör hed/pörszn]
személyenként és naponként per person per day [pör pörszn pör déj]

személyes personal [pörsznl]; ~ **használati tárgyak** articles for personal use [ártiklz for pörsznl júsz]
személyesen in person [in pörszn]
személyforgalom passenger traffic [peszindzsər trefik]
személyi personal [pörsznl], private [prájvit]; ~ **adatok** particulars [pərtikjulərz]; ~ **igazolvány** identity card [ájdentiti kárd]; ~ **és poggyászbiztosítás** personal and baggage insurance [pörsznl end begidzs insúrənsz]; ~ **számítógép** personal computer, PC [pörsznl kəmpjútər, píszí]; ~ **szükségletre** for personal needs [for pörsznl nídz]; ~ **tulajdon** personal property/effects [pörsznl propərti/ifekc]
személykocsi *(vasúti)* passenger-carriage [peszindzsər-keridzs]; →**személyautó**
személypoggyász luggage [lâgidzs], *(US)* baggage [begidzs]
személyszállítás passenger service [peszindzsər szörvisz]
személyvonat slow/passenger train [szló/peszindzsər trén]
személyzet personnel [pörsənel]
szemész oculist [okjuliszt]
szemét rubbish [rábis], *(US)* garbage [gárbidzs]
szemétkosár waste(-paper) basket [vészt(-pépər) bászkit]
szemétvödör dustbin [dásztbin], *(US)* garbage can [gárbidzs ken]
szemhéj eyelid [ájlid]
szemhéjfesték eye-shadow [ájsedó]
szemközti opposite [opəzit]; **a ~ ház** the house opposite [dö hauz opəzit]
szemöldök eyebrow [ájbró]
szemöldökceruza eyebrow pencil [ájbró penszl]
szempilla (eye)lashes [(áj)lesiz]
szempillafesték mascara [meszkərə]
szempont standpoint [sztendpojnt], point of view [pojnt ov vjú]
szemtanú eyewitness [ájvitnisz]
szemüveg spectacles [szpektəklz], glassez [glásziz]
szén coal [kól]
szénanátha hay-fever [héj-fívər]

szendvics sandwich [szendvics]

szenteste Christmas Eve [kriszməsz ív]

szenvedély passion [pesn]; *(szórakozás)* hobby [hobi]

szenvedni to suffer [tu szâfər]

szenzációs sensational [szenszésənl]

szennyes *(ruha)* laundry [lóndri]

szép beautiful [bjútəful]; *(nő)* lovely [lâvli], pretty [priti]; ~ **idő**
fine weather [fájn vedər]

Szépművészeti Múzeum Museum of Fine Arts [mjuziəm ov fájn
árc]

szépség beauty [bjúti]

szept., szeptember Sep., September [szəptembər]

szer *(orvosság)* remedy [remidi]

szerb Serbian [szőrbiən]

Szerbia Serbia [szőrbiə]

szerda Wednesday [venzdi]; **szerdán** on Wednesday

szerelem love [lâv]

szerelmes is in love (with) [iz in lâv (vid)]

szerelő mechanic [mikenik]

szerelőakna repair pit [ripeer pit]

szerelvény *(vasúti)* train [trén]

szerencse luck [lâk]; **szerencsét kívánni** to wish luck [tu vis lâk]

szerencsejáték gambling [gembling]

szerencsekívánat congratulations [kəngretyulésnz]

szerencsére luckily [lâkili]

szerencsés lucky [lâki]; ~ **utat!** have a good trip [hev e gud trip]!

szerencsésen happily [hepili]; ~ **megérkeztem** I have arrived
safely [ájv erájvd széfli]

szerencsétlen unlucky [ánlâki]

szerencsétlenség disaster [dizásztər]; *(baleset)* accident [ek-
szidənt]

szerencsétlenül járt met with an accident [met vid en ekszidənt]

szerep part [párt], role [ról]

szerepelni *(előfordul)* to figure [tu figər]; *(játszik)* to play [tu
pléj]; *(vmilyen minőségben)* to act as [tu ekt ez]

szereposztás cast [kászt]

szeretet affection [əfeksn]; ~ **tel** *(levél végén)* with (much) love [vid (mâcs) lâv]; ~ **tel üdvözlöm** *(őt)* give her my love [giv hör máj lâv], I send her my love [áj szend hör máj lâv]

szeretni *(vkit, vmit)* to love [tu lâv], to like [tu lájk]; to be fond of [tu bí fond ov] ...; *(szerelmes)* to be in love with [tu bí in lâv vid]; **szeretek ovasni** I like to read [áj lájk tu ríd], I am fond of reading [ájm fond ov ríding]; **nem szeretek táncolni** I do not like to dance [áj dónt lájk tu dánsz]; **nem szeretem a teát** I do not like tea [áj dónt lájk tí]; **szeretném, szeretnék** ... I should like to [áj sud lájk tu] ...; **szeretném tudni** I should like to know [áj sud lájk tu nó]; **szeretne eljönni?** would you like to come [vud ju lájk tu kâm]?

szerezni to obtain [tu əbtén], to get [tu get]; **zenéjét szerezte** ... music by [mjúzik báj] ...

szerint according to [əkórding tu]

szerkesztő editor [editər]

szerpentin(út) serpentine road [szörpəntájn ród]

szerszám tool [túl]

szerszámdoboz, szerszámláda tool box [túl boksz]

szertartás ceremony [szeriməni]; *(vallási)* service [szörvisz]

szerv organ [órgən]

szervezés organization [órgənájzésn]

szervezet organization [órgənájzésn]; *(élő)* organism [órgənizm]

szervezni to organize [tu órgənájz]

szervezőbizottság organizing committee [órgənájzing kəmiti]

szerviz *(gépkocsi)* service [szörvisz]; ~ **re vinni a kocsit** to have the car serviced [tu hev də kár szörviszt]

szervizállomás service station [szörvisz sztésn]

szervusz hello [heló]!; *(US)* hi [háj]!; *(távozáskor)* bye-bye [bájbáj]!

szerző author [ószər]

szerződés contract [kontrekt]; ~ **t kötni** to conclude an agreement [tu kənklúd en egrímənt]

szesz alcohol [elkəhol]; spirit(s) [szpirit(sz)]
szeszes ital alcoholic drinks [elkəholik drinksz]
szétnézni to look round [tu luk raund]
szétszedni to take apart [tu ték əpárt]; to take to pieces [tu ték tu píszíz]
szezon season [szízn]
szia →**szervusz**
sziget island [ájlənd]
szigetelés insulation [inszjulésn]
szigorú severe [szivír]
SZIGORÚAN TILOS strictly forbidden [sztriktli fəbidn]
szíj strap [sztrep], belt
szikla rock [rok]
sziklás rocky [roki]
szikra spark [szpárk]
szilánk splinter [szplintər]
szilva plum [plâm]
szilvapálinka plum brandy [plâm brendi]
szilveszterest New-Year's Eve [nyú-jiərz ív]
szimfónia symphony [szimfəni]
szimfonikus zenekar symphonic orchestra [szimfonik ókisztrə]
szimpla simple [szimpl]
szín colour [kâlər]; *(helyszín)* scene [szín]
színdarab play [pléj]
színes coloured [kâlərd]; **~ dia** colour transparency/strip [kâlər transzpeerənszi/sztrip]; **~ felvétel** colour photograph [kâlər fótəgráf]; **~ film** colour film [kálər film]; **~ televízió** colour TV [kâlər tíví]
színész actor [ektər]
színésznő actress [ektrisz]
színház theatre [sziətər]
színházjegy theatre-ticket [sziətər-tikit]
színhely scene [szín]
szinkronizált? is it dubbed [iz it dâbd]?
színműíró playwright [pléjrájt]

színpad stage [sztédzs]

színszűrő colour-filter [kálər-fîltər]

szintbeni kereszteződés level crossing [levl kroszing], *(US)* grade crossing [gréd kroszing]

szintén also [ólszó], as well [ez vel]

szív heart [hárt]

szivacs sponge [szpândzs]

szivar cigar [szigár]

szivárgás leak [lík]

szivattyú pump [pâmp]

szívbaj heart trouble [hárt trâbl]

szívélyes hearty [hárti]; ~ **üdvözlettel** *(levél végén)* Yours sincerely [jorz szinszíəli]

szíves kind [kájnd]; **legyen** ~ be so kind as to [bí szó kájnd ez tu]; **lenne** ~ **becsukni az ajtót!** would you mind shutting the door [vud ju májnd sâting də dór]; **lesz** ~ **befáradni!** will you come in [vil jú kâm in]!

szívesen! *(köszönömre)* not at all [not et ól]!, *(US)* you are welcome [júr velkâm]!

szíveskedjék ... would you kindly [vud ju kájdnli] ...

szívesség favour [févər]; **kérhetek egy** ~**et (Öntől)?** will you do me a favour [vil ju dú mí e févər]?

szívroham heart attack [hárt etek]

szlovák Slovak [szlóvek]

Szlovákia Slovakia [szlovekiə]

szlovén Slovene [szlóvín]

Szlovénia Slovenia [szlovíniə]

szmoking dinner jacket [dinər dzsekit], *(US)* tuxedo [tâkszídó]

szó word [vörd]; **egy** ~**val** in a word [in e vörd]; **arról van** ~, **hogy ...** we are talking about [vír tóking ebaut] ...; ~**ba hozta ...** he mentioned [hi mensnd] ...

szoba room [rúm]; ~ **reggelivel** bed and breakfast [bed en brekfəszt]

szobaár price of room [prájsz ov rúm]

szobaasszony chambermaid [csémbərméd]

szobafoglalás(i díj) reservation [rezərvésn]

SZOBA KIADÓ room to let [rúm tu let], *(US)* vacancy [vékənszi]

szobakulcs key (of room) [kí (ov rúm)]

szobarendelés booking/reservation of rooms [buking/rezərvésn ov rúmz]

szoba-service room service [rúm szörvisz]

szobaszám room number [rúm nâmbər]

szobatárs room-mate [rúm-mét]

szobor statue [sztetyú]

szobrász sculptor [szkâlptər]

szociális social [szósl]

szocialista socialist [szósəliszt]

szódavíz soda-water [szódə-vótər]

szokás habit [hebit]; *(népi)* custom [kâsztəm]; ~ **szerint** as usual [ez júzsuəl]

szokásos usual [júzsuəl]

szokatlan unusual [ânjúzsuəl]

szoknya skirt [szkört]

szokott 1. usual [júzsuəl]; **2.** ~ **bridzsezni?** do you play bridge [du ju pléj bridzs]?; **korán szoktam kelni** I (usually) get up early [áj (júzsuəli) get âp őrli]

szól *(csengő)* is ringing [iz ringing]; *(rádió)* is on [iz on]; *(jegy, vízum)* is valid for [iz velid for]; *(küldemény)* is for [iz for] . . .; *(mű)* is about [iz əbaut]; **miről** ~? what is it about [vat iz it əbaut]?; →**szólni**

szolgálati útlevél service passport [szörvisz pászport]

szolgálni *(vmire)* to serve (for) [tu szörv (for)]; **mivel szolgálhatok?** what can I do for you [vat ken áj dú for jú]?

szolgáltatások services [szörviszisz], facilities [fəszilitiz]; *(kempingben)* camping facilities [kemping fəszilitiz]

szolgáltatni to supply [tu szəpláj]

szólista soloist [szólóiszt]

szólítani to call [tu kól]; **majd szólítjuk!** you will be called [júl bí kóld]

szólni *(vkinek)* to tell (sby) [tu tel (szâmbədi)]; **szóljon neki!** call him [kól him]!; **mit szól ehhez?** what do you say to that [vat du ju széj tu det]?; **szóltam neki a dologról** I informed him about the matter [áj infórmd him ebaut də metər] →**szól**

szóló[1] *(hangszer)* solo [szóló]

szóló[2] *(vmire)* valid (for) [velid (for)]; *(valahova)* to; **a Londonba ~ jegy** the ticket to London [də tikit tu L.]; *(valakinek)* for; **két személyre ~** for two persons [for tú pörsznz]

szóloest recital [riszájtl]

szombat Saturday [szetərdi]; **~ on** on Saturday; **~ este** Saturday evening [— ívning]

szomjas thirsty [szörszti]; **~ vagyok** I am thirsty [áj em szörszti]

szomorú sad [szed]

szomszéd neighbour [néjbör]; **a ~ ház** the next house [də nekszt hausz]

szórakozás entertainment [entərténment]

szórakozási lehetőségek *(üdülőhelyen)* recreational facilities [rekriésnəl fəszilitiz]; (opportunities for) entertainment [(opərtyúnitiz for) entərténment]

szórakozik has a good time [hez e gud tájm], has fun [hez fân]; **jól szórakozott?** did you enjoy yourself [did ju indzsoj jorszelf]?

szórakozóhely place of amusement [plész ov emjúzment]

szórakoztatni to amuse [tu emjúz]

szórakoztató amusing [emjúzing]; **~ muzsika** light music [lájt mjúzik]

szorít *(cipő)* pinches [pincsiz]

szoros 1. *(szűk)* tight [tájt] **2.** *(hegyé)* pass [pász]

szorozni to multiply [tu mâltiplái]

szótár dictionary [diksnri]; **nézze meg a ~ban!** look it up in the dictionary [luk it âp in də diksnri]!

szög nail [nél]; *(mértani)* angle [engl]

szögletes angular [engjulər]

szőke blond; **~ nő** a blonde [e blond]

szőlő grape(s) [grép(sz)]

szőlőhegy vineyard [vinjərd]

szőnyeg carpet [kárpit]

szörf (sail)board [(szél)bórd], *(a sport)* windsurfing [vind-szőfing]

szőrme fur [för]

szörnyű horrible [horəbl]

szörp squash [szkvos]

szőttes homespun [hómszpân]

szöveg text [tekszt], *(dalé)* words [vördz]

szövegszerkesztő word processor [vörd proszeszər]

szövet cloth [klosz], material [mətiəriəl]

szövetkezet co-operative [kó-opərətiv]

szövetség federation [fedərésn]

sztereó stereo [sztírió]

sztrájk strike [sztrájk]

sztrájkolni to strike [tu sztrájk]

szúnyog mosquito [məszkító]

szúnyogháló mosquito-net [məszkító-net]

szuperbenzin super(petrol) [szjúpər(petrəl)], *(US)* premium gas(oline) [prímjəm gesz(əlín)]

szurkolni *(csapatnak)* to support (a team) [tu szâport (e tím)]

szurkoló fan [fen]

szúrni to prick [tu prik], *(rovar)* to bite [tu bájt]

szűcs furrier [fâriər]

szűk narrow [neró]; *(ruha)* tight(-fitting) [tájt(-fíting)]

szükség need [níd]; ~**em van** I need [áj níd]

szükséges is required/needed [iz rikvájərd/nídid]; **ha** ~ if necessary [if nesziszəri]; **nem** ~ **hogy Ön menjen** there is no need for you to go [deer iz nó níd for jú tu gó]

szükségtelen unnecessary [ânnesziszəri]

szül. = *született* born; ~ **Budapesten** born in B.; **Lukács Lajosné,** ~ **Láng Ilona** Mrs. L. Lukács, née I. Láng

születés birth [börsz]; ~ **helye** birthplace [börszplész]; ~ **ideje** date of birth [dét ov —]

születési anyakönyvi kivonat birth certificate [börsz szətifikit]

születési év year of birth [jiər ov börsz]

születésnap birthday [börszdéj]
született born →szül.
szülők parents [peerənc]
szünet break [brék]; *(színházban)* interval [intərvəl]; *(iskolai egésznapos)* holiday [holədi]; *(iskolai nyári)* vacation [vəkésn], holidays [holədiz]
szünetel is suspendid [iz szəszpendid]
szünidő vacation [vəkésn], holidays [holədiz]
(hétfőn) **szünnap** closed (on Mondays) [klózd on mândiz)]
szüret vintage [vintidzs]
szürke grey, *(US)* gray [gréj]
szűrő(betét) filter [filtər]
szűzérmék fillets of pork [filitsz ov pórk]
szvetter sweater [szvetər]

T

T = *tanuló vezető* learner driver [lőrnər drájvər]
t = *tonna* ton [tân]
tábla board [bórd]; *(útjelző)* road sign [ród szájn]
tabletta pill [pil], tablet [teblit]
tábor camp [kemp]; ~ **bontani** to strike a camp [tu sztrájk e kemp]; ~ **t ütni** to pitch a camp [tu pics e kemp]
tábori camp [kemp]
táborozás camping [kemping]
táborozni to camp [tu kemp]
tábortűz camp-fire [kemp-fájər]
tag *(egyesületé)* member [membər]
tág wide [vájd]
tagadni to dey [tu dináj]
tágas wide [vájd]
tagdíj subscription(s) [szebszkripsn(z)]

tagsági igazolvány membership card [membərsip kárd]

táj(ék) region [rídzsən]

tájékozódás orientation [óriəntésn]

tájékoztatás(ul) (for your) information [(for jor) infəmésn]

tájékoztatni to inform [tu infórm]

tájékoztató szolgálat information (service) [infərmésn (ször-visz)]

takarékoskodni to save (up) [tu szév (âp)]; to economize [tu ikonəmájz]

takarítani to clean [tu klín]

takaró blanket [blenkit]

tál dish [dis]

talaj soil [szojl]

találat hit

található to be found [tu bí faund]

találka date [dét]

találkozni to meet [tu mít]; **találkozzunk ...** let us meet at [lec mít et] ...; **már találkoztunk** we have (already) met [ví hev (ólredi) met]

találkozóhely meeting place [míting plész]

találni to find [tu fájnd]; **nem találtam otthon** I did not find him at home [áj did not fájnd him et hóm]

tálalni to serve (up) [tu ször̃v (âp)]

TALÁLT TÁRGYAK Lost Property [loszt propərti]

talán perhaps [pərhepsz]

tálca tray [tréj]

talp sole [szól]

tályog abscess [ebszisz]

támad *(keletkezik)* arises [erájziz]

támadás attack [ətek]

támogatás aid [éd], assistance [eszisztənsz]

tampon tampon [tempən]

tanács advice [edvájsz]; *(testület)* council [kaunszl]

tanácsolni to advise [tu edvájz]; **azt tanácsolom, hogy ...** I advise you to [áj edvájz ju tu ...]

tanár schoolmaster [szkúlmásztər], teacher [tícsər]; *(egyetemi)* professzor [prəfeszər]

tánc dance [dánsz]

táncolni to dance [tu dánsz]

tánczene dance music [dánsz mjúzik]

tandíj tuition (fees) [tyuisn (fíz)]

tanfolyam course [kórsz]

tanítani to teach [tu tícs]

tanító school-teacher [szkúl-tícsər]

tanítvány pupil [pjúpl]; student [sztyúdənt]

tankolni to fill up [tu fil âp]

tanú witness [vitnisz]

tanulmányút study tour [sztâdi tuər]

tanulni to learn [tu lőrn]

tanuló student [sztyúdənt]

tanuló vezető (T) learner driver (L) [lőrnər drájvər], *(US)* student driver [sztyúdənt drájvər]

tanya farm [fárm]

tányér plate [plét]

tapasztalat experience [ikszpiəriənsz]

tapasztalatlan inexperienced [inikszpiəriənszt]

tapasztalt experienced [ikszpiəriənszt]

táplálék food [fúd]

tápláló nourishing [nârising]

taps applause [eplóz]

tárca pocketbook [pokitbuk]

tárcsa disc [diszk], *(telefoné)* dial [dájəl]

tárcsázni to dial [tu dájəl]

tárgy *(dolog)* object [obdzsekt]; *(beszélgetésé)* subject [szâbdzsekt]

tárgyalás talks [tóksz], conference [konfərənsz]; ~**okat folytattunk** we conducted talks [vi kəndâktid tóksz]

tarifa tariff [terif], rate [rét]

tarka colourful [kâlərful]

tárlat exhibition [ekszibisn], show [só]

tárolás storage [sztóridzs]; ~**i költségek** storage charges [sztóridzs csárdzsiz]

társ(nő) companion [kəmpenyən]

társadalmi social [szósəl]

társadalom society [szəszájəti]

társadalombiztosítás social insurance [szósl insúrənsz]

társalgás conversation konvərszésn]

társalgó *(nyilvános helyen)* lounge [laundzs]

társaság society [szəszájəti]; *(összejövetel)* party [párti]

társasjáték parlour game [párlər gém]

társasutazás conducted tour [kəndâktid tuər], package tour [pekidzs tuər]

tartalék reserve(s) [rizőrv(z)]

tartalék alkatrészek spares [szpeerz]

tartalmazni to contain [tu kəntén]

tartalom content(s) [kontənt(sz)]

tartály container [kenténər], tank [tenk]

tartani to hold [tu hóld]; *(autót)* to own [tu ón]; *(vminek)* to hold [tu hóld], to consider [tu kənszidər]; *(vmerre)* to make for [tu mék for]; *(időben)* to last [tu lászt]; **attól tartok (hogy)** I am afraid (that) [ájm əfréd (det)]; **1 órát tart** it takes an hour [it téksz en auər]; **tartson velünk** join our party [dzsojn auər párti]

tartármártás tartar souce [tártər szósz]

tartós *(holmi)* durable [gyuərəbl]

tartozás debt [det]

tartozékok accessories [ekszeszəriz]

tartozik *(vkire)* concerns sby [kənszőrnz szâmbədi]; *(vmivel)* owes sby [óz szâmbədi]; **hozzánk** ~ he is one of us [hi iz van ov âsz]; **mivel/mennyivel tartozom?** how much do I owe you [hau mâcs dú áj ó jú]?; *(üzletben)* how much is it [hau mâcs iz it]?

tartózkodás *(vhol)* stay [sztéj]; **30 napi** ~**ra érvényes** is valid for 30 days' stay [iz velid for szőrti déjz sztéj]; ~ **ideje** duration of stay [gyuərésn ov sztéj]

tartózkodási engedély residence permit [rezidənsz pörmit]; ~ **hely** residence [rezidənsz]

tartózkodni *(vhol)* to stay (swhere) [tu sztéj (szâmveer)]

tartozni to owe [tu ó] →**tartozik**

táska bag [beg]

táskaírógép portable typewriter [pórtəbl tájprájtər]

táskarádió transistor (radio) [trenzisztər (rédió)]

tat *(hajó)* stern [sztőrn]

tavaly last year [lászt jiər]

tavalyelőtt the year before last [də jiər bifór lászt]

tavasz spring [szpring]; **tavasszal** in spring [in szpring]

távcső binoculars [binokjulərz], field glass(es) [fíld glász(iz)]

távfűtés district heating [disztrikt híting]

távhívás dialled (direct) call [dájəld (direkt) kól]

távirányító *(tévéhez stb.)* remote control (handset/panel) [rimót kontról (hendset/penl)]

távirat telegram [teligrəm], cable [kébl]

TÁVIRATFELVÉTEL *(postán)* telegrams [teligrəmz]

táviratilag, távirati úton by wire/cable [báj vájər/kébl]

táviratozni to send a telegram [tu szend e teligrem], to wire [tu vájər], to cable [tu kébl]

távmérő range-finder [réndzs-fájndər]

távol far (away) [fár (evéj)]; ~ **van** is away [iz evéj]

távollátó long-sighted [long-szájtid]

távollét absence [ebszənsz]; ~**em alatt** in my absènce [in máj ebszənsz]

távollevő absent [ebszənt]

távolodni to move away [tu múv əvéj]

távolság distance [disztənsz]

távolsági long-distance [long-disztənsz]; ~ **beszélgetés** national call [nesnəl kól], *(US)* long-distance call [long-disztənsz kól]; ~ **busz** coach [kócs]; ~ **buszpályaudvar** coach terminal [kócs tőrminl]

TÁVOLSÁGI TÁVBESZÉLŐ *(fülkén)* *(long-distance calls)* →**telefon**

távolugrás long jump [long dzsâmp]
távozáskor when leaving [ven líving]
távozni tu leave [tu lív]; *(szállodából)* to check out [tu csek aut]
taxi taxi [tekszi], cab [keb]; ~ **val**, ~ **n** by taxi [báj tekszi]
taxiállomás taxi stand [tekszi sztend], cabrank [kebrenk]
taxiköltség taxi fare [tekszi feer]
taxisofőr cab driver [keb drájvər]
te you [jú]; ~ **magad** you yourself [jú jorszelf]; **a** ~ **fiad** your son [jor szán]
tea tea [tí]
teakonyha kitchenette [kicsinet]
teáscsésze teacup [tíkâp]
teáskanna teapot [típot]; *(víznek)* tea-kettle [— ketl]
teasütemény teacake [tíkék]
teázó *(bolt)* tea-shop [tí-sop]
technika *(tudomány)* technology [teknolədzsi]
technikum technical school [teknikl szkúl]
technikus technician [teknisn]
teendő business [biznisz]; **mi a** ~? what is to be done [vac tu bí dân]?
téged you [jú]
tégla brick [brik]
tegnap yesterday [jesztədi]; ~ **este** yesterday evening [jesztədi ívning], last night [lászt nájt]
tegnapelőtt the day before yesterday [də déj bifór jesztədi]
tehát thus [dâsz]
tehén cow [kau]
teher burden [bőrdn]; *(rakomány)* load [lód]
teherautó, tehergépkocsi (motor-)lorry [(mótər-)lori], *(US)* truck [trâk]; **csukott** ~ van [ven]
teherautó-forgalom (heavy) lorry traffic [(hevi) lori trefik]
teherpályaudvar goods station [gudz sztésn]
tehervonat goods train [gudz trén], *(US)* freight train [fréjt trén]
tehet can/may do [ken/méj dú]

tej milk
tejberizs milk-rice [milk-rájsz]
tejbüfé milk bar [milk bár]
tejcsokoládé milk chocolate [milk csoklit]
tejeskávé white coffee [vájt kofi]
tejföl sour cream [sauər krím]
tejkonzerv condensed milk [kəndenszt milk]
tejpor milk powder [milk paudər]
tejszín (sweet) cream [(szvít) krím]
tejszínhab whipped cream [vipt krím]
tekercsfilm roll film
tekézés bowling [bóling]
tekinteni *(vkire, vmire)* to look at [tu luk et]; *(vminek)* to consider [tu kənszidər]
tekintet *(pillantás)* look [luk], glace [glánsz]
tekintve hogy considering that [kənszidəring det]
tél winter [vintər]; ~ **en** in winter [in vintər]
tele full [fúl]; ~ **kérem** fill her up, please [fil hör âp, plíz]
telefon (tele)phone [(teli)fón]
telefonálni to telephone [tu telifón]
telefonbeszélgetés call [kól]
telefonébresztés alarm call (service) əlárm kól (szörvisz)]
telefonfülke call-box [kól-boksz]
telefonkagyló receiver [riszívər]
telefonkártya phone card [fón kárd]
telefonkészülék telephone (set) [telifón (szet)]
telefonkönyv (telephone) directory [(telifón) direktəri]; *(közületi)* yellow pages [jeló pédzsiz]
telefonközpont telephone exchange [telifón ikszcséndzs]
telefonszám telephone number [telifón nâmbər]; **mi a ~a?** what is your number [vac jor nâmbər]?
telefonüzenet phone message [fón meszidzs]
teleobjektív telephoto lens [telifótó lensz]
telep 1. = **település; 2.** *(elem)* battery [betəri]
település settlement [szetlmənt]

teletölteni to fill up [tu fil âp]

televízió television [telivizsn], TV [tíví]; *(készülék)* television (set) [— (szet)]; ~**n közvetíteni** to televise [tu telivájz]; ~**t nézni** to watch the TV [tu vocs də tíví]

televízióadás television broadcast [telivizsn bródkászt]

televízióműsor TV program(me) [tíví prógrəm] •

telex telex [teleksz]

telexezni to telex [tu teliksz]

telexszám telex number [teliksz nâmbər]

téli winter [vintər]; ~ **gumi** snow/winter tyre/tire [sznó/vintər tájər]; ~ **idény** winter season [vintər szízn]; ~ **sportok** winter sports [vintər szpórc]

telik *(idő)* passes [pásziz]

télikabát winter-coat [vintər-kót]

téliszalámi Hungarian salami [hângeeriən —]

teljes complete [kəmplít]; ~ **ár** inclusive price [inklúziv prájsz]; ~ **ellátás** full board [ful bórd]; ~ **név** full name [ful ném]

teljesen entirely [intájərli]

teljesíteni *(feladatot)* to perform [tu pərfórm]; *(kérést)* to fulfil [tu fulfil]

teljesítmény achievement [ecsívmənt], *(gépkocsié)* performance [pərfórmənsz]

temetés funeral [fjúnərəl]

temető cemetery [szemitri]

templom church [csörcs]

tengely *(keréké)* axle [ekszl]

tengelykapcsoló clutch [klâcs]

tengelytörés axle-brake [ekszl-brék]

tenger sea [szí]

tengerentúli oversea(s) [óvərszí(z)]

tengeri sea [szí]; ~ **fürdőhely** seaside resort [szíszájd rizórt]; ~ **hal** sea fish [szí fis]; ~ **kikötő** seaport [szípórt]; ~ **út** voyage [vojidzs]

tengeribeteg (is) seasick [(iz) szíszik]

tengerpart seaside [szíszájd]

tengerszint: ~ **feletti magasság** height above sea-level [hájt ebâv szí-levl]

tenisz tennis [tenisz]

teniszezni to play tennis [tu pléj tenisz]

teniszpálya tennis-court [tenisz-kórt]

teniszütő (tennis) racket [(tenisz) rekit]

tenni to do [tu dú]; to make [tu mék]; *(vhova)* to put [tu put]; **jót fog** ~ it will do you good [it vil dú jú gud] →**tesz**

tény *(cselekedet)* act [ekt]; *(valóság)* fact [fekt]; **a** ~ **az (hogy)** ... in fact [in fekt], as a matter of fact [ez ə metər ov fekt] ...

tenyér palm [pám]

tényleg really [riəli]

tér *(űr)* space [szpész]; *(városban)* square [szkveer]

terasz terrace [terisz]

térd knee [ní]

térdharisnya, térdzokni knee socks [ní szoksz]

TERELŐÚT bypass [bájpász], detour [dítúr], diversion [dájvörsn]

terelővonal broken white line [brókn vájt lájn]

terem[1] hall [hól]

terem[2] to produce [tu prəgyúsz], to yield [tu jíld]

terep ground [graund]

terepjáró autó jeep [dzsíp], landrover [lendrəuvər]

terhelés load [lód], laden weight [lédn véjt]

terhes tiresome [tájərszəm]; *(állapotos)* pregnant [pregnənt]

teríték cover [kâvər]

térítés refund [rífând]

térítésmentes(en) free of charge [frí ov csárdzs]

terítő *(asztalon)* (table) cloth [(tébl) klosz]

terjedni to extend [tu iksztend]

térkép map [mep]

térképjelek map symbols [mep szimbəlz]

termálfürdő thermal baths [törməl bász]

termék product [prodâkt]

termelés production [prədâksn]
termés crop [krop]
természet nature [nécsər]
természetesen! of course [ov kórsz]!
természetgyógyászat naturopathy [nécsəropəszi]
természetjáró tourist [túriszt]
TERMÉSZETVÉDELMI TERÜLET nature reserve [nécsər rizörv]
termosz thermos (flask) [törmosz (flászk)]
terület territory [teritəri]
terv plan [plen]
tervezett intended [intendid], planned [plend]
tervezni to plan [tu plen]
tessék *(itt van)* here you are [hiər ju ár]!; *(asztalnál)* help yourself [help jorszelf]!; *(kopogásra)* come in [kâm in]!; *(nem értettem)* (I) beg your pardon? [(áj) beg jor párdn]?; ~ **jönni!** come on, please! [kâm on, plíz]!
test body [bodi]
testsúly body weight [bodi véjt]
testvér *(férfi)* brother [brâdər]; *(nő)* sister [szisztər]
tesz *(cselekszik)* does [dâz]; *(helyez)* puts [puc], places [plésziz]; *(vmivé)* makes [méksz]; **nem ~ semmit!** never mind [nevər májnd]!; **tegye az asztalra!** put it on the table [put it on də tébl]!; **mit tegyek?** what shall I do [vat sel áj dú]?, what am I to do [vat em áj tu dú]?; **hova tette(d) a kulcsot** where did you put the key [veer did ju put də kí]?; **nem tehet róla** it is not his fault [ic not hiz fólt] →**tenni**
tészta *(sült)* cake [kék], *(tésztaféle)* pastry [pésztri], *(főtt)* pasta [pesztə], noodles [núdlz]; *(nyers)* dough [dó]
tetanusz tetanus [tetənəsz]
tető *(hegyé)* peak [pík]; *(fáé, dombé)* top; *(házé)* roof [rúf]; *(ládáé)* lid; **a tetején van** it is on the top [ic on də top]
tetőablak skylight [szkájlájt]
tetőcsomagtartó roof rack [rúf rek]
A TETŐN DOLGOZNAK! works overhead! [vörksz óvərhed]

tetszik: hogy ~? how do you like it [hau du ju lájk it]?; **tetszett?** did you like it [did ju lájk it]?; **mi ~?** what can I do for you [vat ken áj dú for jú]?; **mit ~ keresni?** what are you looking for [vat ár ju luking for]?; **~ már kapni?** are you being served [ár ju bíing szörvd]?

tett act [ekt]

tettes culprit [kálprit]

tettetni to pretend [tu pritend]

tévé TV [tíví]; →**televízió(-)**

tévedés mistake [miszték]; **~ből** by mistake [báj miszték]

tévedni to be mistaken/wrong [tu bí misztékn/rong]; **tévedtem** I was mistaken/wrong [áj voz misztékn/rong]

tevékenység activity [ektíviti]

téves kapcsolás wrong number [rong nâmbər]

ti you [jú]; **~ magatok** you yourselves [jú jorszelvz]; **a ~ kocsitok** your car [jor kár]

tied, tietek (is) yours [(iz) jorz], belongs to you [bilongz tu jú]; **hol a tied/tietek?** where is yours [veerz jorz]?

tilalmi idő closed season [klózd szizn]

tilalom prohibition [próhibisn]

tilos forbidden [fəbidn], prohibited [prəhibitid]

TILOS AZ ÁTJÁRÁS no thoroughfare/entry [nó szârəfeer/entri]

TILOS A BEMENET! no admittance [nó ədmitənsz]

TILOS A DOHÁNYZÁS no smoking [nó szmóking]

tiltakozni to protest [tu prəteszt]

tipikus typical [tipikəl]

típus type [tájp]

tiszt officer [ofiszər]

tiszta clean [klín]; *(nem kevert)* pure [pjuər]; **~ gyapjú** all wool [ól vúl]; **tisztában vagyok azzal, hogy ...** I (quite) realize that [áj (kvájt) riəlájz det] ...

tisztán *(nem piszkosan)* cleanly [klínli]; *(italról)* neat(ly) [nít(li)]; *(US)* straight [sztrét]

tisztás clearing [kliəring]; *(US)* opening [opning]

tisztázni to clear [tu klíər]

tisztelet respect [riszpekt]; ... ~**ére** in honour of [in onər ov] ...

tiszteletdíj fee(s) [fí(z)]

tisztelt: ~ **Braun Úr!** *(levélben)* Dear Mr. Braun [diər misztər braun]; ~ **hallgatóim!** ladies and gentlemen [lédiz end dzsentlmen]!

tisztítani to clean [tu klín]

tisztító dry-cleaner [dráj-klínər]

tisztítószer detergent [ditördzsənt]

tisztviselő(nő) clerk [klárk, *(US)* klörk]; *(magasabb rangú)* official [əfisl]

titeket you [jú] →**ti, tied**

titkár(nő) secretary [szekrətri]

titkárság secretariat [szekrəteeriət]

tíz ten; ~**kor** at 10 (o'clock) [et ten (ə'klok)]

tized tenth [tensz]

tizedes pénzrendszer decimal (currency) system [deszimel (kârənszi) szisztim]

tizenegyes *(sportban)* penalty kick [penlti kik]

tizenkét óra (it is) twelve o'clock [(it iz) tvelv ə'klok]

tízes *(szám)* (number) ten [nâmbər ten]; *(bankjegy)* ten-forint note [— nót]

tízszer ten times [ten tájmz]

tó lake [lék]

toalett lavatory [levətəri]

toalettpapír toilet-paper [tojlit-pépər]

tojás egg [eg]; **kemény** ~ hard-boiled egg [hárd-bojld eg]; **lágy** ~ soft-boiled egg [szoft-bojld eg]

tojásfehérje white of egg [vájt ov eg]

tojásrántotta scrambled eggs [szkrembld egz]

tojássárgája yolk [jók]

tok case [kész]

tokaji (bor) Tokay (wine) [vájn]

tolatás *(autó)* reversing [rivörszing]

tolatni *(autó)* to reverse [tu rivörsz]
tolatólámpa reversing light [rivörszing lájt]
toll feather [fedər], *(írásra)* pen
tolmács(nő) interpreter [intörpritər]
tolmácsolni to interpret [tu intörprit]
TOLNI push [pus]
tolóajtó push-door [pus-dór]
tolongás crowd [kraud]
tolószék wheelchair [vilcseer]
tolózár bolt
tolvaj thief [szíf]
tompa *(eszköz)* blunt [blânt]; *(fény)* dim
tompítani *(fényszórót)* to dip the headlights [tu dip də hedlájc]
tompított fény(szóró) dipped/dimmed light [dipt/dimd lájt], *(US)* low beam [ló bím]
tonhal tuna (fish) [tjúnə (fis)]
tonna ton [tân]
a **tóparton** on the shore of the lake [on də sór ov də lék]
torkolat mouth [mausz]
torlódás *(forgalmi)* (traffic) jam, [(trefik) dzsem], tailback [télbek]
torma horse-radish [hórsz-redis]
torna gymnastics [dzsimnesztiksz]
tornacipő gym shoes [dzsim súz]
torok throat [szrót]; **fáj a torkom** I have a sore throat [ájv e szór szrót]
torokfájás sore throat [szór szrót]
torony tower [tauər], *(templomé)* steeple [sztípl]
torta (layer) cake [(léjər) kék]
TOTÓ football pool [futból púl]
TOTÓ-LOTTÓ *(ládán) (football pool coupons and lottery tickets only)*
tovább *(térben)* further [fördər]; *(időben)* longer [longər]; **és így** ~ and so on [end szó on]; ~ **maradtam mint ...** I stayed longer than [áj sztéjd longər den] ...; **nem várhatok** ~ I cannot wait any longer [áj kánt véjt eni longər]

továbbadni to pass (on) [tu pász (on)]

továbbhajtott he drove on [hi dróv on]

továbbhaladni to move on [tu múv on], to proceed [tu prəszíd]

további further [fő́rdər]; ~ **intézkedésig** until further orders/notice [əntil fő́rdər órdərz/nótisz]; **minden** ~ each additional [ics edisənl]

továbbítani *(tárgyat)* to pass on [tu pász on]; *(levelet)* to forward [tu fórvəd]

továbbjutott *(sportversenyen)* qualified for the next heat [kvolifájd for də nekszt hít]

több 1. more [mór]; *(néhány)* several [szevrəl], a few [e fjú]; ~ **mint** more than [mór den]; **nincs** ~ there is no more (of it) [deer iz nó mór (ov it)] **2.** ~**ek között** among others [emâng âdərz]

többé (nem) no/any more/longer [no/eni mór/longər]; ~**-kevésbé** more or less [mór or lesz]

a **többi** the rest [də reszt]; **a** ~**ek** the others [di âdərz]

többnyire mostly [mósztli]

többség majority [mədzsoriti]

többszintű csomópont multilevel/flyover junction [mâltilevl/flájóvər dzsânksn]

többször several times [szevrəl tájmz]

tök vegetable marrow [vedzsitəbl meró]

tőkehal cod(fish) [kod(fis)]

tökéletes perfect [pörfikt]

tőkés capitalist [kepitəliszt]

tölcsér *(fagylalt)* cone [kón], cornet [kórnit]

tőle from/by/of him/her/it [from/báj/ov him/hör/it]; ~ **magától** from himself/herself [from himszelf/hörszelf]; ~**m** from me [from mí]; ~**tek** from you [from jú]

tölgy oak [ók]

tölteni *(folyadékot)* to pour [tu pór]; *(tartályt)* to fill [tu fil]; *(akkumulátort)* to charge [tu csárdzs]; *(időt)* to pass [tu pász]

töltény cartridge [kártridzs]

töltődinamó charging generator [csárdzsing dzsenərétər]

töltőtoll fountain-pen [fauntin-pen]
töltött stuffed [sztâft]; ~ **csirke** stuffed chicken [— csikin]; ~ **káposzta** stuffed cabbage [— kebidzs]; ~ **paprika** stuffed paprika
tőlük from them [from dem]
tőlünk from us [from âsz]
tömeg mass [mesz]; *(ember)* crowd [kraud]
tömítés seal(ing) [szíl(ing)]
tömlő inner tube [inər tyúb], hose [hóz]; ~ **nélküli gumi(abroncs)** tubeless tyre [tyúblisz tájər]
tömni to stuff [tu sztâf], *(fogat)* to fill [tu fil]
töpörtyűs pogácsa crackling cone [krekling kón]
TÖRÉKENY fragile [fredzsájl]
törés breaking [bréking]
törésbiztosítás *(baleseti)* collision insurance [kəlizsn insúrənsz]
törhetetlen üveg shatter-proof glass [setər-prúf glász]
törni to break [tu brék]
törődni *(vmivel)* to take care of [tu ték keer ov]; **ne törődjön vele!** never mind [nevər májnd]!
török Turkish [törkis]
Törökország Turkey [törki]
törölni to wipe [tu vájp], *(bútort)* to dust [tu dâszt]; *(magnóról)* to erase [tu iréz]; *(listáról, számláról)* to strike out [tu sztrájk aut]; *(rendelést, tel. hívást)* to cancel [tu kenszl]
törött *(üveg)* broken [brókn]
tört burgonya mashed potatoes [mest pətétóz]
történelem history [hisztəri]
történelmi historical [hisztorikl]
történet story [sztóri]
történik happens [hepənz]; **mi történt?** what happened [vat hepənd]?; **hogy történt?** how did it happen [hau did it hepn]?
törülköző towel [tauəl]
törvény law [ló]
törvényellenes illegal [ilígl], unlawful [ânlóful]
törvényes legal [lígl]

törvényszék law-court [ló-kórt]
törzs *(testé, fáé)* trunk [trânk]
trafik tobacconist's (shop) [təbekəniszc (sop)]
tragikus tragic [tredzsik]
traktor tractor [trektər]
tranzit transit [trenszit]
tranzitszálló transit hotel [trenszit hótel]
tranzitvízum transit visa [trenszit vízə]
tréfa joke [dzsók]
tribün grandstand [grendsztend]
trolibusz trolley-bus [troli-bâsz]
trolibuszmegálló trolley-bus stop [troli-bâsz sztop]
tubus tube [tyúb]
tucat dozen [dâzn]
tud *(ismer vmit)* knows [nóz]; *(képes megtenni)* can (do) [ken (dú)]; is able to (do) [iz ébl tu (dú)]; ~**om** I know [áj nó]; **nem** ~**om** I do not know [áj dónt nó]; ~ **angolul?** can you speak English [ken jú szpík inglis]?; ~**na cigarettát adni?** could you give me some cigarettes [kud ju giv mi szâm szigərec]?; **nem** ~**tunk átmenni** we could not get through to [vi kudnt get szrú tu] →**tudni**
TUDAKOZÓ *(helyiség)* inquiry office [inkvájəri ofisz]
tudakozódni to make inquiries about sth [tu mék inkvájəriz əbaut szâmszing]
tudás knowledge [nolidzs]
tudatni to let sby know [tu let szâmbədi nó]
tudni *(vmit)* to know [tu nó]; *(vmiről)* to be aware of [tu bí eveer ov]; **szeretném** ~ I should like to know [áj sud lájk tu nó] →**tud**
tudniillik namely [némli]
tudnivaló(k) information [infərmésn]
tudomány science [szájənsz]
tudományos scientific [szájəntifik]; ~ **kutató/munkatárs** research worker [riszörcs vörkər], researcher [riszörcsər]
tudósítás *(újságban)* report [ripórt]

... túl beyond ... [bijond]; *(időben)* past [pászt]; *(túlságos)* too [tú]; ~ **sok** too much [tú mács]

tulajdon property [propǝrti]

tulajdonos owner [ónǝr]

túlmelegszik (it) overheats [óvǝrhíc]

túlóra overtime [óvǝrtájm]

túlsúly excess weight [ikszesz véjt], excess baggage [ikszesz begidzs]

túlzás exaggeration [igzedzsǝrésn]

túra excursion [ikszkőrsn], tour [túr]

turista tourist [túriszt]

turistaház tourist hostel/lodge [túriszt hosztl/lodzs]

turistaidény touring season [túring szízn]

turistaosztály tourist/economy class [túriszt/ikonǝmi klász]

turistaszállás tourist home/lodge [túriszt hóm/lodzs]

turistaszálló (tourist) hostel [(túriszt) hosztl]

turisztika tourism [túrizm]

turmix milk-shake [milk-sék]

turmixgép blender [blendǝr]

turné tour [túr]

turnus *(étkezésnél)* sitting [sziting]

túró (milk) curds [(milk) kőrdz]

túrógombóc curd(s) dumplings [kőrd(z) dâmplingz]

túrós csusza pasta with soft cheese [pesztǝ vid szoft csíz]

tű needle [nídl]

tüdő lung(s) [lâng(z)]

tüdőgyulladás pneumonia [nyúmónjǝ]

tükör looking-glass [luking-glász], mirror [mirǝr]

tükörtojás fried egg [frájd eg]

tünet symptom [szimtǝm]

tűnik *(látszik)* seems [szímz], looks [luksz]

tüntetés demonstration [dǝmonsztrésn]

türelem patience [pésnsz]

türelmetlen impatient [impésnt]

tűrhetetlen unbearable [ânbeerǝbl]

tűrni to endure [tu ingyúr]

tüszős mandulagyulladás follicular tonsillitis [fəlikjulər tonszi-lájtisz]

tűz fire [fájər]; **tüzet rakni** to lay a fire [tu léj e fájər]; **tüzet kérek!** a light, please [e lájt, plíz]!

tüzelőanyag fuel [fjúəl]

tűzijáték fireworks [fáərvörksz]

tűzoltóautó fire engine [fájər endzsin]

TŰZOLTÓK fire-brigade [fájər-brigéd], *(US)* fire department [fájər dipártment]

tv, TV = *televízió*

Ty

tyúk hen

tyúkleves chicken soup [csikin szúp]

tyúkszem corn [kórn]

tyúkszemtapasz corn plaster [kórn plásztər]

U, Ú

u. = *utca* street, St. [sztrít]

uborka cucumber [kjúkâmbər]

uborkasaláta cucumber-salad [kjúkâmbər-szeləd]

udvar yard [járd]

udvarias polite [pəlájt]

udvariatlan impolite [impolájt]

ugrani to jump [tu dzsámp]

ugrás jump [dzsâmp]

úgy so [szó]; ~ **látszik/tűnik** it seems [it szímz]

ugyanakkor at the same time [et də szém tájm]

ugyanaz(t) the same [də szém]

ugyanis namely [némli], that is [det iz]

ugyanolyan the same ... as [dö szém ez]

ugyanúgy in the same way [in də szém véj]

ugye isn't it [iznt it]?; ~ **beszél angolul?** you speak English, don't you [jú szpík inglis, dónt jú]?; ~ **eljön?** you will come, won't you [ju vil kâm, vónt ju]?; ~ **tud úszni?** you can swim, can't you [ju ken szvim, kánt ju]?

úgynevezett so-called [szó-kóld]

új new [nyú]

újabban recently [ríszntli]

újból again [egen]

újburgonya new potatoes [nyú pətétóz]

újév new year [nyú jiər], *(napja)* New-Year's Day [nyú jiərz déj]

újévi üdvözlet New Year's greetings [nyú jiərz grítingz]

ujj *(kézen)* finger [fingər]; *(lábon)* toe [tó]; *(ruháé)* sleeve [szlív]

újjáépítés reconstruction [rikənsztrâksn]

újra again [egen]

újraoltás revaccination [rívekszinésn]

újság news [nyúz]; *(lap)* newspaper [nyúszpépər]; **mi ~?** what is the news [vac də nyúz]?

újságárus newsagent [nyúzédzsənt]; *(utcai)* newsman [nyúz-men]; *(bódé)* news-stand [nyúz-sztend]

újságcikk article [ártikl]

újságíró journalist [dszőrnəliszt]

ultrarövidhullám (URH) very high frequency (VHF) [veri háj fríkvənszi]; ultra-short wave [âltrə-sórt vév]

unalmas dull [dâl]

unoka grandchild [grencsájld]

unokahúg niece [nísz]

unokaöcs nephew [nevjú]

unokatestvér cousin [kâzn]

úr gentleman [dzsentlmen]; *(megszólítás)* Sir [ször]; *(tulajdonos, gazda)* master [másztər]; *(névvel együtt)* **Brown** ~ Mr. Brown [misztər Braun]
URAK Gentlemen [dzsentlmen]
URH →**ultrarövidhullám**
URH-kocsi radio car [rédió kár], patrol car [pətról kár]
USA = *Amerikai Egyesült Államok*
úszás swimming [szviming]
úszni to swim [tu szvim]
úszó swimmer [szvimər]
uszoda swimming-pool [szviming-púl]
úszómedence swimming-basin [szviming-bészn]
út way [véj]; *(közút)* road [ród]; street [sztrít]; *(US)* highway [hájvéj]; *(utazás)* journey [dzsőrni], trip; *(hajóval)* voyage [vojidzs]; ~**nak indulni** to set out (on a journey) [tu szet aut (on e dzsőrni]; ~**on van** is under way [iz ândər véj]; **az** ~**ra** for the trip/journey [for də trip/dzsőrni]
útakadály road-block [ród-blok]
útállapot szolgálat road-condition service [ród-kəndisn szörvisz]
utalvány → **postautalvány**
után after [áftər]; **10** ~ after 10 (o'clock) [áftər ten (ə'klok)]
utánaküldeni to forward to [tu fórvəd tu]
utánállítani to readjust [tu rí-edzsâszt]
utánfutó trailer [trélər]; *(sátorral felszerelt)* campavan [kempəvən]
utántölteni to refuel [tu rífjuəl], to refill [tu rífil]
utánvét(t)el cash on delivery (C.O.D.) [kes on diliveri]
utas passenger [peszindzsər], travel(l)er [trevlər]
utasfelvétel check-in [csek-in]
utasítás instruction [insztrâksn]
utaslista passenger list [peszindzsər liszt]
utastér passenger compartment [peszindzsər kəmpártment]
utazás *(hosszabb)* journey [dzsőrni], travel [trevl], tour [túr]; *(tengeri)* voyage [vojidzs]; *(rövidebb)* trip; ~ **hajón** travel(l)ing by ship [trevling báj sip]; ~ **repülőgépen** travel(l)ing

by air [trevling báj eer]; ~ **vonaton** travel(l)ing by train [trevling báj trén]; **egyszeri** ~**ra szóló jegy** single ticket [szingl tikit]; **az** ~ **időpontja** date of travel [dét ov trevl]

utazási travel [trevl]; ~ **biztosítás** travel insurance [— insúrənsz]; ~ **csekk** travel(l)er's cheque/check [trevlərz csek]; ~ **iroda** travel agency/office [trevl édzsənszi/ofisz]

utazni to travel [tu trevl], *(vhova)* to go to [tu gó tu], to leave for [tu lív for]; **hova utazik?** where do you go (to) [veer du ju gó (tu)]?; **mikor utazik?** when are you leaving [ven ár jú líving]?

utazó passenger [peszindzsər], *(kereskedelmi is)* travel(l)er [trevlər]

utazók, utazóközönség travel(l)ers [trevlərz]

utazósebesség cruising speed [krúzing szpíd]

útbaigazítani to show the way [tu só dö véj]; to inform [tu infórm]

útburkolati jelek road markings [ród márkingz]

utca street [sztrít]

utcai street [sztrít]; ~ **árus** street vendor [— vendər]; ~ **ruha** casual wear [kezsuəl veer]; ~ **szoba** front room [front rum]

utcasarok (street) corner [(sztrít) kórnər]

útelágazás (road) junction [(ród) dzsânksn], *(US)* intersection [intərszeksn]

ÚT ELZÁRVA road closed [ród klózd]

ÚTÉPÍTÉS road works [ród vörksz]

úthálózat road network [ród netvörk]

úthálózati térkép road atlas [ród etləsz]

úthasználati díj toll [tól]

úti *(utazási)* travel(ling) [trevling]; ~ **cél** destination [desztinésn]; ~ **okmányok** travel documents [trevl dokjumənc]; ~ **program** itinerary [ájtinərəri]

úticsekk traveller's cheque/check [trevlərz csek]

útikalauz guide(book) [gájd(buk)]

útiköltség fares [feerz]; *(összes)* travel expenses [trevl ikszpenssziz]

útipoggyász luggage [lâgidzs], *(US)* baggage [begidzs]

útirány direction [direksn], route [rút]

útitárs travel(l)ing companion [trevling kəmpenyən]

útiterv itinerary [ájtinərəri]

útjelző tábla guide-post [gájd-poszt]

útkanyarulat bend, *(US)* curve [kőrv]; ~ **jobbra** right bend/curve [rájt bend/kőrv]

útkereszteződés crossing [kroszing], cross-road [krosz-ród], junction [dzsânksn], *(US)* intersection [intərszeksn]; ~ **alárendelt útvonallal** intersection with non-priority road [intərszeksn vid non-prájoriti ród]

útközben on the way [on də véj]; en route [an rút]

útleágazás exit [ekszit]

útleírás *(könyv)* travel book [trevl buk]

útlevél passport [pászpórt]; **útlevelet kérni** to apply for a passport [tu epláj for e pászpórt]; ~ **- és vámkezelés** passports and customs [pászpórc end kâsztəmz]

útlevél(fény)kép passport photo [pászpórt fótó]

útlevélkérő lap (passport) application form [pászpórt eplikésn fórm]

útlevélosztály passport office [pászpórt ofisz]

útlevélszám passport No. [pászpórt nâmbər]

útlevél tulajdonosa holder of passport [hóldər ov pászpórt]

útlevélvizsgálat passport control [pászpórt kontról]

útmegszakítás break of journey [brék ov dzsőrni], *(éjszakára)* stopover [sztopóvər]

út menti wayside [véjszájd]

útmutató guide [gájd]

utókezelés after-treatment [áftər-trítment]

utolérni to overtake [tu óvərték]

utoljára for the last time [for də lászt tájm]

utolsó last [lászt]

utolsó előtti last but one [lászt bât van]

utónév Christian/first name [krisztjən/főrszt ném]

utószezon late season [lét szízn]

útpadka hard shoulder [hárd sóldər]

útravaló provisions for the journey [prəvizsnz for də dzsőrni]
útszámozás *(térképen)* road number [ród nâmber]
útszűkület road narrows [ród neróz], narrow road [neró ród]
úttest road(way) [ród(véj)], carriageway [keridzsvéj]
útviszonyok road conditions [ród kəndisnz], state of the road [sztét ov də ród]
útvonal route [rút]; *(vasút)* line [lájn]; **vmilyen ~on** by way of [báj véj ov], via [vájə]
uzsonna tea [tí]

Ü, Ű

üdítőital(ok) soft drink(s) [szoft drink(sz)]
üdülni to be on holiday [tu bí on holədi]
üdülő *(ház)* rest home/house [reszt hóm/hausz]; *(személy)* holiday maker [holədi mékər]
üdülőhely holiday centre/resort [holədi szentər/rizort]
üdülőhelyi díj/illeték visitors' tax [vizitərz teksz]
üdvözlés greeting [gríting]
üdvözlet greeting [gríting]; **szívélyes ~tel** Yours sincerely [jorz szinsziərli]
üdvözlöm! How do you do [hau du ju dú]?
üdvözölni *(üdvözletet küldeni)* to send greetings [tu szend grítingz]
ügy business [biznisz]
ügyeletes on duty [on gyúti]
ÜGYELETES GYÓGYSZERTÁR chemist on night duty [kemiszt on nájt gyúti]; **legközelebbi ~** nearest chemist open [nírəszt kəmiszt ópn] ...
ÜGYELJÜNK A TISZTASÁGRA! no litter please
ügyes clever [klevər]
ügyfél client [klájənt]

ügynök agent [édzsənt]
ügynökség agency [édzsənszi]
ügyosztály department [dipártmənt]
ügyvéd lawyer [lójər]
ügyvezető igazgató managing director [menədzsing direktər]
ülés *(hely)* seat [szít]; *(gyűlés)* session [szesn], meeting [míting]
ülni to sit [tu szit]; **hol ül ön?** where are you sitting [veer ár ju sziting]?
ülőhely seat [szít]
ünnep holiday [holədi]; feast [fiszt]; *(ünnepség)* celebration [szelibrésn]
ünnepelni to celebrate [tu szelibrét]
ünnepi festive [fesztiv]; ~ **alkalom** festive occasion [fesztiv əkézsn]; ~ **ebéd** banquet [benkvit]; ~ **játékok** festival [fesztəvl]
ünnepnap holiday [holədi]
űr *(világűr)* space [szpész]
üres empty [emti]; *(el nem foglalt)* free [frí], vacant [vékənt]; ~ **ben van** is in neutral (gear) [iz in nyútrəl (giər)]
üresjárat neutral gear [nyútrəl giər]
űrhajó spaceship [szpészsip]
űrkutatás space research [szpész riszőrcs]
űrlap (printed) form [(printid) form]
űrrepülés space flight [szpész flájt]
űrtartalom cubic capacity [kjúbik kəpesziti]
ürügy pretext [prítəkszt]
ürühús mutton [mâtn]
ütés blow [bló]
ütni to strike [tu sztrájk], to hit [tu hit]
üveg *(anyag)* glass [glász]; *(palack)* bottle [botl]
üzem plant [plánt], works [vörksz]; ~ **ben tartani** to operate [tu opərét], to work [tu vőrk]
üzemanyag fuel [fjúəl]
üzemanyagtartály fuel tank [fjúəl tenk]
üzemképes állapotban in working order [in vőrking órdər], in running order [in râning órdər]

üzemzavar breakdown [brékdaun]

üzenet message [meszidzs]; **~ em van az ön részére** I have a message for you [ájv e meszidzs for jú]

üzenetrögzítő (telephone) answering machine [(telifón) ânszəring məsín], answerphone [ânszərfón]

üzenni *(vkinek)* to send word to sby [tu szend vőrd to szâmbedi]

üzlet business [biznisz]; *(helyiség)* shop [sop]; *(US)* store [sztór]

üzletember businessman [bizniszmen]

üzleti negyed business district [biznisz disztrikt], *(US)* downtown [dauntaun]

üzleti ügyben on business [on biznisz]

üzletvezető manager [menidzsər]

V

v. = *vagy* or [or]

vacsora supper [szâpər]

vacsorázni to have supper/dinner [tu hev szâpər/dinər]

vad 1. wild [vájld] **2.** *(állat)* game [gém]

vadállat wild animal [vájld eniməl]

vadhús *(őzé, szarvasé)* venison [venzn]

vadaspark wildlife park [vájldláfj párk]

vadász hunter [hântər]

vadászat shooting [súting]

vadászati engedély shooting licence [súting lájszənsz]

vadászfegyver shotgun [sotgân]

vadászház shooting-lodge [súting-lodzs]

vadászkutya hunting dog [hânting dog]

vadászni to hunt [tu hânt]

vadászterület hunting-ground(s) [hânting-graund(z)]

vadászzsákmány bag [beg]

vaddisznó wild boar [vájld bór]

vadkacsa wild duck [vájld dâk]
vadnyúl hare [hee*r*]
vádolni to accuse [tu ekjúz]
vadonatúj brand new [brend nyú]
vadregényes romantic [r*ə*mentik]
vadrezervátum (nature) reserve [(nécs*ə*r) riz*ő*rv]
vágány (rail-)track [(rél-)trek]; *(állomáson peron)* platform [pletfó*r*m]
vagdalt hús mince(d meat) [minsz(t mít)], hamburger [hembö*r*g*ə*r]
vágni to cut [tu kât]
vagon wagon [veg*ə*n]
vagy or [o*r*]; ~ ... ~ either ... or [ejd*r* ... o*r*]
te **vagy** you are [ju á*r*] →**van**
vágy desire [dizáj*ə*r]
vagyis that is to say [det iz tu széj]
én **vagyok** I am [áj em] →**van**
vagyon fortune [fó*r*cs*ə*n]
ti **vagytok** you are [ju á*r*] →**van**
mi **vagyunk** we are [vi á*r*] →**van**
vaj butter [bât*ə*r]
vajas buttered [bât*ə*rd]; ~ **kenyér** bread and butter [bred end bât*ə*r]
vajastészta puff pastry [pâf pésztri]
vajon if, whether [ved*ə*r]; ~ **ki ő?** I wonder who he is [áj vând*ə*r hú hí iz]?; ~ **eljön-e?** I wonder if he'll come [áj vând*ə*r if hivl kám]?
vak blind [blájnd]
vakáció holiday(s) [hol*ə*di(z)]
vakbélgyulladás appendicitis [ep*ə*ndiszájtisz]
vakít blinds [blájndz], dazzles [dezlsz]
vaku flash(gun) [fles(gân)]
valahogyan somehow [számhau]
valahol somewhere [számvee*r*]

valaki somebody [szâmbədi]; *(kérdésben és tagadáskor)* anybody [enibodi]; ~**nek** for/to somebody [for/tu szâmbədi]; ~**t** somebody

valamennyi all [ól] *(utána többes szám);* every [evri] *(utána egyes szám)*

valami *(állításokban)* something [szâmszing]; *(kérdésben és tagadáskor)* anything [eniszing]

valamikor once [vansz]

valamint as well as [ez vel ez]

válasz answer [ánszər], reply [ripláj]; ~ **fizetve** reply paid [ripláj péjd]

válaszkupon reply-coupon [ripláj-kúpon]

válaszolni to answer [tu ânszər], to reply [tu ripláj]

választani to choose [tu csúz]; **ezt választom!** I shall take his (one) [ájl ték disz (van)]!; **választott már?** have you made your choice [hev ju méd jor csojsz]?

választás *(politikai)* election [ileksn]; *(több közül)* choice [csojsz]

választék choice [csojsz]

váll shoulder [sóldər]

vállalat company [kâmpəni]

vállalkozás undertaking [ândərtéking], *(kisebb)* (small) business [(szmól) biznisz]

vállalkozó entrepreneur [antrəprənőr]

vállalni *(vmit)* to undertake sth [tu ândərték szâmszing]

vallás religion [rilidzsn]

vállfa clothes hanger [klódz hengər]

való *(valamiből készült)* is made of [iz méd ov]; **hova** ~**?** where do you come from [veer du ju kâm from]?; **mire** ~**?** what is it used for [vat iz it júzd for]?; **gyerekeknek** ~ **könyv** a book for children [e buk for csildrən]

valóban indeed [indíd]

valódi real [riəl]

válogatni to choose [tu csúz]

válogatott selected [szilektid]

a **valóságban** in reality [in rieliti]

valószínű probable [probəbl]

valószínűleg probably [probəbli]

valótlan untrue [ântrú]

válság crisis [krâjszisz]

váltakozó alternate [óltőrnit]; ~ **áram** alternate current [óltőrnit kârənt]; ~ **várakozás** unilateral parking on alternate days [júniletərəl párking on óltőrnit déjz]

váltani *(ruhát)* to change (clothes) [tu cséndzs klódz]; *(pénzt)* to change (money) [tu cséndzs (mâni)]; **jegyet** ~ to buy/book seats/tickets [tu báj/buk szíc/tikic]

váltó *(vasúti)* points [pojnc]

váltófutás relay race [riléj rész]

váltósúly welterweight [veltərvéjt]

változás change [cséndzs]

változatlan unchanged [âncséndzsd]

a **változatosság kedvéért** for a change [for e cséndzs]

változni to change [tu cséndzs]; **változott a program** the program(me) has changed [də prógrem hez cséndzsd]

valuta (foreign) currency [(forin kârənszi]

valutaárfolyam rate of exchange [rét ov ikszcséndzs]

vám *(hely)* customs [kâsztəmz]; *(díj)* customs duty [— gyúti]

vámbevallás customs declaration [kâsztəmz deklərésn]

vám- és devizanyilatkozat customs and currency declaration [kâsztəmz end kârənszi deklərésn]

vámhatóság(ok) customs authorities [kâsztəmz oszoritiz]

vámhivatal customs house [kâsztəmz hausz]

vámkedvezmény customs preference [kâsztəmz prefərənsz]

vámkezelés customs clearance [kâsztəmz kliərənsz]

vámköteles subject tu duty [szâbdzsekt tu gyúti]; **ez** ~**?** is that dutiable [iz det gyútjəbl]?

vámmentes bolt duty-free shop [gyúti-frí sop]

vámmentes(en) duty-free [gyúti-frí]

vámnyilatkozat customs declaration [kâsztəmz deklərésn]

vámnyugta clearance paper [kliərensz pépər]

vámos, vámőr, vámtiszt customs officer [kâsztəmz ofiszər]
vámrendelkezések customs regulations [kâsztəmz regjulésnz]
vámszabad raktár bonded warehouse [bondid veerhauz]
vámtarifa customs tariff [kâsztəmz terif]
vámvizsgálat customs clearence [kâsztəmz klíərensz]
van 1. is [iz]; exists [igziszc]; *(létezik)* there is ... [deer iz]; **~nak**
... there are [deer ár] ...; **itt ~** here it is [hiər it iz]!; **ő ~ itt**
he/she is here [hí/sí iz hiər]; **ők Bécsben ~nak** they are in
Vienna [déj ár in vienə]; **hogy ~?** how are you [hou ár ju]?;
hétfő ~ it is Monday [it iz mândi]; **~ közvetlen vonat ...-be?**
is there a through train to ... [iz deer e szrú trén tu]? →**vagy,**
vagyok, vagytok, vagyunk 2. *(birtoklás)* **~ vmije** has sth [hez
szâmszing]; **~ valami elvámolnivalója?** have you anything to
declare [hev ju eniszing tu dikleer]?; **~ (Önnek) kocsija? —**
Igen van. Have you (got) a car [hev ju (got) e kár]? — Yes, I
have [jesz, áj hev]
vaníliafagylalt vanilla ice [vənilə ájsz]
vár castle [kászl]
várakozás parking [párking]
várakozni *(autó)* to park [tu párk]; **~ tilos** no parking [nó pár-
king], parking is forbidden [párking iz fəbidn]
várakozóhely parking area [páring eeriə]
várakozó jármű parked vehicle [párkd viəkl]
váratlan unexpected [ânikszpektid]
varieté variety show [vərájəti só]
varieté(színház) music hall [mjúzik hól]
várni to wait [tu véjt]; **várj egy kicsit** wait a moment [véjt e
mómənt]; **várlak!** I shall be expecting you [ájl bí ikszpekting
jú]!; **Önre várok** I am waiting for you [ájm véjting for jú]; **so-**
káig vártam I waited for a long time [áj véjtid for e long tájm];
egy telefont várok I am waiting for a (phone) call [ájm véjting
for e (fón) kól]
várólista waiting-list [véjting-liszt]
város town [taun], *(nagyobb)* city [sziti]
városháza town-hall [taun-hól]

városi town [taun]; ~ **iroda** town terminal [taun törminl]; *(légitársaságé)* air terminal [eer —]; ~ **lámpa** side lamp/light [szájd lemp/lájt]; ~ **vonal** outside line [autszájd lájn]

városközpont town centre [taun szentər]

Városliget the City Park [də sziti párk]

városnézés sightseeing [szájtszíing]

városnéző autóbusz sightseeing bus [szájtszíing bâsz]; ~ **körséta** sighseeing tour [szájt-szíing túr]

városrész district (of a town) [disztrikt (ov e taun)]

VÁRÓTEREM waiting room [véjting rúm]

varrás seam [szím]; ~ **nélküli** seamless [szímlisz]

varrni to sew [tu szó]

varrókészlet sewing kit [szóing kit]

varrónő *(ruha)* dressmaker [dreszmékər]

varrótű (sewing) needle [(szóing) nídl]

vas iron [âjən]

vasalni to iron [tu ájən], to press [tu presz]

vasaló iron [ájən]

vásár market [márkit]; *(nagy)* fair [feer]

vásárcsarnok market-hall [márkit-hól]

vásárló buyer [bájər], customer [kâsztəmər]

vasárnap Sunday [szândi]

vásárolni to buy [tu báj]; *(bevásárolni)* to go shopping [tu gó soping]; **mit akar ~?** what do you want to buy [vat du ju vant tu báj]?

vaskereskedés hardware shop [hárdveer sop]

vastag thick [szik]

vasút railway [rélvéj], *(US)* railroad [rélród]; ~ **on** by rail [báj rél]

vasútállomás railway station [rélvéj sztésn]

vasúti railway [rélvéj], *(US)* railroad [rélród]; ~ **átjáró** railway/railroad crossing [— kroszing]; *(szintbeni)* level-crossing [levl-kroszing]; ~ **csomópont** railway junction [— dzsânksn]; ~ **híd** railway bridge [— bridzs]; ~ **jegy** railway ticket [— tikit]; ~ **kocsi** railway carriage [— keridzs]; *(US)* railroad coach [rélród kócs]; ~ **menetrend** railway guide [— gájd]; ~ **összeköttetés** railway connection [— kəneksn]

vászon linen [linin]

vatta cotton-wool [kotnvú]

váza flower vase [flauər váz]

vázlat sketch [szkecs]

vázlatkönyv sketch-book [szkecs-buk]

vécé lavatory [levətəri], W.C. [dâbljú-szi]; *(US)* bathroom [bászrúm]; **van a közelben nyilvános ~?** is there a public convenience near here [iz deer e pâblik kənvínjənsz niər hiər]?

vécépapír toilet paper [tojlit pépər]

védeni to defend [tu difend]; to protect [tu prətekt]

védett útvonal priority road [prájoriti ród]

védjegy trademark [trédmárk]

védőhuzat slip-cover [szlip-kâvər]

védőoltás vaccination [vekszinésn]

vég end [end]; **~e** (the) end [(di) end]; **a ~én** *(végül)* in the end [in di end]; **a hét ~én** at the end of the week [et di end ov də vík]; **~et ér** come to an end [kâm tu en end]

VÉGÁLLOMÁS terminus [törminəsz], terminal (station) [törminəl (sztésn)]; **~!** all change [ól cséndzs]!

vegetári(án)us vegetarian [vedzsiteriən]

végezetül finally [fájnəli]

végezni *(munkát)* to do [tu dú], to perform [tu pörfórm]; **végzett már?** have you finished [hev ju finist]?; **ha végzett** if you have finished [if ju hev fínist]; **Oxfordban végzett** he graduated from O. [hi gregyuétid from O.]

végig to the end [tu di end]; **~ az úton** all along the road [ól əlong də ród]; **~ velünk volt** he was with us all along [hi voz vid âz ól əlong]

végigmenni *(utcán)* to walk down (the street) [tu vók daun (də sztrít)]

végigolvasni to read through [tu ríd szrú]

végleges final [fájnl]

végösszeg sum total [szâm tótl]

végre at last [et lászt]; ~ **is** after all [áftər ól]

végrehajtani *(vmit)* to carry out [tu keri aut]

végrendelet (last) will [(lászt) vil]

végső last; ~ **ár** lowest price [lóəszt prájsz]

végszükség emergency [imőrdzsənszi]

végtag(ok) limb(s) [lim(z)]

végül is after all [áftər ól]

végzetes fatal [fétl]

végzettség qualification [kvolifikésn]

végződik ends [endz]

vegyes(en) mixed [mikszt]

vegyes vállalat joint venture [dzsojnt vencsőr]

vegyész chemist [kemiszt]

vegyészmérnök chemical engineer [kemikl endzsiniər]

vegytisztítás dry-cleaning [dráj-klíning]

vegytisztító dry cleaners [dráj klínərz]

vékony thin [szin]

vele with him/her/it [vid him/hőr/it]; ~ **utazó** ... accompanying [ekâmpəniing] ...; ~**m** with me [vid mí]; ~**tek** with you [vid jú]

vélemény opinion [əpinyən], view [vjú]; ~**em szerint** in my opinion [in máj əpinyən]

véletlenül by chance [báj csánsz]

velő *(étel)* brains [brénz]

velük with them [vid dem]

velünk with us [vid âz]

vendég *(hívott)* guest [geszt], *(látogató, szállodában is)* visitor [vizitər]

vendégcsapat visiting team [viziting tím]

vendégkönyv visitors' book [vizitərz buk]

vendéglátás hospitality [hoszpiteliti]

vendéglátó *(férfi)* host [hószt]; *(nő)* hostess [hósztesz]

VENDÉGLŐ restaurant [resztərón]

vendégművész guest artist [geszt ártiszt]

vendégség party [párti]

vendégszereplés guest performance [geszt pərfórmənsz]
vendégszeretet hospitality [hoszpiteliti]
vendégszoba guest room [geszt rúm]
venni *(vmiből)* to take [tu ték]; *(vásárolni)* to buy [tu báj]; **ve-gyen még!** help yourself to some more [help jorszelf tu szâm mór] →**vesz**
ventilátor fan [fen]
ventilátorszíj fan-belt [fen-belt]
vény prescription [priszkripsn]
vér blood [blâd]
véralkoholszint blood alcohol level [blâd elkəhol levl]
vérátömlesztés blood transfusion [blâd trənszfjúzsn]
vércsoport blood group [blâd grúp]
verejték sweat [szvet]
verekedés fight [fájt]
verekedni to fight [tu fájt]
verés beating [bíting]
vereség defeat [difít]
véres hurka black pudding [blek puding]
vérezni to bleed [tu blíd]
vérkép blood count [blâd kaunt]
vérmérgezés blood poisoning [blâd pojzning]
vérnyomás blood-pressure [blâd-presər]
vers verse [vőrsz], poem [póim]
versengés competition [kompitisn]
verseny contest [konteszt], race [rész]
versenyautó racing car [részing kár]
versenyezni to compete [tu kəmpít]
versenyló race-horse [rész-hórsz]
verseny(mű) *(zenei)* concerto [kəncsőrtó]
versenyző competitor [kəmpetitər]
vérvizsgálat blood test [blâd teszt]
vérzés bleeding [blíding]
vérzik is bleeding [iz blíding]
vese kidney [kidni]; ~ **velővel** kidney and brains [kidni end brénz]

vesegörcs renal colic [rínl kolik]
vesekő (kidney) stone [(kidni) sztón]
vesepecsenye sirloin [szörlojn], *(US)* tenderloin [tendərlojn]
vesz →venni
veszekedni to quarrel [tu kvorl]
veszély danger [déndzsər]; ~ **esetén** in an emergency [in en imőrdzsənszi]
veszélyes dangerous [déndzsrəsz]; ~ **lejtő** dangerous hill [déndzsrəsz hil]
VÉSZFÉK communication cord [kəmjúnikésn kórd]
veszíteni to lose [tu lúz]
VÉSZKIJÁRAT emergency exit [imőrdzsənszi ekszit]
vesztegzár quarantine [kvorəntín]
veszteség loss [losz]; *(kár)* damage [demidzs]
vétel *(vásárlás)* purchase [pőrcsəsz]; *(rádió, tévé)* reception [riszepsn]
vetítőgép cine-projector [szini-prədzsektər]
vetítővászon screen [szkrín]
vetkőzni to undress [tu ândresz]
vétség offence [əfensz]
vevény receipt [riszít]
vevő purchaser [pőrcsəszər], customer [kâsztəmər]
vevőszolgálat service department [szőrvisz dipártmənt]
vezényelni *(karmester)* to conduct [tu kəndâkt]
vezércikk editorial [editóriəl]
vezérel control [kəntról]
vezérigazgató managing director [menidzsing direktər]
vezérműtengely camshaft [kemsáft]
vezeték *(huzal)* wires [vájərz]; *(cső)* pipe [pájp]; **a ~ érintése életveszélyes!** danger, high voltage [déndzsər, háj voltidzs]!
vezetéknév surname [szörném], family name [femili ném]
vezetni to lead [tu líd], *(autót)* to drive [tu drájv]; *(üzemet, háztartást)* to run [tu rân]; **tud kocsit ~?** can you drive a car [ken ju drájv ə kár]?; **ez az ajtó vezet ...** this door leads to [disz dór lídz tu] ...

vezető leader [lídər]; *(autóé, mozdonyé)* driver [drájvər]; *(vállal-kozásé)* manager [menidzsər]; **~ nélküli bérautó** self-drive car [szelf-drájv kár], *(US)* drive-yourself car [drájv-jorszelf kár]

vezetői engedély/jogosítvány driving licence [drájving lájszənsz], *(US)* driver's license [drájvərz —]

vezetőség management [menidzsment]

vezetőülés driving seat [drájving szít]

via via [vájə]

viadukt viaduct [vájədâkt]

vicc joke [dzsók]

vicces funny [fâni]

vidám merry [meri], jolly [dzsoli]

Vidám Park fun-fair [fán-feer]

vidék country [kântri]; *(város ellentéte)* country-side [kântri-szájd]; **~en** in the country [in də kântri]; **~re** to the country [tu də kântri]

vidéki város provincial town [prəvinsl taun]

videokamera video camera [vidiə kemərə]

videokazetta video cassette [vidiə kəszet]

videokészülék video (cassette) recorder, VCR [vidiə (kəszet) rikódər, vísziár]

videojáték TV/video game [tíví/vidiə gém]

videotéka video library [vidiə lájbrəri]

vígjáték comedy [komidi]

vígopera comic opera [komik opərə]

VIGYÁZAT! caution [kósn]!, danger [déndzsər]!

VIGYÁZAT! AUTÓ beware of traffic [biveer ov trefik]!

vigyázatlan careless [keerlisz]

VIGYÁZAT! LÉPCSŐ mind the steps [májnd də sztepsz]!

VIGYÁZAT! MAGASFESZÜLTSÉG danger! high voltage [déndzsər! háj voltidzs]

VIGYÁZAT! A TETŐN DOLGOZNAK danger! work overhead [déndzsər! vörk óvərhed]

vigyázni *(ügyelni)* to take care [tu ték keer]; **vigyázz!** look out [luk aut]!

VIGYÁZZ! beware [bivee*r*]!; *danger* [dén*d*zsə*r*] caution [kósn]!
VIGYÁZZ! HA JÖN A VONAT beware of the train [bivee*r* ov
də trén]!
VIGYÁZZ! A KUTYA HARAP beware of the dog [bivee*r* ov də
dog]!
vihar storm [sztó*r*m]
viharlámpa hurricane lamp [hâ*r*ikən lemp]
viharos stormy [sztó*r*mi]; ~ **átkelés** rough crossing [râf kro-
szing]
víkend weekend [víkend]
víkendház weekend cottage [víkend kotidzs]
világ world [vö*r*ld]; *(föld)* globe [glób]; **az egész** ~**on** all over
the world [ól óvə*r* də vö*r*ld]
világbajnok world champion [vö*r*ld csempjən]
világbéke universal peace [junivő*r*szl písz]
világcsúcs *(sport)* world record [vö*r*ld reko*r*d]
világháború world war [vö*r*ld vó*r*]
világhírű world-famous [vö*r*ld-fémə*s*z]
világítani to light [tu lájt]
világítás lights [lájc], light(ing) system [lájt(ing) szisztim]; ~**t be-
kapcsolni** to light up [tu lájt âp]
világkiállítás international/world exhibition [intə*r*nesnl/vö*r*ld
ekszibisn]
világos clear [kliə*r*], bright [brájt]; *(egyszerű)* simple [szimpl]; ~
sör ale [él]
világszerte all over the world [ól óvə*r* də vö*r*ld]
világváros metropolis [metropəlisz]
villa fork [fó*r*k]; *(ház)* villa [vilə], cottage [kotidzs]
villámlás lightning [lájtning]
villamos 1. electrical [ilekt*r*ikəl]; ~ **berendezés(ek)** electrical
equipment(s) [ilekt*r*ikl ikvipmənt(c)] **2.** *(jármű)* tram [trem],
(US) streetcar [sztrítká*r*]; ~**sal menni** to go by tram [tu gó
báj trem]
villamosmegálló(hely) tram stop [trem sztop]
villamosvasút electric railway [ilekt*r*ik rélvéj]

villanófény flashlight [fleslájt]
villany electricity [ilektrisziti]; *(lámpa)* electric light [ilektrik lájt]
villanyáram electric current [ilektrik kârənt], electricity [ilektrisziti]
villanybojler electric water-heater [ilektrik vótər-hítər]
villanyborotva electric razor [ilektrik rézər]
villanyfőző electric cooker [ilektrik kukər]
villanykapcsoló (light) switch [(lájt) szvics]
villanykörte bulb [bâlb]
villanylámpa electric lamp [ilektrik lemp]
villanyszerelő electrician [ilektrisn]
villáskulcs spanner [szpenər]
villogni to flash [tu fles]
villogó fény(jelzés) flashing light [flesing lájt]
villogtatni to flash (headlights) [tu fles (hedlájc)]
vinni *(vmit)* to carry [tu keri]; *(vhova)* to take [tu ték] →**visz**
virág flower [flauər]
virágárus *(boltos)* florist [floriszt]
virágvasárnap Palm Sunday [pám szândi]
virsli (Vienna) sausage [(vienə) szoszidzs], *(US)* wiener(-wurst) [vínər(-vurszt)]
viselkedés behaviour [bihévjər]
viselni *(hordani)* to wear [tu veer]
visz *(vmit)* is carrying [iz keriing; **magával** ~ takes along [téksz elong]; **vigyen kérem ...** take me to ... please [ték mí tu ... plíz]; **vittem neki virágot** I brought some flowers for her [áj brót szâm flauərz for hör]
viszonozni to return [tu ritörn]
viszont on the other hand [on di âdər hend]; ~ **kívánom!** the same to you [də szém tu jú]!
viszontlátásra! so long [szó long]!, see you later [szí ju létər]!
viszonyítva as compared to [ez kəmpeerd tu]
viszonylag comparatively [kəmperətivli]
vissza back [bek]

visszaadni to give back [tu giv bek]
visszafelé backwards [bekvədz]; *(az úton)* on the way back [on də véj bek]
visszafizetni to repay [tu rípéj]
visszafordul to turn back [tu törn bek]
visszaigazolás acknowledgement [əknolidzsmənt]
visszahozni to bring back [tu bring bek]
a visszajáró pénz (the) change [(də) cséndzs]
visszajönni to come back [tu kâm bek], to return [tu ritörn]; visszajött már? is she back [iz si bek]?
visszaküldeni to return sth [tu ritörn szâmszing], to send sth back [tu szend szâmszing bek]
visszamenni to go back [tu gó bek]; vissza kell mennem I must go back [áj mâszt gó bek]
visszapillantó tükör rear-view mirror [riər-vjú mirər]
visszatéríteni to refund [tu rífând]
visszatérítési igény claim for refund [klém for rífând]
visszatérni to return [tu ritörn]
visszautazás return (journey) [ritörn (dzsörni)]
visszavágó (mérkőzés) *(sport)* return match/game [ritörn mecs/gém]
visszaváltani to re-exchange [tu rí-ikszcséndzs]
visszavezetni to lead back [tu líd bek]
visszavinni to take back [tu ték bek]
visszavonhatatlan irrevocable [irrivókəbl]
visszavonni to withdraw [tu viddró]
visszhang echo [ekó]; *(eseményé)* reaction [rieksn]
vita debate [dibét]
vitamin vitamin [vitəmin], *(US)* vájtəmin]
vitatkozni *(vkivel)* to argue (with sby) [tu árgjú (vid szâmbedi)]
viteldíj fare [feer]
vitorla sail [szél]
vitorlás sailing-boat [széling-bót], yacht [jót]
vitorlázás sailing [széling], yachting [jóting]
vitt took [tuk] →visz

vívás fencing [fenszing]

víz water [vótər]; **a ~ben** in the water [in də vótər]

vízállás water-level [vótər-levl]

vízcsap tap [tep]

vizeletvizsgálat urinalysis [jurənáliszisz]

vizes wet

vízesés waterfall [vótərfól]

vízfestmény water-colour [vótər-kâlər]

vízhatlan waterproof [vótərprúf]

vízhűtés water cooling [vótər kúling]

vízi water [vótər]; **~ sport(ok)** water sports (vótər szporc], aquatics [ekvetiksz]; **~ úton** by water [báj vótər]

vízibusz water bus [vótər bâsz]

vízilabda water polo [vótər póló]

vízisí water-skis [vótər-szkíz]

vízszint (water-)level [(vótər-)levl]

vízszintes horizontal [horizontl]

vízum visa [vizə]; **~ ot kérni** to apply for a visa [tu epláj for e vizə] →**átutazóvízum; látogatóvízum**

vízumhosszabbítás extension of visa [iksztensn ov vizə]

vízumigénylés visa application [vizə eplikésn]

vízumkérő lap visa application form [vizə eplikésn form]

vízummentesség visa exemption [vizə igzemsn]

vízumszolgálat visa service [vizə szörvisz]

vízvezeték-szerelő plumber [plâmbər]

vizsga examination [igzeminésn], test [teszt]

vizsgálat examination [igzeminésn], *(nyomozás)* investigation [invesztigésn]

volán (steering) wheel [(sztíring) víl]

volna: (fontos) ~ it would be (important) [it vud bí (impórtənt)]; **ha (ön) magyar ~** if you were Hungarian [if ju vőr hângeeriən]; **ha autóm ~** if I had a car [if áj hed e kár]; **én is elmentem ~** I should have gone, too [áj sud hev gon, tú]

volt[1] 1. was [voz], were [vőr]; **~ (ön) Londonban?** have you been to L. [hev ju bín tu L.]?; **itt ~ ak tegnap** they were here yesterday [déj vőr hiər jesztərdéj]; **nem ~am ott** I was not there [I voznt deer]; **mind ott ~unk** we were all there [vi vőr ól deer] **2, neki ~ autója** he had a car [hí hed e kár]

volt[2] former [főrmər]

volt[3] *(villamosság)* volt

vonal line [lájn]; **tartsa a ~at!** hold the line [hóld də lájn]!; **a ~ foglalt** the line is engaged/busy [də lájn iz ingédzsd/bizi]

vonat train [trén]; **~on/tal utazni** to go by train [tu gó báj trén]; **~ra szállt** he took a train [hí tuk e trén]

vonatkozó concerning [kənszörning]

vonatkozólag referring to [rifőring tu]

vontatás towing [tóing]

vontatási költségek towing charges [tóing csárdzsiz]

vontatni to tow [tu tó]

vontatókötél towline [tólájn], towrope [tóróp]

vonzó attractive [etrektiv]

vő son-in-law [szân-in-ló]

vödör bucket [bâkit]

vőlegény fiancé [fianszé]; *(esküvőn)* bridegroom [brájdgrum]

völgy valley [veli]

vörheny scarlet fever [szkárlit fivər]

vörös red

vörösbor red wine [red vájn]

Vöröskereszt Red Cross [red krosz]

W

Wales Wales [veilz]

watt watt [vot]

WC WC [dâbljú-szí], toilet [tojlit]

Y

Y-elágazás Y junction [váj dzsânksn]

Z

zab oats [óc]
zabkása (porridge) oats [(poridzs) óc]
zabpehely oatflakes [ótfléksz]
zacskó bag [beg]
zacskós tej milk in a plastic bag [milk in e plesztik beg]
zaj noise [nojz]
zajos noisy [nojzi]
zakó coat [kót], jacket [dzsekit]
zálog pawn [pón]
zápor shower [sauər]
zár lock [lok]; *(fényképezőgépen)* shutter [sâtər]
zárni to close [tu klóz], *(kulcsra)* to lock [tu lok]; **zárva van** is closed [iz klózd]
záróra closing time [klózing tájm]
záróvonal *(Magyarországon)* continuous white line [kəntinyuəsz vájt lájn], *(GB, US)* double white line [dâbl vájt lájn]
ZÁRVA closed [klózd]
zászló flag [fleg]
zavar *(zűr)* confusion [kənfjúzsən]; *(anyagi)* difficulty [difikəlti]; *(vmi működésében)* breakdown [brékdaun]
zavarni to disturb [tu disztörb]; **kérem ne zavarjanak** please do not disturb [plíz dú nət disztörb]; **bocsánat, hogy zavarom** I am sorry to bother you [áj em szori tu bódər jú]
zavartalan(ul) undisturbed [ândisztörbd]
zebra *(átkelőhely)* zebra (crossing) [zíbrə (kroszing)]

zeller celery [szeləri]
zene music [mjúzik]
zenekar orchestra [órkisztrə]
zenemű piece of music [písz ov mjúzik]
zenemű-kereskedés music shop [mjúzik sop]
zenés (víg)játék musical (comedy) [mjúzikəl (komidi)]
zenész musician [mjúzisn]
zeneszerző composer [kəmpózər]
zéró nought [nót], zero [ziəró]
zivatar thunderstorm [szândərsztórm]
zokni socks [szoksz]
zóna zone [zón]; ~ **adag/étel** *(small portion usu. to be had in smaller restaurants)*
zongora piano [pjánó]
zongoraművész, zongorista pianist [pjeniszt]
zongorázik plays the piano [pléjz də piánó]
zöld green [grín]
zöldbab French beans [frencs bínz]
zöldborsó green peas [grín píz]
zöldfőzelék vegetables [vedzstəblz]
zöld kártya green card [grín kárd]
zöldpaprika green pepper/paprika [grín pepər]
zöldséges greengrocer [gríngrószər]
zöldség(félék) vegetables [vedzstəblz]
zöldségleves vegetable soup [vedzstəbl szúp]
zöld út *(reptéren)* green channel [grín csenl]
a zöme the majority [də mədzsoriti]
zörgés rattling [retling]
ZUHANY shower [sauər]
zuhanyozni to take a shower [tu ték e sauər]
zuhanyozó *(hely)* shower(-bath) [sauər(-bász)]
zúzódás bruise [brúz]
zűrzavar chaos [kéjosz], confusion [kənfjúzsn]

Zs

zsák bag [beg], sack [szek]
zsákmány bag [beg]
zsákutca blind-alley [blájnd eli], dead-end (street) [ded-end (sztrít)]
zsalu shutters [sâtərz]
zseb pocket [pokit]
zsebkendő handkerchief [henkərcsif]
zsebkés penknife [pen-nájf]
zseblámpas torch [tórcs], flashlight [fleslájt]
zsebóra watch [vocs]
zsebpénz pocket-money [pokit-máni]
zsebrádió transistor (radio) [trenzisztər (rédió)]
zsebszámológép (pocket) calculator [(pokit) kelkjulejtər]
zsebtolvaj pickpocket [pikpokit]
zsemle roll (of bread) [ról (ov bred)]
zsidó Jew(ish) [dzsú(is)]
zsilett safety razor [széfti rézər]
zsilip sluice [slúsz]
zsinagóga synagogue [szinəgog]
zsinór string [sztring]
zsír fat [fet]; *(kenő)* grease [grísz]
zsírszegény *(étrend)* low-fat (diet) [ló-fet (dájət)]
zsírzás lubrication [lubrikésn]
zsoké jockey [dzsoki]
zsöllye *(színház)* stall(s) [sztól(z)]
zsúfolt packed [pekt]
zsűri jury [dzsuəri]

APPENDIX · FÜGGELÉK

NUMERALS	SZÁMNEVEK
DATES	KELTEZÉS
LINEAR MEASURES	HOSSZMÉRTÉKEK
WEIGHTS	SÚLYOK
LIQUID MEASURES	ŰRMÉRTÉKEK
TEMPERATURE	HŐMÉRSÉKLET
MONEY	PÉNZ

NUMERALS

Cardinal numbers:
1 **one** [van]
2 **two** [tú]
3 **three** [szrí]
4 **four** [fór]
5 **five** [fájv]
6 **six** [sziksz]
7 **seven** [szevn]
8 **eight** [éjt]
9 **nine** [nájn]
10 **ten** [ten]
11 **eleven** [ilevn]
12 **twelve** [tvelv]
13 **thirteen** [szörtín]
14 **fourteen** [fórtín]
15 **fifteen** [fiftín]
16 **sixteen** [sziksztín]
17 **seventeen** [szevntín]
18 **eighteen** [éjtín]
19 **nineteen** [nájntín]
20 **twenty** [tventi]
21 **twenty-one** [tventi-van]
22 **twenty-two** [twenti-tú]
23 **twenty-three** [tventi-szrí]
24 **twenty-four** [tventi-fór]
25 **twenty-five** [tventi-fájv]
26 **twenty-six** [tventi-sziksz]
27 **twenty-seven** [tventi-szevn]
28 **twenty-eight** [tventi-éjt]
20 **twenty-nine** [tventi-nájn]
30 **thirty** [szörti]
31 **thirty-one** [szörti-van]
40 **forty** [fórti]

SZÁMNEVEK

Tőszámnevek:
- 1 **egy** [edj]
- 2 **kettő** [kettő]
- 3 **három** [haarom]
- 4 **négy** [naidj]
- 5 **öt** [öt]
- 6 **hat** [hât]
- 7 **hét** [hait]
- 8 **nyolc** [njolts]
- 9 **kilenc** [kilents]
- 10 **tíz** [teez]
- 11 **tizenegy** [tizenedj]
- 12 **tizenkettő** [tizenkettő]
- 13 **tizenhárom** [tizen-haarom]
- 14 **tizennégy** [tizen-naidj]
- 15 **tizenöt** [tizenöt]
- 16 **tizenhat** [tizen-hât]
- 17 **tizenhét** [tizen-hait]
- 18 **tizennyolc** [tizen-njolts]
- 19 **tizenkilenc** [tizen-kilents]
- 20 **húsz** [hoos]
- 21 **huszonegy** [hooson-edj]
- 22 **huszonkettő** [hooson-kettő]
- 23 **huszonhárom** [hooson-haarom]
- 24 **huszonnégy** [hooson-naidj]
- 25 **huszonöt** [hooson-öt]
- 26 **huszonhat** [hooson-hât]
- 27 **huszonhét** [hooson-hait]
- 28 **huszonnyolc** [hooson-njolts]
- 29 **huszonkilenc** [hooson-kilents]
- 30 **harminc** [hârmints]
- 31 **harmincegy** [hârmints-edj]
- 40 **negyven** [nedjven]

41	**forty-one** [fórti-van]
50	**fifty** [fifti]
51	**fifty-one** [fifty-van]
60	**sixty** [szikszti]
61	**sixty-one** [szikszti-van]
70	**seventy** [szevnti]
71	**seventy-one** [szevnti-van]
80	**eighty** [éjti]
81	**eighty-one** [éjti-van]
90	**ninety** [nájnti]
91	**ninety-one** [nájnti-van]
100	**a/one hundred** [e/van hândrəd]
101	**hundred and one** [hândrəd ənd van]
200	**two hundred** [tú hândrəd]
201	**two hundred and one** [tú hândrəd ənd van]
300	**three hundred** [szrí hândrəd]
301	**three hundred and one** [szrí hândrəd ənd van]
400	**four hundred** [fór hândrəd]
401	**four hundred and one** [fór hândrəd ənd van]
500	**five hundred** [fájv hândrəd]
501	**five hundred and one** [fájv hândrəd ənd van]
600	**six hundred** [sziksz hândrəd]
601	**six hundred and one** [sziksz hândrəd ənd van]
700	**seven hundred** [sevn hândrəd]
701	**seven hundred and one** [sevn hândrəd ənd van]
800	**eight hundred** [éjt hândrəd]
801	**eight hundred and one** [éjt hândrəd ənd van]
900	**nine hundred** [nájn hândrəd]
901	**nine hundred and one** [nájn hândrəd ənd van]
1000	**a/one thousand** [e/van tauzənd]
1001	**one thousand and one** [van tauzənd ənd van]
5000	**five thousand** [fájv tauzənd]
10000	**ten thousand** [ten tauzənd]

41	**negyvenegy**	[nedjven-edj]
50	**ötven**	[ötven]
51	**ötvenegy**	[ötven-edj]
60	**hatvan**	[hâtvân]
61	**hatvanegy**	[hâtvân-edj]
70	**hetven**	[hetven]
71	**hetvenegy**	[hetven-edj]
80	**nyolcvan**	[njoltsvân]
81	**nyolcvanegy**	[njoltsvân-edj]
90	**kilencven**	[kilentsven]
91	**kilencvenegy**	[kilentsven-edj]
100	**száz**	[saaz]
101	**százegy**	[saaz-edj]
200	**kétszáz**	[kait-saaz]
202	**kétszázegy**	[kait-saaz-edj]
300	**háromszáz**	[haarom-saaz]
301	**háromszázegy**	[haarom-saar-edj]
400	**négyszáz**	[naidj-saaz]
401	**négyszázegy**	[naidj-saaz-edj]
500	**ötszáz**	[öt-saaz]
501	**ötszázegy**	[ötsaaz-edj]
600	**hatszáz**	[hât-saaz]
601	**hatszázegy**	[hâtsaaz-edj]
700	**hétszáz**	[hait-saaz]
701	**hétszázegy**	[hait-saaz-edj]
800	**nyolcszáz**	[njolts-saaz]
801	**nyolcszázegy**	[njolts-saaz-edj]
900	**kilencszáz**	[kilents-saaz]
901	**kilencszázegy**	[kilents-saaz-edj]
1000	**ezer**	[ezer]
1001	**ezeregy**	[ezer-edj]
5000	**ötezer**	[ötezer]
10000	**tízezer**	[teezezer]

Ordinal numbers:
1st **first** [förszt]
2nd **second** [szekənd]
3rd **third** [szörd]
4th **fourth** [fórsz]
5th **fifth** [fifsz]
6th **sixth** [szikszt]
7th **seventh** [szevnsz]
8th **eighth** [éjtsz]
9th **ninth** [nájnsz]
10th **tenth** [tensz]
11th **eleventh** [ilevnsz]
12th **twelfth** [tvelfsz]
13th **thirteenth** [szörtínsz]
14th **fourteenth** [fórtínsz]
15th **fifteenth** [fiftínsz]
16th **sixteenth** [sziksztínsz]
17th **seventeenth** [szevntínsz]
18th **eighteenth** [éjtínsz]
19th **nineteenth** [nájntínsz]
20th **twentieth** [tventiisz]
21st **twenty-first** [tventi-förszt]
22nd **twenty-second** [tventi-szekənd]
23rd **twenty-third** [tventi-szörd]
24th **twenty-fourth** [tventi-fórsz]
25th **twenty-fifth** [tventi-fifsz]
26th **twenty-sixth** [tventi-szikszt]
27th **twenty-seventh** [tventi-szevnsz]
28th **twenty-eighth** [tventi-éjtsz]
29th **twenty-ninth** [tventi-nájnsz]
30th **thirtieth** [szörtiisz]
31st **thirty-first** [szörti-förszt]
40th **fortieth** [fórtiisz]
50th **fiftieth** [fiftiisz]
60th **sixtieth** [sziksztiisz]
70th **seventieth** [szevntiisz]

Sorszámnevek:
1. **első** [elshő]
2. **második** [maashodik]
3. **harmadik** [hârmâdik]
4. **negyedik** [nedjedik]
5. **ötödik** [ötödik]
6. **hatodik** [hâtodik]
7. **hetedik** [hetedik]
8. **nyolcadik** [njoltsâdik]
9. **kilencedik** [kilentsedik]
10. **tizedik** [tizedik]
11. **tizenegyedik** [tizen-edjedik]
12. **tizenkettedik** [tizen-kettedik]
13. **tizenharmadik** [tizen-hârmâdik]
14. **tizennegyedik** [tizen-nedjedik]
15. **tizenötödik** [tizen-ötödik]
16. **tizenhatodik** [tizen-hâtodik]
17. **tizenhetedik** [tizen-hetedik]
18. **tizennyolcadik** [tizen-njoltsâdik]
19. **tizenkilencedik** [tizen-kilentsedik]
20. **huszadik** [hoosâdik]
21. **huszonegyedik** [hooson-edjedik]
22. **huszonkettedik** [hooson-kettedik]
23. **huszonharmadik** [hooson-hârmâdik]
24. **huszonnegyedik** [hooson-nedjedik]
25. **huszonötödik** [hooson-ötödik]
26. **huszonhatodik** [hooson-hâtodik]
27. **huszonhetedik** [hooson-hetedik]
28. **huszonnyolcadik** [hooson-njoltsâdik]
29. **huszonkilencedik** [hooson-kilentsedik]
30. **harmincadik** [hârmintsâdik]
31. **harmincegyedik** [hârmints-edjedik]
40. **negyvenedik** [nedjvenedik]
50. **ötvenedik** [ötvenedik]
60. **hatvanadik** [hâtvânâdik]
70. **hetvenedik** [hetvenedik]

80th	**eightieth** [éjtiisz]
90th	**ninetieth** [nájntiisz]
100th	**hundredth** [hândrədsz]
101st	**hundred and first** [hândrəd ənd fÖrszt]
200th	**two hundredth** [tú hândrədsz]
500th	**five hundredth** [fâjv hândrədsz]
1000th	**(one) thousandth** [(van) tauzəndsz]

Dates:

16th October, 1993 [də sziksztínsz ov októbər nájntín-nájnti-szrí]
October 16th, 1993 [októbər də sziktínsz . . .]
on 1st October [on də fÖrszt ov októbər]
on 15th November [on də fíftínsz ov novembər]
from 1st to 15th October [from də fÖrszt tu də fíftínsz ov októbər]
from April 20th to May 5th [from də tventiisz of éprəl tu də fifsz
ov méj]

80. **nyolcvanadik** [njoltsvânâdik]
90. **kilencvenedik** [kilentsvenedik]
100. **századik** [saazâdik]
101. **százegyedik** [saaz-edjedik]
200. **kétszázadik** [kait-saazâdik]
500. **ötszázadik** [öt-saazâdik]
1000. **ezredik** [ezredik]

Keltezés:

1993. október 16. [ezer-kilents-saaz-kilentsven-haarom oktaw-
   ber tizen-hâtodikâ]
október 1-jén [oktawber elsheyain]
november 15-én [november tizen-ötödikain]
október 1-jétől 15-éig [oktawber elsheyaitől tizen-ötödikayig]
április 20-ától május 5-éig [aaprilish hoosâadikaatawl maay-
   oosh ötödikayig]

LINEAR MEASURES

in. = inch(es)
ft. = foot, feet
yd. = yard(s)

1 in.		=	2,54 cm
1 ft.	= 12 in.	=	30,48 cm
1 yd.	= 3 ft.	=	0,914 m
1 mile	= 1760 yd.	=	1,609 km

Conversion

yards to metres
yd.-ról m-re

$$\frac{y \text{ yd.} \cdot 11}{12} = x \text{ m}$$

miles to km
mérföldről km-re

$$\frac{y \text{ miles}}{5} \cdot 8 = x \text{ km}$$

WEIGHTS

oz. = ounce(s)
lb. = pound(s)
st. = stone(s)
cwt. = hundredweight

1 oz.		=	28,35 g
1 lb.	= 16 oz.	=	45,36 dkg
1 st.	= 14 lb.	=	6,35 kg
1 cwt *(GB)*	= 112 lb.	=	50,80 kg
(US)	= 100 lb.	=	45,36 kg

7 st. ∼ 44,5 kg
10 st. ∼ 63,5 kg
12 st. ∼ 76 kg
14 st. ∼ 89 kg
15 st. ∼ 95 kg

HOSSZMÉRTÉKEK

cm = centimetre(s)
dm = decimetre(s)
m = metre(s)
km = kilometre(s)

1 cm   = 0,039 in.
1 dm = 10cm = 3,937 in.
1 m = 100cm = 1,093 yd.
1 km =1000m = 0,621 mile

Átszámítás

m-ről yd.-ra $\dfrac{x\ m.\ 12}{11} = y$ yd.
metres to yards

km-ről mérföldre $\dfrac{x\ km}{8}.5 = y$ mile
km to miles

SÚLYOK

g = gram(s)
dkg = decagram(s)
kg = kilogram(s)
q = quintal

1 dkg = 10 g   = 0,353 oz.
1 kg = 10 dkg = 2,205 lb.
1 q   = 100kg   = 1,968 cwt

   5 kg ∼ 10,75 lb.
  10 kg ∼ 21,5 lb.
  20 kg ∼ 44   lb.
  50 kg ∼ 108,5 lb.
 100 kg ∼ 220   lb.

LIQUID MEASURES

pt = pint(s)
qt = quart(s)
gal. = gallon(s)

1 pt		=	0,568 l
1 qt	= 2 pt	=	1,136 l
1 gal.	= 4 qt	=	4,546 l

5 gal.	~	22,7 l
6 gal.	~	27,3 l
7 gal.	~	32 l
9 gal.	~	41 l
10 gal.	~	45,5 l

ŰRMÉRTÉKEK

dl = decilitre(s)
l = litre(s)

1 dl = 0,176 pt
1 l = 10 dl = 1,760 pt

10 l ∼ 2,2 gal.
20 l ∼ 4,4 gal.
30 l ∼ 6,6 gal.
40 l ∼ 8,8 gal.
50 l ∼ 11 gal.

TEMPERATURE   HŐMÉRSÉKLET

F = Fahrenheit   C = Celsius (centigrade)

212 °F =	100 °C		59 °F =	15 °C
104 °F =	40 °C		50 °F =	10 °C
101 °F =	38,3 °C		41 °F =	5 °C
100 °F =	37,8 °C		32 °F =	0 °C
98,4 °F =	37 °C		28 °F =	−2 °C
97 °F =	36,1 °C		23 °F =	−5 °C
86 °F =	30 °C		18 °F =	−8 °C
80 °F =	26,7 °C		12 °F =	−11 °C
77 °F =	25 °C		5 °F =	−15 °C
68 °F =	20 °C		0 °F =	−18 °C

Conversion — Átszámítás

$$+x \ °F = \frac{(x-32)5}{9} \ °C$$

$$-x \ °F = \frac{(x+32)5}{9} \ °C$$

$$x \ °C = \frac{9x}{5} + 32 \ °F$$

MONEY — PÉNZ

United Kingdom
Egyesült Királyság

$\frac{1}{2}$p a halfpenny	fél penny, félpennys
1p a penny, one p	egy penny, egypennys
2p twopence, two p	két penny, kétpennys
5p five pence, five p	öt penny, ötpennys
10p ten pence, ten p	tíz penny, tízpennys
20p twenty pence, twenty p	húsz penny, húszpennys
50p fifty pence, fifty p	ötven penny, ötvenpennys
£1 a **pound** (= 100 pence)	egy font, egyfontos

United States of America
Amerikai Egyesült Államok

1¢ a cent = a penny	egy cent, egycentes
5¢ five cents = a nickel	öt cent, ötcentes
10¢ ten cents = a dime	tíz cent, tízcentes
25¢ twenty-five cents = a quarter	huszonöt cent, huszonötcentes
50¢ fifty cents, a half-dollar, half a buck	fél dollár, féldolláros
$1 a **dollar** (= 100 cents), a buck	egy dollár, egydolláros

Hungary
Magyarország

10 f ten fillér	tíz fillér, tízfilléres
20 f twenty fillér	húsz fillér, húszfilléres
50 f fifty fillér	ötven fillér, ötvenfilléres
1 Ft one **forint** (= 100 fillér)	egy forint, egyforintos
2 Ft two forints	két forint, kétforintos
5 Ft five forints	öt forint, ötforintos
10 Ft ten forints	tíz forint, tízforintos
20 Ft twenty forints	húsz forint, húszforintos

ENGLISH-HUNGARIAN
ANGOL—MAGYAR

PREFACE

The aim of the English—Hungarian part of this dictionary is to give a selection of words and phrases the tourist is bound to need when visiting Hungary. It is not just a word-list, but combines essential vocabulary with a phrase-book in dictionary form, for the quickest reference possible. To mention just a few of the situations covered: bookings, travelling by train, bus, or plane, driving, car repairs, changing money, customs, formalities, asking one's way, finding accommodation, eating and drinking, shopping, camping, sightseeing, holidaying by Lake Balaton, going to the theatre or concerts, attending congresses, summer schools, sporting events, and the like.

The simple way of presenting English idioms and short sentences taken from actual life enables any user with little or no knowledge of Hungarian to make himself understood. There is, however, one practical hint as far as grammar is concerned: all verbs have been given in their infinitive form. Inflected forms (of verbs as well as nouns) occur only in the phrases or sentences.

Since the dictionary is primarily intended for English speakers, the pronunciation of Hungarian words and phrases has been given (where necessary) in a form that will enable the user to say what is required.

It is sincerely hoped that this little dictionary, which is limited to some 10 000 words and phrases, will indeed help rather than puzzle or annoy its users.

Numerals, together with conversion tables for weights and measures etc. are given in the Appendix.

We hope you will have an enjoyable time in Hungary.

A MAGYAR HASZNÁLÓ FIGYELMÉBE

Ez a kis szótár a mindennapi élet legszükségesebb általános, valamint az utazás és idegenforgalom speciális szókincsét tartalmazza. De szótárunkban nemcsak szavakat, hanem sajátos angol fordulatokat, kifejezéseket és példamondatokat is talál a használó. Így ez a kis mű egyszersmind társalgási zsebkönyv is — szótári formában.

Az angol—magyar részben mindenekelőtt az angol ajkú használót tartottuk szem előtt. Ezért a *magyar* szavak és kifejezések kiejtését adtuk meg, s a magyarázatokat angolul közöltük. Reméljük, ez nem zavarja majd a magyar használót az angol szavak és kifejezések helyes magyar fordításainak megtalálásában. Az angol szavak kiejtését a magyar—angol részben tüntettük fel.

PHONETIC RESPELLING

In Hungarian each letter always has the same sound value, and is clearly pronounced. There exist no "mute" vowels; even final vowels are fully pronounced.

Thus, in the phonetic respelling which follows the Hungarian words [in square brackets] every symbol is to be pronounced. This system of respelling consist mainly of the ordinary letters of the English alphabet. The important thing is that *each symbol (i.e. letter or combination of letters) represents one sound only, and each sound is always represented by the same symbol.*

In those cases where the respelling would coincide with the spelling of the Hungarian word, it has been omitted.

In Hungarian double length in the case of conconants is shown by doubling the letter, or, where the sound is represented by two letters, by doubling the first; similarly in the phonetic respelling (e.g. Hungarian 'annál' is pronounced double long, as in English 'unnatural').

Accent has not been marked in the phonetic respelling. *In Hungarian stress always falls on the first syllable of the word.*

Short hyphens in the phonetic respelling are used to mark off compound words or verbal prefixes, or to break (longer) words into more easily pronounced segments.

KEY TO PHONETIC RESPELLING

Only those symbols are given in the key, which might be unfamiliar to the English speaker. All the other letters used in the respelling have the same sound value as in English.

Phonetic symbols	APPROXIMATE PRONUNCIATION
â	short, darker than *a* in card
aa	long, as in *are, father*, but more open
ai	as in French *thé, plaît*, or *café* (similar to the sound of English *bait*)
aw	as in *awful*
ay	as in *day*
ch	as in *church*
dj	as in *due, Rudyard*
e	short, between *bed* and *bad*, fully pronounced (even in final position!)
ee	long, as in *meet*
er	as in *air* only short and with the *r* rolled
g	as in *go, get*
h	always pronounced, as in *hot*
i	short, as in *bit*, only somewhat tenser (but never as in *night*!)
nj	as in *new, onion, lenient*, or the French *peigne*
o	short, as in the Scottish pronunciation of *hot, dog*
oo	as in *good* or *too*
ou	as in *out, now*
ö	short, as in French *de, neuf*, similar to English *the*
ŏ	long, as in French *peu, veut*, similar to English *bird*
r	always rolled, as in Scots
s	as in *so*
sh	as in *she*
tj	as in *tube*

Phonetic symbols	APPROXIMATE PRONUNCIATION
ts	as in *bits, tsetse*
ü	short, as in French *punir* (round lips for *oo* and try to pronounce *ee*!)
ű	long, as in French *rue*
y	as in *yes, you* (but never *i* as in *lady*!)
z	as in *zero, his*
zh	as *s* in *measure, pleasure*

ABBREVIATIONS AND SINGS
RÖVIDÍTÉSEK ÉS JELEK

a adjective	melléknév [mellaik-naiv]
adv adverb	határozószó [hâtaarozaw-saw]
conj conjunction	kötőszó [kötő-saw]
fam. familiar use	bizalmas szóhasználat [bizâl-mâs saw-hâsnaalât]
GB British usage	brit szóhasználat [saw-hâsnaa-lât]
kb körülbelül	approximately
n noun	főnév [fő-naiv]
prep preposition	elöljáró [ellöl-yaaraw]
pron pronoun	névmás [naivmaash]
sby somebody	valaki [vâlâki] *(vki)*
sth something	valami [vâlâmi] *(vmi)*
swhere somewhere	valahol [vâlâhol] *(vhol)*
v verb	ige
vhol valahol [vâlâhol]	somewhere *(swhere)*
vhová valahová [vâlâhovaa]	somewhere (= to a place)
vki valaki [vâlâki]	somebody *(sby)*
vmi valami [vâlâmi]	something *(sth)*
US American usage	amerikai szóhasználat [âmeri-kâ-i saw-hâsnaalbt]

~   represents the entry word or words
a címszót pótolja (akár egy, akár több szóból áll)

joins the interchangeable words in a phrase
egymással felcserélhető szavakat kapcsol össze

→   see under
          lásd még, lásd ott

[ ]   indicate the pronunciation of Hungarian words or phrases
          a magyar szavak és szókapcsolatok kiejtését tartalmazza

( )   indicate
          a) (in *italics*) explanations of the various meanings
          b) possible omissions in English words or phrases and/or their Hungarian translations, in order to save space

          tartalmazza
          a) a dőlt betűs magyarázatokat
          b) az angol szavak és szókapcsolatok, illetve magyar megfelelőik elhagyható elemét — helynyerés céljából

A

a, an egy [edj]

A.A. Automobile Association, *(in Hungary:)* Magyar Autóklub [mâdjâr outaw-kloob]; ~ **member** (autó)klubtag [(outaw)kloobtâg]; ~ **patrol(man)** segélykocsi [shegaykochi], „sárga angyal" [shaargâ ândjâl]

abbey apátság [âpaat-shaag]

abbreviation rövidítés [rövideetaish]

ability képesség [kaipesshaig]

able tud; **is** ~ **to play** tud játszani [tood yaatsâni]

aboard *(ship)* hajón [hâyawn], *(plane)* repülőgépen [-gaipen], *(train)* vonaton [vonâton]; **go** ~ *(ship)* hajóra szállni [hâyawrâ saalni], beszállni [-saalni], *(train, plane)* beszállni [-saalni]; **all** ~! beszállás [-saalaash]!

about *(approximately)* körülbelül; **what is it** ~? miről szól [sawl]?; **what** ~ **a cup of tea?** mit szólna egy csésze teához [mit sawlnâ edj chai-se teyaahoz]?; **he is** ~ **to leave** indulni készül [indoolni kaisül]

above felett, fent; ~ **all** elsősorban [elshő-shorbân]

abroad *(in)* külföldön, *(to)* külföldre; **travel** ~ külföldre utazni [ootâzni]; **from** ~ külföldről; **tourists from** ~ külföldi turisták [toorishtaak]

ABS brake blokkolásgátló [blokkolaash-gaatlaw]

absence távollét [taavollait]

absent távol [taavol]

absolutely teljesen [telyeshen]

absorbent cotton vatta [vâtâ]

academy akadémia [âkâdaimiyâ]

accelerate gyorsítani [djorsheetâni]

acceleration gyorsulás [djorshoolaash]; gyorsítás [djorsheetaash]

accelerator (pedal) gázpedál [gaazpedaal]
accent *(stress)* hangsúly [hâng-shooy]; *(pronunciation)* kiejtés [ki-eytaish]
accept elfogadni [-fogâdni]; ~ **a bill/draft** váltót elfogadni [vaaltawt]
accessories kellékek [kellaikek], tartozékok [târtozaikok], alkatrészek [âlkâtraisek]
access (road) ráhajtóút [raa-hâytaw oot]; bekötőút
accident baleset [bâleshet]; **I want to report an** ~ egy balesetet szeretnék bejelenteni [edj bâleshetet seretnaik beyelenteni]; **have an** ~ karambolozni [kârâmbolozni]
accidentally véletlenül [vailetlenül]
accident insurance baleset-biztosítás [bâleshet-bistosheetaash]
accident-report form kárfelvételi jegyzőkönyv [kaarfelvaiteli yedjzőkönjv]
accident surgery baleseti sebészet [bâlesheti shebaiset]
accommodate elhelyezni [-heyezni], elszállásolni [-saalaasholni], szállást adni [saalaasht âdni]
accommodation elszállásolás [-saalaasholaash], elhelyezés [-heyezaish], szállás(hely) [saalaash(hey)]; ~ **will be provided** szállás biztosítva [bistosheetvâ]; ~ **for fifty people** ötven férőhely [fairőhey]
accommodation charge szállásdíj [saalaash-deey]
accommodation vacant kiadó lakás [-âdaw lâkaash]
accompany elkísérni [-keeshairni], vele menni; **accompanied by** ... *(children)* vele utazó (gyermekei) ... [vel-e ootâzaw (djermekeyi)]
accordingly megfelelően
according to szerint [serint]
account *(money)* számla [saamlâ]; **I have an** ~ **at the** ... **bank** folyószámlám van a ... bankban [foyawsaamlaam vân â ... bânkbân]; **on his/her** ~ miatta [miâttâ]; **on** ~ **of** miatt [miyâtt]; **on no** ~ semmi esetre sem [shemmi eshetre shem]; **take into** ~ tekintetbe venni
accountant könyvelő [könjvelő]

accumulator akkumulátor [âkkoomoolaator], akku [âkkoo]
accuse vádolni [vaadolni]
get **accustomed** *to* hozzászokni [hozzaa-sokni] (vmihez)
ache fájni [faayni]; **my ear** ~**s** fáj a [faay â] fülem
achieve elvégezni [elvaigezni], elérni [elairni]
acid sav [shâv]
acid deficiency savhiány [shâvhiaanj]
acid level savszint [shâvsint]
acknowledge *(receipt)* igazolni [igâzolni], nyugtázni [njooktaaz-ni]
acknowledgement elismervény [elishmervainj]
acquaintance *(person)* ismerős [ishmerôsh]; *(knowledge)* tudás [toodaash]
be **acquainted** *with* ismerni [ishmerni] (vkit, vmit)
across át [aat]; ~ **the street** a túloldalon [â toololdâlon]
act 1. *n (sth done)* tett; *(theatre)* felvonás [felvonaash] **2.** *v* cselekedni [chelekedni]
action tett; **is out of** ~ nem működik
active tevékeny [tevaikenj]
activity elfoglaltság [elfoglâlchaag]
actor színész [seenais]
actress színésznő [seenaisnő]
actual valóságos [vâlaw-shaagosh]
actually valóban [vâlawbân], ténylegesen [tainjlegeshen]
acute heveny [hevenj], akut [âkoot]
ad hirdetés [hirdetaish], reklám [reklaam]
add hozzátenni [hozzaa-]
addition összeadás [össe-âdaash]; **in** ~ **to** ráadásul [raa-âdaa-shool], továbbá [tovaabbaa], . . .n felül
additional további [tovaabbi], utólagos [ootawlâgosh]; **each** ~ . . . minden további . . .
address 1. *n* cím [tseem], lakcím [lâk-tseem]; *(speech)* beszéd [besayd]; **your** ~ **please** kérem a címét [kairem â tseemait] **2.** *v* (meg)címezni [-tseemezni]
addressee címzett [tseemzett]

adequate megfelelő, kellő
adhesive plaster sebtapasz [shebtâpâs]
adhesive tape ragasztószalag [râgâstaw-sâlâg]
adjective melléknév [mellaik-naiv]
adjoining szomszédos [somsaidosh]
adjust beigazítani [-igâzeetâni], beállítani [-aaleetâni]
adjustable állítható [aaleet-hâtaw]
admission belépés [-laipaisch]; **price of** ~ belépti díj [belaipti deey], belépődíj [belaipő-deey]; ~ **free** a belépés díjtalan [â belaipaish deeytâlân]
admission ticket/card belépőjegy [belaipőyedj]
admit *(let in)* beengedni; *(agree)* elismerni [-ishmerni]
admittance bemenet; **no** ~ belépni tilos [belaipni tilosh]
adult felnőtt
advance *(progress)* haladás [hâlâdaash], elő(bb)rejutás [-yootaash]; **in** ~ előre, kellő időben; ~ **(money)** előleg
advance booking helyfoglalás [heyfoglâlaash], előjegyzés [-yedjzaish]; *(buying)* jegyelővétel [yedj-elővaitel], előreváltás [-vaaltaash]
advantage előny [előnj]
adventure kaland [kâlând]
advertise hirdetni
advertisement hirdetés [hirdetaish], reklám [reklaam]
advice tanács [tânaach]
advisable tanácsos [tânaachosh], ajánlatos [âyaanlâtosh]
advise ajánlani [âyaanlâni]; **you are** ~**d to ...** ajánlatos ... [âyaanlâtosh], tanácsos ... [tânaachosh]
aerial antenna [ântennâ]
aeroplane repülőgép [-gaip]
affair ügy [üdj]
afford nyújtani [njooytâni]; **I can't** ~ **it** nem engedhetem meg magamnak [mâgâmnâk], nincs rá pénzem [ninch raa painzem]
be **afraid** félni [failni]; **I'm** ~ **...** attól tartok, hogy ... [âttawl târtok, hodj], sajnos ... [shâynosh]

Africa Afrika [âfrikâ]

African afrikai [âfrikâyi]

after 1. *adv, prep* ... után [ootaan]; ~ **breakfast** reggeli után [ootaan]; ~ **that** azután [âzootaan]; **he came** ~ **me** utánam jött [ootaanâm yött] **2.** *conj* miután [miyootaan]

afternoon délután [dailootaan]; **in the** ~ délután [dailootaan]; ~ **free** szabad délután [sâbâd dailootaan], a [â] délután szabad; **this** ~ ma délután [mâ dailootaan]

after-shave lotion borotválkozás utáni arcvíz [borotvaalkozaash ootaani ârts-veez]

afterwards azután [âzootaan], később [kaishőbb]

again újra [ooyrâ]

against ellen; **I want something** ~ **toothache** kérek valamit fogfájás ellen [kairek vâlâmit fogfaayaash ellen]

age kor; **ten years of** ~ tízéves [teez-aviesh]; **he is my** ~ egyidős velem [edj-idősh]

aged ... kora [korâ] ...; ~ **17 (years)** tizenhét (éves) [tizenhait (aivesh)]

age limit korhatár [kor-hâtaar]

agency iroda [irodâ], jegyiroda [yedj-irodâ]; társaság [taar-shâshaag], ügynökség [üdjnök-shaig]

agent ügynök [üdjnök], képviselő [kaipvishelő]

ago ezelőtt; **ten years** ~ tíz évvel ezelőtt [teez aivvel ezelőtt]; **I arrived only a few days** ~ csak pár napja érkeztem [châk paar nâpyâ airkeztem]

agree *(with)* megegyezni [-edjezni], *(to)* beleegyezni [bel-e-edjezni]

agreeable kellemes [kellemesh]

agreement megállapodás [-aalâpodaash]

agriculture mezőgazdaság [-gâzdâshaag]

ahead *(to)* előre; *(at)* elöl; '~ **only**' kötelező haladási irány [kötelező hâlâdashi iraanj]; **go** ~! *(start)* kezdje [kezdye]!; induljon [indoolyon]!; *(continue)* folytassa [foytasshâ]!

aid segítség [shegeet-shaig]

aidpoint, aid station műszaki segélyhely [műsâki shegay-hey]

aim 1. *n* cél [tsail] **2.** *v (at)* szándékozni [saandaikozni]
air levegő; **by** ~ repülőgéppel [-gaippel]
airbed gumimatrac [goomimâtrâts]
air-conditioned légkondicionált [laig-konditsi-onaalt]
air-conditioning légkondicionálás [laig-konditsi-onaalaash], klímaberendezés [kleemâ-berendezaish]
air cooling léghűtés [laig-hűtaish]
aircraft repülőgép [-gaip]
airfield repülőtér [-tair]
air filter légszűrő(betét) [laigsűrő(betait)]
air hostess légikisasszony [laigi-kishâssonj], stewardess
air letter légipostai levél [laigi-posthâyi levail]
airline *(route)* légi útvonal [laigi ootvonâl]; *(company)* légitársaság [laigitaarshâshaag]
airline office városi iroda [vaaroshi irodâ]
airliner utasszállító (repülő)gép [ootâsh-saaleetaw (repülő)-gaip], utasgép [ootâsh-gaip]
airmail légiposta [laigi-poshtâ]; **by** ~ légipostával [laigi-poshtaavâl]
air passenger légiutas [laigi-ootâsh]
airplane *(US)* repülőgép [-gaip]
airport repülőtér [-tair]; **to the** ~, **please!** kérem vigyen a repülőtérre [kairem vidjen â repülőtair-re]!; ~ **of arrival** érkezési repülőtér [airkezaishi repülőtair]; ~ **of departure** indulási repülőtér [indoolaashi repülőtair]
airport bus repülőtéri autóbusz [repülőtairi outawboos]
airport fee/tax, airport service charge repülőtéri illeték [repülőtairi illetaik], repülőtér-használati díj [repülőtair-hâsnaalâti deey]
air pump pumpa [poompâ]
airsick légibeteg [laigibeteg]
airsickness légibetegség [laigi-beteg-shaig]
air terminal városi iroda [vaaroshi irodâ]
air ticket repülőjegy [-yedj]
air transport légi szállítás [laigi saaleetaash]

airways →**airline**
aisle *(cathedral)* oldalhajó [oldâl-hâyaw]; *(US) (corridor)* folyosó [foyoshaw]
à la carte étlap szerint [aitlâp serint]
alarm call (service) telefonébresztés [-aibrestaish]
alarm (cord) vészfék [vaisfaik]
alarm-clock ébresztőóra [aibrestő-awrâ]
alcohol alkohol [âlkohol], szeszes ital [seseṣh itâl]; ~ **content** szesztartalom [sestârtâlom]
alcoholic drinks szeszes ital(ok) [sesesh itâl(ok)]
ale világos sör [vilaagosh shör]
alien külföldi
alight leszállni [lesaalni]
alike 1. *a* egyforma [edjformâ] **2.** *adv* ugyanúgy [oodjânoodj]
alive élő [ailő]; életben [ailetben]
all egész [egais], összes [össesh], minden; **that's** ~ ennyi az egész [ennji âz egais], mást nem kérek [maasht nem kairek]; **we** ~ mindnyájan [minnjaayân]; ~ **day** egész nap [egaisnâp]; ~ **night** egész éjjel [egais ay-yel]; ~ **right** rendben van [vân]; ~ **the time** egész idő alatt [egais idő âlâtt]; **not at** ~ *(politely)* szívesen [seeveshen], nincs mit [ninch mit]
allergy allergia [âllergiâ]
alley fasor [fâ-shor]
all-inclusive tour →**inclusive**
allow megengedni; **please** ~ **me to** ... engedje meg kérem ... [engedye meg kairem]; **be** ~**ed to** ... szabad ... [sâbâd], meg van [vân] engedve, hogy ... [hodj]
allowance →**free**
all-night service éjjeli ügyelet [ay-yeli üdjelet]
almond mandula [mândoolâ]
almost majdnem [mâydnem]
alone egyedül [edjedül]
along ... mentén [mentain]; ~ **Lake Balaton** a Balaton mentén [â bâlâton mentain]; ~ **with** együtt [edjütt] ... vel/-val
already már [maar]

also is [ish], szintén [sintain]
altar oltár [oltaar]
alter megváltoztatni [-vaaltoztâtni], módosítani [mawdosheetâ-ni]
alteration (meg)változtatás [-vaaltostâtaash]; módosulás [mawdoshoolaash]
alternate váltakozó [vaaltâkozaw]; ~ **parking** váltakozó várakozás [vaaltâkozaw vaarâkozaash]
although bár [baar]
altitude magasság [mâgâsshaag]
altogether összesen [össeshen]
always mindig
am →be
a.m. délelőtt (de.) [dailelőtt]; **10.00 a.m.** délelőtt 10 óra(kor) [dailelőtt teez awrâ(kor)]
amateur amatőr
ambassador nagykövet [nâdj-követ]
amber *(colour)* sárga [shaargâ]; ~ **light** sárga fény [shaargâ fainj]
ambulance *(car)* mentőautó [outaw]; *(institution)* mentők
America Amerika [âmerikâ]
American amerikai [âmerikâyi]
among között
amount összeg [össeg]
amuse szórakoztatni [sawrâkostatni]
amusement szórakozás [sawrâkozaash], szórakozási lehetőség [sawrâkozaashi lehetőshaig]
amusement arcade játékterem [yaataik-]
amusement park Vidám Park [vidaam-]
amusing szórakoztató [sawrâkostâtaw]
anaesthetic *(local)* (helyi) érzéstelenítő [(heyi) airzaishteleneető]
anchor horgony [horgonj]
ancient régi [raigi]
and és [aish]
angle[1] *n (corner)* szög [sög]

angle[2] *v (fish)* horgászni [horgaasni]
angler horgász [horgaas]
angling horgászás [horgaasaash]
angry mérges [mairgesh], dühös [dühösh]
animal állat [aalât]
ankle boka [bokâ]; **twisted his** ~ kificamította a bokáját [-fitsâmeetottâ â bokaayaat]
anniversary évforduló [aiffordoolaw]
announce bejelenti [-yelenteni]
announcement bejelentés [-yelentaish]
annoying bosszantó [bossântaw]
annual évi [aivi]; egy évre szóló [edj aiv-re saw-law]
anorak anorák [ânoraak]
another (egy) másik [(edj) maashik]; *(one more)* még egy [maig edj]; **one** ~ egymást [edjmaasht]
answer 1. *n* válasz [vaalâs], felelet **2.** *v* válaszolni [vaalâsolni]; felelni
answerphone üzenetrögzítő [-rögzeető]
ant hangya [hândjâ]
antibiotic antibiotikum [ânti-biyotikoom]
anti-freeze (mixture) fagyálló (folyadék) [fâdjaalaw (foyâdaik)]
antilock brake blokkolásgátló [blokkolaash-gaatlaw]
antique 1. *a* régi [raigi], antik [ântik] **2.** *n* régiség [raigishaig], antik tárgy [ântik taardj]
antique shop régiségkereskedés [raigi-shaig-kereshkedaish]
antiquity régiség [raigishaig]
antiseptic fertőtlenítő [fertőtleneető]
antispasmodic görcsoldó (szer) [görch-oldaw (ser)]
anxious aggódó [âggawdaw]; **I am** ~ **to see you** alig várom, hogy láthassam [âlig vaarom, hodj laathâsshâm]
any valami [vâlâmi]; **have you** ~ **money?** van pénze [vân painze]?; **no, I haven't** ~ nincs semmi pénzem [ninch shemmi painzem]; ~ **day** bármely nap(on) [baarmey nâp(on)]; **at** ~ **time** bármikor [baarmikor]; **in** ~ **case** mindenesetre [-eshetre]
anybody, anyone bárki [baarki]

anyhow *(in any case)* mindenesetre [-eshetre]; különben is [ish]
anything valami [vâlâmi], bármi [baarmi]
anyway mindenesetre [-eshetre]
anywhere bárhol [baar-hol]
apart from vmitől eltekintve; vmin kívül [keevül]
apartment *(US)* *(flat)* lakás [lâkaash]; ~s lakosztály [lâkostaay]
apologize bocsánatot/elnézést kérni [bochaanâtot/elnaizaisht kairni]
appeal to fordulni [fordoolni] vkihez
appear megjelenni [-yelenni]; *(seem)* látszik [laatsik]
appearance megjelenés [-yel-enaish], külső [külshő]
appendicitis vakbélgyulladás [vâkbail-djoollâdaash]
appetite étvágy [aitvaadj]
applaud tapsolni [tâp-sholni]
applause taps [tâpsh]
apple alma [âlmâ]
apple-pie almás lepény [âlmaash-lepainj]
applicant kérvényező [kairvainjező]; *(for visa)* vízumkérő [veezoom-kairő]
application kérvény [kairvainj], kérelem [kairelem]; *(use)* alkalmazás [âlkâlmâzaash]; ~ **for visa** vízumkérelem [veezoom-kairelem]; ~s **should be made to** ... jelentkezni lehet ... [yelentkezni le-het]
application form (kérvény)űrlap [(kairvainj)űrlâp]; jelentkezési lap [yelentkezaishi lâp]; *(for visa)* vízumkérő lap [veezoom-kairő-lâp]
apply 1. ~ **to sby for sth** vkitől kérni [kairni] vmit, kérvényt benyújtani [kairvainjt benjooytâni] vkihez; ~ **for a visa** vízumot kérni [veezoomot kairni]; **where should I ~?** kihez fordulhatok [fordoolhâtok]?, hová kell benyújtani a kérelmet [hovaa kell benjooytâni â kairelmet]?; **(sth) applies to sth** érvényes [airvainjesh] vmire, vonatkozik [vonâtkozik] vmire; **this does not** ~ **to you** ez nem vonatkozik [vonâtkozik] önre **2.** *(put to use)* alkalmazni [âlkâlmâzni]

appoint kinevezni
appointed kijelölt [kiyelölt]
appointment megbeszélés [-besailaish], megbeszélt [-besailt] idő-
pont; randevú [rândevoo]; **make an ~ with** *(sby)* megbeszél-
ni egy időpontot [meg-besailni edj időpontot] (vkivel); **have
an ~ with ...** megbeszélt egy időpontot/találkozót [meg-
besailt edj időpontot/talaalkozawt] vkivel; *(with a dentist
etc.)* be van jelentve (a fogorvosnál etc.) [be vân yelentve (â
fogorvoshnaal)]
appreciate értékelni [airtaikelni]
approach közeledni (vmihez)
approval jóváhagyás [yaw-vaa-hâdjaash]
approximate megközelítő [-közeleető], hozzávetőleges [hozzaa-
vetőlegesh]
approximately hozzávetőleg [hozzaavetőleg], körülbelül
apricot sárgabarack [shaargâ-bârâtsk]
April április [aaprilish]; **on ~ 7th/8th** április 7-én/8-án [aaprilish
hetedikain/njoltsâdikaan]
apron kötény [kötainj]
Arab arab [ârâb]
Arabic arab (nyelv) [ârâb (njelv)]
arch (bolt)ív [-eev]
architecture építészet [aipeetaiset]
are →be
area terület
area code körzetszám [-saam]
argue vitatkozni [vitâtkozni], érvelni [airvelni]
argument érv [airv], *(debate)* vita [vitâ]
arise *(from)* eredni, származni [saarmâzni] (vmiből)
arm kar [kâr]
armchair fotel, karosszék [kârosh-saik]
army hadsereg [hâd-shereg]
around ... körül, *(approx.)* körülbelül
arrange elintézni [-intaizni]; *(organize)* (meg)szervezni [-servez-
ni]; **~ for sby** elintézni [-intaizni] vki számára [saamaarâ],

(secure) biztosítani [bistosheetâni] vki számára [saamaarâ]; ~ **with sby** megbeszélni [-besailni] vkivel; **we** ~**d a meeting** megbeszéltünk egy találkozót [megbesailtünk edj talaalkozawt]

arrangement *(preparation)* intézkedés [intaizkedaish], megbeszélés [-besailaish], előkészület [-kaisület]; **make** ~**s** intézkedni [intaizkedni]; **make** ~**s (with sby) for sth** megbeszélni/elintézni [meg-besailni/elintaizni] vmit vkivel

arrest letartóztatni [-târtawztâtni]

arrival (meg)érkezés [-airkezaish]; ~**s** *(as a notice)* érkezés [airkezaish]; **on** ~ érkezéskor [airkezaish-kor]; **on** ~ **day** az érkezés napján [âaz airkezaish nâpyaan]

arrive (meg)érkezni [-airkezni] *(at* vhová, ...ba, ...be); **when does the train (bus, ship, plane)** ~ **from** ...? mikor érkezik a vonat (busz, hajó, repülőgép) ...ból/...ből? [mikor airkezik â vonât [boos, hâyaw, repülőgaip) ...bawl/...bő?]?; **(s)he has** ~**d** megérkezett [-airkezett]; ~ **late** későn érkezni [kaishőn airkezni], elkésni [-kaishni]

arrow nyíl [njeel]

art művészet [művaiset]

art gallery képtár [kaiptaar]

article cikk [tsikk], tárgy [taardj]; *(piece of writing)* cikk [tsikk]; ~**s for personal use** használati tárgyak [hâsnaalâti taardjâk]; **various** ~**s** különféle (áru)cikkek [különfai-le (aaroo)tsikkek]

artificial satellite műhold

artist művész [művais]

art relic műemlék [mű-emlaik]

as *(when)* (a)mint [(â)mint], *(because)* mivel; ~ **for** ami [âmi] ...t illeti; ~ **far** ~ amennyire [âmennjire]; ~ **much** ~ legalább [legâlaab]; ~ **soon** ~ mihelyt [miheyt]; ~ **well** is [ish]; ~ **well** ~ valamint [vâlâmint]

ascend (fel)emelkedni

ash(es) hamu [hâmoo]

be **ashamed** *of* szégyellni [saidjelni] vmit

go **ashore** partra szállni [pârtrâ saalni], kiszállni [-saalni]; **I want
to go ~ at ...** szeretnék kiszállni [seretnaik kisaalni]
...ben/...ban

ashtray hamutartó [hâmootârtaw]

Asia Ázsia [aazhiâ]

aside félre [fail-re]

ask *(question)* (meg)kérdezni [-kairdezni]; *(request)* kérni
[kairni]; **may I ~ you a question?** kérdezhetek valamit [kair-
dez-hetek vâlâmit]?; **~ about/after** érdeklődni [airdeklődni]
... felől; **did anyone ~ for me?** keresett valaki [kereshett vâ-
lâki]?

be **asleep** (mélyen) alszik [(mayen) âlsik]

asparagus spárga [shpaargâ]

assembly gyűlés [djűlaish]

assent beleegyezés [be-le-edjezaish]

assist támogatni [taamogâtni], segíteni [shegeeteni]

assistance támogatás [taamogâtaash], segítség [shegeet-shaig]

assistant segéd [shegaid]

association egyesület [edjeshület]

assure biztosítani [biztosheetâni]; **I can ~ you** biztosíthatom
[biztosheet-hâtom] önt

at *(place)* -on, -en, -ön, -n; *(time)* -kor; **~ 10.00 p.m.** este tíz
órakor [esh-te teez awrâkor]; **~ ten thirty** tíz óra harminckor
[teez awrâ hârmintskor]; **~ the post-office** a postán [â posh-
taan]; **~ first** először [elősör]; **~ home** otthon [ott-hon]; **~
last** végre [vaig-re]; **~ least** legalább [legâlaab]; **~ night** éjjel
[ay-yel], éjszaka [aysâkâ]; **~ once** azonnal [âzonnâl]

ate →**eat**

athlete atléta [âtlaitâ]

athletics atlétika [âtlaitikâ]

atlas térkép [tairkaip], atlasz [âtlâs]

attach hozzácsatolni [hozzaa-châtolni], odaerősíteni [odâ-erő-
sheeteni]

attaché attasé [âttâshai]

attaché case diplomatatáska [diplomâtâtaashkâ]

attack 1. *n* támadás [taamâdaash] **2.** *v* támadni [taamâdni]

attempt megkísérelni [-kee-shairelni]

attend *(be present)* részt [raist] venni, jelen [yelen] lenni; *(a performance)* megnézni [-naizni]; *(look after)* ellátni [ellaatni], gondozni; *(wait upon)* kiszolgálni [kisolgaalni]; ~ **a lecture** meghallgatni egy előadást [-hâlgâtni edj elő-âdaasht]

attendant *(at a cinema)* jegyszedő [yedj-sedő]; *(at a petrol station)* (benzin)kútkezelő [(benzin)kootkezelő], benzinkutas [-kootâsh]

attention figyelem [fidjelem]

attorney ügyvéd [üdjvaid]

attract vonzani [vonzâni]

attraction varázs [vâraazh]

attractive vonzó [vonzaw]

auction árverés [aarveraish]

audience közönség [közön-shaig]

August augusztus [ougoostoosh]; **on** ~ **7th/8th** augusztus 7-én/8-án [ougoostoosh hetedikain/njoltsâdikaan]

aunt nagynéni [nâdjnaini]

Australia Ausztrália [â-oostraaliyâ]

Australian ausztráliai [â-oostraaliyâ-i]

Austria Ausztria [â-oostriyâ]

Austrian osztrák [ostraak]

author szerző [serző]

authorities hatóságok [hâtaw-shaagok]

automatic automata [outomâtâ], automatikus [outomâtikoosh]; ~ **transmission** automata seb(esség)váltó [outomâtâ sheb(esshaig)vaaltaw]

automobile *(US)* autó [autaw], (gép)kocsi [(gaip)kochi]

Automobile Club autóklub [outaw-kloob]

automobile registration *(US)* forgalmi engedély [forgâlmi engeday]

autumn ősz [ős]; **in** ~ ősszel [össel]

available kapható [kâp-hâtaw], rendelkezésre álló [rendelkezaishre aalaw], igénybe vehető [igainjbe vehető]

avenue fasor [fâshor], sugárút [shoogaaroot]
average átlag [aatlâg]
avoid elkerülni
await várni [vaarni]; **I am ~ing your news** értesítését várom [air-tesheetai-shait vaarom]
awake 1. *a* **be ~** ébren van [aibren vân] **2.** *v (stop sleeping)* felébredni [fel-aibredni]; *(wake sby up)* felébreszteni [-aibresteni], felkelteni
awaken →**awake 2.**
be **aware** *(of)* tudatában van [toodâtaabân vân] (vminek)
away el; **is ~** *(from home)* nincs otthon [ninch ott-hon]
awful borzasztó [borzâstaw]
awfully borzasztóan [borzâstaw-ân], nagyon [nâdjon]
awkward kínos [keenosh], kellemetlen
axe balta [bâltâ], fejsze [feyse]
axle tengely [tengey]
axle weight tengelynyomás [tengey-njomaash]

B

baby kisbaba [kishbâbâ]
baby-sit gyermeket [djermeket] őrizni
baby-sitter pótmama [pawtmâmâ], gyermekőrző [djermekőrző]
bachelor nőtlen ember, agglegény [âglegainj]
back 1. *adv* vissza [vissâ]; **(s)he is ~** ő visszajött [vissâyött]; **come ~!** jöjjön vissza [yöyyön vissâ]!; **look ~** hátranézni [haatrânaizni]; **~ to the engine** háttal a menetiránynak [haattâl â menetiraanjnâk] **2.** *n (part of body)* hát [haat]; *(hinder part)* hátsó része [haat-shaw raise], hátulja [haatoolyâ]; **on the ~** *(of a photo)* a hátoldalon [â haatoldâlon]
back-axle hátsó tengely [haat-shaw-tengey]
background háttér [haat-tair]

back seat hátsó ülés [haat-shaw ülaish]
backstroke hátúszás [haat-oosaash]
backward(s) hátra(felé) [haatrâ(felai)]
bacon szalonna [sâlonnâ]
bad rossz [ross]
badge jelvény [yelvainj]
badly lit area nem kellően megvilágított [-vilaageetott] terület
badminton tollaslabda [tollâsh-lâbdâ]
bag zacskó [zâchkaw]; *(large)* zsák [zhaak]; *(for carrying)* táska [taashkâ], bőrönd
baggage poggyász [poddjaas]; ~ **in excess** →**excess baggage**
baggage allowance →**free baggage allowance**
baggage car *(US)* poggyászkocsi [poddjaas-kochi]
baggage check poggyászjegy [poddjaas-yedj]
baggage insurance poggyászbiztosítás [poddjaas-biztosheetaash]
baggage reclaim poggyászkiadás [poddjaas-kiâdaash]
baggage room *(US)* = **left-luggage office**
bait csalétek [châlaitek]
bake sütni [shütni]
baker('s) pék [paik]
balance mérleg [mairleg]
balcony erkély [erkay]
bald kopasz [kopâs]
ball labda [lâbdâ]; *(dance)* bál [baal]
ballet balett [bâlett]
balloon léggömb [laig-], ballon [bâllon]
ball(-point) pen golyóstoll [goyawsh-toll]
ban megtiltani [-tiltâni]; **be ~ned from driving** elveszik/visszavonják a vezetői engedélyt [elvesik/vissâvonyaak â vez-etőyi engedayt]
banana banán [bânaan]
band *(ribbon)* szalag [sâlâg]; *(music)* zenekar [zenekâr]
bandage kötszer [kötser]
bank[1] *(river)* part [pârt]
bank[2] *(money)* bank [bânk]

bank account bankszámla [bânksaamlâ]
bank holiday munkaszüneti nap [moonkâsüneti nâp]
bank note bankjegy [bánkyedj]
banquet bankett [bânkett]
banquet-hall különterem
bantamweight *(boxing)* harmatsúly [hârmât-shooy], *(weight-lifting, wrestling)* légsúly [laig-shooy]
bar *(rod)* rúd [rood]; *(barrier)* korlát [korlaat], sorompó [shorompaw]; *(drinking-place)* ivó [ivaw], bár [baar]
barbecue szalonnasütés [sâlonnâ-shütaish], hússütés [hoosh-]
barber('s) borbély [borbay]
bare csupasz [choopâs]
bargain üzlet
bark *(dog)* ugatni [oogâtni]
barmaid pincérnő [pintsairnő]
barman csapos [châposh]
barn csűr [chűr], pajta [pâytâ]
barometer barométer [bâromaiter]
barrack(s) laktanya [lâktânjâ], barakk [bârâkk]
barrel hordó [hordaw]
barrier sorompó [shorompaw]; korlát [korlaat]
basement alagsor [âlâg-shor]
basilica bazilika [bâzilikâ]
basin mosdótál [mozhdaw-taal]; *(bathroom)* mosdókagyló [mozhdaw-kâdjlaw]
basket kosár [koshaar]
basketball kosárlabda [koshaarlâbdâ]
bat *(sports)* ütő
bath *(room)* fürdő(szoba) [-sobâ]; *(tub)* fürdőkád [-kaad]; *(place)* fürdő; **room with (private)** ~ szoba fürdőszobával [sobâ fürdősobaavâl], fürdőszobás [fürdősobaash] szoba; ~ **and lavatory facilities** mosdó- és toalettlehetőségek [mozhdaw- aish toâlett-lehetőshaigek]; **have a** ~ (meg)fürdeni
bathe fürdeni
bathing fürdés [fürdaish]

bathing-cap fürdősapka [-shâpkâ]
bathing-costume fürdőruha [-roohâ]
bathing-dress fürdőruha [-roohâ]
bathing facilities fürdési lehetőségek [fürdaishi lehetőshaigek]
bathing season fürdőidény [-idainj]
bathing suit fürdőruha [-roohâ]
bathing-trunks fürdőnadrág [-nâdraag]
bathrobe *(US)* fürdőköpeny [-köpenj]
bathroom fürdőszoba [-sobâ]; **where is the ~?** hol van a fürdő-szoba [hol vân â fürdősobâ]?; **bedroom with ~** fürdőszobás szoba [fürdősobaash sobâ], szoba fürdőszobával [-sobaavâl]; **use of ~ included** fürdőszoba-használattal [-sobâ-hâsnaalât-tâl]; **without ~** fürdőszoba nélkül(i) [-sobâ nailkül(i)]
bathtub fürdőkád [fürdőkaad]
battery *(lamp)* elem; *(car)* akku(mulátor) [âkkoo(moolaa-tor)]; **the ~ needs charging** tölteni kell az akkut [tölteni kell âz âkkoot]
battery charger akkutöltő [âkkoo-töltő]
battery-operated elemes [elemesh]
battle csata [châtâ]
bay öböl
be lenni; **be late** elkésni [-kaishni]; **here I am** itt vagyok [vâdjok]; **I am English** angol vagyok [ângol vâdjok]; **there is ...** van ... [vân]; **there are ...** vannak ... [vânnâk]; **is there a swimming-pool here?** van-e itt uszoda [van-e itt oosodâ]?; **where is it?** hol van [vân]?; **how are you?** hogy van [hodj vân]?, *(plural)* hogy vannak [vânnaâk]?, *(familiar)* hogy vagy [vâdj]?; **here you are** tessék [tesshaik]; **have you been to London?** járt/volt (már) Londonban [yaart/volt (maar) lon-donbân]?; **where have you been?** hol volt/járt [yaart]?
beach (tenger)part [-pârt], strand [shtrând]
beam *(bar)* gerenda [gerendâ], *(light)* sugár [shoogaar]; *(US)* **high ~** országúti fény [orsaagooti fainj]; **dipped** *(US* **dimmed)** **~** tompított [tompeetott] fény
bean(s) bab [bâb]

bean soup bableves [bâblevesh]

bear[1] v hordani [hordâni], viselni [vishelni]

bear[2] n medve

beard szakáll [sâkaal]

beast (vad)állat [(vâd)aalât]

beat *(strike)* (meg)verni; *(win)* legyőzni [-djőzni]; *(record)* megdönteni

beautiful szép [saip]

beauty parlour kozmetikai szalon [kozmetikâyi sâlon]

beauty products arcápoló szerek [ârts-aapolaw serek]

beauty spot szép hely/táj [saip hey/taay]

because mert; ~ **of** miatt [miyâtt]

become lenni; ~ **a doctor** orvos lesz [orvosh les]

bed ágy [aadj]; ~ **and breakfast** szoba [sobâ] reggelivel; **he is going to** ~ lefekszik (aludni) [lefeksik (âloodni)]; **make the** ~ megágyazni [-aadjâzni]

bed-clothes ágynemű [aadjnemű]

bedroom hálószoba [haalawsobâ]; *(hotel)* szoba [sobâ]; **double** ~ kétágyas szoba [kaitaadjâsh sobâ]; **single** ~ egyágyas szoba [ejd-aadjâsh sobâ]; ~ **with (private) bathroom** szoba (külön) fürdőszobával [sobâ (külön) fürdősobaavâl], fürdőszobás szoba [fürdősobaash sobâ]

bed-sheet lepedő

bee méh [may]

beef marhahús [mârhâ-hoosh]

beefsteak bifsztek [bifstek], marhabélszín [mârhâbailseen]

been →be

beer sör [shör]

beetle bogár [bogaar]

beetroot cékla [tsaiklâ]

before előtt; **the day** ~ előző nap [nâp]; ~ **you go** mielőtt elmegy [mi-előtt elmedj]; **I have seen him** ~ már láttam [maar laattâm] (őt)

beg: I ~ **your pardon** (= *sorry*) bocsánatot kérek [bochaanâtot kairek]; (= *say it again*) tessék [tesshaik]?

began →begin
begin *(begin sth)* (el)kezdeni; *(sth begins)* (el)kezdődni; **when does the match** ~**?** mikor kezdődik a mérkőzés [â mairkő-zaish]?
beginning kezdet
begun →begin
on **behalf of** vki helyett [heyett], vkinek az érdekében [âz airde-kaiben]
behave viselkedni [vishelkedni]
behind 1. *adv* hátul [haatool] **2.** *prep* mögött
Belgian belga [belgâ], belgiumi [belgi-oomi]
Belgium Belgium [belgi-oom]
believe hinni; **I don't** ~ **it** nem hiszem [hisem]
bell csengő [chengő]
bellboy boy
belly has [hâsh]
belong *to* tartozik [târtozik] vhová; **it** ~**s to me (him/her)** (ez) az enyém (övé) [âz enjaim (övai)]
belongings holmi
below lent, alul [âlool], . . . alatt [âlâtt]
belt öv; →**seat belt**
bench pad [pâd]
bend 1. *n* kanyar [kânjâr], útkanyarulat [ootkânjâroolât] **2.** *v* (meg)hajlítani [-hajleetâni]
Benedictine bencés [bentsaish]
benefit 1. *n* előny [előnj]; haszon [hâson] **2.** *v* hasznot húzni [hâs-not hoozni] (vmiből)
bent →**bend 2.**
berth hálóhely [haalaw-hey], fekhely [fek-hey], fekvőhely [fek-vőhey], ágy [aadj] **2-**~ két hálóhelyes [kait haalaw-heyesh], kétágyas [kait-aadjâsh]; **book a** ~ hálókocsijegyet rendel-ni/váltani [haalawkochi-yedjet rendelni/vaaltâni]
beside mellett
besides azonkívül [âzonkeevül]

best legjobb [legyobb]; **as ~ I could** amennyire [âmennjire] tőlem tellett

bet fogadni [fogâdni]

better jobb [yobb]; **all the ~** annál jobb [ânnaal yobb]; **to get ~** javulni [yâvoolni]; **we had ~ go** jó lesz elindulnunk [yaw les elindoolnoonk]

betting office fogadóiroda [fogâdaw-irodâ]

between között

beverage ital [itâl]

beware! vigyázz [vidjaazz]!, vigyázat [vidjaazât]!; **~ of traffic!** vigyázat, autó [vidjaazât, outaw]!; **~ of trains!** vigyázz, ha jön a vonat [vidjaazz, hâ yön â vonât]!

beyond túl [tool]

bible biblia [bibliyâ]

bicycle kerékpár [keraikpaar], bicikli [bitsikli]

big nagy [nâdj]; **too ~ for me** túl nagy nekem [tool nâdj nekem]

bile epe

bill *(invoice)* számla [saamlâ]; *(US) (bank note)* bankjegy [bânk-yedj]; **the ~, please!** *(at a restaurant)* fizetek!; **let me settle the ~!** engedje meg, hogy én fizessek [engedye meg, hodj ain fizesshek]!

bill of delivery szállítólevél [saaleetaw-levail]

bill of exchange váltó [vaaltaw]

bill of fare étlap [aitlâp]

bind (meg)kötni

bird madár [mâdaar]

birth születés [sületaish]; **date of ~, ~ date** születési idő/ideje [sületaishi idő/ideye]; **place of ~, ~ place** születési hely(e) [sületaishi hey(e)]

birth-certificate születési anyakönyvi kivonat [sületaishi ânjâkönjvi kivonât]

birthday születésnap [sületaish-nâp]

biscuit keksz [keks]

bit darab [dârâb]; *(money)* érme [airme]; **5d ~** ötpennys [ötpenny-sh]

bite 1. *v* harapni [hârâpni] **2.** *n* harapás [hârâpaash]

bitter keserű [kesherű]

black fekete; **~ coffee** feketekávé [-kaavai]

blade penge

blank üres [üresh]; **~ cheque** biankó csekk [biyânkâw chekk]

blanket takaró [tâkâraw]

blazer sportkabát [shportkâbaat]

bleed vérezni [vairezni]; **is ~ing** vérzik [vairzik]

blend keverék [keveraik]

blender turmixgép [toormixgaip]

bless you! egészségére! [egais-shai-gai-re]

blew →**blow**

blind[1] *(sightless)* vak [vâk]

blind[2] *(window)* (vászon)roló [(vaason)rolaw]

blind alley zsákutca [zhaak-oottsâ]

blister hólyag [hawyâg]

blizzard hóvihar [hawvihâr]

block 1. *n* tömb, rönk, tuskó [tooshkaw]; *(obstruction)* akadály [âkâdaay] **2.** *v* elzárni [-zaarni], eltorlaszolni [-torlâsolni]

block letters please kérjük nyomtatott betűkkel írni [kairyük njomtâtott betűkkel eerni]

block of flats bérház [bairhaaz]

blond(e) szőke [sőke]

blood vér [vair]

blood alcohol level véralkoholszint [vairâlkohol-sint]

blood count vérkép [vairkaip]

blood-poisoning vérmérgezés [vair-mairgezaish]

blood-pressure vérnyomás [vair-njomaash]

blood test vérvizsgálat [vair-vizhgaalât]

bloom virágzik [viraagzik]

blot folt

blouse blúz [blooz]

blow fújni [fooyni]; **the wind is ~ing** fúj a szél [fooy â sail]; **~ up** *(a tyre)* felpumpálni (gumit) [-poompaalni (goomit)]

blow-out gumidefekt [goomi-], durrdefekt [doorr-]

blue kék [kaik]
blunt tompa [tompâ]
board 1. *n (meals)* ellátás [-laataash], koszt [kost], penzió [penziyaw]; *(ship)* fedélzet [fedailzet]; ~ **and lodging** lakás és ellátás [lâkaash aish ellaataash]; **full** ~ teljes ellátás [telyesh ellaataash]; **half** ~ félpenzió [fail-penziyaw]; **on** ~ *(ship)* hajón [hâyawn], *(plane)* fedélzeten [fedailzeten] **2.** *v (ship)* hajóra szállni [hayawrâ saalni], *(bus, plane, train)* beszállni [-saalni], *(tram)* felszállni [-saalni]
boarder kosztos [kostosh]
boarding card beszállókátya [besaalawkaartjâ]
boarding-house penzió [penziyaw]
boarding-school kollégium [kollaigi-oom]
boat *(rowing)* csónak [chawnâk], *(ship)* hajó [hâyaw]; **where can I hire a** ~**?** hol bérelhetek csónakot [hol bairelhetek chawnâkot]?; **when does the next** ~ **leave for . . .?** mikor indul a következő hajó . . . felé [mikor indool a következő hâyaw . . . felai]?
boating csónakázás [chawnâkaazaash]
boat-train vonat hajócsatlakozással [vonât hâyawchâtlâkozaasshâl]
boat trip hajókirándulás [hâyaw-kiraandoolaash]
bobby rendőr
body test [tesht]; *(car)* kocsiszekrény [kochi-sekrainj]
bodywork kocsiszekrény [kochi-sekrainj], karosszéria [kârossairyâ]
Bohemia Csehország [cheh-orsaag]
boil forralni [forrâlni], főzni
boiled főtt; ~ **egg** lágytojás [laadj-toyaash]
boiler vízmelegítő [veezmelegeető]
bolt *(screw)* csavar [châvâr]
bomb bomba [bombâ]
bonded warehouse vámszabad raktár [vaamsâbâd râktaar]
bone csont [chont]
bonnet motorháztető [-haaztető]

book 1. *n* könyv [könjv] **2.** *v (reserve in advance)* lefoglalni [-foglâlni], előjegyezni [-yedjezni]; *(take a ticket)* (meg)váltani [-vaaltâni]; **I have ~ed a single(-bed) room here** foglaltam itt egy egyágyas szobát [foglâltâm itt edj edj-aadjâsh sobaat]; **~ in advance** *(to reserve)* lefoglalni [lefoglâlni]; *(to play)* előre megváltani [megvaaltâni]; előyételben [elővaitelben] megváltani; **~ a seat** *(to reserve)* lefoglalni egy helyet [lefoglâlni edj heyet]; *(to pay for it)* jegyet váltani [yedjet vaaltâni], megváltani egy [edj] jegyet; *(on a train)* helyjegyet váltani [heyyedjet vaaltâni]; **~ a sleeper** hálókocsijegyet váltani [haalawkochi-yedjet vaaltâni]; **~ a tour** befizetni egy társasutazásra [edj taarshâsh-ootâzaashrâ]; **I am ~ed up for this evening** mai estém foglalt [mâyi eshtaim foglâlt]

bookable váltható [vaalt-hâtaw], kapható [kâphâtaw]

booking *(in advance)* helyfoglalás [heyfoglâlaash], előjegyzés [előyedjzaish], jegyrendelés [yedj-rendelaish]; *(at a hotel)* szobafoglalás [sobâfoglâlaash], szobarendelés [sobârendelaish], *(other accommodation)* szállásfoglalás [saalaash-foglâlaash]; *(buying the ticket)* jegyváltás [yedj-vaaltaash]; *(issuing tickets)* jegyárusítás [yedj-aaroosheetaash]; **make a ~** (= *to book a room*) szobát foglalni [sobaat foglâlni]; **make the ~s** (el)intézni a hely- és szobafoglalást [(el)intaizni â heyaish sobâfoglâlaasht]

booking-office jegypénztár [yedj-painstaar]

booklet füzet

bookseller könyvkereskedő [könjv-kereshkedő], *(the shop)* könyvesbolt [könjvesh-bolt]

bookshop könyvesbolt [könjvesh-bolt]

bookstall, bookstand könyvárusítóhely [könjv-aaroosheetawhey], (utcai) könyvárus [(oottsâyi) könjvaaroosh]

bookstore *(US)* könyvkereskedés [könjv-kereshkedaish], könyvesbolt [könjvesh-]

boot *(footwear)* magas szárú cipő [mâgâsh saaroo tsipő]; *(of car)* csomagtartó [chomâgtârtaw], rakodóhely [râkodawhey]

booth (telefon)fülke
boot-lid csomagtartófedél [chomâgtârtaw-fedail]
border határ [hâtaar]; **on the** ~ a határon [â hâtaaron]
border crossing point határátkelőhely [hâtaar-aatkelőhey]
border station határállomás [hâtaar-aalomaash]
boring unalmas [oonâlmâsh]
born született [sületett]; **where were you** ~? hol született [hol született]?
borrow kölcsönkérni [kölchön-kairni]; **may I** ~ **your pen?** kölcsönkérhetném a tollát [kölchön-kairhetnaim â tollaat]?
boss főnök
both mindkét [mindkait], mindkettő; ~ **ways** mindkét irányba(n) [mindkait iraanjbá(n)]
bother zavarni [zâvârni]; **stop** ~**ing me!** ne zavarj [ne zâvâry]!, hagyj békén [hâddj baikain]!; **don't** ~! ne törődj vele [ne törődj vel-e]!
bottle palack [pâlâtsk], üveg; **a** ~ **of wine** egy [edj] üveg bor
bottle-opener sörnyitó [shörnjitaw]
bottom fenék [fenaik], (of sth) feneke, alja (vminek) [âlyâ]
bought →buy
boulevard körút [köroot]
bound (obliged) ~ **to do sth** köteles [kötelesh] vmit (meg)tenni; **he is** ~ **to come** el kell jönnie [yönniye]; (of ship) ~ **for Britain** útban Anglia felé [ootbân angliâ felai]
bow 1. n (violin) vonó [vonaw]; (knot) csomó [chomaw] 2. v meghajolni [-hâyolni]
bowl edény [edainj], tál [taal]
box doboz; (theatre) páholy [paahoy]
boxing ökölvívás [-veevaash], boksz [boks]
Boxing Day karácsony másnapja [karaachonj maashnâpjâ]
box-office jegypénztár [yedj-painstaar]
boy fiú [fiyoo]
boy scout cserkész [cherkais]
bra melltartó [-târtaw]
bracelet karkötő

braces nadrágtartó [nâdraag-târtaw]
brain agy [âdj]
brake fék [faik]; **brakes** fékberendezés [faik-berendezaish], fékek [faikek]; **put on the ~s** fékezni [faikezni]; **the ~ is on** be van húzva a fék [be vân hoozvâ â faik]
brake lining fékbetét [faikbetait]
brake pedal fékpedál [faikpedaal]
brake shoe fékpofa [faikpofâ]
braking distance fékút [faikoot]
branch *(tree)* ág [aag]; *(railway)* elágazás [elaagâzaash]
branch-line szárnyvonal [saarnjvonâl]
branch office kirendeltség [kirendelt-shaig], fiókiroda [fi-awkirodâ], *(travel agency)* vidéki utazási iroda [vidaiki ootâzaashi irodâ]
brand márka [maarkâ], fajta [fâytâ]
brandy konyak [konyâk], pálinka [paalinkâ]
brass (sárga)réz [(shaargâ)raiz]
brasserie söröző [shöröző]
brave bátor [baator]
bread kenyér [kenjair]
bread and butter vajas kenyér [vâyâsh kenjair]
breadth szélesség [sailesshaig]
break 1. *v* eltörni, összetörni [össe-]; **the window is broken** betört az ablak [âz âblâk]; **I have broken my leg** eltörtem a lábam [â laabâm]; **~ one's journey** megszakítani az utazást/utat [megsâkeetâni âz ootâzaasht/ootât]; **the car broke down** defektet kapott a kocsi [defektet kâpott â kochi], elromlott/elakadt a kocsi [-âkâtt â kochi] **2.** *n* szünet [sünet]; **~ of journey** útmegszakítás [oot-megsâkeetaash]
breakage törés [töraish]
breakdown (motor)hiba [-hibâ], defekt, műszaki hiba [műsâki hibâ]; elakadás [-âkâdaash]; **I had a ~** elromlott a kocsim [â kochim], defektem volt; **~ service** autómentő (segély)szolgálat [outawmentő (shegay)solgaalât]; **~ lorry/truck** autómentő [outawmentő]

breakfast reggeli; ~ **included** reggelivel; ~ **not included** reggeli nélkül [nailkül]; **have** ~ reggelizni
breast mell
breast stroke mellúszás [mell-oosaash]
breath lélegzet [lailegzet]
breathalyser alkoholszonda [âlkoholsondâ]
breathe lélegzeni [lailegzeni]
breath test alkoholpróba [âlkohol-prawbâ], szondázás [sondaa-zaash]
breeze szellő [sellő]
brick tégla [taiglâ]
bride menyasszony [menjâssonj]
bridegroom vőlegény [vőlegainj]
bridge híd [heed]
brief rövid
briefcase aktatáska [âktâ-taashkâ]
bright *(light)* világos [vilaagosh], *(colour)* élénk [ailaink]
bring hozni; ~ **me some coffee, please** kérem, hozzon kávét [kairem, hozzon kaavait]; ~ **back** visszahozni [vissâ-]; ~ **in** behozni
Britain →**Great Britain**
British brit
broad széles [sailesh]
broadcast 1. *n* adás [âdaash], közvetítés [közveteetaish] **2.** *v* közvetíteni [közveteeteni]
brochure prospektus [proshpektoosh]
broil roston sütni [roshton shütni]
broiled chicken grillcsirke [-chirke]
broke(n) →**break 1.**
broken (white) line terelővonal [-vonâl]
broom seprű [sheprű]
broth húsleves [hoosh-levesh]
brother fivér [fivair], testvér [teshtvair]
brother-in-law sógor [shawgor]
brought →**bring**

brown barna [bârnâ]
bruise horzsolás [horzholaash]
brush 1. *n* kefe, *(shaving)* ecset [echet] **2.** *v* lekefélni [-kefailni]
Brussels sprouts kelbimbó [-bimbaw]
bucket vödör
budget költségvetés [kölchaig-vetaish]
buffet büfé [büfay]
bug poloska [poloshka]; lehallgatókészülék [lehâlgâtaw-kaisülaik]
build építeni [aipeeteni]; **it was built** ... épült [aipült] ...
building épület [aipület]
built →**build**
built-up area beépített/lakott [be-aipeetett/lâkott] terület; **in**
~**(s)** lakott [lâkott] területen
bulb *(electric)* égő [aigő]
Bulgaria Bulgária [boolgaariâ]
Bulgarian bolgár [bolgaar]
bulletin közlemény [közlemainj], jelentés [yelentaish]
bump 1. *n* ütés [ütaish], *(car)* koccanás [kotsânaash] **2.** *v (one's head)* beüti (a fejét) [â feyait]
bumper lökhárító [-haareetaw]
bumpy road egyenetlen út(szakasz) [edjenetlen oot(sâkâs)]
bun molnárka [molnaarkâ]
bunch csomó [chomow]; *(of flowers)* csokor [chokor]; *(of bananas)* fürt
bundle csomó [chomaw]
bungalow bungaló
bunk hálóhely [haalawhey]
buoy bója [bawyâ]; *(life)* mentőöv
burden teher
bureau iroda [irodâ], hivatal [hivâtâl]
burglar betörő
burglar alarm riasztóberendezés [riâstaw-berendezaish]
burn égni [aigni]; *(cause to burn)* égetni [aigetni]
bursar pénztáros [painstaarosh]
bursary ösztöndíj [östöndeey]

burst szétrepedni [saitrepedni], kipukkadni [kipookkadni]; **the tyre** ~ durrdefektet kapott a gumi [doorrdefektet kâpott â goomi]
burst tyre durrdefekt [doorrdefekt]
bury (el)temetni
bus (autó)busz [(outaw)boos]; **let's go by** ~ menjünk busszal [mennjünk boossâl]; **catch the** ~ elérni a buszt [elairni â boost]; **we missed the** ~ nem értük el a buszt [nem airtük el â boost], lemaradtunk a buszról [lemârattunk â boosrawl]
bush bokor
business üzlet; **on** ~ üzleti/hivatalos ügyben/úton [üzleti/hivâtâlosh üdjben/ooton]
business district üzleti negyed [-nedjed]
business hours hivatalos órák [hivâtâlosh awraak], nyitvatartási idő [njitvâtârtaashi-], ügyfélfogadás [üdjfail-fogâdaash]
businessman üzletember
bus route autóbusz-útvonal [outawboos-ootvonâl]
bus service autóbuszjárat [outawboos-yaarât]
bus shelter autóbusz-váróhely [outawboos-vaarawhey]
bus station autóbusz-megálló [outawboos-megaalaw], autóbusz-állomás [-aalomaash]
bus-stop (autó)buszmegálló [(outaw)boosmegaalaw]
bus ticket buszjegy [boosyedj]
busy elfoglalt [-foglâlt]; **I am** ~ el vagyok foglalva [el vâdjok foglâlvâ], nem érek rá [nem airek raa]; **are you** ~ **this evening?** foglalt ma este? [foglâlt mâ eshte]; **„line** ~" foglalt [foglâlt]; **shops are** ~ zsúfoltak az üzletek [zhoofoltâk âz üzletek]; **a** ~ **day** mozgalmas nap [mozgâlmâsh nâp]
but de, hanem [hânem]; *(except)* kivéve [kivai-ve], *(only)* csak [châk]
butane (gas) butángáz [bootaangaaz]
butane lighter gázöngyújtó [gaaz-öndjooytaw]
butcher('s) hentes [hentesh], húsbolt [hoosh-bolt]
butter vaj [vây]
butterfly lepke; ~ **stroke** pillangóúszás [pillângawoosaash]

button gomb; **press the** ~ nyomja [njomyâ] meg a [â] gombot!
buy (meg)venni, vásárolni [vaashaarolni], *(ticket)* (meg)váltani
[-vaaltâni]; **what do you want to** ~? mit akar vásárolni/venni
[mit âkâr vaashaarolni/venni]?; **I must** ~ **some presents** vala-
mi ajándékot kell vennem [vâlâmi âyaandaikot kell vennem];
he bought it for two pounds két fontért vette [kait fontairt
vette]; **where can I** ~ **the tickets?** hol válthatom/vehetem meg
a jegyeket [hol vaalthâtom/vehetem meg â yedjeket]?
buyer vevő, vásárló [vaashaarlaw]
by *(near)* mellett, ...nál, ...nél [...naal, ...nail]; *(agent)*
által [aaltâl], ...tól, ...től [...tawl]; ~ **car** kocsival [kochi-
vâl], kocsin [kochin]; **made** ~ **hand** kézzel gyártott [kaizzel
djaartott], kézi [kaizi]; ~ **myself** egyedül [edjedül]; ~ **plane**
repülővel, repülőn ~ **return of post** postafordultával [poshtâ-
fordooltaavâl]; ~ **train** vonattal [vonâttâl]; ~ **the nine
o'clock train** a kilencórás vonattal [â kilents-awraash vonât-
tâl]; ~ **all means** feltétlenül [feltaitlenül]; ~ **day** nappal [nâp-
pâl]; ~ **the time you get there** amikorra odaér [âmikorrâ odâ-
air]; ~ **Wednesday** (legkésőbb) szerdára [(legkaishőbb) ser-
daarâ]; **he should be home** ~ **now** most már otthon kell lennie
[mosht maar ott-hon kell lenni-e]; *(expressing authorship)*
... **by** írta ... [eertâ]; **a lecture on Burns by X X** előadása [elő-
âdaashâ] B-ről
bye-bye szervusz(tok) [szervoos(tok)]!, szia [seeyâ]!
bypass elterelő út [oot]
by-road mellékút [mellaik-oot]

C

cab taxi [tâksi]
cabbage káposzta [kaapostâ]
cabin kabin [kâbin], (utas)fülke [(ootash)fülke]

cabin bag kézitáska [kaizitaashkâ]
cabin luggage kézipoggyász [kaizi-poddjaas]
cable 1. *n (wire)* kábel [kaabel]; *(cablegram)* távirat [taavirât]; **send a ~** táviratot [taavirâtot] küldeni, táviratozni [taavirâtozni]; **by ~** távirati úton [taavirâti ooton] **2.** *v* táviratozni [taavirâtozni], kábelezni [kaabelezni]
cable-car sikló [shiklaw]
cablegram kábel [kaabel], távirat [taavirât]
cable railway függővasút [függő vâshoot]
café kávéház [kaavaihaaz]
cafeteria önkiszolgáló étterem/étkezde [önkisolgaalow aitterem/aitkezde]
cake sütemény [shütemainj], tészta [taistâ]; **a ~ of soap** egy darab szappan [edj dârâb sâppân]
calculate kiszámítani [kisaameetâni], számolni [saamolni]
calculation számítás [saameetaash]
calendar naptár [nâptaar]
calf borjú [boryoo]
call 1. *n (telephone)* (telefon)beszélgetés [-besailgetaish], telefonhívás [-heevaash]; *(visit)* látogatás [laatogâtaash]; **I'll give you a ~** fel fogom hívni (telefonon) [fel fogom heevni]; **pay a ~ on sby** meglátogatni vkit [-laatogâtni], felmenni vkihez **2.** *v (shout)* kiáltani [ki-aaltâni]; *(summon)* hívni [heevni]; *(visit)* látogatást [laatogâtaasht] tenni (vkinél), felkeresni (vkit) [-kereshni], felmenni (vkihez); *(name)* hívni [heevni]; **please ~ me a taxi** kérem hívjon egy taxit [kairem heevyon edj tâksit]; **please ~ a doctor** kérem hívjon orvost [kairem heevyon orvosht]; **~ me at 7 a.m.** hívjon fel hétkor [heevyon fel haitkor]; **he was out when I ~ed** nem volt otthon amikor fent voltam (nála) [nem volt ott-hon âmikor fent voltâm (naalâ)]; **he is ~ed John** őt Jánosnak hívják [őt yaanoshnâk heevyaak]; **~s at every station** minden állomáson megáll [minden aalomaashon megaal]; **could you ~ me back later?** vissza tudna hívni később [vissâ toodnâ heevni kaisőbb]?; **~ for sby** hívatni [heevâtni] vkit, *(fetch)* érte [airte] menni; **I'll ~ for you**

at 6 o'clock 6 órakor érted megyek [hât awrâkor airted medjek]; **to be ~ed for** postán maradó [poshtaan mârâdaw]; **~ in** behívni [beheevni]; **~ on sby** felkeresni [-kereshni] vkit, meglátogatni [-laatogâtni] vkit, felmenni vkihez; **~ out for sth** kiáltani [ki-aaltâni] vmiért; **~ out to sby** odakiáltani [odâki-aaltâni] vkinek; **~ sby up** felhívni [-heevni] (telefonon); **~ her up on the telephone** hívja [heevya] fel telefonon

call-box telefonfülke

caller látogató [laatogâtaw]

calling card *(US)* névjegy [naiv-yedj]

calm *(person)* nyugodt [njoogott]; *(sea, weather)* csendes [chendesh]

Calor gas propán-bután gáz [propaan-bootaan gaaz]

came →**come**

camera fényképezőgép [fainj-kaipezőgaip], kamera

camp 1. *n (tents)* (sátor)tábor [(shaator)taabor]; **pitch ~** tábort [taabort] ütni; **strike ~** tábort bontani [taabort bontâni] **2.** *v* kempingezni, táborozni [taaborozni]; **go ~ing** kempingezni/táborozni megy [kempingezni/taaborozni medj]

campavan sátras utánfutó [shaatrâsh ootaan-footaw]

camp-bed kempingágy [-aadj]

camp-chair kempingszék [-saik], strandszék [shtrandsaik]

camper kempingező

camp-fire tábortűz [taabortűz]

campground *(US)* kemping

camping 1. *n* kempingezés [kempingezaish] **2.** *a* kempingező; kemping-

camping articles kempingcikkek [-tsikkek]

camping association kempingezők egyesülete [edjeshülete *(in Hungary:* Magyar Camping és Caravanning Club)

camping carnet →**International Camping Carnet**

camping equipment kempingfelszerelés [-felserelaish]

camping facilities kempingszolgáltatások [-solgaaltâtaashok]

camping fee (kemping) helyfoglalási díj [heyfoglâlaashi deey]

camping site →**campsite**

camping stove kempingfőző
camping table kempingasztal [-âstâl]
camping warden kempinggondnok
camp light kempinglámpa [-laampâ]
campsite kemping
camshaft vezérműtengely [vezairmű-tengely]
can[1] *n* kanna [kânnâ]; *(US) (tin)* konzerv(doboz)
can[2] *v* tud ... [tood]; ~ **you bring me ...?** tud(na) [tood(nâ)]
hozni ...-t nekem?; ~ **you swim?** tud úszni [tood oosni]?; **I**
~, **but my sister cannot** én tudok, de a nővérem nem tud [ain
toodok, de â nővairem nem tood]; **he** ~ **speak English** ő
tud/beszél angolul [ő tood/besail ângolool]; ~ **we park here**
parkolhatunk [pârkolhâtoonk] itt?; ~ **you see it?** látja
[laatjâ]?; **you** ~ **go** elmehet; **could I see it?** láthatnám [laat-
hâtnaam]?; megnézhetném [megnaiz-hetnaim]?; **he couldn't**
come nem tudott (el)jönni [nem toodott (el)yönni]
Canada Kanada [kânâdâ]
Canadian kanadai [kânâdâyi]
canal csatorna [châtornâ]
cancel törölni; *(seats etc.)* lemondani [-mondâni]; **the sports**
meeting was ~**led** a találkozó elmaradt [â tâlaalkozaw elmâ-
râdt], a találkozót lemondták [â tâlaalkozawt lemontaak]
cancellation törlés [törlaish]; *(of seat)* helylemondás [hey-le-
mondaash]
cancer rák [raak]
candle gyertya [djertjâ]
candy *(US)* cukorka [tsookorkâ], édesség [aidesshaig]
candystore *(US)* édességbolt [aidesshaig-]
canned konzerv-, -konzerv; ~ **beer** dobozos sör [dobozosh
shör]; ~ **food** konzerv, készétel [kais-aitel]; ~ **meat** húskon-
zerv [hoosh-]
canoe kenu [kenoo]
canoeing kajakozás-kenuzás [kâyâkozaash-kenoozaash]
canteen *(place)* (üzemi) étkezde [aitkezde], menza [menzâ]; *(for*
drinking) kulacs [koolâch]

canvas vászon [vaason]

cap sapka [shâpkâ]; *(lid)* kupak [koopâk]

capable képes [kaipesh]

capital *(city)* főváros [-vaarosh]; *(letter)* nagybetű [nâdjbetű]

captain *(officer)* százados [saazâdosh]; *(sports)* kapitány [kâpi-taanj]

caption felirat [-irât]

car kocsi [kochi], autó [outaw]; **by** ~ kocsival [kochivâl], autó-val [outaw-vâl]

car accident autóbaleset [outaw-bâl-eshet]

car aerial autóantenna [outaw-ântennâ]

car alarm system autóriasztó [outaw-riyâstaw]

caravan 1. *n* lakókocsi [lâkaw-kochi] **2.** *v* lakókocsit igénybe venni [lâkaw-kochit igainj-be venni], lakókocsizni [lâkaw-kochizni]

caravanner lakókocsizó [lâkaw-kochizaw]

caravanning lakókocsizás [lâkaw-kochizaash]

caravan site lakókocsitábor [lâkaw-kochi-taabor]

car battery akkumulátor [âkkoomoolaator]

carburettor porlasztó [porlâstaw], karburátor [kârbooraator]

car cover autóponyva [autawponjvâ]

card *(playing)* kártya [kaartjâ]; *(visiting)* névjegy [naivyedj]; *(post)* levlap [levlâp]; **play at** ~**s** kártyázni [kaartjaazni]

cardan shaft kardántengely [kardaan-tengey]

cardigan kardigán [kârdigaan]

car documents gépkocsiokmányok [gaipkochi-okmaanjok], forgalmi engedély [forgâlmi engeday]

care 1. *n* gond(oskodás) [gond(oshkodaash)]; **take** ~**!** vigyázz [vidjaazz]!, óvatosan [aw-vâtoshân]!; **take** ~ **of sby** vigyázni [vidjaazni] vkire; **with** ~**!** óvatosan [aw-vâtoshân]!; ~ **of (c/o)** Mr. X X úr leveleivel/címén [X oor leveleyi-vel/tseemain]; "~ **of Poste Restante**" postán maradó (külde-mény) [poshtaan mârâdaw (küldemainj)] **2.** *v* ~ **for** törődni vmivel; **I don't** ~ **what you do** nem érdekel, mit csinál(sz) [nem airdekel, mit chinaal(s)]; **would you** ~ **to read this?** elol-vasná-e ezt [-olvâshnaa-e est]?

careful óvatos [aw-vâtosh]
carefully óvatosan [aw-vâtoshân]
careless figyelmetlen [fidjelmetlen]
cargo teher, szállítmány [saaleetmaanj]
car-heating system fűtőberendezés [-berendezaish]
car-hire (service) autókölcsönzés [outaw-kölchönzaish], gépko-
    csikölcsönzés [gaipkochi-], autókölcsönző szolgálat [outaw-
    kölchönző solgaalât]
car mechanic autószerelő [outaw-serelő]
"Carnet de Passages en Douane" nemzetközi gépkocsi-vámiga-
    zolvány [gaipkochi-vaamigâzolvaanj], carnet
carp ponty [pontj]
car park parkoló(hely) [pârkolaw(hey)]
carpet szőnyeg [sőnjeg]
car radio autórádió [outaw-raadiyaw]
car rental *(renting)* autókölcsönzés [outaw-kölchönzaish], gép-
    kocsikölcsönzés [gaipkochi-]; *(the car rented)* bérautó [bair-
    outaw], bérgépkocsi [bair-gaip-kochi]; *(the sum given as
    rent)* bérleti díj [bairleti deey]; *(the agency)* autókölcsönző
    [outaw-kölchönző], gépkocsikölcsönző [gaipkochi-], „rent a
    car"
car repair shop →**repair shop**
carriage *(vehicle)* kocsi [kochi]; *(carrying)* szállítás [saalee-
    taash]; *(cost of carrying)* fuvardíj [foovârdeey]; ~ **free/paid**
    bérmentve [bairmentve]; ~ **forward** fuvardíj utánvételezve
    [foovârdeey ootaanvaitelezve]
carriageway úttest [oot-tesht]; útpálya [-paayâ]
carrot sárgarépa [shaargâ-raipâ]
carry vinni, szállítani [saaleetâni]; ~ **an emergency supply of oil!**
    vigyen magával tartalékolajat [vidjen mâgaavâl târtâlaik-
    olâyât]!; ~ **on** folytatni [foytatni]; ~ **out** elvégezni [-vaigezni]
carrying basket *(infant's)* mózeskosár [mawzeshkoshaar]
carry-on baggage kézipoggyász [kaizi-poddjaas]
car service autószerviz [outaw-serviz]
carton (karton)doboz [(kârton)doboz]

cartoon rajzfilm [râyzfilm]
cartridge *(for a roll of film)* kazetta(töltés) [kâzettâ(töltaish)]; *(gas)* (csere)palack [(cher-e)pâlâtsk]; *(siphon)* patron
car tyre gumiabroncs [goomi-âbronch]
carving faragás [fârâgaash]
carwash *(automatic)* autómosó [outaw-moshaw]
car washing autómosás [outaw-moshaash], kocsimosás [kochi-moshaash]
case[1] *(box)* doboz, láda [laadâ]; *(display)* vitrin; *(bag)* (kézi)-táska [(kaizi)taashkâ]
case[2] *(occurrence)* eset [eshet], ügy [üdj]; **in any ~** mindenesetre [mindeneshetre]; **in ~** ha [hâ]; **in ~ it rains** ha esni találna [hâ eshni talaalnâ], eső esetére [eshő eshetai-re]; **in ~ of** abban az esetben, ha ... [âbbân âz eshetben, hâ], ... esetén [eshetain]
cash 1. *n* készpénz [kaispainz]; **in ~** készpénzben [kaispainz-ben]; **~ down** készpénzfizetés ellenében [kaispainzfizetaish ellenaiben]; **~ on delivery** utánvéttel [ootaanvaittel]; **be out of ~** nincs pénze [ninch painze] **2.** *v* beváltani [-vaaltâni]; **will you please ~ this traveller's cheque?** legyen szíves beváltani ezt az utazási csekket [ledjen seevesh bevaaltâni ezt âz ootâzaashi chekket]!; ... **can be ~ed** ... beválthátó(k) [-vaalthâtaw(k)]
cash-desk pénztár [painstaar]
cash dispenser pénzautomata [painzâutomâtâ]
cashier pénztáros [painstaarosh]
cash price készpénzár [kais-painz-aar]
cash register pénztárgép [painstaargaip]
cassette kazetta [kâzettâ]
cassette recorder kazettás magnó [kâzettaash mâgnaw]
cast 1. *v* dobni **2.** *n* *(theatre)* szereposztás [serepostaash]
castle vár [vaar]; *(fine house)* kastély [kâshtay]
castor-oil ricinusolaj [ritsinoosh-olây]
casualty *(killed)* halálos áldozat [hâlaalosh aaldozât]
casualty department baleseti osztály [bâlesheti ostaay]
casual wear utcai ruha [ootsâi roohâ]

cat macska [mâchkâ]

catalytic converter *(in a car)* katalizátor [kâtâlizaator]

catalogue katalógus [kâtâlawgoosh], *(goods)* árjegyzék [aaryedjzaik]

catch *(train etc.)* elérni [-airni]; *(disease)* megkapni [-kâpni]; ~ **cold** megfázni [-faazni]

category osztály [ostaay]

cater ellátni [-laatni]

catering (arrangements) (utas)ellátás [(ootâsh)ellaataash]

catering trade vendéglátóipar [vendaiglaataw-ipâr]

cathedral székesegyház [saikesh-edjhaaz]

Catholic katolikus [kâtolikoosh]

cat's-eye macskaszem [mâchkâsem]

cattle (szarvas)marha [(sârvâsh)mârhâ]

caught →**catch**

cauliflower karfiol [kârfi-ol]

cause 1. *n* ok 2. *v* okozni

caution óvatosság [aw-vâtosshaag]; *(warning)* vigyázat [vidjaazât]!

caution light villogó sárga fény(jelzés) [villogaw shaargâ fainj (-yelzaish)]

cautious óvatos [aw-vâtosh]

cave barlang [bârlâng]

caviar kaviár [kâvi-aar]

cease abbahagyni [âbbâhâdjni]

ceiling mennyezet [mennjezet]

celebrate ünnepelni

cellar pince [pintse]

cello cselló [chellaw]

cemetery temető

cent cent [tsent]

central 1. *a* központi; ~ **heating** központi fűtés [fűtaish]; ~ **island** járdasziget [yardâsiget]; ~ **reserve** (középső) elválasztó sáv [(közaip-shő) elvaalâstaw shaav] 2. *n* *(US)* (távbeszélő)központ [(taavbesailő)köspont]

Central Europe Közép-Európa [közaip-e-oorawpâ]
centre köz(ép)pont [köz(aip)pont], centrum [tsentroom]
centre forward középcsatár [közaip-châtaar]
centre-half középfedezet [közaip-]
centre line *(no crossing)* záróvonal [zaaraw-vonâl]
century század [saazâd]
ceremony szertartás [sertârtaash]
certain *(some)* bizonyos [bizonjosh]; *(sure)* biztos [bistosh]
certainly természetesen [termaiseteshen]!, hogyne [hodjne]!; ~
    not! szó sincs róla [saw shinch rawlâ]
certificate igazolás [igâzolaash]; ~ **of health** orvosi bizonyít-
    vány [orvoshi bizonjeetvaanj], egészségügyi bizonylat [egais-
    shaig-üdji bizonjlât]; ~ **of inoculation** oltási bizonyítvány [ol-
    taashi bizonjeetvaanj]; ~ **of posting** feladóvevény [felâdaw-
    vevainj]
certify igazolni [igâzolni]; **this is to ~ that ...** ezennel igazolom,
    hogy ... [ezennel igâzolom, hodj]
chain lánc [laants]
chair szék [saik]
chair-lift sílift [sheelift], libegő
chalet faház [fâhaaz], bungaló [boongâlaw]
chamber kamara [kâmârâ]
chambermaid szobaasszony [sobâ-âssonj]
chamois leather szarvasbőr [sârvâshbőr]
champagne pezsgő [pezghő]
champion bajnok [bâynok]
championship bajnokság [bâynok-shaag]
chance *(hazard)* esély [eshay]; *(opportunity)* alkalom
    [âlkâlom]; **by ~** véletlenül [vailetlenül]
change 1. *n* változás [vaaltozaash]; változtatás [vaaltostâtaash];
    (exchange) csere [cher-e]; *(of money)* váltás [vaaltaash]; ~
    of tyre gumicsere [goomicher-e]; **(small) ~** aprópénz [âpraw-
    painz]; **some small ~, please!** aprópénzt kérek [âprawpainst
    kairek]!; **I have no ~** nincs aprópénzem [ninch âpraw-pain-
    zem], nem tudok visszaadni [nem toodok vissâ-âdni]; **give ~**

visszaadni [vissâ-âdni]; **keep the** ~ ! nem kérek vissza [nem kairek vissâ]! **2.** *v* változni [vaaltozni]; *(exchange)* cserélni [cherailni]; *(money)* felváltani [-vaaltâni], *(into different currency)* átváltani [aatvaaltâni]; *(clothes)* átöltözni [aatöltözni]; *(trains etc.)* átszállni [aatsaalni]; **I've ~ d my address** megváltozott a címem [megvaaltozott â tseemem]; ~ **direction** irányt változtatni [iraanjt vaaltostâtni]; ~ **lane** sávot változtatni [shaavot vaaltostâtni]; ~ **money** pénzt váltani [painst vaaltâni]; ~ **tyres** gumit cserélni [goomit cherailni]; ~ **a £1 note** felváltani egy egyfontosat [felvaaltâni edj edjfontoshât]; **please** ~ **this into ...!** legyen szíves ezt felváltani ... [ledjen seevesh ezt felvaaltâni]; **do I have to** ~? *(trains)* át kell szállnom [aat kell saalnom]?; **where do I** ~ **for ...?** hol kell átszállnom ... felé [hol kell aatsaalnom ... felai]?; ~ **(trains) at E. for G.** E.-ban kell átszállni G. felé [E.-ban kell aatsaalni G. felai]; **all** ~ **for ...** átszállás ... felé [aatsaalaash ... felai]

change machine pénzváltó automata [painz-vaaltaw outomâtâ]
changing változó [vaaltozaw]
channel csatorna [châtornâ]
character jelleg [yelleg]; *(in a book etc.)* szereplő [sereplő]; ~ s személyek [semayek]
charge 1. *n.* *(price)* költség [kölchaig], díj [deey]; ~ s költségek [kölchaigek], kiadások [ki-âdaashok]; **the** ~ **for ... is ...** ... be/ba kerül, ... t számítanak fel [saameetânâk fel]; **free of** ~, **without** ~ díjmentesen [deeymenteshen], díjtalanul [deeytâlânool], ingyen [indjen] **2.** *v (ask)* kérni [kairni], felszámítani [felsaameetâni]; *(battery)* tölteni; **how much do you** ~ **for it?** mennyit kér érte [mennjit kair airte]?; **the dynamo is not charging** nem tölt a dinamó [â dinâmaw]
charming bájos [baayosh]
charter(ed): ~ **(air)plane** kedvezményes áron bérelt repülőgép [kedvezmainjesh aaron bairelt repülőgaip]; ~ **flight** külön (bérelt) repülőjárat [külön (bairelt) repülőyaarât]
chase üldözni

chassis alváz [âlvaaz]; ~ **No.** alvázszám [-saam]
chat beszélgetni [besailgetni]
chauffeur vezető, sofőr [shofőr]
chauffeur-driven car bérautó vezetővel [bair-outaw vezetővel]
cheap olcsó [olchaw]
cheat csalni [châlni], becsapni [bechâpni]
check[1] *(US)* →**cheque**
check[2] **1.** *n, (bill for meal)* számla [saamlâ]; *(cloakroom ticket)*
    ruhatári jegy [roohâtaari yedj]; *(counter)* zseton [zheton];
    (supervision) ellenőrzés [ellenőrzaish], felülvizsgálat [-vizh-
    gaalât]; **a thorough ~ of a car** a kocsi alapos műszaki felül-
    vizsgálata/ellenőrzése [â kochi âlâposh műsâki felülvizhgaa-
    lâtâ/ellenőrzaishe] **2.** *v (make sure)* meggyőződni [meg-
    djőzőődni] (vmiről); *(supervise)* ellenőrizni (vmit); *(register
    luggage)* feladni [-âdni]; ~ **a car** kocsit műszakilag
    ellenőrizni [kochit műsâkilâg ellenőrizni]; **please, ~ ...!**
    kérem, ellenőrizze a ... [kairem, ellenőrizze â], kérem, nézze
    meg a ... [kairem, naizze meg â]; ~ **in** *(at an airport)*
    jelentkezni [yelentkezni], megjelenni [-yelenni]; *(at a hotel)*
    bejelenteni magát [beyelenteni mâgaat]; elfoglalni a szobát [â
    sobaat]; ~ **out** *(of a hotel)* kijelentkezni [ki-yelentkezni],
    távozni [taavozni]; *(US)* ~ **one's luggage** ruhatárba teszi a
    poggyászát [roohâtaarbâ tesi â poddjaasaat]
checked *(baggage)* feladott [-âdott]
check-in jelentkezés [yelentkezaish], megjelenés [-yelenaish],
    utasfelvétel [ootâshfelvaitel]
check-in desk jegy- és poggyászkezelés [yedj- aish poddjaas-ke-
    zelaish]
check-in time megjelenési/jelentkezési (határ)idő [megyelenai-
    shi/yelentkezaishi (hâtaar-)idő]
check-out time *(at a hotel)* **what is the ~?** mikor kell leadni/át-
    adni a szobát [mikor kell le-âdni/aatâdni â sobaat]?
checkroom *(US)* poggyászmegőrző [poddjaas-megőrző], ruha-
    tár [roohâtaar]

check-up ellenőrzés [-őrzaish]; kivizsgálás [-vizhgaalash], felül-
vizsgálat [-vizhgaalât]
cheerful vidám [vidaam]
cheerio szervusz(tok) [servoos(tok)]!, viszlát [vislaat]!
cheers éljenzés [ailyenzaish]; *(in drinking)* egészségére [egaish-
shaigai-re]!
cheese sajt [shâyt]
chemist('s) gyógyszertár [djawdj-sertaar]; illatszerbolt [illâtser-
bolt]; **chemist on night duty** ügyeletes gyógyszertár [üdjeletesh
djawdj-sertaar]
cheque csekk [chekk]; **cash a** ~ csekket beváltani [chekket be-
vaaltâni]; **by** ~ csekken [chekken]
cheque-book csekkfüzet [chekk-]
cherry cseresznye [cheresnje]
chess sakk [shâkk]
chest mell(kas) [-kâsh]; *(box)* láda [laadâ]
chestnut gesztenye [gestenje]
chew rágni [raagni]
chewing gum rágógumi [raagaw-goomi]
chicken csirke [chirke]
chief 1. *a* fő 2. *n* főnök
chiefly főleg
child gyer(m)ek [djer(m)ek]; ~**ren under 4 years of age** 4 éven
aluli gyermekek [naidj aiven âlooli djermekek]
chilly hűvös [hűvösh]
chimney kémény [kaimainj]
chin áll [aal]
chips rósejbni [raw-sheybni]
chocolate csokoládé [chokolaadai]
choice választás [vaalâstaash]
choked *(with dirt)* eldugult [-doogoolt], eltömődött
choose (ki)választani [-vaalâstâni]
chop szelet [selet], karaj [kârây]
chose →**choose**

Christmas Eve karácsonyest [kâraachonj-esht], szenteste [sent-eshte]

Christian name utónév [ootaw-naiv], keresztnév [kerest-naiv]

Christmas karácsony [kâraachonj]; →**merry**

church *(building)* templom; *(organization)* egyház [edjhaaz]

church service istentisztelet [ishten-tistelet]

cigar szivar [sivâr]

cigarette cigaretta [tsigârettâ]; **have a** ~ gyújtson rá [djooy-chon raa]!

cigarette-case cigarettatárca [tsigârettâ-taartsâ]

cigarette-holder szipka [sipkâ]

cine camera filmfelvevő (gép) [gaip]

cinefilm mozifilm, keskenyfilm [keshkenj-]

cinema mozi

cine projector vetítőgép [veteetőgaip]

circle kör; *(theatre)* erkély [erkay]

circular tour/trip körutazás [-ootâzaash]

circus *(show in tent)* cirkusz [tsirkoos]; *(junction e.g. Piccadilly C.)* körtér [körtair]

citizen *(US)* állampolgár [aalâmpolgaar]

city város [vaarosh]; *(inner part of town)* (bel)város [-vaarosh]; **how do I get to the** ~? hogyan jutok be a városba [hodjân yoo-tok be â vaaroshbâ]?; ~ **of Pécs** Pécs városa [paich vaaroshâ]

city map a belváros térképe [â belvaarosh tairkaipe]

city centre centrum [tsentroom]

claim 1. *n* igény [igainj], követelés [követelaish]; ~ **for damages** kárigény [kaarigainj]; ~ **for refund** visszatérítési igény [vissâ-taireetaishi igainj] 2. *v* jelentkezni [yelentkezni] (vmiért), igé-nyelni [igainjelni] (vmit)

class osztály [ostaay]

clean 1. *a* tiszta [tistâ] 2. *v* (ki)tisztítani [-tisteetâni]; *(wash)* meg-mosni [-moshni]; **I should like to get my suit** ~**ed** szeretném kitisztíttatni az öltönyömet [seretnaim kitisteettâtni âz öltö-njömet]; ~ **out** kitisztítani [-tisteetâni]; ~ **up** kitakarítani [-tâkâreetâni]

cleaner's ruhatisztító [roohâtisteetaw]
cleaning tisztítás [tisteetaash]; *(of room)* takarítás [tâkâree-taash]
cleanser folttisztító (paszta) [-tisteetaw (pâstâ)]
cleansing tissue →**tissue**
clear 1. *a* tiszta [tistâ] *(road)* szabad [sâbâd]; **a ~ view ahead** szabad kilátás [sâbâd kilaataash]; **leave sth ~** szabadon hagyni [sâbâdon hâdjni] **2.** *v* szabaddá [sâbâddaa] tenni
clearly tisztán [tistaan]; világosan [vilaagoshân]; szabadon [sâbâdon]
clear soup erőleves [-levesh], húsleves [hooshlev-esh]
clearway gyorsforgalmi út [djorsh-forgâlmi oot]; *(sign)* megállni tilos [megaalni tilosh]
clergyman lelkész [lelkais]
clerk tisztviselő [tistvishelő], *(female)* tisztviselőnő [tistvishelő-nő]; *(shop-assistant)* elárusító [elaaroosheetaw]; →**desk clerk**
clever ügyes [üdjesh]; *(in understanding)* okos [okosh]
climate éghajlat [aig-hâylât]
climb *(a mountain)* megmászni [-maasni]; **~ over** átmászni [aat-maasni]
clinic rendelőintézet [-intaizet]
clinical thermometer lázmérő [laazmairő]
cloakroom ruhatár [roohâtaar], poggyászmegőrző [poodjaas-], csomagmegőrző [chomâg-]
clock óra [âwra]
close 1. *v (door)* becsukni [-chookni]; (be)zárni [-zaarni] **~ the door, please** kérjük az ajtót becsukni [kairyük âz âytawt be-chookni]; **the shops are ~d** az üzletek zárva vannak [âz üzle-tek zaarvâ vânnâk]; **what time do the shops ~?** mikor zárnak az üzletek [mikor zaarnâk âz üzletek]? **2** *a* **~ by** közvetlenül mellette →**season**
closed zárva [zaarvâ]; **~ for lunch break** ebédszünet miatt zárva [ebaidsünet miyâtt zaarvâ];
early **closing day** az üzletek délután zárva tartanak [âz üzletek dailootaan zaarvâ târtânâk]

closing time üzletzárási [-zaaraashi] idő

cloth *(material)* szövet [sövet]

clothes ruha [roohâ], *(plural)* ruhák [roohaak]; **put on one's ~** felöltözni

clothing ruházat [roohaazât], ruhák [roohaak]; **articles of ~** ruházati cikkek [roohaazâti tsikkek]

cloud felhő

cloudy felhős [felhősh]

cloverleaf *(road junction)* lóhere [law-he-re]

club klub [kloob], egyesület [edjeshület]

clutch tengelykapcsoló [tengey-kâpcholaw], kuplung [kooploong]

clutch slip a kuplung csúszása [â kooploong choosaashâ]

c/o ... (= *care of*) ... leveleivel [leveleyivel], ... címén [tseemain]

coach *(bus)* (távolsági) autóbusz [(taavolshaagi) outawboos], *(railway carriage)* (vasúti) kocsi [(vâshooti) kochi]; **by ~** autóbusszal [outawboossâl]

coach-driving *(horses)* fogathajtás [fogât-hâytaash]

coach service (távolsági) autóbuszjárat [(taavolshaagi) outawboos-yaarât], buszjárat [boosyaarât]

coach station autóbusz-pályaudvar [outaw-boos-paayâoodvâr] (autó)buszmegálló [-boosmegaallaw]

coal szén [sain]

coarse durva [doorvâ]

coast (tenger)part [-pârt]

coat kabát [kâbaat]

Coca-Cola kóla [kawlâ]

cock kakas [kâkâsh]

cocktail koktél [koktail]

cocktails (= *party*) koktélparti [koktailpârti]

cocoa kakaó [kâkâ-aw]

cod tőkehal [-hâl]

coffee kávé [kaavai]

coffee-bar eszpresszó [espresso]

cog-rail fogaskerekű [fogâshkerekű]
coin pénz(érme) [painz(airme)], érme [airme]; ~**s** aprópénz
[âpraw-painz]; **5p** ~ ötpennys [öt-pennysh]; **10p** ~ tízpennys
[teez-]
coinage aprópénz [âpraw-painz]
cold 1. *a* hideg; ~ **weather** hideg idő; **start from** ~ *(of a car)* hi-
degindítás [-indeetaash]; **are you** ~ fázik [faazik]?; **I am/feel**
~ fázom [faazom] **2.** *n* nátha [naat-hâ], hűlés [hűlaish]; **I have**
caught a ~ megfáztam [-faaztâm]
cold meat felvágott [felvaagott]
collapsible összecsukható [össe-chook-hâtaw]
collar gallér [gâllair]
collar size nyakbőség [njâkbőshaig]
colleague kolléga [kollaigâ]
collect gyűjteni [djűyteni]; *(fetch)* érte [airte] menni
collect call *(US)* R-beszélgetés [er-besailgetaish]
collected package utánvétcsomag [ootaanvait-chomâg]
college kollégium [kollaigi-oom]; főiskola [főishkolâ]
collide összeütközni [össe-ütközni]
collision összeütközés [össe-ütközaish], karambol [kârâmbol]
collision insurance baleseti törésbiztosítás [bâlesheti töraishbis-
tosheetaash]
colour szín [seen]; **what** ~ **is it?** milyen színű [milyen seenű]?; ~
film színes [seenesh] film; ~ **TV** színes televízió [televeeziyaw]
colour rinse bemosás [bemoshaash]
column oszlop [oslop]
comb 1. *n* fésű [faishű] **2.** *v* (meg)fésülni [-faishülni]
combined kombinált [kombinaalt]
come jönni [yönni]; **please** ~ **here** kérem jöjjön ide [kairem
yöyyön ide]; **where do you** ~ **from?** honnan jön ön [honnân
yön ön]?, hová valósi [hovaa vâlawshi]?; **I** ~ **from Hungary**
Magyarországról jöttem [mâdjârorsaagrawl yöttem]; **has he**
~ **yet?** megjött már [megyött maar]?; **can you** ~ **along?** el
tud(sz) jönni [el tood(s) yönni]?; ~ **along!** gyerünk [dje-
rünk]!; ~ **back** visszajönni [vissâyönni]; ~ **in** bejönni [-yön-

ni]; ~ **in!** tessék (befáradni) [tesshaik befaarâdni]!; ~ **on!** gyerünk már [djerünk maar]!

comedy vígjáték [veegyaataik]

comfort kényelem [kainjelem]

comfortable kényelmes [kainjelmesh]

comfort station *(US)* nyilvános illemhely [njilvaanosh illemhey]

comical komikus [komikoosh]

commence *(a journey)* megkezdeni [mekkezdeni]; *(sth ~s)* elkezdődni, megkezdődni [mekkezdődni]

commencement megkezdés [mekkezdaish]; ~ **of the journey** az utazás megkezdése [âz ootâzaash mekkezdaishe]

comment megjegyzés [-yedjzaish]

commentator beszélő [besailő], riporter

commerce kereskedelem [kereshkedelem]

commercial kereskedelmi [kereshkedelmi]; ~ **traveller** kereskedelmi utazó [ootâzaw]

committee bizottság [bizott-shaag]

commodity szükségleti cikk [sükshaigleti tsikk], árucikk [aarootsikk]

common közös [közösh], általános [aaltâlaanosh]; ~ **sense** józan ész [yawzân ais]

commonwealth nemzetközösség [-közösh-shaig]

communication(s) közlekedés [közlekedaish]

communication cord vészfék [vaisfaik]

compact disk CD-lemez [tsai-dai]

compact disk player CD-lemezjátszó [tsai-dai -yaatsaw]

companion (úti)társ [(ooti)taarsh]

company társaság [taarshâshaag], *(business)* vállalat [vaalâlât]

compare összehasonlítani [össehâshonleetâni]

compared to vmihez képest [kaipesht]

compartment fülke, szakasz [sâkâs]

compass iránytű [iraanjtű]

compel kényszeríteni [kainjsereeteni]

compete versenyezni [vershenjezni]

competition verseny [vershenj]

competitor versenyző [vershenjző], induló [indoolaw]

complain panaszkodni [pânâskodni]

complaint panas [pânâs]; **what is your ~?** mi a panasza [mi â pânâsâ]?

complaints panaszok [pânâsok], reklamáció [reklâmaatsi-aw]

complete 1. *a* teljes [telyesh], egész [egais] **2.** *v (a form)* kitölteni; **must be ~d** ki kell tölteni

completely teljesen [telyeshen]

completion befejezés [-feyezaish]; *(of a form)* kitöltés [-töltaish]

complicated bonyolult [bonjoloolt]

be **composed of** áll [aal] vmiből

composer zeneszerző [zeneserző]

composition összetétel [össetaitel]; *(writing)* fogalmazás [fogâlmâzaash]

(fully) **comprehensive insurance** cascobiztosítás [kâskaw-bistosheetaash]

comprehensive (school) (általános) középiskola [(aaltâlaanosh) közaip-ishkolâ]

compulsory kötelező, előírt [-eert]; **~ liability insurance →third party insurance**

computer számítógép [saameetaw-gaip]

computer science számítástechnika [saameetaash-tehnikâ]

concept fogalom [fogâlom]

concern *v* vonatkozni [vonâtkozni] (vmire); **as far as I am ~ed** a magam részéről [â mâgâm raisairől]

concerning ... vonatkozólag [vonâtkozawlâg]

concert hangverseny [hângvershenj]

concert hall hangversenyterem [hângvershenj-]

concession engedmény [engedmainj]

condensed milk tejkonzerv [tey-]

condition *(state)* állapot [aalâpot]; *(term)* feltétel [feltaitel]; **on ~ that** ... azzal a feltétellel, hogy ... [âzzâl â feltaitellel, hodj]

conduct vezet, *(music)* vezényel [vezainjel]; **~ed by** ... vezényel ... [vezainjel]

conducted tour társasutazás [taarshâsh-ootâzaash]

conductor *(bus, train)* kalauz [kâlâ-ooz]; *(music)* karmester [kârmeshter]

cone *(ice-cream)* tölcsér [tölcsair]

confectionery édesség [aidesshaig], (cukrász)sütemény [(tsookraas-)shütemainj]; *(the shop)* cukrászda [tsookraazdâ]

conference konferencia [konferentsiyâ]

confidential bizalmas [bizâlmâsh]

confirm megerősíteni [-erősheeteni], érvényesíteni [airvainjesheeteni]; **have sth ~ed** érvényesíttetni [airvainjesheet-tetni] vmit

confirmation megerősítés [-erősheetaish], érvényesítés [airvainjesheetaish]

confusion (zűr)zavar [-zâvâr]

congratulations! gratulálok [grâtoolaalok]!

congress kongresszus [kongressoosh]

connect *(with)* csatlakozni [châtlâkozni] (vmihez); **buses ~ing with trains** vonatokhoz csatlakozó buszok [vonâtok-hoz châtlâkozaw boosok]

connecting csatlakozó [châtlâkozaw]; **~ flights** csatlakozó járatok [-yaarâtok]; **~ points** csatlakozások [châtlâkozaashok]

connection csatlakozás [châtlâkozaash], összeköttetés [össeköttetaish]; **is there a ~ to . . .?** van csatlakozás . . . felé [vân châtlâkozaash . . . felai]?; **miss one's ~** lekésni a csatlakozást [lekaishni â châtlâkozaasht]

consent 1. *n* beleegyezés [bele-eddjezaish **2.** *v* beleegyezni [-eddjezni]

consequence következmény [következmainj]

consider megfontolni

consideration megfontolás [-fontolaash]; **take into ~** fontolóra [fontolawrâ] venni

consist of áll [aal] vmiből

constable rendőr

constipation székrekedés [saikrekedaish]

under **construction** építés alatt [aipeetaish âlâtt]

consul konzul [konzool]
consulate konzulátus [konzoolaatoosh]
consult tanácsot kérni [tânaachot kairni] (vkitől)
consultation/consulting hours rendelés (ideje) [rendelaish (ideye)]
consultation room rendelő
consume (el)fogyasztani [-fodjâstâni]
consumer(s') goods közszükségleti cikkek [közsükshaigleti tsikkek]
contact érintkezésbe lépni [airintkezaishbe laipni] (vkivel)
contact lens kontaktlencse [kontâkt-lenche]
contain tartalmazni [târtâlmâzni]
container tartály [târtaay], edény [edainj]
contemporary kortárs [kortaarsh]
content *(satisfied)* elégedett [elaigedett]
contents tartalom [târtâlom]
contest verseny [vershenj]
continent kontinens [kontinensh]
the **Continent** Európa [e-oo-rawpâ]
continental európai [e-oo-rawpâyi]
continental breakfast (sima) reggeli [(shimâ)-]
continue folytatni [foytâtni]
continuous folyamatos [foyâmâtosh], folytonos [foytonosh]; ~ **white line** *(GB)* terelővonal [-vonâl], *(in Hungary: no crossing)* záróvonal [zaraw-vonâl]
contraceptive fogamzásgátló [fogâmzaash-gaatlaw]
control 1. *n* irányítás [iraanjeetaash]; ~ **of traffic** forgalomirányítás [forgâlom-iraanjeetaash] **2.** *v (traffic)* irányítani [iraanjeetâni]; ~ **(the) traffic** irányítani a forgalmat [iraanjeetâni â forgâlmât]
control tower irányítótorony [iraanjeetaw-toronj]
convenience kényelem [kainjelem]; **with all (the) modern ~s** összkomfortos [össkomfortosh]
convenient kényelmes [kainjelmesh]; alkalmas [âlkâlmâsh]
convention *(US)* konferencia [konferentsiâ], kongresszus [kongressoosh]

conversation beszélgetés [besailgetaish]
convertible currency konvertibilis valuta [konvertibilish
vâlootâ]
convertible top nyitható [njit-hâtaw] tető
cook 1. *n* szakács [sâkaach] **2.** *v* főzni
cooker *(gas)* (gáz)főző [(gaaz)-]; *(two-burner)* kétlapos [kait-
lâposh] (gáz)főző; *(electric)* villanyfőző [villânj]
cookie *(US)* sütemény [shütemainj], süti [shüti]
cooking főzés [főzaish]; ~ **facilities** főzési lehetőség [főzaishi le-
hetőshaig]
cook-out *(US)* főzés a szabadban [főzaish â sâbâdbân]
cool hűvös [hűvösh], hideg
coolant hűtőfolyadék [-foyâdaik]
cooling system hűtőberendezés [-berendezaish]
copy másolat [maasholât]; *(one)* példány [paildaanj]
cord zsineg [zhineg]
cork dugó [doogaw]
corkscrew dugóhúzó [doogaw-hoozaw]
corn[1] *(wheat)* búza [boozâ]; *(oats)* rozs [rozh]; *(US) (maize)*
kukorica [kookoritsâ]
corn[2] *(on foot)* tyúkszem [tjooksem]
corner sarok [shârok]; *(football)* szöglet [söglet]
corner seat sarokülés [shârokülaish]
cornflakes kukoricapehely [kookoritsâpehey]
corn plaster tyúkszemtapasz [tjooksemtâpâs]
correct helyes [heyesh]
correspond levelezni
correspondence levelezés [levelezaish]
correspondent levelező; *(press)* tudósító [toodaw-sheetaw]
corridor folyosó [foyoshaw]
cosmetic kozmetikai szer [kozmetikâyi ser]
cosmetician kozmetikus [kozmetikoosh]
cost 1. *n* költség [kölchaig], ár [aar]; ~ ... ára ... [aarâ]; **at the**
~ **of £2** 2 fontért [kait fontairt]; ~ **of living** megélhetési költ-
ségek [megailhetaishi kölchaigek] **2.** *v* kerülni (vmibe); **how**

much does it ~? mennyibe [mennjibe] kerül?; **it ~s Ft 100** száz forintba kerül [saaz forintbâ kerül]

costume viselet [vishelet]

cot *(US)* kempingágy [-aadj]

cottage nyaraló [njârâlaw]

cottage cheese gomolya [gomoyâ]

cotton pamut [pâmoot]

cotton-wool vatta [vâttâ]

couch dívány [deevaanj]

couchette fekvőkocsi [fekvő-kochi], couchette

cough 1. *n* köhögés [köhögaish]; **I have a bad ~** csúnyán [choonjaan] köhögök **2.** *v* köhögni

cough medicine köhögéscsillapító [köhögaish-chillâpeetaw]

could →**can**[2]

council tanács [tânaach]

count megszámolni [-saamolni]

counter *(shop)* pult [poolt]; *(bank)* pénztár(ablak) [painstaar-(âblâk)], ablak [âblâk]; *(telephone)* tantusz [tântoos]

country *(nation)* ország [orsaag]; *(outside town)* vidék [vidaik]

country code országhívószám [orsaagheevaw-saam]

countryside vidék(i táj) [vidaik(i taay)]

county megye [medje]

couple (egy) pár [(edj) paar]; **a ~ of ...** egy pár ... [edj paar], két ... [kait]

coupon szelvény [selvainj], jegy [yedj], utalvány [ootâlvaanj]

courier idegenvezető

course *(direction)* (út)irány [(oot)iraanj]; *(lessons)* tanfolyam [tânfoyâm]; *(food)* fogás [fogaash]; *(sports)* pálya [paayâ]; **in the ~ of ...** ... alatt [âlâtt]; **of ~** természetesen [termaiseteshen], persze [per-se]

court bíróság [beeraw-shaag]

cousin unokatestvér [oonokâteshtvair]

cover 1. *n* *(top)* fedél [fedail]; *(lid)* fedő [fedő]; *(car)* ponyva [ponjvâ]; *(protection)* fedél [fedail]; *(insurance)* biztosítási [bistosheetaashi] fedezet **2.** *v* befedni; *(distance)* megtenni; *(extend* *over)* kiterjedni [-teryedni] (vmire); *(of money: be enough)* elég [elaig] (vmire); ∼**ed thirty miles** harminc mérföldet tett meg [hârmints mairföldet tett meg]; ∼**s one's expenses** fedezi a költségeket [fedezi â kölchaigeket]; **it** ∼**s all the countries** ... minden országra kiterjed [minden orsaagrâ kiteryed]; **how are you** ∼**ed?** milyen biztosítása van [miyen bistosheetaashâ vân]?

coverage (biztosítási) [biztosheetaashi] fedezet

covered fedett

cow tehén [tehain]

cox(wain)ed kormányos [kormaanjosh]

cox(wain)less kormányos nélküli [kormaanjosh nailküli]

crack repedés [repedaish]

cracker *(US)* keksz [keks]

craft shop népművészeti [naipművaiseti] bolt

cramp görcs [görch]

crash 1. *n* zuhanás [zoohânaash], *(car)* karambol [kârâmbol] **2.** *v (plane)* lezuhanni [-zoohânni]; *(car)* karambolozni [kârâmbolozni]; ∼ **into** beleszaladni [-sâlâdni] (vmibe)

crash helmet bukósisak [bookaw-shishâk]

crawler lane kapaszkodósáv [kâpâskodawshaav]

cream tejszín [teyseen]; *(cosmetic)* krém [kraim]

crease-resistant gyűrhetetlen [djűr-hetetlen]

credit hitel

credit card hitelkártya [-kaartjâ], mágneskártya [maagnesh-]

crew legénység [legainj-shaig], személyzet [semayzet]

cricket krikett

Croatia Horvátország [horvaat-orsaag]

Croatian horvát [horvaat]

crop termés [termaish]

cross *v (sea)* átkelni [aatkelni]; *(road)* átmenni [aatmenni], áthaladni [aat-hâlâdni]; **he is** ∼**ing the road** átmegy/áthalad az úttesten [aatmedj/aat-hâlâd âz oot-teshten]; ∼ **the line** átlépni/áthajtani a vonalon [aatlaipni/aat-hâytâni â vonâlon];

must not ~ **the continuous white line** nem szabad átlépni a záróvonalat [nem sâbâd aatlaipni â zaarawvonâlât]

crossing *(by sea)* átkelés [aatkelaish[; *(at an intersection)* áthaladás [aat-hâlâdaash]; *(of roads)* útkereszteződés [ootkereszteződaish]; *(railway)* (vasúti) átjáró [(vâshooti) aatyaaraw]; **a rough** ~ viharos átkelés [vihârosh aatkelasih]; ~ **with barrier** sorompós vasúti átjáró [shorompawsh vâshooti aatyaaraw]; ~ **with flashing lights** fénysorompóval ellátott vasúti átjáró [fainj-shorompawval ellaatott vâshooti aatyaaraw]

crossroads (út)kereszteződés [(oot)kereszteződaish]

crosswalk *(US)* gyalogátkelőhely [djâlogaatkelő-hey]

cross-wind(s) oldalszél [oldâlsail]

crowd tömeg

crowded zsúfolt [zhoofolt], *(areas)* sűrűn lakott [shűrűn lâkott]

cruise sétahajózás [shaitâ-hâyawzaash]

cruising speed utazósebesség [ootâzaw-shebesshaig]

cry 1. *n* kiáltás [kiyaaltaash] **2.** *v (shout)* kiáltani [kiyaaltâni]; *(weep)* sírni [sheerni]

crypt altemplom [âl]

cube kocka [kotskâ]

cucumber uborka [ooborkâ]

cuff kézelő [kaizelő]

cuff-links kézelőgomb(ok) [kaizelőgomb(ok)]

cuisine konyha [konjhâ]

cultural kulturális [kooltooraalish], művelődési [művelődaishi]; ~ **attaché** kultúrattasé

culture kultúra [kooltoorâ], művelődés [művelődaish]

cup csésze [chai-se]; *(sports)* kupa [koopâ]; **a** ~ **of tea** egy csésze tea [edj chai-se teyâ]

curb járdaszegély [yaardâ-segay]

cure kúra [koorâ]

currency valuta [vâlootâ], (külföldi) pénz [painz]

currency restrictions devizakorlátozások [devizâ-korlaatozaashok]

current 1. *a* elterjedt [elteryett]; ~ **account** folyószámla [foyaw-saamlâ]; **open a** ~ **account** folyószámlát nyitni [folyaw-saam-laat njitni]; ~ **events** aktuális események [âktoo-aalish eshe-mainjek]; ~ **price(s)** (tőzsdei) árfolyam [(tőzhdei) aarfoyâm] **2.** *n (electric)* áram [aarâm]
curtain függöny [függönj]
curve útkanyarulat [ootkânjâroolât], kanyar [kânjâr]
cushion párna [paarnâ]
custard tejsodó [teyshodaw]
custom szokás [sokaash] →**customs**
customary szokásos [sokaashosh]
customer *(in a shop)* vevő, *(in a restaurant)* vendég [vendaig]
customs vám [vaam]
customs authorities vámhatóságok [vaam-hâtawshaagok]
customs clearance vámkezelés [vaamkezelaish]
customs declaration vámnyilatkozat [vaam-njilâtkozât]
customs duty vámkezelési illeték [vaam-kezelaishi illetaik], vám [vaam]
customs examination/formalities vámvizsgálat [vaamvizhgaa-lât]
customs house vámhivatal
customs officer/official vámtiszt [vaamtist]
customs preference vámkedvezmény [vaamkedvezmainj]
customs regulations vámszabályok [vaamsâbaayok]
customs tariff vámtarifa [vaamtârifâ]
cut 1. *v* (el)vágni [-vaagni]; ~ **in two** kettévágni [kettai-vaagni]; ~ **in** *(on a vehicle)* elévágni (járműnek) elai-vaagni (yaarmű-nek)]; ~ **short** rövidre vágni [vaagni]; ~ **up** felszeletelni [-se-letelni] **2.** *n (wound)* vágás [vaagaash]; *(clothes)* fazon [fâzon]
cute *(US)* helyes [heyesh], csinos [chinosh]
cutlet szelet [selet]; ~ **of veal** borjúszelet [boryooselet]
cycle kerékpározni [keraikpaarozni], biciklizni [bitsiklizni]
cycle path/track kerékpárút [keraikpaar-oot]
cycling kerékpározás [keraikpaarozaash]

cyclist kerékpáros [keraikpaarosh], biciklista [bitsiklishtâ]
cylinder *(motor)* henger; *(of compressed gas)* (bután)gázpalack [(bootaan)gaazpâlâtsk]
Czech cseh [cheh]

D

d = **penny, pence**
daily 1. *adv* mindennap [-nâp], naponta [nâpontâ] **2.** *a* napi [nâpi] **3.** *n (paper)* napilap [nâpilâp]
damage 1. *n* kár [kaar]; sérülés [shairülaish]; ∼**s** kártérítés [kaartaireetaish] **2.** *v* get ∼**d** megsérülni [-shairülni], megrongálódni [-rongaalawdni]; **his car has been** ∼**d** a kocsija megrongálódott [â kochiyâ megrongaalawdott]
damaged sérült [shairült], megrongálódott [-rongaalawdott]
damp párás [paaraash], nedves [nedvesh]
dance 1. *n* tánc [taants] **2.** *v* táncolni [taantsolni]
dance orchestra tánczenekar [taants-zenekâr]
dancing tánc [taants]; **do you like** ∼**?** szeret táncolni [seret taantsolni]?
Dane dán [daan]
danger veszély [vesay]; ∼**! road up!** vigyázat! útépítés! [vidjaazât]! ootaipeetaish!]
dangerous veszélyes [vesayesh]
Danish dán [daan]
Danube Duna [doonâ]; **a small town on the** ∼ Duna menti kisváros [doonâ menti kish-vaarosh], kisváros a Duna mellett/mentén [mentain]
Danube bend Dunakanyar [doonâ-kânjar]
dare merni; **I daren't speak** nem merek beszélni [besailni]
dark sötét [shötait]

dash *(past)* elszáguldani [-saagooldâni] (vki mellett)

dashboard műszerfal [műserfâl]

date[1] időpont, dátum [daatoom], kelet; *(appointment)* randevú [rândevoo]; ~ **of arrival** érkezés időpontja [airkezaish időpontyâ]; ~ **of birth** születési ideje [sületaishi i-de-ye]; ~ **of departure** hazautazás/elutazás időpontja [hâzâ-ootâzaash/el-ootâzaash időpontya]; ~ **of issue** a kiállítás/kiadás kelte [â ki-aaleetaash/ki-âdaash kel-te]

date[2] *(fruit)* datolya [dâtoyâ]

date stamp keletbélyegző [-bayegző]

daughter lánya [laanjâ] (vkinek)

daughter-in-law meny [menj]

day nap [nâp]; **what ~ is today?** milyen nap van ma [miyen nâp vân mâ]?; **the ~ after tomorrow** holnapután [holnâpootaan]; **the ~ before yesterday** tegnapelőtt [tegnâpelőtt]; **all ~** egész nap [egais nâp]; **every ~** mindennap [-nâp]; **the order ~** a minap [â minâp]; **for the ~** egy napra [edj nâprâ]; **for three ~s** három napra/napig [haarom nâprâ/nâpig]; **100 Ft a ~** napi 100 Ft [nâpi saaz forint]; **by ~** nappal [nâppâl]; **a ~'s journey** egy napi utazás [edj nâpi ootâzaash]

daylight saving time *(US)* nyári időszámítás [njaari idő-saameetaash]

day-nursery óvoda [aw-vodâ]

day return ticket egy napig érvényes menettérti jegy [edj nâpig airvainjesh menet-tairti yedj]

daytime: in the ~ nappal [nâppâl]

dazzle elvakítani [-vâkeetâni]

dead halott [hâlott]

dead-end (street) zsákutca [zhaak-oottsâ]

dead slow lépésben (hajts) [laipaishben (hâych)]!, lassan [lâsh-shân]!

deaf süket [shüket]

deal[1]: **a good/great ~ of** sok [shok]; **(s)he is a good ~ better** sokkal jobban van [shokkâl yobbân vân]

deal² **with** foglalkozni [foglâlkozni] (vkivel, vmivel); **we ~ with Smith, the butcher** mi S. hentesnél vásárolunk [mi S. henteshnail vaashaarooloonk]

deal³ v *(cards)* osztani [ostâni]

dealer kereskedő [kereshkedő]

dealt →**deal**²

dear *(expensive)* drága [draagâ]; *(much loved)* kedves [kedvesh], drága [draagâ]; **Dear Sir,** Kedves Uram [kedvesh oorâm]!

death halál [hâlaal]

debt adósság [âdawsh-shaag]

decagramm deka(gramm), dkg [dekâ(grâmm)]!

deceleration lane lassítósáv [lâsh-sheetaw shaav]

December december [detsember]; **on ~ 7th/8th** december 7-én/8-án [detsember hetedikain/njoltsâdikaan]

decent rendes [rendesh]

decide (el)határozni [-hâtaarozni], (el)dönteni; **we have ~d to ...** úgy döntöttünk, hogy ... [oodj döntöttünk, hodj]

decilitre deci(liter), dl [detsi(liter)]

decimal currency tízes pénzrendszer [teezesh painzrendser]

deck fedélzet [fedailzet]

declare kijelenteni [-yelenteni]; *(articles bought)* beírni (a vámnyilatkozatba) [be-eerni (â vaam-njilâtkozâtba)]; **have you anything to ~?** van valami elvámolnivalója [vân vâlâmi elvaamolni-vâlawyâ]?

declutch kikuplungozni [-kooploongozni], kinyomni a kuplungot [kinjomni â kooploongot]

decrease csökkenni [chökkenni]

deep mély [may]

deep-freeze méyhűtő [may-]

deep-frozen mélyhűtött [may-]

deer őz

defect (műszaki) hiba [(műsâki) hibâ], defekt

defence védelem [vaidelem]

defend megvédeni [-vaideni]

defer elhalasztani [-hâlâstâni], későbbi időpontra áttenni [kaishőbbi időpontrâ aat-tenni]
defroster jégtelenítő [yaigteleneető]
degree 1. *(thermometer)* fok; **20 ~s centigrade** (plusz) húsz fok (20° C) [(ploos) hoos fok] **2.** *(university)* diploma [diplomâ]
de-ice jégteleníteni [yaigteleneeteni]
delay 1. *n* késés [kaishaish], késedelem [kaishedelem]; **without ~** haladék/késedelem nélkül [hâlâdaik/kaishedelem nailkül] **2.** *v* elhalasztani [-hâlâstâni]; **cannot be ~ed** nem halasztható el [hâlâst-hâtaw el]; **I was ~ed by the traffic** a forgalom miatt késtem [â forgâlom miyatt kaishtem], a forgalom tartott fel [târtott fel]
delicacy csemege [chemege]
delicate finom
delicatessen *(shop)* csemegeüzlet [chemege-üzlet]; *(food)* csemegeáru [-aaroo]
delicious kitűnő
delight 1. *n* élvezet [ailvezet] **2.** *v.* **I shall be ~ed to ...** nagy örömömre fog szolgálni, ha ... [nâdj örömömre fog solgaalni, hâ]
delightful gyönyörű [djönjörű], elragadó [elrâgâdaw]
deliver *(carry)* kézbesíteni [kaizbesheeteni]
delivery *(letter)* kézbesítés [kaizbesheetaish], *(parcel)* (ki)szállítás [-saaleetaash]; **payable on ~** szállításkor [saaleetaashkor] fizetendő
de luxe osztályon felüli [ostaayon felüli]
demand 1. *n* kérés [kairaish], követelés [követelaish]; *(for goods etc.)* kereslet [kereshlet]; **on ~** kívánságra [keevaanshaagrâ]; **payable on ~** látra szóló [laatrâ saw-law] **2.** *v* kérni [kairni], (meg)követelni
democratic demokrata [demokrâtâ]
demonstration tüntetés [tüntetaish]
denims farmernadrág [-nâdraag]
Denmark Dánia [daaniâ]
denomination *(relig.)* felekezet; *(money)* címlet [tseemlet]

dense sűrű [shűrű]
dental office *(US)* →**dental surgery**
dental plate, denture(s) műfogsor [műfog-shor]
dental surgery fogorvosi [fogorvoshi] rendelő
dentist fogorvos [fogorvosh]
deodorant dezodor
depart (el)indulni [-indoolni]
department osztály [ostaay]
department store áruház [aaroohaaz]
departure (el)indulás [-indoolaash]; ~**s** *(as a notice)* indulás [in-
    doolaash]; **on** ~ induláskor [indoolaashkor]; **on** ~ **day** a
    visszaindulás napján [â vissâ-indoolaash nâpyaan]
departure time indulási [indoolaashi] idő(pont)
depend *on* számítani [saameetâni] (vkire); **that** ~**s** ez attól [ât-
    tawl] függ
deposit 1. *n* előleg; letét(i díj([letait(i deey)] **2.** *v* lefizetni, letenni
depth mélység [may-shaig]
deregistration form kijelentkezési lap [kiyelentkezaishi lâp]
describe leírni [le-eerni]
description leírás [le-eeraash]; ~ **of person** személyleírás [semay-
    le-eeraash]
desert sivatag [shivâtâg]
deserve (meg)érdemelni [-airdemelni]
design terv; *(pattern)* minta [mintâ]
desirable kívánatos [keevaanâtosh]
desire óhajtani [aw-hâytâni], akarni [âkârni]
desk *(writing)* íróasztal [eeraw-âstâl]; *(paying)* pénztár [pains-
    taar], kassza [kâssâ]; **please pay at the** ~ a kasszánál tessék fi-
    zetni [â kâssaanaal teshshaik fizetni]
desk clerk *(US)* (fogadó)portás [(fogâdaw)portaash]
dessert csemege [chemege]; *(course of sweets)* édesség [aidesh-
    shaig], *(fruit)* gyümölcs [djümölch]
dessert spoon gyermekkanál [djermek-kânaal]
destination (station) célállomás [tsail-aalomaash], rendeltetési
    állomás [rendeltetaishi aalomaash]; úti cél [ooti-tsail]

destroy elpusztítani [elpoosteetâni]

detail részlet [raislet]; **give full ~s** megadni a pontos adatokat [megâdni â pontosh âdâtokât], közölni a részleteket [â raisleteket]; **full ~s from ...** részletes felvilágosításért forduljon ... [raisletesh felvilaagosheetaashairt fordoolyon]

detergent *(washing)* mosószer [moshaw-ser], *(cleaning)* tisztítószer [tisteetaw-ser]

determine meghatározni [meg-hâtaarozni]

detour *(US)* terelőút [terelő-oot]

develop fejlődni [feylődni]; *(film)* előhívni [előheevni]; **get it ~ed** előhívatni [-heevâtni]

development fejlődés [feylődaish]; *(latest)* fejlemény [feylemainj]

deviation elterelés [elterelaish], terelőút [-oot]

diabetes cukorbaj [tsookorbây]

dial *v* tárcsázni [taarchaazni]; **~ 04!** (= *ambulance*) hívja/tárcsázza a nulla négyet [heevyâ/taarchaazzâ â noollâ naidjet]!

dialled (direct) call távhívás [taavheevaash]

dialling *(US dial)* **tone** tárcsahang [taarchâ-hâng]

diamond gyémánt [djaimaant]

diaper *(US)* pelenka [pelenkâ]

diarrhoea hasmenés [hâsh-menaish]

dictionary szótár [saw-taar]

did →**do**

die meghalni [-hâlni]; **(s)he died** meghalt [-hâlt]

diesel engine dízelmotor [deezel-]

diesel oil dízelolaj [deezel-olây]

diet diéta [dee-aitâ]

dietetic restaurant diétás étterem [dee-aitaash aitterem]

differ *from* különbözik, más [maash] mint

difference különbség [külömb-shaig]

different különböző [külömböző], különféle [különfai-le]

diferential (gear) differenciálmű [diferentsi-aalmű]

difficult nehéz [nehaiz]

difficulty nehézség [nehaish-shaig], baj [bây]

dig ásni [aashni]

dim homályos [homaayosh], tompa [tompâ]

dimensions méretek [mairetek]

dimmed headlights →**dipped headlights**

dimming tompított fényszóró használata [tompeetott fainj-saw-raw hâsnaalâtâ]

dine *(noon)* ebédelni [ebaidelni]; *(evening)* vacsorázni [vâcho-raazni]; **we are dining out this evening** ma este elmegyünk valahová vacsorázni [mâ esh-te elmedjünk vâlâhovaa vâcho-raazni]

dining-car étkezőkocsi [aitkező-kochi]

dining-room ebédlő [ebaidlő], étterem [ait-terem]; *(restaurant)* étkezde [aitkez-de]

dinner *(noon)* ebéd [ebaid]; *(evening)* vacsora [vâchorâ]; **have ~** *(noon)* ebédelni [ebaidelni]; *(evening)* vacsorázni [vâcho-raazni]; **what shall we have for dinner?** *(noon)* mi lesz ebédre [mi les ebaidre]?; *(evening)* mi lesz vacsorára [vâchoraarâ]?

dinner jacket szmoking [smoking]

dip: ~ the headlights tompítani a fényszórót [tom-peetâni â fainj-saw-rawt], levenni a fényt [â fainjt]

dipped headlights tompított fényszóró [tompeetott fainj-saw-raw]

dip-stick mérőpálca [mairő-paaltsâ]

direct 1. *a* közvetlen; **~ airline** közvetlen légijárat [laigi-yaarât]; **~ service** közvetlen járat [yaarât] **2.** *v* eligazítani [-igâzeetâni], irányítani [iraanjeetâni]; *(play, film)* **~ed by ...** rendezte . . .

direction (menet)irány [-iraanj]; haladási irány [hâlâdaashi iraanj]; **to change ~** (menet)irányt változtatni [(menet)-iraanjt vaaltoztâtni]; **~s for use** használati utasítás [hâsnaa-lâti ootâsheetaash]

director igazgató [igâzgâtaw]

directory telefonkönyv [-könjv]

dirt piszok [pisok]

dirt road földút [föld-oot]

dirty piszkos [piskosh]
disagree nem ért egyet [airt eddjet]
disappear eltűnni
disappointment csalódás [châlawdaash]
disco diszkó
discontented elégedetlen [elaigedetlen]
discount kedvezmény [kedvezmainj], árengedmény [aarengedj-mainj]
discover felfedezni
discuss megtárgyalni [-taardjâlni], megbeszélni [-besailni]
discussion megbeszélés [-besailaish], tárgyalás [taardjâlaash]
disease betegség [beteg-shaig]
dish *(container)* edény [edainj]; *(flat)* tál [taal]; *(food)* étel [aitel]; **wash up the** ∼**es** elmosogatni [-moshogâtni]
dish antenna parabolaantenna [pârâbolâ-ântennâ]
dish-washer mosogatógép [moshogâtaw-gaip]
dislocation ficam [fitsâm]
dispatch 1. *n* elküldés [-küldaish] **2.** *v* elküldeni
dispensary, dispensing chemist (kórházi) gyógyszertár [djawdj-sertaar]
disposable eldobható [-dobhâtaw]
disposable nappy papírpelenka [pâpeer-pelenkâ]
disposal: at sby's ∼ vkinek a rendelkezésére [â rendelkezai-shai-re]
distance távolság [taavol-shaag], táv [taav]
distant távoli [taavoli]
distilled water desztillált víz [destillaalt veez]
distinguish megkülönböztetni [-különböstetni]
distributor (gyújtás)elosztó [(djooytaash)elostaw]
distributor cap elosztófedél [elostaw-fedail]
distributor head elosztófej [elostaw-fey]
district kerület, körzet
disturb (meg)zavarni [-zâvârni]
ditch árok [aarok]
diversion terelőút [ter-elő-oot]

divide felosztani [-ostâni]; *(in two)* kettéosztani [kettai-ostâni]
divided highway *(US)* osztott pályás úttest [ostottpaayaash oottesht]; kétpályás út [kaitpaayaash oot]
divorced elvált [elvaalt]
feel **dizzy** szédülni [saidülni]
do (meg)tenni, csinálni [chinaalni]; **what are you ~ing?** mit csinál(sz) [chinaal(s)]?; **will it be done quickly?** hamar meglesz [hâmâr megles]?; **what can I ~ for you?** mit parancsol/óhajt [pârânchol/aw-hâyt]?; **that will ~** ez elég lesz [ez elaig les]; **I shall ~ that** azt fogom csinálni [âst fogom chinaalni]; **he did London in two days** két nap alatt [kait nâp âlâtt] megtekintette Londont; **we ~ ten miles a day** tíz mérföldet teszünk meg egy nap [teez mairföldet tesünk meg edj nâp]; **I ~ my best** megteszek [meg-tesek] minden tőlem telhetőt; **how ~ you ~?** jó napot kívánok [yaw nâpot keevaanok]!, üdvözlöm!; **he is ~ing well** jól van [yawl vân]; **I don't know** nem tudom [nem toodom]; **did you see it?** látta(d) [laattâ(d)]?; **~ sit down** (de) üljön már le [(de) ülyön maar le]!; **you like her, don't you?** ugye szereti (őt) [oo-dje sereti (őt)]?; **so ~ I** én is [ain ish]; **has to ~ with sth** köze van [kö-ze vân] vmihez; **has nothing to ~ with sth** semmi köze [shemmi kö-ze] vmihez; **~ without** megvan nélküle [megvân nailkü-le]
dock dokk
doctor orvos [orvosh], doktor; **send for the ~** orvost hív(at)ni [orvosht heev(ât)ni], orvosért [orvoshairt] küldeni; **~'s certificate** orvosi bizonyítvány/igazolás [orvoshi bizonjeetvaanj/igâzolaash]
documents iratok [irâtok], papírok [papeerok]
dog kutya [kootjâ]
dollar dollár [dollaar]
domestic *(house)* házi [haazi]; *(country)* hazai [hâzâyi]
Dominican dominikánus [dominikaanossh]
done →do
door ajtó [âytaw]
door-handle ajtókilincs [âytaw-kilinch]

door-lock ajtózár [âytaw-zaar]

dormitory hálóterem [haalaw-]

double 1. *a* kettős [kettősh], dupla [dooplâ]; ~ **bed** duplaágy [dooplâ-aadj], franciaágy [frântsiâ-aadj]; ~ **(bed)room** kétágyas szoba [kait-aadjâsh sobâ]; **can I have a ~ room?** kaphatok egy kétágyas szobát [kâphâtok edj kait-aadjâsh sobaat]?; ~ **bend/curve** *(US)* kettős útkanyarulat [kettősh ootkânjâroolât]; ~ **(yellow) line** (= *single in Hungary, no crossing!*) záróvonal [zaaraw-vonâl] **2.** *v* ~ **(up)** összehajtani [össeháytâni]

double-decker (bus) emeletes autóbusz [emeletesh outaw-boos]

doubt 1. *n* kétely [kaitey]; **if in ~** kétely esetén [kaitey eshetain]; **no ~** kétségtelenül [kait-shaigtelenül], bizonyára [bizonjaarâ] **2.** *v* **I ~ it** kétlem [kaitlem]

doughnut fánk [faank]

down¹ 1. *adv/prep (to a lower position)* le(felé) [-felai]; *(in a lower position)* lenn; **sit ~** leülni; **he's ~ with a flu** influenzával ágyban fekszik [influenzaavâl aadjbân feksik]; ~ **the river** lefelé a folyón [lefelai â foyawn] **2.** *a* ~ **payment** előleg; **the ~ train** a fővárosból érkező vonat [â fővaaroshbawl airkező vonât]

down² *n (eider-)* dunyha [doonj-hâ]

downstairs *(to the lower floor)* le; *(on the lower floor)* lent (a földszinten) [â föltsinten]; **go ~** lemenni; **he is waiting ~** lent vár [vaar]

downtown *(US) (to)* a belvárosba [â belvaaroshbâ]; *(in)* a belvárosban [â belvaaroshbân]

dozen tucat [tootsât]

draft *(plan)* tervezet; *(writing)* vázlat [vaazlât]; *(US) (air)* huzat [hoozât]

drain off *(oil)* leengedni [le-engedni]

drama színdarab [seendârâb], dráma [draamâ]

drank →**drink 2.**

draper('s) textilüzlet [tekstil-üzlet]

draught *(air)* huzat [hoozât]

draw 1. v *(pull)* húzni [hoozni]; *(make a picture)* rajzolni [râyzolni]; ~ **back** visszahúzni [vissâhoozni]; ~ **near** közeledni; ~ **up** megállni [-aalni] **2.** n **ended in a** ~ döntetlenre végződött [vaigződött]

drawer *(of a table)* fiók [fiyawk]; *(undergarment)* ~s alsónadrág [âlshaw-nâdraag]

drawing-room fogadószoba [fogâdaw-sobâ], szalon [sâlon]

dream 1. n álom [aalom] **2.** v álmodni [aalmodni]

dress 1. n ruha [roohâ]; **evening** ~ estélyi ruha [eshtayi roohâ]; **morning** ~ utcai ruha [ootsâyi roohâ]; **national** ~ nemzeti viselet [vishelet] **2.** v öltöz(köd)ni; felöltözni; **well** ~**ed** jól [yawl] öltözött; ~ **a wound** bekötözni sebet [shebet]

dressage test díjlovaglás [deey-lovâglaash]

dress circle első emeleti erkély [elshő emeleti erkay]

dressing *(putting on clothes)* öltözködés [öltözködaish]; *(bandaging a wound)* (be)kötözés [-kötözaish]; *(the bandage)* kötés [kötaish], kötszer [kötser], *(for salad)* majonéz [mâyonaiz]

dressing-cabin öltöző

dressing-gown köntös [köntösh], pongyola [pondjolâ]

dressing-room öltöző

dressmaker női szabó [nőyi sâbaw]

dress rehearsal főpróba [fő-prawbâ]

drew →**draw 1.**

dried szárított [saareetott]

drink 1. n ital [itâl]; **have a** ~ inni (egyet) [eddjet]; **2.** v inni; ~**s a glass of water** iszik egy pohár vizet [isik edj pohaar vizet]; **she drank a cup of tea** ivott egy csésze teát [ivott edj chai-se teyatt]; ~ **to the health of sby** vkinek az egészségére inni [âz egais-shaigai-re inni]

drinking ivás [ivaash]

drinking-water ivóvíz [ivaw-veez]

drip-dry csavarás nélkül száradó [châvâraash nailkül saarâdaw]

drive 1. v vezetni, hajtani [hâytâni]; **can you** ~ **a car?** tud vezetni [tood vezetni]?; ~ **slowly!** lassan hajts [lâsh-shân hâych]!; ~

with caution! óvatosan hajts/vezess [aw-vâtoshân hâych/vezessh]!; **shall we ~ home or walk?** kocsival menjünk haza vagy gyalog [kochivâl mennjünk hâzâ vâdj djâlog]?; **he drove me to the station** elvitt az állomásra (kocsival) [elvitt âz aalomaashrâ (kochivâl)]; **~ off** elhajtani [-hâytâni]; **~ through** keresztülhajtani [kerestülhâytâni] **2.** *n* autózás [outawzaash], autóút [outawoot]; **it is an hour's ~ away** egy óranyira van autón/kocsin [edj awraanjirâ vân outawn/kochin]

drive-in movie autósmozi [outawshmozi]

driver (jármű)vezető [(yaarmű)vezető], sofőr [shofőr]

driver's license *(US)* vezetői engedély [vezetőyi engeday]

driving vezetés [vezetaish]; **~ on the right** jobbrahajtás [yobbrâhâytaash]

driving licence vezetői engedély [vezetőyi engeday], (gépjárművezetői) jogosítvány [(gaip-yaarmű-vezetőyi) yogosheetvaanj]; **~ number** vezetői engedély száma [saamâ]

driving mirror visszapillantó [vissâ-pillântaw] tükör

driving seat vezetői ülés [vezetőyi ülaish]

drizzle szitálás [sitaalaash], szitáló eső [sitaalaw eshő]

drop 1. *n* csepp [chepp] **2.** *v (let fall)* leejteni [leeyteni]; *(coin)* bedobni; **~ in (on sby)** benézni [-naizni] (vkihez); **~ me a line** írjon (egy) pár sort [eeryon (edj) paar short]

drown vízbe fulladni [veezbe foollâdni]

drug *(medicine)* gyógyszer [djâwdj-ser]; *(narcotic)* kábítószer [kaabeetaw-ser]; **under the influence of ~s** kábítószer hatása alatt [kaabeetaw-ser hâtaashâ âlâtt]

druggist *(US)* gyógyszerész [djawdj-serais]

drugstore *(US) (chemist's)* gyógyszertár [djawdj-sertaar], illatszerbolt [illâtser-bolt]

drunk részeg [raiseg]

dry 1. *a* száraz [saarâz] **2.** *v (get dry)* megszáradni [-saarâdni]; *(make dry)* megszárítani [-saareetâni]; **~ one's hand** megtörölni a kezét [meg-törölni â kezait]; **~ the dishes** eltörülgetni

dry-clean szárazon tisztítani [saarâzon tisteetâni], vegytisztítani [vedj-tisteetâni]

dry-cleaner('s) vegytisztító [vedj-tisteetaw]
dryer *(hair, etc.)* szárító [saareetaw]
dual carriageway osztott pályás úttest [ostott-paayaash oot-tesht]; ~ **road** osztott pályás autóút [outaw-oot], kétpályás út [kait-paayaash oot]
dubbed szinkronizált [sinkronizaalt]
dubbing szinkronizálás [sinkronizaalaash]
duck kacsa [kâchâ]
duck shooting vadkacsázás [vâd-kâchaazaash]
due 1. *a* esedékes [eshedaikesh]; **the train is** ~ **at 1.30** a vonatnak 1.30-kor kell (be)érkeznie [â vonâtnâk edj awrâ hârmintskor kell (be-)airkezniye]; ~ **to ... ...** ... következtében [követkestaiben] **2.** *n* díj [deey], illeték [illetaik]
dug →**dig**
dull *(uninteresting)* unalmas [oonâlmâsh]; *(stupid)* buta [bootâ]; *(not bright)* borús [boroosh]
dumplings gombóc [gombawts], galuska [gâlooshkâ]
duration idő(tartam) [-târtâm]; ~ **of proposed stay** a tervezett ott-tartózkodás ideje [â tervezett ott-târtawzkodaash ideye]
during alatt [âlâtt]; ~ **the day** napközben [nâp-]; ~ **the summer** a nyár folyamán [â njaar foyâmaan]
dust por
dustbin szemétvödör [semait-]
dustfree pormentes [pormentesh]
dusty poros [porosh]
Dutch holland [hollând]
dutiable vámköteles [vaamkötelesh]
duty *(obligation)* kötelesség [kötelesh-shaig]; *(customs)* vám [vaam]; **be on** ~ ügyeletes [üdjeletesh], szolgálatban van [solgaalâtbân vân]; inspekciós [inshpek-tsi-awsh]; **what is the** ~**?** mennyi vámot fizetek [mennji vaamot fizetek]?; **pay** ~ **on sth** vámot [vaamot] fizetni vmire
duty-free 1. *a* vámmentes [vaam-mentesh] **2.** *adv* vámmentesen [vaam-menteshen]

dwell lakni [lâkni]
dye befesteni [-feshteni]
dynamo (töltő)dinamó [-dinâmaw]
dysentery vérhas [vair-hâsh]

E

each minden, mindegyik [mind-edjik]; **on ~ side** mindkét/mindegyik oldalon [mind-kait/mind-edjik oldâlon]; **~ other** egymást [edjmaasht]; **they cost a penny ~** darabja egy penny [dârâbyâ edj penny]
ear fül
earache fülfájás [-faayaash]
early 1. *a* korai [korâyi]; **an ~ riser** korán kelő [koraan kelő]; **~ closing day** délutáni zárva tartás [dailootaani zaarvâ-târtaash] **2.** *adv* korán [koraan]; **it is very ~** nagyon korán van [nâdjon koraan vân]
ear, nose and throat clinic fül-orr-gégeklinika [-gaigeklinikâ]
earn keresni [kereshni]
ear-ring fülbevaló [-vâlaw]
earth föld
east 1. *n* kelet; **Budapest East** Keleti pályaudvar [paayâ-oodvâr] **2.** *adv* keletre [kel-et-re], kelet felé [felai]
Easter húsvét [hoosh-vait]
eastern keleti
Eastern Europe Kelet-Európa [-e-ooraw-pâ]
eastward(s) kelet felé [felai]
easy könnyű [könnjű]
eat enni; **will you have something to ~?** akar(sz) valamit enni [âkâr(s) vâlâmit enni]?; **where shall we ~?** hol eszünk/együnk [hol esünk/edjünk]?
eating étkezés [aitkezaish]

economical gazdaságos [gâzdâ-shaagosh]

economy gazdaság [gâzdâshaag]

economy class turistaosztály [toorishtâ-ostaay]

economy class return kedvezményes menettérti jegy [kedvezmainjesh menet-tairti yedj]

economy flight kedvezményes repülőút [kedvezmainjesh repülő-oot]

edge *(sharp part)* éle [ai-le] (vminek); *(border)* széle [sai-le] (vminek)

edition kiadás [kiâdaash]

editor szerkesztő [serkestő]

education oktatás [oktâtaash]

eel angolna [ângolnâ]

effect hatás [hâtaash]

be **effective** érvényes [airvainjesh]

e.g. (= *for example*) például, pl. [paildaa-ool]

egg tojás [toyaash]; **fried** ~ tükörtojás [-toyaash]; **hard-boiled** ~ kemény tojás [kemainj-toyaash]; **soft boiled** ~ lágy tojás [laadj toyaash]

eight nyolc [njolts]; *(sports)* ~s nyolcas [njoltsâsh]

either akármelyik [akaar-meyik]; ~ **of them** egyik(et) [edjik(et)] a kettő közül; **on** ~ **side** mindkét oldalon [mind-kait oldâlon]; **not ...** ~ **...** sem [shem]; ~ **... or** vagy ... vagy [vâdj]

elbow könyök [könjök]

elder idősebb [időshebb]

eldest legidősebb [legidőshebb]

electric(al) villamos [villâmosh], elektromos [elektromosh]; ~ **appliances** villamos készülékek [-kaisülaikek]; ~ **current** (villany)áram [(villânj)aarâm]; ~ **engineer** elektromérnök [-mairnök]; ~ **light** villany [villânj]; ~ **outlet** fali csatlakozó [fâli châtlâkozaw], konnektor; ~ **railway** villamosvasút [villâmosh-vâshoot]; ~ **razor/shaver** villanyborotva [villânj-borotvâ]; ~ **razor points** villanyborotva-csatlakozó [-châtlâkozaw]

electrician villanyszerelő [villânj-serelő]
electricity villany [villânj]
electrics *(of a car)* elektromos berendezés [elektromosh berendezaish]
electronic elektronikus [elektronikoosh]
elementary school általános iskola [aaltâlaanosh ishkolâ]
elevator *(US)* felvonó [felvonaw], lift
else más [maash]; **anything ~, sir?** parancsol még valamit, uram [pârânchol maig vâlâmit, oorâm]?; **nothing ~, thank you** köszönöm, mást nem (kérek) [kösönöm, maasht nem (kairek)]; **it is someone ~'s** másé [maashai], más valakié [maash vâlâkiyai]; **or ~** különben
elsewhere másutt [maashoott]
embark beszállni [be-saalni]
embassy nagykövetség [nâdj-követ-shaig]
embroidery hímzés [heemzaish]
emergency szükség [sük-shaig]; *(unexpected event)* váratlan esemény [vaarâtlân eshemainj]; sürgős eset [shürgősh eshet]; **in (case of) emergency, in an ~** szükség esetén [sük-shaig eshetain], *(danger)* közvetlen veszély [vesay] esetén
emergency exit vészkijárat [vais-kiyaarât]
emergency telephone segélyhívó telefon(készülék) [shegayheevaw (-kaisülaik]
emigrate kivándorolni [-vaandorolni]
emphasize hangsúlyozni [hâng-shooyozni]
employ alkalmazni [âlkâlmâzni]
employee alkalmazott [âlkâlmâzott]
employer munkaadó [moonkâ-âdaw]
employment alkalmazás [âlkâlmâzaash]; munkavállalás [moonkâ-vaalâlaash]; foglalkozás [foglâlkozaash]; **enter ~** munkát vállalni [moonkaat vaalâlni]
employment agency munkaközvetítő iroda [moonkâ-közveteető-]
empty üres [üresh]
enclose mellékelni [mellaikelni], csatolni [châtolni]

end 1. *n* vég [vaig], *(of sth)* vége [vai-ge]; **the ~ of the road** az út vége [âz oot vai-ge]; **~ of prohibition** tilalom feloldása [tilâlom feloldaashâ] **2.** *v* véget érni [vaiget airni], végződni [vaigződni], vége van [vaig-e vân]

energy energia [energiyâ], erő

energy-saving energiatakarékos [energiyâ-tâkâraikosh]

engage elfoglalni [-foglâlni], lefoglalni [le-]; **be ~d** (= *not vacant*) foglalt [foglâlt]; **is this seat ~d?** foglalt ez a hely [foglâlt ez â hey]?; **are you ~d?** el van foglalva [el vân foglâlvâ]?, szabad [sâbâd]?; **(sby) is ~d in sth** el van foglalva vmivel; **the line/number is ~d** foglalt a vonal [foglâlt â vonâl]; **John and Ann are ~d** János és Anna jegyesek [yaanosh aish ânnâ yedjeshek]

engagement *(obligation)* kötelezettség [kötelezettshaig]; *(appointment)* megbeszélés [-besailaish], megbeszélt találkozó [-besailt tâlaalkozaw]; *(programme)* elfoglaltság [-foglâltshaag], program [progrâm]; *(employment)* állás [aalaash], hely [hey]; *(agreement to marry)* eljegyzés [-yedjzaish]; **I have numerous ~s for next week** számos programom van a jövő hétre [saamosh prográmom vân â yövő hait-re], a jövő hetem be van táblázva [â yövő hetem be vân taablaazvâ]

engine *(machine)* motor; *(locomotive)* mozdony [mozdonj]; **~ No.** motorszám [-saam]

engine-driver mozdonyvezető [mozdonj-]

engineer mérnök [mairnök]; →**engine-driver**

engine hood motorháztető [-haaztető]

England Anglia [ângliâ]

English angol [ângol]; **I am ~** angol vagyok [ângol vâdjok]; **(s)he speaks ~** beszél/tud angolul [besail/tood ângolool]; **~ (is) spoken** itt beszélnek angolul [itt besailnek ângolool]

English breakfast komplett/angol reggeli [komplett/ângol-]

enjoy élvezni [ailvezni]; **~ oneself** jól érzi magát [yawl airzi mâgaat], jól szórakozik [sawrâkozik]; **did you ~ it?** *(film, play etc.)* tetszett [tet-sett]?; *(holiday etc.)* jól érezte magát [yawl airezte mâgaat]?, élvezte [ailvezte]?, *(in plural)* jól érez-

ték magukat [aireztaik magookât]?, élvezték [ailveztaik]?;
we ~ ed it very much nagyon élveztük [nâdjon ailveztük], na-
gyon tetszett [tet-sett] (nekünk); **~ doing sth** szívesen/élvezet-
tel csinál [seeveshen/ailvezettel chinaal] vmit, élvez [ailvez]
vmit

enlargement nagyítás [nâdjeetaash]

enough elég [elaig]; **have you ~ to pay the bill** ki tudja fizetni a
számlát [ki toodyâ fizetni â saamlaat]?

enquire, enquiry →**inquire, inquiry**

enrol beíratkozni [-eerâtkozni]

en route útközben; **~ from Paris to London** útban Párizs és Lon-
don között [ootbân paarizh aish london között]

enter *(go in)* belépni [-laipni]; beutazni [-ootâzni]; *(write down)*
felírni [-eerni], bejegyezni [-yedjezni]; *(in a competition)* bene-
vezni, indulni [indoolni]; **~ the room** belépni a szobába [be-
laipni â sobaabâ]; **~ a roundabout** behajtani körforgalomba
[behâytâni körforgâlombâ]

entertain szórakoztatni [sawrâkostâtni]; **~ to dinner** vendégül
látni ebédre [vendaigül laatni ebaid-re]

entertainment *(entertaining sby)* szórakoztatás [sawrâkostâ-
taash]; *(amusement)* szórakozás [sawrâkozaash]; *(prog-
ramme)* program [progrâm]

entire teljes [telyesh], egész [egais]

entirely teljesen [telyeshen]

entitled című [tseemű]; **~ to ...** jogosult [yogoshoolt] ...re/ra

entrance *(entering)* belépés [-laipaish]; *(door-way)* bejárat [-
yaarât], kihajtó [-hâytaw]; *(of bus)* ajtó [âytaw]

entrance fee belépti díj [belaipti deey]

entrepreneur vállalkozó [vaalâlkozaw]

entry *(entering)* belépés [-laipaish]; beutazás [-ootâzaash];
(entrance) bejárat [-yaarât]; *(sports)* benevezés [-nevezaish];
on ~ belépéskor [-laipaishkor]; **no ~** belépni tilos [belaipni
tilosh]!, *(for vehicles)* behajtani [-hâytâni] tilos!

entry visa beutazóvízum [beootâzawveezoom]

envelope boríték [boreetaik]

environment környezet [körnjezet]; **pollution of the** ~ környezetszennyezés [-sennjezaish]

epée párbajtőr [paarbâytőr]

epidemic járvány [yaarvaanj]

equal egyenlő [edjenlő]

equestrian events lovaglás [lovâglaash]

equip felszerelni [-serelni], ellátni [el-laatni]

equipment felszerelés [-serelaish], berendezés [-rendezaish]

erect *(tent)* felállítani [-aaleetâni]

erection *(tent)* felállítás [-aaleetaash]

error hiba [hibâ]; tévedés [taivedaish]

escape *(flee)* menekülni

escort 1. *v* kísérni [kee-shairni] **2.** *n* kísérő [keeshairő]

especially különösen [különöshen]

espresso kávé [kaavai]

essential fontos [fontosh], lényeges [lainjegesh]

establishment intézmény [intaizmainj]

estate car kombi

estimate 1. *n* becslés [bechlaish] **2.** *v* becsülni [bechülni] (-ra, -re)

etc stb. (= s a többi) [shâtöbbi]

Europe Európa [e-ooraw-pâ]

European európai [e-ooraw-pâyi]; ~ **record** Európa-csúcs [e-oorawpâ-chooch]

even még [maig]; ~ **if** még (akkor is) ha [maig (âkkor ish) hâ]

evening 1. *n* est [esht], este [esh-te]; **in the** ~ este [esh-te]; **this** ~ ma este [mâ esh-te] **2.** *a* esti [eshti]; ~ **entertainment** esti program [eshti progrâm]

even-numbered páros [paarosh]

event *(case)* eset [eshet]; *(happening)* esemény [eshemainj]; *(sports)* (verseny)szám [(vershenj)saam]

ever valaha [vâlâhâ]; **have you** ~ **been there?** vol(tál) már valaha ott [volt(aal) maar vâlâhâ ott]?; ~ **since** azóta [âzawtâ]

every minden, *(each)* mindegyik [mind-edjik]; ~ **day** mindennap [minden-nâp]; ~ **other day** minden másnap [maashnâp];

~ **time** *(always)* mindig, *(whenever)* valahányszor [vala-haanj-sor], akárhányszor [âkaar-haanjsor]

everybody mindenki

everyday *a* mindennapi [minden-nâpi] →**every**

everyone mindenki

everything minden

everywhere mindenhol [minden-hol], mindenütt

exact pontos [pontosh]

exactly pontosan [pontoshân]

examination *(checking)* vizsgálat [vizhgaalât]; átvizsgálás [aat-vizhgaalaash]; *(school test)* vizsga [vizhgâ]

examine megvizsgálni [-vizhgaalni], átvizsgálni [aat-]

example példa [paildâ]; **for** ~ például [paildaa-ool]

exceed meghaladni [-hâlâdni]; **must not** ~ nem haladhatja meg [nem hâlâdhâtyâ meg]; ~ **the speed limit** a megengedettnél gyorsabban hajtani [â meg-engedett-nail djor-shâbbân hây-tâni]; **not** ~**ing ... ...** meg nem haladó [hâlâdaw]; **not** ~**ing Ft 4000** 4000 Ft-ot meg nem haladó [naidjezer forintot meg nem hâlâdaw]

exceedingly rendkívül [rendkeevül]

excellent kitűnő, elsőrangú [elshőrângoo]

except kivéve [kivai-ve]; ~ **for access** „célfuvar" [tsailfoovâr]

exception kivétel [kivaitel]

excess *(weight)* túlsúly [tool-shooy], többletsúly [-shooy]; *(fare)* pótdíj [pawt-deey], különbözet; ~ **baggage/luggage** poggyásztúlsúly [poddjaas-toolshooy]; ~ **charge/fare** pótdíj [pawt-deey], különbözet(i díj) [deey]; ~ **postage** portó [portaw]; ~ **weight** túlsúly [tool-shooy]

exchange **1.** *n (exchanging)* csere [che-re]; **in** ~ **for** cserébe [cherai-be]; ~ **of currency/money** pénzváltás [painz-vaal-taash]; ~ **of letters** levélváltás [levailvaaltaash]; **foreign** ~ valuta [vâlootâ], deviza [devizâ]; **rate of** ~ (valutabeváltási) árfolyam [(vâlootâ-bevaaltaashi) aarfoyâm] **2.** *v* (ki)cserélni [-cherailni]; ~ **money** pénzt (be)váltani [painst (be)vaaltâni]; **... can be** ~**d** ... beváltható [-vaalt-hâtaw]

exchange permit devizaengedély [devizâ-engeday]

exchange rate beváltási árfolyam [bevaaltaashi aarfoyâm]

exciting izgalmas [izgâlmâsh]

exclusive *of* nem számítva [saameetvâ]

excursion kirándulás [-raandoolaash]

excursion fare/ticket kedvezményes (kiránduló) tértijegy [kedvezmainjesh (kiraandoolaw) tairti-yedj]

excursion train turistavonat [toorishtâ-vonât]

excuse *v* megbocsátani [-bochaatâni]; ~ **me!** bocsánat [bochaanât]!, elnézést kérek [elnai-zaisht kairek]!; **excuse me, Sir ...** kérem szépen, uram ... [kairem saipen, oorâm], bocsánat [bochaanât] uram ...; **please** ~ **me for being late** elnézést kérek a késésért [elnai-zaisht kairek â kai-shai-shairt]!

exempt mentes [mentesh]

exercise gyakorlat [djâkorlât]

exercise book füzet

exhaust-pipe kipufogócső [kipoofogaw-chő]

exhibition kiállítás [-aaleetaash]

exhibition hall kiállítási csarnok [-aaleetaashi chârnok]

exhibits kiállított tárgyak [-aaleetott taardjâk]

exist létezni [laitezni]; *(of men)* élni [ailni]

exit *(from motorway, theatre etc.)* kijárat [kiyaarât]; *(from country)* kiutazás [-ootâzaash]

expect várni [vaarni]; *(hope)* remélni [remailni]; *(think)* gondolni; **I** ~ **to stay for a week** előreláthatólag egy hétig maradok [előre-laat-hâtawlâg edj haitig mârâdok]; **I** ~ **you know ...** úgy gondolom, tudja ... [oodj gondolom, toodyâ]

expectant mother terhes anya [terhesh ânjâ]

expense költség [kölchaig], kiadás [ki-âdaash]

expensive drága [draagâ], költséges [kölchaigesh]; **that is rather** ~ ez kissé drága [kish-shai draagâ]

experience tapasztalat [tâpâstâlât]; *(personal)* élmény [ailmainj]

experiment kísérlet [keeshairlet]

expiration lejárat [le-yaarât]

expire lejárni [le-yaarni]; **the validity of this passport** ~s **on** ...
ennek az útlevélnek az érvényessége lejár ...-én [ennek âz
ootlevailnek âz airvainjesh-shai-ge le-yaar ...ain]
expired lejárt [le-yaart]
expiry lejárat [le-yaarât]; ~ **of visa** a vízum lejárta [â veezoom
le-yaartâ]
explain megmagyarázni [-mâdjâraazni]
explanation magyarázat [mâdjâraazât]
export 1. *n* export, kivitel **2.** *v* kivinni, exportálni [exportaalni];
can be ~ed kivihető; **cannot be** ~ed ki nem vihető, nem kivi-
hető
export licence kiviteli engedély [engeday]
exposure *(picture)* felvétel [-vaitel]; **how many** ~s **have you
made?** hány felvételt készített [haanj felvaitelt kaiseetett]?
exposure meter fénymérő [fainj-mairő]
express 1. *n (train)* gyorsvonat [djorsh-vonât], expressz [exp-
ress] **2.** *v* ~ **oneself** kifejezi magát [kifeyezi mâgaat]
express bus service gyorsjárat [djorsh yaarât]
expression kifejezés [kifey-ez-aish]
express letter expresszlevél [express-levail]
express lift, *(US)* **elevator** gyorslift [djorsh-lift]
express post expressz kézbesítés [express kaizbe-sheetaish]
express train →**express 1.**
expressway *(US)* autópálya [outaw-paayâ]
extend *(validity)* meghosszabbítani [-hossâbbeetâni]; ... **can
be** ~ed meghosszabbítható [meg-hossâbbeet-hâtaw]
extendable meghosszabbítható [-hossâbbeet-hâtaw]
extension meghosszabbítás [-hossâbbeetaash]; *(telephone)* mel-
lék(állomás) [mel-laik(aalomaash)]; ~ **of visa** vízumhosszab-
bítás [veezoom-hossâbbeetaash]
for **external use** külsőleg [külshőleg]
extra 1. *n (charge)* felár [felaar], pótdíj [pawt-deey], különdíj,
külön költség [-deey, kölchaig]; **are there any extras?** vannak
külön/egyéb kiadások [vânnâk külön/edjaib kiâdaa-shok]?
2. *a (plus)* külön; *(petrol)* extra [extrâ]; **an** ~ **bed** pótágy

[pawtaadj]; ~ **charge** →extra 1.; for no ~ **charge** különdíj/pluszköltség nélkül [különdeey/plooskölchaig nailkül]; ~ **cost** külön költség [kölchaig]; ~ **fare** pótdíj [pawt-deey], kiegészítő (jegy) [ki-egaiseető (yedj)]
extraordinary rendkívüli [-keevüli]
extremely nagyon [nâdjon]
eye szem [sem]
eyebrow pencil szemöldökceruza [semöldök-tseroozâ]
eyelashes szempilla [sem-pillâ]
eyelid szemhéj [sem-hay]
eye-shadow szemhéjfesték [sem-hay-feshtaik]
eyesight látás [laataash]

F

face arc [ârts]
face tissue arctörlő [ârts-törlő]
facilities szolgáltatások [solgaaltâtaashok]; lehetőségek [lehetőshaigek]; **sports** ~ sportolási lehetőségek [shportolaashi lehetőshaigek]
facing szemben [semben]; ~ **the engine** menetiránnyal szemben [menetiraan-njal semben]; ~ **oncoming traffic** szemben a forgalommal [semben â forgâlommâl]
fact tény [tainj]; **in** ~, **as a matter of** ~ valójában [vâlawyaabân], ami azt illeti [âmi âst illeti], tulajdonképpen [toolâydon-kaipen]
factory gyár [djaar]
factory worker gyári munkás [djaari moonkaash]
fade kifakulni [fâkoolni]
fail (cease to function) elromlani [-romlâni]; ~**s to do sth** elmulaszt [elmoolâst] vmit megtenni; **he** ~**ed to turn up** nem jött [yött] el; **the brake** ~**ed me** elromlott a fék [â faik]

failure *(non-success)* bukás [bookaash]; ~ **to do so** ennek elmulasztása [elmoolâstaashâ]
faint elájulni [-aayoolni]; **she** ~**ed** elájult [-aayoolt]
fair[1] *n* vásár [vaashaar]
fair[2] *a* korrekt
fairly meglehetősen [meg-lehetőshen]
fall[1] **1.** *v* (le)esni [-eshni]; **let** ~ leejteni [le-eyteni]; ~ **ill** megbetegedni **2.** *n* esés [eshaish]; **I have had a** ~ elestem [-eshtem]
fall[2] *(autumn)* ősz [ős]
falling rocks kőomlás [-omlaash]
false hamis [hâmish]
be **familiar** *with* jól ismer [yawl ishmer] vmit
family család [châlaad]
family fares családkedvezmény [châlaad-kedvezmainj]
family doctor háziorvos [haaziorvosh]
famous híres [heeresh]
fan ventilátor [ventilaator]
fan belt ékszíj [aikseey]
fancy *(ornamental)* díszes [deesesh]; ~ **goods** díszműáru [deesmű-aaroo]
far messze [mes-se]; **how** ~ **is it?** milyen messze van [miyen mes-se vân]?; **it is not** ~ **away** nincs messze [ninch mes-se]; **it is not** ~ **from here** nincs messze innen; **as** ~ **as the bridge** egészen a hídig [egaisen â heedig]; **as** ~ **as I am concerned** ami engem illet; **as/so** ~ **as I know** ha jól tudom [hâ yawl toodom]; **so** ~ eddig; ~ **better** sokkal jobb(an) [shokkâl yobb(ân)]
fare *(bus, train etc.)* fuvardíj [foovârdeey], menetdíj [-deey], *(taxi)* viteldíj [-deey]; *(travel expenses)* útiköltség [ootiköl-chaig]; ~**s, please!** kérem a jegyeket [kairem a yedjeket]!; **what is the** ~? *(taxi)* mennyivel tartozom [men-njivel târtozom]?
farewell búcsú [boochoo]; **say** ~ elbúcsúzni [-boochoozni]
farm gazdaság [gâzdâshaag], farm
farmer gazdálkodó [gâzdaalkodaw]
far-off távoli [taavoli]

farther messzebb [messebb], tovább [tovaab]
fashion divat [divât]
fashionable elegáns [elegaansh]
fast 1. *a* gyors [djorsh]; ~ **lane** gyorsítósáv [djorsheetaw-shaav];
~ **train** gyorsvonat [djorshvonât]; **my watch is five minutes** ~
öt percet siet az órám [öt pertset shiyet âz awraam] **2.** *adv*
gyorsan [djorshân]
fasten →**seat belt**
fast-moving traffic gyorsforgalom [djorsh-forgâlom]
fat 1. *a* kövér [kövair] **2.** *n* zsír [zheer]
fatalities a halálos áldozatok (száma) [â hâlaalosh aaldozâtok
(saamâ)]
father apa [âpâ]
father-in-law após [âpawsh]
faucet (víz)csap [(veez-)châp]
fault hiba [hibâ]; **it's not my** ~ nem az én hibám [nem âz ain hi-
baam]
favour szívesség [seevesh-shaig]; **may I ask a** ~ **of you?** kérhe-
tek öntől egy szívességet [kair-hetek öntől edj seevesh-shai-
get]?
favourable kedvező
favourite kedvenc [kedvents]
fear félelem [fail-elem]
feather toll
featherweight pehelysúly [peh-ey-shooy]
feature 1. *n (characteristic)* vonás [vonaash]; *(in newspaper)*
riport; *(attraction)* főszám [fősaam] **2.** *v (film)* **featuring X**
X-szel a főszerepben [X-sel â fő-serepben]
feature film nagyfilm [nâdj-], játékfilm [yaataik-]
febrifuge lázcsillapító [laaz-chillâpeetaw]
February február [febroo-aar]; **on** ~ **7th/8th** február 7-én/8-án
[febroo-aar hetedikain/njoltsâdikaan]
fed →**feed**
federation szövetség [sövet-shaig]

fee díj [deey]; **for a** ~ díj ellenében [deey ellenaiben]; **what is your** ~**, please?** kérem, mennyivel tartozom [kairem, mennjivel târtozom]?

feed megetetni

feeder road betorkolló út [betorkollaw oot]

feel érezni [airezni]; **how are you** ~**ing today** hogy érzi magát [hodj airzi mâgaat]?; **she** ~**s well** jól érzi magát [yawl airzi mâgaat]; **I don't** ~ **well** nem érzem jól magam [nem airzem yawl mâgâm]; **I** ~ **(the) cold** fázom [faazom]; **I** ~ **tired** fáradt vagyok [faarâtt vâdjok]; **I don't** ~ **like ...** nincs [ninch] kedvem ...

feeling érzés [airzaish]

feet →**foot**

fell →**fall**[1] 1.

fellow társ [taarsh]

felt →**feel**

felt-tip pen filctoll [filts-toll]

fence kerítés [kereetaish]

fencer vívó [veevaw]

fencing vívás [veevaash]

fender *(US)* →**mudguard**

ferry komp; rév [raiv]; *(the service)* kompátkelés [-aatkelaish]

ferryboat komphajó [-hâyaw], átkelőhajó [aatkelőhâyaw]

festival fesztivál [festivaal]

fetch elhozni

fever láz [laaz]

few néhány [nai-haanj], *(not many)* kevés [kevaish]

my **fiancé** a vőlegényem [â vőlegainjem]

my **fiancée** a menyasszonyom [â menjassonjom]

fiction regényirodalom [regainj-irodâlom]

field mező; ~ **of interest** érdeklődési [airdeklődaishi] kör

fifteen tizenöt; ~ **hundred metres** *(running)* 1500 m-es síkfutás [ezer-ötsaaz maiteresh sheek-footaash]

fifty-forint note ötvenforintos [-forintosh]

fight küzdelem

figure *(shape)* alak [âlâk]; *(number)* szám(jegy) [saam(yedj)]; *(diagram)* ábra [aabrâ]

fill (meg)tölteni; *(tooth)* tömni; **will you fill in/up this form, please?** szíveskedjék kitölteni ezt az űrlapot [seevesh-kedyaik kitölteni est âz űrlâpot]; **~ up** *(with petrol)* (fel)tankolni [-tânkolni], teletölteni; **~ her up, please!** tele kérem [te-le kairem]

fillet (hús)szelet [(hoosh)selet]

filling *(in tooth)* tömés [tömaish]

filling station benzinkút [-koot]

filling station attendant (benzin)kútkezelő [kootkezelő], benzinkutas [-kootâsh]

film film; **8 mm ~** 8 mm-es [njolts-milimaiteresh] mozifilm

filmstrip diafilm [diâfilm]

filter *(air)* (lég)szűrő(betét) [(laig)sűrő(betait)]; *(oil)* olajszűrő [olâj-]; **the ~ is to be cleaned** meg kell tisztítani a szűrőt [tisteetâni â sűrőt]

filter(-tipped) cigarette füstszűrős cigaretta [füshtsűrösh tsigârettâ]

final végső [vaig-shő]; *(sports)* **~s** döntő

final exam érettségi vizsga [airettsaigi vizhgâ]

find (meg)találni [-tâlaalni]; **have you found it?** megtalálta [-tâlaaltâ]?; **~ me another seat, please** kérem, keressen nekem egy másik ülőhelyet [kairem kereshshen nekem edj maashik ülő-heyet]; **where do I ~ a ...?** hol találok egy ... [hol tâlaalok edj]?; **~ me a taxi** hívjon egy taxit [heevyon edj tâksit]; **~ one's way** *(to)* eljutni [-yootni] (vhová)

fine¹ *a* szép [saip]; **it will be ~ today** szép idő lesz ma [saip idő les mâ]; **I feel ~** remekül érzem magam [airzem mâgâ]; **that's ~!** remek!

fine² *(punishment)* **1.** *n* pénzbírság [painz-beer-shaag] **2.** *v* megbírságolni [-beer-shaagolni]; **be ~d** megbírságolják [-beer-shaagolyaak]

fine arts képzőművészet [kaibző-művaiset]

finger ujj [ooyy]

finish 1. *v* befejezni [-feyezni] **2.** *n (sports)* hajrá [hâyraa]
Finland Finnország [finn-orsaag]
Finn(ish) finn
fire 1. *n* tűz; **sth is on** ~ vmi ég [aig]; **fire 05** tűzoltók: 05 [tűzol-
    tawk] **2.** *v* **the engine doesn't** ~ nem gyújt [djooyt] a [â] motor
fire-brigade, *(US)* **fire department** tűzoltók [tűz-oltawk]
fire-engine tűzoltóautó [tűz-oltaw-outaw]
fireplace kandalló [kândâllaw]
fire-station →**fire-brigade**
firewood tűzifa [tűzifâ]
fireworks tűzijáték [-yaataik]
firm[1] *a* erős [erősh], szilárd [silaard]
firm[2] *n* vállalat [vaalâlât], cég [tsaig]
first első [elshő]; **(at)** ~ először [elősör]
first aid elsősegély [elshő-shegay]
first-aid kit mentőláda [-laadâ]
first-aid post/station elsősegélyhely [elshő-shegay-hey]
first class első osztály [elshő ostaay]
first-class 1. *a* első osztályú [elshő-ostaayoo] **2.** *adv* **travel** ~ első
    osztályon utazni [elshő ostaayon ootâzni]
first name utónév [ootaw-naiv]
first night bemutató [-mootâtaw]
fish 1. *n* hal [hâl]; ~ **and chips** sült hal rósejbnivel [shült hâl raw-
    sheybnivel] **2.** *v* **go** ~**ing** halászni megy [hâlaasni medj]
fishing outfit horgászfelszerelés [horgaas-felserelaish]
fit 1. *a (suitable)* alkalmas [âlkâlmâsh]; *(in good condition)* fitt
    2. *v* **this** ~**s me** ez jó [yaw] nekem
fitter szerelő [serelő]
five öt; ~ **thousand metres** *(running)* 5000 m-es síkfutás [ötezer
    maiteresh sheekfootaash]
fix *(price)* rögzíteni [rögzeeteni]; *(time)* kitűzni; *(US) (repair)*
    megcsinálni [-chinaalni]; **can we** ~ **the time?** megállapodhat-
    nánk az időben [megaalâpod-hâtnaank âz időben]?; ~ **up**
    (repair) megjavítani [-yâveetâni], megcsinálni [-chinaalni]
flag zászló [zaaslaw]

flash v villogni, villogó fényt adni [villogaw fainjt âdni]; *(cause to flash)* villogtatni [villogtâtni]; ~ **headlights** villogtatni (a fényszórót) [villogtâtni (â fainj-saw-rawt)]

flashing 1. n *(as a warning)* villogtatás [villogtâtaash] **2.** a villogó [villogaw]; ~ **red light** villogó piros fény [villogaw pirosh fainj]

flashlight *(photography)* villanófény [villânaw-fainj], vaku [vâkoo]; *(torch)* zseblámpa [zheblaampâ]

flat a lapos [lâposh]; **I have got a** ~ **(tire)** gumidefektet kaptam [goomidefektet kâptâm]; **went** ~ *(battery)* lemerült

flat n lakás [lâkaash]

flat-rate tariff átalánydíj [aatâlaanjdeey]

flavour íz [eez]

flea-market ócskapiac [awchkâ-piyâts]

flesh hús [hoosh]

flew →**fly** [2]

flight *(flying)* repülés [repülaish]; *(journey)* repülőút [-oot]; *(as scheduled)* (légi)járat [(laigi)yaarât]; ~ **number** járatszám [yaarât-saam]

flight-time menetidő (repülőgépen) [-gaipen]

floodlit kivilágított [-vilaageetott]

floor padló [pâdlaw]; *(story)* emelet

flour liszt [list]

flow v folyni [foyni], ömleni

flower virág [viraag]

flu influenza [infloo-enzâ]

fluorescent lighting fénycső(világítás) [fainjchő-vilageetaash]

fly [1] n *(insect)* légy [laidj]

fly [2] v repülni; *(send by air)* repülőgépen [gaipen] küldeni

flyover felüljáró [-yaaraw]; ~ **junction** útkereszteződés külön szintben [ootkeresztező̈daish külön sintben]

flyweight *(boxing)* légsúly [laig-shooy]; **light** ~ *(boxing)* papírsúly [pâpeer-shooy]

foam rubber habszivacs [hâpsivâch], laticel [lâticel]

fog köd

fog lights ködlámpa [-laampâ]
foil[1] tőr; ~ **fencing** tőrvívás [-veevaash]
foil[2] fólia [fawliâ]
fold összehajtani [össe-hâytâni]
folder prospektus [proshpektoosh], leporelló [leporellaw]
folding bed összecsukható ágy [össe-chook-hâtaw aadj]
folding table összecsukható asztal [össe-chook-hâtaw âstâl]
fold-up bicycle kempingbicikli [-bitsikli]
folk art népművészet [naip-művaiset]
folk dance népi tánc [naipi-taants]
folklore folklór [folklawr]
follow *(pursue)* követni; *(succeed)* következni
following day másnap [maashnâp]
be **fond** *of* szeretni [seretni], kedvelni; **I'm ~ of music** szeretem a
zenét [seretem â zenait]
food étel [aitel], ennivaló [-vâlaw]
food container ételtároló [aitel-taarolaw]
food-processor (háztartási) robotgép [(haaztârtaashi) robot-
gaip]
food store(s) élelmiszerüzlet [ailelmi-ser-], *(large)* élelmiszer-
áruház [-aaroohaaz]
foodstuff(s) élelmiszer(ek) [ailelmi-ser(ek)]
foot láb [laab]; *(measure)* láb [laab] (= 30,48 cm); **go on ~** gya-
log [djâlog] menni
football *(soccer)* labdarúgás [lâbdâ-roogaash], futball [foot-
bâl]; **play ~** futballozni [footbâlozni]
football-ground futballpálya [footbâl-paayâ]
footpath, footway gyalogút [djâlog-oot], járda [yaardâ]
for: this letter is ~ me ez a levél nekem szól [ez â levail nekem
sawl]; **I bought it ~ you** önnek *(more familiarly:* neked) vet-
tem; **the train ~ Glasgow** a Glasgowba induló vonat [â G-bâ
indoolaw vonât], a glasgowi vonat; **I paid £5 ~ it** öt fontot fi-
zettem érte [air-te]; **we could not see ~ the fog** nem láttunk a
köd miatt [nem laat-toonk â köd miyâtt]; **we are going to stay
~ three days** három napig maradunk [haarom nâpig mârâ-

doonk]; ~ **2 hours** két óráig [kait awraa-ig]; két óra hosszat [kait awrâ hossât]; ~ **example** például [paildaa-ool]; ~ **hire** *(taxi)* szabad [sâbâd]

forbid (meg)tiltani [-tiltâni]; **... is** ~**den** tilos ... [tilosh]; **smoking is** ~**den** tilos a dohányzás [tilosh â dohaanjzaash]

force 1. *n* erő **2.** *v* kényszeríteni [kainj-sereteeni]

forearm alkar [âlkâr]

forehead homlok

foreign idegen, külföldi; ~ **countries** külföld; ~ **currency/exchange** (külföldi) valuta [vâlootâ]; deviza [devizâ]; ~ **language** idegen nyelv [njelv]; **F**~ **Office** *(GB)* külügyminisztérium [külüdj-ministairyoom]

foreigner külföldi, idegen

forest erdő

forget elfelejteni [-felejteni]; **I have forgotten where he lives** elfelejtettem hol lakik [elfeleytettem hol lâkik]; **I forgot the book** ottfelejtettem a könyvet [ott-feleytettem â könjvet]

forgive megbocsátani [-bochaatâni]; ~ **me for coming so late** bocsásson meg, hogy ilyen későn jövök [bochaash-shon meg, hodj ilyen kaishőn yövök]

fork villa [vil-lâ]

form *(shape)* alak [âlâk], forma [formâ], *(printed paper)* űrlap [űrlâp]; *(class)* osztály [ostaay]; **fill in/up this** ~, **please** kérem, töltse ki ezt az űrlapot [kairem, tölche ki est âz űrlâpot]

formal hivatalos [hivâtâlosh]; ~ **dress** ünneplő ruha [roohâ]

formalities formaságok [formâ-shaagok], adminisztráció [âdministraatsyaw]; **completed all the** ~ eleget tett a formaságoknak [â formâ-shaagoknâk]

former előbbi, előző

fortnight két hét [kait hait]; **for a** ~ két hétre [kait hait-re]; két hétig [haitig]; **we stayed there for a** ~ két hétig/hetet voltunk ott [kait haitig/hetet voltoonk ott]; **a** ~**'s holiday** kétheti szabadság [kaitheti sâbâd-shaag]

fortunately szerencsére [serenchai-re]

forward *v* továbbítani [tovaabbeetâni]; **please ~ my letters to this address** kérem utánam küldeni leveleimet erre a címre [kairem ootaanâm küldeni leveleyimet er-re â tseem-re] →**forwards**

forwarding address új cím [ooy tseem]

forwarding agent szállítmányozó [saaleetmaanjozaw]

forwards előre [elő-re], tovább [tovaab]

foul 1. *a* piszkos [piskosh] **2.** *n (sports)* szabálytalanság [sâbaaytâlan-shaag]

found →**find**

foundation alapítvány [âlâpeetvaanj]

fountain forrás [forraash]; *(in a garden)* szökőkút [sökő-koot]

fountain-pen töltőtoll

four négy [naidj]; *(sports)* ~**s** négyes [naidjesh]

fowl baromfi [bâromfi], szárnyas [saarnjâsh]

fox róka [rawkâ]

foyer előcsarnok [-chârnok], hall [hâll]

fracture törés [töraish]

fragile törékeny [töraikenj]

frame keret

frame tent vázszerkezetes sátor [vaaz-serkezetesh shaator]

France Franciaország [frantsiâ-orsaag]

free *(not controlled)* szabad [sâbâd]; **morning is ~** a délelőtt szabad [â dailelőtt sâbâd]; **~ (of charge)** díjtalan(ul) [deeytâlân(ool)], díjmentes(en) [deeymentesh(en)], ingyen [indjen]; **~ of duty** vámmentes(en) [vaam-mentesh(en)]; **~ (baggage) allowance** szabad súlykeret/poggyászkeret [sâbâd shooykeret/poddjaaskeret]; **100 metres ~ style** 100 m-es gyorsúszás [saaz maiteresh djorsh-oosaash]; **~ ticket (for the theatre)** ingyenjegy [indjen-yedj], szabadjegy [sâbâd-yedj]

freeway *(US)* autópálya [outaw-paayâ]

freeze (be)fagy [-fâdj]; **it is freezing** fagy [fâdj]; **it is frozen over** befagyott [-fâdjott]

freezer mélyhűtő [mayhűtő], fagyasztószekrény [fâdjâstaw-sekrainj]

freezer bag hűtőtáska [hűtő-taashkâ]
freight rakomány [rakomaanj], teher(áru) [-aaroo]
freight train tehervonat [-vonât]
French francia [frântsiâ]; **(s)he speaks** ~ beszél/tud franciául [besail/tood frântsi-aa-ool]; ~ **bean(s)** zöldbab [-bâb]; ~ **fried potatoes** hasábburgonya [hâshaab-boorgonjâ]
frequent gyakori [djâkori]
frequented látogatott [laatogâtott]
frequently gyakran [djâkrân]
fresh friss [frish]
fresh-water édesvízi [aidesh-veezi]
Friday péntek [paintek]; **on** ~ pénteken [painteken]
fried sült [shült]; ~ **eggs** tükörtojás [-toyaash]; ~ **fish** sült hal [shült hâl]; ~ **potatoes** zsírban sült burgonya [zheerbân shült boorgonjâ]; →**fry**
friend barát [bâraat]; **my** ~ (a) barátom [(â) bâraatom]
friendly barátságot [bâraat-shaagosh]
frock ruha [roohâ]
frog béka [baikâ]
from -ból [-bawl], -ből [-ből]; -tól [-tawl], -től [-től]; **he travelled** ~ **London to Paris** Londonból Párizsba utazott [londonbawl paarizhbâ ootâzott]; **ten miles** ~ **London** Londontól tíz mérföld(nyire) [lontontawl teez mairföld(njire)]; ~ **the table** az asztalról [âz âstâlrawl]; ~ **April 20th to May 5th** április 20-tól május 5-ig [aaprilish hoosâdikaatawl maayoosh ötödikayig]
front 1. *a* első [elshő], mellső [melshő]; ~ **door** főbejárat [fő-beyaarât]; **in the** ~ **part of the train** a vonat elején [â vonât eleyain]; ~ **seat** első ülés [elshő ülaish] **2.** *n (of house)* homlokzat [homlokzât]; *(of train)* eleje [e-le-ye]; **in** ~ **elöl**; **in** ~ **of sth** vmi előtt
frontier (ország)határ [(orsaag-)hâtaar]
frontier crossing point határkilépőhely [hâtaar-kilaipőhey], határátkelőhely [hâtaar-aatkelő-hely]
frontier station határállomás [hâtaar-aalomaash]

front-wheel drive elsőkerék-meghajtás [elshő-keraikmeg-hây-taash]

frost fagy [fâdj]

froze →**freeze**

frozen meat fagyasztott hús [fâdjâstott hoosh]

fruit gyümölcs [djümölch]

fruiterer('s) gyümölcsárus [djümölch-aaroosh]

fry (zsírban) süt [(zheerbân) shüt]; **she fried some fish** kisütött néhány halat [ki-shütött naihaanj hâlât]; **the sausages are ~ing** sülnek a kolbászok [shülnek â kolbaasok]

frying pan, frypan serpenyő [sherpenjö]

ft (= *foot, feet*) láb [laab]

fuel üzemanyag [-ânjâg], tüzelőanyag

fuel mixture keverék (üzemanyag) [keveraik (üzemânjâg)]

full *(filled)* tele [te-le]; *(complete)* teljes [telyesh]; **I'm ~** tele vagyok [te-le vâdjok]; **~ board** teljes ellátás [telyesh el-laataash]; **~ day's** egésznapos [egais-nâposh]; **~ fare** teljes fuvardíj [telyesh foovardeey], egész jegy [egais yedj]; **~ house** telt ház [haaz]; **~ information** részletes felvilágosítás [raisletesh felvilaagosheetaash]; **~ name** teljes név [telyesh naiv]; **~ particulars** részletes adatok [raisletesh âdâtok]; **at ~ speed** teljes sebességgel [telyesh shebesh-shaiggel]; **~ up** megtelt

full-back hátvéd [haat-vaid]

full-day excursion egész napos kirándulás [egais-nâposh kiraandoolaash]

fully teljesen [telyeshen]

fully comprehensive →**comprehensive insurance**

fun tréfa [traifâ], vicc [vits]; **for ~** tréfából [traifaabawl], viccből [vitsből]

fund alap [âlâp]

funeral temetés [tem-et-aish]

funny vicces [vittsesh]

fur prém [praim]

fur coat bunda [boondâ]

furnish ellátni [el-laatni], felszerelni [-serelni]

furnished flat bútorozott lakás [bootorozott lâkaash]
furniture bútor(ok) [bootor(ok)]
further 1. *adv* tovább [tovaab] **2.** *a* további [tovaabbi]
fuse biztosíték [bistosheetaik]; **the ~ went** kiégett a biztosíték
[ki-aigett â bistosheetaik]
future jövő [yövő]

G

gain 1. *v* nyerni [njerni] **2.** *n* nyereség [njere-shaig]
gallery *(pictures)* képtár [kaiptaar], galéria [gâlairiâ]; *(theatre)*
(harmadik emeleti) erkély [(hârmâdik emeleti) erkay]
gallon gallon (= 4,5 litres)
gamble 1. *n* játék [yaataik] **2.** *v* játszani [yaatsâni]
gambling house játékkaszinó [yaataik-kâsinaw]
game *(play)* játszma [yaatsmâ], játék [yaataik]; *(wild animal)*
vad [vâd]; *(flesh)* vadhús [-hoosh]
gaming room *(US)* játékterem [yaataik-]
gangway hajóhíd [hâyaw-heed]
gap nyílás [njeelaash]; hézag [haizâg]; *(between vehicles)* köve-
tési távolság [követaishi taavol-shaag]
garage 1. *n (for storing)* garázs [gâraazh]; *(with repair and
service)* autójavító [outaw-yâveetaw], javítóműhely [yâvee-
taw-műhely], szerviz(állomás) [serviz(aalomaash)] **2.** *v* gara-
zsírozni [gârâzheerozni]
garbage *(US)* szemét [semait], hulladék [hoollâdaik]
garden kert
gardener kertész [kertais]
garlic fokhagyma [fok-hâdjmâ]
garment ruha [roohâ]
garnishing körítés [köreetaish]
garter belt *(US)* harisnyatartó [hârishnja-târtaw]

gas gáz [gaaz]; *(US)* benzin; **the ~ is on** ki van nyitva a gáz [ki vân njitvâ â gaaz]; **please turn the ~ off** legyen szíves elzárni a gázt [ledjen seevesh elzaarni â gaast]; *(US)* **step on the ~** gázt adni [gaast âdni]

gas bottle gázpalack [gaazpâlâtsk]

gas cartridge (gáz) cserepalack [(gaaz) cherepâlâtsk]

gas-cooker gázfőző [gaaz-]; **two-burner ~** kétlapos [kait-lâposh] gázfőző

gas cylinder gázpalack [gaazpâlâtsk]

gas-fire gázkandalló [gaaz-kândâllaw]

gas water heater gázbojler [gaaz-boyler]

gasoline *(US)* benzin

gas station *(US)* benzinkút [-koot]

gate kapu [kâpoo], *(barrier)* sorompó [shorompaw]; *(airport)* kijárat [ki-yaarât]; **level-crossing with ~** sorompós vasúti átjáró [shorompawsh vâshooti aat-yaaraw]

gather összegyűjteni [össe-djűyteni], összeszedni [össesedni]; *(come together)* összegyűlni [-djűlni]

gauge mérőműszer [mairőmüser]; *(distance of rails)* nyomtáv [njomtaav]

gauze géz [gaiz]

gave →give

gay vidám [vidaam]; *(homosexual)* homokos [homokosh]

gear sebesség(fokozat) [shebesh-shaig(fokozât)]; **~s** sebesség-fokozatok [shebesh-shaig-fokozâtok], sebességváltó [-vaal-taw]; **change ~** sebességet váltani [shebesh-shaiget vaaltâni]; **go into second/third ~** második/harmadik sebességbe kapcsolni [maashodik/hârmâdik shebesh-shaigbe kâpcholni]; **top ~** negyedik (sebesség) [nedjedik (shebesh-shaig)], direkt

gearbox sebességváltó [shebesh-shaig-vaaltaw]

gear lever sebességváltó kar [shebesh-shaig-vaaltawkâr]

gear wheel fogaskerék [fogâsh-keraik]

general általános [aaltâlaanosh]; **~ assembly** közgyűlés [-djű-laish]; **~ practitioner** általános orvos [aaltâlaanosh orvosh]

generally általában [aaltâlaabân]

gentleman úr [oor]; **gentlemen** *(as notice)* férfiak [fairfiyâk]
gentlemen's ... férfi ... [fairfi]
gentlemen's wear férfidivatáru [fairfi-divât-aaroo]
gents *(notice)* férfiak [fairfiyâk]
German német [naimet]; **speaks** ~ beszél/tud németül [be-sail/tood naimetül]
Germany Németország [naimet-orsaag]
get *(obtain)* kapni [kâpni]; **where can I get ...?** hol kaphatok ... [kâp-hâtok]?; **can I ~ a ...?** kaphatok (egy) ...-t [kâp-hâtok (edj)]?; **have you got a pen?** van egy tolla [vân edj tol-lâ]?; **have you got a family?** van családja [vân châlaadyâ]?; ~ **sth ready** elkészíteni [elkaiseeteni] vmit; ~ **your passports ready, please** kérem, készítsék elő az útleveleket [kairem, kai-seet-shaik elő âz ootleveleket]!; **he is ~ting ready** készül(ő-dik) [kaisül(ődik)]; ~ **me?, got me?** ért [airt] engem?, *(more fam.)* értesz [airtes]?; **I didn't ~ you** nem értettem [airtettem], *(more fam.)* nem értettelek [airtettelek]; ~ **better** javulni [yâvoolni]; **~ting late** későre jár [kaishőre yaar]; ~ **drunk** berúgni [-roogni]; ~ **home** hazaérni [hâza-airni]; *(with prepositions:)* ~ **along well** boldogul [boldogool]; ~ **back** visszatérni [vissâtairni]; ~ **in** *(car)* beszállni [-saalni], *(arrive)* befutni [-footni]; ~ **in the car** beszállni a kocsiba [-saalni â kochibâ]; ~ **in(to) (the) lane** besorolni [-shorolni]; ~ **in touch with sby** érintkezésbe lépni [airintkezaishbe laipni] vkivel; ~ **into** beszállni [-saalni] ...-ba; ~ **into a bus** felszállni a buszra [felsaalni boosrâ]; ~ **off** leszállni (...-ról) [lesaalni], kiszállni (...-ból) [ki-]; **please tell me where to ~ off** kérem, szóljon, hol kell leszállnom [kairem, sawlyon, hol kell le-saalnom]!; **this is where you ~ off** itt kell leszállnia [lesaalni-yâ]; ~ **off at the next stop** szálljon le a következő állomáson [saalyon le â következő aalomaashon]!; ~ **on** *(bus)* felszállni [-saalni]; **they are ~ting on well (with one another)** jól kijönnek [yawl kiyönnek]; ~ **out (of here)!** ki innen!; ~ **out** *(of bus etc.)* leszállni (...-ról) [lesaalni], kiszállni (...-ból) [kisaal-ni]; ~ **out one's luggage** kiváltani a poggyászát [-vaaltâni â

poddjaasaat]; **how can/do I ~ to ...** hogy jutok el a ... [hodj yootok el â]?; **how do I ~ to the city?** hogy jutok be a városba [hodj yootok be â vaaroshbâ]?; **when do we ~ to ...?** mikor érünk [mikor airünk] ...-ba/-be?; **~ up** felkelni

get-together összejövetel [össe-yövetel]

feel **giddy** szédülni [saidülni]

gift ajándék [âyaandaik]

gift-shop ajándékbolt [âyaandaik-bolt]

ginger ale gyömbérsör [djömbair-shör]

gingerbread mézeskalács [maizesh-kâlaach]

gipsy →**gypsy**

girdle csípőszorító [cheepő-soreetaw]

girl lány [laanj]

girl guide, *(US)* **girl scout** (leány)cserkész [(leaanj) cherkais]

give adni [âdni], odaadni [odâ-âdni]; **please ~ me a ...** kérek egy ... [kairek edj]; **~ sby the address** megadni a címet [-âdni â tseemet]; **~ him the book** adja oda neki a könyvet [âdyâ odâ neki â könjvet]!; **may I ~ you some more?** adhatok még [âd-hâtok maig]?; **how much did you ~ for it?** mennyit adott érte [men-njit âdott airte]?; **~ back** visszaadni [vissâ-âdni]; **~ way to ...** elsőbbséget adni [elshőbbshaiget âdni] ...-nak/-nek; **~ way!** elsőbbségadás [elshőbbshaig-âdaash] kötelező!

given →**give**

glad boldog; **~ to see you!** örvendek!

glass *(material)* üveg; *(drinking vessel)* pohár [pohaar]; **a ~ of wine** egy pohár bor [edj pohaar bor]

glasses szemüveg [semüveg]

glove kesztyű [kestjü]

glove compartment kesztyűtartó [kestjű-târtaw]

gnat szúnyog [soonjog]

go (el)menni; **must you ~ already?** igazán mennie kell már [igâzaan menniye kell maar]?; **let's ~** gyerünk [djerünk]!; **~ abroad** külföldre menni/utazni [ootâzni]; **he is gone** elment; **is ~ing to the pictures/cinema** moziba megy [mozibâ medj]; **which bus goes to ...?** melyik/hányas busz megy [meyik/haa-

njâsh boos medj] . . . ba/be?; **has the train for Glasgow gone?**
elment már a glasgowi vonat [elment maar â glasgowi vo-
nât]?; **the clock isn't ~ing** nem jár az óra [nem yaar az awrâ];
is ~ing to do sth fog/szándékozik [fog/saandaikozik] vmit
tenni; **I am ~ing to buy the tickets tomorrow** holnap [holnâp]
meg fogom venni a jegyeket [yedjeket], holnap megveszem
[megvesem] a jegyeket; *(with prepositions:)* **~ ahead!** indul-
j(on) [indooly(on)]!, *(begin)* kezdje el!; **~ away** elmenni, el-
utazni [-ootâzni]; **~ by** elhaladni [-hâlâdni]; **~ by air** repülő-
vel utazni [ootâzni], repülni; **~ by train** vonattal menni/utaz-
ni [vonâttâl menni/ootâzni]; **are you ~ing by train or by air?**
vonattal vagy repülőgéppel utazik [vonâttâl vâdj -gaippel
ootâzik]?; **~ down(stairs)** lemenni; **~ on** *(continue)* folytatni
[foytâtni]; **~ on!** tovább [tovaab]!, folytassa kérem [foytash-
shâ kairem]!; **he is ~ing on a journey** (el)utázik [-ootâzik],
utazni készül [ootâzni kaisül]; **~ out** kimenni; **they went out
to dinner** elmentek vacsorázni [vâchoraazni] (vhová); **the light
has gone out** kialudt a világítás [ki-âloott â vilaageetaash]; **~
up** felmenni; **~ up to town** bemenni a városba [â vaaroshbâ]
goal gól [gawl]
goal-keeper kapuvédő [kâpoovaidő], kapus [kâpoosh]
God Isten [ishten]
gold arany [ârânj]
gold-plated aranyozott [aaraanjozott]
golf golf; **play ~** golfozni
golf-course golfpálya [-paayâ]
gone →go
good jó [yaw]; *(of visa)* érvényes [airvainjesh]; **would you be ~
enough to . . .** lenne/legyen szíves . . . [lenne/ledjen seevesh];
~ afternoon jó napot (kívánok) [yaw nâpot (keevaanok)]!;
~ evening jó estét (kívánok) [yaw eshtait (keevaanok)]!; **~
luck** sok szerencsét [shok serenchait]!; **~ morning** jó reggelt
(kívánok) [yaw reggelt (keevaanok)]!, jó napot [yaw nâpot]
(kívánok)!; **~ night** jó éjszakát (kívánok) [yaw aysâkaat
(keevaanok)]!; **have a ~ time** jó mulatást [yaw moolâtaasht]!

good-bye 1. viszontlátásra [visont-laataashrâ]! **2.** *n* búcsú [boochoo]; **we have come to say** ~ búcsúzni jöttünk [boochoozni yöttünk]; **I must say** ~ **now** el kell búcsúznom [boochooznom]; ~ **party** búcsúest [boochoo-esht]

Good Friday nagypéntek [nâdj-paintek]

goods áruk [aarook]

goods train tehervonat [tehervonât]; **send by** ~ teheráruként [teheraarookaint] küldeni

goose liba [libâ]

gooseberry egres [egresh]

Gothic style gót stílus [shteeloosh]

goulash gulyás [gooyaash]; *(soup)* gulyásleves [-levesh]

government kormány [kormaanj]

grade fok; *(US)* osztály [ostaay]

grade crossing *(US)* = **level-crossing**

gradient lejtő [leytő]

gradual fokozatos [fokozâtosh]

gradually fokozatosan [fokozâtoshân]

grain szem [sem]

gram gramm [grâmm]

grammar nyelvtan [njelvtân]; *(book)* nyelvtan(könyv) [-könjv]

grammar school gimnázium [gimnaaziyoom]

grandchild unoka [oonokâ]

granddaughter (leány)unoka [(le-aanj)oonokâ]

grandfather nagyapa [nâdjâpâ]

grandmother nagyanya [nâdjânjâ]

grandparents nagyszülők [nâdj-sülők]

grandson unoka [oonokâ]

grandstand lelátó [lelaataw]

grant megadni [-âdni]; ~ **a request** kérést teljesíteni [kairaisht telyesheeteni]; ~**ed him permission** megadta neki az engedélyt [megâdtâ neki âz engedayt]

grape szőlő [sőlő]

grapefruit grapefruit

grass fű

grateful hálás [haalaash]

grave sír [sheer]

gravy mártás [maartaash]; szaft [sâft]

gray →grey

great nagy [nâdj]; **a ~ deal (of)** sok [shok], *(object)* sokat [shokât]

Great Britain Nagy-Britannia [nâdj-britânniâ]

greatcoat télikabát [tailikâbaat]

Greece Görögország [-orsaag]

Greek görög

green 1. *a* zöld; **~ arrow** zöld nyíl [njeel]; **~ paprika** zöldpaprika [-pâprikâ]; **~ pea** zöldborsó [-borshaw] 2. *n* **greens** zöldség(félék) [zölchaig(failaik)]

green card zöld kártya [kaartjâ]

green channel zöld út [oot]

greengrocer('s) zöldséges [zölchaigesh]

greet üdvözölni (vkit), köszönni [kösönni] (vkinek)

greeting *(in writing)* üdvözlet; *(on meeting)* köszönés [kösönaish]

grew →grow

grey szürke [sür-ke]; *(hair)* ősz [ős]

grill 1. *n (meat)* roston sült hús [roshton shült hoosh], *(US)* nyárson sült [njaarshon-shült]; *(cooker)* grillsütő [-shütő] 2. *v* roston sütni [roshton shütni]

grilled roston sült [roshton shült], grill ...; **~ chicken** grillcsirke [-chirke]

grind őrölni

grocer's, grocery élelmiszerüzlet [ailelmiser-üzlet], fűszercsemege [fűser-chemege]

groceteria *(US)* önkiszolgáló élelmiszerüzlet [önkisolgaalaw ailelmiser-üzlet]

ground föld; **on the ~** a [â] földön

ground floor földszint [föltsint]

ground transport(ation) szállítás a repülőtérre [saaleetaash a repülő-tair-re]

group csoport [choport]

group travel csoportos utazás [choportosh ootâzaash], társas-utazás [taarshâsh-ootâzaash]

grow nőni; *(cultivate)* termeszteni [termesteni]; ~ **up** felnőni; **begins to ~ dark** kezd sötétedni [shötaitedni]

grown-up felnőtt

guard *(in charge of train)* vonatvezető [vonât-], főkalauz [-kâlâ-ooz]

guarded *(level crossing)* sorompóval védett [shorompaw-vâl vaidett]

guess kitalálni [kitâlaalni]; *(US)* **I ~** azt hiszem [ast hisem]; **I ~ not** nem hiszem [nem hisem]

guest vendég [vendaig]

guest-house penzió [penziyaw]

guide 1. *n (book)* útikönyv [ooti-könjv], útikalauz [-kâlâ-ooz]; útmutató [ootmootâtaw]; *(person)* (idegen)vezető **2.** *v* vezetni; irányítani [iraanjeetani]

guidebook útikönyv [ooti-könjv]

guided tour/visit vezetés [vezetaish]

guidepost →**signpost**

guiding price irányár [iraanjaar]

guilty bűnös [bűnösh]

guitar gitár [gitaar]

gulf öböl

gum íny [eenj]

gumboots hócsizma [haw-chizmâ]

gun puska [pooshkâ]

gymnasium tornaterem [tornâ-terem]

gymnastics torna [tornâ]

gym-shoes tornacipő [tornâ-tsipő]

gyna(e)cologist nőgyógyász [nődjawdjaas]

gypsy music cigányzene [tsigaanj-ze-ne]

H

haberdasher('s) rövidáru-kereskedés [rövidaaroo-kereshke-daish]; *(US)* férfidivatáru-üzlet [fairfidivât-aaroo-]
haberdashery *(goods)* rövidáru [rövidaaroo], *(US)* férfidivatáru [fairfidivât-aaroo]
habit szokás [sokaash]
had →**have**
hair haj [hây]
hairbrush hajkefe [hâyke-fe]
haircut hajvágás [hây-vaagaash]; **a ~, please!** kérek egy hajvágást [kairek edj hâyvaagaasht]
hairdo frizura [frizoorâ]
hairdresser('s) fodrász(at) [fodraas(ât)]; **women's ~** női [nőyi] fodrász; **men's ~** férfi [fairfi] fodrász
hairdresser's parlor fodrászszalon [fodraas-sâlon]
hair-spray hajlakk [haylâkk]
hair-style frizura [frizoorâ]
half fél [fail]; *(of sth)* fele [fe-le] (vminek); **one and a ~** másfél [maash-fail]; **~ an hour** félóra [fail-awrâ]; **~ past one** fél [fail] kettő; **~ board** félpenzió [fail penziyaw]; **~ a kilo** fél kiló [kilaw]
halfback fedezet
half-hour félóra [fail-awrâ]
halfpenny félpenny [fail-]
half-price félárú [fail-aaroo]
half-time *(sports)* félidő [fail-idő]
halfway félúton [fail-ooton]
hall *(entrance)* hall [hâll]; *(dining)* ebédlő [ebaidlő]
hallo! halló [hâllaw]; *(greeting)* szervusz(tok) [servoos(tok)]!; szia [siyâ]!
halt 1. *n (coach, train)* megálló(hely) [meg-aalaw(hey)] **2.** *v (cause to stop)* megállítani [-aaleetâni]; *(stop)* megállni [-aalni]; **halt!** állj [aayy]!

ham sonka [shonkâ]
ham and egg(s) (sült) sonka tojással [(shült) shonkâ toyaash-shâl]
hamburger hamburger
hammer kalapács [kâlâpaach]
ham sandwich sonkás szendvics [shonkaash-sendvich]
hand 1. *n* kéz [kaiz]; **on the one** ~ egyrészt [edjraist]; **on the other** ~ másrészt [maashraist] **2.** *v (over)* átadni [aatâdni]; ~ **in** be-adni [be-âdni], leadni [le-], átadni [aat-]
handbag kézitáska [kaizitaashkâ], retikül
hand baggage kézipoggyász [kaizi-poddjaas]
handbrake kézifék [kaizi-faik]; ~ **lever** kézifékkar [-kâr]
handicapped (person) mozgássérült [mozhgaash-shairült]
handkerchief zsebkendő [zheb-kendő]
handle fogantyú [fogântjoo], *(door)* kilincs [kilinch]
handling charge/fee kezelési díj/költség [kezelaishi deey/kölchaig]
handsome csinos [chinosh], jóképű [yaw-kaipű]
hang (fel)akasztani [-âkâstâni]; ~ **it on that hook** akassza arra a fogasra [âkâssâ ârrâ â fogâshrâ]; ~ **it up** akassza [âkâssâ] fel; **he had hung up** *(the receiver)* letette a kagylót [â kâdj-lawt]
hang-glider sárkányrepülő [shaarkaanj-]
hanger ruhaakasztó [roohâ-âkâstaw], vállfa [vaalfâ]
happen történni [tör-tain-ni]; **what has** ~ **ed?** mi történt [mi tör-taint]?; **how did the accident** ~? hogy történt a beleset [hodj törtaint â bâleshet]?; **I** ~ **ed to be there** történetesen/véletlenül ott voltam [törtaineteshen/vailetlenül ott voltâm]
happy boldog; **I am** ~ **to see'you** örülök, hogy láthatom [hodj laat-hâtom]; ~ **New Year!** Boldog új évet kívánok [boldog ooy aivet kivaanok]!; **many** ~ **returns** *(of the day)!* Isten él-tesse(n) [ishten ailtesh-she(n)]!
harbour kikötő
hard *(not soft)* kemény [kemainj]; *(not easy)* nehéz [nehaiz]; ~ **court** salakpálya [shâlâkpaayâ]; ~ **currency** kemény valuta [kemainj vâlootâ]; *(US)* ~ **drinks** rövid italok [rövid itâlok]; ~ **shoulder** útpadka [ootpâtkâ], leállósáv [le-aalaw shaav]

hard-boiled →**egg**
hard cash készpénz [kaispainz]
hardly alig [âlig]
hardware vasáru; *(computer)* hardver
hardware shop vaskereskedés [vâsh-kereshkedaish]
hare nyúl [njool]
harm kár [kaar]; **do** ~ **to sby** ártani [aartani] vkinek
harvest aratás [ârâtaash]
has →**have**
haste sietség [shiyet-shaig]
hat kalap [kâlâp]
hatchback ötajtós kocsi [ötâytawsh kochi]
hatchet fejsze [fey-se]
hate utálni [ootaalni]
have 1. *(possess)* van (vmije) [vân vâlâmiye]; **I** ~**a** ... van egy
... [vân edj]; ~ **you (got) a family?** van (önnek) családja [vân
(önnek) chalaadyâ]?; **I haven't time to write now** most nincs
időm írni [mosht ninch időm eerni]; **I haven't (got) any** nekem
egy sincs [edj shinch], nekem nincs [ninch]; **I have (got) some
money** van egy kis pénzem [vân edj kish painzem]; **(this is) all I**
~ ez minden, *(luggage)* más csomagom nincs [maash cho-
mâgom ninch]; *(in a shop)* ~ **you got ...?** kapható ... [kap-
hâtaw]?; van önöknél ... [vân önöknail]?; **we do not** ~ **it in
Hungary** nálunk, Magyarországon, nincs ilyen [naaloonk,
mâdjârorsaagon, ninch iyen]; **it is to be had (in this shop)** (eb-
ben az üzletben) kapható [(ebben âz üzletben) kâp-hâtaw]; ~
sth on van rajta [vân râytâ] **2.** *(take)* ~ **a swim** úszik egyet
[oosik eddjet]; úszni megy [oosni medj]; **we are just having
dinner** éppen vacsorázunk [aippen vâchoraazoonk]; **do you**
~ **tea or coffee for breakfast?** teát vagy kávét kér/parancsol
reggelire [teyaat vâdj kaavait kair/pârânchol reggeli-re]?; **will
you** ~ **a cup of tea?** kér *(more fam.:* kérsz) egy csésze teát
[kair(s) edj chai-se teyaat]?; **what will you** ~ **for breakfast?**
mit kér/enne reggelire [mit kair/enne reggeli-re]?; **what shall
we** ~ **for lunch?** *(at home)* mi lesz ebédre [mi les ebaid-re]?,

(in a restaurant) mit együnk ebédre [mit edjünk ebaid-re]?; **may I ~ some more?** kaphatnék még [kâp-hâtnaik maig]; **what will you have, sir/madam?** mit parancsol, uram/asszonyom [mit pârânchol oorâm/âssonjom]?; **I shall have ... én egy ...-t kérek [ain edj ...-t kairek]; **can I ~ ...?** kaphatok ... [kâp-hâtok] ...?; **~ a cigarette!** gyújtson rá [djooychon raa]!; **~ one** vegyen egyet [vedjen eddjet]! **3.** *(get)* **may I ~ your pen for a minute?** megkaphatnám egy percre a tollát [megkâp-hâtnaam edj perts-re â tollaat]?; **let me ~ it** kérem (ide) [kairem (id-e)] **4.** *(obligation)* **we ~ (got) to be at the station at 10 a.m.** de. 10 órakor az állomáson kell lennünk [dailelőtt teez awrâkor âz aalomaashon kell lennünk] **5.** *(causative)* **I shall ~ my hair cut tomorrow** holnap levágatom a hajam [holnâp levaagâtom â hâyâm] **6.** *(auxiliary)* **~ you done it?** megcsináltad [meg-chinaaltâd]? Yes, I ~ Igen (megcsináltam) [igen (meg-chinaaltâm)]; **we had better go** jó lesz indulni [yaw les indoolni]

he ő

head 1. *n* fej [fey]; *(chief person)* igazgató [igâzgâtaw], főnök **2.** *v (football)* fejelni [feyelni]

headache fejfájás [feyfaayaash]; **I have a ~** fáj a fejem [faay â feyem]

headlamp(s), headlight(s) fényszóró [fainj-saw-raw]

headmaster igazgató [igâzgâtaw]

head office központ(i iroda) [irodâ], főiroda [fő-irodâ]

headphone fejhallgató [feyhâlgâtaw]

headrest fejtámasz [feytaamâs]

head waiter főpincér [főpintsair]

heal gyógyítani [djawdjeetani]

health egészség [egais-shaig]; **your ~!** egészségére [egais-shai-gai-re]!; →**national**

health certificate orvosi bizonyítvány [orvoshi bizonjeetvaanj]

health food(s) egészséges étkezés/élelmiszerek [egais-shaigesh aitkezaish/ailelmiserek]

health insurance betegbiztosítás [-bistosheetaash]

health resort gyógyhely [djawdj-hey], üdülőhely [-hey]
healthy egészséges [egais-shaigesh]
hear hallani [hâllâni]; **I can** ~ **it** hallom [hâllom]; **I cannot** ~ **it very well** nem hallom jól [nem hâllom yawl]; **I have heard it** hallottam [hâllottâm]
heart szív [seev]
heartburn gyomorégés [djomor-aigaish]
heat 1. *n (hot weather)* hőség [hőshaig]; *(sports)* (elő)futam [-footâm] **2.** *v* melegíteni [melegeeteni]
heater *(radiator)* hősugárzó [hő-shoogaarzaw]; *(water heater)* bojler [boyler]
heating fűtés [fűtaish]
heavy nehéz [nehaiz]; ~ **duty** magas vám [mâgâsh vaam]; ~ **rain** nagy eső [nâdj eshő]; ~ **traffic** erős/nagy forgalom [erősh/nâdj forgâlom], *(lorries etc.)* teherautó-forgalom [teher-outaw-]
heavyweight nehézsúly(ú) [nehaiz-shooy(oo)]; **light** ~ félnehézsúly(ú) [fail-]
heel sarok [shârok]
height magasság [mâgâsh-shaag]; *(of person)* termet
height limit magasságkorlátozás [mâgâsh-shaag-korlaato-zaash]
held →**hold**
helicopter helikopter
hello szervusz [servoos]!, *(plural)* szervusztok [servoostok]!; szia [siâ]!
helmet (bukó)sisak [(bookaw)shishâk]
help 1. *n* segítség [shegeet-shaig] **2.** *v* segíteni [shegeeteni] (vkinek); **would you** ~ **me please** legyen szíves segíteni [ledjen seevesh shegeeteni] nekem; **may I** ~ **you to some more meat?** adhatok még egy kis húst [âd-hâtok maig edj kish hoosht]?; ~ **yourself** tessék [tesh-shaik] venni!, parancsoljon (még) [pârâncholyon (maig)]!; ~ **yourself to the fruit** parancsoljon/vegyen a gyümölcsből [pârâncholyon/vedjen â djümölchből]!
hen tyúk [tjoo]

her *(possessive)* az ő ... [âz ő]; *(object)* őt; ~ **ticket** az ő jegye [âz ő yedje]; **I gave** ~ **my pen** odaadtam neki a tollamat [odâ-âdtam neki â tollâmât]; **help** ~ segítsen [shegeet-shen] neki

herb gyógynövény [djawdj-növainj]

here *(in this place)* itt; *(to this place)* ide [id-e]; ~ **is my address** itt (van) a címem [itt (vân) â tseemem]; ~ **you are!** tessék [tesh-shaik]!; ~ **is to you!** egészségére [egais-shai-gai-re]!

hers az övé [âz övai]

herself (ő) maga [mâgâ]

hi! *(US)* szia [siâ], szevasz [sevâs]

high magas [mâgâsh]; ~ **diving** toronyugrás [toronjoograash]; ~ **jump** magasugrás [mâgâsh-oograash]

high school *(US)* középiskola [közaip-ishkolâ]

high tea uzsonna(vacsora) [oozhonnâ(-vâchorâ)]

highway *(public road)* (köz)út [-oot]; *(main)* főútvonal [fő-oot-vonâl] →**divided**

Highway Code KRESZ [kres]

hike 1. *v* túrázni [tooraazni] 2. *n* túra [toorâ]; *(outing)* kirándulás [kiraandoolaash]

hiker turista [toorishtâ]

hiking (gyalog)túra [(djâlog)toorâ], turistáskodás [tooris-taash-kodaash], túrázás [tooraazaash]

hill domb, *(mountain)* hegy [hedj]

him őt; **to** ~ neki; **I gave** ~ **the tickets** odaadtam neki a jegyeket [odâ-âdtâm neki â yedjeket]

himself (ő) maga [mâgâ]

hinder akadályozni [âkâdaayozni]

hip csípő [cheepő]

hire 1. *v* bérelni [bairelni]; ~ **a car** kocsit bérelni [kochit bairelni]; **where can I** ~ ...? hol bérelhetek ... [bairel-hetek]?; ~ **out** bérbe adni [bair-be âdni] 2. **for** ~ kibérelhető [kibairelhe-tő], „szabad" [sâbâd]; **boats for** ~ csónakok bérelhetők [chawnâkok bairel-hetők]

hired bérelt [bairelt]; ~ **car** bérelt autó/kocsi [bairelt outaw/ko-chi], bérautó [bair-outaw]

hirer bérlő [bairlő]
his az ő ... [âz ő]; ~ **family** az ő családja [châlaadyâ]; ~ **ticket**
az ő jegye [âz ő yedje]; ~ **case** az ő táskája [âz ő taash-kaayâ]
historic történelmi [törtainelmi]
history történelem [törtainelem]
hit (meg)ütni; *(with car)* elütni
hit-and-drive/run accident cserbenhagyásos baleset [cherben-hâ-
djaasosh bâleshet]
hitchhike 1. *n* autóstop [outaw-shtop] **2.** *v* (autó)stoppal megy
[(outaw)shtoppâl medj]
hitchhiker autóstoppal utazó [outaw-shtoppâl ootâzaw]
hitchhiking = **hitchhike 1.**
hockey gyeplabda [djeplâbdâ]; *(ice)* jégkorong [yaigkorong],
jéghoki
hold tartani [târtâni]; ~ **the line!** tartsa a vonalat [târchâ â vonâ-
lât]!; ~ **on!** *(telephone)* tartsa a vonalat [târchâ â vonâlât]!;
(wait) várjon (csak) [vaaryon (châk)]!; ~ **up** feltartani [-târ-
tâni]
holder *of passport* útlevéllel [ootlevaillel] rendelkező
hold-up *(forgalmi)* torlódás [(forgâlmi) torlawdaash]
hole lyuk [yook]
holiday *(one day)* ünnepnap [-nâp]; *(vacation)* szabadság
[sâbâd-shaag]; **a month's** ~ egyhónapi szabadság [edj-hâw-
napi sâbâd-shaag]; **go on** ~ szabadságra [sâbâd-shaagrâ]
menni; **he is on** ~ szabadságon van [sâbâd-shaagon vân]
holiday centre/resort üdülőhely [üdülő-hey]
holidaymaker üdülő, nyaraló [njârâlaw]
home 1. *n* otthon [ott-hon]; *(flat)* lakás [lâkaash]; **she is at** ~
otthon van [ott-hon vân] **2.** *adv (at his ~)* otthon [ott-hon]
(to his ~) haza [hâzâ]; **he went** ~ hazament [hâzâ-]
Home Office *(GB)* Belügyminisztérium [belüdj-ministairyoom]
honest becsületes [bechületesh]
honey méz [maiz]
honeymoon nászút [naasoot]; **they are on** ~ nászúton vannak
[naasooton vânnâk]

honour 1. *n* tisztelet [tistelet] **2.** *v* ~ **a cheque** csekket beváltani [chekket bevaaltâni]

hood *(for the head)* kapucni [kâpootsni]; *(of a car)* motorháztető [-haaz-tető]

hook horog

hope remélni [remailni]; **I** ~ **you will come** remélem, eljön [remailem, elyön]; **I** ~ **so** remélem (hogy igen)

hop, step and jump hármasugrás [haarmâsh-oograash]

horizon látóhatár [laataw-hâtaar]

horizontal vízszintes [veez-sintesh]; ~ **bar** nyújtó [njooytaw]

horn kürt, duda [doodâ]; **sound/use one's** ~ dudálni [doodaalni]

horse ló [law]

horse-race lóverseny [law-vershenj]

horse-radish torma [tormâ]

horse-show lovasbemutató [lovâsh-bemootâtaw]

hose tömlő, cső [chő]

hospital kórház [kawr-haaz]

hospitality vendégszeretet [vendaig-seretet]

host szállásadó [saalaas-âdaw], házigazda [haazigâzdâ]

hostel *(youth)* (ifjúsági) szálló [(ifyoo-shaagi) saalaw]; *(other)* turistaszálló [toorishtâ-saalaw], turistaház [-haaz]

hostess *(landlady)* háziasszony [haazi-âssonj]; →**air hostess**

hot forró [forraw]; *(pepper etc.)* csípős [cheepősh], erős [erősh]; **I feel** ~ nagyon melegem van [nâdjon melegem vân]; **it is a** ~ **day** nagy a hőség ma [nâdj â hőshaig mâ]; ~ **water** meleg víz [-veez]; ~ **and cold water** hideg és meleg folyó víz [foyaw-veez]

hotel szálloda [saalodâ], szálló [saalaw], hotel

hotel accommodation szállodai elhelyezés [saalodâyi el-heyezaish]

hotel bill szállodai számla [saalodâyi saamlâ], hotelszámla [-saamlâ]

hotel booking szállodai szobafoglalás [saalodâyi sobâfoglâlaash]

hotel charges/expenses szállodaköltségek [saalodâkölchaigek]

hotel reservation szállodai szobafoglalás [saalodâyi sobâ-foglâlaash]

hotel voucher szállodai szobautalvány [saalodâyi sobâ-ootâlvaanj], szállodautalvány, szálloda-voucher [saalodâ-]

hot-water-bottle meleg vizes palack [meleg vizesh pâlâtsk]

hot-water supply melegvíz-szolgáltatás [melegveez-solgaaltâtaash]

hour óra [awrâ]; **an** ~ egy óra [edj awrâ]; **half an** ~ fél óra [fail awrâ]; **an** ~ **and a half** másfél óra [maashfail awrâ]; **every** ~, **by the** ~ óránként [awraankaint]; **08.00—16.30hrs** 08.00—16.30 óráig [awraayig]; **50 miles an** ~ óránként 50 mérföldes sebességgel [awraankaint ötven mairföldesh shebesh-shaiggel]; **48** ~**s' stay** 48 órás tartózkodás [nedjvennjolts awraash târtawz-kodaash]

house ház [haaz]; **keep** ~ háztartást [haastârtaasht] vezetni

household appliances háztartási készülékek/gépek [haastârtaashi kaisülaikek/gaipek]

household goods háztartási cikkek [haastârtaashi tsikkek]

household store(s) háztartási [haastârtaashi] bolt

household utensils háztartási eszközök/felszerelés [haastârtaashi esközök/felserelaish]

housekeeper házvezető(nő) [haaz-vezető(nő)]

housing estate lakótelep [lâkaw-telep]

hovercraft légpárnás hajó [laig-paarnaash hâyaw]

how hogyan [hodjân]?, hogy [hodj]?; ~ **are you?** hogy van [hodj vân]?, *(more fam.)* hogy vagy [hodj vâdj]?; ~ **do you do?** jó napot kívánok [yaw nâpot keevaanok]!, üdvözlöm!; ~ **did it happen?** hogy történt [hodj törtaint]?; ~ **far is it to . . .?** milyen messze van . . . [miyen mes-se vân]?; ~ **long?** mennyi ideig [mennji ideyig]?, meddig?; ~ **long have you been in Hungary?** mióta van Magyarországon [miyawtâ vân mâdjârorsaagon]?; ~ **long is it valid for?** meddig érvényes [airvainjesh]?; ~ **many** hány [haanj]?; ~ **much** mennyi [mennji]?, *(object)* mennyit [mennjit]?; ~ **much is that?** mennyibe kerül [mennji-be kerül]?; ~ **much do you want?** mennyit parancsol [mennjit pârânchol]?

however azonban [âzombân]; *(in whatever way)* bárhogy [baar- hodj]

hub kerékagy [keraikâdj]

hub cap dísztárcsa [dees-taarchâ]

huge hatalmas [hâtâlmâsh]

hullo halló [hâllaw]!

hundred and five százöt [saaz-öt]

hundred-forint note százforintos [saaz-forintosh]

hung →hang

Hungarian magyar [mâdjâr]; **in ~ currency** magyar pénzben [mâdjâr painzben]; ~ **Academy of Sciences** Magyar Tudo- mányos Akadémia [mâdjâr toodomaanjosh âkâdaimyâ]; ~ **National Bank** Magyar Nemzeti Bank [mâdjâr nemzeti bânk]; ~ **Republic** Magyar Köztársaság [mâdjâr köstaarshâ- shaag]; ~ **State Railways** MÁV [maav]; **(s)he speaks ~** be- szél/tud magyarul [besail/tood mâdjârool]; **I do not speak ~** nem tudok magyarul [nem toodok mâdjârool]

Hungary Magyarország [mâdjâr-orsaag]

hungry éhes [aihesh]; **I feel ~** éhes vagyok [aihesh vâdjok]

hunt vadászni [vâdaasni]

hunt(ing) *(US)* vadászat [vâdaasât]

hunting-ground vadászterület [vâdaas-]

hunting trip vadászkirándulás [vâdaas-kiraandoolaash]

teez-maiteresh] gát(futás)

hurricane lamp viharlámpa [vihâr-laampâ]

hurry 1. *n* sietség [shiyet-shaig]; **be in a ~** sietni [shiyetni]; **he is in a ~ to catch the train** siet/rohan, hogy elérje a vonatot [shi- yet/rohân, hodj el-air-ye â vonâtot] **2.** *v* sietni [shiyetni]; ~ **up!** gyerünk [djerük]!, siess [shiyessh]!; **les us ~ up!** siessünk [shiyesshünk]!; **don't ~** ne siessen [ne shiyesshen]; **we hurried home** hazasiettünk [hâzâ-shiyettünk]

hurt *(cause pain)* megsérteni [-shairteni]; *(feel pain)* fájni [faay-ni]; **he ~ himself** megsérült [-shairült]; **he did not ~ himself** nem sérült [shairült] meg; **where does it ~?** hol fáj [faay]?; **it ~s here** itt fáj]

husband férj; **my ~** a férjem [â fairyem]; **her ~** a férje [fair-ye]

hut menedékház [menedaik-haaz], kunyhó [koonj-haw]

hydraulic fluid fékfolyadék [faik-foyâdaik]

hydrofoil szárnyashajó [saarnjâsh-hâyaw]

hypermarket bevásárlóközpont [bevaashaarlaw-]

I

I én [ain]; **it is I** én vagyok [ain vâdjok]

ice jég [yaig] →**ice-cream**

icebox mélyhűtő (rész) [mayhűtő (rais)], *US* hűtőszekrény [-sek-rainj]

ice-cream fagylalt [fâdjlâlt]

ice-hockey jéghoki [yaig-]

ice lolly jégkrém [yaig-kraim]

icy jeges [yegesh]

idea ötlet

ideal ideális [id-e-aalish]

identification igazolás [igâzolaash], személyi okmányok [semayi okmaanjok]

identity card személyi igazolvány [semayi igâzolvaanj]

i.e. (= *id est*) azaz [âzâz]

if ha [hâ]; *(whether)* vajon [vâyon]; **~ possible** ha lehet(séges) [hâ le-het(-shaigesh)]; **ask ~ he comes** kérdezze meg, vajon jön-e [kairdez-ze meg, vâyon yön-e]

ignition gyújtás [djooytaash]

ignition adjustment gyújtásbeállítás [djooytaashbe-aalee-taash]

ignition key gyújtáskulcs [djooytaash-koolch], slusszkulcs [shloos-koolch]
ignition switch gyújtáskapcsoló [djooytaash-kâpcholaw]
ill beteg; **be taken** ~ megbetegedni
illegal illegális [illegaalish]
illness betegség [beteg-shaig]
imagine elképzelni [-kaipzelni]
immediate közvetlen; *(without delay)* azonnali [âzonnâli]
immediately *(without delay)* rögtön, azonnal [âzonnâl]; *(directly)* közvetlenül
immense óriási [awryaashi]
immigration bevándorlás [bevaandorlaash]
immigration authorities bevándorlási hatóságok [bevaandorlaashi hâtaw-shaagok]
immigration officer bevándorlási hatóság tisztviselője [bevaandorlaashi hâtaw-shaag tistvishelőye]
immobilized *(car)* mozgásképtelen [mozgaash-kaiptelen]
impatient türelmetlen
impolite udvariatlan [oodvaryâtlan]
import 1. *v* behozni; importálni [importaalni]; **may be** ~**ed** behozható [behoz-hâtaw], bevihető 2. *n* ~**s** behozatal [be-hozâtâl], import
importance fontosság [fontosh-shaag]
important fontos [fontosh]
import duty behozatali vám [behozâtâli vaam]
import licence behozatali engedély [behozâtâli engeday]
impose kiszabni [kisâbni]; ~ **a fine on the spot** helyszíni bírságot kiszabni [heyseeni beer-shaagot kisâbni]
impossible lehetetlen
improve javítani [yâveetâni], fejleszteni [feylesteni]; *(get better)* javulni [yâvoolni]
improvement haladás [hâlâdaash], fejlődés [feylődaish]
in *(place)* in **London** Londonban [londonbân]; in **Budapest** Budapesten [boodâpeshten]; in **the room** a szobában [â sobaabân]; **he is in** benn van; in **the country** vidéken [vidaiken];

(time) in **1960** 1960-ban [ezer-kilents-saaz-hâtvânbân]; **in five minutes** öt perc múlva [öt perts moolvâ]; *(within)* egy órán [edj awraan] belül; **in three hours** *(in the course of)* három óra alatt [haarom awrâ âlâtt]

inch hüvelyk (= 2.54 cm) [hüveyk]

include magában foglalni [mâgaabân foglâlni], beleszámítani [-saameetâni]; **is** ~**d** bele van számítva [be-le vân saameetvâ]

including beleértve [be-le-airt-ve]

inclusive: from April 20th to May 5th ~ április 20-tól május 5-éig bezárólag [aaprilish hoosâdikaatawl maayoosh ötödi-kayig bezaarawlag]; ~ **cost** a teljes költség [â telyesh köl-chaig]; **(all-)**~ **tour** (külföldi) társasutazás [taarshâsh-oota-zaash]

income jövedelem [yöv-ed-elem]

income-tax jövedelmi adó [yöv-ed-elmi âdaw]

inconvenience kényelmetlenség [kainjelmetlenshaig]

inconvenient kényelmetlen [kainjelmetlen], alkalmatlan [âlkâl-mâtlân]

incorrect helytelen [heytelen], téves [taivesh]

increase *(become greater)* növekedni; *(make greater)* növelni, fokozni; ~ **speed** fokozni a sebességet [â shebesh-shaiget]

indeed valóban [vâlawbân], csakugyan [châkoodjân]

independent független

indicate mutatni [mootâtni], feltüntetni, jelezni [yelezni]

indicator irányjelző [iraanj-yelző], villogó [villogaw]

indigestion emésztési zavar [emaistaishi zâvâr]

individual 1. *a* egyéni [edjaini] **2.** *n* egyén [edjain]

indoors házon [haazon] belül, benn (a házban) [â haazbân]

indoor swimming-pool fedett uszoda [oosodâ]

industrial ipari [ipâri], ~ **fair** ipari vásár [ipâri vaashaar]

industry ipar [ipâr]

inexpensive nem drága [draagâ], olcsó [olchaw]

infant csecsemő [chechemő]

infection fertőzés [fertőzaish]

infectious fertőző

inflammation gyulladás [djoollâdaash]
inflatable felfújható [-fooyhâtaw]
inflate felfújni [-fooyni]
inflation infláció [inflaatsiaw]
influence hatás [hâtaash], befolyás [-foyaash]; **be under the ~ of alcohol** szeszes ital hatása alatt van [sesesh itâl hâtaashâ âlâtt vân]
influenza influenza [infloo-enzâ]
inform értesíteni [air-tesheeteni]
informal nem hivatalos [hivâtâlosh], közvetlen; *(dress)* hétköznapi [haitköznâpi]
information felvilágosítás [-vilaagosheetaash], tájékoztatás [taayaikostâtaash], információ [informaatsiyaw]; **further ~ ...** bővebb felvilágosítás(t) ...; **give ~** felvilágosítást adni [felvilaagosheetaasht âdni], tájékoztatni [taayaikostâtni]
information bureau tájékoztató/információs iroda [taayaikostâtaw/informaatsiyawsh irodâ]
information desk tájékoztatás [taayaikostâtaash], információ [informaatsiyaw]; →**inquiry office**
information office →**inquiry office**
infringement *(of traffic regulations)* (közlekedési) szabálysértés [(közlekedaishi) sâbaay-shairtaish]
infuse *(tea)* leforrázni [-forraazni]
inhabitant lakos [lâkosh]
injection injekció [inyektsiyaw]
get **injured** sérülést szenvedni [shairülaisht senvedni], megsérülni [-shairülni]
injury sérülés [shairülaish]; **he suffered severe injuries** súlyos sérüléseket szenvedett [shooyosh shairülaisheket senvedett]
ink tinta [tintâ]
inland belföldi
inn vendéglő [vendaiglő]
inner tube tömlő, belső gumi [belshő goomi]
inquire *(about, for)* érdeklődni [airdeklődni] (vmi iránt) [iraant], tudakozódni [toodâkozawdni] (vmi után) [ootaan];

~ **at the office** ! érdeklődjék az irodában [airdeklődyaik âz irodaabân], kérdezze [kairdez-ze] meg az irodában!

inquiry, inquiries érdeklődés [airdeklődaish], tudakozódás [toodâkozawdaash], információ [informaatsiyaw]; **make inquiries about sth/sby** érdeklődni/tudakozódni/informálódni [airdeklődni/toodâkozawdni/informaalawdni] vmi/vki felől; **make your ~ at the office!** érdeklődjék az irodában [airdeklődyaik âz irodaabân], kérdezze meg az irodában [kairdezze meg âz irodaabân]; **inquiries should be made to ...** érdeklődni lehet ... [airdeklődni leh-et]

inquiry office információs iroda [informaatsiyawsh irodâ], tudakozó [toodâkozaw]

insect rovar [rovâr]

insecticide rovarirtó [rovâr-irtaw]

insert behelyezni [be-heyezni]; bedobni

inside 1. *a* belső [belshő]; ~ **lane** *(GB)* külső/szélső sáv [külshő/sailshő shaav]; ~ **left** *player* balösszekötő [bâlösszekötő]; ~ **right** jobbösszekötő [yobb-] **2.** *adv* belül, benn; ~ **the bus** a busz belsejében [â boos belsheyaiben]

insist ragaszkodni [râgâskodni]

inspect megvizsgálni [-vizhgaalni]

inspection szemle [sem-le], ellenőrzés [ellenőrzaish]

instalment részlet [raislet]

instance példa [paildâ]; **for** ~ például [paildaa-ool]

instant azonnali

instant coffee neszkávé

instead of ... helyett [heyett]; ~ **of you** helyette(d) [heyette(d)]

institute intézet [intaizet]

institution intézmény [intaizmainj]

instruct oktatni [oktâtni]

instruction oktatás [oktâtaash]; ~**s** *(for use)* használati utasítás [hâsnaalâti ootâsheetaash]

instructor oktató [oktâtaw]

instrument műszer [műser], eszköz [esköz]

insult 1. *v* sérteni [-shairteni] **2.** *n* sértés [shairtaish]

insurance biztosítás [bistosheetaash]; **take out** ~ biztosítást [bistosheetaasht] kötni
insurance card biztosítási lap [bistosheetaashi lâp]
insurance company biztosító (társaság) [bistosheetaw (taar-shâshaag)]
insurance policy/premium biztosítási kötvény [bistosheetaashi kötvainj]
insure biztosítani [bistosheetâni]; **the car is** ~**d** a kocsi biztosítva van [â kochi bistosheetvâ vân]
insured *(party)* biztosított (fél) [bistosheetott (fail)]
insurer biztosító [bistosheetaw]
intend szándékozni [saandaikozni]; **I** ~**ed to come** el akartam jönni [el âkârtâm yönni]
intended tervezett, szándékolt [saandaikolt]
intention szándék [saandaik]
interchange külön szintű csatlakozás/csomópont [külön sintű châtlâkozaash/chomawpont]
interchange station átszállóhely [aat-saalaw-hey]
interest 1. *n* érdek [airdek]; *(money rate)* kamat [kâmât]; **is of** ~ **to sby** érdekel [airdekel] vkit, vki számára érdekes [saamaarâ airdekesh]; **take** ~ **in sth** érdeklődni vmi iránt [airdeklődni vmi iraant] **2.** *v* is ~**ed in sth** érdekli [airdekli] vmi; **are you** ~**ed in sports?** érdekli a sport [airdekli â shport]?
interesting érdekes [airdekesh]
interior belső [belshő]
intermediate station közbenső állomás [közbenshő aalomaash]
internal belső [belshő]; ~ **injuries** belső sérülések [belshő shairülaishek]
international nemzetközi; **I**~ **Camping Carnet** Nemzetközi Camping Carnet (CCI); ~ **driving licence/permit** nemzetközi gépjárművezetői engedély [gaipyaarmű-vezetői engedaiy]; ~ **fair** nemzetközi vásár [vaashaar]; ~ **flight** nemzetközi járat [yaarât]; **I**~ **Motor Insurance Certificate** →**green card;** ~ **registration letters** nemzetközi gépkocsijelzések [gaipkochi-yelzaishek]

internist belgyógyász [beldjawdjaas]
interpret tolmácsolni [tolmaacholni]
interpreter tolmács [tolmaach]
interrupt félbeszakítani [fail-be-sâkeetâni]
intersection útkereszteződés [ootkereszteződaish], csomópont [chomawpont], útcsatlakozás [oot-châtlâkozaash]
interval szünet [sünet]
interview interjú [interyoo]
into ...ba [bâ], ...be; ~ **the room** a szobába [â sobaabâ]
introduce bemutatni [be-mootâtni]; **X** ~**d Y to Z** X bemutatta Y-t Z-nek [X be-mootâttâ Y-t Z-nek]; **they were** ~**d to each other** bemutatkoztak egymásnak [be-mootâtkostak edjmaashnâk]
introduction bemutat(koz)ás [be-mootât(koz)aash]; *(in a book)* bevezetés [-vezetaish]; **letter of** ~ ajánlólevél [âyaanlaw-levail]
invest befektetni
investigation vizsgálat [vizhgaalât]
invitation meghívás [meg-heevaash], *(written)* meghívó [-heevaw]; **letter of** ~ meghívólevél [-heevawlevail]; ~ **to dinner** meghívás vacsorára [meg-heevaash vâchoraarâ]; **she sent us an** ~ küldött nekünk egy meghívót [edj meg-heevawt]
invite meghívni [-heevni]; **they** ~**d us to dinner** meghívtak (bennünket) vacsorára [meg-heevtâk (bennünket) vâchoraarâ]
invoice számla [saamla]
involve maga után von [mâgâ ootaan von]; **he got** ~**d in an accident** baleset érte [bâleshet air-te]
iodine jód [yawd]
Ireland Írország [eerorsaag]; **Republic of** ~ Ír Köztársaság [eer köstaarshâshaag]; **Northern** ~ Észak-Írország [aisâk-eerorsaag]
Irish ír [eer]
iron 1. *n (metal)* vas [vâsh]; *(instrument for ironing)* vasaló [vâshâlaw] **2.** *v* (ki)vasalni [-vâshâlni]
is →**be**

island sziget [siget]; *(street island)* járdasziget [yaardâ-]
isle sziget [siget]
issuance (jegy)kiadás [(yedj)ki-âdaash]
issue 1. *n* kiadás [ki-âdaash] **2.** *v* kiadni [ki-âdni], kibocsátani [-bochaatâni]; kiállítani [-aaleetâni]; **passport** ~**d at** ... útlevél kiállításának helye ... [ootlevail kiaaleetaashaanâk heye]
issuing office jegyárusítóhely [yedj-aarooshetawhey]
it az [âz]; ~ **is here** itt van [vân]; ~ **is cold** hideg van
Italian olasz [olâs]; **(s)he speaks** ~ beszél/tud olaszul [besail/tood olâsool]
Italy Olaszország [olâs-orsaag]
item *(luggage)* darab [dârâb]; *(goods)* tétel [taitel], cikk [tsikk]; *(news)* hír [heer]; **the first** ~ **on the programme** a program első pontja [â progrâm elshő pontyâ]
itinerary *(route)* útvonal [ootvonâl]; *(plan)* útiterv [ootiterv], úti program, túraprogram [toorâ-]; *(account)* úti beszámoló [ooti besaamolaw]; *(guidebook)* útikönyv [ootikönjv]
its annak a ... [ânnâk â]; **I do not like** ~ **shape** nem szeretem az alakját [nem seretem âz âlâkyaat]

J

jack kocsiemelő [kochi-emelő]
jacket zakó [zâkaw], dzseki
jam[1] dzsem
jam[2] *(stoppage)* (forgalmi) torlódás [(forgâlmi) torlawdaash], dugó [doogaw]
January január [yânoo-aar]; **on** ~ **7th/8th** január 7-én/8-án [yânoo-aar hetedikain/njoltsâdikaan]
jar üveg; korsó [korshaw]
jaw állkapocs [aalkâpoch]

jeans *(blue ~)* farmernadrág [-nâdraag]
jerrycan marmonkanna [mârmonkânnâ]
jersey pulóver [pullover], szvetter]
jet *(in carburetter)* fúvóka [foovawkâ]
jet aircraft/plane sugárhajtású (repülő)gép [shoogaarhâytaa-
   shoo (repülő)gaip], jet
jewel ékszer [aikser], *(stone)* kő
jeweller('s) ékszerész [aikserais]
jewelry ékszer [aikser]
Jewish zsidó [zhidaw]
job munka [moonkâ], állás [aalaash]
jog 1. *n* kocogás [kotsogaash] 2. *v* kocogni [kotsogni]
jogging suit szabadidőruha [sâbâdidőroohâ]
join *(associate with)* csatlakozni [châtlâkozni]; **will you ~ us for
   dinner?** velünk jön/jössz ebédelni [velünk yön/yöss ebaidel-
   ni]?; **~ our party!** tarts(on) velünk [târch(on) velünk]!
joint *(of meat)* pecsenye [pechenje]
joint venture vegyes vállalat [vedjesh vaalâlât]
joke tréfa [traifâ]
journal lap [lâp], *(magazine)* folyóirat [foyaw-irât]
journalist újságíró [ooy-shaag-eeraw]
journey út [oot], utazás [ootâzaash]; **make a ~** utazást [ootâ-
   zaasht] tenni, utazni [ootâzni]; **a three days' ~** háromnapi út
   [haaromnâpi oot]; **he breaks his ~ at Paris** megszakítja az út-
   ját Párizsban [meg-sâkeetyâ âz ootyaat paarizhbân]
journey time menetidő
joy öröm
judge bíró [beeraw]
judg(e)ment ítélet [eetailet]
jug kancsó [kânchaw]
juice lé [lay]
July július [yoolyoosh]; **on ~ 7th/8th** július 7-én/8-án [yoo-
   lyoosh hetedikain/njoltsâdikaan]
jump ugrani [oogrâni]
jumper pulóver [pullover]

junction csomópont [chomaw-pont], útcsatlakozás [oot-châtlâkozaash]; átszállóhely [aatsaalawhey]; *(cross-road)* útkereszteződés [-kereszteződaish]; T ~ T elágazás [tay elaagâzaash]

June június [yoonyoosh]; **on** ~ **7th/8th** június 7-én/8-án [yoonyoosh hetedikain/njoltsâdikaan]

just *(exactly)* éppen [aippen], pont; *(only)* csak [châk]; ~ **the same** ugyanaz [oodjânâz], *(all the same)* mindegy [-edj]; **this is** ~ **what I wanted** pont ezt akartam [âkârtâm]; **he has** ~ **left** éppen most ment el [aippen mosht ment el]; ~ **a moment, please!** pillanat (türelmet kérek) [pillânât (türelmet kairek)]!; **he** ~ **missed the train** épp lekéste a vonatot [aip le-kaish-te â vonâtot]; **I am busy** ~ **now** most éppen nem érek rá [mosht aippen nem airek raa]; ~ **about here** itt valahol [vâlâhol], körülbelül itt; ~ **a little** csak egy kicsit [châk edj kichit]

K

kayak kajak [kâyâk]

keep tartani [târtâni]; **you may** ~ **this/it** ezt megtarthatja [est meg-târt-hâtyâ], ez az öné lehet [ez âz önai le-het]; **I won't** ~ **you long** nem tartom fel sokáig [nem târtom fel shokaayig]; ~ **sby waiting** megvárakoztatni [-vaarâkostâtni] vkit; **we must** ~ **in touch** kapcsolatban kell maradnunk [kâpcholâtbân kell mârâdnoonk]; ~ **in lane** a sávon belül maradni [â shaavon belül mârâdni]; ~ **off the grass** fűre lépni tilos [fű-re laipni tilosh]!; ~ **on** folytatni [foytâtni]; ~ **straight on!** menjen egyenesen előre/tovább [mennjen edjeneshen előre/tovaab]!; ~ **(to the) left** balra hajts [bâlrâ hâych]!; ~ **(to the) right** jobbra hajts [yobbrâ hâych]!; **will this meat** ~ **till tomorrow?** eláll ez a hús holnapig [elaal ez â hoosh holnâpig]?

kept →**keep**

kerb (járda)szegély [(yaardâ-)segay]

kerosene, kerosine *(US)* petróleum [petraw-le-oom]

kettle *(tea)* teáskanna [teyaash-kânnâ]

key kulcs [koolch]

kick rúgni [roogni]

kidney vese [ve-she]

kill (meg)ölni; **was** ~**ed (in an accident)** baleset áldozata [bâleshet aaldozâtâ] lett, életét vesztette [ailetait vestette]

kilogram kilogramm, kiló [kilaw]

kilometre kilométer [-maiter]; **distance in** ~**s** kilométertávolság [-taavolshaag]

kind[1] *a* kedves [kedvesh]; **you are very** ~ ön nagyon kedves [ön nâdjon kedvesh]; **it is very** ~ **of you** nagyon kedves öntől; **be so** ~ **as to** legyen olyan kedves [ledjen oyân kedvesh]

kind[2] *n* fajta [fâytâ], féle [fai-le]; **what** ~ **of** miféle [mi-fai-le]; **a** ~ **of ...** valamiféle [vâlâmifai-le]

kindly: will you ~ **...** legyen olyan szíves ... [ledjen oyân seevesh]

king király [kiraay]

kiss 1. *n* csók [chawk] **2.** *v* (meg)csókolni [chawkolni]

kit felszerelés [felserelaish]; *(tools etc.)* készlet [kaislet]

kit bag →**knapsack**

kitchen konyha [konjhâ]

kitchenette főzőfülke, teakonyha [teyâkonjhâ]

kitchen utensils konyhaeszközök [konjhâ-esközök]

Kleenex *(face)* arctörlő [arts-törlő]; *(handkerchief)* papírzsebkendő [pâpeer-zhebkendő]

knapsack hátizsák [haati-zhaak]

knee térd [taird]

knew →**know**

knife kés [kaish]

knitwear kötöttáru [-aaroo], kötött holmi

knock *(at the door)* kopogni; **the engine is** ~**ing** kopog a [â] motor; **he was** ~**ed down by a lorry** elütötte egy teherautó [edj teher-outaw]

knocking *(of engine)* kopogás [kopogaash]

knot csomó [chomaw]; **tie a ~** csomót [chomawt] kötni

know *(have knowledge of)* tudni [toodni], ismerni [ishmerni]; *(be acquainted with sby)* ismerni [ish merni]; **let sby ~** értesíteni [airtesheeteni] vkit; **I ~ the area** ismerem ezt a területet [ishmerem est â területet]; **do you ~ the road to ...?** ismeri az utat ... felé [ishmeri âz ootat ... felai]?; **I ~ how to do it** tudom, hogy(an) kell csinálni [toodom, hodj(ân) kell chinaalni]; **do you ~ Mr. Hill?** ismeri Hill urat [ishmeri Hill oorât]?; **I ~ him by sight** látásból ismerem [laataashbawl ishmerem]

knowledge tudás [toodaash]; ismeret [ishmeret]; **without my ~** tudtom nélkül [toodtom nailkül]

known ismert [ishmert]

kohlrabi kalarábé [kâlâraabai]

kph *(= kilometres per hour)* óránként ... kilométer(es sebességgel) [awraankaint ... kilomaiter(esh shebesh-shaiggel]

L

L *(= learner)* tanuló vezető, T [tânoolaw vezető]

label címke [tseem-ke]

laboratory labor(atórium) [lâbor(âtawryoom)]

labour *(work)* munka [moonkâ]

lace csipke [chipke]

lack 1. *n* hiány [hiyaanj]; **for ~ of sth** vmi hiányában [hiyaanjaabân] 2. *v* **be ~ing** hiányzik [hiyaanjzik]

ladder létra [laitrâ]

ladderproof szembiztos [sembistosh]

laden weight terhelés [terhelaish], rakomány [râkomaanj]

lady hölgy [höldj]; **ladies** *(as a notice)* hölgyek [höldjek]; **ladies and gentlemen!** hölgyeim és uraim [höldyeim aish oorâyim]!

lady's, ladies' női [nőyi]; **~ room** női mosdó [nőyi mozhdaw]

lake tó [taw]
Lake Balaton (a) Balaton [â bâlâton]
lamb bárány [baaraanj]
lamp lámpa [laampâ]
land 1. *n (country)* ország [orsaag] **2.** *v (from ship)* kiszállni [-saalni], partra szállni [pârtrâ saalni]; *(aircraft)* leszállni [lesaalni], landolni [lândolni], földet érni [airni]; **we ~ed at Liverpool** Liverpoolban szálltunk partra [-bân saaltoonk pârtrâ]
landing leszállás [lesaalaas]; **happy ~!** szerencsés utat [serenchaish ootât]!
landing card kiszállókártya [kisaalaw-kaartjâ]
landing-place hajóállomás [hâyaw-aalomaash]
landing-stage kikötő(hely) [-(hey)]
landlady háziasszony [haazi-âssonj], szállásadó [saalaash-âdow]
landrover terepjáró autó [-yaaraw outaw]
landscape táj(kép) [taay(kaip)]; panoráma [pânoraamâ]
lane sáv [shaav]; **inside/nearside ~** *(GB)* külső sáv [külshő shaav]; **outside/offside ~** *(GB)* belső sáv [belshő shaav]; **left ~** *(US, Hungary)* bal/belső sáv [bâl/belshő shaav]; **right ~** *(US, Hungary)* jobb/külső sáv [yobb/külshő shaav]; **change ~s, move into another ~** sávot változtatni [shaavot vaaltostâtni]; **get in(to) ~** besorolni [beshorolni]
language nyelv [njelv]
lantern lámpa [laampâ]
lap *(sports)* futam [footâm]; kör
large nagy [nâdj]; **~st** legnagyobb [legnâdjobb]
last 1. *a* (leg)utolsó [-ootolshaw]; **~ night** tegnap este [tegnâp esh-te]; **~ week** múlt héten [moolt haiten]; **~ year** tavaly [tâvây]; **at ~** végre [vaig-re] **2.** *adv* utoljára [ootolyaarâ] **3.** *v* tartani [târtâni]; **how long will it ~?** meddig tart [târt]?; **if the fine weather ~s (out)** ha szép marad az idő [hâ saip mârâd âz idő]
late 1. *adv* késő [kaishő]; későn [kaishőn]; **it is getting ~** későre jár [kaishő-re yaar]; **it is (very) late** (nagyon) késő van [(nâ-

djon) kaishő vân]; **the train was ten minutes** ~ a vonat tíz percet késett [â vonât teez pertset kaishett]; **don't be** ~ el ne késs(en) [kaissh(en)]!; **am I** ~? elkéstem [-kaishtem]?; **be** ~ **for sth** lekésni [-kaishni] vmiről **2.** *a* ~ **dinner** vacsora [vâchorâ]; **in the** ~ **afternoon** a késő délutáni órákban [â kaishő dailootaani awraakbân]

lately nemrég [-raig], újabban [ooyâbbân]

later később [kaishőbb]; **see you** ~! viszontlátásra [visont-laataashrâ]; **not** ~ **then** nem később [kaishőbb] mint; ~ **on** később [kaishőbb]

late season utószezon [ootaw-sezon]

latest legutolsó [-ootolshaw], legújabb [-ooyâbb]

latter az utóbbi [âz ootawb-bi]

laugh nevetni; ~ **at sby** kinevetni vkit

launderette, laundromat *(washing)* önkiszolgáló mosószalon [önkisolgaalaw moshaw-sâlon]; *(cleaning)* gyorstisztító szalon [djorsh-tisteetaw sâlon]

laundry *(place)* mosoda [moshodâ]; *(clothes)* szennyes [sennjesh]

lavatory mosdó [mozhdaw], vécé [vai-tsi]

law törvény [törvainj], jog [yog]

lawful jogos [yogosh]

lawn gyep [djep], fű

lawyer ügyvéd [üdjvaid], jogász [yogaas]

lay *(put)* tenni, helyezni [heyezni]; ~ **the table** megteríteni [-tereetni]; ~ **down** letenni; →**lie**

lay-by leállóhely [le-aalaw-hey], pihenő(hely) [pihenő(hey)], kitérő [kitairő]

lazy lusta [looshtâ]

lb(s). (= *pounds*) font

lead vezetni; ~ **in** bevezetni; ~ **through** keresztülvezetni [kerestül-]; **he** ~**s the way** elöl megy [medj]; **this road** ~**s to ...** ez az út ... felé visz [ez âz oot ... felai vis]; **who is** ~**ing?** *(in the race)* ki vezet?

leader vezető

leaf (fa)levél [(fâ)levail]

leaflet prospektus [proshpektoosh]; *(descriptive)* leírás [leeeraash]

leak 1. *n* szivárgás [sivaargaash]; **there is a ∼ in the ...** szivárog a ... [sivaarog â] **2.** *v* **is ∼ing** szivárog [sivaarog], csepeg [chepeg]

lean[1] *(bend)* hajolni [hâyolni]; *(cause to rest)* nekitámasztani [-taamâstâni]; **∼ back** hátradőlni [haatrâ-]; **do not ∼ out of the window!** kihajolni veszélyes [kihâyolni vesay-esh]!

lean[2] *(meat)* sovány [shovaanj]

learn tanulni [tânoolni]; *(understand)* értesülni [airteshülni]

learner *(driver)* tanuló vezető (T) [tânoolaw-]

lease 1. *n* lízing [leezing] **2.** *v* lízingelni

leash póráz [pawraaz]

least legkisebb [-kish-shebb]; **at ∼** legalább [-âlaabb]

leather bőr

leave *(allow to remain)* (ott)hagyni [-hâdjni]; *(forget to take)* ottfelejteni [-feleyteni], elhagyni [-hâdjni]; *(depart)* (el)indulni [-indoolni], elutazni [-ootâzni]; **she left her bags at the left-luggage office** a ruhatárban hagyta a csomagjait [â roohâtaarbân hâdjtâ â chomâgyâyit]; **∼ a message for me!** hagyjon [hâddjon] nekem üzenetet!; **∼ the key at reception!** hagyja a kulcsot a portán [hâddjâ â koolchot â portaan]!; **I have left my bag in the dining-car** az étkezőkocsiban hagytam/felejtettem a táskámat [âz aitkező-kochibân hâdjtâm/feleytettem â taashkaamât]; **before leaving ...** (el)indulás [-indoolaash] előtt ...; **when are you leaving?** mikor utazik/indul [ootâzik/indool]?; **I ∼ here ...** innen elutazom/indulok ... [elootâzom/indoolok]; **we are leaving tomorrow morning** holnap reggel indulunk [holnâp reggel indooloonk]; **I am leaving for Paris Monday week** hétfőhöz egy hétre utazom Párizsba [haitfőhöz edj hait-re ootâzom paarizhbâ]; **what time does it ∼?** mikor indul [indool]?; **when does the next train/plane/bus/boat ∼ for ...?** mikor indul a legközelebbi/következő vonat/gép/busz/hajó ... felé [mikor indool a

legközelebbi/következő vonât/gaip/boos/hâyaw ... felai]?;
the train ~s in five minutes' time a vonat öt perc múlva indul
[â vonât öt perts moolvâ indool]; **train ~s for** ... vonat indul
... felé [vonât indool ... felai]

lecture előadás [-âdaash]

led →lead

left[1] bal [bâl]; **~ hand** bal kéz [bâl kaiz]; **~ lane** →lane; **turn (to
the) ~** balra fordulni [bâlrâ fordoolni], *(by car)* balra kanya-
rodni [kânjârodni]; **no ~ turn** balra bekanyarodni tilos [bâlrâ
bekânjârodni tilosh]!; **on the ~ of the road** az úttest bal olda-
lán [âz oot-tesht bâl oldâlaan]; *(in Hungary)* **overtake on the
~!** előzni csak balról szabad [előzni châk bâlrawl sâbâd]! **to
the ~** balra [bâlrâ]

left[2] →leave

left-hand bal oldali [bâl oldâli]; **~ lane** *(GB)* külső sáv [külshő
shaav], *(Hungary, US)* bal/belső sáv [bâl/belshő shaav]; **~
side** bal oldal [bâl oldâl]

left-luggage locker poggyászmegőrző automata [poddjaas-meg-
őrző outomâtâ]

left-luggage office csomagmegőrző [chomâg-], poggyászmegőr-
ző [poddjaas-], ruhatár [roohâtaar]

left-luggage ticket poggyászjegy [poddjaas-yedj]

left-turn indicator bal oldali irányjelző [bâl oldâli iraanj-yelző]

leg láb(szár) [laab(-saar)]

legal jogi [yogi], törvényes [törvainjesh], legális [legaalish]

leisure time szabad [sâbâd] idő

lemon citrom [tsitrom]

lemonade limonádé [limonaadai]

lemon juice citromlé [tsitromlai]

lemon tea citromos tea [tsitromosh teyâ]

lend kölcsönadni [kölchönâdni]; **can you ~ me 100 forints?** köl-
csönadna nekem 100 forintot [kölchönâdnâ nekem saas fo-
rintot]?

length (vminek a) hossza [(â) hossâ]; **5 feet in ~** öt láb hosszú [öt
laab hossoo]; **~ of time** időtartam [időtârtâm]

lens lencse [len-che]

lent →lend

less kevesebb [keveshebb]; ~ **than** ... kevesebb mint ...; ~ **than 6 months** 6 hónapnál rövidebb ideig [hât hawnâpnaal rövidebb ideyig]; **far/much** ~ sokkal kevésbé [shokkâl kevaishbay]; ~ **expensive** kevésbé drága [kevaishbay draagâ], olcsóbb [olchawbb]

lesson *(unit in a course)* lecke [lets-ke]; *(period)* óra [awrâ]

let hagyni [hâdjni], engedni; ~**'s go** gyerünk [djerünk]; ~**'s start** induljunk [indoolyoonk]!; ~ **go** elereszteni [-eresteni]; ~ **fall** elejteni [-eyteni]; ~ **(sby) in** beengedni [be-engedni] (vkit); ~ **out** kiengedni [ki-engedni]; **please** ~ **me know** kérem, értesítsen [kairem, airtesheet-shen]; **to** ~ kiadó [kiâdaw]

letter levél [levail]; *(character)* betű; **any** ~**s for me?** van levelem [vân le-ve-lem]?; ~ **of credit** hitellevél [hitel-levail]; ~ **of invitation** meghívólevél [meg-heevaw-levail]

letter-box levélszekrény [levail-sekrainj], postaláda [poshtâlaadâ]

letter telegram levéltávirat [levail-taavirât]

lettuce (fejes) saláta [(feyesh) shâlaatâ]

level szint [sint]; *(oil)* olajszint [olâysint]

level-crossing (szintbeni) vasúti átjáró [sintbeni vâshooti aatyaaraw]

lever kar [kâr], emelő [e-me-lő], emeltyű [emeltjű]

levy kiszabni [kisâbni], kiróni [ki-rawni]

liability felelősség [felelősh-shaig]

liable felelős [felelősh]; ~ **to duty** vámköteles [vaamkötelesh]; ~ **to taxation** adó alá esik [âdaw âlaa eshik]

liberal liberális [liberaalish]

librarian könyvtáros [könjv-taarosh]

library könyvtár [könjvtaar]

licence, license engedély [engeday], *(driving)* vezetői [vezetőyi] engedély, jogosítvány [yogosheetvaanj]

license plate *(US)* rendszámtábla [rendsaam-taablâ]

lid fedő

lie feküdni; **it** ~**s** ... (= *is situated*) fekszik [fekszik]; **is lying in bed** ágyban fekszik [aadjbân feksik]; ~ **down** lefeküdni

life élet [ailet]

life-boat mentőcsónak [-chawnâk]

life insurance életbiztosítás [ailet-bistosheetaash]

life-jacket mentőmellény [-mellanj]

lift 1. *v (up)* felemelni 2. *n (elevator)* lift; **give sby a** ~ elvinni vkit a kocsiján [â kochiyaan]

light 1. *a (bright)* világos [vilaagosh]; *(not heavy)* könnyű [könnjū]; ~ **meal** könnyű étkezés [könnjū aitkezaish]; ~ **music** könnyűzene [könnjū-ze-ne]; ~ **refreshments** →**refreshments** 2. *n (brightness)* fény [fainj], világosság [vilaagosh-shaag]; *(flame)* tűz; **lights** (= *lamps of a vehicle*) lámpák [laampaak], világítás [vilaageetaash]; *(public)* közvilágítás; **have** ~**s on** ki van világítva [ki vân vilaageetvâ]; **put/turn the** ~**s on** *(in a car)* bekapcsolni a világítást [bekâpcholni â vilaageetaasht]; *(in a room)* meggyújtani a villanyt [meg-djooytâni â villânjt]; **turn the** ~**s off** *(in a room)* eloltani a villanyt [eloltâni â villânjt]; **can you give me a** ~, **please?** kaphatnék [kâp-hâtnaik] tüzet? 3. *v (set fire to)* meggyújtani (a tüzet) [meg-djooytâni (a tüzet)]; ~ **the fire, please** gyújtsa meg kérem a tüzet [djooychâ meg kairem â tüzet]; ~ **a cigarette** rágyújtani egy cigarettára [raa-djooytâni edj tsigâret-taarâ]; ~ **the lamp** meggyújtani a lámpát [meg-djooytâni â laampaat]; ~ **up** *(a car)* bekapcsolni a világítást [bekâpcholni â vilaageetaasht], *(a room)* meggyújtani a villanyt [meg-djooytâni â villânjt], *(cigarettes)* rágyújtani [raa-djooytâni]

lighter öngyújtó [-djooytaw]

lighting közvilágítás [-vilaageetaash]

lightning villám [villaam]

lightweight könnyűsúly [könnjū-shooy]

light welterweight kisváltósúly [kish-vaaltaw-shooy]

like¹ *v (be fond of)* szeretni [seretni]; *(enjoy)* tetszeni [tet-seni]; **do you** ~ **fish?** szereti a halat [sereti a hâlât]?; **I (don't)** ~ **it**

very much (nem) nagyon szeretem [nâdjon seretem]; **take whichever you** ~ vegye azt, amelyik tetszik [ve-dje âst, âmeyik tet-sik]; **what do you** ~ **most?** mi tetszik leginkább [tet-sik leginkaab]?; **how do you** ~ **it?** hogy tetszik [hodj tet-sik]?, *(food)* hogy ízlik [eezlik]?; **how do you** ~ **Budapest?** hogy tetszik B. [hodj tet-sik boodâpesht]?; **how do you** ~ **it here?** hogy érzi magát itt [hodj airzi mâgaat itt]?; **don't you** ~ **it?** nem tetszik [tet-sik]?, *(of food)* nem ízlik [eezlik]?; **how did you** ~ **the performance?** hogy tetszett az előadás [hodj tet-sett âz elő-âdaash]?; **if you** ~ ha akarja [hâ âkâryâ]; **I should** ~ **to go there** szeretnék odamenni [seretnaik odâ-]; **I should** ~ **to know** ... szeretnék tudni ... [seretnaim toodni]; **I shouldn't** ~ **to** ... nem szeretnék [seretnaik]; **would you** ~ **to** ...? szeretne ... [seretne]?; **I would** ~ **a cup of tea** szeretnék/kérek egy csésze teát [seretnaik/kairek edj chai-se teyaat]

like *adv* mint; **what is it** ~? milyen [miyen]?; **what is he** ~? hogy néz ki [hodj naiz ki]?

likely valószínű [vâlaw-seenű]; **he is (not)** ~ **to come today** (nem) valószínű, hogy ma eljön [vâlaw-seenű, hodj mâ elyön]

lilac orgona [orgonâ]

limbs végtagok [vaig-tâgok]

limit határ [hâtaar]; *(restriction)* korlátozás [korlaatozaash]; **there is no** ~ nincs korlátozva/megszabva [ninch korlaatozvâ/megsâbvâ]

line *(wire)* vezeték [vezetaik]; *(phone)* vonal [vonâl]; *(row)* sor [shor]; *(railway)* (vasút)vonal [(vâshoot)vonâl], pálya [paayâ]; *(telephone)* ~ **engaged/busy** mással beszél [maashshâl besail], foglalt [foglâlt]

linen fehérnemű [fehair-ne-mű]

liner *(ship)* óceánjáró (hajó) [awtse-aan-yaaraw(hâyaw)], *(airliner)* (nagy) utasgép [(nâdj) ootâshgaip]

lip ajak [âyâk]

lipstick rúzs [roozh]

liqueur likőr

liquid **1.** *a* folyékony [foyaikonj] **2.** *n* folyadék [foyâdaik]

liquor szeszes ital [sesesh itâl]

list névsor [naiv-shor], lista [lishtâ]

listen hallgatni [hâlgâtni]; ~ **in (to)** rádiót [raadiyawt] hallgatni;
~ **to** (meg)hallgatni vkit/vmit

listener (rádió)hallgató [(raadiyaw-)hâlgâtaw]

lit →**light** 3.

.**literature** irodalom [irodâlom]

litre liter

litter *(stretcher)* hordágy [hordaadj]; *(rubbish)* szemét [semait]

little kis [kish], kicsi [kichi]; *(not much)* kevés [kevaish], kis; **a ~
child** kisgyerek [-djerek]; **the ~ ones** a gyerekek [â djerekek];
we have ~ time kevés időnk van [kevaish időnk vân]; **we have
a ~ time** van egy kis [edj kish] időnk; **a ~ money** egy kis/ke-
vés pénz [edj kish/kevaish painz]; **please wait a ~** kérem vár-
jon egy kicsit [kairem vaaryon edj kichit]; ~ **bit** kicsit [kichit];
I feel a ~ better today ma egy kissé jobban érzem magam [mâ
edj kishshai yobban airzem mâgâm]

live 1. *v (exist)* élni [ailni]; *(reside)* lakni [lâkni]; **where do you
~?** hol lakik [lâkik]?; **he ~s in London** Londonban lakik/él [-
bân lâkik/ail] 2. *a* ~ **broadcast** élő/egyenes adás [ailő/edje-
nesh âdaash]

liver máj [maay]

living *n* megélhetés [meg-ail-hetaish]

living room nappali (szoba) [nâppâli (sobâ)]

load teher, rakomány [râkomaanj]

loading terhelés [ter-helaish]

loaf (egész) kenyér [(egais) kenjair], cipó [tsipaw]

loan kölcsön [kölchön]

lobby hall [hâll]

lobster homár [homaar]

local helyi [heyi]; ~ **agency** helyi képviselet [heyi kaipvishelet];
~ **branch** vidéki szervezet [vidaiki servezet], kirendeltség [-
rendelchaig]; ~ **bus service** helyi autóbuszjárat [heyi outaw-
boos-yaarât]; ~ **government** helyi önkormányzat [heyi ön-
kormaanjzât]; ~ **office** vidéki iroda [vidaiki irodâ]; helyi ki-

rendeltség [heyi kirendelchaig]; ~ **train** helyiérdekű vasút [heyi-airdekű vâshoot], HÉV [haiv]
be **located** fekszik [feksik]
lock 1. *v* bezárni [-zaarni], becsukni [-chookni]; ~ **up** bezárni [-zaarni], lezárni **2.** *n* zár [zaar]; lakat [lâkât]
locker →**left-luggage locker**
lodge (turista)szállás [(toorishtâ-)saalaash]
lodger lakó [lâkaw]
lodging(s) szállás [saalaash], szálláshely [-hey], lakás [lâkaash], bútorozott szoba [bootorozott sobâ] →**board 1.**
lonely magányos [mâgaanjosh]
long hosszú [hossoo]; **I shall not keep you** ~ nem tartom fel sokáig [nem târtom fel shokaayig]; **I shall not be** ~ nem fog soká tartani [nem fog shokaa târtâni], nem fogok soká maradni [mârâdni]; **(any)** ~**er** tovább [tovaab]; **I cannot wait any** ~**er** tovább nem várhatok [tovaab nem vaar-hâtok]; **this ticket is no** ~**er valid** ez a jegy már nem érvényes [ez a yedj maar nem airvainjesh]
long-distance *(bus etc.)* távolsági [taavol-shaagi]; ~ **call** *(US)* távolsági beszélgetés [-besailgetaish]
long jump távolugrás [taavol-oograash]
long-playing record mikrolemez [meekro-]
look 1. *v* (meg)nézni [-naizni]; *(seem to be)* kinézni [-naizni] (vmilyennek), látszani [laat-sâni]; **will you** ~ **after my luggage?** legyen szíves, vigyázzon a csomagomra [ledjen seevesh, vidjaazzon â chomâgomrâ]!; ~ **after oneself** ellátni magát [ellaatni mâgaat]; **who will** ~ **after the children?** ki fog vigyázni a gyerekekre [ki fog vidjaazni â djerekek-re]?; **what are you** ~**ing at?** mit néz [naiz]?; **will you please** ~ **at the battery** *(of my car)* legyen szíves megnézni az akkumulátort [ledjen seevesh meg-naizni âz akkoomoolaatort]; ~ **for** keresni [kereshni]; **I am** ~**ing for a small souvenir** valami kis emléktárgyat keresek [vâlâmi kish emlaik-taardjât kereshek]; **we are** ~**ing forward to seeing you again** alig várjuk, hogy újra láthassuk [âlig vaaryook, hodj ooyrâ laat-hâsh-shook]; ~ **in** be-

nézni [-naizni] (vkihez); ~s **on to the garden** a kertre néz [â kert-re naiz]; ~ **out!** vigyázz(on) [vidjaazz(on)]!, vigyázni [vi-djaazni]!; ~ **round (the town)** körülnézni (a városban) [körül-naizni (â vaaroshbân); **you must ~ me up** feltétlenül keressen fel [feltaitlenül keresh-shen fel]; **you ~ well** jól néz ki [yawl naiz ki], jó színben van [yaw seenben vân]; ~s **like sth** vmi-lyennek kinéz/látszik [kinaiz/laat-sik]; **it ~s like rain** esőre áll [eshő-re aal] **2.** *n* **let me have a ~ at it** hadd nézzem meg [hâd naizzem meg]

looking-glass tükör

look-out őrködés [őrködaish]; **keep a for ...** éberen figyelni [aiberen fidjelni] vmire

look-out tower kilátó [kilaataw]

loose laza [lâzâ]

loosen kibontani [-bontâni]; *(a rope)* meglazítani [-lâzeetâni]

lorry teherautó [-outaw], kamion [kâmion]

lose elveszíteni [-veseeteni]; **I have lost my passport** elvesztettem az útlevelemet [elvestettem âz ootlevelemet]; **I have lost my way** eltévedtem [-taivedtem]; ~ **one's train** lekésni a vonatot [le-kaishni â vonâtot]; **we lost the game** elveszítettük a játé-kot/mérkőzést [elveseetettük â yaataikot/mairkőzaisht]

loss veszteség [vesteshaig]; *(property)* elveszett tárgy(ak) [elve-sett taardj(âk)]

lost →**lose**

"lost and found" poggyászkereső szolgálat [poddjaaskereshő solgaalât]; →**lose**

lost property talált tárgyak [tâlaalt taardjâk]

lost property office talált tárgyak osztálya [talaalt taardjâk os-taayâ]

a lot of sok [shok]

lotion *(hair)* hajszesz [hayses], *(face)* arcvíz [ârtsveez]

loud hangos [hângosh]

loudspeaker hangszóró [hâng-saw-raw]

lounge hall [hâll]

love 1. *n* szeretet [seretet]; *(between sexes)* szerelem [serelem] **2.** *v* szeretni [seretni]

lovely szép [saip]; bájos [baayosh]

low alacsony [âlâchonj]; ~ **beam** tompított fény(szóró) [tompeetott fainj(sawraw)]; **at a** ~ **speed** kis sebességgel [kis shebesh-shaiggel], lassan [lâsh-shân]

low-calorie kalóriaszegény [kâlawriâ-segainj]

lower *(relatively)* alacsonyabb [âlâchonjâbb]; *(situated below)* alsó [âlshaw]

low-fat sovány [shovaanj]

low-priced olcsó [olchaw]

ltd *(limited liability company)* korlátolt felelősségű társaság, kft. [korlaatolt felelősshaigű taarshâshaag, kaa-ef-tai]

lubricant kenőanyag [-ânjâg]

lubricate kenni, zsírozni [zheerozni]

lubrication kenés [kenaish], zsírzás [zheerzaash]

luck szerencse [seren-che]; **bad** ~ pech [pehh]

lucky szerencsés [serenchaish]

luggage poggyász [poddjaas], csomag [chomâg]; **personal** ~ kézipoggyász [kaizi-]; **have my** ~ **brought to the station/airport, please** kérem, vitesse a csomagomat a(z) állomásra/repülőtérre [kairem, vitesh-she a chomâgomât â(z) aalomaashrâ/repülő-tairre]!

luggage insurance policy poggyászbiztosítás [poddjaasbistosheetaash]

luggage-label poggyászcímke [poddjaas-tseem-ke]

luggage locker →**left-luggage locker**

luggage office poggyászfeladás [poddjaas-felâdaash]

luggage-rack csomagtartó [chomâgtârtaw], csomagháló [chomâg-haalaw]

luggage reclaim area poggyászkiadás [poddjaas-kiâdaash]

luggage ticket poggyászjegy [poddjaas-yedj]

luggage trailer utánfutó [ootaanfootaw]

luggage trolley poggyászkuli [poddjaas-kooli]

luggage-van poggyászkocsi [poddjaas-kochi]

lump sugar kockacukor [kotskâ-tsookor]
lunch 1. *n* ebéd [ebaid]; **eat/have** ~ ebédelni [ebaidelni]; **what shall we have for** ~? *(at home)* mi lesz ebédre [mi les ebaidre]?;, *(in a restaurant)* mit együnk [mit edjünk] ebédre?; **what time is** ~? mikor van ebéd [vân ebaid]? **2.** *v* ebédelni [ebaidelni]
lunch break ebédszünet [ebaid-sünet]
luncheon →lunch 1.
lungs tüdő
luxury liner luxushajó [looksoosh-hâyaw]

M

machine gép [gaip]
mack(intosh) esőkabát [eshőkâbaat]
mad őrült
madam asszonyom [assonjom]!
made készült [kaisült]; ~ **of wood** fából [faabawl] készült; ~ **in Hungary** magyar gyártmány/áru [mâdjâr djaartmaanj/aaroo]; →make 1.
magazine (képes) folyóirat [(kaipesh) foyaw-irât], képeslap [kaipesh-lâp]
maid szobalány [sobâlaanj]
maiden name leánykori neve [leyaanj-kori nev-e]
mail 1. *n* posta [poshtâ]; **any** ~ **for me?** van/nincs postám [vân/ninch poshtaam]? **2.** *v* feladni [-âdni]
mailbox *(US)* levélszekrény [levail-sekrainj]
mailman *(US)* postás [poshtaash]
mail-order firm csomagküldő áruház [chomâgküldő aaroohaaz]
main fő; ~ **highway/road** főútvonal [-ootvonâl]; ~ **meal** főétkezés [fő-aitkezaish]
mainly főleg

mains 1. *n* hálózat [haalawzât] **2.** *a* hálózati [haalawzâti]; *(water)* vízvezetéki [veezvezetaiki]

maintain karbantartani [kârbân-târtâni]

maintenance karbantartás [kârbântârtaash]

maize kukorica [kookoritsâ]

make 1. *v* csinálni [chinaalni], készíteni [kaiseeteni]; *(travel a certain distance)* megtenni; ~ **a journey** utazást [ootâzaasht] tenni; **can you ~ the engine start?** meg tudná indítani a motort [meg toodnaa indeetâni â motort]?; **will you ~ up this prescription, please** legyen szíves elkészíteni ezt a receptet [ledjen seevesh elkaiseeteni est â retseptet]; **we have made 80 miles** 80 mérföldet [njolts-vân mairföldet] tettünk meg; **can we ~ the train?** elérjük a vonatot [elairyük â vonâtot]?; ~ **yourself at home** érezze magát otthon [airezze mâgaat otthon]; ~ **friends with** összebarátkozni [össe-bâraatkozni] vkivel; **that ~s ... forints** az összesen [âz össeshen] ... forint; **I can't ~ it out** nem tudok rajta eligazodni [nem toodok râytâ eligâzodni], nem értem [airtem]; **will you please ~ out the bill for me?** legyen szíves kiállítani a számlámat [ledjen seevesh kiaaleetâni â saamlaamât]; ~ **sure that ...** győződjék meg róla, hogy ... [djőződyaik meg rawlâ, hodj], meg kell győződni arról [djőződni arrawl], hogy ...; **kérdezze meg ...** [kairdez-ze meg]; ~ **up one's mind** elhatározni magát [el-hâtaarozni mâgaat], dönteni; **will you ~ one of us?** tarts(on) [târch(on)] velünk! **2.** *n* gyártmány [djaartmanj]; ~ **of car** autótípus [outaw-teepoosh]

malaria malária [mâlaariâ]

mall *(US)* sétálóutca [shaitaalaw-ootsâ]; bevásárlóközpont [bevaashaarlaw]

man *(living being)* ember; *(male person)* férfi [fairfi] →**men, men's**

manage *(handle)* kezelni; *(control)* irányítani [iraanjeetâni], vezetni; ~ **to do sth** sikerül [shikerül] vmit megtenni; **he ~d to stop the car** sikerült megállítania a kocsit [shikerült meg-aaleetâniyâ a kochit]; **can you ~ it?** megy (a dolog) [medj (â dolog)]?

management *(managing)* ügyintézés [üdj-intaizaish]; *(the body)* vezetőség [vezetőshaig]
manager igazgató [igâzgâtaw], vezető
managing director ügyvezető igazgató [üdjvezető igâzgâtaw]
mandatory sign utasítást adó jelzőtábla [ootâsheetaasht âdaw yelző-taablâ]
manicure manikűr [mânikűr]
manoeuvre manőverezni [mânőverezni]
many sok [shok]; ~ **people** sok ember; **a good** ~ (jó) [yaw] sok
map térkép [tairkaip]
marathon maratoni futás [mârâtoni footaash]
March március [maartsi-oosh]; **on** ~ **7th/8th** március 7-én/8-án [maartsi-oosh hetedikain/njoltsâdikaan]
margarine margarin [mârghârin]
mark 1. *n* jel [yel] **2.** *v* megjelölni [-yelölni], kijelölni
market piac [piyâts], *(covered hall)* csarnok [chârnok]
market price piaci ár [piyâtsi aar]
marmalade narancsíz [nârânch-eez]
marriage házasság [haazâsh-shaag]
married *(of men)* nős [nősh]; *(of women)* férjezett [fairyezett], férjes [fairyesh]; *(both)* házas; **she is** ~ férjnél van [fairynail vân]; ~ **couple** házaspár [haazâsh-paar]
marry *(a girl)* feleségül [fe-le-shaigül] venni; **they got married** házasságot [haazâsh-shaagot] kötöttek
mascara szempillafesték [sempillâ-feshtaik]
mashed potatoes burgonyapüré [boorgonjâ-pürai], krumplipüré [kroompli-]
mass[1] *(large number)* tömeg
mass[2] *(in church)* mise [mi-she]
massage masszázs [mâssaazh], gyúrás [djooraash]
master mester [meshter]; *(teacher)* tanár [tânaar]
match *(sports)* mérkőzés [mairkőzaish]
match(es) gyufa [djoofâ]
material anyag [ânjâg]

matinée délutáni előadás [dailootaani elő-âdaash]
matter 1. *n (affair)* ügy [üdj], dolog; **what is the ~?** mi (a) baj
[mi (â) bây]?; **what is the ~ with you?** mi a baja [mi â bâyâ]?;
what is the ~ with it? mi baj van vele [mi bây vân vel-e]? **2.** *v* **it**
does not ~ nem baj/számít [bây/saameet]
maximum maximális [mâximaalish]; **~ speed (limit)** megenge-
dett legnagyobb sebesség [legnâdjobb shebesh-shaig]
may *(permission)* szabad [sâbâd]; *(possibility)* lehet(séget) [le-
het(shaigesh)]; **~ I ...?** szabad ... [sâbâd]?; **~ I come in?**
bejöhetek [be-yöhetek]?; **~ I have some more?** kaphatnék
még [kâp-hâtnaik maig]?; **he ~ come, or he ~ not** lehet, hogy
jön, lehet, hogy nem [le-het, hodj yön, le-het, hodj nem]; **he ~**
have missed the train lehet, hogy lekéste a vonatot [le-het, hodj
le-kaishte â vonâtot]
May május [maayoosh]; **on ~ 7th/8th** május 7-én/8-án [maa-
yoosh hetedikain/njoltsâdikaan]
maybe talán [tâlaan]
May Day *(public holiday)* május elseje [maayoosh elshe-ye]
mayor polgármester [polgaarmeshter]
me engem; *(to me)* nekem; **he saw ~** látott [laatott] engem; **give**
~ one adj(on) nekem egyet [âdj(on) nekem eddjet]; **it's ~** én
vagyok (az) [ain vâdjok (âz)]
meal étkezés [aitkezaish]; **where can I get a good ~?** hol tudok
jól enni [hol toodok yawl enni]?; **all ~s (are) included** étkezés-
sel [aitkezaish-shel]
mealtime étkezési [aitkezaishi] idő
mean *(intend)* szándékozni [saandaikozni], akarni [âkârni];
(signify) jelenteni [yelenteni]; **I ~ to go** el akarok [âkârok]
menni; **what do you ~ (by that)?** mit akar ezzel mondani [mit
âkâr ezzel mondâni]?, hogy érti ezt [hodj airti est]?; **you know**
what I ~ (ugye) tudja, mire gondolok [(oodje) toodyâ, mire
gondolok]?; **what does this word ~?** mit jelent ez a szó [mit
yelent ez â saw]?
meaning jelentés [yelentaish]

means (anyagi) eszközök [(ânjâgi) esközök]; **by ~ of sth** vmi segítségével [shegeet-shaigaivel]; **by all ~** feltétlenül [feltaitlenül]; **by no ~** semmi esetre sem [shemmi eshet-re shem]
meant →**mean**
meantime, meanwhile közben, ezalatt [ezâlâtt]
measure mérték [mairtaik]
measurement méret [mairet]; **take sby's ~s** mértéket [mairtaiket] venni vkiről
meat hús [hoosh]
meatball fasírozott [fâsheerozott]
meatless hústalan [hooshtâlân]
measles kanyaró [kânjâraw]
mechanic gépész [gaipais], szerelő [serelő], műszerész [műserais]
mechanical műszaki [műsaki]; gépi [gaipi]; **~ trouble** műszaki hiba [hibâ]; **~ help** műszaki segély(hely) [shegay(-hey)]
mechanical engineer gépészmérnök [gaipais-mairnök]
median strip középső elválasztó sáv [közaip-shő elvaalâstaw shaav]
medical orvosi [orvoshi]; **~ aid/help** orvosi segély [orvoshi shegay]; **~ examination** orvosi vizsgálat [orvoshi vizhgaalât]; **~ expenses** orvosi költségek [orvoshi kölchaigek]; **~ post** (orvosi) segélyállomás [shegay-aalomaash]; **~ treatment** orvosi kezelés/ellátás [orvoshi kezelaish/ellaataash]; **~ student** orvostanhallgató [orvoshtân-hâlgâtaw]
medicinal bath gyógyfürdő [djawdj-fürdő]
medicinal spring gyógyforrás [djawdj-forraash]
medicinal waters gyógyvíz [djawdj-veez]
medicine *(medicament)* gyógyszer [djawdj-ser], orvosság [orvoshshaag]; *(science)* orvostudomány [orvosh-toodomaanj]
medium (rare) *(US)* angolosan [ângoloshân], véresen sütött [vaireshen shütött]
medley relay vegyesváltó [vedjesh-vaaltaw]
meet találkozni [tâlaalkozni] (vkivel); **we shall ~ at ... o'clock at ... ...** órakor találkozunk a ... [awrâkor talaalkozoonk â]; **I met him in the street** találkoztam vele az utcán [tâlaalkos-

tâm vel-e âz oottsaan]; **glad to have met you** örülök, hogy találkoztunk [hodj tâlaalkostoonk]; ~ **sby at the station** kimenni vkiért az állomásra [âz aalomaashrâ], *(receive)* fogadni vkit az állomáson [fogâdni vkit âz aalomaashon]; **the bus** ~**s all the trains** az autóbusz minden vonathoz kimegy [âz outawboos minden vonât-hoz kimedj]; ~**s (all) expenses** fedezi a költségeket [â kölchaigeket]; ~**s the requirements** megfelel a követelményeknek [â követelmainjeknek]

meeting találkozás [tâlaalkozaash]; összejövetel [össeyövetel]; *(sports)* verseny [vershenj]

melon dinnye [din-nje]

member tag [tâg]; *(of club)* klubtag [kloob-]

membership card tagsági igazolvány [tâg-shaagi igâzolvaanj]

memory *(power)* emlékezet [emlaikezet]; *(thing remembered)* emlék [emlaik]

men *(notice)* férfiak [fairfiâk]; →**man, men's**

mend megjavítani [-yâveetâni]; **it must be** ~**ed** meg kell javítani [yâveetâni]

men's férfi [fairfi] ~ **events** férfi számok [fairfi saamok]; ~ **hairdresser** férfifodrász [fairfi-fodraas]; ~ **room** férfi mosdó [fairfi mozhdaw], ,,FÉRFIAK" [fairfiâk]

menses menstruáció [menshtroo-aatsiaw]

mention megemlíteni [-emleeteni]; **don't** ~ **it!** szóra sem érdemes [sawrâ shem airdemesh]!

menu étlap [aitlâp]; **the** ~ **please!** kérem az étlapot [kairem âz aitlâpot]!

merely csupán [choopaan]

merging becsatlakozás [be-châtlâkozaash]

merry vidám [vidaam]; **M**~ **Christmas and a happy New Year** kellemes karácsonyi ünnepeket és boldog új évet (kívánok) [kellemesh kâraachonji ünnepeket aish boldog ooy-aivet (keevaanok)]!

message üzenet; **can I leave a** ~ **with you for ...?** hagyhatok egy üzenetet önnél ... számára [hâdjhâtok edj üzenetet ön-nail ... saamaarâ]?

met →**meet**
metal fém [faim]
meter *(electric, gas)* mérőóra [mairő-awrâ], *(taxi)* taxióra [tâxi-awrâ]
metre *(= 39,37 inches)* méter; **100** ~**s** *(race)* 100 m-es síkfutás [saaz maiteresh sheekfootaash]
microphone mikrofon
microwave oven mikrohullámú sütő [-hoollaamoo shütő]
midday 1. *n* dél [dail] **2.** *a* déli [daili]; ~ **meal** ebéd [ebaid]
middle 1. *a* középső [közaipshő]; ~ **lane** középső sáv [shaav] **2.** *n* közép [közaip]; **in the** ~ **of the room** a szoba közepén [â sobâ közepain]
Middle Ages középkor [közaip-]
the **Middle East** Közel-Kelet
midnight éjfél [ayfail]
might →**may**
mild enyhe [enj-he]
mile mérföld [mairföld] (1,760 yds = 1,609.35 m) →*Appendix;* **how many** ~**s is it to ...?** hány mérföldre van ... [haanj mairföld-re vân]?
mileage *(distance)* mérföldtávolság [mairföld-taavolshaag]; *(money)* kilométerpénz [kilomaiter-painz]
mileometer kilométer-számláló [kilomaiter-saamlaalaw]
milestone mérföldkő [mairföldkő], kilométerkő [kilomaiterkő]
milk tej [tey]
milk bar tejbüfé [teybüfai], tejbár [-baar]
milk curds túró [tooraw]
milk powder tejpor [teypor]
milk-shake turmix [toormix]
mill malom [mâlom]; *(coffee)* (kávé)daráló [(kaavai)dâraalaw]
millimetre milliméter [-maiter]
million millió [milliyaw]
minced meat vagdalt/darált hús [vâgdâlt/dâraalt hoosh], fasírozott [fasheerozott]

mind 1. *n* értelem [airtelem]; **you must bear in** ~ **that ...** gondolnia kell arra, hogy ... [gondolniyâ kell ârrâ, hodj], ne feledkezzék meg arról, hogy ... [ne feledkezzaik meg ar-rawl]; **he has changed his** ~ meggondolta magát [-gondoltâ mâgaat] **2.** *v* ~ **the step!** vigyázat! lépcső! [vidjaazât, laipchő]; **do you** ~ **if I shut the window?** megengedi, hogy becsukjam az ablakot [megengedi, hodj bechookyâm âz âblâkot]?; **do/would you** ~ **if I smoke?** megengedi, hogy rágyújtsak [hodj raa-djooychâk]?; **I do not** ~ nem bánom [baanom]; **never** ~**!** nem számít [saameet]!, nem baj [bây]!

mine[1] *(coal etc.)* bánya [baanjâ]

mine[2] (az) enyém [(âz) enjaim]; **that is** ~ ez/az az enyém [ez/âz âz enjaim]; **a friend of** ~ egy barátom [edj bâraatom]

miner bányász [baanjaas]

mineral water ásványvíz [aashvaanj-veez]

miniature camera kisfilmes fényképezőgép [kishfilmesh fainkaipező-gaip]

miniature film (35 mm-es) kisfilm [(hârmints-öt millimaiter-esh) kish-film], Leica film

minicar kisautó [kish-outaw]

minimum legkisebb [leg-kish-shebb], minimális [minimaalish]; ~ **charge** alapdíj [âlâpdeey]; ~ **speed (limit)** megengedett legkisebb sebesség [leg-kish-shebb shebesh-shaig]

minister *(political)* miniszter [minister]; *(in a foreign country)* követ; *(church)* lelkész [lalkais]

ministry minisztérium [ministairyoom]

minor road mellékútvonal [mellaik-ootvonâl], alsóbbrendű út [alshawbb-rendű oot]

mins. = **minutes**

minute perc [perts]; **wait a** ~**!** várj(on) egy kicsit [vaary(on) edj kichit]! egy pillanat türelmet [edj pillânât türelmet]!; **in a** ~ egy perc múlva [ejd perts moolvâ]; **in ten** ~**s** tíz perc múlva [teez perts moolvâ]

mirror tükör

miscellaneous vegyes [vedjesh]

misfire *(of an engine)* nem gyújt [djooyt] (a motor)

Miss *(young lady)* kisasszony [kish-âssonj]; **Miss Kovács** Kovács kisasszony

miss *(be too late for)* lekésni [le-kaishni] (vmit, vmiről); *(feel the loss of)* hiányolni [hiyaanjolni]; **I ~ed the bus** lekéstem a buszt [le-kaishtem a boost], lemaradtam a buszról [lemârâdtâm â boosrawl]; **sorry, I ~ed you at the station** sajnálom, elkerültük egymást az állomáson [shâynaalom, -kerültük edjmaasht âz aalomaashon]; **I ~ed the sign-post** nem láttam az útjelző táblát [laattâm âz oot-yelző taablaat]; **we ~ed you terribly!** nagyon hiányoltu(n)k [nâdjon hiyaanjoltoo(n)k]!; **... is ~ing** hiányzik [hiyaanjzik]

missed connection lekésett csatlakozás [le-kaishett châtlâkozaash]

mistake 1. *n* hiba [hibâ]; **make a ~** hibát [hibaat] elkövetni; **by ~** tévedésből [taivedaishből] **2.** *v* **be ~n** tévedni [taivedni]

Mister, Mr. ... úr [oor]; **Mr. Brown** Brown úr

mistletoe fagyöngy [fâdjöndj]

Mistress, Mrs. *(= mistress)* ...né [nai] (affixed to the husband's surname, or, in the case of full name, to his Christian name); **Mrs. Kovács** Kovácsné [kovaach-nai]; **Mrs. Péter Kovács** Kovács Péterné [paiternai]

misunderstand félreérteni [fail-re-airteni]

mix (up) összekeverni [össe-]; **get ~ed up** belezavarodni [bel-e zâvârodni]

mixture keverék [kev-eraik]

moderate mérsékelt [mair-shaikelt]; **at a ~ price** mérsékelt áron [aaron]

modern modern; **~ pentathlon** öttusa [öt-tooshâ]

moment pillanat [pillânât]; **for the ~** pillanatnyilag [pillânât-njilâg]

Monday hétfő [haitfő]; **on ~** hétfőn [haitfőn]

monetary unit pénzegység [painz-edj-shaig]

money pénz [painz]; **be out of ~** nincs pénze [ninch pain-ze]

money exchange pénzváltás [painz-vaaltaash]

money order pénzesutalvány [painzesh-ootâlvaanj]
money transfer pénzátutalás [painz-aatootâlaash]
monkey majom [mâyom]
month hónap [hawnâp]; **(in) this** ~ ebben a hónapban [â haw-nâpbân]
monthly 1. *a* havi [hâvi], havonkénti [hâvonkainti] **2.** *adv* havon-ként [hâvonkaint] **3.** *n* havi folyóirat [hâvi foyaw-irât]
monument *(ancient)* műemlék [-emlaik]
mood hangulat [hângoolât]
moon hold
more több; **may I give you some** ~ adhatok még [âdhâtok maig]?; **will you have some** ~ **tea?** parancsol még teát [pârân-chol maig teyaat]?; **do you want some** ~ ...? kér/parancsol még ... [kair/pârânchol maig]?; **no** ~, **thank you** köszönöm

egyet [maig eddjet]; ~ **than** több mint; ~ **cheaply** olcsóbban [olchawb-bân]; **once** ~ még egyszer [maig edj-ser]
moreover azonkívül [âzon-keevül], sőt [shőt]
morning reggel; *(before noon)* délelőtt [dail-előtt]; **in the** ~ reg-gel, *(later)* délelőtt [dail-előtt]; **this** ~ ma [mâ] reggel, *(more generally)* ma délelőtt; **(on) Monday** ~ hétfő [haitfő] reggel; ~ **free** szabad délelőtt [sâbâd dail-előtt]
mosquito szúnyog [soonjog]
most legtöbb; ~ **comfortable** legkényelmesebb [-kainjelme-shebb]; **at (the)** ~ legföljebb [-fölyebb]
mostly leginkább [-inkaab]
motel motel
moth moly [moy]
mother anya [ânjâ]; ~**'s name** anyja neve [ânnjâ nev-e]
mother-in-law anyós [ânjawsh]
motor motor
motor bicycle, motorbike motorkerékpár [-keraikpaar]
motorboat motorcsónak [-chawnâk]
motor-bus autóbusz [outaw-boos]
motorcar gépkocsi [gaip-kochi], autó [outaw]

motorcycle motorkerékpár [-keraikpaar]; ~ **with sidecar** oldalkocsis [oldâl-kochish] motorkerékpár
motorcyclist motorkerékpáros [-keraikpaarosh], motoros [motorosh]
motoring autózás [outawzaash]
motoring club autóklub [outaw-kloob]
motoring offence közlekedési szabálysértés [közlekedaishi sâbaay-shairtaish]
motorist autós [outawsh], autóvezető [outaw-]
motor-race autóverseny [outaw-vershenj]
motor repair shop autójavító (műhely) [outaw-yâveetaw (műhey)]
motor road autóút [outaw-oot]
motor scooter robogó [robogaw]
motor vehicle gépjármű [gaip-yaarmű], gépkocsi [gaip-kochi]; **road reserved for** ~s autóút [outawoot]
motorway autópálya [outaw-paayâ]; *(with no dividing strip)* autóút [outaw-oot]; **the M7** ~ az M7-es autópálya [âz em-he-tesh-]
mountain hegy [hedj]; ~s hegység [hedj-shaig]; **in the** ~s a hegyekben [â hedjekben]
mountaineer hegymászó [hedjmaasaw], alpinista [âlpinishtâ]
mountaineering hegymászás [hedjmaasaash]
mounted tour lovastúra [lovâsh-toorâ]
mouse egér [egair]
moustache bajusz [bâyoos]
mouth száj [saay]
mouthwash szájvíz [saay-veez]
move *(change position)* mozogni; *(change flat)* (el)költözni; **has** ~**d off** elindult [elindoolt]; ~ **on** továbbhaladni [tovaab-hâlâdni]; ~ **to another hotel** másik szállodába költözni/átmenni [maashik saalodaabâ költözni/aatmenni]
movie film; **the movies** mozi
movie camera filmfelvevő(gép) [-felvevő(gaip)], mozigép [-gaip]
mph *(miles per hour)* óránként ... mérföld(es sebességgel) [awraankaint ... mairföld(esh shebeshshaiggel)]

Mr. →Mister
Mrs. →Mistress
much sok [shok]; **how ~?** mennyi [mennji]?; **how ~ is this pen?**
mennyibe kerül ez a toll [mennji-be kerül ez â toll]?; **thanks
very ~** nagyon szépen köszönöm [nâdjon saipen kösönöm];
~ bigger sokkal nagyobb [shokkâl nâdjobb]; **too ~** túl sok
[tool shok]
mud sár [shaar]
muddy sáros [shaarosh]
mudguard sárvédő [shaarvaidő], sárhányó [shaarhaanjaw]
mug *(attack)* megtámadni [-taamâdni]; **he was ~ged** megtá-
madták és kirabolták [-taamâdtaak aish kirâboltaak]
multi-grade oil multiszuper olaj [moolti-sooper olây]
multi-lane street több (forgalmi) sávú út(test) [több (forgâlmi)
shaavoo oot(tesht)]
multilevel junction többszintű csomópont [többsintű chomaw-
pont]
muscle izom
museum múzeum [moo-ze-oom]
mushroom gomba [gombâ]
music zene [ze-ne]; *(printed)* kotta [kottâ]
musical (comedy) musical, zenés játék [zenaish yaataik]
musical instrument hangszer [hângser]
music centre hifitorony [-toronj]
music hall varieté(színház) [vâriyetai(seenhaaz)], (éjszakai) mu-
lató [(aysâkâyi) moolâtaw]
musician zenész [zenais]
music shop hangszer- és zeneműbolt [hang-ser aish ze-ne-mű-bolt]
must kell; **I ~ go** mennem kell; **~ not** nem szabad [sâbâd]; **you
~ not do that** ezt nem szabad tennie [sâbâd tenni-ye]; **he ~ be
there by now** már biztosan ott van [maar bistoshân ott vân];
he ~ have missed the train biztosan lekéste a vonatot [bizto-
shân lekaishte â vonâtot]
mustard mustár [mooshtaar]; **some ~, please!** egy kis mustárt
kérek [edj kish mooshtaart kairek!]

mutton birkahús [birkâ-hoosh], ürühús
my (az én) ...m/...am/...em; **wife** a feleségem [â feleshai-gem]; ~ **children** a gyerekeim [â djerekeyim]; ~ **family** a családom [â chalaadom]; ~ **car** a(z én) kocsim [â(z ain) ko-chim]
myself (én) magam [(ain) mâgâm]

N

nail *(finger)* köröm; *(metal)* szeg [seg]
nail-brush körömkefe [-ke-fe]
nail polish/varnish *(US)* körömlakk [-lâkk]; ~ **remover** köröm-lakklemosó [-lâkk-lemoshaw]
nail-scissors körömvágó olló [-vaagaw ollaw]
name név [naiv]; *(on form)* neve [nev-e]; **full** ~ teljes név [telyesh naiv]; **my** ~ **is** ... nevem ..., ... vagyok [vâdjok]; **what** ~, **please?** szabad a nevét [sâbâd â nevait]?; **his** ~ **is Brown** Brown-nak hívják [-nâk heevyaak], a neve [â nev-e] Brown
namely ugyanis [oodjânish]
napkin *(for eating)* szalvéta [sâlvaitâ]; *(baby's)* pelenka [pelen-kâ]
narrow 1. *a* szűk [sük]; ~ **road** útszűkület [oot-sükület] **2.** *v* road ~s = ~ **road**
nation nemzet
national nemzeti, országos [orsaagosh]; *(state ...)* állami [aalâmi]; **N**~ **Bank** Nemzeti Bank [bânk]; **N**~ **Health Service** *(in Hungary:)* Állami Egészségügyi Szolgálat [aalâmi egais-shaigüdji solgaalât] ~ **mark** *(on motorcar)* nemzetközi gépkocsijelzés [gaip-kochi-yelzaish]; ~ **monument** műemlék [-emlaik]; **N**~ **Theatre** Nemzeti Színház [seenhaaz]
national call távolsági beszélgetés [taavolshaagi besailgetaish]

nationality nemzetiség [nemzetishaig]; *(citizenship)* állampolgárság [aalâmpolgaar-shaag]; **what is your ~?** mi az Ön állampolgársága [mi âz ön aalâmpolgaar-shaagâ]?; **~ plate = national mark**

native 1. *a* hazai [hâzâyi], belföldi **2.** *n* **a ~ of Hungary** magyarországi születésű [mâdjâr-orsaagi sületaishű], magyar állampolgár [mâdjâr aalâmpolgaar]

natural természetes [termaisetesh]

naturally természetesen [termaiseteshen]

nature természet [termaiset]

nature reserve természetvédelmi [termaiset-vaidelmi] terület

naturopathy természetgyógyászat [termaiset-djawdjaasat]

naughty rossz [ross]

nave *(church)* hajó [hâyaw]

near 1. *adv* közel; **~ the river** a folyóhoz [â foyaw-hoz] közel; **~ by** a [â] közelben; **draw ~** közeledni **2.** *a* közeli; **the post office is quite ~** a posta elég közel van [â poshtâ elaig közel vân]

nearest (a) legközelebbi; **where is the ~ filling station?** hol van a legközelebbi benzinkút [-koot]?

nearly majdnem [mâydnem]

nearside lane →lane

neat elegáns [elegaans]; *(tidy)* rendes [rendesh]

necessary szükséges [sük-shaigesh]; **it is ~** szükséges, kell

necessities szükségletek [sük-shaigletek], életszükségleti cikkek [ailet-sük-shaigleti tsikkek]

neck nyak [njâk]

necklace nyaklánc [njâklaants]

necktie nyakkendő [njâk-kendő]

née született ... [sületett]

need 1. *v* szüksége van [sük-shai-ge vân] (vmire), kell (vmi); **does he ~ any help?** szüksége van segítségre [sük-shai-ge vân shegeet-shaig-re]?; **I ~ ...** szükségem van ... [sük-shaigem vân]; **I ~ a pair of shoes** szükségem van egy pár cipőre [sük-shaigem vân edj paar tsipő-re]; **the car ~s oil** olaj kell a kocsiba [olây kell â kochibâ]; **you ~n't go yet, ~ you?** ugye még

nem kell mennie [oodje maig nem kell menni-ye]? **2.** *n* szükség
[sük-shaig]; **there is no** ~ **to . . .** nem kell . . .ni
needed szükséges [sük-shaigesh]
needle tű; ~**s and thread** tű és cérna [aish tsairnâ]
negative negatív [negâteev]; *(answer)* tagadó [tâgâdaw]
neighbour szomszéd [somsayd]
neither se [sheh], sem [shem]; *(which of them do you want?)* ~
(of them) egyiket sem [eddjiket shem]; ~ **do I** én sem [ain
shem]; ~ **. . . nor** sem . . . sem
nephew unokaöccs [oonokâ-öch]
nervous ideges [id-egesh]
net[1] *(fishing etc.)* háló [haalaw]
net[2] *(weight etc.)* nettó [net-taw]
the Netherlands Hollandia [hollândiâ]
neutral *(gear)* **is in** ~ üresben/nullában van [üreshben/noollaa-
bân vân]
never soha(sem) [sho-hâ(-shem)]
nevertheless mindamellett [mindâmellett]
new új [ooy]; **N**~ **Year('s Day)** újév [ooy-aiv]; **N**~ **Year's Eve**
szilveszter [silvester]; →**merry**
news *(recent information)* újság [ooy-shaag]; *(radio, television)*
hírek [heerek]; **what's the** ~? mi újság [mi ooy-shaag]?
newsagent újságárus [ooy-shaag-aaroosh]
newscast hírek [heerek]
newsdealer *(US)* →**newsagent**
newspaper újság [ooy-shaag]
newsreel híradó [heerâdaw]
news-stand újságosbódé [ooy-shaagosh-bawdai], újságárus [-
aaroosh]
next *(in space)* legközelebbi; *(in order)* következő; **on Friday**
~, ~ **Friday** jövő pénteken [yövő painteken]; ~ **to . . . . . .**
mellett; ~ **door** következő ajtó [âytaw], a szomszéd(ban) [a
somsayd(bân)]; **where is the** ~ **police station?** hol van a [vân
â] legközelebbi rendőrség [rendőr-shaig]?; **when does the** ~
train/plane leave for . . .? mikor indul a következő vonat/gép

... felé [mikor indool â következő vonât/gaip ... felai]?; ~
day másnap [maashnâp]; ~ **month** jövő hónapban [yövő
hawnâpbân]; ~ **time** legközelebb; ~ **week** jövő héten [yövő
haiten]; ~ **year** jövő évben [yövő aivben], jövőre [yövőre]
nice *(person)* helyes [heyesh]; *(pleasant)* kellemes [kellemesh],
jó [yaw]; **how** ~ **to see you** örülök, hogy látom [hodj laatom];
~ **weather** szép/jó [saip/yaw] idő; ~ **day today, isn't it?** szép
idő van ma [saip idő vân mâ]!
niece unokahúg [oonokâ-hoog]
night éjszaka [aysâkâ], éjjel [ay-yel]; **for one** ~ egy éjszakára [edj
aysâkaarâ]; **all** ~ egész éjjel [egais ay-yel]; **at/by** ~ éjjel; ~
duty éjszakai ügyelet [aysâkâyi üdjelet], inspekció [in-shpek-
tsiyaw]; ~ **life** éjszakai élet [aysâkâyi ailet]; ~ **train** éjszakai
vonat [aysâkâyi vonât]
nightclub éjszakai mulató(hely) [aysâkâyi moolâtaw(-hey)], bár
[baar]
nightdress, nightgown hálóing [haalaw-ing]
night-letter levéltávirat [levail-taavirât]
nil null(a) [nool(lâ)]; **two to** ~ kettő : null(a) [kettő nool(lâ)]
ninety-nine kilencvenkilenc [kilentsven-kilents]; **say** ~ sóhajt-
son [shawhâychon]!
no 1. nem; **will you go? No, I won't** elmegy? Nem, nem megyek el
[elmedj? nem, nem medjek el]; ~, **thanks** köszönöm, nem ké-
rek [köszönöm, nem kairek]; ~ **one** senki [shenki]; **I have** ~
money nincs pénzem [ninch painzem]; **is** ~ **longer valid** már
nem érvényes [maar nem airvainjesh] 2. *(various notices:)* ~
admittance! belépni tilos [belaipni tilosh]!; ~ **entry!** behajta-
ni tilos [-hâytâni tilosh]!; ~ **parking!** várakozni/parkolni ti-
los [vaarâkozni/pârkolni tilosh]!; ~ **pedestrians!** gyalogosok-
nak tilos [djâlogoshoknâk tilosh]!; ~ **smoking!** tilos a dohány-
zás [tilosh a dohaanjzaash]!; ~ **stopping!** megállni tilos [meg-
aalni tilosh]!; ~ **waiting!** várakozni tilos [vaarâkozni tilosh]!
No. *(= number)* ... számú [saamoo]; **bus No. 6** a hatos busz [a
hâtosh boos]; **Passport No.** útlevél száma [ootlevail saamâ];
room No. 100 a százas szoba [â saazâsh sobâ]

nobody senki [shenki]; ~ **else** senki más [maash]

noise zaj [zây]

noisy zajos [zâyosh], hangos [hângosh]

non-alcoholic drinks alkoholmentes (üdítő)italok [âlko-hol-mentesh (üdeető)-itâlok]

none egyik sem [eddjik shem]

non-iron nem vasalandó [-vâshâlândaw]

non-primary route mellékútvonal [mellaik-ootvonâl]

non-priority road alárendelt útvonal [alaarendelt ootvonâl]

nonsense képtelenség [kaiptelen-shaig]

non-smoker *(person)* nem dohányos [dohaanjosh]; *(compartment)* nemdohányzó [-dohaanjzaw]

non-stick frying pan teflonserpenyő [-sherpenjő]

nonstop nonstop; ~ **flight** leszállás nélküli repülés [lesaalaash nailküli repülaish]; ~ **performance** folytatólagos előadás [foytâtawlâgosh elő-âdaash]; ~ **train to ...** közvetlen vonat [vonât] ...be, „a vonat ...ig nem áll meg" [â vonât ...ig nem aal meg]

noodles metélt [metailt]

noon dél [dail]; **at** ~ délben [dailben]

nor sem [shem]; ~ **you either** (de) te sem

normal normál(is) [normaal(ish)], szokásos [sokaashosh], rendes [rendesh]; *(temperature)* az évszaknak [âz aivsâknâk] megfelelő

north 1. *n* észak [aisâk]; **in the** ~ **of Hungary** Magyarország északi részén [mâdjârorsaag aisâki raisain] 2. *adv* északra [aisâkrâ]; ~ **of Budapest** Budapesttől északra [B-től aisâkra]

north-east 1. *n* északkelet [aisâk-] 2. *a* északkeleti [aisâk-] 3. *adv* északkelet felé [felai]

north-eastern északkeleti [aisâk-]

northern északi [aisâki]

northward(s) észak felé [aisâk felai]

north-west 1. *n* északnyugat [aisâk-njoogât] 2. *a* északnyugati [aisâk-njoogâti] 3. *adv* északnyugat felé [felai]; ~ **of Budapest** Budapesttől északnyugatra [boodâpesht-től aisâk-njoogâtrâ]

north-western északnyugati [aisâk-njoogâti]

Norway Norvégia [norvaigiâ]

Norwegian norvég [norvaig]

nose orr

no-show charge megnemjelenési díj [-yelenaishi deey]

not nem; **I think** ~ azt hiszem, hogy nem [ast hisem, hodj nem]; ~ **at all** *(in reply to ,,thanks'')* nincs mit [ninch mit], szívesen [seeveshen]; ~ **yet** még [maig] nem

note *(short record)* jegyzet [yedjzet]; *(money)* bankjegy [bânk-yedj]

notebook jegyzetfüzet [yedjzet-], notesz [not-es]

notepaper levélpapír [levailpâpeer]

nothing semmi [shemmi]; **for** ~ ingyen [indjen]

notice 1. *n* értesítés [airtesheetaish], bejelentés [beyelentaish]; **give** ~ bejelenteni [-yelenteni] (vmit), értesíteni [airtesheeteni] (vkit), *(warning to leave)* felmondani [-mondâni]; **give** ~ **of cancellation** lemondani [-mondâni] vmit **2.** *v* észrevenni [aisrevenni]; **I** ~**d that** ... észrevettem, hogy ... [ais-re-vettem, hodj]

notify értesíteni [airtesheeteni], közölni

nought nulla [noollâ], zéró [zairaw]

noun főnév [főnaiv]

novel regény [regainj]

November november; **on** ~ **7th/8th** november 7-én/8-án [hetedikain/njoltsâdikaan]

now most [mosht]; **by** ~ mostanára [moshtânaarâ]

nowhere sehol [shehol]

nudist nudista [noodishtâ]

nuisance kellemetlen(ség) [kellemetlen(shaig)]

number szám [saam]; ~ **of rooms** szobák száma [sobaak saamâ]; ~ **of passport** útlevél száma [ootlevail saamâ]; **what is your** ~? mi a (telefon)száma [mi â (telefon)saamâ]?; **which** ~ **goes to (the)** ...? hányas busz (stb.) megy ... [haanjâsh boos etc. medj]?; **room** ~ **16** a tizenhatos szoba [â tizenhâtosh sobâ]; **I am in** ~ **16** a tizenhatosban vagyok [â tizenhâtoshbân vâdjok] →No.; a ~ of *(some)* néhány [naihaanj], *(many)* sok [shok]

number plate rendszámtábla [[rend-saam-taablâ]

nun apáca [âpaatsa]

nurse ápoló [aapolaw], *(female)* ápolónő [aapolaw-nő]

nut dió [diyaw]

nylons *(stockings)* nejlonharisnya [neylonhârishnjâ]

O

0 *(number)* nulla [noollâ]

oak tölgyfa [töldj-fâ]

oar evező

oats zab [zâb]

oat-flakes zabpehely [zâb-pehey]

obey engedelmeskedni [engedelmeshkedni]

object tárgy [taardj]; *(aim)* cél [tsail]

obligatory kötelező

be **obliged** *to* kénytelen ... [kainjtelen]; **I was ~ to walk** kénytelen voltam gyalog menni [kainjtelen voltâm djâlog menni]; **I am much ~ to you** nagyon hálás vagyok önnek [nâdjon haalaash vâdjok önnek]

obstacle akadály [âkâdaay]

obstructs the traffic akadályozza a forgalmat [âkâdaayozzâ â forgâlmât]

obtain kapni (vmit) [kâpni]; (be)szerezni (vmit) [serezni]; hozzájutni (vmihez) [hozzaa-yootni]; **can/may be ~ed** kapható [kâp-hâtaw]; beszerezhető [-serezhető], ... szerezhető be

obtainable kapható [kâp-hâtaw]

obvious nyilvánvaló [njilvaan-vâlaw]

obviously nyilván [njilvaan]

occasion alkalom [âlkâlom]

occasionally néha [naihâ]

occupation foglalkozás [foglâlkozaash]

occupied (el)foglalt [-foglâlt]

occupy elfoglalni [-foglâlni]

occur előfordulni [-fordoolni]; *(happen)* (meg)történni [-történni]; **it ~ red to me** eszembe jutott [esembe yootott]

ocean óceán [awtse-aan]

o'clock: it is 10 ~ tíz óra (van) [teez awrâ (vân)]; **at 9 ~** kilenc órakor [kilents awrâkor], kilenckor [kilentskor]

octane number oktánszám [oktaansaam]

October október [oktawber]; **on ~ 7th/8th** október 7-én/8-án [oktawber hetedikain/njoltsâdikaan]

odd *(number)* páratlan [paarâtlân]; *(one of a pair)* fél pár [fail paar]; *(strange)* furcsa [foorchâ]

of *(possession)* **the son ~ my friend** a barátom fia [â bâraatom fiyâ]; *(distance)* **a mile ~ ...** egy mérföld(nyi)re ...tól/...től [edj mairföld(nji)re]; *(result)* **made ~ wood** fából készült [faabawl kaisült]; *(time)* **the first ~ June** június elseje [yoonyoosh elshe-ye]; *(US)* **ten minutes ~ five** tíz perc múlva öt [teez perts moolvâ öt]; *(about)* ...ról [rawl], ...ről [ről]

off el; **a mile ~** egy mérföldnyire [edj mairföldnjire]; **they are ~** elindultak [-indooltâk]; **the water is ~** el van zárva a víz [el vân zaarvâ â veez]; **they are well ~** jómódban élnek [yawmawdbân ailnek]; **~ day, day ~** szabadnap [sâbâdnâp]; **~ season** holtszezon [-sezon], holtidény [-idainj]

offence szabálysértés [sâbaay-shairtaish]

offend *(against)* szabálysértést [sâbaay-shairtaisht] követ el

offender szabálysértő [sâbaay-shairtő]

offer 1. *v* felajánlani [-âyaanlâni], kínálni [keenaalni] **2.** *n* ajánlat [âyaanlât]

office hivatal [hivâtâl], iroda [irodâ]; *(US)* *(doctor's)* rendelő

office-hours félfogadás [fail-fogâdaash], hivatalos idő/órák [hivâtâlosh idő/awraak]

officer tiszt [tist]; *(policeman)* rendőr

official 1. *a* hivatalos [hivâtâlosh]; **for** ~ **use only** a hatóság [â hâtaw-shaag] tölti ki **2.** *n* tisztviselő [tist-vishelő]
off-peak period elő- és utószezon [elő- aish ootawsezon]
off side *(football)* les(állás) [lesh(-aalaash)]
offside lane →lane
often gyakran [djâkrân]; **how** ~? hányszor? [haanjsor]
oil olaj [olây]; **to change** ~ olajat cserélni [olâyât cherailni]; **change of** ~ olajcsere [olây-cher-e]; **check the** ~, **please!** néz- ze meg kérem az olajat és töltsön utána (ha kell) [naiz-ze meg kairem âz olâyât aish tölchön ootaanâ (hâ kell)]!; **some** ~, **please!** olajat kérek [olâyât kairek]!
oil level olajszint [olây-sint]
oil pressure olajnyomás [olây-njomaash]
ointment kenőcs [kenőch]
O.K. *(US)* rendben (van) [vân]
okay *v* helybenhagyni [heyben-hâdjni]
old öreg; *(not recent)* régi [raigi]; **how** ~ **are you?** hány éves (ön) [haanj aivesh (ön)]?; **how old is she?** hány éves [haanj aivesh]?; **ten years** ~ tízéves [teez-aivesh]
Olympic olimpiai [olimpi-âyi]; ~ **champion/winner** olimpiai bajnok [bâynok]; **the** ~ **Games** az olimpia(i játékok) [âz olimpiâ(yi yaataikok)]; ~ **record** olimpiai csúcs [chooch]
omelette omlett
omit kihagyni [-hâdjni], elmulasztani [-moolâstâni]
on ...on, ...en, ...ön, ...n; ~ **the table** az asztalon [âz âstâ-lon]; *(put it on ...)* az asztalra [âstâlrâ]; ~ **my arrival** (meg)-érkezésemkor [-airkezai-shemkor]; ~ **time** pontosan [ponto-shân], időben; **from September 29th,** ~ (érvényes) szeptem-ber 29-től; olây(it) is ~ (vmi) be van kapcsolva [be vân kâpchol-vâ]; **the gas is** ~ ki van nyitva a gáz(csap) [ki vân njitvâ â gaaz(châp)]; **the light is** ~ ég a lámpa [aig â laampâ]; **what is** ~ **today?** mit adnak ma [âdnâk mâ]?; mi megy ma [medj mâ]?; **a lecture** ~ X előadás [elő-âdaash] X-ről
once egyszer [edjser]; ~ **more** még egyszer [maig edjser]; **at** ~ azonnal [âzonnâl]

oncoming traffic szembejövő forgalom [sembe-yövő forgâlom]
one egy [edj]; ~ **and a half** másfél [maash-fail]; ~ **fourth** (egy)-
negyed [(edj)nedjed]; ~ **third** egyharmad [edj-hârmâd]; ~
class only csak másodosztály [chák maashod-ostaay]; ~
more még egyet [maig eddjet]; ~ **of them** egyikük [eddjikük];
~ **by** ~ egyenként [eddjenkaint], egyesével [eddjeshaivel]; ~
another egymást [edjmaash(t)]; **which** ~? melyik(et) [meyi-
k(et)]?; **this** ~ ezt [est]; **that** ~ azt [âst]; **the green** ~ a [â] zöl-
det; **Here are some guidebooks, which** ~ **do you want! I want
that** ~. Itt van néhány útikönyv. Melyiket kéri? Azt kérem.
[itt vân naihaanj ootikönjv; meyiket kairi? âst kairem]
one-day return ticket egynapos kirándulójegy [edjnâposh ki-
raandoolaw-yedj]
oneself maga [mâgâ]; *(objective)* magát [mâgaat]
one-way street egyirányú utca [edjiraanjoo oottsâ]
one-way ticket →**single ticket**
one-way traffic egyirányú forgalom/közlekedés [edjiraanjoo
forgâlom/közlekedaish]
onion hagyma [hâdjmâ]
only csak [chák], csupán [choopaan]
on-the-spot fine helyszíni bírság(olás) [heyseeni beershaag(o-
laash)]
onward journey kiutazás [-ootâzaash]
open 1. *a (not shut)* nyitva [njitvâ]; *(not covered)* fedetlen, nyi-
tott [njitott]; **is** ~ nyitva van/tart [njitvâ vân/târt]; ~ **all the
year round** egész évben nyitva [egais aivben njitvâ]; ~ **24
hours a day** éjjel-nappal nyitva [ay-yel-nâppâl njitvâ]; ~
8a.m.—4p.m. nyitva(tartás) 08—16 óráig [njitvâ(târtaash)
njolts-tawl tizenhât awraa-ig]; **the shop is not** ~ **yet** az üzlet
még nincs nyitva [âz üzlet maig ninch njitvâ]; **in** ~ **country, on
the** ~ **road** lakott területen kívül [lâkott területen keevül] **2.** *v*
kinyitni [-njitni]; *(a meeting)* megnyitni [-njitni]; ~ **it, please**
nyissa ki kérem [njish-shâ ki kairem]?; **what time do they** ~?
mikor nyitnak [njitnak]? →**season**

open-air szabadtéri [sâbâd-tairi]; ∼ **bath** strand [shtrând]; ∼ **cinema** kertmozi

open-date ticket „open" jegy [yedj]

opening cerenomy megnyitó ünnepély [meg-njitaw ünnepay], ünnepélyes [ünnepayesh] megnyitó

opening hours nyitvatartás(i idő) [njitvâtârtaash(i idő)]

opera opera [operâ]

opera-house operaház [operâhaaz]

operate *(function)* működni, üzemelni; *(perform an operation on sby)* megoperálni [-operaalni] vkit; **buses** ∼ **every 20 minutes** húsz percenként közlekednek az autóbuszok [hoos pertsenkaint közlekednek âz outawboosok]

operating theatre műtő

operation *(functioning)* működés [működaish]; *(surgical)* operáció [operaatsiyaw]

operator *(telephone)* telefonos; központ [köspont]

operetta operett

opinion vélemény [vailemainj]

opportunity alkalom [âlkâlom]; **opportunities for entertainment** szórakozási lehetőségek [sawrâkozaashi le-hetőshaigek]

opposing traffic szembejövő forgalom [sembeyövő forgâlom]

opposite 1. *adv* szemben [semben] **2.** *a (facing)* szemben levő [semben levő], túlsó [toolshaw]; *(contrary)* ellentétes [ellen-taitesh]

optician optikus [optikoosh], látszerész [laat-serais]

optional szabadon választható/választott [sâbâdon vaalâst-hâtaw/vaalâstott]

or vagy [vâdj]

orange narancs [nârânch]; *(coloured)* narancssszínű [-seenű]

orange drink, orangeade narancsszörp [nârânch-sörp]

orange juice narancslé [nârânchlay]

orchestra zenekar [zenekâr]

order *(arrangement)* rend; *(from a shop)* rendelés [rendelaish]; **is in** ∼ rendben van [vân]; **... is in good working** ∼ jól [yawl] működik; **... is out of** ∼ nem működik, nem jó [yaw]; **in** ∼

to ... (azért) hogy ... [(âzairt) hodj]; **give an ~ for sth** megrendelni vmit

order-form megrendelőlap [-lâp]; *(library)* kérőlap [kairő-]

ordinary rendes [rendesh], szokásos [sokaashosh]; *(petrol)* normál [normaal] (benzin)

organ *(part of body)* szerv [serv]; *(music)* orgona [orgonâ]

organization szervezet [servezet]

organize (meg)szervezni [-servezni], rendezni

original eredeti

other más [maash]; másik [maashik]; **the ~ one** a [â] másik, *(objective)* a másikat [â maashikât]; **~ roads** egyéb utak [edjaib ootâk]

otherwise máskülönben [maash-]

ought *to* ... kellene; **you ~ to have seen it** látnia kellett volna [laatniyâ kellett volnâ]

ounce uncia (= 28,35 grammes) [oontsiâ] → *Appendix*

our (a mi) ...nk [â mi]; **~ house** (a mi) házunk [(â mi) haazoonk]

ours (a) mienk [(â) miyenk], mieink [mi-ye-ink]

ourselves (mi) magunk [mâgoonk]; *(objective)* magunkat [mâgoonkât]

out *(direction)* ki, *(position)* kinn; **he is ~ just now** házon kívül van [haazon keevül vân]; **he is ~ of town** nincs a városban [ninch â vaaroshbân]; **the fire is ~** kialudt a tűz [ki-âloott â tűz]; **we're ~ of petrol** kifogyott a benzin(ünk) [kifodjott â]

outboard motor csónakmotor [chawnâk-motor]

outdoors kinn

outdoor swimming pool nyitott uszoda [njitott oosodâ]

outfit felszerelés [-serelaish]

outfitter's *(gentlemen's)* férfidivat-üzlet [fairfi-divât-]

outing kirándulás [-raandoolaash]

outlet *(electrical)* konnektor, (fali) csatlakozó [(fâli) châtlâkozaw]

outlying távoli [taavoli], félreeső [failre-eshő]

outpatients ambulancia [âmboolântsiâ]

output teljesítmény [telyesheetmainj]
outside 1. *adv* kívül [keevül]; kinn **2.** *a* külső [külshő]; ~ **lane**
(GB) belső sáv [belshő shaav]; ~ **left** *(player)* balszélső [bâl-
sailshő]; ~ **right** jobbszélső [yobbsailshő]
outskirts külváros [-vaarosh]
outward journey kiutazás [-ootâzaash], odautazás [odâ-ootâ-
zaash]
oval ovális [ovaalish]
oven sütő [shütő], tűzhely [tűz-hey]
over felett; *(more than)* több mint ...; *(finished)* vége [vai-ge];
~ **here** itt (nálunk) [naaloonk]; ~ **there** ott, odaát [odâ-aat];
~ **3 hours** 3 órán túl [haarom awraan tool]
overalls szerelőruha [serelő-roohâ]; kezeslábas [kezesh-laabâsh]
overcoat felöltő, felsőkabát [felshőkâbaat]
overdone túlsütött [tool-shütött]
overhaul 1. *n* nagyjavítás [nâdj-yâveetaash], generáljavítás [ge-
neraal-yâveetaash] **2.** *v* generálozni [generaalozni]
overhead: danger! works ~ vigyázat, a tetőn dolgoznak [vidjaa-
zât, â tetőn dolgoznâk]!
overhead crossing felüljáró [felül-yaaraw]
overheat túlmelegedni [tool-]
overnight 1. *a* éjszakai [aysâkâyi] **2.** *adv* éjszakára [aysâkaarâ]
overpass *(US)* felüljáró [-yaaraw]
overseas 1. *a* külföldi; ~ **visitor** külföldi látogató [laatogâtaw] **2.**
adv külföldön
overtake előzni; *(in Hungary:)* ~ **on the left!** előzni csak balra
szabad [előzni châk bâlrâ sâbâd]!; **trams should be** ~**n on the
right** a villamosokat jobbról kell előzni [â villâmoshokât
yobbrawl kell előzni]
overtaking előzés [előzaish]; ~ **prohibited, no** ~ előzni tilos [ti-
losh]
overtaking lane belső sáv [belshő shaav]
overtime túlóra [tool-awrâ]
owe tartozni [târtozni]; **how much do I** ~? mennyivel tartozom
[mennjivel târtozom]?

owing to vmi miatt [miyâtt]
own saját [shâyaat]
owner tulajdonos [toolâydonosh]
oyster osztriga [ostrigâ]
oz(s). (= *ounce(s)*) →*Appendix*

P

p = *(new)* **pence** penny
pack csomagolni [chomâgolni]; *(pack up)* becsomagolni; **have
you ~ed (up) your things?** becsomagolt már [-chomâgolt
maar]?
package csomag [chomâg]
packaged tour *(US)* társasutazás [taarshâsh-ootâzaash]
packed zsúfolva [zhoofolvâ]
packet csomag [chomâg]
packing csomagolás [chomâgolaash]
p(a)ediatrician gyermekorvos [djermekorvosh]
page^1 *(in a book)* oldal [oldâl]
page^2 *(in a hotel)* londiner
paid fizetett; fizetve →**pay**
pail vödör
pain fájdalom [faaydâlom]
painkiller fájdalomcsillapító [faaydâlom-chillâpeetaw]
paint 1. *n* festék [feshtaik]; **wet ~!** vigyázat mázolva [vidjaazât
maazolvâ]! **2.** *v* festeni [feshteni]
painter festő [feshtő]
painting festmény [feshtmainj]
a **pair of** egy pár [edj paar]; **a ~ of trousers** nadrág [nâdraag]
pairs *(race boat)* kettes [kettesh]
pajamas pizsama [pizhâmâ]
palace palota [pâlotâ]

pale *(face)* sápadt [shaapâtt]
palm tenyér [tenjair]
pan serpenyő [sherpenjő]
pancake palacsinta [pâlâchintâ]
panel doctor körzeti orvos [-orvosh]
panties (női) nadrág [nâdraag], bugyi [boodji]
pants nadrág [nâdraag], pantalló [pântâllaw]
pants-suit nadrágkosztüm [nâdraag-kostüm]
panty hose harisnyanadrág [hârishnjâ-nâdraag]
paper *(sheet)* papír [pâpeer]; *(documents)* okmány(ok) [okmaanj(ok)]; *(essay)* dolgozat [dolgozât]; *(newspaper)* lap [lâp]
paperback puha fedelű könyv [poohâ fedelű könjv]
paper tissue(s) *(handkerchief)* papír zsebkendő [pâpeer zhebkendő]
paprika paprika [pâprikâ]; **red** ~ piros [pirosh] paprika; **green** ~ zöldpaprika
paraffin petróleum [petraw-le-oom]
parallel bars korlát [korlaat]
parcel csomag [chomâg]
parcel-post csomagposta [chomâg-poshtâ]
pardon *n* bocsánat [bochaanât]; **I beg your** ~ *(excuse me)* bocsánat [bochaanât]!; *(I did not hear)* tessék [tesh-shaik]?; *(indignantly)* de kérem [kairem]!
parents szülők [sülők]
park 1. *n* park [pârk] **2.** *v* várakozni [vaarâkozni], parkolni [pârkolni]; **where can I** ~ **my car?** hol parkolhatok [pârkolhâtok]?
parked vehicle parkoló/várakozó jármű [pârkolaw/vaarâkozaw yaarmű]
parking várakozás [vaarâkozaash], parkolás [pârkolaash]; *(area)* várakozóhely [vaarâkozaw-hey], parkoló(hely) [pârkolaw]; ~ **is forbidden, no** ~ várakozni/parkolni tilos [vaarâkozni/pârkolni tilosh]
parking area parkoló(hely) [pârkolaw(-hey)]

pass

parking charge parkolási díj [pârkolaasi deey]
parking difficulties parkolási nehézségek [pârkolaashi nehaiz-shaigek]
parking fee →**parking charge**
parking light(s) parkolólámpa [pârkolaw-laampâ]
parking-lot US fizetőparkoló [-pârkolaw]
parking-meter parkolóóra [pârkolaw-awrâ]
parking meter zone fizetőparkoló [pârkolaw]
parking offence tiltott parkolás [tiltott pârkolaash]
parking place →**parking area**
parking restrictions parkolási korlátozások [pârkolaashi korlaatozaashok]
parking-ticket bírságcédula tilos parkolásért [beershaag-tsai-doolâ tilosh pârkolaashairt]
Parliament Parlament [pârlâment]
parlour game társasjáték [taar-shâsh-yaataik]
parsley petrezselyem [petre-zheyem]
part rész [rais]; **take ~ in** részt [raist] venni vmiben; **on my ~** részemről [raisemről]
partial részleges [raislegesh]; **~ board** félpanzió [failpânziyaw]
participant résztvevő [raist-vevő]
participate részt [raist] venni (vmiben)
participation fee részvételi díj [raisvaiteli deey]
particular 1. a speciális [shpetsi-aalish], különös [különösh]; **in ~** főleg 2. n **~s** részletek [raisletek]; *(personal)* (személyi) adatok [(semayi) âdâtok]
particularly különösen [különöshen], főleg
parting búcsú [boochoo]
partly részben [raisben]
partner társ [taarsh], partner [pârtner]
party *(gathering)* összejövetel [össeyövetel], vendégség [vendaigshaig], társaság [taarshâshaag]; *(one person, officially)* fél [fail]
pass 1. n *(travelcard)* bérlet [bairlet] 2. v *(pass by)* elmenni ... mellett, *(move along)* elhaladni [-hâlâdni]; *(US overtake)*

előzni; *(through)* áthaladni [aat-hâlâdni]; *(exam)* átmenni [aatmenni]; **he ~ed by me** elment mellettem; **the time ~ed pleasantly** kellemesen telt az idő [kellemeshen telt âz idő]; **~ the bread, please** kérem a kenyeret [kairem â kenjeret]; **~ round** körbe adni [körbe-âdni]; **~ through** átmenni [aatmenni], átutazni ...n [aatootâzni]

passage *(crossing)* átkelés [aatkelaish]; *(path)* átjáró [aat-yaa-raw]; *(in a book)* szakasz [sâkâs]

passenger utas [ootâsh]

passenger list utasnévsor [ootâsh-naiv-shor]

passenger train személyvonat [semayvonât]

passer-by járókelő [yaaraw-kelő]

no **passing!** *(US)* előzni tilos [tilosh]!

passport útlevél [ootlevail]; **get your ~s ready, please** kérem, készítsék elő az útleveleket [kairem, kaiseet-shaik elő âz ootleveleket]!; **your ~ is in order** az ön útlevele rendben van [âz ön ootlev-el-e rendben vân]

passport application form útlevélkérő lap [ootlevail-kairő lâp]

passport control útlevélvizsgálat [ootlevail-vizh gaalât]

passports and customs controls útlevél- és vámvizsgálat [ootlevail aish vaamvizghaalât]

passport photo útlevél(fény)kép [ootlevail(fainj)kaip]

past *(in space)* ... mellett; *(in time)* ... után [ootaan]; **walk ~ sby** elmenni vki mellett; **half ~ seven** fél nyolc [fail njolts]; **a quarter ~ four** negyed [nedjed] öt; **two minutes ~ nine** kilenc óra két perc [kilents owrâ kait perts]

pastime időtöltés [-töltaish], szórakozás [sawrâkozaash]

pastry (cukrász)sütemény [tsookraas-shütemainj]

patch folt

path ösvény [öshvainj], út [oot]

patient beteg

patrol (car) *(service)* segélykocsi [shegaykochi], „sárga angyal" [shaargâ ândjâl]; *(police)* URH-kocsi [oo-er-haa-kochi]

patrol service (országúti) segélyszolgálat [(orsaagooti) shegaysolgaalât]; *(the yellow car)* „sárga angyal" [shaargâ ândjâl]

pattern minta [mintâ]
pause szünet [sünet]
pavement járda [yaardâ]
pawn *(object)* zálog [zaalog]
pay fizetni, kifizetni; **do I ~ now?** most [mosht] fizetek?; **how
much shall I have to ~?** mennyit [mennjit] fizetek?; **~ here** itt
kell fizetni; **please ~ at the desk** a kasszánál tessék fizetni
[kâssaanaal tesh-shaik fizetni]; **~ for sth** kifizetni vmit, fizet-
ni vmiért; **he paid 100 forints for it** száz [saaz] forintot fizetett
érte [airte]; **~ down** lefizetni; **~ in** befizetni
payable fizetendő
paying car park fizetőparkoló [-parkolaw]
paying guest fizetővendég [-vendaig]
paying-guest service fizetővendég-szolgálat [-vendaig-solgaalât]
payment fizetés [fizetaish]; **on ~ of ... ...** lefizetése ellenében
[lefizetaish-e ellenaiben]
pay station *(US)* nyilvános távbeszélő-állomás [njilvaanosh
taavbesailő-aalomaash]
pay tone búgó jel [boogaw yel], „vonal" [vonâl]
pea borsó [borshaw]
peace béke [bai-ke]
peach őszibarack [ősibârâtsk]
peak csúcs [chooch]; **traffic ~** →**peak period**
peak period csúcsforgalom [chooch-forgâlom], csúcsforgalmi
idő/órák [chooch-forgâlmi idő/awraak]
pear körte
pearl gyöngy [djöndj]
peasant paraszt [pârâst]
peculiar sajátos [shâyaatosh]
peculiarity különlegesség [különlegesh-shaig], sajátosság [shâ-
yaatosh-shaag]
pedal pedál [pedaal]
pedestrian gyalogos [djâlogosh]
pedestrian crossing gyalogátkelőhely [djâlog-aatkelőhey]
pedestrian precinct sétálóutca

pedicure pedikűr
peg cövek [tsövek]
pen toll
penalty büntetés [büntetaish], bírság [beer-shaag]
pence →**penny**
pencil ceruza [tseroozâ]
pen-friend levelezőtárs [lev-elező-taarsh]
peninsula félsziget [failsiget]
penknife bicska [bichkâ]
penlight battery ceruzaelem [tseroozâ-]
penny, pence penny
pension nyugdíj [njoogdeey]
pensioner nyugdíjas [njoogdeeyâsh]
people *(nation)* nép [naip]; *(persons)* emberek
People's Stadium Népstadion [naip-shtâdiyon]
pepper bors [borsh]; *(red)* (piros)paprika [(pirosh)-pâprikâ]
peppermint menta(cukor) [mentâ(tsookor)]
per ...ként [...kaint]; ~ **cent** →**percent;** ~ **day** naponként [nâponkaint]; ~ **hour** óránként [awraankaint]; ~ **kg** kg-ként [kilogrâmonkaint]; ~ **night** éjszakánként [aysâkaankaint], egy éjszakára [edj aysâkaarâ]; ~ **person** személyenként [semayenkaint]; ~ **piece** darabonként [dârâbonkaint]; ~ **week** hetenként [hetenkaint]
percent százalék [saazâlaik]; **25** ~ **of the value** az érték 25 százaléka [âz airtaik hoosonöt saazâlaikâ]
percolator kávéfőző(gép) [kaavai-főző(gaip)]
perfect tökéletes [tökailetesh]
perfectly tökéletesen [tökaileteshen]
performance előadás [-âdaash]; *(motor)* teljesítmény [telyesheetmainj]
perfume parfüm [pârfüm]
perfumery *(ware)* illatszer [illât-ser]; *(shop)* illatszerbolt
perhaps talán [tâlaan]
period időszak [-sâk]; ~ **of stay** ott-tartózkodás időtartama [-târtawz-kodaash időtârtâmâ]

periodical folyóirat [foyaw-irât]

perishable romlandó [romlândaw]

perm dauer [dou-er]

permanent állandó [aalândaw]; ~ **address** állandó lakhely [aalândaw lak-hey]; ~ **wave** dauer [dou-er]

permission engedély [engeday]

permit 1. *v* megengedni; **is** ~**ted** megengedett, szabad [sâbâd] **2.** *n* engedély [engeday]

person személy [semay], egyén [edjain]; **in** ~ személyesen [semayeshen]

personal személyi [semayi], személyes [semayesh]; ~ **articles, articles for** ~ **use** személyi használati tárgyak [semayi hâsnaalâti taardjâk]; ~ **documents** személyi okmányok [semayi okmaanjok]; **for** ~ **needs** személyi szükségletre [semayi sükshaigletre]; **for one's** ~ **use** személyi használatra [semayi hâsnaalâtrâ]; ~ **property/effects** személyi tulajdon [semayi toolâydon]; ~ **and baggage insurance** személyi és poggyászbiztosítás [semayi aish poddjaasbistosheetaash]

personal computer személyi számítógép, PC [semayi saameetawgaip, pai-tsai]

personally személyesen [semayeshen]

personnel személyzet [semayzet]

persuade rábeszélni [raa-besailni]

pet háziállat [haazi-aalât], öleb

pet-shop állatkereskedés [aalât-kereshkedaish]

petrol benzin

petrol can marmonkanna [mârmonkânnâ]

petrol coupon benzinjegy [-yedj], benzinutalvány [-ootâlvaanj]

petrol engine benzinmotor

petroleum kőolaj [kő-olây], petróleum [petraw-le-oom]

petrol station benzinkút [-koot], töltőállomás [-aalomaash]

petrol station attendant (benzin)kútkezelő [-kootkezelő], benzinkutas [-kootâsh]

petrol tank benzintartály [-târtaay]

petty offence szabálysértés [sâbaayshairtaish]

pharmacist gyógyszerész [djawdj-serais]
pharmacy gyógyszertár [djawdj-sertaar], patika [pâtikâ]
pheasant fácán [faatsaan]
phone 1. *n* telefon; **are you on the** ~? van önnek telefonja [vân önnek telefonyâ]?; **you are wanted on the** ~ önt kérik a telefonhoz [önt kairik â telefonhoz] **2.** *v* telefonálni [telefonaalni]
phone card telefonkártya [-kaartjâ]
photo →**photograph**
photo-finish célfotó [tsailfotaw]
photograph fénykép [fainjkaip]; **take a** ~ **of** lefényképezni [-fainjkaipezni] vmit/vkit; **have one's** ~ **taken** lefényképezteti magát [-fainjkaipezteti mâgaat]
photographer fényképész [fainj-kaipais]
photographic articles fotocikkek [-tsikkek]
physician orvos [orvosh]; *(internist)* belgyógyász [bel-djawdjaas]
physicist fizikus [fizikoosh]
physics fizika [fizikâ]
pianist zongoraművész [zongorâ-művais]
piano zongora [zongorâ]; **play the** ~ zongorázni [zongoraazni]
pick *(take with the fingers)* szedni [sedni]; *(choose)* választani [vaalâstâni]; ~ **up** felszedni [-sedni], felvenni, érte [air-te] menni; **will you come and** ~ **me up at the hotel?** eljönne értem a szállodába? [elyönne airtem â saalodaabâ]; **I'll** ~ **you up** érted megyek (kocsival) [airted medjek (kochivâl)]; ~ **s up speed** gyorsul [djorshool]
pickled cucumber ecetes uborka [etsetesh ooborkâ]
pickles savanyúság [shâvânjoo-shaag]
pickpocket zsebtolvaj [zhebtolvây]
picnic (társas) kirándulás [(taarshâsh) kiraandoolaash]
picture kép [kaip]; *(film)* film
picture postcard képes levelezőlap [kaipesh lev-elezőlâp]
the **pictures, picture house** mozi
pie tészta [taistâ]; *(meat pie)* húsos táska [hooshosh taashkâ]
piece darab [dârâb]

pier móló [maw-law]
pig disznó [disnaw]
pigeon galamb [gâlâmb]
pike *(fish)* csuka [chookâ]
pile halom [hâlom]
pill pirula [piroolâ]
pillar oszlop [oslop]
pillar-box levélszekrény [levail-sekrainj]
pillion hátsó ülés [haat-shaw-ülaish]
pillow párna [paarnâ]
pillow-case párnahuzat [paarnâ-hoozât]
pilot pilóta [pilawtâ]
pin tű
pine fenyőfa [fenjőfâ]
pineapple ananász [ânânaas]
pink 1. *n* szegfű [segfű] **2.** *a* rózsaszín(ű) [raw-zhâseen(ű)]
pint pint [peent], *(approx.)* fél liter [fail-liter]
pipe *(tobacco)* pipa [pipâ]; *(tube)* cső [chő]
pistol pisztoly [pistoy]
piston dugattyú [doogâttjoo]
pit *(hole)* gödör, akna [âknâ]; *(theatre)* földszint(i hátsó sorok) [föld-sint(i haat-shaw shorok)]
pitch a tent sátrat [shaatrât] verni, felállítani a [-aaleetâni â] sátrat
pity sajnálat [shâynaalât]; **it is a ~ that** ... kár, hogy ... [kaar, hodj]
place hely [hey]; *(town etc.)* helység [hey-shaig]; **~ of birth** születési hely [sületaishi hey]; **~ of destination** rendeltetési hely [rendeltetaishi hey], úti cél [ooti tsail]; **~s of interest** látnivalók [laatnivâlawk], nevezetességek [nevezetesh-shaigek]
placename helységnév [hey-shaig-naiv]
plain 1. *a (clear)* világos [vilaagosh]; *(frank)* őszinte [ősinte]; *(simple)* egyszerű [edjserű]; sima [shimâ] **2.** *n* alföld [âlföld]; **the Hungarian P~** az [âz] Alföld
plainly *(frankly)* nyíltan [njeeltân]
plan terv

plane (repülő)gép [-gaip]; **by** ~ repülőgéppel [-gaippel], repülővel; **when does the next** ~ **leave for . . .?** mikor indul [indool] a [â] következő gép . . . felé [gaip . . . felai]?

plant *(vegetable)* növény [növainj]; *(industrial)* gyár [djaar], üzem

plaster *(adhesive)* (rag)tapasz [(râg)tâpâs]; *(gypsum)* gipsz [ghips]

plastic műanyag [mű-ânjâg]

plate *(dish)* tányér [taanjair]; *(on signpost)* (kiegészítő) tábla [(kiyegaiseető) taablâ]

platform peron, vágány [vaagaanj]; **at which** ~ **does the train for . . . leave?** melyik vágányról indul a vonat . . . felé [meyik vaagaanjrawl indool â vonât . . . felai]?; ~ **No. 3** harmadik vágány [hârmâdik vaagaanj]

platform ticket peronjegy [-yedj]

play 1. *n (recreation)* játék [yaataik]; *(drama)* (szín)darab [(seen)dârâb]; *(of steering wheel)* holtjáték [holt-yaataik] **2.** *v* játszani [yaattsâni]; ~ **tennis** teniszezni [tenisezni]; ~ **the piano** zongorázni [zongoraazni]; ~ **at cards** kártyázni [kaartjaazni]

play-bill színlap [seenlâp]

player játékos [yaataikosh]

playground játszótér [yaatsaw-tair]

pleasant kellemes [kellemesh]

please kérem . . . [kairem], legyen szíves . . . [ledjen seevesh]; ~ **come in** kérem jöjjön be [kairem yöyön be]; **two coffees,** ~ két kávét kérek [kait kaavait kairek]; **tickets,** ~ a jegyeket kérem [â yedjeket kairem]!; **Will you have some more? Yes,** ~. Adhatok még? Igen, kérek szépen. [âd-hâtok maig? igen, kairek saipen]; **if you** ~ ha volna olyan szíves [hâ volnâ oyân seevesh]; **are you** ~ **d with . . .?** meg van elégedve a . . .val [meg vân elaigedve â . . .vâl]?; ~ **d to meet/see you!** örvendek!; **I shall be very** ~ **d to . . .** nagyon [nâdjon] fogok örülni . . . , (nagy) [nâdj] örömmel . . .; **I shall be** ~ **d to come** örömmel [(el)jövök [-yövök]

pleasure öröm; **it was a great ~ to meet you** nagyon örülök, hogy megismerkedtünk [nâdjon örülök, hodj meg-ishmer-kedtünk]; **it gives me much ~ to be here** nagyon örülök, hogy itt lehetek [nâdjon örülök, hodj itt le-het-ek]; **with ~** szívesen [seeveshen]!, örömmel!

pleasure boat sétahajó [shaitâ-hâyaw]

plenty *(enough)* elég [elaig]; *(much)* sok [shok]; **I have ~, thanks** köszönöm, elég [kösönöm, elaig]; **you have ~ of time** van bőven ideje [vân bőven id-ey-e]

pliers fogó [fogaw]

plot *(ground)* telek; *(story)* cselekmény [chelekmainj]

plough 1. *n* eke [ek-e] **2.** *v* szántani [saantâni]

plug 1. *n (electric)* dugó [doogaw]; *(sparking)* gyertya [djertjâ] **2.** *v* **~ in** bedugni [-doogni], bekapcsolni [-kâpcholni]

plum szilva [silvâ]

plumber vízvezeték-szerelő [veezvezetaik-serelő]

plum-cake mazsolás tészta [mâzholaash taistâ]

plum-pudding mazsolás puding [mâzholaash pudding]

p.m. délután [dail-ootaan], du.; **at 3.00 p.m.** délután három órakor [dail-ootaan haarom awrâkor]; **at 7.00 p.m.** este hét [esh-te hait] órakor; **at 11.00 p.m.** éjjel tizenegy [ay-yel tizen-edj] órakor

pneumonia tüdőgyulladás [-djoollâdaash]

poached egg buggyantott tojás [booddjântott toyaash]

pocket zseb [zheb]

pocket calculator zsebszámológép [zhebsaamolawgaip]

pocketbook *(GB)* notesz [notes]; *(US)* pénztárca [painz-taartsâ], (levél)tárca [levailtaartsâ]

pocket-knife zsebkés [zheb-kaish]

pocket-money költőpénz [-painz], zsebpénz [zheb-]

poem vers [versh]

point 1. *n (dot, item, score)* pont; *(sharp end)* hegye [hedj-e] (vminek); **~ of departure** kiindulási [ki-indoolaashi] pont; **~s of interest →places of interest**; **~ of view** szempont [sempont]; **the ~ is ...** a lényeg az ... [â lainjeg âz] **2.** *v* mutatni [mootâtni]; ~ **out/to** megmutatni [-mootâtni], rámutatni [raa-]

poison méreg [maireg]

Poland Lengyelország [lendjel-orsaag]

pole pózna [pawznâ]

Pole lengyel [lendjel]

pole-vault rúdugrás [rood-oograash]

police rendőrség [rendőr-shaig]; **call the** ~! hívja a rendőrséget [heevyâ â rendőr-shaiget]!

police-car rendőrautó [rendőroutaw]

policeman rendőr; ~ **on point-duty** őrszemes [őrsemesh] rendőr

police-officer rendőr

police station rendőrség [rendőr-shaig], rendőrkapitányság [-kâpitaanj-shaag]

policy *(insurance ~)* (biztosítási) kötvény [(bistosheetaashi) kötvainj]

polish 1. *n (surface)* fény; *(substance)* fényesítő (paszta) [fainjesheető (pâstâ)], polírpaszta [poleer-] **2.** *v* kifényesíteni [kifainjesheeteni], polírozni [poleerozni]

Polish lengyel [lendjel]

polite udvarias [oodvâryâsh]

politics politika [politikâ]

pool uszoda [oosodâ]

the **pools** totó [totaw]

poor *(not rich)* szegény [segainj]; *(not good)* gyenge [djenge], rossz [ross]

popular népszerű [naipserű]

population lakosság [lâkosh-shaag]

pork disznóhús [disnaw-hoosh]

porridge zabkása [zâb-kaashâ]

port kikötő, hajóállomás [hâyaw-aalomaash]

portable hordozható [hordoz-hâtaw]; ~ **typewriter** táskaírógép [taashkâ-eeraw-gaip]

porter *(railway)* hordár [hordaar]; *(hotel)* londiner; *(sleeping-car)* hálókocsi-kalauz [haalawkochi-kâlâ-ooz]

portion adag [âdâg]
portrait arckép [arts-kaip], portré [portray]
Portugal Portugália [portoogaaliâ]
Portuguese portugál [portoogaal]
position helyzet [heyzet]
possess van [vân] (vmije)
possibility lehetőség [lehetőshaig]
possible lehetséges [lehet-shaigesh]; **as soon as** ~ amint lehet
possibly talán [tâlaan]
post[1] 1. *n (post office)* posta [poshtâ]; **by** ~ postán [poshtaan];
  send by ~ postán küldeni; **by return of** ~ postafordultával
  [poshtâ-fordooltaavâl] 2. *v* feladni [-âdni], *(put into a pillar-
  box)* bedobni
post[2] *(piece of wood)* cölöp [tsölöp]; *(employment)* állás
  [aalaash]
postage postaköltség [poshtâ-kölcsaig]
postage rates postai díjszabás [poshtâyi deeysâbaash]
postage stamp bélyeg [bayeg]
postal postai [poshtâyi]; ~ **charges/rates** posta díjszabás [posh-
  tâyi deeysâbaash]; ~ **code** irányítószám [iraanjeetaw-saam];
  ~ **order** postautalvány [poshtâ-ootalvaanj]
postcard levelezőlap [-lâp], levlap
poster plakát [plâkaat]
poste restante postán marad(ó) [poshtaan mârâdaw]
post-free bérmentve [bairment-ve]
postman postás [poshtaas]
post office posta [poshtâ]
post-office box postafiók [poshtâ-fiyawk]
postpaid bérmentve [bairment-ve]
postpone elhalasztani [-hâlâstâni]
pot fazék [fâzaik], edény [edainj]
potato burgonya [boorgonjâ], krumpli [kroompli]
poultry baromfi [bâromfi]
pound *(money, weight)* font

pour önteni; ~ **out** kiönteni; **it is** ~**ing with rain** ömlik/zuhog (az eső) [ömlik/zoohog (âz eshő)]
powder por; *(face)* púder [pooder]
powdered milk tejpor [tey-]
powder-room női mosdó/vécé [nőyi mozhdaw/vai-tsai]
power *(strength)* erő; *(political)* hatalom [hâtâlom]; *(electric)* áram [aarâm]; *(mechanical)* energia [energhiyâ]
power cut áramszünet [aarâm-sünet]
powerful erős [erősh]
power-plant erőmű
power point fali csatlakozó [fâli châtlâkozaw]
practical gyakorlati [djâkorlâti]; *(useful)* célszerű [tsail-serű], praktikus [prâktikoosh]
practically gyakorlatilag [djâkorlâtilâg]
practice gyakorlat [djâkorlât]; *(doctor's)* praxis [prâxish]
practise gyakorolni [djâkorolni]
praise dicsérni [dichairni]
pram gyermekkocsi [djermek-kochi]
preach prédikálni [praidikaalni]
precaution elővigyázat [-vidjaazât]
precede megelőzni
precedence elsőbbség [elshőbb-shaig]
preceding megelőző
precious értékes [airtaikesh]; ~ **stone** drágakő [draagâkő]
precise pontos [pontosh]
precisely pontosan [pontoshân]
prefer szívesebben [seeveshebben] tenni, jobban szeretni [yobban seretni]; **which do you** ~? melyiket szereti/szeretné (inkább) [meyiket sereti/seretnai (inkaab)]?; **I** ~ **standing** inkább állok [inkaab aalok]
preference előny [előnj], elsőbbség [elshőbb-shaig]
pregnant állapotos [aalâpotosh], terhes [ter-hesh]
preliminary előzetes [előzetesh]
premier miniszterelnök [minister-]
premium *(insurance)* biztosítási díj [bistosheetaashi deey]

preparation előkészület [-kaisület], készülődés [kaisülődaish]
prepare *(make ready)* el(ő)készíteni [-kaiseeteni]; *(get ready)* (fel)készülni [-kaisülni], előkészülni; **be ~d (to)** kész [kais] (vmit) megtenni
prescribe *(medicine)* felírni [-eerni]
prescription recept [retsept]
preseason előidény [-idainj]
present 1. *a (now)* jelen(legi) [yelen-]; **those ~** a jelenlevők [â ye-lenlevők]; **be ~** jelen [yelen] lenni **2.** *n (present time)* jelen [ye-len]; *(sth given)* ajándék [âyaandaik]; **at ~** jelenleg [yelen-leg]; **for the ~** egyelőre [edjelő-re] **3.** *v (introduce)* bemutatni [-mootâtni]; *(show)* bemutatni, felmutatni; *(give)* (át)adni [(aat)âdni]; **~ oneself** megjelenni [-yelenni], jelentkezni [ye-lentkezni]
presentation *(showing)* bemutatás [-mootâtaash]
preserve 1. *v* megőrizni, megtartani [-târtâni] **2.** *n (area)* védett [vaidett] terület; *(fruit)* befőtt, *(jam)* dzsem [jam]
preshave lotion borotválkozás előtti szer [borotvaalkozaash előtti ser]
president elnök
press 1. *v* (meg)nyomni [-njomni], benyomni [be-]; *(iron)* (ki)va-salni [vâshâlni]; **~ button A** (kérjük) benyomni az A jelzésű gombot [(kairyük) be-njomni âz â yelzaishű gombot]; **be ~ed for money** pénzszűkében van [painz-sűkaiben vân] **2.** *n (news-papers)* sajtó [shâytaw]; *(printing)* nyomda [njomdâ]
pressure (levegő)nyomás [-njomaash]; **check the ~, please** ké-rem ellenőrizze a (levegő)nyomást [kairem ellenőriz-ze â (le-vegő)njomaasht]
pressure-gauge nyomásmérő [njomaash-mairő]
presume feltételezni [-taitelezni]; **Mr. Brown, I ~?** Brown úr [oor]
pretty *(attractive)* csinos [chinosh]; **~ well** elég jól [elaig yawl]
prevail uralkodni [oorâlkodni], dominálni [dominaalni]
prevent megakadályozni [-âkâdaayozni]
prevention megelőzés [megelőzaish]

prévious (meg)előző
price ár [aar]; **what is the price of this coat?** mi az ára ennek a kabátnak? [mi âz aarâ ennek â kâbaatnaak?]; **~ of room** szállásdíj [saalaash-deey]; **~ of seat(s)** helyár [hey-aar]
price-list árjegyzék [aar-yedjzaik], árlap [aarlâp]
prick szúrás [sooraash]
priest pap [pâp]
primary első(dleges) [elshő(dlegesh)]; **~ route** főútvonal [-ootvonâl]; **~ school** általános iskola [aaltâlaanosh ishkolâ]
principal 1. *a* fő **2.** *n* főnök
principle elv
print 1. *n (printed matter)* nyomtatvány [njomtâtvaanj]; *(type)* betű; *(from a negative)* (fénykép)másolat [(fainjkaip)-maasholât]; **out of ~** kifogyott [kifodjott]; **one ~ from each picture, please** kérek egy másolatot mindegyik képről [kairek edj maasholâtot mindedjik kaipről] **2.** *v (write in printed characters)* nyomtatott betűkkel írni [njomtâtott betűk-kel eerni]; *(make a copy)* másolatot készíteni [maasholâtot kaiseeteni]; **please ~!** (kérjük) nyomtatott betűkkel [(kairyük) njomtâtott betűk-kel]!
printed matter/paper nyomtatvány [njomtâtvaanj]
printer *(worker)* nyomdász [njomdaas]; *(machine)* nyomtató [njomtâtaw]
printing house nyomda [njomdâ]
priority elsőbbség [elshőbb-shaig]; **~ on the right** *(= the rule)* jobbkézszabály [yobb-kaiz-sâbaay]; **have ~, be given ~** elsőbbsége van [elshőbb-shaig-e vân]; **give ~ to ...** elsőbbséget adni [elshőbb-shaiget âdni] ...nak/nek
priority road főútvonal [-ootvonâl]
priority sign „elsőbbségadás kötelező" tábla [„elshőbbshaigâdaash kötelező" taablâ]
prison börtön
private magán [mâgaan], privát [privaat]; *(separate)* külön; *(notice: do not enter)* „MAGÁNTERÜLET" [mâgaan-]; *(on bus)* „KÜLÖNJÁRAT" [-yaarât]; **with ~ bath** (külön)

fürdőszobával [fürdősobaavâl]; ~ **call** magánbeszélgetés [mâgaan-besailgetaish]; ~ **car** magánautó [mâgaan-outaw]; **for** ~ **use only** csak személyi használatra [châk semayi hâsnaalâtrâ]

private property magántulajdon [mâgaan-toolâydon]

private enterprise magánvállalkozás [mâgaan-vaallâlkozaash]

prize díj [deey]

probable valószínű [vâlaw-seenű]

probably valószínűleg [vâlaw-seenűleg]

problem probléma [problaimâ]

procedure eljárás [elyaaraash]; ~ **after an accident** eljárás baleset esetén [elyaaraash bâl-eshet eshetain]

proceed *(on one's way)* továbbmenni [tovaab-]; *(to do sth)* hozzáfogni [hozzaa-]

process eljárás [elyaaraash]

procession felvonulás [felvonoolaash]

produce *(show)* bemutatni [-mootâtni]; *(make)* gyártani [djaartâni]

producer gyártásvezető [djaartaash-]

product termék [termaik], gyártmány [djaartmaanj]

production termelés [termelaish]; gyártás [djaartaash]; *(play etc.)* rendezés [rendezaish], produkció [prodooktsiyaw]

profession foglalkozás [foglâlkozaash], hivatás [heevâtaash], szakma [sâkmâ]

professional hivatásos [heevâtaashosh], profi

professor professzor [professor]

profit haszon [hâson]

program(me) program [progrâm], műsor [műshor]

progress haladás [hâlâdaash], fejlődés [feylődaish]

prohibit megtiltani [-tiltâni]; *(is)* **prohibited** tilos [tilosh]; **buses** ~**ed** autóbuszoknak behajtani tilos [outaw-boosoknâk behâytâni tilosh]

projector vetítőgép [veteetőgaip]

prolong meghosszabbítani [-hossâbbeetâni]; **where can I have my visa ~ed?** hol hosszabbít(tat)hatom meg a vízumomat [hol hossâbbeet(tât)hâtom meg â veezoomomat]?

promise 1. *n* ígéret [eegairet] **2.** *v* megígérni [-eegairni]

promote elősegíteni [-shegeeteni]

prompt azonnali [âzonnali], gyors [djorsh]

pronounce kiejteni [ki-eyteni]

proof bizonyíték [bizonjeetaik]

propane gas propángáz [propaangaaz]

proper megfelelő, helyes [heyesh]

properly helyesen [heyeshen], jól [yawl]

property *(sth owned)* tulajdon [toolâydon]; *(land etc.)* ingatlan [ingâtlân]; *(quality)* tulajdonság [toolâydonshaag]

proportion arány [âraanj]

proposal javaslat [yâvâshlât]

propose javasolni [yâvâsholni]; *(plan)* tervezni, szándékozni [saandaikozni]; **I ~ the health of …** igyunk … egészségére [idjoonk … egais-shaigai-re]

proposed tervezett, szándékolt [saan-daikolt]

proprietor tulajdonos [toolâydonosh]

prosperous sikeres [shikeresh]

protect védeni [vaideni]

Protestant protestáns [proteshtaansh]

prove bebizonyítani [-bizonjeetâni]

provide *(do what is necessary, for)* gondoskodni [gondoshkodni] (…ról/ről); *(supply)* nyújtani [njooytâni], biztosítani [bistosheetâni] (vmit); **… will be ~d …** t biztosítunk [bistosheetoonk]; **be ~d with** el van látva [el vân laatvâ] …val/vel; **~ sby with food** ellátni vkit élelemmel [ellaatni ailelemmel]; **~ meals** kosztot adni [kostot âdni]

provided, providing (that) feltéve (hogy) [feltai-ve (hodj)]

provincial vidéki [vidaiki]

provision *(food)* (úti) élelem [(ooti) ailelem]

pub →**public house**

public nyilvános [njilvaanosh]; ~ **building** középület [-aipület]; ~ **convenience** nyilvános vécé [njilvaanosh vaitsai]; ~ **conveyance** → ~ **vehicle**; ~ **holiday** munkaszüneti nap [moonkâsüneti nâp]; ~ **house** kocsma [kochmâ], kisvendéglő [kish-vendaiglő]; ~ **library** kölcsönkönyvtár [kölchönkönjvtaar]; ~ **premises** közterület; ~ **relations** közönségszolgálat [közönshaig-solgaalât]; ~ **road** közút [közoot]; ~ **rooms** közös helyiségek [közösh heyishaigek]; ~ **school** *(GB)* (magán) középiskola [(mâgaan) közaipishkolâ]; *(US)* (ingyenes) állami iskola [(indjenesh) aal-lâmi ishkolâ]; ~ **telephone** nyilvános [njilvaanosh] telefon; ~ **utilities** közművek; ~ **vehicle** tömegközlekedési eszköz [-közlekedaishi esköz]

publication kiadvány [ki-âdvaanj]

publish *(book)* kiadni [ki-âdni]; *(make known)* közölni

publisher kiadó [ki-âdaw]

pudding puding [pooding]

pull (meg)húzni [-hoozni]; ~ **down** lehúzni [-hoozni]; ~ **in** befutni [-footni], beérkezni [-airkezni]; ~ **into a lay-by** lehajtani egy kitérőbe [le-hâytâni edj kitairő-be], leállni (az út szélén) [le-aalni (âz oot sailain)]; ~ **out** *(extract)* kihúzni [-hoozni]; *(depart)* elindulni [-indoolni], kifutni [-footni]; *(when overtaking)* eléje vág (járműnek) [elay-e vaag (yaarműnek)]; ~ **up** (hirtelen) megállni [-aalni]

pullover pulóver

pulse pulzus [poolzoosh]

pump 1. *n (well, tank)* szivattyú [sivâttjoo], kút [koot]; *(for tyres)* pumpa [poompâ] **2.** *v* szivattyúzni [sivâttjoozni]; ~ **up** felpumpálni [-poompaalni]

punctual pontos [pontosh]

punctually pontosan [pontoshân]

puncture gumidefekt [goomi-defekt]; **I have a** ~ kilyukadt a gumim [kiyookâtt â goomim], defektem van [vân]

punish (meg)büntetni

pupil tanítvány [tâneetvaanj]

purchase 1. *n* vétel [vaitel], vásárlás [vaashaarlaash] **2.** *v* venni, vásárolni [vaashaarolni], *(ticket)* (meg)váltani [vaaltâni]
purchase-price vételár [vaitelaar]
purchase tax forgalmi adó [forgâlmi âdaw]
pure tiszta [tistâ]
purgative hashajtó [hâsh-hâytaw]
purpose szándék [saandaik]; **on ~** szándékosan [saandaiko-shân]
purse erszény [ersainj]; *(US)* retikül
pursue folytatni [foytâtni]
pus genny [gennj]
push (meg)tolni, lökni; **~ my car, please** kérem tolja meg a kocsimat [kairem tolyâ meg â kochimât]; **~ bar to open** tolni
pushchair (gyermek-)sportkocsi [(djermek-)shport-kochi]
put tenni, helyezni [heyezni]; **~ aside** félretenni [fail-retenni]; **~ back** visszatenni [vissâ-tenni]; **~ down** *(place)* letenni; *(write)* leírni [le-eerni], felírni [fel-]; **~ it down** tegye le [te-dje le]!; **~ down my address** írja fel a címemet [eeryâ fel â tseememet]; **~ in** betenni, *(fill in)* betölteni; **~ off** *(postpone)* elhalasztani [-hâlâstâni]; **~ on** feltenni, *(clothes)* felvenni; **~ my luggage on the rack, please!** kérem tegye a bőröndömet a poggyásztartóba [kairem te-dje a bőröndömet â poddjaastârtawbâ]!; **~ on the light** felgyújtani a villanyt [feldjooytâni â villânjt]; **~ out** *(light)* eloltani [-oltâni], *(cigarette)* elnyomni [-njomni]; **please ~ me through to X** kérem kapcsolja X-et [kairem kâpcholyâ X-et]; **~ up a tent** sátrat felállítani [shaatrât felaaleetâni]; **~ sby up** szállást adni [saalaasht âdni] vkinek, elszállásolni [elsaalaasholni] vkit; **~ sby up for the weekend** szállást adni vkinek a hét végére [saalaasht âdni â hait vaigai-re]; **~ up at a hotel** szállodában száll meg [saalodaabân saal meg]
putting the shot súlylökés [shooy-lökaish]
puzzle 1. *n* rejtvény [reytvainj] **2. be ~d what to do** nem tudja, mit csináljon [nem toodyâ, mit chinaalyon]
pyjamas pizsama [pizhâmâ]

Q

qualification képesítés [kaipesheetaish], végzettség [vaigzett-shaig]

qualify minősíteni [minősheeteni]; **qualified for the next (heat etc.)** továbbjutott [tovaab-yootott]; **qualified for the finals** bejutott a döntőbe [be-yootott â döntő-be]

quality minőség [minőshaig]

quantity mennyiség [mennji-shaig]

quarrel veszekedés [vesekedaish], vita [vitâ]

quarter negyed(rész) [nedj-ed(rais)]; **a ~ of an hour** negyedóra [nedj-ed-awrâ]; **a ~ past six** negyed hét [nedj-ed hait]; **a ~ to two** háromnegyed [haaromnedj-ed] kettő

quarters szállás [saalaash]

quartz clock/watch kvarcóra [kvârtsawrâ]

quay rakpart [râkpârt]

queen királynő [kiraaynő]

question kérdés [kairdaish]; **ask sby a ~** vkitől kérdezni [kair-dezni] vmit

queue 1. *n* sor [shor] **2.** *v* ~ **(up)** sorban állni [shorbân aalni]; ~ **this side** sorban állás itt [shorbânaalaash itt]

quick 1. *a* gyors [djorsh]; **let's have a ~ meal** gyorsan együnk [djorshân edjünk] vmit **2.** *adv* gyorsan [djorshân]

quickly gyorsan [djorshân]

quiet csendes [chendesh], nyugodt [njoogodt]

quilt paplan [pâplân]

quinine kinin

quintal métermázsa [maitermaazhâ]

quite *(entirely)* egészen [egaisen], teljesen [telyeshen]; *(rather)* meglehetősen [meglehetőshen], elég(gé) [elaig(-gay)]; ~ **right!** nagyon helyes [nâdjon heyesh]!

quiz (program) vetélkedő [vetailkedő]

quote *(repeat words)* idézni [idaizni]; *(name, price etc.)* közölni, feltüntetni; *(refer to)* felhozni (vmit), hivatkozni [hivâtkozni] (vmire); **the fares ~d** a feltüntetett/közölt díjtételek [deey-taitelek]

R

rabbi rabbi [râbbi]
rabbit nyúl [njool]
R.A.C. = **Royal Automobile Club** Királyi Autóklub
race 1. *n* verseny [vershenj] **2.** *v* versenyezni [vershenjezni]
racecourse versenypálya [vershenj-paayâ]
racehorse versenyló [vershenj-law]
rack *(hat etc.)* fogas [fogâsh], *(luggage)* csomagtartó [chomâgtârtaw], poggyásztartó [poddjaas-]
racket (tenisz)ütő [(tennis)ütő]
rack-railway fogaskerekű (vasút) [fogâsh-kerekű (vâshoot)]
radar check radar ellenőrzés [râdâr-ellenőrzaish]
radial tyre radiálgumi [râdyaal-goomi]
radiation danger sugárveszély [shoogaar-vesay]
radiator *(heating)* fűtőtest [fűtőtesht]; *(cooling)* hűtő
radio rádió [raadiyaw]; **on the ~** a rádióban [â raadiyawbân]
radioactive radioaktív [râdio-âkteev]
radio cassette recorder rádiós magnó [raadiyawsh mâgnaw]
radio(tele)phone rádiótelefon [raadiyaw-]
radish retek
rail *(fence)* korlát [korlaat]; *(steel)* sín [sheen]; **by ~** vasúton [vâshooton]
rail-car motorkocsi [-kochi]
railing korlát [korlaat]
railroad *(US)* = **railway**
railway vasút [vâshoot]

railway bridge vasúti híd [vâshooti heed]
railway carriage vasúti kocsi [vâshooti kochi]
railway guide (vasúti) [vâshooti] menetrend
railway station vasútállomás [vâshoot-aalomaash], pályaudvar [paayâ-oodvâr]
railway ticket menetjegy [menet-yedj]
rain 1. *n* eső [eshő]; **it looks like** ~ esőre áll [eshő-re aal], esni fog [eshni fog] **2.** *v* it is ~ing esik (az eső) [eshik (âz eshő)]; **it is** ~ing hard ömlik/zuhog (az eső) [ömlik/zoohog (âz eshő)]
rainbow szivárvány [sivaarvaanj]
raincoat esőkabát [eshőkâbaat]
rainfall esőzés [eshőzaish]
rainy esős [eshősh]
raisin mazsola [mâzholâ]
rally 1. *v* összegyűlni [össe-djülni] **2.** *n* (nagy)gyűlés [nâdj-djűlaish]; *(car)* rali [râli]
ran →**run**
at **random** találomra [tâlaalomrâ]
range 1. *n (row)* [shor]; *(area)* terület, tér [tair]; *(extent)* terjedelem [teryedelem], skála [shkaalâ]; *(cooking-stove)* tűzhely [-hey]; ~ **of mountains** hegylánc [hedj-laants] **2.** *v (extend)* (ki)terjed [-teryed]
range-finder távmérő [taav-mairő]
rank rang [râng]
rap kopogás [kopogaash]
rapid gyors [djorsh]
rare ritka [ritkâ]; *(US)* →**underdone**
rarely ritkán [ritkaan]
rascal betyár [betjaar], csibész [chibais]
rash *(hasty)* elhamarkodott [-hâmârkodott]
rasp reszelő [reselő]
raspberry málna [maalnâ]
rate *(tariff)* díjtétel [deey-taitel] díjszabás [-sâbaash]; tarifa [târifâ]; *(speed)* sebesség [shebesh-shaig]; **rates** díjszabás [deey-sâbaash], díjtételek [deeytaitelek], tarifa [târifâ], *(prices)*

árak [aarâk]; *(bungalow etc.)* szállásdíj [saalaash-deey]; ~ **of exchange** (valuta)beváltási árfolyam [(vâlootâ-)bevaaltaashi aarfoyâm]; **at a ~ of 40 mph** óránként(i) 40 mérföldes sebességgel [awraankaint(i) nedjven mairföldesh shebesh-shaig-gel]; **at any ~** mindenesetre [-eshet-re]
rather *(comparison)* inkább [inkaab]; *(somewhat)* meglehetősen [megle-hetőshen], elég [elaig]; **you should ~ go** jobb lenne ha mennél [yobb len-ne hâ mennail]; **it's ~ expensive** kicsit drága [kichit draagâ]
ration adag [âdâg]
rattle zörögni
raw nyers [njersh]
ray sugár [shoogaar]
razor borotva [borotvâ]
razor-blade borotvapenge [borotvâ-pen-ghe]
Rd. *(= road)* út [oot]
reach 1. *v* elérni [el-airni]; *(arrive)* megérkezni [megairkezni]; **can be ~ed** megközelíthető [meg-közeleethető] **2.** *n* **within easy ~** könnyen elérhető/megközelíthető [könnjen elair-he-tő/meg-közeleet-hető]
read (el)olvasni [-olvâshni]; ~ **for an exam** vizsgára készülni [vizhgaarâ kaisülni]
readily szívesen [seeveshen]
reading olvasás [olvâshaash]
reading-lamp olvasólámpa [olvâshaw-laampâ]
reading matter (úti) olvasmány [(ooti) olvâsmaanj], olvasnivaló [olvâshni-vâlaw]
ready kész(en) [kais(en)]; **I'm ~** kész vagyok [kais vâdjok]; **be ~ to go** (*or:* **for the trip**) útra készen áll [ootrâ kaisen aal]; **get ~ for the journey** előkészülni/felkészülni az útra [-kaisülni âz ootrâ]; **make sth ~** elkészíteni [elkaiseeteni] vmit; **when is it ~?** mikor lesz kész(en) [mikor les kais(en)]?, mikorra készül el [mikorrâ kaisül el]?; ~ **money/cash** készpénz [kais-painz]; **pay (in) ~ money** készpénzben [kaispainzben] fizetni
ready-made clothes készruha [kais-roohâ]

real igazi [igâzi], valódi [vâlawdi]

realize *(be conscious of)* tisztában [tistaabân] lenni (vmivel)

really igazán [igâzaan], valóban [vâlawban]

reap aratni [ârâtni]

rear 1. *n* hátsó rész [haat-shaw rais], hátulja [haatoolyâ]; **at the** ~ hátul [haatool] **2.** *a* hátsó [haat-shaw]; ~ **light** hátsó lámpa [laampâ]; ~ **seat** hátsó ülés [ülaish]; ~ **window** hátsó ablak [âblâk]

rear-view mirror visszapillantó [vissâpillântaw] tükör

rear-wheel drive hátsókerék-meghajtás [haatshaw-keraik-meghâytaash]

reason *(cause)* ok; *(mind)* értelem [airtelem]; **the** ~ **why ...** az oka [âz okâ]

reasonable ésszerű [ais-serű]; *(price)* elfogadható [elfogâd-hâtaw]

rebuild újjáépíteni [ooyyaa-aipeeteni]

receipt *(receiving)* átvétel [aatvaitel]; *(written statement)* nyugta [njooktâ], (átvételi) elismervény [(aatvaiteli) elishmervainj]; **on** ~ átvételkor [aatvaitelkor]

receive *(get)* (meg)kapni [-kâpni], átvenni [aatvenni]; *(welcome)* fogadni [fogâdni]; ~ **d with thanks** köszönettel átvettem [kösönettel aatvettem]

receiver (telefon)kagyló [-kâdjlaw]; *(radio)* vevőkészülék [vevőkaisülaik]

recent új [ooy] (keletű), friss [frissh]

recently mostanában [moshtânaabân], újabban [ooyâbbân]

reception fogadás [fogâdaash]; recepció [retsep-tsiyaw]

reception clerk →**receptionist**

reception desk (szálloda)porta [(saalodâ)portâ], recepció [retsep-tsiyaw]

receptionist fogadóportás [fogâdaw-portaash]

recipe recept [retsept]

recital szólóest [saw-law-esht]

reckon kiszámítani [-saameetâni], számolni [saamolni]

reclaim visszakövetelni [vissâkövetelni]; *(luggage)* kiváltani [kivaaltâni]

recognize felismerni [-ishmerni], megismerni

recommend ajánlani [âyaanlâni]; **can you ~ (me) a good hotel?** tud nekem egy jó szállodát ajánlani [tood nekem edj yaw saalodaat ayaanlâni]?

recommendation ajánlás [âyaanlaash], ajánlólevél [âyaanlaw-levail]

reconfirm megerősíteni [megerősheeteni], érvényesíteni [airvainjesheeteni]

record 1. *n (account)* feljegyzés [-yedjzaish], jegyzőkönyv [yedjző-könjv]; *(gramophone)* (hang)lemez [(hâng)-]; *(sports)* csúcs [chooch] **2.** *v* feljegyezni [yedjezni]; *(on tape)* felvenni

recording felvétel [felvaitel]

record-player lemezjátszó [-yaatsaw]

record shop hanglemezbolt [hâng-]

recover *(get back)* visszakapni [vissâkâpni]; *(become well)* meggyógyulni [meg-djawdjoolni]; *(a vehicle after accident)* elszállítani [-saaleetâni]

recovery (fel)gyógyulás [-djowdjoolaash]; *(of a car)* elszállítás [-saaleetaash]

recovery service autómentő szolgálat [outaw-mentő solgaalât]

recovery truck autómentő [outaw-mentő]

recreation szórakozás [sawrâkozaash], kikapcsolódás [kikâpcholawdaash]

red piros [pirosh], vörös [vörösh]; **~ light** piros fény [pirosh fainj]; **~ wine** vörös bor [vörösh]

Red Cross Vöröskereszt [vörösh-kerest]

reduce csökkenteni [chökkenteni]; **~ speed** csökkenteni a sebességet [â shebesh-shaiget], lassítani [lâshsheetâni]; *(notice)* lassíts [lâsh-sheech]!

reduced kedvezményes [kedvezmainjesh], mérsékelt (árú) [mairshaikelt (aaroo)]; **~ fares** kedvezményes menetdíjak [kedvezmainjesh menet-deeyâk]; **~ prices** leszállított árak [le-saaleetott aarâk]

reduction csökkentés [chökkentaish], kedvezmény [kedvez-mainj], *(of prices)* leszállítás [le-saaleetaash]; ~ **for students** diákkedvezmény [diyaakkedvezmainj]

reel tekercs [tekerch], orsó [orshaw]

re-enter újra belépni [ooyrâ be-laipni]

re-exchange visszaváltani [vissâ-vaaltâni]

refer *(to)* hivatkozni [hivâtkozni] (...ra/...re]; vonatkozik [vonâtkozik] (...ra/...re); utalni [ootâlni] (...ra/...re); **it does not ~ to you** ez nem vonatkozik [vonâtkozik] önre

referee játékvezető [yaataikvezető]

reference *(referring)* utalás [ootâlaash], hivatkozás [hivâtkozaash]; *(information)* tájékozódás [taayaikozawdaash]; *(recommendation)* referencia; **with ~ to your letter** hivatkozással levelére [hivâtkozaashshâl lev-el-aire]

referring to ...ra/...re vonatkozólag [vonâtkozawlâg]

refill 1. *n* (golyóstoll)betét [(goyawsh-toll)betait] **2.** *v* újra [ooyrâ] tölteni, utántölteni [ootaan-]

reformed református [reformaatoosh]

refresh felüdíteni [felüdeeteni], felfrissíteni [-frishsheeteni]

refreshment car büfékocsi [büfai-kochi]

light **refreshments** büféáru [büfai-aaroo], frissítők [frish-sheetők]; *(as a notice)* büfé [büfai]; **have some ~s** eszik valamit [esik vâlâmit], eszik valami hideget

refrigerator hűtőszekrény [-sekrainj], frizsider [frizhidair]

refugee menekült

refugee camp menekülttábor [-taabor]

refund 1. *v* visszatéríteni [vissâ-taireeteni] **2.** *n* visszatérítés [vissâ-taireetaish]

refuse 1. *v* visszautasítani [vissâ-ootâsheetâni], megtagadni [-tâgâdni] **2.** *n* szemét [semait]

regard 1. *v* tekinteni; **as ~s** *(or:* ~**ing) your letter** ami levelét illeti [âmi levelait il-let-i] **2.** *n* **with ~ to** ... tekintettel ...; **in this ~** ebben a vonatkozásban [â vonâtkozaashbân]; **kind ~s** szívélyes [seevayesh] üdvözlet; **give my ~s to** ... adja át [âdyâ aat] üdvözletemet ...nak/nek

régime rendszer [rend-ser]
region táj [taay], vidék [vidaik]
regional területi, helyi [heyi]
register *(record)* bejegyezni [-yedjezni]; *(letter)* ajánlva feladni [âjaanlvâ felâdni]; *(luggage)* feladni; ~ **at a hotel** bejelentkezni *(or:* bejelenteni magát) egy szállodában [be-yelentkezni *(or:* bejelenteni magaat) edj saalodaabân]; ~ **a letter** ajánlva ad [âyaanlvâ âd] fel levelet; ~ **luggage** feladni poggyászt [felâdni poddjaast]; '~**ed through**' háztól-házig feladott [haaztawl haazig felâdott]
registered letter ajánlott levél [âyaanlott levail]
registration *(at a hotel etc.)* bejelentkezés [-yelentkezaish]
registration number rendszám [rendsaam]
registry office anyakönyvi hivatal [anjâkönjvi hivâtâl]
regret sajnálni [shâynaalni]
regular szabályos [sâbaayosh], rendes [rendesh], rendszeres [rendseresh]; *(petrol)* normál [normaal]
regularly szabályosan [sabaayoshân], rendszeresen [rendsereshen]
regulate *(traffic)* irányítani [iraanjeetâni], szabályozni [sabaayozni]
regulation előírás [-eeraash], rendelkezés [rendelkezaish], szabály [sâbaay]
rehearsal próba [prawbâ]
reimburse megtéríteni [-taireeteni], visszafizetni [vissâfizetni]
reject visszautasítani [vissâ-ootâsheetâni], elvetni
relation *(connection)* kapcsolat [kâpcholât]; *(relative)* rokon
relationship rokonság(i fok) [rokonshaag(i fok)], kapcsolat [kâpcholât]
relative rokon; **stay with** ~**s** rokonoknál lakni/szállni [rokonoknaal lâkni/saalni]
relax kipihenni magát [ki-pi-henni mâgaat], kikapcsolódni [-kâpcholawdni]
relay (race) váltó(futás) [vaaltaw(footaash)]
relevant vonatkozó [vonâtkozaw]

reliable megbízható [meg-beez-hâtaw]
relic emlék [emlaik]; ereklye [erekye]
relief train mentesítő vonat [mentesheető vonât]
religion vallás [vâllaash]
religious vallásos [vâllaashosh]
rely *(on, upon)* bízni [beezni] (...ban/ben), számítani [saamee-tâni] (...ra/re); **you may ~ upon it** ... számíthat rá ... [saa-meet-hât raa]
remain maradni [mârâdni]
remaining fennmaradó [-mârâdaw], megmaradt [-mârâtt]
remark 1. *v* megjegyezni [-yedjezni] **2.** *n* megjegyzés [-yedjzaish]
remarkable említésre méltó [emleetaish-re mailtaw], nevezetes [nevezetesh]
remedy orvosság [orvosh-shaag]
remember emlékezni [emlaikezni]; **I cannot ~** nem emlékszem [emlaiksem]; **~ to change at** ... ne felejtsen el átszállni ... [ne feleychen el aatsaalni]; **~ me to** ... adja át üdvözletemet ... [âdyâ aat üdvözletemet]
remembrance emlék [emlaik]
remind emlékeztetni [emlaikestetni]; **that ~s me of** ... erről jut eszembe, hogy ... [erről yoot esembe, hodj]
remit átutalni [aatootâlni], elküldeni; **kindly ... by cheque** szíveskedjék csekken befizetni [seeveshkedyaik chekken befizetni]
remittance átutalás [aatootâlaash], elküldés [elküldaish]; *(the sum)* átutalt összeg [aatootâlt össeg]
remote távoli [taavoli]
remote control (handset/panel) távirányító [taaviraanjeetaw]
remove elmozdítani [-mozdeetâni], levenni, eltávolitani [-taavo-leetâni]
renal colic vesegörcs [veshegörch]
rendezvous (megbeszélt) találkozó [(megbesailt) tâlaalkozaw], randevú [rândevoo]
renew felújítani [-ooyeetâni]; *(replace)* (ki)cserélni [-cherail-ni]

renovation tatarozás [tâtârozaash], átépítés [aataipeetaish]
rent 1. *n* bérleti díj [bairleti deey], bér [bair]; *(for rooms)* lakbér [lâkbair]; *(US)* **for** ~ kiadó [kiâdaw] **2.** *v (take on rental, car etc.)* bérelni [bairelni], bérbe [bair-be] venni; *(a flat)* kivenni; *(let)* bérbe adni [bair-be âdni], kiadni [ki-âdni]; **where can I** ~ **...?** hol bérelhetek [hol bairel-hetek]?; ~ **a car** *(to hire)* kocsit bérelni [kochit bairelni]; *(to hire out)* kocsit kölcsönözni [kochit kölchönözni]; *(the agency renting cars)* autókölcsönző [outaw-kölchönző], „rent a car"
rental *(the sum)* bérleti díj [bairleti deey], kölcsönzési díj [kölchönzaishi deey]; *(the car)* bérautó [bairoutaw], bérgépkocsi [-gaipkochi], „rent a car" kocsi [kochi]
repair 1. *v* megjavítani [-yâveetâni]; **can you** ~ **this?** meg tudja ezt javítani/csinálni [meg toodyâ est yâveetani/chinaalni]?; **have sth** ~**ed** megjavíttatni [-yâveet-tâtni] vmit **2.** *n* javítás [yâveetaash]; ~**s** javítások [yâveetaashok], javítási munkák [yâveetaashi moonkaak]
repairer →**repair shop**
repair shop autójavító [outaw-yâveetaw], javítóműhely [yâveetaw-műhey]
repay visszafizetni [vissâ-fizetni]
repeat megismételni [-ishmaitelni]
replace pótolni [pawtolni], kicserélni [ki-cherailni]; **it must be** ~**d** ki kell cserélni [cherailni]
reply 1. *v* válaszolni [vaalâsolni], felelni **2.** *n* válasz [vaalâs]
reply-coupon válaszkupon [vaalâs-koopon]
report 1. *n* jelentés [yelentaish]; *(school)* bizonyítvány [bizonjeetvaanj] **2.** *v* (be)jelenteni [-yelenteni]; **you must** ~ **the accident to the police** értesíteni kell a rendőrséget a balesetről [airtesheeteni kell â rendőrshaiget â bâl-eshetről]; ~ **it to the insurance company** be kell jelenteni a biztosítónak [be kell yelenteni â bistosheetawnâk]
reporter riporter
represent *(act for)* képviselni [kaipvishelni]; *(show)* mutatni [mootâtni]

representative képviselő [kaipvishelő]

republic köztársaság [köstaar-shâshaag]

reputed (jó) hírű [(yaw) heerű]

request 1. *n* kérés [kairaish], kívánság [keevaanshaag]; **on ~** kívánatra [keevaanâtrâ]; **at the ~ of** ... ... kérésére [kairaishai-re]; **buses stop by ~** feltételes megálló [feltaitelesh megaalaw] **2.** *v* (meg)kérni [-kairni]; **~ sth from sby** kérni [kairni] vkitől vmit; **you are ~ed to** ... kérjük ... [kairyük], szíveskedjen(ek) ... [seeveshkedyen(ek)]; **Mrs. X ~s the pleasure of your company** ... Xné szívesen látja önt ... [-nai seeveshen laatyâ önt]

request stop feltételes megálló [feltaitelesh megaalaw]

require *(need)* szüksége van [sük-shaig-e vân] vmire; **... is ~d** szükséges ... [sük-shaigesh], kell ...; **... is not ~d** nem szükséges ... [sük-shaigesh]

rescue *v* megmenteni

research kutatás [kootâtaash]

research worker tudományos kutató/munkatárs [toodomaanjosh kootâtaw/moonkâtaarsh]

resemble hasonlítani [hashonleetâni] (vkire)

reservation *(hotel)* szobafoglalás [sobâfoglâlaash]; **~ of seat(s)** *(plane etc.)* helyfoglalás [heyfoglâlaash]; *(train)* helyjegyváltás [hey-yedj-vaaltaash]; **make a ~** *(in a hotel)* szobát foglalni [sobaat foglâlni], lefoglalni egy szobát [lefoglâlni edj sobaat]; *(on a train)* helyjegyet váltani [hey-yedjet vaaltâni]; *(on a plane)* lefoglalni egy helyet [lefoglâlni edj heyet]

reservation fee helyfoglalási díj [heyfoglâlaashi deey]

reserve 1. *v (room, seat)* lefoglalni [lefoglâlni], foglalni; *(set aside)* lefoglalni [-foglâlni], félretetetni [failretetetni]; **~ a room** *(at a hotel)* szobát foglalni [sobaat foglâlni], lefoglalni egy szobát [lefoglâlni edj sobaat]; **~ a seat** *(on a train)* helyjegyet váltani [hey-yedjet vaaltâni]; *(on a plane)* lefoglalni egy helyet [lefoglâlni edj heyet]; *(at a theatre)* félretetetni/lefoglalni egy jegyet [fail-re-tetetni/lefoglâlni edj yedjet]; **... is ~d ...** le van foglalva [vân foglâlvâ]; **...** foglalt [foglâlt] **2.** *n (sth* *stored)* tartalék [târtâlaik]; *(area)* természetvédelmi [termai-set-vaidelmi] terület

reserved foglalt [foglâlt]; ~ **seat** *(at a theatre)* fenntartott hely [fenntârtott hey]; ~ **seat ticket** *(on train)* helyjegy [hey-yedj]

residence (állandó) lakhely [(aalândaw) lâk-hey]

resident helybeli (lakos) [heybeli (lâkosh)]

residential *(course)* bennlakásos [benn-lâkaashos]; ~ **district/ section** lakónegyed [lâkaw-nedjed]

resist ellenállni [ellen-aalni]

resolution határozat [hâtaarozât]

resort *(place)* üdülőhely [-hey], nyaralóhely [njârâlaw-]; *(spa)* fürdőhely

respect vonatkozás [vonâtkozaash]; **in all** ~**s** minden szempontból [sempontbawl]

respectively illetve [il-let-ve]

respond válaszolni [vaalâsolni], reagálni [re-âgaalni]

responsibility felelősség [fel-elősh-shaig]

responsible felelős [fel-elősh]

rest 1. *n (quiet)* pihenés [pihenaish] **2.** *v* pihenni
the **rest** a többi, *(plural)* a többiek [többi-ek]

rest stop *(US)* pihenőhely [pihenőhey]

restaurant étterem [ait-terem], vendéglő [vendaiglő]

restaurant car étkezőkocsi [aitkező-kochi]

restriction korlátozás [korlaatozaash], megszorítás [-soree-taash]

rest room *(US)* mosdó [mozhdaw]

result *n* eredmény [eredmainj], következmény [következmainj]

retire visszavonulni [vissâ-vonoolni]; *(on a pension)* nyugdíjba [njoogdeeybâ] menni

return *n (coming back)* visszatérés [vissâ-tairaish], hazautazás [hâzâ-ootâzaash], visszautazás [vissâ-]; **in** ~ **for** ... ... fejében [feyaiben] **2.** *v* visszautazni [vissâootâzni], hazautazni [hâzâ-ootâzni], visszatérni [vissâ-tairni]

return fare(s) menettérti út/jegy(ek) ára [menet-tairti oot/yedj(ek) aarâ]

return journey hazautazás [hâzâ-ootâzaash], visszautazás [vis-sâ-]
return ticket menettérti jegy [menet-tairti yedj]
revaccination újraoltás [ooyrâ-oltaash]
reverse *(move backwards)* tolatni [tolâtni]
reverse(d)-charge call R-beszélgetés [er-besailgetaish]
reversing tolatás [tolâtaash]
review *(criticism)* ismertetés [ishmertetaish]
revisit újra felkeresni/meglátogatni [ooyrâ felkereshni/meglaa-togâtni]
reward jutalom [yootâlom]
rheumatism reuma [re-oomâ]
rib borda [bordâ]
rice rizs [rizh]
rich gazdag [gâzdâg]
get **rid** *of* megszabadulni [-sâbâdoolni] vmitől
ride 1. *v* lovagolni [lovâgolni]; ~ **in a car** autózni [outawzni], autón [outawn] menni **2.** *n (journey)* utazás [ootâzaash]; **go for a** ~ autózni megy [outawzni medj]
rider lovas [lovâsh]
ridiculous nevetséges [nevet-shaigesh]
riding lovaglás [lovâglaash]
riding-boots lovaglócsizma [lovâglaw-chizmâ]
riding-breeches lovaglónadrág [lovâglaw-nâdraag]
riding tour lovastúra [lovâsh-toorâ]
rifle puska [pooshkâ]
right[1] *(contrasted with 'left')* jobb (oldal) [yobb (oldâl)]; **keep (to the)** ~! jobbra hajts [yobbrâ hâych]!; ~ **bend/curve** útkanyarulat jobbra [ootkânjâroolât yobbrâ]; ~ **lane** →**lane**; **on the** ~ **(side)** *(to)* jobbra [yobbrâ], *(at)* jobb oldalon [yobb oldâlon]; **no** ~ **turn!** jobbra bekanyarodni tilos [yobbrâ bekânjârodni tilosh]!
right[2] *(correct)* helyes [heyesh]; *(suitable)* megfelelő; **he is** ~ igaza van [igâzâ vân]; **all** ~! rendben van [vân]!, jó [yaw]!, helyes [heyesh]!; **that's** ~! úgy van [oodj vân]!, helyes [he-

yesh]!; **the ~ time** a pontos [â pontosh] idő; **is this the ~ train/bus for ...?** ez a vonat/busz megy ... felé? [ez â vonât/boos medj ... felai]?; **~ away** azonnal [âzonnâl]

right² *(just claim)* jog [yog]; **~ to appeal** fellebbezési jog [fellebbezaishi yog]

right-hand jobb oldali [yobb oldâli]; **~ side** jobb oldal [yobb oldâl]

right-of-way (áthaladási) elsőbbség [(aat-hâlâdaashi) elshőbbshaig]; **gives the ~** megadja az elsőbbséget [megâdyâ âz elshőbb-shaiget]; **has the ~ (over)** elsőbbsége van vkivel szemben [elshőbb-shai-ge vân ...vel semben]

rim szegély [segay], perem

ring¹ *(circular band)* karika [kârikâ], gyűrű [djűrű]

ring² **1.** *v* **~ the bell** csengetni [chengetni]; **the bell ~s** szól a csengő [sawl â chengő]; **~ sby up** *(on the telephone)* felhívni [fel-heevni] vkit (telefonon); **~ for the ambulance** hívja a [heevyâ â] mentőket **2.** *n* **there was a ~ at the door** csengettek [chengettek]; **give me a ~ tomorrow** hívjon fel holnap [heevyon fel holnâp]!

ring-road körgyűrű [kördjűrű]

rink korcsolyapálya [korchoyâ-paayâ]

rinse (ki)öblíteni [-öbleeteni]

ripe érett [airett]

rise **1.** *v (stand up)* felkelni, felállni [-aalni]; *(go upwards)* (fel)-emelkedni **2.** *n* (fel)emelkedés [-emelkedaish]

risk kockázat [kotskaazât]; **at one's own ~** saját felelősségére [shâyaat fel-elősh-shaig-air-e]

river folyó [foyaw]; **the River Danube** a Duna [â doonâ]; **the River Tisza** a Tisza [â tisâ]

riverside folyópart(i) [foyaw-pârt(i)]

river trip sétahajózás [shaitâ-hâyawzaash]

road út [oot], közút [közoot]; *(roodway)* úttest [oottesht]; **main and subsidiary ~s** fő- és mellékútvonalak [fő- aish mellaikootvonâlâk]; **'~ narrows'** útszűkület [ootsűkület]; **~ closed/blocked** út elzárva [oot elzaarvâ]

road accident közúti baleset [közooti bâl-eshet]
road-atlas autótérkép [outaw-tairkaip]
road bridge közúti híd [közooti heed]
road conditions útviszonyok [ootvisonjok]
road island terelősziget [-siget]
road map autótérkép [outaw-tairkaip]
road markings útburkolati jelek [ootboorkolâti yelek]
road number útszámozás [oot-saamozaash]
road patrol service → **patrol service**
roadside *a* útmenti [ootmenti], országúti [orsaagooti]; ~ **repair**
   országúti hibaelhárítás [hibâ-elhaareetaash]; ~ **telephone** se-
   gélyhívó telefon(készülék) [shegayheevaw telefon(kaisülaik)]
roadway úttest [oot-tesht], útpálya [-paayâ]
road works (ahead) közúton folyó munkák [közooton foyaw
   moonkaak]
roast 1. *v* (meg)sütni [-shütni]; *(coffee)* pörkölni **2.** *n* sült (hús)
   [shült (hoosh)]
roast beef marhasült [mâr-hâ-shült]
roast chicken sült csirke [shült chir-ke], grillcsirke [-chir-ke]
roast meat sült hús [shült hoosh], pecsenye [pechenje]
roast pork sertéssült [shertaish-shült]
rob *(sth)* ellopni; *(sby)* kirabolni [-râbolni]; **I have been** ~**bed!**
   kiraboltak [kirâboltak]!
robinia akácfa [âkaatsfâ]
robbery rablás [râblaash]
rock szikla [siklâ]; **on the** ~**s** *(of drinks)* ... jégkockákkal [yaig-
   kotskaakkâl]
rod vessző [vesső], pálca [paaltsâ], rúd [rood]
rod and line horgászbot (és zsinór) [horgaasbot (aish zhinawr)]
rode →**ride 1.**
roe őz
role szerep [serep]
roll 1. *n* *(of paper etc.)* tekercs [tekerch]; *(baked)* zsemlye
   [zhem-ye]; *(list)* névsor [naiv-shor] **2.** *v* *(cause to roll)* guríta-
   ni [gooreetâni]; *(is rolling)* gurulni [gooroolni]

Roman római [rawmâyi]
romantic romantikus [romântikoosh]
roof tető, fedél [fedail]
roof-rack csomagtartó [chomâgtârtaw] (tetőn)
room szoba [sobâ]; *(space)* (férő)hely [(fairő)hey]; **I had a ~ re-
served for ...** foglaltam egy szobát ... részére [foglâltâm edj
sobaat ... raisaire]; →**book 2. ~ No. 3** a hármas szoba [â
haarmâsh sobâ]; **~ with private bath** szoba fürdőszobával
[sobâ fürdősobaavâl]; **~ with three beds** háromágyas szoba
[haaromaadjâsh sobâ]; **~s** *(= flat)* lakás [lâkaash]; **~s to let**
szoba kiadó [sobâ ki-âdaw], kiadó szobák [sobaak]; **have you
any ~s to let?** van kiadó szobája [vân ki-âdaw sobaayâ]?
room service szobapincér-szolgálat [sobâ-pintsair solgaalat]
root *n* gyökér [djökair]
rope kötél [kötail]
rose rózsa [raw-zhâ]
rotary *(US)* = **roundabout**
rough durva [doorvâ]; *(sea)* viharos [vihârosh]
roughly durván [doorvaan]
round 1. *a* kerek **2.** *adv, prep* körbe(n), körül; **~ the corner** a sar-
kon túl [â shârkon tool] **3.** *n (athletics)* futam [footâm],
(boxing) menet, *(football)* forduló [fordoolaw]
roundabout körforgalom [körforgâlom]
round-the-clock éjjel-nappal [ayyel-nâppâl]
round trip *(US) (to and from)* oda-vissza út/utazás [odâ-vissâ
oot/ootâzaash], menettérti út [menettairti oot]; *(GB) (circu-
lar)* körutazás [körootâzaash]
round-trip ticket *(US)* menettérti jegy [menet-tairti yedj]
route útvonal [ootvonâl], útirány [ootiraanj]
row[1] *n (of people etc.)* sor [shor]
row[2] *v (a boat)* evezni
rowing evezés [evezaish]
rowing-boat (evezős)hajó [(evezősh)hâyaw], csónak [chawnâk]
royal királyi [kiraayi]
rub dörzsölni [dörzhölni]

rubber gumi [goomi]
rubber boot(s) gumicsizma [goomi-chizmâ]
rubbish szemét [semait]
rucksack hátizsák [haati-zhaak]
rudder kormány(lapát) [kormaanj(lâpaat)]
rude durva [doorvâ]
rug (úti)takaró [(ooti)tâkâraw], pléd [plaid]
ruins romok
rule *(regulation)* szabály [sâbaay], előírás [elő-eeraash]; *(government)* uralom [oorâlom]; **rules** szabályok [sâbaayok], szabályzat [sâbaayzât]; **~(s) of the road** közlekedési szabályok/szabályzat [közlekedaishi sâbaayok/sâbaayzât], KRESZ [kres]; **as a ~** rendszerint [rendserint], általában [aaltâlaabân]
rum rum [room]
Rumania Románia [romaaniâ]
Rumanian román [romaan]
rumour hír [heer]
run 1. *v* futni [footni], szaladni [sâlâdni]; *(of vehicle)* futni [footni], menni; *(of public conveyances)* közlekedni; *(manage)* vezetni; *(of water)* folyni [foyni]; **buses ~ every ten minutes** autóbuszok közlekednek tíz percenként [outaw-boosok közlekednek teez pertsenkaint]; **is not ~ning** *(e.g. bus)* nem közlekedik; **~ a car** kocsit tartani [kochit târtâni]; **~ down** leszaladni [lesâlâdni]; **the battery is ~ down** kimerült az akku [âz âkkoo]; **~ into** beleszaladni [bel-e-sâlâdni]; **~ out of sth** kifogy [kifodj] vmije; **~ over** elgázolni [-gaazolni]; **~ through** átfutni [aatfootni] **2.** *n* futás [footaash]
run-down *(battery)* kimerült (akku)
runner futó [footaw]
running 1. *n* futás [footaash] **2.** *a* **in ~ order** üzemképes állapotban [üzemkaipesh aalâpotbân]; **hot and cold ~ water** hideg és meleg folyó víz [hideg aish meleg foyaw-veez]
running commentary/description helyszíni közvetítés [heyseeni közveteetaish]

running cost üzemköltség [-kölchaig]
runway kifutó(pálya) [kifootaw(paayâ)], felszállópálya [felsaa-
  law-]; leszállópálya [lesaalaw-]
rural vidéki [vidaiki]
rush rohanni [rohânni], sietni [shiyetni]
rush hours →**peak period**
Russia Oroszország [oros-orsaag]
Russian orosz [oros]; **(s)he speaks ~** beszél/tud oroszul [besail/
  tood orosool]
rust rozsda [rozhdâ]
rustproof rozsdamentes [rozhdâmentesh]
rye-bread rozskenyér [rozh-kenjair]

S

sabre kard [kârd]
sack zsák [zhaak]
sad szomorú [somoroo]
saddle nyereg [njereg]
safe biztonságos [bistonshaagosh], biztos [bistosh]; *(unhurt)*
  ép(en) [aip(en)]
safely épségben [aip-shaigben], szerencsésen [serenchaishen]
safety biztonság [bistonshaag]
safety belt biztonsági [bistonshaagi] öv
safety helmet bukósisak [bookaw-shishâk]
safety island *(US)* járdasziget [yaardâsiget]
safety-match(es) gyufa [djoofâ]
safety-pin biztosítótű [bistosheetaw-tű]
safety-razor önborotva [-borotvâ], zsilett [zhilett]
said nevezett; →**say**
sail 1. *n* vitorla [vitorlâ] **2.** *v (in a sailing-boat)* vitorlázni [vitor-
  laazni]; *(travel in a ship)* hajón menni/utazni [hâyawn men-

ni/ootâzni], hajózni [hâyawzni]; *(begin a voyage)* (el)indulni [-indoolni], kifutni [-footni]
sailboard szörf [sörf]
sailing *(in a sailing-boat)* vitorlázás [vitorlaazaash]
sailing-boat vitorlás [vitorlaash]
sailor tengerész [tengerais], matróz [mâtrawz]
sake: for the ~ of ... kedvéért [kedvay-airt], ... miatt [miyâtt]
salad saláta [shâlaatâ]
salad dressing salátaöntet [shâlaatâ-]
salad-oil salátaolaj [shâlaatâ-olây]
salary fizetés [fizetaish]
sale eladás [elâdaash], árusítás [aaroosheetaash]; **for/on ~** eladó [elâdaw]; *(at reduced prices)* (engedményes) vásár [(engedmainjesh) vaashaar]; kiárusítás [ki-aaroosheetaash]
sales clerk *(US)* →**shop assistant**
salesman elárusító [elaaroosheetaw]
sales tax *(US)* forgalmi adó [forgâlmi âdaw]
saleswoman elárusító(nő) [elaaroosheetaw(nő)]
salmon lazac [lâzâts]
saloon *(room)* (dísz)terem [(dees)terem], szalon [sâlon]; *(US)* kocsma [kochmâ]
saloon bar bár [baar]
saloon deck első osztályú fedélzet [elshő-ostaayoo fedailzet]
salt só [shaw]; **may I have the ~, please?** kérem a sót [kairem â shawt]
same ugyanaz [oodjânâz]; **in the ~ place** ugyanott [oodjânott]; **at the ~ time** ugyanakkor [oodjânâkkor]; **in the ~ way** ugyanúgy [oodjânoodj]; **the ~ as** ... ugyanaz/ugyanúgy mint ... [oodjânâz/oodjânoodj mint]; **it is all the ~** mindegy [mindedj]; **the ~ to you!** viszont (kívánom) [visont (keevaanom)]!
sample minta [mintâ]
sand homok; **the ~s** (tenger)part [-pârt], strand [shtrând]
sandal(s) szandál [sândaal]
sandwich szendvics [sendvich]
sandy homokos [homokosh]

sang →sing
sanitary egészségügyi [egais-shaig-üdji], tisztasági [tistâshaagi];
~ **pad** egészségügyi betét [betait]
sank →sink 1.
sardine szardínia [sârdeeniâ]
sat →sit
satisfaction kielégítés [ki-elaigeetaish]; megelégedés [megelaige-daish]
satisfactory kielégítő [ki-elaigeető]
satisfy kielégíteni [-elaigeeteni]; **be satisfied** meg van elégedve [vân elaiged-ve]
Saturday szombat [sombât]; **on** ~ szombaton [sombâton]; **free** ~ szabad [sâbâd] szombat
sauce mártás [maartaash]
saucepan (nyeles) serpenyő [(njelesh) sherpenjő]
saucer csészealj [chai-se-âyy]
sausage kolbász [kolbaas]
save 1. v (from danger) megmenteni; (money) megtakarítani [-tâkâreetâni], félretenni [fail-re-tenni] 2. prep (except) kivéve [kivai-ve]
savings bank takarékpénztár [tâkâraik-painztaar]
savings-deposit takarékbetét [tâkâraik-betait]
savoury (sós) utóétel [(shawsh) ootaw-aitel]
saw[1] 1. n fűrész [fürais] 2. v fűrészelni [füraiselni]
saw[2] →see
say mondani [mondâni]; **how do you** ~ **it in Hungarian?** hogy mondják ezt magyarul [hodj mondjaak est mâdjârool]?; **he said ...** azt mondta ... [âst montâ]; **(let us)** ~ **...** mondjuk ... [mondjook]; **it is said that** azt mondják (,hogy) ... [ast mondjaak (hodj)]; **that is to** ~ azaz [âzâz], vagyis [vâdjish]
scaffolding állványozás [aalvaanjozaash]
scald (milk) felforralni [-forrâlni]
scale[1] (on ruler, thermometer etc.) (fok)beosztás [-beostaash], skála [shkaalâ]; (of a map) méretarány [mairet-âraanj], lépték [laiptaik]

scale[2] *(of fish)* pikkely [pikkey]
pair of **scales** mérleg [mairleg]
scandal botrány [botraanj]
scar heg
scarce ritka [ritkâ]
scarcely alig [âlig]; ~ **any** ... szinte semmi ... [sin-te shem-mi]
be **scared** megijedt [meg-iyett]
scarf sál [shaal]
scarlet fever skarlát [shkârlaat]
scene *(stage setting)* szín(hely) [seen(hey)]; *(division of play)* jelenet [yelenet], kép [kaip]; *(in real life)* jelenet [yelenet]; *(view)* látvány [laatvaanj], kép [kaip]; **the ~ is laid in London** a cselekmény Londonban játszódik [â chelekmainj londonbân yaatsawdik]
scenery díszlet [deeslet]
scent *(smell)* illat [illât]; *(liquid)* illatszer [illât-ser], parfüm [pârfüm]
schedule 1. *n* ~ **(s)** menetrend; **on** ~ menetrendszerűen [menetrend-serű-en], pontosan [pontoshân], időre [idő-re] **2.** *v* tervezni, beütemezni [be-ütemezni]; **is** ~ **d** *(= planned)* tervbe van véve [terv-be vân vai-ve], szerepel a programban [serepel â progrâmbân]; **the train is** ~ **d to arrive at . . .** a vonat menetrend szerint . . . kor érkezik [â vonât menetrend serint . . . kor airkezik]; **as** ~ **d** menetrend szerint [serint]
scheduled menetrendszerű [menetrend-serű]
scheme terv(ezet)
scholarship ösztöndíj [östöndeey]
school iskola [ishkolâ]; *(teaching)* tanítás [tâneetaash]
schoolboy diák [diyaak]
schoolgirl diáklány [diyaak-laanj]
schoolmaster tanár [tânaar]
schoolmistress tanárnő [tânaarnő]
school report bizonyítvány [bizonjeetvaanj]
school-teacher tanító [tâneetaw]

science tudomány [toodomaanj], *(physical)* természettudo-
mány [termaiset-]
scientific tudományos [toodomaanjosh]
scissors olló [ollaw]
scooter *(motor)* robogó [robogaw]
score 1. *n (sports)* eredmény [eredmainj]; *(music)* partitúra
[pârtitoorâ]; **what's the ~?** hogy áll a mérkőzés [hodj aal â
mairkőzaish]? 2. *v ~* **a goal** gólt rúgni [gawlt roogni]
Scotch skót [shkawt]; **the ~** a skótok [â shkawtok]
Scotch tape cellux [tselloox]
Scotland Skócia [shkawtsiâ]
Scots, Scottish →Scotch
Scotsman skót (férfi) [shkawt (fairfi)]
Scotswoman skót [shkawt] nő
scrambled eggs rántotta [raantottâ]
scrap darab(ka) [dârâb(kâ)]
scrape kaparni [kâpârni]; **~ off** levakarni [lev-âkârni]
scratch 1. *v* (meg)vakarni [-vâkârni], (meg)karcolni [-kârtsolni]
2. *n* karcolás [kârtsolaash]
screen *(cinema)* (vetítő)vászon [(veteető)vaason], *(TV)* képer-
nyő [kaip-ernjő]
screw 1. *n* csavar [châvâr] 2. *v* csavarni [châvârni]; **~ off** lecsa-
varni; **~ on** rácsavarni [raa-]
screw-driver csavarhúzó [châvâr-hoozaw]
scull *(single)* egypárevezős [edjpaar-evezősh]; **double ~** kétpár-
evezős [kait-paar-evezősh]
sculptor szobrász [sobraas]
sea tenger; **travel by ~** hajóval/hajón utazni [hâyawvâl/hâyawn
ootâzni]; **by the ~** a [â] tenger mellett
seafood tengeri hal, rák etc. [hâl, raak]
seal 1. *n (wax)* pecsét [pechait] 2. *v* lepecsételni [-pechaitelni];
(fasten) lezárni [-zaarni]
seam szegély [segay]; varrás [vârraash]
seaport tengeri kikötő

search 1. *v* kutatni [kootâtni], keresni [kereshni] **2.** *n* kutatás [kootâtaash], keresés [ker-eshaish], nyomozás [njomozaash]

seashore tengerpart [-pârt]

seasick tengeribeteg

seasickness tengeribetegség [-beteg-shaig]

seaside tengerpart [pârt]; *(attributively)* tenger(part)i [tenger-(pârt)i]

seaside resort tenger(part)i üdülőhely/fürdő(hely) [tenger(pârt)i üdülőhey/fürdő(hey)]

season *(spring etc.)* évszak [aivsâk]; *(special period)* évad [aivâd], idény [idainj], szezon [sezon]; **bathing ~** fürdőidény [-idainj]; **close ~** tilalmi [tilâlmi] idő; **open ~** *(for hunting)* vadászidény [vâdaas-idainj]

seasonal időszaki [idősâki], idényjellegű [idainj-yellegű]

seasoned fűszeres [fűseresh]

season-ticket bérlet(jegy) [bairlet(yedj)]

seat 1. *n* ülés [ülaish], ülőhely [ülőhey], hely [hey]; **is there a ~ vacant?** van egy üres hely [vân edj üresh hey]?; **this ~ is taken** ez a(z ülő)hely foglalt [ez â(z ülő)hey foglâlt]; **take a ~** leülni [le-ülni]; **won't you take a ~?** kérem, foglaljon helyet [kairem, foglâlyon heyet]!; **take your ~s!** *(train etc.)* beszállás [besaalash]!; **book/reserve a ~** →book **2.,** reserve **1.;** **all ~s are booked** minden jegy [yedj] elkelt **2.** *v* please be **~ed!** kérem, foglaljanak helyet [kairem, foglâlyânâk heyet]!

seat belt biztonsági [bistonshaagi] öv; **fasten your ~s, please!** kérem, kapcsolják be a biztonsági öveket [kairem, kâpchoyyaak be a bistonshaagi öveket]!

seat cover üléshuzat [ülaish-hoozât]

seat reservation helyfoglalás [heyfoglâlaash], helyjegyváltás [hey-yedj-vaaltaash]

second 1. *a* második [maashodik]; **~ class** másodosztály [maashodostaay]; **~ floor** *(GB)* második [maashodik] emelet, *(US)* első [elshő] emelet **2.** *n* *(moment)* másodperc [maashod-perts]

secondary school középiskola [közaip-ishkolâ]

second-class másodosztályú [maashodostaayoo]; **travel** ~ másodikon utazni [maashodikon ootâzni]
second-hand használt [hâsnaalt], *(book)* antikvár [antikvaar]; ~ **bookshop** antikvárium [antikvaariyoom]
secret titok
secretariat titkárság [titkaar-shaag]
secretary titkár(nő) [titkaar(nő)]
section *(part)* rész [rais], szakasz [sâkâs]; *(division of town etc.)* körzet, negyed [nedjed]; *(of office)* részleg [raisleg]
secure 1. *a* biztos [bistosh] **2.** *v* biztosítani [bistosheetâni], (meg)-szerezni [-serezni]
security biztonság [bistonshaag], *(public)* közbiztonság [köz-]
sedative nyugtató(szer) [njooktâtaw(ser)]
see látni [laatni]; *(view)* megnézni [-naizni], megtekinteni; *(visit)* meglátogatni [-laatogâtni], felkeresni [-kereshni]; *(understand)* (meg)érteni [-airteni]; *(accompany)* elkísérni [-keeshairni]; ~ **you again/later** viszontlátásra [visont-laataashrâ]!; ~ **you on Tuesday** a keddi viszontlátásra [â keddi visont-laataashrâ]!, viszontlátásra kedden!; **glad to** ~ **you!** örvendek!; **how nice to** ~ **you** örülök, hogy látom [hodj laatom]!; **could I** ~ **the room?** megnézhetem a szobát [megnaiz-hetem â sobaat]?; **what is worth** ~**ing here?** mit érdemes itt megnézni [mit airdemesh itt meg-naizni]?; **visitors may** ~ **the ...** a látogatók megtekinthetik a ... [â laatogatawk megtekint-hetik â]; **can be seen** látható [laat-hâtaw]; **let me** ~ **your tongue** mutassa a nyelvét [mootâsh-shâ â njelvait]!; ~ **the doctor** orvoshoz [orvosh-hoz] menni; **I** ~ **értem [airtem]; ~ **sby home** hazakísérni [hâzâkeeshairni] vkit; ~ **sby off** kikísérni vkit (az állomásra) [kikeeshairni (âz aalomaashrâ)]; **I'll** ~ **you off** kikísérem (az állomásra) [kikeeshairem (âz aalomaashrâ)]; ~ **(to it) that ...** gondoskodjék róla, hogy ... [gondoshkodyaik rawlâ, hodj], nézzen utána, hogy ... [naizzen ootaana, hodj]
seed mag [mâg]
seek keresni [kereshni], kutatni [kootâtni]

seem látszik [laat-sik]; **it ~ s that** ... úgy látszik, hogy ... [oodj laat-sik, hodj]
seize megfogni, megragadni [-râgâdni]
seldom ritkán [ritkaan]
select kiválasztani [-vaalâstâni]
selection kiválasztás [-vaalâstaash]
self maga [mâgâ]
self-defence önvédelem [önvaidelem]
self-drive car bérautó vezető nélkül [bair-outaw vezető nailkül]
self-service önkiszolgáló [önkisolgaalaw]; **~ restaurant** önkiszolgáló étterem [ait-terem]; **~ shop** önkiszolgáló bolt/üzlet
self-starter önindító [önindeetaw]
sell eladni [elâdni]; **sold by the litre** literre adják [liter-re âdyaak]; **is not to be sold** nem adható [âd-hâtaw] el, nem szabad eladni [nem sâbâd elâdni]
Sellotape cellux [tselloox]
semaphore szemafor [semâfor]
semester félév [fail-aiv], szemeszter [sem-ester]
semifinal(s) elődöntő; középdöntő [közaip-döntő]
semi-motorway autóút [outaw-oot]
seminar szeminárium [seminaaryoom]
send (el)küldeni; **~ away** elküldeni; **~ back** visszaküldeni [vissâ-]; **~ in** beküldeni; **~ for the doctor** orvost hívni [orvosht heevni]; **please ~ it to** ... kérem, küldje ezt [kairem, küld-ye est] ...nek
sender feladó [felâdaw]
senior idősebb [időshebb]
sense érzék [airzaik], érzet [airzet]; *(feeling)* érzés [airzaish]; *(meaning)* értelem [airtelem]
sensible *(reasonable)* értelmes [airtelmesh], ésszerű [ais-serű]
sent →send
sentence mondat [mondât]; *(punishment)* ítélet [eetailet]
separate 1. *a* külön, különálló [-aalaw] **2.** *v* elválasztani [-vaalâstâni], elkülöníteni [-különeeteni]; *(go in different ways)* elválni [-vaalni]

separately külön
separation elválasztás [elvaalâstaash]
September szeptember [september]; **on ~ 7th/8th** szeptember
7-én/8-án [september hetedikain/njoltsâdikaan]
Serbia Szerbia [serbiâ]
Serbian szerb [serb]
series sorozat [shorozât], széria [sairiâ]
serious komoly [komoy], súlyos [shooyosh]
seriously komolyan [komoyân]; **~ ill** súlyos [shooyosh] beteg
serve *(at table)* felszolgálni [-solgaalni], tálalni [taalâlni]; *(in
shop)* kiszolgálni [-solgaalni]; **are you being ~d?** tetszett már
rendelni [tet-sett maar rendelni]?, tetszik már kapni [tet-sik
maar kâpni]?; **dinner is ~d** (a vacsora) tálalva [taalâlvâ]!
service 1. *n (employment)* szolgálat [solgaalât]; *(in a hotel)* ki-
szolgálás [kisolgaalaash]; *(in a restaurant)* felszolgálás [fel-
solgaalaash]; *(set of plates etc.)* szerviz [serviz]; *(public trans-
portation)* forgalom [forgâlom], közlekedés [közlekedaish];
(car etc. maintenance) szerviz [serviz]; *(worship)* istentiszte-
let [ishten-tistelet]; *(tennis)* adogatás [adogâtaash]; **~ in-
cluded** kiszolgálással együtt [kisolgaalash-shâl eddjütt]; **ser-
vices** *(to supply public needs)* szolgáltatások [solgaaltâtaa-
shok]; **the car is in for a ~** szervizen van a kocsi [serviz-en vân
â kochi] **2.** *v (provide maintenance)* szervizel [serviz-el]; **have
the car ~d** szervizre vinni a kocsit [serviz-re vinni â kochit]
service area pihenő(hely), parkoló(hely) [pârkolaw(-hey)] (szol-
gáltatásokkal) [solgaaltâtaashokkâl]
service station *(filling station with servicing)* benzinkútszerviz
[benzinkoot-serviz]; *(with workshop facilities)* szervizállo-
más [serviz-aalomaash], (autó)szerviz [(outaw)serviz]
servicing szerviz [serviz]
serviette szalvéta [sâlvaitâ]
session ülés [ülaish]; *(university)* tanév [tânaiv]
set 1. *v (put)* tenni, helyezni [heyezni]; *(adjust)* beigazítani [-igâ-
zeetâni], beállítani [-aaleetâni]; **~ aside** félretenni [fail-re-ten-
ni]; **~ off/out** *(on a journey)* elindulni [-indoolni], útnak in-

dulni [ootnâk indoolni] **2.** *a (fixed)* meghatározott [meg-hâ-
taarozott]; pontos [pontosh]; ~ **menu** menü **3.** *n (of things)*
készlet [kaislet]; *(TV or radio receiver)* készülék [kaisülaik];
(tennis) játszma [yaatsmâ]
settle *(settle down)* letelepedni [let-elep-edni]; *(fix)* kijelölni [ki-
yelölni], megszabni [meg-sâbni]; *(decide)* eldönteni; *(pay a
bill)* kiegyenlíteni [ki-edjenleeteni], rendezni; ~ **down** letele-
pedni [let-elep-edni]; **I want to** ~ **my bill** szeretném rendezni a
számlámat [seretnaim rendezni â saamlaamât]; ~**d** fizetve
several több, különféle [különfail-eh]; ~ **times** többször [több-
sör]
severe *(stern)* szigorú [sigoroo], *(winter)* kemény [kemainj]
sew varrni [vârrni]
sewing-machine varrógép [vârraw-gaip]
sex nem, *(on application form)* neme [nem-e]
shade árnyék [aarnjaik]; *(US)* redőny [redőnj]
shadow árnyék [aarnjaik]
shady árnyékos [aarnjaikosh]
shaft tengely [tengey]
shake (meg)rázni [-raazni]; ~ **hands** kezet fogni; ~ **up** felrázni
[-raazni]
shall: I ~ **go** el fogok menni, elmegyek [-medjek]; **I** ~ **arrive to-
morrow** holnap érkezem [holnâp airkezem]; **I** ~ **write to you**
majd írok önnek [mâyd eerok önnek]; **we** ~ **go** el fogunk [fo-
goonk] menni, elmegyünk [elmedjünk]; ~ **we be back in time?**
időben visszaérünk [vissâ-airünk]?; **I shan't stay** nem fogok
maradni [mârâdni], nem maradok [mârâdok]; ~ **I lock the
door?** bezárjam az ajtót [bez-aaryâm âz âytawt]?; ~ **we start
tomorrow?** holnap induljunk [holnâp indooyyoonk]?
shallow sekély [shekay]
shame szégyen [saidjen]
shampoo *n* (haj)mosás [(hây)moshaash]; sampon [shâmpon]; ~
and set, please mosást és berakást kérek [moshaasht aish be-
râkaasht kairek]
shank lábszár [laabsaar]

shape alak [âlâk], forma [formâ]

share 1. *n* rész [rais]; **have a ~ in** érdekelve van [airdekel-ve vân]
...ben **2.** *v* osztozni [ostozni]; **~ the expenses** közösen vállalják a költségeket [közöshen vaalâlyaak â kölchaigeket]; **~ a room with sby** egy szobában lakik [edj sobaabân lâkik] vkivel

sharp éles [ailesh]; **at four ~** pont(ban) négykor [pont(bân) naidjkor]

sharpen megélesíteni [-ailesheeteni], *(pencil)* kihegyezni [-hedjezni]

shave 1. *n* borotválás [borotvaalaash] **2.** *v* borotválkozni [borotvaalkozni]

shaver *(electric)* villanyborotva [villânj-borotvâ]

shaving-brush borotvaecset [borotvâ-echet]

shaving-cream borotvakrém [borotvâ-kraim]

shaving-foam borotvahab [borotvâ-hâb]

shaving soap borotvaszappan [borotvâ-sâppân]

shawl sál [shaal]

she ő

shed *(shelter)* fészer [faiser], szín [seen], pajta [pâytâ]

sheep juh [yooh]

sheepskin báránybőr [baaraanj-bőr]

sheet lepedő [lep-edő]; *(paper)* (papír)lap [(pâpeer)lâp]

shelf polc [polts]

shellfish kagyló [kâdjlaw]

shelter *(protection)* menedék [menedaik], *(bus etc.)* váróhely [vaaraw-hey]

shift 1. *v* elmozdítani [-mozdeetâni], átrakni [aatrâkni]; *(be shifted)* elmozdulni [-mozdoolni]; **~ the gears** sebességet váltani [shebesh-shaiget vaaltâni], kapcsolni [kâpcholni] **2.** *n* *(work in turn)* műszak [műsâk]; **day ~** nappali [nâppâli] műszak; **night ~** éjszakai [aysâkâyi] műszak

shinbone sípcsont [sheep-chont]

shine ragyogni [radjogni], fényleni [fainjleni]; **the sun is shining** süt a nap [shüt â nâp]

ship 1. *n* hajó [hâyaw]; **on board** ~ hajón [hâyawn], hajó fedélzetén [hâyaw fedailzetain]; **go by** ~ hajón/hajóval menni [hâyawn/hâyaw-vâl menni] **2.** *v* (el)szállítani [-saaleetâni]

shipping company hajózási társaság [hâyaw-zaashi taar-shâshaag]

shipping-office hajóügynökség [hâyaw-üdjnökshaig]

shipyard hajógyár [hâyaw-djaar]

...shire ... megye [medj-e]

shirt ing

shiver dideregni

shock *n* lökés [lökaish], rázkódás [raaskawdash], ütődés [ütődaish]; *(electric)* áramütés [aaramütaish]; *(emotional)* megrázkódtatás [megraaskawd-tâtaash], ijedtség [iyett-shaig], sokk [shokk]

shock-absorber lengéscsillapító [lengaish-chillâpeetaw]

shoe (fél)cipő [(fail)tsipő]; **puts on one's** ~**s** felhúzza a cipőjét [fel-hoozzâ â tsipőyait]

shoe-cream cipőkrém [tsipő-kraim]

shoelaces cipőfűző [tsipő-fűző]

shoemaker cipész [tsipais]

shoestrings →**shoelaces**

shone →**shine**

shook →**shake**

shoot (le)lőni; **go** ~**ing** vadászni megy [vâdaasni medj]; ~ **a film** filmet forgat [forgât]

shooting *(sports)* lövészet [lövaiset]; *(hunting)* vadászat [vâdaasât]; *(film)* forgatás [forgâtaash]

shooting-gallery céllövölde [tsail-lövöl-de]

shop 1. *n* bolt [bawlt], üzlet; **when are the** ~**s open?** mikor tartanak nyitva az üzletek [mikor târtânâk njitvâ âz üzletek]? **2.** *v* **go** ~**ping** bevásárolni megy [bevaashaarolni medj]; **do one's** ~**ping** bevásárolni [bevaashaarolni]

shop assistant bolti eladó [elâdaw]

shop hours nyitvatartás(i idő) [njitvâtârtaash(i idő)]

shopkeeper kereskedő [kereshkedő], *(owner)* üzlettulajdonos [üzlet-toolâydonosh]

shopping bevásárlás [bevaashaarlaash]; →**shop 2.**

shopping area bevásárlónegyed [bevaashaarlawnedjed]

shopping bag bevásárlótáska [bevaashaarlaw taashkâ]

shopping centre bevásárlóközpont [bevaashaarlaw-]

shopping precinct vásárlóutca [vaashaarlaw-oottsâ], bevásárló-központ [bevaashaarlaw-]

shop-window kirakat [kirâkât]

shore (tenger)part [-pârt]

short rövid; *(person)* alacsony [alachonj]; ~ **circuit** rövidzárlat [-zaarlât]; ~ **drink** rövidital [-itâl]; ~ **story** novella [novellâ]; **for a ~ time** rövid ideig/időre [ideyig/idő-re]; **within a ~ time** rövid idő alatt [idő âlâtt]; ~ **wave** rövidhullám [-hoollaam]; **be ~ of sth** vmiből kevés van [kevaish vân]

shortage hiány [hiyaanj]

shortcut (út)rövidítés [(oot)rövideetaish], átvágás [aatvaagaash]

shorten megrövidíteni [-rövideeteni]

shortly rövidesen [rövideshen], nemsokára [nemshokaarâ]

shot *(gun, football)* lövés [lövaish]

should: I ~ like to ... szeretnék ... [seretnaik]; **I ~ like a drink** szeretnék valamit inni [seretnaik vâlâmit inni]; **I ~ be glad to** ... örülnék, ha ... [örülnaik, hâ]; **you ~ write to him** írnia/írnod kellene neki [eerniâ/eernod kell-en-e neki]; **you ~ be more careful** óvatosabbnak kellene lennie/lenned [awvâto-shâbbnâk kell-en-e lenniye/lenn-ed]; **they ~ be here soon** hamarosan itt kell lenniük [hâmâroshân itt kell lenni-ük]; **they ~ be there by now** már ott kell(ene) lenniük [maar ott kel-l(en-e) lenni-ük]; **you ~ have seen it** látnia/látnod kellett volna [laatniâ/laatnod kellett volnâ]

shoulder *(part of body)* váll [vaal]; *(side of road)* (út)padka [(oot)pâtkâ]

shout 1. *n* kiáltás [ki-aaltaash] **2.** *v* kiáltani [ki-aaltâni]

shove lökni, tolni

shovel lapát [lâpaat]

show 1. *v* (meg)mutatni [-mootâtni]; **please ~ me my room** kérem, mutassa meg a szobámat [kairem, mootâsh-shâ meg â sobaamât]; **~ sby in** bevezetni vkit; **~ sby out** kikísérni [kikeeshairni] vkit; **~ me round the house** mutassa meg nekem a házat [mootâsh-shâ meg nekem â haazât], vezessen körül a házban [vezesh-shen körül â haazbân] **2.** *n (exhibition)* kiállítás [ki-aaleetaash]; *(entertainment)* műsor [műshor]

shower *(rain)* zápor [zaapor]; *(bath)* zuhany [zoohânj]; **heavy ~** nagy zápor [nâdj zaapor]; *(room)* **with ~** zuhannyal [zoohân-njâl]

shower-bath zuhany(ozó) [zoohânj(ozaw)]

show-jumping díjugratás [deey-oogrâtaash]

showroom mintaterem [mintâ-], mintabolt, bemutatóterem [be-mootâtaw-]

shrink összemegy [össemedj]

shrub bokor

shrunk →**shrink**

shut becsukni [-chookni], bezárni [-zaarni]; **... is ~** *(door)* be van csukva [be vân chookvâ]; *(shop)* zárva van [zaarvâ vân]; **~ off** elzárni [-zaarni], kikapcsolni [-kâpcholni]

shutter *(window)* redőny [redőnj]; *(camera)* zár [zaar]

shy félénk [failaink]

sick beteg; **feel ~** hányingere van [haanj-inger-e vân], rosszul érzi magát [rossool airzi mâgaat]; **be ~** hányni [haanjni]

sickness betegség [beteg-shaig]

sick pay táppénz [taap-painz]

side oldal [oldâl]; **by my ~** mellém [mellaim], mellettem; **on this ~** ezen az oldalon [âz oldâlon]; **on each ~ of the Danube** a Duna (mind)két oldalán [â doonâ (mind)kait oldâlaan]; **on the other ~ of the street** az utca másik oldalán [âz oottsâ maashik oldâlaan]

sideboard tálalóasztal [taalâlaw-âstâl]

sideline oldalvonal [oldâl-vonâl]

sidewalk *(US)* járda [yaardâ], gyalogút [djâlogoot]

sigh sóhaj(tás) [shaw-hây(taash)]

sight *(seeing)* látás [laataash]; *(thing seen)* látvány [laatvaanj]; **be out of** ~ nem látható [laat-hâtaw]; **sights** látnivalók [laatni-vâlawk], nevezetességek [nevezetesh-shaigek]; **see the** ~**s** megnézni/megtekinteni a látnivalókat [meg-naizni/megtekinteni â laatni-vâlawkât]

sightseeing városnézés [vaarosh-naizaish]

sightseeing bus városnéző autóbusz [vaaroshnaiző outaw-boos]

sightseeing tour/trip városnéző körséta [vaarosh-naiző körshaitâ]

sightseer városnéző [vaarosh-naiző], turista [toorishtâ]

sign 1. *n* jel [yel]; *(traffic)* jelzőtábla [yelző-taablâ] **2.** *v* aláírni [âlaa-eerni]

signal 1. *n* jelzés [yelzaish], irányjelzés [iraanj-yelzaish]; **give** ~(s), **give a** ~ jelezni [yel-ezni], irányjelzést adni [iraanj-yelzaisht âdni] **2.** *v* jelezni [yelezni]

signature aláírás [âlaa-eeraash]

significant jelentős [yelentősh]

signpost (út)irányjelző tábla [(oot)iraanj-yelző taablâ]

silence csend [chend]

silencer hangtompító [hângtompeetaw]

silent csendes [chendesh]

silk selyem [sheyem]

silly buta [bootâ]

silver ezüst [ezüsht]

similar hasonló [hâshonlaw]

similarity hasonlóság [hâshonlawshaag]

simple egyszerű [edjserű]

simply egyszerűen [edjserű-en]

sin bűn

since 1. *prep* óta [awtâ]; ~ **when?** mióta [mi-awtâ]?; ~ **10 o'clock** 10 óra óta [teez awrâ awtâ]; ~ **last year** tavaly óta [tâvây awtâ] **2.** *adv* azóta; **how long is it** ~? mennyi ideje [mennji id-ey-e]?; ... **has been ill ever** ~ azóta is beteg [âzawtâ ish beteg] **3.** *(because)* mivel, miut…n [mi-ootaan]

sincere őszinte [ősinte]

sincerely *yours* őszinte tisztelettel [ősinte tistelettel], szívélyes üd-
vözlettel [seevayesh üdvözlettel]
sing énekelni [ainekelni]
singer énekes [ainekesh]
single 1. *a* egyes [eddjesh]; egyetlen [eddjetlen]; *(man)* nőtlen,
(woman) hajadon [hâyâdon]; ~ **(bed)room** egyágyas szoba
[edjaadjâsh sobâ]; ~ **bedroom with bathroom** egyágyas für-
dőszobás [fürdő-sobaash] szoba; ~ **fare** egy(szeri) út ára
[edj(seri) oot aarâ], egyszeri utazás költsége [edjseri ootâ-
zaash kölchai-ge]; ~ **journey** egyszeri út/utazás [edjseri
oot/ootâzaash], csak oda utazás [châk odâ ootâzaash]; ~
ticket egyszeri utazásra szóló jegy [edjseri ootâzaashrâ saw-
law yedj] **2.** *n* →**single ticket;** ~ **or return, please?** csak oda
(kéri) [châk odâ (kairi)]?; ~, **please!** csak oda (kérem) [châk
odâ (kairem)]!; **one second-class** ~ **for Pécs** kérek egy máso-
dikat Pécsre (csak oda) [kairek edj maashodikât paich-re
(châk odâ)]
single-storey földszintes [földsintesh]
singular *(grammatically)* egyes (számú) [eddjesh (saamoo)]
sink 1. *v* elsüllyedni [el-shüyyedni] **2.** *n* (konyhai) mosogató
[(konjhâyi) moshogâtaw]
sir *(in addressing)* uram [oorâm]!
sirloin vesepecsenye [vesh-e-pechenje]
sister nővér [nővair], testvér [teshtvair]
sister-in-law sógornő [shawgornő]
sit ülni; ~ **back** hátradőlni [haatrâ-dőlni], kényelembe tenni
magát [kainjelembe tenni mâgaat]; ~ **down, please!** foglaljon
helyet [foglâyyon heyet]!; ~ **for an exam** vizsgázni [vizhgaaz-
ni]; ~ **up** fennmaradni [fenn-mârâdni]
site telek; házhely [haaz-hey]
sitting ülés [ülés [ülaish]; **the first** ~ az első turnus [âz elshő toor-
noosh]
sitting-room nappali [nâppâli]
is **situated** ... terül el, ... fekszik [feksik]
situation helyzet [heyzet]; *(employment)* állás [aalaash]

sixth hatodik [hâtodik]; **the ~ form** *(in Hungary)* a negyedik osztály [â nedjedik ostaay]

size méret [mairet]; *(number)* szám [saam]; **what ~, please?** milyen méretben [miyen mairetben]?, *(shoes)* milyen számban [miyen saambân]?

skate 1. *n* korcsolya [korchoyâ] **2.** *v* korcsolyázni [korchoyaazni]

skating korcsolyázás [korchoyaazaash]

skating rink műjég(pálya) [műyaig(paayâ)]

sketch vázlat [vaazlât]

sketch-book vázlatkönyv [vaazlât-könjv]

ski 1. *n* sí [shee]; **(a pair of) ski(s)** síléc(ek) [sheelaits(ek)] **2.** *v* sízni [sheezni], síelni [shee-elni]

skid (meg)csúszni [choosni], farolni [fârolni]

skidding (meg)csúszás [-choosaash], farolás [fârolaash]

skid mark(s) féknyom [faik-njom]

skier síző [sheező]

skiing sízés [sheezaish]

skilful ügyes [üdjesh], gyakorlott [djâkorlott]

ski-lift sílift [shee-lift]

skill ügyesség [üdjesh-shaig], hozzáértés [hozzaa-airtaish]

skilled workman szakmunkás [sâkmoonkaash]

skin bőr

skirt szoknya [soknjâ], alj [âyy]

skull koponya [koponjâ]

sky ég [aig], égbolt [aigbolt]

skyscraper felhőkarcoló [felhő-kârtsolaw]

slack laza [lâzâ]

slacken *(make loose)* (meg)lazítani [(meg)lâzeetâni]; *(slower)* (le)lassítani [(le)lâsh-sheetâni]; *(become slower)* lelassulni [-lâsh-shoolni]

slacks pantalló [pântâllaw]

slanting ferde [fer-de], lejtős [leytősh]

sledge szán(kó) [saan(kaw)]

sleep 1. *n* alvás [âlvaash]; **go to** ~ elaludni [elâloodni] **2.** *v* aludni [âloodni]; **he is** ~**ing** alszik [âlsik]; **did you** ~ **well?** jól aludt [yawl âloott]?

sleeper hálókocsi [haalaw-kochi]; **book a** ~ hálókocsijegyet váltani [haalaw-kochi-yedjet vaaltâni]

sleeping alvás [âlvaash]

sleeping bag hálózsák [haalaw-zhaak]

sleeping-car hálókocsi [haalaw-kochi]

sleepy álmos [aalmosh]

sleet havas eső [hâvâsh eshő]

sleeve ujj [ooy]

slept →sleep 2.

slice 1. *n* szelet [selet] **2.** *v* szeletelni [seletelni]

slide 1. *n (sliding)* csúszás [choosaash]; *(transparency)* dia [diyâ] **2.** *v* csúszni [choosni]

slide projector diavetítő [diyâ-veteető]

slight *(small)* (egy) kis [(edj) kish], csekély [chekay]

slim karcsú [kârchoo]

slip 1. *v (slide and fall)* elcsúszni [el-choosni]; **it** ~**ped out of my hand** kicsúszott a kezemből [kichoosott â kezemből]; **let** ~ elengedni, elejteni [eleyteni]; ~ **into/on** *(a dress)* be(le)bújni (ruhába) [be(le)booyni (roohaabâ)] **2.** *n (error)* hiba [hibâ]; *(of paper)* cédula [tsaidoolâ]; *(undergarment)* kombiné [kombinay]

slip-on papucscipő [pâpooch-tsipő]

slippery csúszós [choo-sawsh]; ~ **road** csúszós úttest [choo-sawsh oot-tesht]

slit rés [raish], nyílás [njeelaash]

slope lejtő [leytő], lejtős út [leytősh oot]

slot rés [raish]

slot-machine automata [outomâtâ]

Slovak szlovák [slovaak]

Slovakia Szlovákia [slovaakiyâ]

Slovene szlovén [slovain]

Slovenia Szlovénia [slovainiyâ]

slow 1. a lassú [lâsh-shoo]; ~ **train** személyvonat [semay-vonât]; **... is ten minutes** ~ ... tíz percet késik [teez pertset kaishik]; **go** ~ lassan hajtani [lâsh-shân hâytâni]; ~**er** lassabban [lâsh-shâbbân] **2.** adv lassan [lâsh-shân]; ~! lassíts [lâsh-sheech]! **3.** v ~ **down** lelassítani [le-lâsh-sheetâni]

slowly lassan [lâsh-shân]

sluice zsilip [zhilip]

slum nyomornegyed [njomor-nedjed]

slushy latyakos [lâtjâkosh]

small kis [kish], kicsi [kichi]; (in quantity) csekély [chekay], kevés [kevaish], kis [kish]; ~ **change** aprópénz [âpraw-painz]; ~ **company** kisvállalkozás [kish-vaalâlkozaash]; ~ **quantity** kis mennyiség(ű) [kish mennjishaig(ű)]

smart elegáns [elegaansh]

smash összezúzni [össe-zoozni]; ~ **into** beleszaladni [bele-sâlâdni]; ~ **up** összetörni [össetörni] (vmit)

smear bekenni

smell 1. n szag [sâg] **2.** v (feel the smell) (meg)szagolni [-sâgolni], érzi a szagát [airzi â sâgaat]; (give out smell) ... szaga van [sâgâ vân], ... szagú [sâgoo]

smelly büdös [büdösh]

smile 1. n mosoly [moshoy] **2.** v mosolyogni [moshoyogni]

smith kovács [kovaach]

smog füstköd [füshtköd]

smoke 1. n füst [füsht] **2.** v (chimney) füstölni [füshtölni]; (tobacco) dohányozni [dohaanjozni]; **do you** ~? dohányzik [dohaanjzik]?, cigarettázik [tsigârettaazik]?

smoked füstölt [füshtölt]

smoking dohányzás [dohaanjzaash]; **no** ~!, ~ **is prohibited!** tilos a dohányzás [tilosh â dohaanjzaash]!

smoking-compartment dohányzó szakasz [dohaanjzaw sâkâs]

smooth sima [shimâ]

smuggle csempészni [chempaisni]

snack gyors étkezés [djorsh aitkezaish]; **let's have a** ~ együnk valamit [edjünk vâlâmit]

snack-bar (gyors)büfé [(djorsh)büfai], falatozó [fâlâtozaw], bisztró [bistro], ételbár [aitelbaar]

snail csiga [chigâ]

snap-fastener patent(kapocs) [pâtent(kâpoch)]

snapshot (pillanat)felvétel [(pillânât)felvaitel], fénykép [fainjkaip]; **take a ~** felvételt csinálni [felvaitelt chinaalni], lefényképezni [-fainj-kaipezni]

sneeze tüsszenteni [tüssenteni]

snore horkolni [horkolni]

snow 1. *n* hó [haw] **2.** *v* **it's ~ing** havazik [hâvâzik], esik a hó [eshik â haw]

snow-chain hólánc [haw-laants]

snowdrift hófúvás [haw-foovaash], hótorlasz [hawtorlâs]

snowdrop hóvirág [haw-viraag]

snowfall hóesés [haw-eshaish]

snowline hóhatár [haw-hâtaar]

snow tyre téli gumi [taili goomi]

snowy havas [hâvâsh]

so *(such)* olyan [oyân]; *(thus)* úgy [oodj], így [eedj]; *(very)* annyira [annjirâ], olyan [oyân]; *(so that)* úgyhogy [oodj-hodj]; **not ~ ... as** nem olyan [oyân] ... mint; **~ as to ...** ..., hogy [hodj]; úgyhogy [oodj-hodj]; **~ far** eddig, ezideig [ez-ideyig]; **~ long!** viszlát [vislaat]!; **~ much** ennyi [ennji]; **~ ... that** olyan ... hogy [oyan ... hodj]; **~ that ...** *(intent)* úgy, hogy ... [oodj, hodj], *(result)* úgyhogy ... [oodj-hodj]; **... or ~** körülbelül ...; **~ am I, ~ did I** *etc.* én is [ain ish]

get **soaked** megázni [megaazni]

soaking wet csuromvíz [choorom-veez]

so-and-so X. Y. [iks ipsilon]

soap szappan [sâppân]

sober józan [yawzân]

soccer futball [footbál]

social társadalmi [taarshâdalmi], szociális [sotsi-aalish]; **~ evening** ismerkedési est [ishmerkedaishi esht]; **~ in-**

surance/security társadalombiztosítás [taarshâdâlom-bisto-sheetaash]; ~ **services** szociális intézmények [sotsi-aalish intaizmainjek]
socialist szocialista [sotsiâlishtâ]
society *(community)* társadalom [taarshâdalom]; *(company)* társaság [taarshâshaag]
sock zokni
socket foglalat [foglâlât]
soda-water szódavíz [sawdâ-veez]
soda siphon autószifon [outosifon]
sodium bicarbonate szódabikarbóna [sawdâ-bikâr-bawnâ]
sofa díván [deevaanj]
soft lágy [laadj], puha [poohâ]; ~ **drink** alkoholmentes ital [âlkohol-mentesh itâl], üdítőital [üdeető-]
soft-boiled →**egg**
software szoftver
soil talaj [tâlây], föld
sold →**sell**
solder forrasztani [forrâstâni]
soldier katona [kâtonâ]
sole *(shoe)* talp [tâlp]
solely kizárólag [kizaarawlâg]
solid szilárd [silaard]
solo szóló [saw-law]
soloist szólista [sawlishtâ]
soluble oldható [old-hâtaw]
solution oldat [oldât]
solve megoldani [megoldâni]
some *(few)* néhány [naihaanj], *(little)* egy kevés [edj kevaish], egy kis [edj kish]; *(about)* körülbelül; ~ **people** néhány [naihaanj] ember; ~ **water** egy kis víz [edj kish veez], *(object)* egy kis vizet [vizet]; **would you like** ~ **tea?** kér(sz) egy kis teát [kair(s) edj kis teyaat]?; **give me** ~ **more** kérek még [kairek maig]; **have** ~! vegyen belőle [vedjen bel-ől-e]!; ~ **of them** némelyikük [naimeyikük], néhányan [naihaanjân] (közülük);

~ **day** egy napon [edj nâpon]; **for** ~ **time** egy kis ideig [edj kish ideyig]

somebody valaki [vâlâki]

somehow valahogy [vâlâhodj]

someone valaki [vâlâki]

something valami [vâlâmi], *(object)* valamit [vâlâmit]

sometimes néha [naihâ]

somewhat egy kissé [edj kish-shai]

somewhere valahol [vâlâhol]; ~ **else** máshol [maashhol]

son fiú [fiyoo], *(sby's)* fia [fiyâ] (vkinek)

song ének [ainek], dal [dâl]

son-in-law vő, *(sby's)* veje [ve-ye]

soon hamar [hâmâr], nemsokára [nem-shokaarâ]; **as** ~ **as** mihelyt [miheyt]; ~ **after** ... nem sokkal ... után [nem shokkâl ... ootaan]

soot korom

sore throat torokfájás [torok-faayaash]; **I have a** ~ fáj a torkom [faay â torkom]

sorry: (I'm) ~ sajnálom [shâynaalom]!; ~**, but** ... sajnálom, de ..., sajnos ... [shâynosh]; ~ **to say** sajnos [shâynosh]; **I am** ~ **to hear that** ... sajnálattal hallom, hogy ... [shâynaalâttâl hâllom, hodj]

sort fajta [fâytâ], féle [fail-e]; **what** ~ **of** ...? miféle ... [mifail-e]?, milyen [miyen]?

sought →**seek**

soul lélek [lailek]

sound 1. *n* hang [hâng] **2.** *v* ~ **one's horn** kürtjelzést adni [kürtyelzaisht âdni], dudálni [doodaalni]

soup leves [lev-esh]

soup-ladle merőkanál [merőkânaal]

sour savanyú [shâvânjoo]; ~ **cherry** meggy [meddj]; ~ **cream** tejföl [teyföl]; ~ **milk** aludttej [âloot-tey]; **go** ~ megsavanyodik [-shâvânjodik]

source forrás [forraash]

south 1. *n* dél [dail]; **in the** ~ délen [dailen]; **to the** ~ **of** vmitől délre [dail-re]; **Budapest South** *(station)* Déli pályaudvar [daili paayâ-oodvâr] **2.** *adv* délre [dail-re], dél felé [dail felai]

South America Dél-Amerika [dail-âmerikâ]

south-east 1. *n* délkelet [dail-kelet] **2.** *adv* délkelet felé [felai]; ~ **of** vmitől délkeletre [dail-kelet-re]

south-eastern délkeleti [dail-keleti]

southern déli [daili]

southward(s) dél felé [dail felai], délre [dail-re]

south-west 1. *n* délnyugat [dail-njoogât] **2.** *adv* délnyugat felé [felai]; ~ **of** vmitől délnyugatra [dailnjoogâtrâ]

south-western délnyugati [dail-njoogâti]

souvenir emlék(tárgy) [emlaik(taardj)], *(gift)* ajándék(tárgy) [âyaandaik(taardj)]; ~**s** ajándéktárgyak [âyaandaik-taardjâk]

souvenir shop ajándékbolt [âyaandaik-bawlt]

sow vetni

spa gyógyfürdő [djawdj-fürdő]

space *(distance)* tér [tair], távolság [taavolshaag]; *(place)* hely [hey]; ~ **between vehicles** követési távolság [követaishi taavolshaag]

spade ásó [aashaw]

Spain Spanyolország [shpanjol-orsaag]

Spanish spanyol [shpanjol]; **(s)he speaks** ~ beszél/tud spanyolul [besail/tood shpânjolool]

spanner villáskulcs [villaash-koolch], csavarkulcs [châvâr-koolch]

spare 1. *a/n* tartalék [târtâlaik]; pót- [pawt]; ~**s**, ~ **parts** (pót)-alkatrészek [(pawt)âlkâtraisek], tartalékalkatrészek [târtâlaik-]; ~ **bed** pótágy [pawt-aadj]; ~ **(wheel)** pótkerék [pawt-keraik], tartalékgumi [târtâlaik-goomi]; ~ **money** spórolt pénz [shpawrolt-painz]; ~ **time** szabad [sâbâd] idő **2.** *v (money)* megtakarítani [megtâkâreetâni]

spark szikra [sikrâ]

spark(ing) plug (gyújtó)gyerta [(djooytaw)djertjâ]

sparrow veréb [veraib]

speak beszélni [besailni]; **do you ~ English?** beszél (ön) angolul [besail (ön) ângolool]?; **this is ... ~ing** itt ... beszél [besail]; **~ to sby** beszélni [besailni] vkivel; **can I ~ to ...?** beszélhetnék [besail-hetnaik] ...vel/val?; **English (is) spoken** angolul beszélnek/beszélünk [ângolool besailnek/besailünk]

special különleges [különlegesh], speciális [shpetsi-aalish]; **~ bus (service)** különjárat [-jaarât]

specialist szakember [sâkember]; *(doctor)* szakorvos [sâkorvosh]

speciality különlegesség [különlegesh-shaig], specialitás [shpetsi-âlitaash]

specific sajátos [shâyaatosh]; *(definite)* meghatározott [-hâtaarozott]

specify részletezni [raisletezni], kikötni

spectacles *(glasses)* szemüveg [semüveg]

speech beszéd [besaid]

speed 1. *n* sebesség [shebesh-shaig]; **at a ~ of 60 kilometres an hour** óránként 60 km-es sebességgel [awraankaint hâtvân kilomaiteresh shebesh-shaiggel]; **at full ~** teljes sebességgel [telyesh shebeshshaiggel]; **maximum ~** megengedett legnagyobb sebesség [megengedett legnâdjobb shebesh-shaig] **2.** *v* száguldani [saagooldâni]

speeding gyorshajtás [djorsh-hâytaash]

speed-limit megengedett legnagyobb sebesség [megengedett legnâdjobb shebesh-shaig], sebességkorlátozás [shebesh-shaig-korlaatozaash]

speedometer sebességmérő [shebesh-shaig-mairő]

speedy gyors [djorsh], rohamos [rohâmosh]

spell helyesen (le)írni [heyeshen (le)eerni]; betűzni; **~ it, please** betűzze, kérem [betűz-ze, kairem]!; **how do you ~ your name?** hogyan írja a nevét [hodjân eeryâ â nevait]?

spelling helyesírás [heyesh-eeraash]

spelt →**spell**

spend *(money)* költeni, kiadni [ki-âdni]; *(time)* tölteni; **I have spent all my money** elköltöttem az összes pénzemet [elköltöttem âz össesh painzemet]

spent →**spend**

sphere *(field)* terület, *(of activities)* hatáskör [hâtaashkör], *(of interests)* érdeklődési [airdeklődaishi] kör

spice fűszer [fűser]

spider pók [pawk]

spill kiönteni [ki-önteni]

spinach spenót [shpenawt]

spine (hát)gerinc [(haat)gerints]

spirits *(alcohol)* alkohol [âlkohol], szeszes ital(ok) [sesesh itâl(ok)]; **in high ~** jókedvű [yaw-kedvű]

in spite of ... ellenére [ellenai-re]

splendid nagyszerű [nâdj-serű], ragyogó [râdjogaw]

splinter szilánk [silaank]

split 1. *v* (szét)hasít [(sait)hâsheet] **2.** *n* hasadás [hâshâdaash], rés [raish]

spoil elrontani [-rontâni]

spoke[1] *(wheel)* küllő

spoke[2] →**speak**

spoken beszélt [bes-ailt]; →**speak**

sponge szivacs [sivâch]

spool orsó [orshaw], tekercs [tekerch]

spoon kanál [kânaal]

spoonful kanálnyi [kânaalnji]

sport(s) sport [shport]; *(a single)* sportág [shportaag]

sporting event sportesemény [shport-eshemainj]

sports car sportkocsi [shport-kochi]

sports equipment sportfelszerelés [shport-felserelaish]

sports ground sportpálya [shport-paayâ]

sports hall sportcsarnok [shport-chârnok]

sportsman sportember [shportember], sportoló [shportolaw]

sports shop sportbolt [shport-bawlt]

sportswear sportöltözet [shport-öltözet]

sportswoman női sportoló [nőyi shportolaw]

spot *(place)* hely [hey], vidék [vidaik]; *(stain)* folt; **on the** ~ a helyszínen [â hey-seenen]

sprain 1. *v* kificamítani [fitsâmeetani]; **~ed his foot** kificamította a lábát [-fitsâmeetottâ â laabaat] 2. *n* ficam [fitsâm]

sprained ankle bokaficam [bokâ-fitsâm]

sprang →**spring**[1] 1.

spray 1. *n* permet; spray 2. *v* szórni [sawrni], permetezni

spread *v* szétterjeszteni [sait-teryesteni]; *(cloth)* teríteni [tereeteni]

spring[1] 1. *v (jump)* ugrani [oogrâni] 2. *n (water)* forrás [forraash]; *(metal)* rugó [roogaw]; ~s *(of a car)* rugózat [roogawzât]

spring[2] *(season)* tavasz [tâvâs]; **in (the)** ~ tavasszal [tâvâssâl]

springboard diving műugrás [-oograash]

spring-mattress ágybetét [aadj-betait], epeda [ep-edâ]

sprint hajrá [hâyraa], vágta [vaagtâ]

sprung →**spring**[1] 1.

spy kém [kaim]

squad-car URH-kocsi [oo-er-haa-kochi]

square 1. *a* négyszögletes [naidj-sögletesh] 2. *n (figure)* négyszög [naidj-sög], négyzet [naidjzet]; *(in town)* tér [tair]

squash *(drink)* gyümölcslé [(djümölch)lay]; szörp [sörp]; *(sport)* fallabda [fâl-lâbdâ]; *(US, kind of gourd)* tök

squeeze kiprésel [-praishel], kicsavar [-châvâr]

squirrel mókus [mawkoosh]

stable *(horses)* istálló [ishtaalaw]

stadium stadion [shtâdion]

staff *(personnel)* személyzet [semayzet]; *(school)* tanári kar [tânaari kâr]

stag szarvas [sârvâsh]

stage *(theatre)* színpad [seenpâd]; *(period)* szakasz [sâkâs]

stain folt

stainless steel rozsdamentes acél [rozhdâmentesh âtsail]

stair lépcső [laipchő]

staircase lépcsőház [laipchő-haaz]

stalls *(theatre)* földszint [föld-sint]

stamp 1. *n* bélyeg [bayeg] 2. *v* lebélyegezni [-bayegezni]; ~ **in** beütni [be-ütni], bebélyegezni [bebayegezni]

stand 1. *v* állni [aalni]; ~ **up** felállni [-aalni] 2. *n* árusítóhely [aarooshetaw-hey]; bódé [bawday]; *(sports)* lelátó [le-laataw]

standard szabvány [sâbvaanj], standard; ~ **of living** életszínvonal [ailet-seenvonâl]

standby passenger üres helyre váró utas [üresh hey-re vaaraw ootâsh]

standby ticket olcsóbb jegy helyre váróknak [olchawb yedj hey-re vaarawknâk]

standing passenger álló utas [aalaw ootâsh]

star csillag [chillâg]

start 1. *n* rajt [râyt], indulás [indoolaash] 2. *v* (el)indulni [-indoolni]

starter indítómotor [indeetaw-motor]

starting-point kiindulópont [ki-indoolaw-pont]

state 1. *n* *(condition)* állapot [aalâpot]; *(government)* állam [aalâm]; ~ **bank** állami bank [aalâmi bânk]; S~ **Department** *(US)* külügyminisztérium [külüdjministairyoom] 2. *v* kijelenteni [-yelenteni], megállapítani [-aalapeetâni], közölni; **please** ~ **below** kérem [kairem] itt feltüntetni

statement állítás [aaleetaash], kijelentés [-yelentaish], nyilatkozat [njilâtkozât]

statesman államférfi [aalâm-fairfi]

station *(railway)* állomás [aalomaash]; *(larger)* pályaudvar [paayâ-oodvâr]; **how do I get to the** ~? hogyan juthatok el az állomásra [hodjân yoot-hâtok el âz aalomaashrâ]?; **from which** ~ **does the train leave** melyik pályaudvarról indul a vonat [meyik paayâ-oodvârrawl indool â vônât]?

stationer's papírkereskedés [pâpeer-kereshkedaish]

stationmaster állomásfőnök [aalomaash-főnök]

station-wagon kombi
statue szobor [sobor]
stay 1. *v* maradni [mârâdni], tartózkodni [târtawzkodni], lakni [lâkni]; **how long do you wish to ~ in Hungary** meddig szándékozik Magyarországon maradni [meddig saandaikozik mâdjârorsaagon maradni]?; **I shall ~ in Hungary two weeks** két hétig maradok Magyarországon [kait haitig mârâdok mâdjârorsaagon]; **~ at a hotel** szállodában (meg)szállni/lakni [saalodaabân (meg)saalni/lâkni]; **I am ~ing at Hotel Budapest** a Budapest Szállodában lakom (*or:* szálltam meg) [â boodâpesht saalodaabân lâkom (*or:* saaltâm meg)]; **~s up** fennmarad [fenn-mârâd], nem fekszik le [nem feksik le] **2.** *n* tartózkodás [târtawzkodaash], ottlét [ottlait], látogatás [laatogâtaash]; **valid for 30 days' ~** 30 napi tartózkodásra érvényes [hârmints nâpi târtawzkodaashrâ airvainjesh]; **during his ~** ott-tartózkodása/ottléte alatt [ott-târtawzkodaashâ/ott-lai-te âlâtt]
steak szelet [selet]; →**beefsteak**
steal (el)lopni
steam gőz
steamer gőzhajó [gőz-hâyaw], gőzös [gőzösh]
steel acél [âtsail]
steep meredek; **~ hill** veszélyes lejtő [vesayesh leytő]
steeple-chase akadályfutás [âkâdaay-footaash]
steer kormányozni [kormaanjozni]
steering kormányzás [kormaanjzaash]
steering-wheel kormány(kerék) [kormaanj(-keraik)]
step 1. *n* lépés [laipaish]; *(stair)* lépcső(fok) [laipchő(fok)] **2.** *v* lépni [laipni]; **~ out** (jól) kilépni [(yawl) kilaipni]
sterling area fontövezet
stew 1. *v* párolni [paarolni] **2.** *n* pörkölt
stewardess légi utaskísérő [laigi ootâsh-keeshairő], stewardess
stewed *(meat)* párolt [paarolt]; **~ fruit** kompót [kompawt]
stick 1. *n* bot **2.** *v* *(glue)* (rá)ragasztani [(raa)râgâstâni]; *(be glued)* (rá)ragadni [(raa)râgâdni]; **stuck in the mud** megrekedt

a sárban [-rekett â shaarbân]; ~ **to** ragaszkodni [râgâskodni] vmihez

sticking-plaster ragtapasz [râktâpâs]

sticky ragadós [râgâdawsh]

stiff merev, feszes [fesesh]

still[1] *a (quiet)* csendes [chendesh]

still[2] *adv* még [maig] (mindig); *(nevertheless)* mégis [maigish]; **he is** ~ **here** még [maig] mindig itt van [vân]; ~ **less** még kevésbé [maig kevaish-bay]

sting *v* megszúrni [meg-soorni], megcsípni [meg-cheepni]

it **stinks** bűzlik, büdös [büdösh]

stir (meg)keverni

stirrup kengyel [kendjel]

stitch 1. *n* öltés [öltaish] **2.** *v* ölteni

stock raktár [râktaar], (áru)készlet [(aaroo)kaislet]; **be out of** ~ kifogyott [kifodjott]

stock exchange értéktőzsde [airtaik-tőzh-de]

stockings harisnya [hârish-njâ]

stolen →steal

stomach gyomor [djomor]; **has upset one's** ~ elrontotta a gyomrát [elrontottâ â djomraat]

stomach-ache gyomorfájás [djomor-faayaash]

stone kő; *(seed)* mag [mâg]; *(unit of weight)* →Appendix

stood →stand 1.

stool *(seat)* szék [saik]; *(bowels)* széklet [saiklet]

stop 1. *v (halt)* megállni [megaalni], állni [aalni]; *(cause to halt)* megállítani [-aaleetâni]; *(cease)* abbahagyni [âbbâ-hâdjni]; *(hinder)* megakadályozni [-akâdaayozni]; *(fill)* betömni; **how long do we** ~ **here?** meddig állunk itt [meddig aaloonk itt]?; **you can** ~ meg szabad állni [meg sâbâd aalni]; ~! **and give way** állj! elsőbbségadás kötelező [aayy! elshőbb-shaig-âdaash kötelező]; **please** ~ **here!** itt álljon meg legyen szíves [itt aayyon meg ledjen seevesh]; ~ **over** megszakítani az útját [meg-sâkeetani âz ootyaat] **2.** *n* megálló(hely) [megaalaw-(hey)]; **ten minutes** ~ tíz percig áll [teez pertsig aal]

stop-cock elzáró csap [elzaaraw châp]

stoplight féklámpa [faik-laampâ]

stop line stopvonal [shtopvonâl]

stopover útmegszakítás [oot-meksâkeetaash], rövid tartózkodás [târtawzkodaash]

stopping megállás [megaalaash]; ~ **prohibited!** megállni tilos [megaalni tilosh]!

stopping distance *(overall ~)* féktávolság [faiktaavolshaag]

stop sign stoptábla [shtop-taablâ]

stopwatch stopperóra [shtopper-awrâ]

storage tárolás [taarolaash]; ~ **charges** tárolási költség [taarolaashi kölchaig]

store n *(supply)* készlet [kaislet]; tartalék [târtâlaik]; *(department store)* áruház [aaroohaaz]; *(US, shop)* üzlet, bolt [bawlt]

storehouse raktár [râktaar]

storekeeper *(US)* kereskedő [keresh-kedő]

storey emelet [em-el-et]; **on the third** ~ a harmadik emeleten [â hârmâdik emeleten]

storm vihar [vihâr]

stormy viharos [vihârosh]

story$_1$ *(account)* történet [törtainet]; elbeszélés [elbes-ailaish]

story^2 →**storey**

stout erős [erősh]; *(thick)* vastag [vâshtâg]

stove *(for heating)* kályha [kaay-hâ]; *(for cooking)* főző

straight 1. a egyenes [edjenesh] **2.** adv egyenesen [edjeneshen]; *(directly)* közvetlenül; *(immediately)* azonnal [âzonnâl]; *(frankly)* egyenesen [edjeneshen], nyíltan [njeeltân]; **go ~ ahead/on** menjen tovább egyenesen [mennjen tovaab edjeneshen]!; ~ **away/off** azonnal [âzonnâl]

strange különös [különösh], furcsa [foorchâ]

stranger idegen [idegen]; **no ~s** idegeneknek tilos a bemenet [idegeneknek tilosh â bem-enet]!

strap óraszíj [awrâ-seey]

straw szalma [sâlmâ]

strawberry eper
streak csík [cheek]
stream *(small river)* patak [pâtâk], (kis) folyó [(kish) foyaw]; *(current)* ár(amlás) [aar(âmlaash)]
street utca [oottsâ]
streetcar *(US)* villamos [villâmosh]
street-door utcai ajtó [oottsâyi âytaw], kapu [kâpoo]
street-lamp utcai lámpa [oottsâyi laampâ]
street number házszám [haaz-saam]
strength erő
strengthen megerősíteni [meg-erősheeteni]
stress 1. *n (force)* erő, nyomás [njomaash]; *(in speech)* hangsúly [hâng-shooy] 2. *v* hangsúlyozni [hângshooyozni]
stretch 1. *v* kinyújtani [-njooytâni], kifeszíteni [-feseeteni]; ~ **oneself** nyújtózkodni [njooytawz-kodni] 2. *n* (ki)nyújtás [-njooytaash], (ki)feszítés [-feseetaish]; *(of road)* szakasz [sâkâs]; **at a** ~ megszakítás nélkül [meg-sâkeetaash nailkül]
stretch slacks, *(US)* ~ **pants** lasztexnadrág [lâstex-nâdraag]
strict szigorú [sigoroo]
strictly szigorúan [sigoroo-ân]; ~ **prohibited** szigorúan tilos [sigoroo-ân tilosh]
strike 1. *v* (meg)ütni; *(cease work)* sztrájkolni [„strike"-olni] *(for vmiért)*; ~ **a light** tüzet/gyufát gyújtani [tüzet/djoofaat djooytâni]; ~ **a match** gyufát gyújtani; ~ **a tent** felszedni a sátrat [felsedni â shaatrât]; **what struck me was that** ... nekem az [âz] tűnt fel, hogy ... [hodj] 2. *n* sztrájk [„strike"]
striking meglepő, feltűnő
string zsineg [zhineg], spárga [shpaargâ]; *(violin)* húr [hoor]
strip *n* szalag [sâlâg], csík [cheek]
stripe vonal [vonâl], csík [cheek], sáv [shaav]; ~**s** sávok [shaavok], vonalazás [vonâlâzaash]
strip-lighting fénycső(világítás) [fainj-chő(-vilaageetaash)]
striptease sztriptíz [„striptease"]
stroke ütés [ütaish]; *(swimming)* (kar)tempó [(kâr)tempaw]; *(motor)* löket; ütem; *(attack)* szélütés [sailütaish]

strong erős [erősh]

struck →strike 1.

structure szerkezet [serkezet], *(building)* épület [aipület]

struggle 1. *v* küzdeni 2. *n* küzdelem

stuck →stick 2.

stud inggomb

student (egyetemi/főiskolai) hallgató [(edjetemi/fő-ishkolâyi) hâlgâtaw], diák [diyaak]; ~('s) **ticket** diákjegy [diyaakyedj]

student card diákigazolvány [diyaakigâzolvaanj]

studio *(artist's)* műterem; *(radio)* stúdió [shtoodiyaw]; *(US) (small flat)* garzonlakás [gârzon-lâkaash]

study 1. *n* tanulás [tânoolaash]; *(piece)* tanulmány [tânool-maanj]; *(room)* dolgozószoba [dolgozawsobâ]; **continues his studies** folytatja a tanulmányait [foytatyâ â tanoolmaanjâ-yit]; **he is on a** ~ **tour** tanulmányúton van [tanoolmaanj-ooton vân] 2. *v* tanulni [tanoolni]; *(examine)* tanulmányozni [tânoolmaanjozni]

stuff 1. *n (substance)* dolog; *(cloth)* anyag, szövet [sövet] 2. *v* (meg)tömni, (meg)tölteni

stuffed töltött; ~ **cabbage** töltött káposzta [kaapostâ]

stump (fa)tönk, törzs [törzh]

stupid buta [bootâ]

sty *(eye)* árpa [aarpâ]

style stílus [shteeloosh], *(fashion)* divat [divât]

subject 1. *n (citizen)* állampolgár [aalâmpolgaar]; *(theme)* tárgy [taardj], téma [taimâ] 2. *a* ~ **to dues/fees** díjköteles [deey-kötelesh]; ~ **to duty** vámköteles [vaamkötelesh]

submit benyújtani [-njooytâni]

subscribe *to* előfizetni vmire

subscription előfizetés [előfizetaish]; *(for theatrical performances)* bérlet [bairlet]; *(the fee)* tagdíj [tâgdeey]

subsequently később [kaishőbb], azt követően [âst követő-en]

substance anyag [ânjâg]

substantial lényeges [lainjegesh]; ~ **meal** kiadós/bőséges étkezés [ki-âdawsh/bőshaigesh aitkezaish]

substitute *(person)* helyettes [heyettesh]; *(thing)* pótlék [pawtlaik]

subtitle *(book)* alcím [âl-tseem]; *(cinema)* felirat [felirât]

suburb(s) külváros [külvaarosh]

suburban külvárosi [külvaaroshi]; ~ **railways** helyiérdekű vasút [heyi-airdekű vâshoot], HÉV [haiv]

subway aluljáró [âlool-yaaraw]; *(US, underground railway)* földalatti (vasút) [földâlâtti (vâshoot)], metró

succeed sikerülni [shikerülni]; **he** ~**ed in passing the exam** sikerült levizsgáznia [shikerült levizhgaazniâ]

succeeding következő

success siker [shiker]; ... **was a great** ~ nagy sikere volt [nâdj shiker-e volt], igen jól sikerült [yawl shikerült]

successful sikeres [shikeresh], szerencsés [serenchaish]

successive egymást [edjmaasht] követő

such olyan [oyân], ilyen [iyen]; ~ **a** ... olyan ..., ilyen ...; akkora [âkkorâ]; **did you ever see** ~ **a thing?** látott már ilyet [laatott maar iyet]?; ~ **as** ... úgymint [oodjmint]; **in** ~ **a way that** oly módon, hogy ... [oy mawdon, hodj]

suck (ki)szívni [-seevni]; *(baby)* szopni [sopni]

suction szívás [seevaash]

sudden(ly) hirtelen

suet faggyú [fâddjoo]

suffer szenvedni [senvedni]; **is** ~**ing from a severe headache** nagyon fáj a feje [nâdjon faay â fey-e]

sufficient elég(séges) [elaig(shaigesh)]

sufficiently elég(gé) [elaig(gay)]

sugar cukor [tsookor]

suggest javasolni [yâvâsholni], ajánlani [âyaanlâni], felvetni; **I** ~ **that** ... azt javaslom/ajánlom, hogy ... [âst yâvâshlom/âyaanlom, hodj]

suggestion javaslat [yâvâshlât]

suit 1. *n (clothing)* öltöny [öltönj] 2. *v* alkalmas [âlkâlmâsh], megfelel; **what day will** ~ **you?** melyik nap alkalmas önnek [meyik nâp âlkâlmâsh önnek]?; **will Thursday** ~**?** csütörtök

[chütörtök] megfelel?; **this will ~ me all right** ez nekem nagyon [nâdjon] megfelel, *(dress)* nagyon jól áll nekem [nâdjon yawl aal nekem]; **it doesn't ~ me** nem felel meg nekem, *(dress)* nem áll jól nekem [nem aal yawl nekem]
suitable alkalmas [âlkâlmâsh], megfelelő
suitcase kézitáska [kaizi-taashkâ], bőrönd, koffer
sum 1. *n* összeg [össeg] **2.** *v* ~ **up** összeadni [össeâdni]
summary összefoglalás [össe-foglâlaash]
summer nyár [njaar]; **in (the) ~** nyáron [njaaron]; **where do you spend the ~?** hol tölti a nyarat [â njârât]?; **the ~ holiday(s)** a nyári szünidő/vakáció [njaari sünidő/vâkaatsiyaw]; **~ resort** nyaralóhely [njârâlaw-hey]; **~ time** nyári időszámítás [njaari idősaameetaash]
summer-school nyári egyetem [njaari edjetem]
summit (hegy)csúcs [(hedj)chooch]
sump olajteknő [olâyteknő]; **drain the ~** leereszteni az olajat [leereszteni âz olâyât]
sun nap [nâp]; **the ~ is shining** süt a nap [shüt â nâp]
sunbathe napozni [nâpozni]
sunburn lesülés [le-shülaish]; *(too much)* leégés [le-aigaish]
sunburnt lesült [le-shült], jó barnára sült [yaw bârnaarâ shült]
Sunday vasárnap [vâshaarnâp]; **on ~** vasárnap
sunflower napraforgó [nâprâforgaw]
sung →**sing**
sun-glasses napszemüveg [nâpsemüveg]
sunlight napfény [nâpfainj]
sunny napos [nâposh], napsütéses [nâp-shütaishesh]
sun-oil napolaj [napolây]
sunrise nap(fel)kelte [nâp(fel)kel-te]
sunset naplemente [nâplemen-te]
sunshine napfény [nâpfainj], napsütés [nâp-shütaish]
super *(petrol)* szuperbenzin [sooper-benzin]
superficial felületes [felületesh]
superfluous felesleges [fel-eshlegesh]
superior kiváló [kivaalaw], príma [preemâ]

supermarket ABC-áruház [aa-bay-tsay-aaroohaaz]
supervise ellenőrizni, felügyelni [-üdjelni]
supervision ellenőrzés [ellenőrzaish], felügyelet [felüdjelet]
supper vacsora [vâchorâ]; **have** ~ (meg)vacsorázni [-vâchoraazni]
supplement *(extra charge)* kiegészítés [ki-egaiseetaish], kiegészítőjegy [ki-egaiseető-yedj], pótdíj [pawtdeey]; *(magazine)* melléklet [mellaiklet]
supplementary ticket kiegészítőjegy [ki-egaiseetőyedj]
supply 1. *v (provide)* ellátni (*with* vmivel) [el-laatni ~ **a deficiency** hiányt pótolni [hi-aanj pawtolni] **2.** *n* ellá.ָs [el-laataash]; szolgáltatás [solgaaltâtaash]; *(stores)* készlet [kaislet]; ~ **of spare parts** alkatrészellátás [âlkâtrais-el-laataash]; **in short** ~ nehezen beszerezhető [nehezen. beserez-hető]
support 1. *v* támogatni [taamogâtni]; *(a team)* szurkolni [soorkolni]; *(provide for)* eltartani [eltârtâni] **2.** *n* támogatás [taamogâtaash]
suppose feltételezni [fel-taitelezni], *(think)* gondolni, hinni; (**let us**) ~ (**that**) tegyük fel, hogy ... [tedjük fel, hodj]; **I** ~ **so** azt hiszem [ast hisem] (igen); **he is** ~**d to** ... az ő kötelessége/feladata ... [âz ő vagyok kötelesh-shai-ge/felâdâtâ]; **I am not** ~**d to** ... nem vagyok köteles ... [nem vâdjok kötelesh]
supposition feltevés [fel-tevaish]
supreme legfőbb
surcharge pótadó [pawt-âdaw], *(letter)* portó [portaw]
sure biztos [bistosh]; **I'm** ~ (**that**) **he will come** biztos vagyok benne, hogy eljön [bistosh vâdjok ben-ne, hodj elyön]; **be** ~ **of sth** biztos [bistosh] vmi felől, biztos vmiben; **be** ~ **to write!** ne felejts(en) el írni [ne feleych(en) el eerni]!; →**make 1.**
surely biztosan [bistoshân], hogyne [hodj-ne]
surface felszín [felseen]; *(road)* (út)burkolat [(oot)-boorkolât]
surgeon sebész [shebais]
surgery sebészet [shebaiset]; *(consulting room)* (orvosi) rendelő [(orvoshi) rendelő]; ~ **hours 4p.m. to 6p.m.** rendel: du. 4—6-ig [rendel dailootaan naidj-től hâtig]

surname vezetéknév [vezetaik-naiv], *(on a form)* családi neve [châlaadi nev-e]

surpass meghaladni [meg-hâlâdni], túltenni [tooltenni] vmin

surplus felesleg [fel-eshleg], többlet(-)

surprise 1. *n* meglepetés [meglepetaish] **2.** *v* meglepni; **be ~d at** csodálkozni/meglepődni [chodaalkozni/meglepődni] vmin

surprising meglepő

surrounding környező [környjező]

surroundings környék [környjaik], vidék [vɪdaik]

survey 1. *v* áttekinteni [aat-tekinteni], *(examine)* megvizsgálni [-vizhgaalni]; *(measure)* felmérni [-mairni] **2.** *n* áttekintés [aat-tekintaish], szemle [sem-le]

survival túlélés [tool-ailaish]

survive életben maradni [ailetben mârâdni], túlélni [tool-ailni]

suspect *(sth)* gyanítani [djâneetâni]; *(sby)* gyanúsítani [djânoosheetâni]

suspend felfüggeszteni [-függesteni]

suspenders harisnyatartó [hârish-njâ-târtaw]; *(US, braces)* nadrágtartó [nâdraag-târtaw]

suspension bridge függőhíd [függő-heed], lánchíd [laants-heed]

suspicion gyanú [djânoo]

suspicious gyanús [djânoosh]

swallow[1] *v* (le)nyelni [-njelni]

swallow[2] *n (bird)* fecske [fech-ke]

swam →**swim 1.**

swan hattyú [hât-tjoo]

sweat 1. *n* izzadság [izzâd-shaag] **2.** *v* izzadni [izzâdni]

sweater kötött mellény [mel-lainj], szvetter [svetter]

Sweden Svédország [shvaid-orsaag]

Swedish svéd [shvaid]; **speaks ~** beszél svédül [besail shvaidül]

sweep (ki)söpörni [-shöpörni]

sweet 1. *a* édes [aidesh]; **do you like it ~?** édesen szereti [aideshen sereti]? **2.** *n (course)* édesség [aidesh-shaig], édestészta [aidesh-taistâ]

sweetener édesítőszer [aidesheetőser]

sweets édesség [aidesh-shaig]

swell megdagadni [-dâgâdni]

swerve *(of a car)* megcsúszni [meg-choosni], farolni [fârolni]; *(change direction suddenly)* hirtelen irányt változtatni [hirtelen iraanjt vaaltostâtni]

swim 1. *v* úszni [oosni]; **can you ~?** tud úszni [tood oosni]? **2.** *n* úszás [oosaash]; **have a ~** úszik egyet [oosik eddjet], úszni megy [oosni medj]

swimmer úszó [oosaw]; **for ~s only** mély víz! csak úszóknak [may veez! châk oosawknâk]

swimming úszás [oosaash]

swimming-bath *(indoor)* (fedett) uszoda [(fedett) oosodâ]

swimming-pool *(outdoor)* (nyitott) uszoda [(njitott) oosodâ]

swim(ming-)suit fürdőruha [fürdő-roohâ]

swing 1. *v* lengeni **2.** *n (child's)* hinta [hintâ]

Swiss svájci [shvaaytsi]

switch *(electric)* **1.** *n* kapcsoló [kâpcholaw]; *(railway)* váltó [vaaltaw] **2.** *v* kapcsolni [kâpcholni]; ~ **on** *(light)* felcsavarni (a villanyt) [fel-châvârni (â villânjt)], *(radio, etc.)* bekapcsolni [be-kâpcholni]; *(engine)* begyújtani [be-djooytâni]; ~ **the light on!** csavarja fel a villanyt [châvâryâ fel â villânjt]!; ~ **on the engine** begyújtani a motort [be-djooytâni â motort], bekapcsolni a gyújtást [be-kâpcholni â djooytaasht]; ~ **off** *(light)* lecsavarni (a villanyt) [le-châvârni (â villânjt), *(radio, etc.)* kikapcsolni [kikâpcholni]; ~ **it off!** kapcsolja ki [kâpcholyâ ki]!

switch-lever kapcsolókar [kâpcholaw-kâr]

Switzerland Svájc [shvaayts]

swollen dagadt [dâgâtt], duzzadt [doozzâtt]; ~ **ankles** bokaduzzadás [bokâdoozzâdaash]; →**swell**

sword kard [kârd]

swung →**swing 1.**

symbol jel [yel]

sympathize együtt érezni [edjütt airezni] (vkivel)

symphonic szimfonikus [simfonikoosh]

symphony szimfónia [simfawniâ]
synagogue zsinagóga [zhinâgawgâ]
synthetic fibre műszál [műsaal]
syringe fecskendő [fechkendő]
system rendszer [rendser]

T

table asztal [âstâl]; *(figures etc.)* táblázat [taablaazât]
table-cloth abrosz [âbros], terítő [ter-eető]
tablespoon leveseskanál [lev-eshesh-kânaal], evőkanál [evő-kâ-naal]
tablespoonful evőkanálnyi [evő-kânaalnji]
tablet tabletta [tâblettâ]
table-tennis asztalitenisz [âstâli-„tennis"]
table-ware teríték [tereetaik]
table wine asztali bor [âstâli]
tack rajzszeg [râyz-seg]
tackle *(equipment)* felszerelés [felserelaish]
tag *(label)* címke [tseem-ke]
tail farok [fârok]; *(vehicle)* far [fâr]
tailcoat frakk [frâkk]
tail-light(s) hátsó lámpa [haat-shaw laampâ], hátsó világítás [vi-laageetaash]; *(brakes)* féklámpa [faiklaampâ]
tailor('s) szabó [sâbaw]
tail pipe kipufogócső [kipoofogaw-chő]
take 1. *(get, obtain)* venni, kapni [kâpni]; ∼ **a ticket** jegyet vál-tani [yedjet vaaltâni]; **I'll** ∼ **this pen** ezt a tollat kérem/veszem [est â tollât kairem/vesem]; **I shall** ∼ **this room** kiveszem ezt a szobát [kivesem est â sobaat]; ∼ **a seat** leülni [le-ülni]; **this seat is** ∼**n** ez a hely foglalt [ez â hey foglâlt]; ∼ **a meal** étkezni [aitkezni]; ∼ **tea** teázni [teyaazni]; **will you** ∼ **tea or coffee?**

teát vagy kávét parancsol [teyaat vâdj kaavait pârânchol]?;
~ **a bus** (autó)buszra szállni [(outaw)boosrâ saalni]; ~ **a taxi**
taxit fogadni [tâxit fogâdni]; ~ **a train** vonatra szállni/ülni
[vonâtrâ saalni/ülni]; ... ~s **the 6.15 a.m. train** a 6.15-ös vo-
nattal utazik/megy [a hât tizenötösh vonâttâl ootâzik/medj];
which road shall we ~? melyik utat válasszuk [meyik ootât
vaalâssook]?; ~ **off** *(clothes)* levetni (ruhát) [lev-etni (roo-
haat)]; ~s **on passengers** felvesz utasokat [felves ootâshokât];
~ **out** *(a licence etc.)* kiváltani [kivaaltâni]; ~ **out an**
insurance policy biztosítást kötni [bistosheetaasht kötni]
2. *(carry)* vinni; ~ **to** ... (el)vinni vhová; ~ **me to the** ...,
please vigyen kérem a(z) ... [vidjen kairem â(z)]; **I shall** ~ **it**
myself magam viszem [mâgâm visem]; ~ **home** hazavinni
[hâzâ-vinni]; **please** ~ **me home** legyen szíves hazavinni
[ledjen seevesh hâzâ-vinni]; ~ **back** visszavinni [vissâ-vinni];
~ **out** *(carry)* kivinni; ~ **round** körülvinni **3.** *(various*
phrases) **how long will it** ~? mennyi ideig tart [mennji ideyig
târt]?; **it** ~s **an hour** egy óráig tart [edj awraa-ig târt], egy órá-
ba kerül [edj awraabâ kerül]; **it won't** ~ **long** nem fog soká
tartani [nem fog shokaa târtâni]; **how long does it** ~ **to** ...?
mennyi idő alatt ... [mennji idő âlâtt]?; **the journey** ~s **7**
hours hét óráig tartó út [hait awraayig târtaw oot], az út 7
óráig tart [âz ooth hait awraayig târt]; ~ **care!** vigyázat [vi-
djaazât]!, óvatosan [aw-vâtoshan]!; ~ **down** *(= record)* leje-
gyezni [le-yedjezni]; **be** ~**n ill** megbetegedni; ~ **in** *(a paper)*
járatni (újságot) [yaarâtni (ooy-shaagot]; ~ **leave of** elbú-
csúzni [elboochoozni] vkitől; ~ **off** *(aeroplane)* felszállni [fel-
saalni]; ~ **part in** részt [raist] venni vmiben; ~ **place** megtör-
ténni [-törtainni], sorra kerülni [shorrâ kerülni]; ~ **priority**
(over) elsőbbsége van (... szemben) [elsőbb-shai-ge vân (...
semben)], elsőbbséget élvezni (... szemben) [elshőbb-shaiget
ailvezni (... semben)]; ~s **size 42 shoes** 42-es cipőt visel
[nedjven-kettesh tsipőt vishel], 42-es lába van [laabâ vân]; ~
sby's temperature megmérni vkinek a lázát [meg-mairni â laa-
zaat]; **it** ~s **up too much room** túl sok helyet foglal el [tool

shok heyet foglâl el]; ~ **up position** *(take the proper lane)* el-
helyezkedni (a megfelelő sávban) [el-heyeskedni (â megfelelő
shaavban)], besorolni [be-shorolni]; ~ **a walk** sétálni (egyet)
[shaitaalni (eddjet)]

taken →take

take-off felszállás [felsaalash]

talk 1. *v* beszélgetni [besailgetni]; ~ **about sth** beszélni [bes-ailni]
vmiről; ~ **to sby** vkivel beszélni; ~ **it over with sby** megbe-
szélni [meg-bes-ailni] vkivel **2.** *n* beszéd [bes-aid], beszélgetés
[bes-ail-getaish]

tall magas [mâgâsh]

tame szelíd [seleed]

tampon tampon

tank (benzin)tartály [(benzin)târtaay]

tanned lesült [le-shült], barna [bârnâ]

tap (víz)csap [(veez)châp]; **on** ~ csapolt [châpolt]

tape 1. *n* magnószalag [mâg-nawsâlâg], videoszalag **2.** *v* →tape-
record

tape-measure centiméter(szalag) [tsenti-maiter(sâlâg)]

tape-record (magnóra) felvenni [(mâg-nawrâ) felvenni]

tape-recorder magnó [mâg-naw]

taproom söntés [shöntaish], kocsma [kochmâ]

tar kátrány [kaatraanj]

tariff díjszabás [deey-sâbaash], tarifa [târifâ]; *(price-list)* árak
[aarâk], árlista [aarlishtâ]

tart gyümölcslepény [djümölch-lep-ainj]

task feladat [felâdât]

taste 1. *n (flavour)* íz [eez]; *(good or bad)* ízlés [eezlaish] **2.** *v*
megkóstolni [-kawshtolni]; ~**s of/like** ... vmilyen íze van
[eez-e vân]

taught →teach

tavern kocsma [kochmâ], csárda [chaardâ]

tax adó [âdaw]

taxable adó alá esik [âdaw âlaa eshik]

tax exemption adómentesség [âdaw-mentesh-shaig]

tax-free adómentes(en) [âdaw-mentesh(en)]
taxi(-cab) taxi [tâxi]; **call a ~, please!** kérem, hívjon egy taxit [kairem, heevyon edj tâxit]! →**take 1.**
taxi driver taxisofőr [tâxi-shofőr]
taxi fare taxiköltség [tâxi-kölchaig[
taximeter taxaméter [tâxâmaiter]
taxi-rank, taxi stand taxiállomás [tâxi-aalomaash]
tea tea [teyâ]; **take/have ~** .eázni [teyaazni]
teacake (meleg) teasütemény [teyâ-shütemainj]
teach tanítani [tâneetâni]
teacher (*elementary school*) tanító [tâneetaw], (*secondary school*) tanár [tânaar]
teacup teáscsésze [teyaash-chai-se]
tea-kettle teáskanna [teyaash-kânnâ]
team csapat [châpât]
tea-party tea(délután) [teyâ(dail-ootaan)]
tea-pot teáskanna [teyaash-kânnâ]
tear[1] *n* (*eye*) könny [könnj]
tear[2] *v* elszakítani [-sâkeetâni], eltépni [-taipni]; **~ along** szágul- dani [saagooldâni]
tearoom teázó [teyaazaw]
tease bosszantani [bossântâni], ugratni [oogrâtni]
tea-service/set teáskészlet [teyaash-kaislet]
teaspoon kávéskanál [kaavaish-kânaal]
teaspoonful kávéskanálnyi [kaavaish-kânaalnji]
tea-things teáskészlet [teyaash-kaislet]
tea-time uzsonnaidő [oozhonnâ-idő]
technical műszaki [műsâki], technikai [tehhnikâyi]; **~ failure** műszaki hiba [műsâki hibâ]; **~ school** technikum [tehhni- koom], szakközépiskola [sâkközaip-ishkolâ]
technician technikus [tehhnikoosh]; műszerész [műserais]
technique technika [tehhnikâ], eljárás [elyaaraash]
tedious unalmas [oonâlmâsh]
teenager tizenéves [tizen-aivesh], tinédzser [„teenager"]

telecast 1. *v* televízión közvetíteni/adni [televeeziyawn közveteeteni/âdni] **2.** *n* tévéadás [taivai-âdaash], tévéközvetítés [-közveteetaish]

telecommunications híradástechnika [heer-âdaash-tehhnikâ], távközlés [taavközlaish]

telegram távirat [taavirât]; **send a ~** táviratot küldeni [taavirâtot küldeni], táviratozni [taavirâtozni]

telegraph 1. *n* távirat [taaveerât] **2.** *v* táviratozni [taaveerâtozni]

telephone 1. *n* telefon, távbeszélő [taavbesailő]; **you are wanted on the ~** a telefonhoz kérik [â telefonhoz kairik] **2.** *v* telefonálni [telefonaalni]; **can I ~ from here?** telefonálhatok innen [telefonaalhâtok innen]?

telephone answering machine üzenetrögzítő [-rögzeető]

telephone booth telefonfülke

telephone call telefonhívás [telefon-heevaash], telefonbeszélgetés [-besailgetaish]

telephone directory telefonkönyv [telefon-könjv]

telephone exchange telefonközpont [telefon-köspont]

telephone number telefonszám [telefon-saam]

telescope távcső [tav-chő]

televiewer tévénéző [taivai-naiző]

televise tévén közvetíteni [taivain közveteeteni]

television televízió [televeeziyaw]; **watch (a programme) on the ~** megnézni (egy műsort) a televízióban [megnaizni (edj műshort) â televeeziyaw-bân], televízión nézni [televeeziyawn naizni] (egy műsort)

television set televízió(készülék) [televeeziyaw(kaisülaik)], tévékészülék [taivai-kaisülaik]

television program(me) tévéműsor [taivaiműshor]

telex 1. *n* telex **2.** *v* telexezni

telex number telex-szám [-saam]

tell *(relate)* (el)mondani [-mondâni]; *(give information, order)* megmondani; **please ~ me ...** kérem, mondja meg ... [kairem, mondjâ meg]; **can you ~ me ...?** meg tudja mondani ... [toodyâ mondâni]?; **excuse me, sir, can you ~ me the way**

to ... bocsánat, uram, meg tudná mondani, merre van a ... [bochaanât, oorâm, meg toodnaa mondâni, merr-e vân â]; **~ him to wait** mondja meg neki, hogy várjon [mondjâ meg neki, hodj vaaryon]; **I was told** azt mondták [âst montaak] nekem

temperature hőmérséklet [hő-mair-shaiklet]; **have/run a ~** láza van [laazâ vân]; **take sby's ~** megmérni vkinek a lázát [megmairni â laazaat]

temporary ideiglenes [ideyglenesh]

tenant bérlő [bairlő], lakó [lâkaw]

tendency irány [iraanj]

tenderloin bélszín [bailseen]

tenement house bérház [bair-haaz]

tennis tenisz [tennis]

tennis court teniszpálya [tennis-paayâ]

tennis racket teniszütő [tennis-ütő]

tent sátor [shaator]; **pitch a ~** sátrat verni/felállítani [shaatrât verni/felaaleetâni]; **may I pitch a ~ here?** szabad itt sátrat felállítani [sâbâd itt shaatrât felaaleetâni]?

tent-peg sátorcövek [shaator-tsövek]

term *(schools)* félév [fail-aiv]; *(conditions)* feltétel(ek) [feltaitel(ek)]; *(expression)* szakkifejezés [sâk-kifeyezaish]

terminal végállomás [vaig-aalomaash]; *(centre in town)* városi iroda [vaaroshi irodâ]

terminus végállomás [vaigaalomaash], pályaudvar [paayâ-oodvâr]

terrible borzasztó [borzâstaw]

territory terület

test 1. *n (trial)* próba [prawbâ]; *(examination)* vizsga [vizhgâ], teszt **2.** *v* kipróbálni [ki-prawbaalni]

tetanus tetanusz [tetânoos]

text szöveg [söveg]

textbook tankönyv [tânkönjv]

textile szövet [sövet], textil [teksteel]

than mint

thank 1. *v* (meg)köszönni [-kösönni]; **~ you (very much)!** köszönöm (szépen) [kösönöm (saipen)]!; **~ you for your visit** köszönöm a látogatást [kösönöm â laatogâtaasht]; **no ~ you** köszönöm, nem kérek [kösönöm, nem kairek] **2.** *n* **thanks!** köszönöm [kösönöm]!

thankful hálás [haalaash]

that¹ *pron* az [âz], *(this)* ez; *(which)* ami [âmi], *(who)* aki [âki], *(whom)* akit [âkit]; **~ is (to say)** azaz [âzâz]

that² *conj* hogy [hodj]

the *(before a consonant)* a [â], *(before a vowel)* az [âz]

theatre, *(US)* **theater** színház [seen-haaz]; *(US also)* filmszínház [-seenhaaz], mozi

theft lopás [lopaash]

their az ő ...(j)uk/...(j)ük [âz ő ...(y)ook/...(y)ük]; **~ house** a házuk [â haazook]; **~ car** a(z ő) kocsijuk [kochiyook]

theirs az övék [âz övaik]

them őket, azokat [âzokât]

theme tárgy [taardj], téma [taimâ]

themselves maguk(at) [mâgook(ât)]

then akkor [âkkor]; **by ~** akkorra [âkkorrâ]

theory elmélet [elmailet]

therapy gyógymód [djawdj-mawd], terápia [teraapiâ]

there *(in that place)* ott; *(to that place)* oda [odâ]; **~ and back** oda és vissza [odâ aish vissâ]; **~ is ... van** ... [vân]; **~ are ... vannak** ... [vânnâk]; **~'s a book on the table** van egy könyv az asztalon [vân edj könjv âz âstâlon]; **~ won't be time enough** nem lesz elég idő [nem les elaig idő]

therefore azért [âzairt], ezért [ezairt]

thermal bath termálfürdő [termaal-]

thermal spring meleg forrás [forraash], hévíz [haiveez]

thermometer hőmérő [hőmairő]

thermos flask termosz [termos]

these ezek, *(object)* ezeket →**this**

they ők

thick vastag [vâshtâg]; *(dense)* sűrű [shűrű]; ~ **soup** krémleves [kraim-lev-esh]

thief tolvaj [tolvây]

thigh comb [tsomb]

thin vékony [vaikonj]; *(not fat)* sovány [shovaanj]; *(liquid)* híg [heeg]

thing dolog; ~**s** *(= belongings)* holmi; **how are** ~**s with you?** mi van [vân] veled?

think gondolni, *(cogitate)* gondolkozni; **do you** ~ **it will rain?** gondolja, hogy esni fog [gondolyâ, hodj eshni fog]?; **I** ~ **so** azt hiszem, igen [ast hisem, igen]; **I don't** ~ **so** nem hiszem [nem hisem]; **I** ~ **he'll come** azt hiszem, eljön [ast hisem, el-yön]; ~ **about/of sth** vmire gondolni; ~ **about it!** gondolkod-jék rajta [gondolkodyaik râytâ]!, gondolja meg [gondolyâ meg]!; **I can't** ~ **of it** *(= remember)* nem jut eszembe [nem yoot esem-be]; **I must** ~ **it over** gondolkodnom kell rajta [râytâ]

third 1. *a* harmadik [hârmâdik]; ~ **class** harmadik osztály [hâr-mâdi ostaay]; **on the** ~ **floor** a harmadik emeleten [â hârmâ-dik emeleten], *(US)* a második [maashodik] emeleten **2.** *n a* ~ egyharmad [edj-hârmâd]

third party insurance (gépjármű-)felelősségbiztosítás [(gaipyaar-mű-)felelősh-shaig-bistosheetaash], kötelező (gépjármű-)biz-tosítás

thirst szomjúság [somyoo-shaag]

thirsty szomjas [somyâsh]; **I am** ~ szomjas vagyok [vâdjok]

this ez; **these** ezek; **what's** ~? mi ez?; **what are these?** mik ezek?; ~ **book** ez a könyv [ez â könjv], *(object)* ezt a könyvet [est â könjvet]; **these books** ezek a könyvek, *(object)* ezeket a köny-veket; ~ **is Mr. Smith** bemutatom S. urat [be-mootâtom S. oorât]; ~ **is Peter speaking** itt Péter beszél [itt P. besail]; ~ **is where you get off** itt kell leszállni [itt kell lesaalni]; ~ **is to certify** ... ezennel igazolom, hogy ... [ezennel igâzolom, hodj]; ~ **morning** ma reggel [mâ reggel], *(later)* ma délelőtt [dail-előtt]; ~ **evening** ma este [mâ esh-te]; ~ **day week** má-

hoz egy hétre [maahoz edj haitre-]; ~ **month** folyó hó [foyaw
haw]; ~ **much** ennyi [ennji], *(object)* ennyit [ennjit]; ~ **size**
ekkora
thorough alapos [âlâposh]
thoroughfare főútvonal [fő-ootvonâl]; 'no ~' minden jármű for-
galma mindkét irányban tilos [minden yaarmű forgâlmâ
mindkait iraanjban tilosh]
thoroughly alaposan [âlâposhân]
though (ha)bár [(hâ)baar]; **as** ~ mintha [mint-hâ]
thought gondolat [gondolât]; →**think**
thread fonal [fonâl], cérna [tsairnâ]
threaten fenyegetni [fenjegetni]
three három [haarom]; ~ **times** háromszor [haaromsor]
three-lane road három sávú út [haarom shaavoo oot]
threepence három [haarom] penny
three-quarter háromnegyed [haarom-nedjed]
threshold küszöb [küsöb]
threw →**throw 1.**
thriller krimi
thrilling izgalmas [izgâlmâsh]
throat torok; **a sore** ~ torokfájás [torok-faayaash]; **have a sore**
~ fáj a torka [faay â torkâ]
through át [aat], keresztül [kerestül]; ... ~ **to Vienna** ... köz-
vetlenül Bécsig [baichig]; **you're** ~ *(go ahead)!* tessék beszél-
ni [tesh-shaik besailni]!; *(US) (finished)* vége a beszélgetés-
nek [vai-ge â besailgetaishnek]; *(US)* **are you** ~? *(= fin-
ished)* készen van [kaisen vân]?, *(telephone)* befejezték
[befeyeztaik]?; *(US)* **from Friday** ~ **Tuesday** péntektől
keddig bezárólag [paintektől keddig bezaarawlâg]
through carriage/coach közvetlen kocsi [kochi]
through fare teljes menetdíj (útmegszakítás nélkül) [telyesh me-
net-deey (ootmeksâkeetaash nailkül)]
throughout egészen [egaisen], mindenütt; ~ **the year** egész éven
át [egais aiven aat], egész évben [egais aivben]; ~ **the country**
országszerte [országser-te]

through passenger átutazó [aatootâzaw]

through route főútvonal [fő-ootvonâl]; *(plan)* úti program [ooti-progrâm], útiterv

through ticket közvetlen vasúti jegy [vâshooti yedj]

through traffic átmenő forgalom [aatmenő forgâlom]

through train közvetlen vonat [vonât], közvetlen vasúti össze-köttetés [vâshooti össe-köttetaish]; **is there a ~ to ...?** van közvetlen vonat [vân közvetlen vonât] ...ba/be?

throughway *(US)* autópálya [outaw-paayâ]

no **through way** *(US)* = *no* **thoroughfare**

throw 1. *v* dobni, hajítani [hâyeetâni]; **~ away/off** eldobni; **~ in** bedobni; **~ out** kidobni **2.** *n* dobás [dobaash]

throwing: ~ the discus diszkoszvetés [diskos-vetaish]; **~ the hammer** kalapácsvetés [kâlâpaach-vetaish]; **~ the javelin** ge-relyhajítás [gerey-hâyeetaash]

thumb hüvelykujj [hüveyk-ooy]

thunder 1. *n* mennydörgés [mennj-dörgaish] **2.** *v* dörög

Thursday csütörtök [chütörtök]; **on ~** csütörtökön [chütörtökön]

thus így [eedj], ilyenformán [iyenformaan]

ticket jegy [yedj]; **two ~s to ..., please!** két jegyet kérek [kait ye-djet kairek] ...ba/...be; **~s, please!** kérem a (menet)jegye-ket [kairem â (menet)yedjeket]!; **get a ~** *(= be fined)* meg-bírságolják [-beer-shaagolyaak]

ticket agent jegypénztáros [yedj-painstaarosh]

ticket collector jegyellenőr [yedj-], kalauz [kâlâooz]

ticket-inspector (jegy)ellenőr [(yedj)ellenőr]

ticket-office menetjegyiroda [menet-yedj-irodâ], jegypénztár [yedj-painstaar]

ticket reservation helyfoglalás [hey-foglâlaash]; helyjegyváltás [hey-yedj-vaaltaash]

tide: *(high)* dagály [dâgaay]; *(low)* apály [âpaay]

tidy 1. *a* rendes [rendesh] **2.** *v* **~ up the room** rendet csinálni a szobában [rendet chinaalni â sobaabân]

tie 1. *v* (meg)kötni]; **~ a knot** csomót [chomawt] kötni; **~ up a parcel** csomagot átkötni [chomâgot aatkötni] **2.** *n* *(neck)* nyakkendő [njâk-kendő]; *(equal score)* (el)döntetlen; **ended in a** ~ döntetlenül végződött [vaigződött]

tight 1. *a* szoros [sorosh], feszes [fesesh] **2.** *adv* **hold sth** ~ erősen/szorosan [erőshen/soroshân] fogni vmit

tighten megszorítani [-soreetâni], *(rope, bolt)* meghúzni [-hoozni]; ~ **up** *(loose nuts and bolts)* meghúzni (meglazult csavarokat) [meg-hoozni (meglâzoolt châvârokât)]

tights (balett-)trikó [(bâlett-)trikaw]; *(panty hose)* harisnyanadrág [hârish-njâ-nâdraag]

tile csempe [chem-pe]

till 1. *prep* ...ig; ~ **ten o'clock** tíz óráig [teez awraayig]; ~ **morning** reggelig; ~ **now** mostanáig [moshtânaaig]; ~ **then** addig [âddig]; ~ **tomorrow** holnapig [holnâpig]; **valid** ~ **July 16th** érvényes júl. 16-ig [airvainjesh yoolyoosh tizenhâtodikaayig] **2.** *conj* amíg [âmeeg], ameddig [âmeddig]; **let's wait** ~ **the rain stops** várjuk, amíg eláll az eső [vaaryoonk âmeeg elaal âz eshő]

timber fa [fâ]; épületfa [aipületfâ]

time idő; **what is the** ~?, **what** ~ **is it?** hány óra [haanj awrâ]?, mennyi az idő [mennji âz idő]?; **what** ~ ...? mikor ...?; **what** ~ **do trains leave for ...?** mikor mennek vonatok ... felé [mikor mennek vonâtok ... felai]?; **at what** ~? hány órakor [haanj awrâkor]?; **at any** ~ bármikor [baarmikor]; **by the** ~ ... mire ... [mi-re]; **by this** ~ ekkorra; **in (good)** ~ jókor [yawkor], időben; **we were in** ~ **for the train** időben elértük a vonatot [időben elairtük â vonâtot]; **on** ~ pontos(an) [pontosh(ân)]; **the train came in on** ~ a vonat pontosan érkezett [â vonât pontoshân airkezett]; **it's** ~ **for me to go** ideje, hogy (el)induljak [id-ey-e, hodj (el)indoolyâk]; **for the** ~ **being** egyelőre [edjelő-re]; **all the** ~ egész idő alatt [egais idő âlâtt]; **this** ~ ez alkalommal [ez âlkâlommâl]; ~ **is up** az idő lejárt [âz idő le-yaart]; **it takes** ~ idő kell hozzá [idő kell hozzaa], időt vesz igénybe [időt ves igainjbe]; **have a good** ~! jó mulatást [yaw moolâtaasht]!; **we've had a good** ~ jól éreztük magunkat [yawl airestük mâgoonkât]

times: four ~ négyszer [naidj-ser]; **six** ~ hatszor [hât-sor]
timetable menetrend; **have you a** ~? van egy menetrendje [vân edj menetrend-ye]?
tin konzerv
tinned fish halkonzerv [hâl-]
tinned meat húskonzerv [hoosh-]
tin-opener konzervnyitó [konzerv-njitaw]
tiny pici [pitsi]
tip¹ **1.** *n (pointed end)* hegy [hedj], csúcs [chooch] **2.** *v* ~ **up** felborulni [felboroolni]
tip² **1.** *n (gratuity)* borravaló [borrâ-vâlaw]; ~ **included** borravalóval együtt [borrâ-vâlaw-vâl eddjütt] **2.** *v* borravalót adni [borrâ-vâlawt âdni] *(vkinek)*
tire →**tyre**
tired fáradt [faarâtt]; **I am** ~ fáradt vagyok [vâdjok]; **get** ~ elfáradni [elfaarâdni], kifáradni [ki-]
tiring fárasztó [faarâstaw]
tissue *(cleansing)* papír zsebkendő [pâpeer-zhepkendő]; arctörlő [ârts-törlő]; *(toilet)* vécépapír [vaitsaypâpeer]
title cím [tseem]; *(champion)* bajnoki [bâynoki] cím
T junction T elágazás [tay-elaagâzaash]
to 1. *(direction)* ...ba [bâ], ...be, ...ra [râ], ...re, ...hoz; **go** ~ **London** Londonba megy [L-bâ medj]; ~ **the airport** a repülőtérre [â repülő-tairre]; ~ **me** hozzám [hozzaam] **2.** *(indirect object)* ...nak, ...nek [nâk, nek]; **give it** ~ **him** adja oda neki [addjâ odâ neki]; **write** ~ **Mr. X** írjon X úrnak [eeryon X oornâk] **3.** *(up to)* ...ig; **from Saturday** ~ **Monday** szombattól hétfőig [sombâttawl haitfőig]; **10 a.m.** ~ **6 p.m.** de. 10-től du. 6-ig; **ten (minutes)** ~ **one** tíz perc múlva egy [teez perts moolvâ edj] **4.** *(infinitive)* ...ni; ~ **go** menni
toast *(bread)* pirítós [pireetawsh]; *(proposal to drink)* pohárköszöntő [po-haar-köszöntő]
tobacco dohány [do-haanj]
tobacconist('s) dohánybolt [do-haanj-bol], trafik [trâfik]

today ma [mâ]; **a week** ~ mához egy hétre [maahoz edj hait-re]; ~**'s paper** a mai újság [â mâyi ooyshaag]

toe lábujj [laab-ooy]

toe-in kerékösszetartás [keraik-össetârtaash]

together együtt [eddjüt]

toilet *(lavatory)* vécé [vai-tsay], mosdó [mozhdaw]

toilet-case neszesszer [neseser]

toilet-paper vécépapír [vai-tsay-pâpeer], toalettpapír [toâlett-]

toilet-soap pipereszappan [pip-er-e sâppân]

toilet water kölnivíz [-veez]

Tokay tokaji [tokâyi] bor

told →**tell**

toll autópályadíj [outaw-paayâdeey]

toll road, tollway fizető-autópálya [-outaw-paayâ]

tomato paradicsom [pârâdichom]

tomato juice paradicsomlé [pârâdichom-lay]

tomb sír [sheer]

tomorrow holnap [holnâp]; ~ **week** holnaphoz egy hétre [holnâp-hoz edj hait-re]

ton tonna [tonnâ]

tongue nyelv [njelv]

tonight ma este [mâ esh-te], *(late)* ma éjjel [ay-yel]

tonsil mandula [mândoolâ]

tonsilitis mandulagyulladás [mândoolâ-djoollâdaash]

too *(also)* is [ish], szintén [sintain]; *(excess)* túl [tool], nagyon [nâdjon]; **this is** ~ **big for me** ez túl nagy nekem [ez tool nâdj nekem]!

took →**take**

tool szerszám [sersaam], eszköz [esköz]

tool-box, tool-kit szerszámláda [sersaam-laadâ]

toot dudálni [doodaalni]

tooth fog; **have a** ~ **(taken) out** kihúzatja egy fogát [ki-hoozâtyâ edj fogaat]

toothache fogfájás [fog-faayaash]; **I have got** ~ fáj a fogam [faay â fogâm]

toothbrush fogkefe [fog-kef-e]
toothpaste fogkrém [fog-kraim]
toothpick fogpiszkáló [fog-piskaalaw]
top tető, csúcs [chooch]; ~ **of the hill** hegytető [hedjtető]; **on** ~ legfelül, tetején [teteyain]; *(bus)* (fenn) az [âz] emeleten
top-coat felsőkabát [felshő-kâbaat], felöltő
topic téma [taimâ]
top speed legnagyobb sebesség [leg-nâdjobb shebeshshaig]
torch *(electric)* zseblámpa [zheb-laampâ]
tore →**tear**²
total 1. *a* teljes [telyesh], összes [össesh]; ~ **weight** összsúly [öss-shooy] **2.** *n* végösszeg [vaig-össeg]
touch *v* (meg)érinteni [-airinteni], hozzányúlni [hozzaa-njool-ni]; **do not** ~ **the exhibits** a kiállított tárgyakhoz nyúlni tilos [â kiaaleetott taardjâk-hoz njoolni tilosh]!; ~ **down** *(of aircraft)* leszállni [lesaalni]; **where do we** ~ **down on our way?** hol szállunk le útközben [hol saaloonk le oot-közben]? **2.** *n* érintés [airintaish]; *(football)* partvonal [pârtvonâl]; **be in** ~ **with sby** kapcsolatban van [kâpcholâtban vân] vkivel; **get in** ~ **with sby** érintkezésbe lépni [airintkezaishbe laipni] vkivel
touch-line partvonal [pârtvonâl]
tough *(person)* edzett; *(thing)* kemény [kemainj]
tour 1. *n* utazás [ootâzaash], út [oot]; *(conducted)* társasutazás [taarshâsh-ootâzaash]; *(circular trip)* körutazás [korootâ-zaash]; *(motor tour)* autótúra [outaw-toorâ]; *(walk)* túra [toorâ]; *(by a theatrical company)* turné [toornay]; **a** ~ **of Europe** európai út [e-oorawpâyi oot]; **make a** ~ utazni [ootâzni], körutazást [kör-ootâzaasht] tenni; **make a** ~ **of a country** beutazni egy országot [-ootâzni edj orsaagot] **2.** *v* utazni [ootâzni]; **they are** ~**ing Europe** beutazzák Európát [be-ootâzzaak e-oorawpaat], körutazást tesznek Európában [körootâzaasht tesnek e-oorawpaabân]
tour guide csoportvezető [choport-], túravezető [toorâ-]
touring utazás [ootâzaash], *(by car)* autótúra [outawtoorâ]
touring season turistaidény [toorishtâ-idainj], főidény [fő-]

tourism *(tourist trade)* idegenforgalom [idegen-forgâlom], turizmus [toorizmoosh]; *(travelling)* utazás [ootâzaash]
tourist turista [toorishtâ]; utazó [ootâzaw], utas [ootâsh]
tourist agency/bureau idegenforgalmi hivatal/iroda [idegenforgâlmi hivâtâl/irodâ]
tourist centre idegenforgalmi központ [idegenforgâlmi köspont]
tourist class turistaosztály [toorishtâ-ostaay]
tourist fare turistajegy ára [toorishtâ-yedj aarâ]
tourist hostel turistaszálló [toorishtâ-saalaw], turistaház [-haaz]
tourist hut menedékház [menedaik-haaz]
tourist information centre idegenforgalmi tájékoztató szolgálat [idegenforgâlmi taayaikostâtaw solgaalât] →**tourist office**
tourist lodge turistaház [toorishtâ-haaz]
tourist office idegenforgalmi hivatal [idegenforgâlmi hivâtâl]
tourist service *(bus etc.)* turistajárat [toorishtâ-yaarât]
tourist ticket turistajegy [toorishtâ-yedj], kedvezményes körutazási jegy [kedvezmainjesh köroozâzaashi yedj]
tourist trade idegenforgalom [-forgâlom]
tour leader →**tour guide**
tour member résztvevő (társasutazásban) [raist-vevő (taarshâshootâzaashbân)]
tournament torna [tornâ], verseny [vershenj]
tow vontatni [vontâtni]; ~ **away** elvontatni [elvontâtni], elszállítani [-saaleetâni]
toward(s) felé [felay]
towel törülköző
tower torony [toronj]
towing vontatás [vontâtaash]; ~ **charges** vontatási költség [vontâtaashi kölchaig]
town város [vaarosh]
town centre városközpont [vaarosh-köspont], centrum [tsentroom]
town hall városháza [vaarosh-haazâ]
town office/terminal városi iroda [vaaroshi irodâ]
townspeople városiak [vaaroshiâk]

towrope vontatókötél [vontâtaw-kötail]

tow truck *(US)* autómentő [outaw-mentő]

toy játék [yaataik]

toy-shop játékbolt [yaataik-bawlt]

trace 1. *n* nyom [njom] 2. *v* kinyomozni [ki-njomozni]

track *(trace)* nyom [njom]; *(course)* pálya [paayâ], útvonal [ootvonâl]; *(rails)* vágány [vaagaanj], pálya [paayâ]; **keep ~ of sby** nyomon [njomon] követni vkit

track and field events futó-, ugró és dobószámok [footaw, oograw aish dobaw-saamok], atlétika [âtlaitikâ]

tracksuit melegítő [melegeető]

traction vontatás [vontâtaash]

tractor traktor [trâktor], vontató [vontâtaw]

trade 1. *n* kereskedelem [kereshkedelem], ipar [ipâr]; *(occupation)* szakma [sâkmâ] 2. *v* kereskedni [kereshkedni]; **~ (in) sth for sth** vmit vmire becserélni/kicserélni [-cherailni]

trademark védjegy [vaid-yedj]

trade name márkanév [maarkâ-naiv]

tradesman kereskedő [kereshkedő]

trade(s)-union szakszervezet [sâkservezet]

tradition hagyomány [hâdjomaanj]

traditional hagyományos [hâdjomaanjosh]

traffic forgalom [forgâlom]; *(transport)* közlekedés [közleke-daish]; **there was a lot of ~**, **~ was heavy** nagy volt a forgalom [nâdj volt â forgâlom]

trafficator irányjelző [iraanj-yelző], villogó [villogaw]

traffic block forgalmi akadály [forgâlmi âkâdaay]

traffic circle *(US)* körforgalom [körforgâlom]

traffic control forgalomirányítás [forgâlom-iraanjeetaash]

traffic island terelősziget [-siget]; *(for pedestrians)* járdasziget [yaardâ-siget]

traffic jam forgalmi torlódás/dugó [forgâlmi torlawdaash/doo-gaw]

traffic lane forgalmi sáv [forgâlmi shaav]

traffic lights (forgalmi) jelzőlámpa [(forgâlmi) yelzőlaampâ]

traffic offence közlekedési szabálysértés [közlekedaishi sâbaay-shairtaish]

traffic regulations közlekedési szabályok [közlekedaishi sâbaa-yok]; *(the Highway Code)* KRESZ [kres]

traffic sign (közúti) jelzőtábla [(közooti) yelző-taablâ]

traffic signals forgalmi jelzőlámpa [forgâlmi yelzőlaampâ]

traffic warden *(GB)* közterületi felügyelő [felüdjelő]

tragedy tragédia [tragaidiâ]

tragic tragikus [trâgikoosh]

trail nyom [njom], csík [cheek]

trailer utánfutó [ootaanfootaw]; *(US, caravan)* lakókocsi [lâkaw-kochi]; *(film)* előzetes [előzetesh]

trailer camp/court/park *(US)* = **caravan site**

train 1. *n* vonat [vonât]; **by ~** vonattal [vonâttâl], vonaton [vonâton]; **is this the right ~ for ...?** ez a vonat megy ... [ez â vonât medj]?; **when does the ~ arrive from ...?** mikor érkezik a vonat ...ból/...ből [mikor airkezik â vonât ...bawl/ből]?; **the ~ is in** benn van (már) a vonat [benn vân (maar) â vonât]; **takes the 6.15 a.m. ~** a 6.15-ös vonattal megy/utazik [â hât tizenötösh vonâttâl medj/ootâzik]; **the ~ for Glasgow** a glasgowi vonat [â glasgow-i vonât]; **to change ~s** átszállni [aat-saalni] **2.** *v* oktatni [oktâtni], (ki)képezni [-kaipezni], nevelni [nev-elni]

trainers edzőcipő [-tsipő]

training oktatás [oktâtaash]; *(sports)* edzés [edzaish]; **be in ~** jó formában van [yaw formaabân vân]

tram villamos [villâmosh]; **which ~ goes to ...?** hányas villamos megy ... felé [haanjâsh villâmosh medj ... felay]?

tramline villamosvonal [villâmosh-vonâl]

tramstop villamosmegálló [villâmosh-megaalaw]

tramway villamos(vágány) [villâmosh(vaagaanj)]

transfer 1. *v (move)* áthelyezni [aat-hey-ezni]; *(currency)* átutalni [aatootâlni]; *(change trains etc.)* átszállni [aat-saalni] **2.** *n (from station to hotel)* szállítás [saaleetaash]; *(to another* *train etc.)* átszállás [aat-saalaash]; *(of currency)* átutalás [aatootâlaash]

not **transferable** másra át nem ruházható [maashrâ aat nem roohaaz-hâtaw]

transfer point átszállóállomás [aat-saalaw-aalomaash], átszállóhely [-hey]

transform átalakítani [aatâlâkeetâni]

transformer transzformátor [trânsformaator]

transfusion *(of blood)* vérátömlesztés [vair-aatömlestaish]

transistor radio tranzisztoros rádió [trânzistorosh raadiyaw], zsebrádió [zheb-]

transit 1. *n* átutazás [aat-ootâzaash], tranzit [trânzit]; *(of goods)* (áru)szállítás [(aaroo)saaleetaash]; **be in** ~ átutazóban van [aat-ootazawbân vân]; **(person) in** ~ átutazó vendég/utas [aatootâzaw vendaig/ootâsh] **2.** *v* átutazni [aatootâzni]

transit lounge tranzitváró [trânzitvaaraw]

transit passenger átutazó utas [aatootâzaw ootâsh]

transit visa átutazóvízum [aat-ootâzaw-veezoom], tranzitvízum [trânzit-]; **double** ~ átutazóvízum kétszeri belépésre [kait-seri belaipaish-re]

translate (le)fordítani [-fordeetâni]; ~ **it into English** fordítsa le angolra [fordeet-shâ le ângolrâ]!

translation fordítás [fordeetaash]

translator fordító [fordeetaw]

transmission *(radio, T.V.)* adás [âdaash]; *(motor car)* sebességváltó [shebesh-shaig-vaaltaw]

transmit *(by radio)* (le)adni [-âdni], sugározni [shoogaarozni]

transparency dia [diyâ]

transport 1. *n* szállítás [saaleetaash], fuvarozás [foovârozaash]; *(traffic)* közlekedés [közlekedaish] **2.** *v* szállítani [saaleetâni], fuvarozni [foovârozni]

transportation →**transport 1.**

transport charges szállítási költségek [saaleetaashi kölchaigek]

Transylvania Erdély [erday]

trash szemét [semait]

travel 1. *v* utazni [ootâzni]; **~ by air** repülőgéppel/repülőgépen utazni [-gaippel/-gaipen ootâzni], repülni; **~ by car** autóval/autón menni/utazni [outawvâl/outawn menni/ootâzni]; **~ by train** vonattal/vonaton utazni/menni [vonâttâl/vonâton ootâzni]; **~ through** átutazni [aat-ootâzni]; **~ light** kevés poggyásszal utazni [kevaish poddjaassâl ootâzni] **2.** *n* utazás [ootâzaash]

travel agency/agent utazási iroda [ootâzaashi irodâ]; *(for tickets)* menetjegyiroda [menet-yedj-irodâ]

travel arrangements úti előkészületek [ooti előkaisületek]

travel bureau →**travel agency**

travelcard *(in London)* hetijegy [-yedj], (havi)bérlet [(hâvi)bairlet]

travel documents úti/utazási okmányok [ooti/ootâzaashi okmaanjok]

travel expenses útiköltség [ooti-kölchaig]

travel information felvilágosítás utazási ügyekben [felvilaagosheetaash ootâzaashi üdjekben]

travel(l)er utas [ootâsh], utazó [ootâzaw]

travel(l)er's aid segélyhely [shegay-hey]

travel(l)er's cheque/check utazási csekk [ootâzaashi chekk]

travel(l)ing utazás [ootâzaash]

travel(l)ing date utazás időpontja [ootâzaash időpontyâ]

travel(l)ing expenses útiköltség [ooti-kölchaig]

travel(l)ing rug úti takaró [ooti tâkâraw], pléd [playd]

travel office utazási iroda [ootâzaashi irodâ]

travelog(ue) úti beszámoló [ooti besaamolaw]

tray tálca [taaltsâ]

tread 1. *v* taposni [tâposhni]; **~ on** rálépni [raa-laipni] **2.** *n (part of stair)* lépcsőfok [laipchőfok]; *(part of tyre)* futófelület [footaw-felület]

tread wear gumikopás [goomi-kopaash]

treasure kincs [kinch]

treasurer pénztáros [painstaarosh]

treat *(discuss)* tárgyalni [taardjâlni]; *(give medical care)* kezelni; *(act towards)* bánni [baanni] (vkivel); *(entertain)* megvendégelni [-vendaigelni]

treatment *(behaviour toward)* bánásmód [baanaashmawd]; *(medical)* kezelés [kezelaish], kúra [koorâ]

tree fa [fâ]

tremendous roppant nagy [roppânt nâdj]

no **trespassing!** az átjárás tilos [âz aat-yaaraash tilosh]!

trial *(testing)* próba [prawbâ]; *(in a law court)* tárgyalás [taardjâlaash]

triangle háromszög [haǎromsög]

triangular háromszögű [haaromsögű]

trick csel [chel], fogás [fogaash]

trifle csekélység [chekay-shaig]; *(sweet dish)* somlói galuska [shomlawy gâlooshkâ]

trim(ming) *(hair)* igazítás [igâzeetaash]

trip *(outing)* kirándulás [kiraandoolaash]; *(journey)* utazás [ootâzaash], út [oot]; *(walk)* túra [toorâ]; **go for a ~** kirándulást [kiraandoolaasht] tenni, utazni [ootâzni], túrázni [tooraazni]; **a week-end ~** hétvégi kirándulás [hait-vaigi kiraandoolaash]; **a ~ abroad** külföldi utazás/út [ootâzaash/oot]

trolley car *(US)* villamos(kocsi) [villâmosh(-kochi)]

trolleybus troli(busz) [-boos]

troop csapat [châpât]

trouble 1. *n* baj [bây]; **what's the ~?** mi a baj [mi â bây]?; **takes the ~ to ...** veszi a fáradságot, hogy ... [vesi â faarâd-shaagot, hodj] **2.** *v* zavarni [zâvârni]; **may I ~ you for ...** kérem szépen a ... [kairem saipen â ...]

trousers nadrág [nâdraag]

trouser-suit nadrágkosztüm [nâdraag-kostüm]

trout pisztráng [pistraang]

truck *(US, lorry)* teherautó [teher-outaw], kamion [kâmion]

true igaz(i) [igâz(i)], valódi [vâlawdi]; **is it ~?** igaz [igâz]?; **come ~** megvalósulni [-vâlaw-shoolni]

truly őszintén [ősintain]; **yours** ~ őszinte tisztelettel [ősin-te tisztelettel]

trunk *(luggage)* bőrönd; *(US, boot)* csomagtartó [chomâg-târtaw], csomagtér [chomâg-tair]; ~**s** *(bathing drawers)* fürdőnadrág [-nâdraag]

trunk-call távolsági beszélgetés [taavol-shaagi besailgetaish]

trunk-road főútvonal [fő-ootvonâl]

trust 1. *n* bizalom [bizâlom]; *(custody)* megőrzés [megőrzaish], letét [le-tait]; **on** ~ letétben [letaitben] **2.** *v* megbízni [megbeezni] (vkiben); ~ **sby with sth** rábízni [raa-beezni] vmit vkire; **I** ~ ... remélem ... [remailem]

truth igazság [igâsshaag]

try 1. *v* (meg)próbálni [-prawbaalni], kipróbálni [ki-]; ~ **on** felpróbálni [-prawbaalni]; **may I** ~ **it on?** felpróbálhatom [-prawbaalhâtom]?; ~ **out** kipróbálni [-prawbaalni] **2.** *n* **have a** ~! próbálja [prawbaalyâ] meg!

T-shirt póló(ing) [pawlaw-]

tub kád [kaad]

tube cső [chő]; *(containing paste)* tubus [tooboosh]; *(inner tube)* tömlő; *(underground)* földalatti [földâlâtti], metró [metraw]

tubeless tyre tömlő nélküli gumi(abroncs) [tömlő-nailküli goomi(-âbronch)]

tube-station földalatti-állomás [föld-âlâttiâaalomaash], metróállomás [metraw-]

Tuesday kedd; **on** ~ kedden

tugboat vontatóhajó [vontâtaw-hâyaw]

tuition oktatás [oktâtaash], tanítás [tâneetaash]; ~ **fees** tandíj [tândeey]

tulip tulipán [toolipaan]

tuna tonhal [ton-hâl]

tune 1. *n* dallam [dâllâm] **2.** *v* hangolni [hângolni]; ~ **in** *(wireless set)* beállítani [be-aaleetâni]; ~ **up** felhangolni [-hângolni]

tunnel alagút [âlâgoot]

turf lóverseny(pálya) [law-vershenj-(paayâ)], turf [toorf]
turkey pulyka [pooykâ]
Turkey Törökország [török-orsaag]
Turkish török; ~ **bath** gőzfürdő; ~ **towel** frottírtörülköző [fro-
teer-]
turn 1. *v (change direction)* (meg)fordulni [-fordoolni], kanya-
rodni [kânjârodni]; ~ **about** megfordulni [-fordoolni]; ~
back *(on the road)* megfordulni [-fordoolni]; ~ **down** *(fold
down)* lehajtani [lehâytâni]; ~ **sby down** *(refuse)* elutasítani
[el-ootâsheetâni] vkit; ~ **left** balra kanyarodni [bâlrâ kânjâ-
rodni]; ~ **to the left!** forduljon balra [fordoolyon bâlrâ]!; ~
off *(gas, water)* elzárni [el-zaarni], *(light)* lecsavarni [le-châ-
vârni], eloltani [-oltâni], *(radio)* kikapcsolni [-kâpcholni];
please ~ **the gas off!** kérem zárja el a gázt [kairem zaaryâ el a
gaast]!; ~ **off the tap** elzárni a csapot [el-zaarni â châpot]; **this
is where the road** ~**s off** itt kanyarodik el az út [itt kânjârodik
el âz oot]; ~ **on** *(gas, water)* kinyitni [ki-njitni], *(light)*
felgyújtani [-djooytâni], *(radio)* bekapcsolni [-kâpcholni]; ~
on the tap kinyitni a csapot [ki-njitni a châpot]; **please** ~ **the
wireless on** kérem kapcsolja be a rádiót [kairem kâpcholyâ be
a raadiyawt]; **please** ~ **the gas on** kérem nyissa ki *(or:* gyújtsa
meg) a gázt [kairem njish-shâ ki *(or:* djooychâ meg) â gaast];
~ **out** *(lights)* eloltani [-oltâni], *(expel)* kidobni; ...~**ed
out well** jól sikerült/végződött [yawl shikerült/vaigződött]; ~
over *(of a car)* felborulni [-boroolni]; ~ **right** jobbra kanya-
rodni [yobbrâ kânjârodni]; ~ **to the right!** forduljon jobbra
[fordoolyon yobbrâ]!; ~ **round** megfordulni [-fordoolni]; ~
to sby vkihez fordulni [fordoolni]; ~ **up** *(appear)* megjelenni
[-yelenni]; **he hasn't** ~**ed up yet** még nem jelentkezett [maig
nem yelentkezett] **2.** *n (change of direction)* kanyarodás [kâ-
njârodaash]; **in** ~ felváltva [felvaaltvâ]; **it is your** ~ (most)
[mosht] ön következik
turning left balra kanyarodás [bâlrâ kânjârodaash]
turning right jobbra kanyarodás [yobbrâ kânjârodaash]
turnip (fehér)répa [fehair raipâ]

turnover forgalom [forgâlom]
turnpike (road) *(US)* fizető-autópálya [-outaw-paayâ]
turpentine terpentin
turtle teknősbéka [teknősh-baikâ]
T.V., TV tv, tévé [tai-vai]; →**television**
tweed skót gyapjúszövet [shkawt djâpyoo-sövet]
tweezers csipesz [chip-es]
twenty-four huszonnégy [hooson-naidj]; **open ~ hours a day** éj-jel-nappal nyitva [ay-yel-nâppâl njitvâ]
twice kétszer [kait-ser]; **~ as much** kétszer annyi(t) [kait-ser ânnji(t)]
twig ág [aag]
twins ikrek
twist (össze)sodorni [(össe)shodorni]
twisted ankle bokaficam [bokâfitsâm]
two kettő, két ... [kait]; **in ~s** kettesével [ketteshaivel]; **cut in ~** kettévágni [ket-tai vaagni]
two-berth kétfekhelyes [kait-fek-heyesh]
two-lane kétsávos [kaitshaavosh]
twopence két [kait] penny
twopenny kétpennys (érme) [kait-penny-sh (airmeh)]
two-piece kétrészes [kait-raisesh]
two-stroke mixture keverék [kev-eraik]
two-thirds kétharmad [kait-hârmâd]
two-way kétirányú [kait-iraanjoo]; **~ traffic** kétirányú forga-lom [forgâlom], *(US)* **~ ticket** menettérti jegy [menet-tairti yedj]
type 1. *n* fajta [fâytâ], típus [teepoosh]; *(letter)* betű(típus) [be-tű(teepoosh)]; **~ of car** autótípus [outawteepoosh] **2.** *v* (le)gé-pelni [-gaipelni]
typed gépelt [gaipelt]
typewriter írógép [eeraw-gaip]
typical jellegzetes [yellegzetesh], tipikus [tipikoosh]
typist gépíró(nő) [gaipeeraw(nő)]

tyre gumiabroncs [goomi-âbronch], (autó)gumi [(outaw)goomi], köpeny [köpenj]
tyre pressure levegőnyomás [levegő-njomaash]
tyre pressure gauge (levegő)nyomás-mérő [-njomaash-mairő]

U

U 1. (= *universal, cinema picture*) korhatár nélkül [korhâtaar nailkül] **2.** (= *underground*) földalatti [föld-âlâtti] (M = metró)
ugly ronda [rondâ]
ulcer fekély [fekay]
ultimate végső [vaig-shő]
ultimately végül is [vaigül ish]
ultra-short wave ultrarövidhullám [ooltrâ-rövid-hoollaam], URH [oo-er-haa]
umbrella esernyő [eshernjő]
umpire játékvezető [yaataik-], versenybíró [vershenjbeeraw]
unable képtelen [kaiptelen], nem képes [kaipesh]; **be ~ to ...** nem tud/képes ... [nem tood/kaipesh]
unaccompanied őrizet/kísérő nélküli [őrizet/keeshairő nailküli]
be **unaccustomed** *to* nem szokta meg hogy ... [nem soktâ meg hodj]
unaided segítség nélkül(i) [shegeet-shaig nailkül(i)]
unaltered változatlan [vaaltozâtlân]
unattended vehicle őrizetlenül hagyott jármű [hâdjott yaarmű]
unavailable rendelkezésre nem álló [rendelkezaish-re nem aalaw]; *(not valid)* nem érvényes [airvainjesh]; *(unobtainable)* nem kapható [kâp-hâtaw]
unbelievable hihetetlen
unbroken (white) line záróvonal [zaaraw-vonâl]
uncertain bizonytalan [bizonjtâlân], kétes [kaitesh]

unchanged változatlan [vaaltozâtlân]
uncle nagybácsi [nâdj-baachi]; **my** ~ a nagybátyám [â nâdj-baatjaam]; **at my** ~'s a nagybátyáméknál [â nâdj-baatjaa-maik-naal]; ~ **John** János bácsi [yaanosh baachi]
uncomfortable kényelmetlen [kainjelmetlen]
uncommon szokatlan [sokâtlân]
unconscious eszméletlen [esmailetlen]
under *(at, in)* ... alatt [âlâtt], alatta [âlâttâ]; *(to)* alá [âlaa]; ~ **repair** javítás alatt [yâveetaash âlâtt]; **be** ~ **age** kiskorú [kish-koroo]; **sby** ~ **16 years of age** 16 éven aluli [tizenhât aiven alooli]; **be** ~ **way** úton van [ooton vân]
underclothes alsónemű [âlshaw-], fehérnemű [fehair-]
underdone angolos(an) [ângolosh(ân)], véres(en) [vairesh(en)]
undergo *(test)* alávetni magát [âlaavetni mâgaat] (vminek)
undergraduate egyetemi hallgató [edjetemi hâlgâtaw]
underground *(railway)* földalatti (vasút) [földâlâtti (vâshoot)], metró [metraw]; **travel by** ~ metrón/földalattin utazni [metrawn/földâlâttin ootâzni]
underground railway station földalatti-állomás [földâlâtti aalomaash], metróállomás [metraw-]
underline aláhúzni [âlaa-hoozni]
underneath *(at)* ... alatt [âlâtt]; *(to)* ... alá [âlaa]
underpass aluljáró [âlool-yaaraw]
underseal alvázvédelem [âlvaaz-vaidelem]
undershirt trikó [trikaw]
understand (meg)érteni [-airteni]; *(learn)* értesülni [airteshülni]; **he** ~**s English** ért angolul [airt ângolool]; **do you** ~ **me?** ért [airt] engem?; **I don't** ~ **you** nem értem [airtem] önt; **I** ~ **that** ... úgy értesültem/tudom, hogy ... [oodj airteshültem/too-dom, hodj]
undertake vállalni [vaalâlni] (vmit), vállalkozni [vaalâlkozni] (vmire)
undertaking vállalkozás [vaalâlkozaash]
underwear →**underclothes**
undeveloped *(film)* előhívatlan [-heevâtlân]

undies női fehérnemű [nőyi fehairnemű]
undo kibontani [-bontâni]; **has come ~ ne** kibomlott, *(shoelace)* kifűződött
undress levetkőzni
uneasy nyugtalan [njooktâlân]
unemployed munkanélküli [moonka-nailküli]
unemployment benefit munkanélküli-segély [moonkâ-nailküli-shegaiy]
uneven egyenetlen [edjenetlen], göröngyös [göröndjösh], hepe-hupás [he-pe-hoopaash]; "**~ road**" „bukkanó" [bookkânaw]
unfair nem tisztességes [tistesh-shaigesh], nem fair
be **unfamiliar** *with* nem ismer [ishmer] (vmit)
unfinished befejezetlen [befeyezetlen]
unfortunate szerencsétlen [serenchaitlen], sajnálatos [shâynaalâtosh]
unfortunately sajnos [shâynosh]
unfriendly barátságtalan [bâraat-shaagtâlân]
unfurnished bútorozatlan [bootorozâtlân]
unguarded *(careless)* óvatlan [aw-vâtlân]; *(level crossing)* sorompó nélküli [shorompaw nailküli]
unguent kenőcs [kenőch]
uniform 1. *a* egyforma [edjformâ] **2.** *n* egyenruha [edjenroohâ]
unilateral parking on alternate days váltakozó várakozás [vaaltâkozaw vaarâkozaash]
uninterested közömbös [közömbösh]
union egyesülés [edjeshülaish], unió [oonyaw]
unique páratlan [paarâtlân]
unit egység [edj-shaig]; **~ of measurement** mértékegység [mairtaik-edj-shaig]
the **United Kingdom** az Egyesült Királyság [âz edjeshült kiraayshaag]
the **United States** *(of America)* az (Amerikai) Egyesült Államok [âz (âmerikâyi) edjeshült aalâmok], USA [ooshâ]
unit price egységár [edj-shaig-arr]

universal egyetemes [edjetemesh]
university egyetem [edjetem]
university student egyetemi hallgató [edjetemi hâlgâtaw]
unknown ismeretlen [ishmeretlen]
unlawful törvényellenes [törvainj-ellenesh]
unleaded petrol/fuel ólommentes benzin [awlom-mentesh-]
unless ha(csak) [hâ(châk)] nem, kivéve ha ... [kivai-ve hâ]; ~ **it rains** ha(csak) nem esik [hâ(châk) nem eshik]
be **unlighted** nincs kivilágítva [ninch kivilaageetvâ]
unlike eltérő [eltairő]
unlikely nem valószínű [vâlaw-seenű]
unlimited korlátlan [korlaatlân]
unload kirak(od)ni [-râk(od)ni], lerak(od)ni [-râk(od)ni]
unlucky szerencsétlen [serenchaitlen]
unmarried *(man)* nőtlen, *(woman)* hajadon [hâyâdon]
unnecessary szükségtelen [sük-shaigtelen], fölösleges [fölöshle-gesh]
unoccupied el/le nem foglalt [foglâlt]
unofficial nem hivatalos [hivâtâlosh]
unpack kicsomagolni [-chomâgolni]
unpaid ki nem fizetett; *(holiday)* fizetés nélküli [fizetaish nailkü-li]
unpunctual pontatlan [pontâtlân]
unregistered baggage kézipoggyász [kaizi-poddjaas]
unsatisfactory nem kielégítő [-elaigeető]
unscrew kicsavarni [-châvârni], lecsavarni [le-]
until →**till**
untransferable át nem ruházható [aat nem roohaashâtaw]
unused *(ticket etc.)* fel nem használt [hâsnaalt]
unusual szokatlan [sokâtlân]
be **unwell** nem jól érzi magát [nem yawl airzi mâgaat]
up 1. *adv/prep* fenn, fent; *(direction)* fel; **is** ~ **fenn van** [vân]; **I was** ~ **late last night** tegnap este sokáig fenn voltam [tegnâp esh-te shokaayig fenn voltâm]; **what's** ~**?** mi van [vân]?; ~ **to ... ...ig**; ~ **to (a weight of) 20 kg** húsz kilogrammig [hoos

kilogrâmmig]; ~ **to now** mindeddig, a mai napig [â mâyi nâpig]; **it's** ~ **to him** tőle [tő-le] függ **2.** *a* **the** ~ **train** a főváros felé menő vonat [â fővaarosh felai menő vonât]; **the** ~ **line** a fővárosba vezető vágány [â fovaaroshbâ vezető vaagaanj], *(GB)* a londoni vágány

uphill 1. *a* felfelé haladó [felfelai hâlâdaw], emelkedő **2.** *adv* (lejtőn) felfelé [(leytőn) felfelai], hegynek [hedjnek] fel

upon →**on**

upper felső [felshő]

upper arm felkar [felkâr]

upset 1. felborítani [-boreetâni]; ~ **one's stomach** felkavarja/elrontja a ˏgyomrát [felkâvâryâ/elrontyâ â djomraat]; **be** ~ **about sth** vmi nagyon izgatja [nâdjon izgâtya] **2.** *a* **has an** ~ **stomach** rossz a gyomra [ross â djomrâ]

upstairs *(on a higher floor)* fenn (az [âz] emeleten); *(towards)* fel (az emeletre)

up-to-date mai [mâyi], modern, korszerű [korserű]

uptown *(to)* kifelé [-felai], a lakónegyedek felé [â lâkaw-nedjedek felai]; *(at)* kint, a lakónegyedekben [â lâkaw-nedjedekben]

upwards felfelé [felfelai]

urge sürgetni [shürgetni]

urgent sürgős [shürgősh]

urinalysis vizeletvizsgálat [-vizhgaalât]

us minket, bennünket; **to** ~ nekünk; **three of** ~ mi hárman [haarmân]

use 1. *v* használni [hâsnaalni], felhasználni; **is** ~**d for sth** vmire használják [hasnaalyaak]; *(sby)* **is** ~**d to sth** hozzászokott [hozzaa-sokott] vmihez; **get** ~**d to sth** hozzászokni [hozzaa-sokni] vmihez **2.** *n* használat [hâsnaalat]; **be of** ~ hasznos [hâsnosh]; **make** ~ **of** felhasználni [-hâsnaalni] vmit

used használt [hâsnaalt]

useful hasznos [hásnosh]

useless hasznavehetetlen [hâsnâ-vehetetlen]

user használó [hâsnaalaw]
usher jegyszedő [yedj-sedő]
usual szokásos [sokaashosh]; **as ~** mint rendesen [rendeshen]
usually rendszerint [rend-serint]
utensil eszköz [esköz]; **~s** eszközök [esközök]
public **utilities** közművek

V

vacancy *(job)* betöltendő állás [aalaash], munkaalkalom [moonkâ-âlkâlom]; *(room)* kiadó szoba [kiâdaw sobâ]; **no ~** nincs [ninch] kiadó szoba
vacant üres [üresh], szabad [sâbâd]
vacation szünidő [sünidő], vakáció [vâkaatsiyaw]
vacationist nyaraló [njârâlaw]
vaccinate beoltani [-oltâni]; **was ~d** (himlő)oltást kapott [-oltaasht kâpott]
vaccination (himlő)oltás [-oltaash]; **~ certificate** oltási bizonyítvány [oltaashi bizonjeetvaanj]
vacuum 1. *n* légüres tér [laigüresh tair], vákuum [vaakoo-oom] **2.** *v* kiporszívózni [-porseevawzni]
vacuum brake légfék [laig-faik]
vacuum cleaner porszívó [porseevaw]
vacuum flask termosz [termos]
vacuum jug termoszkancsó [termos-kânchaw]
vague bizonytalan [bizonjtâlân], homályos [homaayosh]
in **vain** hiába [hiyaabâ]
valid érvényes [airvainjesh]; **how long is it ~ for?** meddig érvényes [airvainjesh]?; **~ for two years** két évig érvényes [kait aivig airvainjesh]; **~ for a single journey** egyszeri utazásra érvényes [edjseri ootâzaashrâ airvainjesh]; **~ until July 16th** érvényes július 16-ig [airvainjesh yoolyoosh tizenhâtodikaa-ig]

validity érvényesség [airvainj-esh-shaig]; **expiration of** ~ érvényesség lejárta [leyaartâ]

valley völgy [völdj]

valuable értékes [airtaikesh]

valuables értéktárgyak [airtaik-taardjâk]

value 1. *n* érték [airtaik]; **of no** ~ értéktelen [airtaiktelen] **2.** *v* értékelni [airtaikelni]

value added tax, VAT általános forgalmi adó, ÁFA [aaltâlaanosh forgâlmi-âdaw, aafâ]

valve *(engine)* szelep [selep]; *(tube)* (elektron)cső [-chő]

valve clearance szelephézag [selep-haizâg]

van fedett/csukott teherautó [chookott teher-outaw], *(delivery)* árukihordó kocsi [aaroo-kihordaw kochi]

vanilla vanília [vâneeliyâ]

vapour pára [paarâ], gőz

varied változatos [vaaltozâtosh], sokféle [shokfai-le]

variety változatosság [vaaltozâtosh-shaag]; *(special kind)* változat [vaaltozât]

variety show revü, varieté [vâriyetai]

various különböző, különféle [-fai-le]

varnish lakk [lâkk], politúr [politoor]

vary váltakozni [vaaltâkozni], különbözni; ~ **from** ... eltér [eltair] vmitől

varying változó [vaaltozaw], különböző

vase váza [vaazâ]

vaseline vazelin [vâzelin]

vast óriási [awryaashi], hatalmas [hâtâlmâsh]

VAT ÁFA [aafâ]

vaudeville *(US)* →**variety show**

vault boltozat [boltozât], boltív [bolteev]

vaulted boltíves [bolteevesh]

veal borjú(hús) [boryoo(hoosh)]

veal goulash borjúpaprikás [boryoo-pâprikaash]

vegetable zöldség(féle) [zölchaig(fail-e)]; ~**s** zöldség(félék) [-failaik]

vegetable dish főzelék [főzelaik]
vegetable soup zöldségleves [zölchaig-levesh]
vegetarian vegetáriánus [veghetaariyaanoosh]
vehicle (gép)jármű [(gaip)yaarmű]; ~ **of transport** közlekedési
  eszköz [közlekedaishi esköz]
vehicle documents gépkocsiokmányok [gaipkochi-okmaanjok]
vehicle licence forgalmi engedély [forgâlmi engedây]
vehicle owner gépkocsi-tulajdonos [gaipkochi-toolâydonosh]
vehicular traffic gépjárműforgalom [gaipyaarmű-forgâlom]
vein véna [vainâ]
velvet bársony [baarshonj]
vending machine automata [outomâtâ]
Venetian blind roletta [rolettâ]
venison szarvashús [sârvâsh-hoosh], őzhús [őz-hoosh]
ventilator ventilátor [ventilaator]; *(aperture)* szellőzőnyílás
  [-njeelaash]
venture *v* megkísérelni [-keeshairelni]
verb ige [i-ge]
verify igazolni [igâzolni]
vermicelli metélt [metailt]
vermouth vermut [vermoot]
verse vers [versh]
version változat [vaaltozât]
vertic függőleges [függőlegesh]
very nagyon [nâdjon]; ~ **good** nagyon jó [yaw]; igenis [-ish]!; ~
  much nagyon sok [shok]; **thank you** ~ **much** nagyon szépen
  köszönöm [nâdjon sai-pen köszönöm]; ~ **well!** kitűnő!;
  rendben van [vân]!; **in this** ~ **place** pontosan [pontoshân] itt
vessel edény [edainj]; *(boat)* hajó [hâyaw]
vest trikó [trikaw], mellény [mellainj]
vestibule előszoba [-sobâ]; *(US)* peron
vet állatorvos [aalâtorvosh]
via ...n át [aat], ...n keresztül [kerestül]; ~ **Dover** Doveren át
  [-en aat]
vicinity szomszédság [somsayd-shaag]

victuals élelmiszerek [ailelmi-serek]
video camera videokamera [-kâmerâ]
video cassette videokazetta [-kâzettâ]
video (cassette) recorder videokészülék [-kaisülaik]
video game videojáték [-yaataik]
video library videotéka [-taikâ]
view 1. *n (outlook)* kilátás [kilaataash]; *(opinion)* nézet [naizet];
   be on ~ látható [laat-hâtaw] **2.** *v* (meg)nézni [-naizni]
viewer (tévé)néző [(taivai)naiző]
viewfinder kereső [kereshő]
villa villa [villâ]
village falu [faloo]
vine szőlő(tő) [sőlő(tő)]
vinegar ecet [etset]
vineyard szőlő(hegy) [sőlő(hedj)]
vintage szüret [süret]
vintage wine márkás [maarkaash] bor, fajbor [fây-]
violate megsérteni [-shairteni]
violent heves [hev-esh]
violet ibolya [iboyâ]; *(colour)* sötétlila [shötait-lilâ]
violin hegedű
viral vírusos [veerooshosh]
visa 1. *n* vízum [veezoom]; **apply for a** ~ vízumot kérni [veezoo-
   mot kairni]; **get a** ~ vízumot kapni [kâpni] **2.** *v* vízumot beüt-
   ni (útlevélbe) [veezoomot be üt-ni (ootlevail-be)]
visa application vízumigénylés [veezoom-igainj-laish]
visibility látási viszonyok [laataashi visonjok]
visible látható [laat-hâtaw]
visit 1. *n* látogatás [laatogâtaash]; ~ **to relations** rokonlátogatás
   [-laatogâtaash]; **go on a** ~, **make a** ~ meglátogatni [meglaa-
   togâtni] vkit; **be on a** ~ látogatóban van [laatogâtawbân vân]
   2. *v* (meg)látogatni [-laatogâtni]; **is** ~**ing** *(US)* látogatóban
   van [laatogâtawbân vân]; *(chatting)* beszélget [besailget]
visiting-card névjegy [naiv-yedj]
visiting team vendégcsapat [vendaig-châpât]

visitor látogató [laatogâtaw], vendég [vendaig]; **~s' tax** üdülő-
helyi díj [üdülő-heyi deey]; **~'s visa** látogatóvízum [laatogâ-
taw veezoom]
vital életbevágó [ailetbe-vaagaw]
vitamin C C-vitamin [tsai-]
voice hang [hâng]
volleyball röplabda [röplâbdâ]
volt volt
voltage feszültség [fesülchaig]
voltage regulator feszültségszabályozó [fesülchaig-sâbaayozaw]
volume *(book)* kötet
vomit (ki)hányni [-haanjni]
voucher utalvány [ootâlvaanj], voucher
voyage tengeri utazás [ootâzaash], (hajó)út [(hâyaw)oot]; **how
long does the ~ take?** meddig tart az út [târt âz oot]?

W

wade átgázolni [aat-gaazolni]
wages munkabér [moonkâ-bair]
wag(g)on *(pulled by horses)* szekér [sekair]; *(railway)* teherko-
csi [-kochi]
waist derék [deraik]
waistcoat mellény [mellainj]
waist-line derékbőség [deraik-bőshaig]
wait várni [vaarni]; **I ~ed two hours for her** két órát vártam rá
[kait awraat vaartâm raa]; **please ~!** kérem várjon [kairem
vaaryon]!; **how long do I have to ~?** meddig kell várnom
[vaarnom]?; **keep sby ~ing** megvárakoztatni [-vaarâkostât-
ni] vkit
waiter pincér [pintsair]; **~, please** pincér, kérem [kairem]
waiting várakozás [vaarâkozaash]

waiting-list várólista [vaaraw-lishtâ]

waiting-room váróterem [vaaraw-]

waitress pincérnő [pintsair-nő]

wake (up) *(cause to wake)* felébreszteni [-aibresteni], felkelteni; *(become awake)* felébredni [-aibredni]; **will you please ~ me at 7** kérem ébresszen/keltsen fel hétkor [kairem aibressen/ kelchen fel haitkor]; **what time do you usually ~ (up)?** mikor szokott (fel)ébredni [sokott (fel)aibredni]?

Wales Wales

walk 1. *v* járni [yaarni], menni; *(go on foot)* gyalog [djâlog] menni; *(for pleasure)* sétálni [shaitaalni]; "**~**"! át lehet haladni [aat lehet hâlâdni]!; "**don't ~**"! állj [aayy]! **2.** *n (for pleasure)* séta [shaitâ]; *(going on foot)* gyaloglás [djâloglaash]; **take a ~** sétálni megy [shaitaalni medj]; **two minutes' ~** gyalog 2 percre [djâlog kait perts-re]; **50,000 metres ~** 50 km-es gyaloglás [ötven kilaw-maiteresh djâloglaash]

at a **walking pace** lépésben [laipaishben]

walking-tour (gyalog)túra [(djâlog)toorâ]

wall fal [fâl]

wallet tárca [taartsâ]

wall-plug villás dugó [vilaash-doogaw]

wall-socket fali csatlakozó [fâli châtlâkozaw], konnektor

walnut dió [diyaw]

wander vándorolni [vaandorolni]

want 1. *v (wish)* akarni [âkârni], kívánni [keevaanni], óhajtani [aw-hâytani]; *(need)* szükséges van [sükshai-ge vân] (vmire); *(be missing)* hiányzik [hiyaanjzik]; **what do you ~?** mit óhajt/ kívánt [mit awhâyt/keevaan]?; **what do you ~ to do?** mit akar/szeretne csinálni [mit âkâr/seretne chinaalni]?; **I ~ to go** el akarok [âkârok] menni, menni akarok; **what do you ~ to buy?** mit akar/szeretne [mit âkâr/seretne] venni?; **I ~ to buy a ...** szeretnék/akarok venni egy ... [seretnaik/âkârok venni edj]; **I want (some) ...** kérek ... [kairek]; **do you ~ anything else?** parancsol még valamit [pârânchol maig vâlâmit]?; **I ~ some more bread** kérek még (egy kis) kenyeret [kairek maig

(edj kish) kenjeret]; **you are** ~**ed on the phone** önt kérik a tele-
fonhoz [önt kairik â telefonhoz]; **she** ~**s me to go with her** azt
akarja, hogy vele menjek [ast âkâryâ, hodj ve-le mennjek];
~**ed** ... *(advertisement)* felveszünk ... [felvesünk] **2.** *n*
hiány [hiyaanj]; **is in** ~ **of sth** vmire nagy szüksége van [nâdj
sük-shai-ge vân]

be **wanting** hiányzik [hiyaanjzik], nincs meg [ninch meg]
war háború [haaboroo]
ward *(hospital)* kórterem [kawr-terem], osztály [ostaay]
warden gondnok
wardrobe (ruhás)szekrény [(roohaash-)sekrainj]
ware áru [aaroo]
warehouse raktár [râktaar]
warm 1. *a* meleg; **I am** ~ melegem van [vân]; **get** ~ *(of weather)*
felmelegedni; **put on sth** ~! vegyen fel vmi meleget [vedjen fel
vâlâmi meleget]! **2.** *v* ~ **up** felmelegíteni [-melegeeteni]
warn figyelmeztetni [fidjelmestetni]; óva [aw-vâ] inteni
warning figyelmeztetés [fidjelmestetaish]; jelzés [yelzaish]
warning triangle elakadásjelző (háromszög) [elâkâdaash-yelző
(haaromsög)]
warranty jótállás [yawtaalaash], garancia(levél) [gârântsiâ(le-
vail)]
was →**be**
wash 1. *v (sth)* (meg)mosni [-moshni]; *(oneself)* mosakodni
[moshâkodni], megmosdani [-mozh-dâni]; felmosni [-mosh-
ni]; ~ **down the car** lemosni a kocsit [lemoshni â kochit];
please ~ **my hair!** kérem mossa meg a hajamat [kairem mosh-
shâ meg â hâyâmât]; **can I have my shirts** ~**ed?** kimosatha-
tom az ingeimet [kimoshât-hâtom âz ingeyimet]?; ~ **up** el-
mosogatni [elmoshogâtni] **2.** *n* mosás [moshaash]; *(oneself)*
mosakodás [moshâkodaash]; **have a** ~ (meg)mosakodni
[-moshâkodni]; **will you give the car a** ~ legyen szíves lemosni
a kocsit [ledjen seevesh lemoshni â kochit]
wash-and-wear vasalás nélkül hordható [vâshâlaash nailkül
hordhâtaw]

washbasin *(fixture)* mosdókagyló [mozhdaw-kâdjlaw]
washbowl mosdótál [mozhdaw-taal]
wash-down lemosás [-moshaash], felsőmosás [felshő-], kocsimosás [kochi-]
washer *(machine)* mosógép [moshaw-gaip]; *(ring)* alátétgyűrű [alaatait-djűrű]
washing *(clothes)* mosás [moshaash]
washing-machine mosógép [moshaw-gaip]
washroom mosdó(helyiség) [mozhdaw(-heyishaig)]
waste n *(act of wasting)* pazarlás [pâzârlaash]; *(litter)* szemét [semait]; *(waste material etc.)* veszteség [vesteshaig]; ~ **of time** időpocsékolás [-pochaikolaash] **2.** v *(money)* (el)pazarolni [-pâzârolni]
waste bin szemétvödör [semait-]
waste oil fáradt olaj [faarâdt-olây]
waste-paper basket papírkosár [pâpeer-koshaar]
watch 1. v *(observe)* figyelni [fidjelni]; *(guard)* vigyázni [vidjaazni]; *(be a spectator)* (meg)nézni [-naizni]; ~ **the TV** nézni a tévét [naizni â tai-vait], tévézni [taivaizni] **2.** n *(timepiece)* óra [awrâ]
watchmaker('s) órás [awraash]
water víz [veez]; **with hot and cold** ~ hideg és [aish] meleg folyó vízzel [foyaw veezzeel]; **by** ~ vízi úton [veezi ooton], vízen [veezen]
water-bottle kulacs [koolâch]
water-can, water carrier vizeskanna [vizesh-kânnâ]
water-closet (angol) vécé [(ângol) vaitsai]
watercolour akvarell [âkvârell]
water fall vízesés [veez-eshaish]
water heater *(electric)* villanybojler [villânj-boyler]; *(gas)* gázbojler [gaaz-]
water-ice gyümölcsfagylalt [djümölch-fadjlâlt]
watering-can öntözőkanna [-kânnâ]
watering-place fürdőhely [-hey]; *(spa)* gyógyfürdő [djawdj-]
water-jug vizeskancsó [vizesh-kânchaw]

water-melon görögdinnye [-dinnje]
water-pipe vízvezetéki cső [veezvezetaiki chő]
water-polo vízilabda [veezi-lâbdâ]
waterproof 1. *a* vízhatlan [veez-hâtlân] **2.** *n* esőkabát [eshőkâbaat], esőköpeny [-köpenj]
water-ski *v* vízisízni [veezi-sheezni]
water-skiing vízisízés [veezi-sheezaish]
water sports vízi sportok [veezi-shportok]
water-tap vízcsap [veez-châp]
watt watt [vâtt]
wave 1. *n* hullám [hoollaam] **2.** *v* *(one's hands)* integetni
wave-length hullámhossz [hoollaam-hoss]
waxworks panoptikum [pânoptikum]
way út [oot]; *(method)* mód [mawd]; **be under** ~ úton van [ooton vân]; *(matter)* folyamatban [foyâmâtbân] van; **ask someone the** ~! kérdezze meg, merre kell menni [kairdez-ze meg, mer-re kell menni]!; **please tell me the** ~ **to ...** legyen szíves megmondani, merre menjek ... felé [ledjen seevesh megmondani, mer-re mennjek ... felai]; **which is the best** ~ **to ...?** melyik a legjobb út ... felé [meyik â legyobb oot ... felai]?; **this** ~, **please** erre tessék [er-re tesh-shaik]; **that** ~ arra [âr-râ]; **can you find your** ~ **home?** hazatalál [hâzâtâlaal]?; **I have lost my** ~ eltévedtem [eltaivedtem]; **give** ~ **to** *(traffic)* elsőbbséget adni [elshőbb-shaiget âdni]; **by** ~ **of Dover** Doveren át [D-en aat]; **by the** ~! apropó [âpropaw]!
way in bemenet, bejárat [-yaarât]
way out kijárat [-yaarât]
WC vécé [vai-tsai]
we mi
weak gyenge [djen-ge]
weakness gyengeség [djen-ge-shaig]
wealth gazdagság [gâzdâg-shaag]
wealthy gazdag [gâzdâg]
weapon fegyver [fedjver]

wear 1. *v (have on)* hordani [hordâni], viselni [vishelni]; *(make worn)* elhordani [-hordâni], (le)koptatni [-koptâtni]; *(become worn)* (el)kopik; **what shall I ~?** mit vegyek [vedjek] fel?; **~s well** tartós [târtawsh], strapabíró [shtrâpâ-beeraw] **2.** *n (clothing)* viselet [vishelet]; *(damage)* kopás [kopaash]
weather idő(járás) [-yaaraash]; **fine ~** jó/szép [yaw/saip] idő; **bad ~** rossz [ross] idő; **what is the ~ like?** milyen az [miyen âz] idő?; **~ permitting** ha az időjárás [hâ âz időyaaraash] engedi
weather conditions időjárási viszonyok [időyaaraashi visonjok]
weather forecast/report időjárás-jelentés [-yaaraash-yelentaish]
wedding(-day) esküvő [eshküvő]
wedding-ring jegygyűrű [yedj-djűrű]
Wednesday szerda [serdâ]; **on ~** szerdán [serdaan]
week hét [hait]; **I shall stay in Hungary a ~** egy hétig maradok Magyarországon [edj haitig mârâdok mâdjârorsaagon]; **this ~** ezen a héten [â haiten]; **last ~** múlt héten [moolt haiten]; **next ~** jövő héten [yövő haiten]; **Monday ~** hétfőhöz egy hétre [haitfőhöz edj hait-re]
weekday hétköznap [haitköznâp], munkanap [moonkânâp]
weekend hétvége [hait-vai-ge], víkend [veekend]; **a ~ trip** hétvégi kirándulás [hait-vaigi kiraandoolaash]
weekly 1. *a* heti **2.** *n* hetilap [-lâp]
weigh megmérni [-mairni]; *(have weight)* (vmennyit) nyom [njom], súlya van [shooyâ vân]; **how much does it ~?** mi a súlya [mi â shooyâ]?; **it ~s 10 lbs.** súlya 10 font [shooyâ teez font]
weight súly [shooy]; **what's your ~?** hány kiló [haanj kilaw]?; **my ~ is 80 kg** 80 kiló vagyok [njoltsvân kilaw vâdjok]; **put on ~** (meg)hízni [-heezni]
weight-lifting súlyemelés [shooy-emelaish]
weight limit súlykorlátozás [shooy-korlaatozaash]
welcome 1. *a* **you are (always) ~!** (mindig) szívesen látjuk [(mindig) seeveshen laatyook]!; **(you are) ~!** *(greeting)* Isten hozta [ishten hostâ]!; *(not at all)* szívesen [seeveshen]!; **you are**

~ **to it!** tessék [tesh-shaik]!, rendelkezésére áll [rendelkezai-shai-re aal]! **2.** *n* fogadtatás [fogâdtâtaash]; **they gave us a warm** ~ meleg fogadtatásban részesítettek (bennünket) [meleg fogâdtâtaashbân raisesheetettek (bennünket)] **3.** *v* fogadni [fogâdni], üdvözölni; **I was warmly** ~**d** meleg fogadtatásban részesültem [meleg fogâdtâtaashbân raiseshültem]; ~ **sby to one's home** vendégül látni vkit otthonában [vendaigül laatni ott-honaabân]

well jól [yawl]; **he is/feels** ~ jól van [yawl vân], jól érzi magát [airzi mâgaat]; **very** ~**!** helyes [heyesh]!, rendben van [vân]!; ~ **enough** elég jól [elaig yawl]; **very** ~**, thank you, and how are you?** köszönöm, jól, és ön [kösönöm, yawl, aish ön]?; **not very** ~ nem nagyon jól [nem nâdjon yawl]; **he speaks English** ~ jól beszél angolul [yawl besail ângolool]; **you'd do** ~ **to ...** jól tenné ha ... [yawl tennai hâ]; **he is** ~ **off** jómódban él [yaw-mawdbân ail]; ~ **done!** bravó [brâvaw]!, pompás [pompaash]!; **as** ~ **as** valamint [vâlâmint], és [aish]; **... as** ~ **is** [ish]; ~**, let me see** nos, nézzük csak [nosh, naiz-zük châk]

well-equipped jól felszerelt [yawl felserelt]

well-known jól ismert [yawl ishmert]

well-lit kellően/jól világított [kellő-en/yawl vilaageetott]

well-to-do jómódú [yaw-mawdoo], gazdag [gâzdâg]

Welsh walesi [velsi]

Welsh rarebit sajtos pirítós [shâytosh pireetawsh]

welterweight váltósúly [vaaltaw-shooy]

went →**go**

were →**be**

west **1.** *n* nyugat [njoogât]; **Budapest W**~ *(stadion)* Nyugati (pályaudvar) [njoogâti (paayâ-oodvâr)] **2.** *adv* nyugatra [njoogâtrâ]

western nyugati [njoogâti]

Western Europe Nyugat-Európa [njoogât-e-oo-rawpâ]

westward(s) nyugat felé [njoogât felai]

wet nedves [nedvesh]; **get** ~ megázni [-aazni]; **be** ~ **through** csuromvizes [choorom-vizesh]

wet paint! frissen mázolva [frish-shen maazolvâ]!
what mi?, *(object)* mit?; *(relative)* ami [âmi], *(object)* amit [âmit]; ~ **happened?** mi történt [törtaint]?; ~ **is this?** mi ez?; ~ **is he?** mi a foglalkozása [mi â foglâlkozaashâ]?; ~ **is it/he like?** milyen [miyen]?; ~'s **the weather like?** milyen az idő [miyen âz idő]?; ~'s **on today?** mit adnak ma [âdnâk mâ]?, mi megy ma [medj mâ]?; ~ **about ...?** nem volna kedve ... [volnâ ked-ve]?; mi a véleménye ... [â vailemainje]?; ~ **about having dinner together?** ne ebédeljünk együtt [ne ebaidelyünk eddjütt]?, nem volna kedve együtt ebédelni [nem volnâ ked-ve eddjütt ebaidelni]?; ~ **... for?** miért ... [miyairt]?
whatever akármi [âkaarmi], bármi [baarmi]; *(object)* akármit, bármit, amit csak [âmit châk]
wheat búza [boozâ]
wheel kerék [keraik]; *(steering)* kormány(kerék) [kormaanj (-keraik)]
wheelchair tolószék [tolawsaik]
when *(interrogative)* mikor?, *(relative)* amikor [âmikor]; **till** ~? meddig?; **since** ~? mióta [mi-awtâ]?
whenever akármikor [âkaar-], amikor csak [âmikor châk]
where *(interrogative)* *(in what place)* hol?; *(to what place)* hová [hovaa]?; *(relative)* ahol [â-hol]; *(to)* ahová [â-hovaa]; ~ **is ...?** hol van ... [vân]?; ~ **is the next/nearest ...?** hol van a legközelebbi ...?; ~ **is the post office?** hol a posta [â poshtâ]?; ~ **is there a ...?, ~ can I find a ...?** hol (van) egy ... [hol (vân) edj]?, hol találok egy ... [hol tâlaalok edj]?; ~ **is a camping site?** hol találok egy kempinget [hol tâlaalok edj kempinget]?; ~ **is there a chemist** hol van egy patika [hol van edj pâtikâ]?; ~ **are we now?** hol vagyunk most [vâdjoonk mosht]?; **this is** ~ **I live** itt lakom [lâkom]; ~ **... from?** honnan [honnân]?; ~ **do you come from?** honnan jött [honnân yött]?, hová való [hovaa vâlaw]?; ~ **are you going?** hová megy [hovaa medj]?
whereabouts merre(felé) [mer-re(-fel-ai)]?

whereas míg [meeg]
wherever akárhol [âkaar-hol], bárhol [baar-hol], ahol csak [âhol châk]
whether vajon [vâyon]; ~ ... **or** akár ... akár [âkaar]
which melyik [meyik]?, *(objective)* melyiket [meyiket]?; *(relative)* amelyik [âmeyik], *(objective)* amelyiket; ~ **is it?** melyik az [meyik âz]?; ~ **one?** melyik(et) [meyik(et)]?; ~ **way?** merre [mer-re]?; ~ **bus?** hányas busz [haanjâsh boos]?
whichever akármelyik(et) [âkaarmeyik(et)], amelyik(et) csak [âmeyik(et) châk]
while 1. *conj* míg [meeg], mialatt [mi-âlâtt] **2.** *n* **for a little** ~ rövid időre/ideig [ideyig]; **in a little** ~ rövidesen [rövideshen]; **a good** ~ jó ideig/ideje [yaw ideyig/id-ey-e]
whipped cream tejszínhab [teyseen-hâb]
whirl örvény [örvainj]
whisky whisky
whisper súgni [shoogni]
whistle 1. *v* fütyülni [fütjülni] **2.** *n* fütyülés [fütjülaish]
white fehér [fehair]; ~ **bread** fehér kenyér [fehair kenjair]; ~ **coffee** tejeskávé [teyesh-kaavai]; **continuous** ~ **line** *(not to be crossed in Hungary)* záróvonal [zaaraw-vonâl]; ~ **wine** fehér bor [fehair]
Whit Sunday pünkösdvasárnap [pünközhd-vâshaarnâp]
Whitsuntide pünkösd [pünközhd]
who ki?, *(plural)* kik?; *(relative)* aki [âki], *(plural)* akik; ~ **is it?** ki az [âz]?; ~ **are you waiting for?** kire vár [ki-re vaar]?
whoever akárki [âkaarki], aki csak [âki châk]
whole egész [egais], teljes [telyesh]; **on the** ~ egészében véve [egaisaiben vai-ve]
wholesale price nagybani ár [nâdjbâni aar]
wholesaler nagykereskedő [nâdjkereshkedő]
whom? kit?; *(relative)* akit [âkit]; **to** ~ kinek?, *(relative)* akinek [âkinek]
whose kié [kiyai]?, kinek a ... [â]; *(relative)* akié [âkiyai], akinek a ... [âkinek â]; *(of which)* amelynek a ... [âmeynek â];

~ **house is that?** kié ez a ház [kiyai ez â haaz]?, kinek a háza ez [kinek â haazâ ez]?

why miért [miyairt]?

wicket *(cricket)* kapu [kâpoo]

wide széles [sailesh]

wide-screen film szélesvásznú [sailesh-vaasnoo] film

widow(er) özvegy [ösvedj]

width szélesség [sailesh-shaig]; *(clothes)* bőség [bőshaig]; **of double** ~ duplaszékes [dooplâ-sailesh]; **10 feet in** ~ tíz láb széles [teez laab sailesh]

wife feleség [fel-esh-aig]; **my** ~ a feleségem [â fel-eshai-gem]; **Mr. Smith and his** ~ S. úr és felesége [S. oor aish fel-eshai-ge]

wig paróka [pârawkâ]

wild vad [vâd]; ~ **animal** vadállat [vâdaalât]

will: he ~ **come next week** jövő héten jön (el) [yövő haiten yön (el)], jövő héten el fog jönni [yönni]; ~ **you help me?** segít(ene) [shegeet(en-e)] nekem?; **you** ~ **go, won't you?** ugye elmegy [oodje elmedj]?; **what** ~ **you have, sir?** mit parancsol, uram [mit pârânchol, oorâm]?; ~ **you have some more tea?** parancsol még teát [pârânchol maig teyaat]?; ~ **you ...** *(request)* legyen/lenne szíves ... [ledjen/len-ne seevesh]; ~ **you give me ...** adna [âdnâ] nekem ..., kaphatnék [kâp-hâtnaik]
→**would**

willing hajlandó [hâylândaw]

win nyerni [njerni], győzni [djőzni]

wind[1] *n* szél [sail]

wind[2] *up (clock)* felhúzni [fel-hoozni]

window ablak [âblâk]; **may I open the** ~? kinyithatom az ablakot [kinjit-hâtom âz âblâkot]?

window seat ablakülés [âblâk-ülaish]

windscreen szélvédő(üveg) [sailvaidő-]

windscreen wiper ablaktörlő [âblâk-]

windshield *(US)* = **windscreen**

wind speed szélsebesség [sail-shebesh-shaig]

windsurfing szörfözés [sörfözaish]

windy szeles [selesh]
wine bor
wine cellar borpince [bor-pin-tse]
wine-glass borospohár [borosh-pohaar]
wine-growing bortermelés [bortermelaish]
wine-list borlap [borlâp]; **the ~, please!** kérem a borlapot [kairem â borlâpot]!
wine-producing area bortermő vidék [vidaik]
wine shop borkimérés [borkimairaish]
wing szárny [saarnj]; *(football)* szélső [sailshő]
wing-game szárnyas vad [saarnjâsh vâd]
winner nyertes [njertesh], győztes [djőstesh]
winter tél [tail]; **in ~** télen [tailen]
winter overcoat télikabát [taili-kâbaat]
winter sports téli sportok [taili shportok]
wipe (meg)törölni
wire 1. *n* huzal [hoozâl], drót [drawt]; *(telegramm)* távirat [taavirât]; **by ~** távirati úton [taaviráti ooton]; **I want to send a ~** táviratot szeretnék feladni [taavirâtot seretnaik felâdni] **2.** *v* *(telegraph)* táviratozni [taavirâtozni]
wireless (set) rádió(készülék) [raadiyaw(kaisülaik)]
wise okos [okosh], bölcs [bőlch]
wish 1. *v* akarni [âkârni], kívánni [keevaanni], szándékozni [saandaikozni]; **how long do you ~ to stay in Hungary?** meddig szándékozik Magyarországon maradni [med-dig saandaikozik mâdjâr-orsaagon mârâdni]?; **I ~ I could go** bárcsak elmehetnék [baarchâk elmehetnaik]!; **I ~ I had been there** bárcsak ott lehettem volna [baarchâk ott le-hettem volnâ]!; **~ sby a pleasant journey** jó utat kívánni [yaw ootât keevaanni] vkinek **2.** *n* kívánság [keevaan-shaag], akarat [âkârât]; **against my wishes** akaratom ellenére [âkârâtom ellenaire]
with ...(v)al ...(v)el; **~ father** apával [âpaavâl]; **~ me** velem; **~ us** velünk, *(at our place)* nálunk [naaloonk]; **I live ~ my parents** szüleimnél lakom [süleyimnail lâkom]; **~ this** ezzel, *(after)* ezután [ezootaan]

withdraw visszavonni [vissâ-vonni]; *(money)* felvenni, kivenni; **his driving licence was** ~**n** bevonták a vezetői engedélyét (*or:* jogosítványát) [bevontaak â vezetőyi engedayait (*or:* yogo-sheetvaanjaat)]

within belül, bent; ~ **24 hours** 24 órán [hooson-naidj awraan] belül; ~ **10 metres** 10 méteren [teez maiteren] belül; ~ **easy reach** könnyen megközelíthető [könnjen meg-közeleet-hető]; **be** ~ **sight** látható [laat-hâtaw]

without nélkül [nailkül]

witness tanú [tânoo]

wives →**wife**

woke →**wake**

wolf farkas [fârkâsh]

woman nő, asszony [âssonj]; *(notice)* **women** nők

woman's, women's női [nőyi]; ~ **clothing** női ruházat/ruha [nőyi roohaazât/roohâ]; ~ **events** női számok [nőyi saamok]

won →**win**

wonder 1. *n* csoda [chodâ]; **no** ~ **that** ... nem csoda, hogy ... [vâyon] ki ő?; **I** ~ **who he is** vajon **2.** *v* csodálkozni [chodaalkozni] *(at* vmin); **I was just** ~**ing where he was** éppen azon tűnődtem, hol lehet [aip-pen âzon tűnődtem, hol le-het]?; **I just** ~**ed** csak úgy kérdem [châk oodj kairdem], csak kíváncsi voltam [châk keevaanchi voltâm]; **I** ~**!** kétlem [kaitlem]!, nem hiszem [hisem]!

won't →**will**

wood fa [fâ]; *(woods)* erdő

wooden fa- [fâ]; ~ **chalet/cottage** faház [fâ-haaz]

woodland erdőség [erdőshaig]

wool gyapjú [djâpyoo]; **all** ~ tiszta [tistâ] gyapjú

woollen gyapjú [djâpyoo]

woollen scarf gyapjúsál [djâpyoo-shaal]

word szó [saw]; *(message)* üzenet; **in other** ~**s** más szóval [maash saw-vâl]; **send** ~ **to sby** üzenni vkinek

word processor szövegszerkesztő [sövegserkestő]

wore →**wear 1.**

work 1. *v* dolgozni; *(operate)* működni; **where do you ~?** hol dolgozik?; **how does it ~?** hogyan [hodján] működik?; **... is not ~ing** nem működik **2.** *n* munka [moonkâ]; **he is at ~ now** jelenleg [yelenleg] dolgozik; **go to ~** munkába [moonkaabâ] menni; →**overhead**

workday, working day munkanap [moonkânâp]

worker munkás [moonkaash]

working hours munkaidő [moonkâ-idő]

working lunch(eon) munkaebéd [moonkâ-ebaid]

in **working order** üzemképes állapotban (van) [üzemkaipesh aalâpotbân (vân)]

workman munkás [moonkaash]

work of art műalkotás [mű-âlkotaash]

work permit munkavállalási engedély [moonkâ-vaalâlaashi engeday]

workshop műhely [műhey]

world világ [vilaag]; **from all over the ~** a világ minden tájáról [â vilaag minden taayaarawl]

world exhibition világkiállítás [vilaag-ki-aaleetaash]

world-famous világhírű [vilaag-heerű]

world record világcsúcs [vilaag-chooch]

worm kukac [kookâts]

worn kopott; →**wear 1.**

worried nyugtalan [njooktâlân]

worry aggódni [âg-gawdni], nyugtalankodni [njooktâlânkodni]; **don't ~!** ne nyugtalankodjék [njooktâlânkodyaik]!, nem kell aggódni/nyugtalankodni [âg-gawdni/njooktâlânkodni]

worse 1. *a* rosszabb [rossâbb] **2.** *adv* rosszabbul [rossâbbool]

worship istentisztelet [ishten-tistelet]

worst legrosszabb [legrossâbb]

worth 1. *n* érték [airtaik] **2.** *a* **what is it ~?** mennyit ér [mennjit air]?; **it was ~ it** megérte [meg-airte]; **what is ~ seeing here?** mit érdemes itt megnézni [mit airdemesh itt megnaizni]?; **it is well ~ reading** érdemes elolvasni [airdemesh elolvâshni]

wortwhile érdemes [airdemesh]; **was the excursion ~?** érdemes volt elmenni a kirándulásra [airdemesh volt elmenni â kiraan-doolaashrâ]?; **it isn't ~ going** nem érdemes [airdemesh] elmenni

would: I said I ~ do it mondtam, hogy meg fogom csinálni (*or:* megcsinálom) [montâm, hodj meg fogom chinaalni (*or:* meg-chinaalom)]; **~ you like to ...?** szeretne ... [seretne ...]?; **~ you like to come?** szeretne (el)jönni [seretne (el)yönni]?; **I wish you ~ come** bárcsak eljönne [baarchâk elyön-ne]!; **~ you mind opening the window?** legyen/lenne szíves kinyitni az ablakot [ledjen/len-ne seevesh kinjitni âz âblâkot]; →**like**[1]

wound[1] seb [sheb]

wound[2] →**wind** *up*

wounded sebesült [shebeshült]

wrap 1. *v* **~ (up)** becsomagolni [be-chomâgolni]; **please ~ it up!** legyen szíves [ledjen seevesh] becsomagolni! **2.** *n* takaró [tâkâ-raw]

wrapper *(paper)* csomagolópapír [chomâgolaw-pâpeer]; *(dressing-gown)* pongyola [pondjolâ]

wrapping(-paper) csomagolópapír [chomâgolaw-pâpeer]

wreck *(vehicle)* roncs [ronch]

wrecker, wrecking car *(US)* autómentő [outawmentő]

wrench csavarkulcs [châvâr-koolch], franciakulcs [frântsiyâ-]

wrestle birkózni [birkawzni]

wrestling birkózás [birkawzaash]

wring kicsavarni [-châvârni], facsarni [fâchârni]

wrist csukló [chooklaw]

wristwatch karóra [kâr-awrâ]

write írni [eerni]; **~ a letter** levelet írni; **~ down** leírni [le-eer-ni]

writer író [eeraw]

writing írás [eeraash]

writing-pad blokk

writing-paper írópapír [eeraw-pâpeer], levélpapír [levail-]

written →**write**

wrong rossz [ross], téves [taivesh], helytelen [heytelen]; **he is ~** nincs igaza [ninch igázá]; **this is the ~ book** ez nem az a könyv [ez nem âz a könjv]; **he got into the ~ train** rossz vonatra szállt [ross vonâtrâ saalt]; **what's ~ with him?** mi a baja [mi â bâyâ]?, mi történt vele [mi törtaint vel-e]?; **what's ~ with the engine?** mi baj van a motorral [mi bây vân â motorrâl]?; **sth is ~ with the ...** valami baj van a ... [vâlâmi bây vân â], rossz a ... [ross â], elromlott a ...; **there is something ~ with the engine** valami baj van a motorral [vâlâmi bây vân â motorrâl]; **there's nothing ~ with the engine** a gépnek/motornak semmi baja sincs [â gaipnek/motornâk shemmi bâyâ shinch]
wrote →write
wrung →wring

X

Xmas karácsony [kâraachonj]
X-ray 1. *n* röntgen **2.** *v* megröntgenezni
X-ray photograph/picture röntgenfelvétel [-felvaitel]

Y

yacht jacht [yâhht], versenyvitorlás [vershenj-vitorlaash]
yachting vitorlázás [vitorlaazaash]
yard yard (= 0,91 metre)
yawn ásítani [aasheetâni]
yds = yards
year év [aiv]; **all (the) ~ round** egész éven át [egais aiven aat], egész évben [aivben]; **last ~** tavaly [tâvây]; **be 10 ~s old** tíz éves [teez aivesh]

yearly 1. *adv* évenként [aivenkaint] **2.** *a* évenkénti
-year-old -éves [-aivesh]; **20-**~ húszéves [hoos-aivesh]
yellow sárga [shaargâ]
yellow pages szaknévsor [sâknaiv-shor], (közületi) telefonkönyv [telefonkönjv]
yes igen; ~**, please** *(when sth offered)* (igen,) kérek [kairek]
yesterday tegnap [tegnâp]; **the day before** ~ tegnapelőtt [tegnâp-]
yet *(in question)* már [maar]; *(in negation)* még [maig]; **has Tom arrived** ~**?** megérkezett már Tom [meg-airkezett maar T.]?; **no, not** ~ még [maig] nem; **as** ~ eddig még [maig]
yield (to) elsőbbséget adni [elshőbb-shaiget âdni] (...nek); *(danger sign)* elsőbbségadás kötelező [elshőbb-shaig-âdaash kötelező]!
Y junction Y elágazás [ipsilon-elaagâzaash]
yog(ho)urt joghurt [yog-hoort]
you 1. *(subject)* ön, *(familiar)* te, *(plural)* önök, *(fam.)* ti **2.** *(object)* önt, *(fam.)* téged [taig-ed], *(plural)* önöket, *(fam.)* titeket [tit-ek-et]; **to** ~ önnek, *(pl.)* önöknek, *(fam.)* neked [nek-ed], *(pl.)* nektek
young fiatal [fiyâtâl]
your (az ön) ...a/e, ...ja/je, *(more fam.)* (a te) ...d/ed/ad; ~ **son** az ön fia [âz ön fiyâ], *(fam.)* a (te) fiad [â (te) fiyâd]; ~ **family** az ön családja [âz ön châlaadyâ], *(fam.)* a családod [â chalaadod]; ~ **car** az ön kocsija [âz ön kochiyâ], *(fam.)* a (te) kocsid [â (te) kochid]
yours öné [önay], magáé [mâgaa-ay]; **is that** ~**?** ez az öné [ez âz önay]?
yourself (saját) maga [(shaayaat) mâgâ], *(fam.)* magad [mâgâd]
youth ifjúság [ifyooshaag]
youth fares ifjúsági kedvezmény [ifyooshaagi kedvezmainj]
yout hostel ifjúsági szálló [ifyooshaagi saalaw]; turistaház [too-rishtâhaaz]
Yugoslav jugoszláv [yoogoslaav]
Yugoslavia Jugoszlávia [yoogoslaaviâ]

Z

zebra crossing zebra [zeb-râ]
zero zéró [zairaw], nulla [noollâ]
zip code *(US)* (postai) irányítószám [(poshtâi) iraanjeetaw-saam]
zip fastener villámzár [villaamzaar], cipzár [tsipzaar]
zone övezet, zóna [zawnâ]
zoo(logical gardens) állatkert [aalât-kert]
zoom lens gumiobjektív [goomi-obyekteev]

Akadémiai Kiadó Rt., 2001
A kiadásért felelős az Akadémiai Kiadó igazgatója
A szerkesztésért felelős: Pomázi Gyöngyi
Termékmenedzser: Kiss Zsuzsa
A kötésterv Székely Edit munkája
Terjedelem: 17,4 (A/5) ív

Akadémiai Nyomda, Martonvásár
Felelős vezető: Reisenleitner Lajos